失去的胜利

曼施泰因元帅战争回忆录

[德] 冯·埃里希·曼施泰因 著
（Erich V.Manstein）

戴耀先 译

VERLORENE SIEGE

民主与建设出版社　博集天卷 CS-BOOKY

图书在版编目（CIP）数据

失去的胜利 / （德）曼施泰因著；戴耀先译. -- 北京：民主与建设出版社，2015.7

ISBN 978-7-5139-0612-8

Ⅰ . ①失… Ⅱ . ①曼… ②戴… Ⅲ . ①曼施泰因，E.V.（1887～1973）—回忆录

Ⅳ . ①K835.165.2

中国版本图书馆CIP数据核字（2015）第 157067 号

著作权合同登记号：图字　01-2015-5237

VERLORENE SIEGE（LOST VICTORIES）by ERICH V. MANSTEIN
Copyright: © 2011 by BERNARD & GRAEFE IN DER MONCH VERLAGSGESELLSCHAFT
MBH, BONN
This edition arranged with BERNARD & GRAEFE VERLAG GMBH & CO
through BIG APPLE AGENCY, INC., LABUAN, MALAYSIA.
Simplified Chinese edition copyright:
2013 China South Booky Culture Media Co., Ltd
All rights reserved.

失去的胜利

出 版 人	许久文	责任编辑	刘 芳		
监　　制	于向勇　马占国	特约策划	付立鹏	版权支持	辛 艳
营销编辑	刘 健	封面设计	苏 涛	版式设计	后声文化

出版发行　民主与建设出版社有限责任公司

电　　话　（010）59419778　59417747

社　　址　北京市朝阳区阜通东大街融科望京中心B座601室

邮　　编　100102

印　　刷　北京鹏润伟业印刷有限公司

开　　本　787mm×1092mm　1/16

印　　张　35.5

字　　数　530千字

版　　次　2015年9月第1版　2018年2月第5次印刷

书　　号　ISBN 978-7-5139-0612-8

定　　价　49.80元

注：如有印、装质量问题，请与出版社联系。

出版说明

　　第二次世界大战结束至今已经七十周年。这场史无前例，几乎将全世界卷入进来的战争，已经有太多的文字和影视资料进行了全面的记录和深刻的反思。这些记录和反思大多数来自于作为战胜一方的国家。他们为了取得正义的胜利，付出了血与火的代价。因此无论是亲历者，还是研究学者、文化工作者，都有责任去重现和凭吊这段可歌可泣的历史。然而还有另外一方，他们同样是亲历者，也是这场大战的主角。他们在不同程度上充当了法西斯的帮凶，单纯从军事角度来说，他们确实取得了相当的成就。他们如何看待这场战争的发动、进程，以至自己的失败？我们推出这套丛书，就是希望读者能从更全面的视角，来了解这场战争。

　　这套丛书包括了德国二战时期最著名的三位将领，隆美尔、古德里安、曼施泰因的作战回忆录，具有较高的史料价值。"沙漠之狐"隆美尔，国内读者应该比较熟悉。这位二战德国陆军中最年轻的元帅，统帅德军在北非战场屡出奇兵，彻底改变了非洲战局。虽然最终以悲剧收场，但是他却以其军事成就和个人魅力赢得了敌我双方的尊敬。海因茨·威廉·古德里安，德国装甲兵和"闪击战"理论的创建人。第二次世界大战爆发前，在他组织与推动下，德国建立了一支技术先进的装甲部队。以"曼施泰因计划"而著称于军事史的冯·曼施泰因元帅，是德国当年军事界所公认的战略家。

　　本书系不仅亲述者均是德军二战时期鼎足而三的著名将领，而且译者也是一时之选。《隆美尔战时文件》的译者钮先钟先生是著名军事史学家、中西方战略研究学者。《闪击英雄》和《失去的胜利》的译者戴耀先先生是中国人民解放军军事科学院研究员、从业三十余年，一直从事德国军事研究。

当然，三位传主都是二战纳粹德军将领，他们所从事的战争从本质上来说是侵略性的，是非正义的，给全世界包括德意志民族自己带来了深重的灾难。他们在叙述战事的过程中，难免带有主观的色彩，往往有自我辩解、自我开脱的成分，有的人甚至对自己的所作所为不以为耻，反以为荣。这些言论无疑应该受到严肃的批判。我们出版这套书系，主要是从他们作为战争的亲历者，提供了敌方角度的史料，有助于我们今天研究二战历史出发的，同时，他们作为现代机械化战争规律的探索者，其回忆有助于我们了解当时军事变革的情态，对我们今天探索未来战争的演变形态，保卫和平，遏制战争有一定借鉴意义。因此，我们希望读者朋友在阅读本书系时，对于这些纳粹将领在行文中表达出的错误的历史观、价值观要有正确的认识和判断。

译者前言

　　本书作者冯·埃里希·曼施泰因（1887~1973）系德国陆军元帅，出身于军官世家。1906年开始服役，1914年毕业于军事学院。在第一次世界大战中，曼施泰因参加了比利时、东普鲁士和波兰南部的战斗。战后任多种参谋职务。1935~1936年，先后在总参谋部任作训处长和首席军需长（副总参谋长）。1938年，因上层人事大变动，被贬为第18师师长。在第二次世界大战中，曼施泰因积极参与制订和实施希特勒的侵略战争计划，先后任集团军群参谋长、集团军司令、集团军群司令。1944年3月，因在作战指导上与希特勒发生分歧被解职；1945年5月被英军俘虏；1949年12月被战胜国判处18年徒刑，1953年因病获释。战后，被联邦德国阿登纳政府聘为顾问，参与组建联邦国防军工作。1973年6月病逝，终年86岁。

　　《失去的胜利》是作者的战争回忆录，1955年出版。曼施泰因在书中以他在第二次世界大战中的亲身经历为主线，根据其私人日记和其他资料，介绍了德国发动第二次世界大战的经过，尤其是详细地描述了他亲自指挥的几次重大作战行动，阐述了他对在二战中各个事件和重要人物的看法。该书对于我们了解二战中德军的一些决策内幕，尤其是许多重大战役计划的制订过程及其经过，有十分重要的参考价值。如波兰战局中的最大合围战；法国战局中的追击作战；苏联战局中的克里木会战、攻克塞瓦斯托波尔要塞作战、斯大林格勒解围作战、库尔斯克会战、顿河河曲地带防御作战、哈尔科夫会战等。此外，作者在介绍这些战局的过程中，还分析了成败原因，结合战例总结出许多指挥经验和作战指导原则。这不仅对军事学术研究有重要的参考价值，而且为战争指导者和各级指挥人员提供了宝贵经验。

1936 年，曼施泰因制订的对法国作战计划——"曼施泰因计划"，使他在德国军事史上占据了一席之地。该计划在被陆军总司令部和总参谋部冷落之后，最终被希特勒采纳。按照这一计划，德国在 1940 年 5 月发动的西线作战中，仅用 40 天时间，就先后将荷兰、卢森堡、比利时和法国击败。书中对这一作战计划作了细致周详的介绍，可谓研究这一问题的最详尽的第一手资料。

曼施泰因是第二次世界大战中德国将帅中善用头脑打仗的人，西方将他与著名的法国贝当元帅相提并论。他将拥有先进军事技术的装甲兵、航空兵等应用于作战，与古德里安的"闪击战"思想不谋而合。他重视研究敌情我情，做战前周密思考，制订详细的计划；善于根据情况的变化，在深入分析的基础上大胆修正预案；进攻时敢于冒险，大胆奇袭；防御中力避消极被动，主张攻势防御。

曼施泰因在德国军队服役的 57 年间，有近一半时间先后在师、集团军、集团军群任参谋和参谋长，最高职位达副总参谋长。因此，从他的思维方式和作战指挥中，可窥见德意志—普鲁士总参谋部传统之一斑。从这个意义上说，该书不仅是研究第二次世界大战史和德国军事历史的一本重要著作，同时也是我们从一个侧面了解著名的普鲁士—德意志总参谋部的一本难得的参考书。

曼施泰因虽与希特勒在作战指导上存在重大分歧，对希特勒的军事能力和指挥方式也颇有微词，但在对侵略战争的看法上，是一丘之貉。希望读者注意鉴别，取其精华，去其糟粕。

本书译自德文版《失去的胜利》2011 年版，除少数附件外已全文译出，补全了某些中译本的删节部分。

目录

◆◆◆ **第一编　波兰战局**

◆◆◆　第二编　**1940 年西方战局**

第三编　对苏战争

作者前言

　　这本书是一个军人的记述。我有意避开对政治问题或与军事没有直接关联的事件的阐述。人们或许记得英国军事著作家利德尔·哈特的一句话：

　　"此次战争中的德国将领们无论在什么地方，都称得上是他们这一职业中的成功产品。如果他们能有更宽广的视野和更深的理解力，会更优秀。但是，如果他们成为哲学家，那也就不再称其为军人了。"

　　我尽量不从事后的角度，而是以当时的眼光描述我的亲身经历、个人所想和自己的决断。写此书的人不是历史学者，而是一个亲历这些事件的人。尽管我努力以客观的眼光看待当时的事、人及其决定，但仍是一个当事者的主观判断。尽管如此，我依然希望我的记载对于历史学家们不无价值。因为，他们即使依靠档案和文件也无法获得事情的真相。最重要的东西，即当事者的想法和判断，很少存在于档案或战时日志中，即使有也绝不会完整。

　　在叙述 1940 年西方战局计划的形成时，我偏离了冯·泽克特大将[A] 提出的"总参谋部军官要甘做无名英雄"的准则。我认为，在西方战局计划

---

❶ 冯·泽克特（1866~1936），德国大将。1917 年曾任奥斯曼陆军总参谋长，1919 年任德国总参谋长。魏玛共和国时期任陆军部队局局长（相当于总参谋长）。20 世纪 30 年代，曾来中国任蒋介石的军事顾问。——译者注

早已成为众人研究对象之后——我个人并没有介入——我可以将其公之于众了。是我过去的司令冯·龙德施泰特元帅以及我的作训处长布卢门特里特将军，将这个计划的来龙去脉讲给利德尔·哈特的（可惜我本人并不认识利德尔·哈特）。

当我在描述军事问题和事件时，也插入了个人的东西，这是因为个性的东西在战争中也占有一席之地。在书的后几章中缺少了这种个人的回忆，原因是那段时间里忧虑和责任的重负使我无暇顾及其他。

我在第二次世界大战中所担负的职务，使我基本上是从高级指挥官的立场去看待所发生的事件。我只是希望我的描述不要使大家忽视了，决定性的东西是德国军人的忘我、勇敢、忠诚和尽职，以及各级指挥官的责任感和能力。正是这些素质使我们赢得了胜利。也正是凭借这些品质，使我们能够与占压倒优势的敌人对垒。

同时，我也借撰写此书的机会，向在战争初期担任我的司令的冯·龙德施泰特元帅致以谢意，他对我一直充满信任；我还要对曾在我指挥下的全体各级官兵，以及我的助手，尤其是我的参谋长和参谋们表示感谢。

最后，要感谢在撰写这本回忆录过程中给予我帮助的人，他们是：我过去的参谋长布塞将军，以及我的参谋冯·布卢姆勒德尔、艾斯曼和安努斯；此外，还有建议我撰写这本回忆录的格哈德·京特先生，向我提供宝贵帮助的弗雷德·希尔登布兰德先生，以及为该书绘制地图的马特讷先生。

曼施泰因（签名）

第一编

波兰战局

第一章

暴风雨前夕

远离中心；希特勒命令制订进攻波兰的计划；南方集团军群工作班子，冯·龙德施泰特大将；总参谋部与波兰问题；波兰成为德国与苏联之间的缓冲国；是战争还是恫吓？希特勒在上萨尔茨贝格对军事领导的讲话；与苏联签订条约；尽管希特勒的决定"绝不撤销"，仍怀疑战争是否真的到来；第一个进攻命令被撤销！最后一刻仍抱怀疑态度；大局已定！

自奥地利合并入德国之后，我在一个远离军事中心的位置上亲历了波兰局势的发展。

1938 年 2 月初，我的总参谋部生涯突然结束了。当时我已升任总参谋部首席军需长，在总参谋部内是第二号人物，相当于副总参谋长。陆军总司令冯·弗里奇男爵大将被纳粹党的恶毒诡计赶下台之后，他的一大批亲密同事，也包括我在内，同时被逐出陆军总司令部。从那时起，我便在利格尼茨❶担任第 18 师师长，自然就无权继续过问属于军事中心权限内的问题了。

自 1938 年 4 月初，我便全身心地投入师长的工作中。在那几年里，这是一项十分令人满意的工作，但也需为之付出极大辛劳。陆军扩编工作远没有结束，新的部队陆续组建，包括现有部队在内的所有部队也在不断进行改编。如果要建立一支内部巩固、训练有素，从而能保障国家安全的部

---

❶ 今波兰莱格尼察。——译者注

队，那么迅速扩充军备，以及军官团和士官团人数的随之剧增，会对各级指挥官提出极高的要求。但是这项工作的成绩十分令人满意，特别是对于我这个常年在柏林工作的人来说，现在能直接与部队打交道，实在是一件快事。因此，我十分怀念最后那一年半的和平岁月，特别是组成第 18 师的那些西里西亚士兵。西里西亚一直是出精兵的地方，因此训练教育新兵是一件很有益的工作。

在这期间发生了所谓的"鲜花战争"❶，即占领苏台德区行动。当时我任里特尔·冯·勒布大将的集团军参谋长。担任这一职务时，我还得知陆军总参谋长贝克将军与希特勒之间在捷克问题上发生的冲突，这位一直受到我崇敬的总长最终被解职，成为我最大的伤痛和遗憾。随着他的去职，我与陆军总司令部的联系被切断了，因为这种联系主要是靠过去贝克对我的信任而建立起来的。

因此，直到 1939 年夏，我才第一次获知"白色进军指令"，即根据希特勒的命令拟制的进攻波兰的行动。在 1939 年春天之前，根本就没有这个东西。在我们东部边境进行的所有军事准备工作，都是防御性的，或是为了防备与别国发生冲突。

在"白色"行动中，我被指定为南方集团军群参谋长，司令是已退休的冯·龙德施泰特大将。计划规定，该集团军群在西里西亚、摩拉维亚东部展开，部分在斯洛伐克展开，并从此时起开始制订详细计划。

集团军群司令部在和平时期还没有组建，动员时才组建，所以为此成立了一个小型工作班子，以落实这个新指令的有关事宜。1939 年 8 月 12 日，这个小组在西里西亚的诺伊哈默尔训练基地开始工作。小组由总参谋部军官布卢门特里特上校领导。动员时，他将担任集团军群作训处长。我能与这位具有超凡能力的人建立亲密无间的关系，感到是一大幸事。我们的关系是在苏台德区危机中，在冯·勒布的集团军司令部一起工作时建立的。

---

❶ 对于德国合并奥地利和苏台德区行动，纳粹宣传部长戈培尔宣称：在奥地利和苏台德区"欢迎我们战士的不是子弹，而是鲜花"。——译者注

在这个时期能有这样一个可以信赖的同事，对我来说真是特别重要。有时候，一个人的某些小节可能会博得人们的好感，我就特别喜欢布卢门特里特上校打电话时那种热情奔放的姿态。他工作起来干脆利索，速度惊人，但在打电话时听着话筒里一大堆琐碎的具体问题，总是朝气十足，语调和蔼可亲。

8月中旬，南方集团军群未来的司令冯·龙德施泰特大将来到诺伊哈默尔。我们每个人都认识他。他是一位具有战略天才的军人，能在瞬间抓住问题的本质，而且也只关注本质问题。所有杂七杂八的事情他全然不予过问。龙德施泰特大将是个人们习惯称之为老派贵族的那种人。他身上的风度曾使那个时代的人们生活得丰富多彩、兴趣盎然，可惜现在已经不时兴了。但这位大将仍有一种魅力，甚至连希特勒都为之倾倒。希特勒对这位大将似乎有一种偏爱，这种偏爱已达到惊人的程度，以至于在他将这位将军两次免职以后，仍存有一丝余念。也许希特勒从龙德施泰特身上感觉到了一个已经逝去的时代，这是他难以理解和没有经历的时代，对于那个时代的内部氛围和外部环境，他从未领会过。

正当工作小组到诺伊哈默尔集中时，我的第 18 师也正好在这里进行每年一度的师、团演习。我们每一个人都在思考着这样一个问题，自 1933 年以来德国经历了多少风风雨雨；同时又在自问，这一切又将把我们引向何处。现在，我们的思想和朋友间的谈话都围绕着在遥远的地平线上出现的那一闪一闪的雷电。我们都知道，狂热的希特勒不屈不挠，已下定决心解决因《凡尔赛和约》给德国带来的领土问题。我们也知道，他已于 1938 年秋与波兰进行谈判，以彻底解决波、德边界问题。但这个谈判是如何进行的，是否一直在进行，我们并不知道。但是我们知道，英国已对波兰的安全做出保证。我可以说，我们军队中没有一个人如此自负，或如此轻率，或如此短视，居然没有认识到英国的这一担保意味着致命的严重警告。仅基于这一理由，在诺伊哈默尔的我们都认为还不会爆发战争。我们还认为，即使目前正在准备的"白色"方案付诸实施，也并不意味着战争。迄今为止，我们一直密切关注着许多次危险事件的发生，使我们在锋利的刀口边磨来蹭去。我们不断地看到，希特勒在政治上有如此惊人的好运，他所有的目标，不管是明朗的还是模糊的，都兵不血刃就达到了。这个人好像拥有一种近乎万无一失的直觉。如果将这一系列最终会把我们引向崩溃的辉煌事件称为胜利的话，那可以说是一个胜利接着一个胜利。所有胜利的取得都未经战争。扪心自问，这一次为什么就会两样呢？我们可以回忆一下捷克斯洛伐克的例子。1938 年，希特勒虽曾陈兵国界，但战争并没有到来。但是，德国有一句老话也常在我们耳边回响——"常干恶事终有恶报"。这次的事要冒更大的风险，希特勒想反复玩的把戏看来比过去更具危险性。英国的保证这次便横在了希特勒的路上。但是，我们又回忆起希特勒曾声言，他绝不会像 1914 年的德国政治家们那样愚蠢地去贸然发动一场两线战争。这是他说过的话，至少从中看出他还是理智的，尽管他已不具备人的情感。他用嘶哑的嗓音大声向他的军事顾问们保证说，他不是白痴，不会因但泽城 ❶ 或波兰走廊 ❷ 陷入一场世界大战。

德国总参谋部和波兰问题

波兰自从根据苛刻的《凡尔赛和约》侵占了德国领土之后，就成为我

---

❶ 今波兰港口城市格但斯克。公元 997 年始见记载。1148 年罗马教皇训令中，提到格但斯克属波兰弗沃茨瓦韦克主教管区。至 13 世纪，该城已发展成一个商业贸易中心，为波兰、波美拉尼亚和勃兰登堡所争夺。13 世纪初，德国骑士团占领该城，根据《萨尔丁条约》，但泽归属德国骑士团。15 世纪初在对波兰战争中失利，但泽归属波兰。15 世纪中叶波兰被迫撤出。1793 年并入普鲁士，1807 年由拿破仑授予"自由城市"特权，并由普鲁士和萨克森行使管辖权。1813 年该市要求与波兰重新统一，未果。后并入西普鲁士，成为西普鲁士省首府。第一次世界大战后，《凡尔赛和约》将该市定为自由城市，置于国际联盟保护之下，在经济上与波兰保持密切联系。1938 年，希特勒要求但泽并入德国。——译者注
❷ 亦称但泽走廊。根据《凡尔赛和约》，德国被迫将原普鲁士省的大部即西普鲁士约 1.6 万多平方公里的土地（33 万居民，其中主要为德国人和波兰人，约各占一半）割让给波兰，波兰因此有了波罗的海出海口。西普鲁士成为波兰领土后，中间形成一条狭窄地带，将东普鲁士和但泽与德国相隔绝。1933 年和 1938 年，德国先后向波兰提出对波兰走廊的领土要求，要求享有修筑铁路、公路通过走廊与东普鲁士建立联系的权利，要求重新划分东部边界。但泽和波兰走廊问题成了希特勒发动对波兰战争的主要借口。——译者注

们挥之不去的切骨之敌，因为这种侵占无论从历史的公正角度，还是依据民族自决权而论，都是没有根据的。除此之外，在德国衰弱的那段时间里，波兰一直是让我们军人担忧的一个关注点。每每站在地图前，眼前都会呈现一幅让人难以忍受的图景。这种边界划分毫无道理可言！它肢解了我的祖国！这条走廊切断了东普鲁士与德国的联系！每当看到被割裂的东普鲁士，我们军人都有充分的理由为这个美丽的省份感到忧虑不安。尽管如此，德国陆军总司令部也从未动过进攻波兰的念头，没有打算用武力改变现状。如果撇开其他不谈，其中一个非常简单的理由是：进攻波兰，德国就将不可避免地立刻陷入两线或多线战争，届时德国将无法应付。由于《凡尔赛和约》的苛刻条件导致德国国衰民弱，一直处在被"可恶的联盟"左右的噩梦之中。如果我们想一想怀有恶意的大多数波兰人对德国领土怀有的野心，那么这个噩梦会促使我们去干更多的事。去发动一场进攻战吗？不是！但是每当我们以不带任何偏见的目光去观察波兰人的心态时，我们也绝不希望与波兰人坐在谈判桌前，平心静气地去修正不合理的边界。但这并不排除波兰人终有一日会主动用武力来解决边界问题。在这方面，我们自1918年以来已积累了一定的经验。因此，在德国贫弱的这段时期，估计到这种可能性是绝对正确的。一旦毕苏斯基元帅❶去世，民族主义势力在波兰占了上风，极有可能会像当初突袭维尔纳❷那样，对东普鲁士或上西里西亚发动突然袭击。但是，这种情况已在我们军方的考虑之中。一旦波兰发动进攻，并被我们击退，那么德国就可以发动一场政治反击，达到重新修正这个不愉快边界的目的。无论如何，陆军的领导不能对此抱有过高的奢望。冯·拉贝瑙将军在其《泽克特传记》一书中引用了这位大将的观点，泽克特指出："波兰的存在是无法忍受的，与德意志的生存条件格格不入。必须通过它自己的、

---

❶ 毕苏斯基元帅（1867~1935），波兰政治家。1918年任波兰总统，1922年任总参谋长，1926年任国防部长，是波兰的实际独裁者。——译者注

❷ 今立陶宛维尔纽斯。——译者注

内部的弱点，通过俄国……加之我们的帮助，使其消亡。❶这或许是一种已落后于政治和军事发展的观点。我们对苏联❷不断增长的军事实力有相当深刻的了解；至于法国，人们很容易被它的花招所迷惑，尽管它在一项令人费解的决议❸上签了字，但可惜的是，它仍未改变对德国的敌视态度，一直在德国背后寻求同盟者。假设波兰不存在了，那么苏联比起波兰这样一个中等国家，将是德国一个更具威胁的邻国。波兰（还有立陶宛）构成了德国与苏联之间的一个中间缓冲国，一旦把它消灭，将更易于引发两个大国的冲突。修正与波兰的边界对双方都有利，但完全消灭这个国家，就当前完全变化了的形势来说，对德国并没有什么利益可言。因此不管我们现在喜欢与否，保留苏联与我们之间的波兰更为有利。尽管对我们军人而言，不公正的并随时会引发冲突的东部边界问题，是一块压在心头的巨石，但比起苏联来，毕竟是一个不大危险的邻国。当然，像所有的德国人一样，我们也希望有朝一日能修改东部边界，使主要由德国人居住的地区，依据其居民的自决权力回归德国。从军事角度看，我们决不希望波兰居民不断增加。我们一方面要求东普鲁士与德国连接在一起，同时也应顾及波兰要求一个海港的利益。对波兰问题的这种思路，在国防军时代即自 20 年代末对波兰问题的大辩论中，在军人中是普

---

❶ 这是泽克特 1922 年 9 月就有关俄国，尤其是波兰问题呈送德国首相的一份备忘录。他在备忘录中写道："波兰已成为我们东方问题的核心。……俄国对于波兰的不可忍受程度有甚于我；俄国不会容忍波兰的存在。波兰不会给德国带来任何益处，包括经济上的，因为它没有发展能力，没有政治，因为它是法国的附庸……俄国和德国应将 1914 年的边界作为双方相互谅解的基础。德意志无须将对波兰的这种态度当作秘密，谨小慎微地加以保守。我们对问题的阐明只能唤起俄国对我们的信任。波兰已没有能力加深对德国的仇恨。来自波兰两侧的威胁会日渐动摇它的坚定态度。但是，如果波兰一旦参加一场法国对德国的制裁战争而迫使俄国就范，那对德国来说几乎没有什么利益可言。"——译者注
❷ 作者在这里用的是"苏联"而不是"俄国"。以下均按原文译出。——译者注
❸ 1925 年，法国在英、美压力下，同意战败国德国参加洛迦诺国际会议。会上签署了《洛迦诺公约》，规定与会国相互保证《凡尔赛和约》规定的各国领土现状不被破坏，并接纳德国加入国联。——译者注

遍存在的。

命运的车轮又转动了。阿道夫·希特勒登上了德国的舞台。一切都变了。我们与波兰的关系也从根本上发生了变化。德国与东部邻国签订了一项互不侵犯条约和友好条约。我们终于摆脱了波兰可能对我们发动进攻的噩梦。与此同时，德国和苏联的政治感情也骤然降温，因为这位新统治者已向公众明白无误地声言，他对布尔什维克体制有切齿之恨。由于这种新的情况，波兰想必不再感到有政治上的压力了。但是，它的这种较大的活动自由对我们而言也不再具有危险性。德国的扩充军备和希特勒一系列的外交胜利，更使波兰难有机会利用其活动自由来对抗德国。波兰急于想参与对捷克斯洛伐克的瓜分，这样，就存在着进行边界问题协商的可能性，而不应当关闭。

无论如何，直到 1939 年春，陆军总司令部从未制订过对波兰的进攻计划。迄今在东方进行的一切军事准备工作都是纯防御性的。

是战争还是恫吓？

1938 年秋，形势确实变紧张了？希特勒真想发动战争吗？或像 1938 年秋解决苏台德区那样，运用军事手段对捷克斯洛伐克实施重压，来解决当前的但泽和走廊问题？

是战争还是恫吓，这是问题之所在。对于那些对波兰形势发展，尤其是对希特勒的意图没有真正了解的人来说，至少是心中无主。而这位独裁者又怎么会让别人了解他的真正意图呢？

尽管制订了"白色"进军计划，但 1939 年 8 月所采取的军事措施，目的完全是增加对波兰的政治压力，以迫其就范。自夏季开始，根据希特勒的命令，开始疯狂地构筑"东方壁垒"。包括第 18 师在内的整师整师的部队，都被调到波兰边界参加修筑工作，几周轮换一次。如果希特勒要想进攻波兰，那么耗费如此人力物力目的何在呢？即使说他自食其言，违背其所有承诺，准备发动一场两线战争，那么构筑"东方壁垒"也是不适宜的。因为，在这种情况下对于德国来说，唯一正确的是首先进攻波兰，将其击溃，同时在西方采取守势，而与此相反的解决方式，即在西面进攻，东面防御，就当时的兵力状况而言是根本不可能的。而且，对于进攻西方根本就没有制订任何计划，也没有丝毫准备。如果一定要说"东方壁垒"的构筑在当时有什么意义的话，那只能说是一次在波兰边界集结重兵、向波兰施压的演练。甚至8月下旬步兵师在奥得河东岸展开，以及装甲师、摩托化师进入奥得河西岸的待机地域，也不是真正的进攻准备，而是一种施加政治压力的手段。

尽管如此，和平时期的训练计划依然继续进行。1939年8月13日~14日，我的师接受冯·龙德施泰特大将的检阅，宣告了在诺伊哈默尔演习的结束。1939年8月15日，炮兵与空军协同，举行了一次大规模的射击演习。演习中发生了一起严重的事故。由于对云层高度的计算错误，整整一个中队的俯冲式轰炸机，在俯冲时全部冲进树林。1939年8月16日还进行了一次团级演习。然后，各师部队返回各自驻地，几日后便又离开这里，开向下西里西亚边界。

8月19日，冯·龙德施泰特大将和我接到命令，让我们于8月21日到上萨尔茨贝格参加一次会议。我们于8月20日由利格尼茨出发，驱车到达林茨附近，在我舅舅的庄园中过夜。8月21日下午，我们到达贝希特斯加登。所有集团军群和集团军司令及其参谋长，以及海、空军相应级别的司令，均被希特勒召来。

会议或更确切地说是希特勒对军队领导们的讲话，是在上萨尔茨贝格对面的山间别墅的一个大客厅中举行的。自捷克危机之后，希特勒根据他与总参谋长谈话的经验，不再进行座谈了，而是改为训话。戈林先于希特勒出现在会场上。他的打扮令人十分诧异。我一直以为我们是来参加一次严肃的会议，戈林却似乎是来参加化装舞会。他上身着白色低领衬衣，外套一件绿色无袖皮夹克，上缀黄色皮制大纽扣，下身穿灰色短裤和长腰灰丝袜，将他的大肚子衬托得格外显眼。与其柔色的丝袜形成鲜明对比的是，脚蹬一双粗大的半筒靴。最扎眼的是他扎在腰间的那条镶金的红皮武装带，上面挂着一把佩有镶金红皮剑套的豪华短剑。我不禁对身边的冯·扎尔穆特将军悄悄地说："这个胖子大概是要当'大厅保安'吧？"

在纽伦堡对德国总参谋部的审判中，希特勒的这次讲话常在各种所谓起诉"文件"中加以引用。这个文件指出，希特勒在他的讲话中说了很多极为粗野的话，戈林对于即将来临的战争欣喜若狂，竟然跳上桌子大喊，为胜利干杯。所有这一切都不是事实。据说希特勒还用了他常说的一句脏话，说他"只是害怕在最后一刻跳出一个杂种来，向他提出一个调停建议"，这在当时的场合下也是不可能的。从希特勒讲话的语调中虽然可以判定他已下定决心，但他是一个高明的心理学家，不会不知道在这种特殊的会议上，谩骂和空泛的大道理是不会产生任何作用的。

希特勒这次讲话的大部分内容都如实地收入了由格赖纳编辑的《1939~1943年国防军最高统帅部》一书中。这本书的依据是瓦利蒙特上校向《战时日志》作者的口述，以及卡纳里斯海军上将❶的速记。还有一些内容取自哈尔德大将的日记；当然也不可否认，有些是瓦利蒙特上校和卡纳里斯海军上将所反映的，有些可能是他们在其他场合下听希特勒说的。

我们这些不属于最高层的将军所听到的希特勒讲话的内容大致如下：希特勒是绝对下定了决心，彻底解决德国—波兰问题，即使引发一场战争也在所不惜。面对德国军队正在实施的、尚在保密之中的开进，即使波兰屈膝称臣，也决不排除以和平方式予以解决。希特勒坚信，西方国家最终不会诉诸武力。他特别详细地解释了这一观点的理由，其主要论据是：英、法的军备，尤其是空、海军尚处落后状态；西方要想对波兰进行卓有成效的帮助，就必须对"西方壁垒"发动一场进攻，两国将为此付出巨大的流血牺牲，西方绝不可能甘愿冒这一风险；外交形势尤其是地中海的紧张局势，极大地限制了大不列颠的行动自由；法国的内政问题；最后是两国的领导人，不管是张伯伦还是法拉第，都不会下定发动战争的决心。

---

❶ 德国海军上将（1887~1945），1905年参加德国海军，1935年任国防军统帅部情报局局长。对党卫队在波兰和苏联的暴行表示不满，曾为掩护犹太人将他们安插在情报局。1944年7月22日谋杀希特勒的行动失败后被捕，被处绞刑。——译者注

希特勒对西方国家形势的分析和判断，虽然在许多方面都合乎逻辑和十分中肯，但我仍不相信希特勒的讲话能使所有听众心服口服。英国的担保自然是希特勒设想的唯一障碍，是一个相当棘手的因素！

　　希特勒所说的可能发生的对波战争，不能像纽伦堡起诉中那样被理解为一种毁灭政策。希特勒提出将波兰军队予以快速和无情消灭的要求，换成军事语言，就是要达成的最终目标，这是任何一次大规模进攻作战行动都要力争达到的。他并没有向我们任何人谈起他将来要如何对待波兰人。

　　使我们最感惊讶和印象深刻的，自然莫过于公布即将与苏联签署条约的消息。在开往贝希特斯加登的火车上，我们从报纸上已经得知与苏联签署经济协定的消息，这在当时的形势下就已是一条引起轰动的头条新闻了。现在，希特勒又在会上宣布，到会的外长冯·里宾特洛甫即将飞往莫斯科，与斯大林签署互不侵犯条约。他说，这样他就使西方丧失了决定性优势，对德国的封锁也不会再发挥作用。希特勒指出，为能与苏联签订条约，他不惜在波罗的海和波兰东部边界问题上对苏联做出重大让步。但是，从他的讲话中得不出企图将波兰全部瓜分的结论。事实上，正如我们今天所知道的那样，直到波兰战局开始以后，希特勒仍在考虑不完全地占领波兰。

　　对于希特勒的讲话，无论是冯·龙德施泰特大将还是我——也许还有其他将军——都没有得出结论认为，战争即将爆发。我这样认为是基于下面的两种考虑，就像在慕尼黑那样，在最后一刻会出现和平的结局。

　　第一个考虑是，通过与苏联签订合约，会使波兰陷入绝望境地。如果英国的封锁不灵验了，要想援助波兰就只有通过在西方进行一场流血的进攻战。那样的话，英国就很有可能在法国的驱使下对华沙劝降。同时，想必波兰目前也很清楚，英国的保证已没有实际效力。也许波兰已估计到，一旦对德国交战，苏联人就会在其背后出现，以满足他们过去对波兰东部的领土要求。在这种态势下，华沙如何不屈服？

　　第二个考虑是我们刚刚参加的那个会议。希特勒讲话的目的何在？迄今，对于进攻波兰的企图，在军事方面一直千方百计地加以伪装。德国陈兵东部边界，可以解释为构筑"东方壁垒"的需要。为了掩饰部队向东普鲁士调动的真正目的，准备在坦嫩贝格❶举行一次盛大的庆祝会。接着，还准备在最后一刻举行一次大规模的摩托化部队演习。部队的展开将不采取公开的动员。所有这些措施肯定不会瞒过波兰，而且被视为对波兰的政治压力；尽管如此还是要尽量严守秘密，采取各种措施加以伪装。现在，当危机已经一触即发的时候，希特勒却将国防军的全部高级将领召到上萨尔茨贝格，这件事是绝对不可能保密的。因此，我们觉得这是一种有意的恫吓政策的绝顶之作。希特勒尽管也说过一些好战的话，现在不也在尽力息事宁人吗？这次讲话不正是对波兰施加的最后压力吗？

冯·龙德施泰特大将和我带着这种想法离开了贝希特斯加登。冯·龙德施泰特大将驱车前往我们的大本营，我则留在利格尼茨与我的家人团聚了几天，这说明，当时在我心里并没有想到战争即在眼前。

1939年8月24日，冯·龙德施泰特大将受命担任集团军群司令。8月25日15时25分，收到陆军总司令部的命令：

"白色行动，Y——8.26, 4：30。"

战争决断似乎已经下定，我们迄今一直不愿相信的事终于发生了。

20时30分，当我与冯·龙德施泰特大将在我们的驻地——尼斯的圣十字架修道院共进晚餐的时候，收到陆军总司令部下达的口头命令：

"不要开始敌对行动！立刻停止部队运动！继续进行动员。'白色'行动和'西方'行动将按计划实施。"

每一个军人心里都清楚，在最后时刻更改展开命令意味着什么。三个集团军已全速开向边界，他们展开的地域从下西里西亚直到东部的斯洛伐克，要他们在几小时之内停止运动，同时还要考虑各级司令部、至少是师以上司令部都在行军之中，而且出于保密原因，无线电还不允许使用，是

---

❶ 旧译坦能堡。——译者注

一件何等困难的事。尽管如此，我们还是成功地将命令及时传达到各支部队。这是各级指挥和通信部门的杰出功绩。只有一个摩托化团开到斯洛伐克东部时，一名军官乘一架联络机利用夜晚降落在行军纵队的前方，制止了该团的前进。

希特勒为什么在最后一刻更改战争的决心，我们一无所知。只听说，谈判在继续进行。

作为军人而言，这种领导方式确实使我们感到几分惊愕。因为，发动战争是一个国家元首下定的最重大的决心。

到底是什么促使他在仅仅几小时之后便推翻了原来的决定？尤其是从军事角度说，这种更改势必会招致严重后果。在我讲到上萨尔茨贝格举行的会议时，我已经说过，全部军事准备工作都是为了达成突袭效果。动员也是隐蔽进行的。8月26日才实施第一次动员，同时也是开进的日子。也就是说，要想达成突袭，就要动用全部驻在边界地区和"加速动员"的装甲师、摩托化师以及少量的步兵师。现在，突然袭击已无从谈起。因为，即使利用夜晚进入边界地区的待机地域，也无法瞒过敌人。尤其是摩托化部队为了渡过奥得河，已在白天从位于奥得河西岸的集结地域出发了。因此，现在如果战争打响，那么实施开进的部队将全部是动员后的部队。无论如何，突袭时机已经丧失。

不能说希特勒发动战争的原始决定是未经深思熟虑的，所以我们只能认为，所有这一切同样是希特勒继续对敌人施加压力的外交策略。因此，当8月31日17时再次接到命令：

"Y日——9.1，4:45"

冯·龙德施泰特大将和我都没有信以为真。尤其是因为，关于谈判失败的消息，我们一点也没有听说。基于8月25日的经验，我们的集团军已做好在最后一刻再次停止行动的一切准备。冯·龙德施泰特大将和我一直等到午夜，期待着停止命令的下达。

午夜已经过去，已不存在任何下达停止前进命令的可能性，于是我们抛弃幻想，现在只有让武器说话了。

第二章

作战形势

决定性要素：德军的优势和波兰的地理状况；在西方的冒险；德军兵力及作战计划；波军兵力及作战计划；对波兰军队部署的思考；波兰欲"全面防守"；波兰的进攻地域；波兰在军事上将如何动作？争取时间的斗争；在纳雷夫河、维斯瓦河和桑河东岸的关键性防御；对纵深翼侧的防卫；西方国家将波兰弃置不顾；同盟国最高统帅的过错

对于波兰战局的作战形势具有决定性影响的因素是：

第一，德国军队的优势，这是德国领导准备在西方冒巨大风险，集中兵力对付波兰的前提条件；

第二，地理状况，它使德国有可能从东普鲁士—波美拉尼亚，以及从西里西亚—斯洛伐克对波兰军队实施钳形攻击；

第三，从一开始，苏联在波兰背后就构成一个对波兰的潜在威胁。

德国军队的兵力和作战计划

德国领导准备接受在西方可能出现第二条战线的风险。

陆军总司令部投入 42 个现役师（其中有 1 个新组建的第 10 装甲师）和 1 个由驻在奥得河—瓦尔塔河河曲地带的要塞部队改编而成的步兵师（第 50 步兵师）来对付荷兰。共计 24 个步兵师、3 个山地师、6 个装甲师、4 个轻型师、4 个摩托化步兵师和 1 个骑兵旅。另有 16 个刚刚在动员中组建的师（第 2~5 波）但这些师暂时还不会有很强的战斗力。此外，还有党卫队近卫师和 1~2 个党卫队加强团参加对波作战。

在西线只留下 11 个现役步兵师。要塞部队的兵力大约只相当于 1 个师（后改编为第 72 步兵师），还有新组建的 35 个师（第 2~4 波）❶。在西线已没有装甲师和摩托化师，总计 46 个师，但其中只有 3/4 可以参加战斗。

曾进行空降训练并具有相应装备的第 22 师留作陆军总司令部的预备队，驻在国内。

空军主力被编为两个航空队，用于对波兰作战，第三支兵力较弱的航空队留在西线。

德国领导如此区分兵力，无疑要冒巨大风险。只是由于波兰战局出人意料的短促；其中还因为失败者本身所犯的错误，但主要是波兰的西方盟国袖手旁观，坐视波兰的失败，才使得这一冒险安然无恙。

当时，德国对法国军队兵力的估计大约为 90 个师。事实上，1939 年秋法国在三周之内便扩编为 108 个师！其中，57 个步兵师、5 个骑兵师、1 个装甲师和 45 个预备役及本土师，此外还有强大的装甲部队和炮兵作为统帅部预备队 ❷。法军长于德军的是，全部预备役部队都接受过训练，而德国新组建的部队，是由只经短期训练的新兵或第一次世界大战的老兵组成。

因此，自开战的第一天，法国军队就占有压倒优势。

英国陆军参战兵力有限，只有四个师，而且直到 10 月上旬才到达战场。

德国对波兰的作战计划是建筑在充分利用其绵亘的边界线之上，从一开始便对波军实施两翼合围。

德军划分为两个相距较远的翼侧集群，几乎完全放弃了中间地带（奥得河—瓦尔塔河河曲地带）。

北方集团军群（司令冯·博克大将，参谋长冯·扎尔穆特将军）下辖 2 个集团军，编有 5 个步兵军和 1 个装甲军，共 9 个现役师（包括由要塞

---

❶ 新组建的第 2~4 波师只有少量现役基干人员，而第 3 波甚至根本就没有；因此战斗力不如现役部队，且动员速度很慢。——译者注

❷ 法军还有一部分尚在北非和阿尔卑斯山边界。——作者注

部队改编、不满员的第 50 步兵师）、8 个动员组建的步兵师、2 个装甲师（包括新组建的肯普夫装甲师）、2 个摩托化步兵师和 1 个骑兵师，共计 21 个师。此外，还有驻东普鲁士的科尼希斯贝格 [1] 和勒岑 [2] 的要塞部队，以及波美拉尼亚的内茨旅。

该集团军群的第 3 集团军（司令冯·屈希勒尔将军）在东普鲁士展开，第 4 集团军（司令冯·克卢格大将）在东波美拉尼亚展开。

集团军群的任务为，首先突破走廊，之后以其主力由维斯瓦河东部迅速向东南或南方突击，在攻克纳雷夫河防线之后，从背后攻击维斯瓦河防线的波军。

南方集团军群（司令冯·龙德施泰特大将，参谋长冯·曼施泰因将军）兵力强大，下辖 3 个集团军（第 14 集团军，司令利斯特大将；第 10 集团军，司令冯·赖歇瑙大将；第 8 集团军，司令布拉斯科维茨大将）。该集团军群编有 8 个步兵军、4 个装甲军，共 15 个现役步兵师、3 个山地师、8 个新编师，以及摩托化部队主力 4 个装甲师、4 个轻型师和 2 个摩托化步兵师。共计 36 个师。

该集团军群的第 14 集团军在上西里西亚工业区、东摩拉维亚和斯洛伐克西部展开，第 10 集团军在上西里西亚的克罗伊茨堡及其以南地域展开，第 8 集团军在中西里西亚的厄尔斯以东展开。

该集团军群的任务是，歼灭维斯瓦河河曲地带和加里西亚的波军，以其摩托化兵力快速向华沙突击，尽快在宽大正面上占领维斯瓦河渡场，与北方集团军群协同，歼灭波兰的残余部队。

波兰军队兵力及其作战计划

波兰平时编有 30 多个步兵师、11 个骑兵旅、1 个山地旅和 2 个摩托

---

[1] 旧译科尼斯堡。——译者注
[2] 今吉日茨科。——译者注

化（装甲）旅。此外，还有几个边防团，以及一大批国土防卫营和驻守在格丁根 ❶—海拉 ❷ 的海军部队（引自赫尔曼·施奈德：《对波兰作战形势的思考》，1942 年《军事科学周刊》）。

这样看来，波兰国防军的兵力也是相当强大的。但他们的装备主要是第一次世界大战的旧装备。其空军装备的大约 1000 架飞机，也不太现代化（引自冯·蒂佩尔斯基尔希：《第二次世界大战》）。

德国方面据此估计，战时波兰军队中师的数量将增加一倍，但全部装备能否到位还是疑问。根据冯·蒂佩尔斯基尔希的统计，1939 年，波兰在战前只征召了可供组建 10 个预备役师的团。即使是这些部队，也似乎不可能将其全部按计划组编成师。在作战过程中，德国情报机构不断发现波兰方面有新的预备师出现。

波兰统帅部对上述兵力的部署如下（根据蒂佩尔斯基尔希和施奈德的有关著作）：

在东普鲁士边界，由两个师和两个骑兵旅组成的作战集群，在苏瓦乌基和沃姆扎之间的布布尔河—纳雷夫河—维斯瓦河一线前方展开；

莫德林集团军的四个师和两个骑兵旅，在姆瓦瓦两侧展开；

在走廊，集中有波莫瑞集团军的五个师和一个骑兵旅；

在德国边界当面，自瓦尔塔河至斯洛伐克边界，有 3 个集团军展开；

波兹南集团军在波兹南省西部，下辖四个师和两个骑兵旅；

罗兹集团军在维耶伦周围，下辖四个师和两个骑兵旅；

克拉科夫集团军在琴斯托霍瓦和诺伊马克特之间，下辖六个师、一个骑兵旅、一个摩托化旅。

在后两个集团军背后的托马舒夫—凯尔采地域，集中有普鲁士人集团军，下辖六个师和一个骑兵旅；

---

❶ 今波兰格丁尼亚。——译者注

❷ 今波兰海尔。——译者注

最后，还有喀尔巴阡山集团军——主要是预备役师和本土防卫营——沿喀尔巴阡山边界，自塔尔努夫至利沃夫成梯次配置，负责防守纵深翼侧。

一个预备役集群（皮斯科尔集团军）下辖三个师和一个摩托化旅，留在维斯瓦河畔的莫德林、华沙、卢布林地域。

此外，在战争过程中，在布格河东岸又组建了一个独立的波莱谢集团军，似乎是为了防备苏联的入侵。

事实上，德国进攻开始后，波兰军队尚未完成展开，因此上述的部署似乎并没有全部付诸实施。

对波兰军队部署的思考

如果说波兰的作战企图不是想"保护一切"，或者更确切地说，是不想主动放弃任何东西，那么很难解释它的这种兵力部署的企图是基于什么。这种愿望通常会使较弱一方归于失败。仅仅几年之后，希特勒也重蹈波兰的覆辙，显然是他没有认真汲取波兰的教训。

波兰在作战形势上的困难显而易见，这一方面是因为德国可以利用边界的优势对波兰实施两面、后来甚至是三面攻击；另一方面是由于波兰在兵力上处于劣势地位。尽管如此，波兰统帅部仍极力要"保护一切"，这只能说明他们面对心理和政治的束缚，很难考虑军事上的现实。

除了毕苏斯基元帅和很少几位客观的政治家之外，在波兰没有一个人能深刻认识到波兰所面临形势的危险性，而这种形势完全是由于波兰对其邻国苏联和德国的不合理的领土要求所导致的。波兰只有 3500 万人口，其中 2200 万是波兰人，其他则为德国、乌兰克、白俄罗斯和犹太等少数民族，都不同程度地受到波兰人的压迫。

此外，在德国（和苏联）在军事上处于弱势的年月，波兰依靠与法国的结盟，一直梦想着进攻德国。他们曾设想，对孤立的东普鲁士或上西里西亚实施突然袭击。他们甚至梦想取道波森—奥得河畔法兰克福这条最短的路程，直取柏林；或者在占领上西里西亚之后，沿奥得河西岸，进军德国首都。

由于德国在东普鲁士和奥得河—瓦尔塔河河曲地带构筑了要塞工事，以及后来德国的再武装，波兰人的这些美梦虽已化为泡影，但仍然一直指望着法国会在西方同时发动攻势；因此在波兰政治家和军人们的头脑里，进攻思想并没有完全消失。波兰的上述兵力部署，尽管从总体上看是防御性的，但他们的最终意图还是等待一旦法国提供支援随即转入进攻。

此外，波兰总参谋部还不具备建筑在丰富经验基础之上、属于自己的指挥传统。一方面，波兰人的禀性喜攻不喜防。一种对过去时代充满浪漫色彩的想象，可能至少还留存在波兰军人的下意识之中。我记得有一幅雷兹－斯米格雷元帅❶的肖像画，背景是波兰骑兵中队冲锋的画面。另一方面，波兰新组建的军队是由法国人培养训练出来的。因此，他们不大可能继承快速、机动的作战方式，而是接受了法国自第一次世界大战以来由阵地战而派生出来的作战思想。

因此只能说，波兰的兵力部署除了是一种"不放弃一切"的愿望之外，并没有明确的作战思想作为其基础，充其量不过是一种面对优势之敌被迫实施防御与旧日进攻野心两者的折中。同时，他们还误以为德国人会依据法国的理论实施进攻，不久便会演变为阵地战。特别有意思的是，由此我想到临战前我们获得了一份关于波兰进攻企图的秘密报告。报告的来源极为可靠，来自波兰总统或雷兹－斯米格雷元帅身边的一个人。报告称，波兰将发动一场攻势，而且将强大兵力集中在波森省。最引人注目的是，此次进攻行动据说是根据英国的建议或者说要求进行的！在当前形势下，我们认为这则消息极不确实。可是后来，波兰确实是将其强大兵力集中于波森省，尽管他们并不认为德国对波森实施进攻是最危险的进攻方向。这个波森集团军后来在布祖拉河会战中惨遭覆灭。

---

❶ 波兰军队总司令。——译者注

另一方面，波兰方面也不乏客观理智的建议。根据赫尔曼·施奈德上校 1942 年在《军事科学周刊》上的文章，法国的魏刚将军曾建议在涅曼河、布布尔河、纳雷夫河、维斯瓦河和桑河一线后面实施防御。从作战角度看，这个建议无疑是唯一正确的方案，因为它排除了德国实施合围的可能性，同时依靠江河障碍，可以极大地提高其抵御德国装甲部队的强度。此外，这条防线大约仅长 600 公里，而从苏瓦乌基到喀尔巴阡山山口这条漫长的弧形波兰边界，长达 1800 公里。但如若接受这个建议，就必须以牺牲整个波兰西部以及重要的工业区和农业区为代价。很难想象，哪一届波兰政府胆敢冒垮台的危险，下定这样一个决心。此外，即使在战争伊始就做如此大范围的撤退，也很难确保能增强法国在西方的进攻欲望，很明显，如果将整个波兰西部让给德国，那将促使苏联立即采取行动，以确保分得波兰东部地区。

因此，正如施奈德上校所报道的，1938 年初，波兰军事学院院长库特尔热巴将军在呈送雷兹－斯米格雷元帅的一份备忘录中，提出了另一种解决方案。他指出，"波兰的战略性关键地区"不能予以放弃，它不仅包括从罗兹到上西里西亚的工业区，还包括像波森、库特诺和凯尔采这样重要的农业区。因此，他建议的展开计划是，一开始便放弃坚守走廊和瓦尔塔河西岸波森省的企图，大致与 1939 年事实上所执行的近似。为加强波兰的防御，应大范围地构筑工事体系，即东普鲁士边界南部，从格劳登茨到波森这样一段巨大的弧形，以及从西里西亚边界的奥斯特罗沃，经琴斯托霍瓦，直至切申地带。同时，这些工事还要为之后对东、西普鲁士和西里西亚实施攻击预设好"出击口"。很显然，构筑如此庞大的工事体系，已超出了波兰的能力。此外，库特尔热巴将军已认识到波兰对德国的军事劣势。对法国的支援，他也有清醒的认识。他估计，即使法国能积极给予全面的军事支援，波兰在最初的 6~8 周也要依靠自身的力量。因此，他建议在上面提到的关键地域的前沿地带实施"战略防御"，而将预备队集中在这些地域的中心，以备之后实施决定性作战。

正如我上文所说，1939 年波兰所实施的兵力部署与库特尔热巴将军的建议极为相似。只不过库特尔热巴将军建议的兵力重点是在托伦—布鲁姆贝格—格内森❶地域，而1939年则是两个兵力重点，一个在东普鲁士周围，另一个在西里西亚当面。

1939年波兰的部署，是想保护包括走廊地区和波森省的所有地区，面对德国的优势以及被合围的可能性，必然导致失败。可是，波兰如何作战才能彻底避免失败呢？

首先，必须决定，是仅仅放弃被库特尔热巴将军称之为的"战略性关键地区"，还是——由于德国从东普鲁士、西里西亚和斯洛伐克方向实施的合围——让这些战略地区与波兰军队同归于尽？这也是1943~1944年希特勒要求我坚守顿涅茨地区和第聂伯河河曲地带时，我一再向希特勒提出的一个问题。

在我看来，对波兰而言，回答是十分清楚的。无论如何波兰统帅部都必须保住波兰军队，直至西方国家的进攻迫使德国将其主力撤出波兰战场。失去了工业区，固然也就丧失了坚持长期作战的可能性，但只要保住了军队，就存在着重新夺回这些地区的可能性。无论如何都不能让军队在维斯瓦河西岸或两岸被德国合围。

对波兰来说，全部的关键问题是争取时间。决定性的防御无疑只能在布布尔河—纳雷夫河—维斯瓦河—桑河一线后面实施，同时可以将防线的南翼推进到杜纳耶茨河，以保护维斯瓦河和桑河之间的主要工业区。

居第一位的是，要排除德国从东普鲁士和西斯洛伐克实施合围的可能性。为此，在北方须利用布布尔河—纳雷夫河一线，以及维斯瓦河至莫德林要塞和维绍格罗德一线。这是一道强大的天然屏障。过去由苏联构筑的要塞工事尽管已经过时了，但它仍能提供广泛的支撑。此外，即使德国装甲部队从东普鲁士出击，兵力也不会强大。

在南方，重要的是必须扼守喀尔巴阡山隘口，以阻止德国实施大范围的合围。两项任务毕竟能以有限兵力来完成。波兰将兵力部署在布布尔河—

---

❶ 今波兰格涅兹诺。——译者注

纳雷夫河一线前方，如同将强大兵力前推到走廊和突出的波森省一样，也是一个错误。

如果按上述方式，在南、北翼侧纵深确保阻止德军的合围行动之后，就可以在波兰西部实施迟滞作战。同时必须时刻清醒地认识到，德军的主突方向可能来自西里西亚。这一方面是因为，比起波美拉尼亚和东普鲁士，这里的铁路公路网便于德军强大兵力实施快速集中；另一方面是因为，从作战角度看，经波森对华沙实施的突击是完全正面的突击，因此效率最低，也是最不可能选择的突击方向。

波军主力不应像1939年那样集中在边界附近，而应在远离边界、但能及时察觉德军主突方向的地方。同时应注意，在走廊和波森省尽量投入少量兵力，以腾出强大兵力对付德军可能自西里西亚实施的主要突击，特别是要保留足够的战略预备队。如果波兰不是长时间地沉浸在进攻的美梦之中，而是进一步扩建过去德国在格劳登茨❶和托伦之间维斯瓦河一线上的要塞，那么它至少可以延迟德军从波美拉尼亚和东普鲁士出击的两股部队的会合；同样，如果进一步巩固波森要塞，也可以极大地限制德军在该省的行动自由。

还需要提及的是，根据形势的发展，利用内线在波兰西部的北或南面实施反突击，这种思想在实际中是无法付诸实施的。这是因为，缺乏足够的空间；波兰的铁路网效率过低。此外，必须估计到，大规模的部队调动不久便会受到德国空军和装甲部队的制约。因此，唯一可行的就是在布布尔河—纳雷夫河—维斯瓦河—桑河（或杜纳耶茨河）一线后面实施决定性防御，而且要在这一线前方尽量争取时间。为此，必须从一开始便将重点放在西里西亚当面，同时确保上面提到的北、南两翼纵深的安全。

如果像我们已看到的那样——西方国家对波兰军队坐视不管，那么谁也不敢说，波兰依据上述作战方式就能最终避免覆灭的结局。不管怎么说，

---

❶ 今波兰格鲁琼兹。——译者注

上述方式可使波兰避免在边界地区被轻易击溃；如果是那样的话，波兰统帅部将既不能在维斯瓦河河曲地带实施作战，也无法在这条河的后面有计划地实施防御。

波兰只能从一开始便为争取时间而战。它所能做的就是尽量长时间地防御德国的攻击——最后退至上面提到的几条江河一线的后面，直到盟国在西方发动一场攻势，迫使德军撤出波兰。说到这里，问题已经很清楚了，波军统帅部必须对其国家领导明白无误地表明，如果西方国家不做出一旦战争爆发将倾其全力立即在西线发动进攻的保证，波兰就不能进行对德国的战争。

如果当时具有重大影响力的波军总司令雷兹－斯米格雷元帅能提出这样一个警告，波兰政府是不会不加重视的。但那就必须在但泽和走廊问题上首先做出妥协，以拖延与德国发生战争的时间。

1940年，我们的部队曾在法国缴获一封信，是西线盟军总司令甘末林将军于1939年9月10日写给波兰驻巴黎武官的。很显然，那是对波兰提出的何时能为波兰提供有效支援的回答。在信中，甘末林将军对雷兹－斯米格雷元帅说：

"在东北部，我们现役师的一大半正在战斗中。自越过边界之后，我们遇到德国人的顽强抵抗。我们取得了一些进展，但陷入了一场阵地战，面对的是预有准备的敌人，而且我们所需要的炮兵无法得到全部满足……空军自开战以来就与地面部队协同作战。我们知道，德国空军装备有相当大数量的飞机。

"因此，我所做的关于自法国动员后第15天投入我的主力发动攻势的允诺，已经兑现。更多的事，我就无法做到了。"

如此看来，波兰事实上确实曾得到法国方面的许诺。现在的疑问是，波军统帅部对这个第15日以其主力"发动攻势"的许诺是否感到满意。事实表明，这个许诺无论如何决不意味着对波兰提供快速有效的支援。

华沙将全部希望寄托于盟国的行动，对自己的力量估计过高，自以为能坚持长时间抵抗，所有不切实际的幻想必然导致波兰的最终失败。

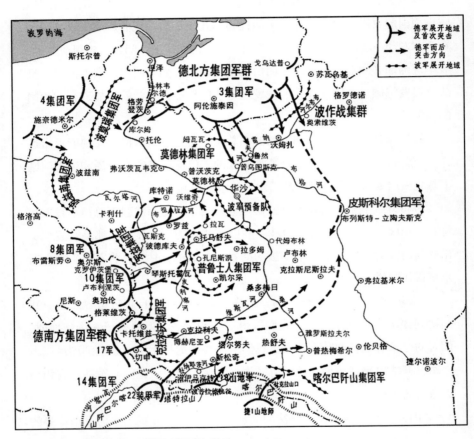

图1 德、波军的展开以及德军的进攻

第三章

南方集团军群的作战

集团军群司令部在尼斯；最初的几小时；最初态势；我们的作战设想：将敌人阻止于维斯瓦河前方，使其无法在维斯瓦河后方构建新的防线；第14集团军经加里西亚渡过桑河；第10集团军对维斯瓦河的突破以及对拉多姆的合围；一次滑稽的造访；第8集团军的危机；布祖拉河会战；一次歼灭战；对第一次世界大战的回忆；占领华沙；因与苏联划分分界线讨价还价而引发的最后战斗；怀念；德国取得"闪击作战"胜利的秘密；在华沙的阅兵式；东方集团军群司令；寻找我们的民政管理领导；终结

在集团军群司令部

1939 年 9 月 1 日拂晓，我们的部队越过波兰边界，当然我们集团军司令部还是在尼斯的圣十字架修道院。这座修道院是一个培养天主教传教士的机构，是个远离城区的深宅大院，特别是因为它还有一些简单的教室和宿舍，因此对于一个在战争中的高级司令部来说，简直是再合适不过的环境了。大院里的人和我们隔壁而住，他们已习惯了的斯巴达式的生活，也在一定程度上影响了我们；尤其是我们的司令，尽管他的家庭在慕尼黑开有一家啤酒厂，但似乎不想娇惯我们。我们吃的东西像士兵一样，没有什么特殊的。每天由野战炊事班做的汤还算可以，可是晚饭除了军用面包就是硬香肠，实在有点吃腻了，对于那些上点年纪的先生来说，要想嚼烂这些硬东西还真不是件容易的事。幸运的是，修道士们常给我们一些色拉，或把他们菜园里的蔬菜送给我们。有时在夜间，修道院院长也会与集团军司令及其身边的人小聚，绘声绘色地向我们讲述传教士在异国他乡进行艰

辛的传教故事。我们很喜欢听，它可以使我们研究棘手问题时的焦头烂额得到短时间的放松。

随着 9 月 1 日黎明的到来，这种聊天闲谈也宣告结束。作战占用了我们所有的时间。每当我们很早就各就各位时，是为一种感觉所驱使，并非实际需要，因为我们总感到我们的部队已与敌人接触，我们必须时刻做好准备。要接收到所属各集团军的重要消息，还要过几小时。每一个在高级司令部中工作过的人都知道，在这几个小时里，一切都在进行之中，只能静候形势的自然发展。

到过前线的军人都曾体验过发动攻势前的极度紧张。排长盯着他的表一秒一秒地转动，直到发起冲击的时刻。但是，这一时刻一经到来，前线上的战士便将其全部身心投入作战，其他一切便会忘得一干二净。然而在司令部，这意味着紧张的等待时刻的开始，级别越高越是如此。不断询问下级的进展情况，肯定不为下级所喜欢，也容易引起恐慌。最好还是静候。俗话说"坏事传千里"，但就军事事件而言，这句话并不十分确切，这是一条老经验。当一切都十分顺利时，消息通常很快会传到后方；而当进攻受挫时，前线往往会陷入死寂，这或许是因为通信渠道受阻，或许因为是在等待好消息到来后再向上报告。

只是收到第一批报告后，不管是好消息还是坏消息，紧张的精神才能消除。此时，我们一直还在等待！我们为之做出巨大付出、在极短时间内组建的部队，是否能不负我们的期待？尤其是在组织和应用方面可称之为全新的大型装甲部队，能否满足其创建者古德里安将军以及我们的愿望？德军统帅部特别是我们集团军群司令部能否取得全胜？能否将波军歼灭在维斯瓦河前方，从而避免两面作战的危险？对这一系列问题，我们在那最初缥缈不定的几个小时里，一直在急切地等待着答案。

最初态势

按照陆军总司令部的计划，是要从东普鲁士和西里西亚出发，对波兰军队实施大范围的合围作战。其中，北方集团军群将波军逐出走廊，建立波美拉尼亚与东普鲁士的联系后，就可以在维斯瓦河后面立住脚跟，对位于维斯瓦河大河曲地带的波军主力背后实施攻击。

南方集团军群的任务是，尽量以其从西里西亚出发的两个集团军（第10、8集团军）迫使波军在维斯瓦河河曲地带进行战斗，阻止其撤到维斯瓦河—桑河一线后方。要想做到这一点，第10集团军的装甲部队以及紧随其后的步兵师，就要击溃在边界附近展开的波军，先敌到达登布林至华沙的维斯瓦河上的渡口。此外，经加里西亚向前推进的第14集团军应以最快速度到达桑河，并渡过该河。如果波军企图撤到桑河和维斯瓦河后面再进行决定性的抵抗，那么该集团军便可从南面将波军的江河防御彻底摧毁，并在波军背后纵深与从北面开来的北方集团军群东翼建立联系。这样，对第14集团军必定大有益处，因为它伸向斯洛伐克深远纵深的右翼，可以立即对在克拉考周围地域集结的敌人构成威胁，从而瓦解波军在加里西亚西部的顽强防御。

南方集团军群司令部就是从这个作战思路出发，指挥在波兰的作战。它一直争取的目标是迫使波军主力在维斯瓦河东部决战，并力争将其歼灭。同时，还有一种可能性必须估计到，即波军可能撤到桑河—维斯瓦河一线后面之后，方才进行决战。

按先后顺序描述这次作战，固然能够反映此次"闪电作战"的基本内容，但我只想对其最重要的阶段做一概略性的介绍。这些阶段有时是按时间顺序，有时则是同时加以介绍。主要内容是：

第14集团军在边界进行的艰苦作战，以及在加里西亚对溃败之敌的追击，直至伦贝格❶，并渡过桑河；

第10集团军对维斯瓦河的突破，以及拉多姆合围战；

布祖拉河会战，此次会战中，第8、10集团军在集团军群司令部直接指挥下，歼灭波军集群的强大兵力；

---

❶ 今利沃夫。——译者注

对华沙的进攻以及最后的战斗。德国政府经与此间进军波兰东部的苏联反复磋商，签署协定。苏联于 1939 年 9 月 17 日越过波兰东部边界。

第 14 集团军经加里西亚的开进

第 14 集团军的第一个目标是，合围可能在加里西亚西部科拉考周围地域的强大波军。该集团军从上西里西亚，经摩拉维亚的奥斯特劳地区，径直向喀尔巴阡山开进；如此深远的推进意味着已经拉开了合围波军的序幕。

同时，第 8 军（军长布施将军，下辖第 8、28 步兵师和第 5 装甲师）首先突破位于东西里西亚的波兰坚固边境要塞工事，之后沿维斯瓦河北岸向科拉考推进。

第 17 军（军长基尼茨将军，下辖第 7、44 步兵师）出摩拉维亚，沿维斯瓦河南岸向科拉考推进。

另外两个军的任务是，从翼侧和背后攻击位于科拉考地域的波军。其中，第 22 装甲军（军长冯·克莱斯特将军，下辖第 2 装甲师和第 4 轻型师）从被喀尔巴阡山西麓分割的奥拉瓦峡谷出击，从南面向科拉考突击。

第 18（山地）军（军长拜尔将军，下辖第 2、3 山地师）从塔特拉山出击，通过波普拉德峡谷，经新松奇，向博赫尼亚（塔尔努夫西部）实施突破，以便从背后对科拉考的波军构成威胁。再向东，还有后来被陆军总司令部释放的斯洛伐克军队，也通过第一次世界大战中著名的杜克拉隘口，向前突击。后来，又有英勇善战的巴伐利亚第 1 山地师和两个预备役师参加了对波军翼侧的合围。

第 14 集团军的最初战斗，尤其是第 8 军突破波兰边境要塞工事十分艰苦。但是，这场边界会战通过出喀尔巴阡山实施的包围行动，已在作战上基本达成其目标。由于加里西亚西部的波军觉察到所受到的威胁而主动撤退，合围科拉考波军集群的企图因此没有全部实现。尽管如此，大部分波军还是在初战中便被击溃，在之后的追击中，第 22 装甲军将溃逃的敌军超越。该集团军指挥其右翼第 17 军和山地军，到达并占领伦贝格和普热梅希尔要塞。向加里西亚东部溃逃的敌军以及那里的波军预备役部队，未能逃向罗马尼亚，被第 17 军和山地军歼灭。集团军左翼的装甲军、第 8 军和由集团军群配属的第 7 军，在桑河上游和维斯瓦河交汇处渡过桑河。在对顽强防御之敌的艰苦战斗中，又击溃大批敌军，其中有从华沙和从北方集团军群方向赶来的敌军；同时到达维斯瓦河一线，深入该集团军群东翼已突入波军背后纵深。

为歼灭这一地区和桑河东岸的残敌，虽然还须继续作战，但 9 月 15 日随着伦贝格和普热梅希尔的占领，追击已基本结束。

第 10 集团军对维斯瓦河的突破以及
对拉多姆的合围

第 14 集团军除了担负歼灭向加里西亚西部开进的波军任务之外，还要对溃逃波军实施追击，以阻止波军在维斯瓦河后面建立新的防线。从西里西亚出发的另外两个集团军的任务是，尽量迫使波军在维斯瓦河前面实施决战。同时，编有装甲师的兵力较强的第 10 集团军担负向维斯瓦河突击的重要任务；而兵力相对弱小的第 8 集团军则负责掩护此次作战的北翼，抗击可能来自卡利什—罗兹和波森省的波军。

第 10 集团军由上西里西亚出击，其左翼从克罗伊茨堡出发，四个军部署在第一线。从右翼开始的顺序为：第 15（摩托化）军（军长霍特将军，下辖第 2、3 轻型师），第 4 军（军长冯·施韦德勒将军，下辖第 4、46 步兵师），第 16 装甲军（军长赫普纳将军，下辖第 1、4 装甲师，第 14、31 步兵师）。第二线为第 14（摩托化）军（军长冯·魏特海姆将军，下辖第 13、29【摩托化】师和第 1 轻型师）。

在集团军后面跟进的是集团军群预备队第 7 军（军长冯·朔贝特将军，下辖第 27、68 步兵师）以及第 62 步兵师。

第 8 集团军的两个军——第 13 军（军长冯·魏克斯将军，下辖第 10、

17 步兵师和【摩托化】近卫师）和第 10 军（军长乌勒克斯将军，下辖第 24、30 师）做纵深梯次配置，向罗兹方向推进。也有两个师（第 213、221 师）作为集团军群预备队，在该集团军后跟进。

当各集团军在 1939 年 9 月 1 日凌晨越过边界之后，不久便发生激烈战斗，波军被击溃。波军是否会在维斯瓦河前方实施决战，或者是否为争取时间而战，还是将其兵力撤至维斯瓦河后面，这在最初几天都是个谜。无论如何，情况表明，波军在凯尔采、拉多姆和罗兹周围的维萨山地带，正集结强大的兵力集团。

在最初几周，对于战斗具有决定性作用的因素可能有两个，这是在此次战局中首次出现的。

第一，我装甲部队在撕开波军防线后，一直突入波军深远纵深，为能与装甲部队保持同步，步兵师也必须竭尽全力紧随其后；

第二，在德国空军的攻击下，波军空军已几乎被全歼，其指挥、通信和运输网也已瘫痪。因此，波军已不可能对作战实施统一指挥。

根据当前的敌情，集团军司令部决定，赋予第 10 集团军两个目标。右翼集群（第 15【摩托化】军和第 4 军）——集团军群还将前调第 7 军（后归第 14 集团军指挥）随后跟进——对正在拉多姆周围集结的波军集群实施攻击，并将其歼灭。左翼集群由第 16 装甲军、第 14（摩托化）军和第 11 军组成，在第 8 集团军从西面对罗兹附近的波军实施攻击时，左翼集群应负责切断波军向华沙的退路。

在执行这些任务的过程中，第 10 集团军首先在维萨山地森林将拉多姆的波军集群击溃，第 15（摩托化）快速军则插入该股波军和位于维斯瓦河渡口奥帕托夫、登布林波军的中间地域，北部集群的第 14 摩托化军将该股波军撤向华沙的退路切断。9 月 9 日，形成了对波军一个集团军的合围，这是此次战争中的首次合围！战斗一直持续到 9 月 12 日，这不仅是因为位于凯尔采—拉多姆地域的波军抵抗异常顽强，而且因为被合围的波军不断试图突破合围圈，但他们并未能改变其被歼的命运。

战斗结束时，共俘虏波军 6 万，缴获火炮 130 门，歼灭波军 7 个师。即使波军侥幸逃到维斯瓦河彼岸，也逃脱不了被歼的命运。因为，在拉多

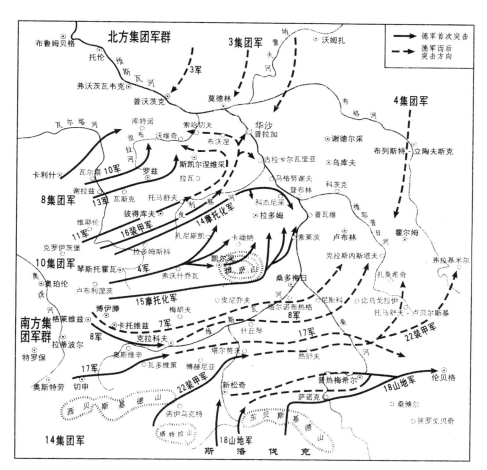

图2　南方集团军群在波兰战局中的作战

姆会战结束的这一天，第14集团军的第1山地师已到达伦贝格城郊，集团军左翼早已渡过桑河下游，从而彻底打破了波军企图依托维斯瓦河实施防御的计划。

此间，第10集团军左翼集群的第16装甲军已到达华沙以南的维斯瓦河渡口戈里亚卡尔瓦里亚，一个装甲师已突入华沙的西南郊。但对于这样一个预先构筑有防御工事的大城市来说，该师兵力显得有些单薄，因此被迫撤回。但该师的行动至少封锁了华沙通向西部的道路。

集团军群司令部有人造访

正当我们的集团军渡过桑河和维斯瓦河之际，集团军群司令部转移至卢布利涅茨，这是很早以前德国重骑兵的一个军营驻地，当时的军队官兵并不喜欢这个地方。这次，我们的大本营驻扎在一所聋哑学校里，但这不是说我们也成了聋哑人。恰恰相反，我们了解部队的一切动向，同时也敢于如实地向上级汇报我们的企图。但这并不意味着，在波兰战局中，我们在一些基本问题上与陆军总司令部不相一致。当然，双方在一些观点上也时不时地产生分歧。冯·龙德施泰特大将最反感的是上级以某种形式对其集团军群的指挥进行干预。

聋哑学校的建筑自然是不怎么隔音的。因此，我们情报处官兵的声音可以传到很远的地方，没有人要求他们压低声音。于是，我们整个驻地对敌情都一清二楚。但是，更能说明他们精明能干的一件事，是我们在卢布利涅茨受到的一次奇特的访问。一天，一位著名的电影女演员和一位女导演突然出现在我们面前，随行的还有一个摄影组。这位演员声称，她是"追随元首的足迹"，受希特勒之托来前线拍电影的。对这种活动，而且是一个女人搞的活动，军人是十分厌恶的。但这是希特勒委托的事，无法拒绝。

这位女演员漂亮动人，胆大泼辣，像一个时髦的女游击队员，她的服饰大概是从巴黎购置的。美丽的长发披在双肩，引人注目的脸蛋上有一双离得很近的眼睛，看上去很像一头发情的狮子。她上身着类似古罗马时的短袖束腰内长袍，下身穿着马裤，脚蹬一双高腰软皮靴。腰间的皮带上挂着一把手枪，皮靴上端还插着一把匕首。我们司令部的人员面对这么一位打扮怪异的人物，还真不知道如何是好。我首先把她领到龙德施泰特那里，让她向总司令说明来意。总司令异常殷勤地接待了她，但没多久就又把她交给了我。我只好让她"开始营业"。于是，她以嘶哑的声音开始在我们的情报处做起了宣传。

　　一个很能干又很滑稽的巴伐利亚军官受命接待她们，但他没有按照我的吩咐，阻止她们到前线去。他对她们那引起骚动的装束似乎视而不见，板着面孔，一本正经地处理了此事。他按照正规程序接待了这些女士，要求她们停止活动，检查她和摄影组的证件。然后，他拿起电话，叫一个医生过来。他放下话筒，对他们说："诸位必须首先打预防针，我已经通知了一位医生。请把您们的衣服脱下来！"女士们并没有发火，只是笑，但拒绝打针。只有那些倒霉的随行男士老老实实地挨了一针。最后我们的情报处将这些不速之客送到了冯·赖歇瑙将军那里，因为赖歇瑙将军认识她们，这几位女士也算找到了可靠的保护人。于是，她们及其随行人员驱车前往第10集团军司令部所在地科斯基。然而，没多久她们又回来了。原来在科斯基发生了激烈枪战，当地的居民也参加了战斗。当时广场上聚集了很多人，而且不知因为什么引起一阵骚乱。当我们的一位高炮军官到达那里时，因精神过度紧张，他竟命令胡乱向群众开了枪，造成多人伤亡。摄影组目睹了这一令人遗憾的场面，我们的那些女客人吓得浑身发抖，立即逃离了那里。那位高炮军官因此立即被冯·赖歇瑙将军授命组成的军事法庭剥夺了军衔，并以故意枪杀罪判处数年监禁。这件事表明，对于此种事件，陆军指挥机构会立刻采取措施予以严惩。但后来，特别是苏联战局开始以后，希特勒在对待关系到居民的事件时，通常把陆军法庭撤到一边，不让其参与。

布祖拉河会战

　　拉多姆地域的战斗正在进行，并已显出获胜的迹象；而此时在集团军群北翼，波军通过一次反突击重新夺得主动权，使这里的态势引起普遍关注。

在此次战局的头九天，一切都按部就班，进展十分顺利，所以大家都认为不会再发生什么致使作战中止或改变计划的意外。但我在这几天里一直忐忑不安，总觉得集团军群北翼要出点什么事。尽管我们已经确定，波军已在波森省集结了强大兵力，但敌人并未行动。于是我于9月8日和9日多次提醒第8集团军参谋长，必须注意其北翼的侦察。我们与陆军总司令部一直就波森的波军滞留不动的问题进行商讨。9月9日，陆军总司令部的一份电报称，波森的波军正以最快的速度向东运送兵力，因此不必再为第8集团军纵深翼侧的安全担忧。但是，在维斯瓦河以南，在罗兹与华沙之间地域，波军还有大约10个师的兵力，令我们放心不下。

前文我已经说过，集团军群计划命第10集团军切断位于罗兹的强大波军集群（5~6个师）撤向华沙的退路，同时第8集团军从西面对这股波军实施攻击。此外，该集团军原本成梯次配置掩护集团军群北部翼侧的任务依然不变。

尽管如此，第8集团军还是将主要精力集中于第一项任务，对于掩护集团军群北部翼侧安全的任务有所懈怠。9月10日晨，该集团军报告，他们的第30师受到来自北部强大波军的突然袭击，形势十分危急，集团军的多次反突击均告失利。但他们还是希望阻止波军的推进，为此将它的两个军的正面转向北，构成一道防线。该股敌军十分强大，估计是从波森省撤出来的主力。集团军要求尽快前调一个装甲军，阻止波军向南对罗兹的突破，该城已于9月9日被德军不战而夺得。

然而，集团军群司令部并不想为实现第8集团军重建防线的企图予以增援。他们认为，即使局部发生危机，甚至可能是很严重的危机，但对作战全局并无大碍。相反，它为我们提供了一个取得重大胜利的机会。因为，既然眼前波军的强大兵力正在维斯瓦河西岸作战，那么如果德军处置正确，就能将其全歼。

于是，集团军群司令部拒绝了第8集团军要求增派装甲军的要求，转而开始准备合围这股波军。随第8集团军跟进、作为集团军群预备队的两个师，正从西面开来，可以对从北面对第8集团军实施攻击的波军西部翼侧构成威胁。另一个轻型师也将从即将结束的拉多姆会战中撤出，参与上述行动。集团军群司令部主要是想迫使波军掉转方向，与第8集团军实施决战。为此目的，集团军群司令部决定，命令位于华沙南面的第10集团军的第16装甲军以及随后跟进的第11军，立即向西突击，从东面参加第8集团军的会战。第8集团军的任务是，首先抵挡住波军不断的攻击，一旦感到波军攻势减弱，便转守为攻。

从这几天冯·龙德施泰特大将和我对第8集团军视察所获得的印象（有一次希特勒也在），促使集团军群司令部决定直接指挥这次作战。第10集团军的两个军由冯·赖歇瑙大将亲自指挥，从东和东南面进攻；第8集团军指挥它的两个军向北面进攻，并从西面将波军包围。最后，北方集团军群第3军从北面渡过维斯瓦河，攻击波军背后，形成对波军的全面合围。在会战过程中，发现一大批波军沿维斯瓦河向莫德林要塞退却，集团军群司令部遂将第15摩托化军从拉多姆地域调来，用以切断波军的最后退路。

波军进行了顽强抵抗并企图突围，首先向南，接着向东南，最后向东实施突围。9月18日，波军的抵抗最终被粉碎。至9月20日，第10集团军报告俘虏波军8万，缴获火炮320门、飞机130架、坦克40辆。第8集团军报告俘敌9万，缴获大量作战物资。波军9个步兵师、3个骑兵旅以及10个师的一部在此次会战中被歼，这么大的数字是我们没有预想到的。

布祖拉河会战是波兰战局中最大规模的一次作战行动，尽管它对整个战局并不具有决定性意义，但可算是此次战局的顶峰。所谓具有决定性意义的作战是一次更大规模的包围行动，即北方集团军群从北面，第14集团军从南面，将全部波兰军队包围。不管波军最高指挥是想在维斯瓦河河曲实施最后一次大规模反突击，以改变其命运；还是企图为维斯瓦河南岸的波军打开一条撤向华沙的道路，波兰军队的命运都已经注定。

尽管与后来苏联战局中大规模的合围战相比，布祖拉河会战只不过是小巫见大巫，但它是当时最大的一次合围作战。这次合围战并不是按事先计划利用强大装甲部队突破敌人防线之后进行的，而是敌人在反突击行动中意外提供给我们的巨大机会。

一段往事

为能保证第 10 和第 8 集团军在作战上的统一，集团军群司令部移至凯尔采。冯·龙德施泰特大将和我对这个地方十分熟悉，目前两个集团军正在此地作战。第一次世界大战中，龙德施泰特大将曾任华沙总督的第二参谋，因此他对几乎整个波兰都很熟悉。我在 1914 年晚秋作为第 2 近卫预备役团的副官，随团从上西里西亚向维斯瓦河开进，在维斯瓦河要塞伊万格罗德（现在的登布林）进行了一场艰苦作战，最后撤到上西里西亚边界地区。现在第 10 集团军正在作战的地域维萨山，以及维斯瓦河低地，都深深地印在我的脑海里。

当我们从卢布利涅茨向凯尔采开进时，途经科托维采战场。我曾于1914 年 11 月 16 日夜间在这个战场上身负重伤，多亏勇敢的战友把我从战场上救出来。那是件多少有些惊险的往事。我们团所在的第 1 近卫预备役师当时是随冯·沃伊施元帅指挥的军由维斯瓦河向上西里西亚边界撤退。完成撤退后，我们等待着优势之敌的进攻，仅在我们团的正面估计就有两个高加索军的部分兵力。后来在第二次世界大战中，因不堪忍受苏联的野蛮压榨，高加索人民完全倒向我们这一边，但当时高加索军算是沙皇军队的精锐部队。就是在这种形势下，1914 年 11 月 16 日夜间突然传来马肯森在库特诺取得胜利的消息。同时，我们还从截获的俄军电报中获知，敌人似乎因这次失败正准备从我们的防线正面撤退。根据师的命令，每个团都组成一个营规模的追击支队，对准备撤退之敌实施追击。我虽是副官，也请求团长准许我参加这个临时组成的营。平时有点粗暴的冯·克拉默上校用低沉的嗓音说道：去吧！遗憾的是，事情完全不是我们所想象的那样。我们截获的电报是假的。俄军根本就没打算撤退。我们的营在科托维采误入一个敌军阵地，但它只不过是敌人后卫的一个阵地，于是我们决定对这个阵地实施攻击。当时我们大家十分崇敬的营长冯·巴塞维茨少校、我，还有旗手冲在最前面。当我们就要到达敌人的战壕时，俄军突然出现了。但他们并不是举起双手向我们走来，而是高喊着"乌拉"，端着刺刀冲过来！在与敌人的扭打中，我中了一枪，应声倒下。我的对手扑在我身上，正准备把我弄死的时候，被正从我们身边经过的一名掷弹兵打死。但与此同时，第二发子弹又击中了我的膝盖。这时，巴塞维茨也向我喊道，他也受了伤。两名掷弹兵准备将他抬回去，但三人在半路上都中弹牺牲了！我们的旗手连同军旗也消失了！后来发现，旗手身负重伤，倒在俄军的战壕里。一名士官把军旗抢救出来。我当时一点也动弹不得，两名战友把我抬了回来。当早晨到达我们的团司令部时，团长出来迎接我，对我说："您真是捡了一条命啊！"当25年以后的今天再看到我们曾经战斗过的战场时，所有往事都浮现在眼前。冲击中的营，飘扬的军旗，夜间枪口喷出的火焰，敌人的炮弹在坚硬的公路上爆炸的轰鸣声，一幅幅场景历历在目。但是，使我更为怀念的是在那一刻冒死抢救我的战友。

在这次行程中，我还经历了另一件事。在经过琴斯托霍瓦时，冯·龙德施泰特大将和我参观了这里的教堂。在这所教堂里陈列着著名的"黑色圣母像"，波兰人将其奉为圣像。无数的蜡烛闪烁着温暖的光芒，空气中散发着蜜一般的香气，在金光璀璨的圣坛前，跪着无数虔诚的朝拜者，从昏暗中时不时地发出一声幽灵般的祈求声。这是一个民族在为胜利祈祷，母亲在为她们的儿子祈祷；而我们的人民也在为胜利祈祷，天下人都在这样做！

在凯尔采，我们将司令部搬入当时波兰的亲王宫殿。尽管这里长时间以来被波兰省长作为其办公地点，但昔日的辉煌依然不减。高大的墙上有许多深深的窗龛，透过窗龛可以看到围绕宫殿四周的城区，美丽的屋顶、拱门和烟囱向人们展示着往日的豪华和光彩。

在一间用我们司令部的小厅当作餐厅的房间里，挂着一幅雷茨－斯米格雷元帅的大型油画，他是毕苏斯基元帅的继任者，被奉为现代波兰人的象征。他手握银质元帅权杖，威严庄重，傲视群雄，背景是向敌阵冲锋的波兰骑兵。他用自信和高傲的目光注视着我们。此人现在在想什么？由他指挥的军队的命运已经注定，至少在布祖拉河会战的那几天已注定其军队必败无疑。由他领导的国家已近崩溃边缘！事实证明，他并不是一个英雄。不久，他便撇下他的军队，只身逃往罗马尼亚。

占领华沙

布祖拉河会战之后，为阻止部分波军从莫德林要塞向华沙逃窜，在莫德林南部的森林地带又进行了一系列战斗，歼灭了最强大的敌军集群。接着，集团军群奉命夺占华沙。集团军群一部分兵力已向西调动，然而直到此时，法、英两国对我们突然歼灭其波兰盟国军队仍然无所作为，置之不理。

集团军群司令部事先向陆军总司令部报告，9月25日前无法完成进攻华沙的兵力准备。我们是想调集所有的集团军群重型炮兵，包括加里西亚的第14集团军，参加这次进攻行动。

然而，当9月17日苏联也加入对波兰的战争，并将维斯瓦河定为两军的分界线之后，希特勒开始急欲占领华沙。他命令，华沙必须于9月30日前占领。政治领导要求将军们取得一场胜利，尚属正常；但连对取胜的时间都要定死，无疑超出了常规。

集团军群司令部希望在进攻中尽量减少伤亡，不希望仅仅为了一个预定的日期而付出无谓的牺牲。必须进攻该城的理由是，波军拼凑了一个集团军的兵力进行防守，而且波军最高统帅扬言要不惜一切代价守住该城，直至战到最后一个人。

集团军群司令部深知，在这种前提下不可能实施突袭；但也必须避免在这样一座大城市里进行巷战。因为这不仅会使进攻部队，也不可避免地使居民遭受重大伤亡。

于是，集团军群司令部决定，奉命执行夺占华沙任务的第8集团军大致沿围绕城市的环形线，对该城实施严密包围。然后，通过炮击、轰炸迫其投降。即使仍达不到目的，也会因缺粮、缺水而不攻自破。需要指出的是，集团军群司令部早已成功地阻止过希特勒要轰炸该城的企图，因为当时实施空袭不仅与整个作战行动没有直接联系，也不可能给作战带来益处。然而，现在空袭的条件均已具备。

9月25日，开始对城市外围、军事支撑点和重要的补给设施实施效力射击。同时，为形成预定的合围，局部进攻也开始了。9月26日，向城内投掷传单，指出德军即将对该城实施轰炸，要求守军投降。而波兰部队继续顽抗，遂于当日晚开始轰炸。

9月27日中午，我昔日的第18师刚刚攻占两个外围堡垒❶，当冯·龙德施泰特大将和我正在该师视察时，听到波军要求投降的消息，我们立即停止炮击。

9月28日，波军总司令和德军第8集团军司令布拉斯科维茨大将在降书上签字。降书规定，对居民和敌军伤员立即实施抢救；对英勇作战的波方军人荣誉应充分予以维护；军官可保留军刀，士官和士兵在战俘营办理必要的手续之后，便可获得自由。

根据波兰权威部门的统计，华沙投降的人数共计12万！

波兰将军在降书上签字时说道："轮子还在转动。"这句话没有错，但后来他的祖国的命运并不是他所期望的。

桑河和维斯瓦河以东的最后战斗

虽然在布祖拉河会战和占领华沙的战斗中，已将在维斯瓦河前方的波军主力歼灭，但在第14集团军作战地域的加里西亚和桑河下游，仍与一些波军集群发生多次战斗，有些还很激烈。同时，第10集团军以一个军的兵力在登布林附近及其东部，渡过维斯瓦河，向卢布林突击。战斗中，突然接到统帅部的指令，要求将刚刚向第14集团军投降的伦贝格交给苏军，整个集团军群撤到由里宾特洛甫与苏联划定的分界线后方。这条分界

---

❶ 在这次行动中，第51步兵团的施泰因哈特中尉和施托尔茨少尉成为荣获骑士十字勋章的首批德国军人。——作者注

线从乌佐克山口至普热梅希尔，然后沿桑河和维斯瓦河，直到华沙北部。这样，集团军群在桑河和维斯瓦河畔的全部战斗等于白费，而苏军却坐收渔利！要退到桑河彼岸，必须首先中止与波军集群的作战，该集群有 2~3 个师和 1~2 个骑兵旅，作战异常顽强，他们对总体形势全然不知。现在他们转入进攻，企图阻止我第 7、8 军向桑河彼岸的撤退。德、苏两国政府一直在讨价还价，使得我们与波军在此再次发生激烈战斗。到 10 月 1 日，两国对分界线又做了新的调整。卢布林省再度归德国占领。于是，第 14 摩托化军再次渡过维斯瓦河。最后一支在维斯瓦河畔躲避苏军的波兰军队向第 14 军投降。

波兰战局结束了！

南方集团军群在作战中，俘获波军 52.3136 万人，缴获火炮 1401 门、机枪 7600 挺、飞机 274 架、作战车辆 96 辆，以及无以数计的其他作战物资。波军由于英勇作战，甚至在毫无希望的情况下仍然坚持战斗，付出的代价自然很高。

我集团军群的损失为：

军官：死 505 人，伤 759 人，失踪 42 人；

士官：死 6049 人，伤 1.9719 万人，失踪 4022 人。

怀 念

当我列举这些伤亡数字时，我想起一些为取得此次战局胜利而献身的人，他们在文中虽少有出现，但想起他们仍令人悲痛不已。我想在此举出三个人，他们的死深深地触动了我。

原陆军总司令冯·弗里奇男爵大将牺牲在华沙城前。他于 1934~1938 年创建了德国新型军队。当有人策划一场阴谋要除掉他的时候，面对卑鄙无耻的流氓，这位品德高尚的人说道："恶人终有恶报 **❶**"。普鲁士的传统根植于他的心中，军人的义务不允许他用亲手创建的军队与国家对抗。后来我听说，战争爆发时，冯·弗里奇大将在与当时的总参谋长贝克大将告别时，低声说道："我再也忍受不了这样的生活了。"他对生活的绝望也反映在他死前的最后一句话中。子弹击穿他大腿的动脉，当他的副官为他包扎时，他说道："不用了，已经没用了。"

　　我最老的朋友摩托化步兵团团长威廉·迪特里希·冯·迪特富尔特上校，也在拉多姆会战中牺牲。我们俩自幼结交，一同成长，我们 12 岁时，一起进入普伦士官学校，成为莫逆之交。他的好朋友都叫他迪科，后来他继续留在普伦上学，成了普鲁士王子奥斯卡的同学，我则进了利希特费尔德重点士官学校。四年后，我们都晋升为少尉，一起被分到第 3 近卫团，在同一个营服役。我们在普伦结下的友谊日益加深，朝夕相处，形影不离。他以及他的死使我终生难忘。

　　迪特富尔特是我结识的朋友中最讨人喜爱和最和蔼可亲的一个。他个子高高的，聪明机智，喜欢一切美好善良的东西。还在他年轻时，就表现出少有的稳健与平和。人们从他身上可以找到充满爱意与和睦的家庭给他的良好性格和品质，这使他享用一生。与他的父母和姐妹在一起，是特别使人高兴的事。几年后，迪特富尔特被女皇选中，成为最小的王子的老师，我们再次分开。但我们仍通过频繁的书信保持联系。1913 年，他再次回到近卫团，我们又一起进入军事学院深造。但是，不久他就被任命为该团的副官，足见上司对他军事天才的器重。战争爆发后，我们再度分手。迪特富尔特作为现役团的副官，我作为预备役团的副官开赴前线。好像命中注定一样，在索姆河会战期间，我们又都以总参谋部军官的身份在第 1 集团军司令部重逢。1917 年，迪科又被调走。皇帝夫妇想起了当初他对皇太子

---

❶ 希特勒为达到攫取军队大权、将陆军总司令的弗里奇革职的目的，让人将名字只有一个字母之差的鸡奸罪罪犯弗里施（Frisch）的罪名扣在弗里奇（Fritsch）的头上。弗里奇后被贬为一个炮兵团的参谋长，参加了后来的波兰战争。——译者注

的出色教育，想再请他担负王储儿子的教育工作。这是再好不过的差事了，但对迪特富尔特来说，作为一名军人在战争中途返乡回家，是一件难以决断的事。他从来不想当一名宫廷侍官。革命爆发后 ❶，他的这一任务才算结束。此后，他又返回部队服役。在此后几年的和平时期，他先后在他的营里和团里任教官。后来，他在一次作战中身先士卒，率领他的步兵冲在第一线，不幸中弹。

在波兰战局期间，我的家庭成员中也有人牺牲。我夫人的哥哥、骑兵上尉康拉德·冯·勒施，在 9 月 9 日布祖拉河会战中被击中脊柱，身负重伤。他继承其父在西里西亚的洛岑多夫庄园，与策德丽茨伯爵夫人结婚，有三个孩子。著名的外科医生绍尔布鲁赫也未能挽救他的性命。但这位名医的医术，尤其是他亲切和善的态度，至少使勒施在他最后的几个月里减轻了不少痛苦。1940 年 3 月，我的大舅在柏林的夏里特医院去世，享年 40 岁。他的死使我们大家，尤其使我的夫人悲痛不已。他只比她大一岁，他们是一起长大的。他充满理想，不仅讨孩子们喜欢，还与庄园里的人关系密切，他是一个热情奔放的骑兵和军人。不仅家里的人怀念他，所有与他交往的人都将永远记住他。

10 月 5 日，希特勒为庆祝胜利，在华沙举行了一次阅兵式。所有在华沙城内及其周边的军队，都从观景楼到通向宫殿的林荫大道上列队通过。部队虽经艰苦战斗已疲惫至极，但士气高昂，整齐划一，给人留下良好印象。年轻士兵为能参加这次"闪击作战"沾沾自喜，自豪之情溢于言表。

遗憾的是，在阅兵结束时发生了一件令人不愉快的事情，由此可以窥见希特勒对陆军将领态度之一斑。

按计划，希特勒本应在起飞前，在机场会见参加阅兵式的部队指挥官。

---

❶ 指 1918~1919 年德国资产阶级革命。革命最终推翻帝制，建立魏玛共和国。——译者注

我们等待着他的几句感谢的话，也许并不为过。在一个机库里摆着一张桌子，这是为希特勒与指挥官们就餐准备的。然而，当他走进大厅，看到铺着白色台布的桌子和桌上的菊花时，转身就走，跑到外面的野战厨房，喝了几口汤，与周围的士兵们聊了几句，便登上飞机飞走了。很显然，他是想以此表示他的"深入士兵"的作风。但我怀疑，他的这种举动是否真能博得我们勇敢士兵的赞许。指挥官和部队一直期待着，国家元首能与我们一起共庆这一胜利。他的行为对后者是一种粗暴的侮辱，在当时的场合只能这样理解。

不久，波兰战局便被人称为"闪电战"。事实上，就其实施的速度及其结果而言，此次战局除了后来在西线的更大范围的类似作战外，确实是空前的。

但是，为了能对此做出公正评价，必须考虑到在前一章中对波兰作战前景的分析。

事实上，德国凭借开战之初的有利作战条件及其优势地位，只要具备两个前提，肯定就会赢得此次战局：

第一，为能在东线形成必要的优势，德国要在西线冒巨大风险；

第二，西方国家无法利用这一机会，为波兰提供及时的援助。

如果西方国家尽早在西方发动进攻，事情的发展就将完全是另一种样子，这是确定无疑的。当然，波军统帅部也必须具有一定的现实性，不是将其兵力分散使用，竭力去守住它守不住的东西。相反，应在战争伊始将兵力集中于关键地点，有计划地实施作战，以争取时间，将德国人拖入两线作战的困境。波军坚持到最后一个人的顽强战斗作风，本可以使波军统帅部坚持到直至盟军到达莱茵河，将德军统帅部置于是否停止波兰战局的难题面前。

这种情况——正如施利芬伯爵 ❶ 所说——可以说是劣势一方为其敌人

---

❶ 冯·施利芬（1833~1913），德国元帅，1891~1906 年任德军总参谋长，因制订《施利芬计划》而闻名。——译者注

的胜利做出了贡献。

另一方面，也必须承认，波兰战局之所以如此迅速地结束并取得如此重大胜利，除了有利的作战条件以及因敢于冒险而创造的优势之外，也归功于德国部队出色的指挥和超凡的素质。

在快速取胜这一点上，独立、大型装甲作战兵团的最新运用，以及占绝对优势的空军提供支援，起了决定性作用。但真正起决定性作用的，除了德国军人的勇敢和忘我之外，当属德军官兵所普遍具有的精神。诚然，军备的扩充应主要归功于希德勒的不懈努力，然而仅凭物质上的优势远不足以保证如此迅速地取得决定性胜利。

然而，最重要的因素是，那支从第一次世界大战的失败阴影中走出来、曾遭众人蔑视的小型国防军 ❶，是它拯救了德国军队伟大的指挥和训练传统，使其获得再生。现在的新国防军可以说是那支小型国防军的儿子，是它——或许是唯一一支军队——没有使战争蜕变为阵地战或所谓的"钢铁交易"——这是富勒将军在第二次世界大战末期对战争指导的提法。德国国防军依靠新型作战手段，在机动作战方面重新获得真正的指挥艺术。赢得胜利的秘密在于，上至指挥官、士官，下至每个士兵，都具备任何一支军队无法比拟的高度自觉。这一传统由小型国防军继承并发扬光大。新国防军光荣地经受住了第一次考验。从总体上看，陆军领导完全可以在没有外来干涉的情况下自主指挥作战；在此次战局中，军事指挥者握有指挥全权。部队进行的是一场以骑士风度实施的纯粹的军事斗争。

东方集团军群司令

10 月 3 日，冯·龙德施泰特大将被任命为东方集团军群司令。波兰占

---

❶ 指魏玛共和国时期仅有 10 万人的联邦国防军。——译者注

领区的地方行政管理事务由弗兰克部长负责，不久又归属于新成立的帝国省党部。集团军群司令部增编了一个军需处，东方集团军群司令仍负责遂行东线的军事任务。北方集团军群被调往西线。

这一安排使冯·龙德施泰特大将及其参谋部愤愤不平，怨气满腹。波兰战局的大部分作战都是由南方集团军群实施的，现在却被丢弃在波兰，而北方集团军群则有机会遂行新的大规模作战任务。此外，与隶属于一个纳粹党领导人物的管理机构共同行使占领权，也没有多少诱人之处。

我们的民政管理领导

在进攻华沙时，集团军群司令部就已移至城西郊的小宫殿。这是一座优美的具有洛可可式风格的小型建筑，一条长长的林荫道通向这座宫殿，被一座美丽的公园包围着，中间有一个巨大的池塘。在攻克华沙后没几天，我们到这里拜访未来的民政管理负责人。午餐桌上已摆好餐具。预定时间已过了一小时，主人仍未出现。龙德施泰特大将怒气冲冲地说："吃吧！不等他了。"当我们刚刚用完餐，一列车队经过小宫殿，从第一辆车上下来一个无精打采的人，满身镶金嵌银。如果是在别处的话，我们很可能把他当成一个古巴的海军上将。此人便是弗兰克先生。使我们大吃一惊的是，从其他车里下来一大批随行人员，各个身着制服。我们的这点饭菜自然不够这么多人享用。他们的饭菜端上来了，碗里装着辣味红烧牛肉，可大半碗是汤料，牛肉只有寥寥几块。我们饶有兴趣地在一旁看着，弗兰克先生仔细地挑着碗里的一块块肉，最后给他的随从们剩下一大碗调味汁。显然这就是"先公后私"原则的实际运用！饭罢，弗兰克先生起身，说要与我们的大将在宫殿前留影。他摆了一个最佳姿态，拍完照说道，他预定的时间已经到了，必须赶到柏林去见希特勒，说完就上了车，其随行人员连滚带爬匆忙跳上其他车，扬长而去。冯·龙德施泰特大将默默地看着车队远去。关于我们这位未来民政管理领导的任务，只字未谈。后来也从未提过。

此后不久，我们又搬到罗兹，这是东方集团军群司令选定的最终驻地。我曾建议他将司令部安在当初沙皇的猎宫，它位于罗兹附近一片幽静的森林中央。但龙德施泰特大将更喜欢罗兹。他本指望这里能对工作有利，结果却大失所望。虽然我们住在过去一位波兰军长的住所，还算过得去，但这个城市人口密集，到处熙熙攘攘，使集团军群司令无法忍受。为了达到运动和提神的目的，他除了到墓地散步，别无他法。墓地成了他唯一能够散步的地方。

我们的新任民政管理领导对罗兹的事务不闻不问，最后只好将我们的军需长克吕韦尔将军派到弗兰克那里。克吕韦尔将军用了很长时间找遍全国，终于在位于上西里西亚湖畔的庄园发现了弗兰克。克吕韦尔将军费尽口舌，劝说弗兰克到罗兹做一次旅游。弗兰克与集团军群司令进行了一次冷冰冰的谈话，我也在场。谈话中，冯·龙德施泰特大将说，他不能容忍党卫队帝国领袖在他管辖的范围内另设一个分政府。对此观点，事先弗兰克已有所闻。他表示毫无保留地赞同大将的意见，最后郑重其事地说道："大将先生，您知道，我是一个主持正义的人！"说完这句漂亮话，弗兰克先生便急匆匆地说，他预定的时间已经到了，他必须赶到柏林去见元首……于是，像上次一样，不一会儿就消失得无影无踪。我们以后就再也没有见到他。当我们的司令部离开这里，弗兰克的任务由握有全权的总督接替之后，弗兰克才回到波兰。

终　结

在此期间，我们的三个军被调往西线。留守的军事指挥官们只负责处理本领域的事务。最后，部队主力以及仅有的一点占领军也被调往西线，而苏军在波兰东部驻有大量军队。我们已经知道，希特勒准备不久在西线发动一次攻势。我们的任务就是保障波兰领土的安全，训练刚刚新组建的师，以及勘察地形，准备构筑一道防御东方的防线。

早在华沙阅兵时，冯·龙德施泰特大将就曾借机对陆军总司令表示过，将他的司令部作为占领军的办事机构留在波兰，是对他的一种歧视。我也对哈尔德将军表达过这个意思。最后，我的一个观点终于被首席军需长冯·施蒂尔普纳格尔将军接受。我指出，仅靠一个集团军群司令部是无法在西线实施一次进攻的。

10月15日，陆军总司令部作训处的豪辛格上校来到我们这里，带来一个上好消息，说我们的司令部将于10月末受命开往西线。我们的任务将由布拉斯科维茨大将的第8集团军接管。我也在10月21日奉命到位于措森的陆军总司令部接受西线的进军指令。

10月18日，我离开罗兹，顺便看一看我的家人，以及因重伤在布列斯劳接受医治的舅舅。

新的任务正等待着我。

第二编

1940年西方战局

摆脱了在波兰担负占领军的任务，我们的司令部于 1939 年 10 月 24 日愉快地来到西线，接管新组建的"A"集团军群指挥权。司令部下辖第 12、16 集团军，前线各师部署在靠近比利时南部和卢森堡边界，后方部队一直向东延伸到莱茵河右岸。集团军群司令部设在科布伦茨。

我们的住所选在位于莱茵河畔的大侯爵饭店，当我还是军官候补生的时候，就在附近的恩格尔斯小镇的军事学校学习。当时在我眼里，它不仅是一座优美的建筑，也是品尝美食的好地方。如今，当初那些有名的建筑上，战争痕迹清晰可辨。我们的办公室设在德意志之角 ❶ 附近一所迷人的古老建筑内，直到战争爆发，科布伦茨师师部一直设在这里。当初这些漂亮的洛可可式房屋，现在已变成没有任何陈设、光线昏暗的办公室。距房屋不远的地方，有一块由许多古树围绕的小空地，中间竖着一块有趣的纪念碑。上面刻着夸大其词的碑文，这是驻科布伦茨的法军司令官于 1812 年为纪念拿破仑的"大军"进军苏联时渡过莱茵河而树立的。在碑文下面还刻着一段碑文，大意是："获悉，照准。"这是 1814 年该城的城防司令，一位苏联将军留下的！

可惜，希特勒没能看到这块纪念碑！

根据我的提议，作训处又增加了一位出色的老总参谋部军官——冯·特雷斯科夫中校。1944 年，他因成为谋杀希特勒行动的骨干分子而遇害。和平时期，特雷斯科夫中校就在总参谋部第一处服役，是我的老部下。他是一个极富才干的军官和炽热的爱国者，机智聪明，富于教养，坦诚直

---

❶ 科布伦茨附近的地名。——译者注

率，善于交际，具有一种特殊的魅力。他还有一位聪慧美丽的夫人，是当年国防部长和总参谋长冯·法尔肯海因的女儿。在当时柏林的军官圈子里，没有哪对夫妻能比特雷斯科夫夫妻更令人羡慕。

早在作训处时，我就与特雷斯科夫关系甚密，可以说是莫逆之交。即使现在在科布伦茨，在为争取集团军群司令部在西线进攻计划付诸实施的斗争中，他也给了我极大帮助。后来在我先后担任装甲军军长和集团军司令时，都曾向陆军总司令部提出过请求，请特雷斯科夫担任我的参谋长。但我的请求遭到拒绝，理由十分出奇，说我"不需要一个如此聪明的参谋长"。然而，到了1943年春，当集团军群参谋长推荐特雷斯科夫作为我的参谋长时，我却选择了作训处长布塞将军。布塞将军同样是一位才能出众和久经考验的军官，与我共同奋战多年，我不能舍此就彼。我之所以提及此事，是因为一些接近特雷斯科夫的先生曾散布一种说法，说我拒绝特雷斯科夫担任我的参谋长，是因为他不是一个可靠的纳粹党人。凡认识我的人都知道，我决不会按照这样一个标准去选择助手。

除了超群的业务能力，在每每举行的通宵聚会上，特雷斯科夫还是一个风趣的聊侃大王，在集团军群司令的圈子里是一个特别受欢迎的人。有一次，我们要喝早咖啡，他为了逗司令和我们开心，竟端上一大碗淡菜汤。对这个有点过分的把戏，龙德施泰特只是不解地摇了摇头。

如果说，在科布伦茨的那几个月算是一个"烦恼的冬季"，是因为在1939~1940年冬季的那种不战不和的状态，即所谓的"影子战争"，法国人将其称为"奇怪的战争"❶。如果来年春季发动进攻，我们的部队还可以勉强做好准备。但希特勒打算于1939年秋发动攻势，如果不可能，就推迟到冬季。每当他那些"观象青蛙"——空军的气象专家，预报天气晴好时，他就会立即下达密令，让部队开进待机地域。可是每一次，他的那些"观象青蛙"都得从梯子上爬上爬下，因为不是大雨滂沱，地面泥泞难行，就

---

❶ 指英、法对德宣而不战的状态。英、法于1939年9月对德宣战，但直到1940年5月没有采取任何像样的作战行动。——译者注

是暴风骤雪，装甲部队和空军根本无法有效使用。于是，进攻命令一会儿下达，一会儿收回，朝令夕改，反复无常，使部队和指挥官无所适从。与此同时，希特勒对不符合他愿望的来自部队的报告满腹怀疑。一次，本集团军群报告，由于连续阴雨无法实施进攻，希特勒便派他的副官施蒙特亲自到我们这里进行视察。特雷斯科夫受命出色地完成了接待施蒙特的任务。他毫不留情地拖着这位曾在同一个团服役的老朋友，一整天地穿行于无法通行的公路、松软泥泞的农田、遍地沼泽的草地、湿滑难爬的山坡。直至傍晚回到大本营，施蒙特已累得筋疲力尽，爬不起来了。自此以后，希特勒再也不用这种方式验证我们的报告了。

这种愚蠢的朝令夕改，以及为此而白白付出的精力，使本来就缺乏耐性的龙德施泰特大将难以忍受。不久，我们的司令部便被潮水一般的文件所淹没。好在德国军队里有一条非常正确的规则，即高级指挥官不必亲自过问琐事。因此，龙德施泰特可以远离这些文件，每天早晨到莱茵河畔的林荫道做一次长时间的散步，因为我也经常运动，所以常常遇到他。即使在这种连莱茵河都结冰的严冬，龙德施泰特也一直只穿一件薄薄的雨衣。我劝告他说，这样会冻坏身体的。他却回答，他从来就没有过大衣，现在这把年纪了，也不准备再买了！实际情况确实如此。在军校学生团所受的斯巴达式教育一直影响着这位老先生。因为他，我也想起我在学生团的那段时光。每当大将散完步后坐在办公桌前，等我或司令部的其他人前来汇报时，总喜欢利用这段时间读上一段紧张的侦探小说。很多人包括名人在内，都喜欢读侦探小说。但备受我们尊重的大将觉得看这种东西有些不好意思，所以总是拉开抽屉，把小说放在里面看，一有人来，他就会迅速把抽屉推上。这与我在军校学生团时一模一样，教官一进门，我就立刻把小说塞进书桌。

有一次，为了消磨漫长的夜晚，我劝大将到部队里看电影，但没想到他对戈培尔搞的每周新闻影片厌恶至极，搞得我很尴尬。

不过，也有不少让人开心的插曲。有一次，我们在公路上碰到奥地利山地师的一个士兵。这个小伙子看上去当兵时间不长，穿一件大号军装，肩背一个小背包，腰带不是系在腰间，而是用来兜着他的小肚子，一点儿不像个当兵的。于是我拦住他，对他说："你应按规定系好你的腰带。"小伙子笑嘻嘻地对我说："谢谢您，军医先生！"那副神态看上去好像我不是在说他，而是与他私下里议论另一个奇装异服的人，逗得我们哈哈大笑。

笔墨官司也给我们带来不少乐趣。尽管陆军总司令部很少接受我们的作战思想——以后我还会提及此事——然而在一个不大重要的问题上，我们取得了一次意外的胜利。人们还记得，当时海耶将军❶为了"美化"国防军军装，为军官增加了一条多余的肩带。不久，基层军官们就模仿当时流行的一种乳罩广告，将这种肩带戏称为"胸托"。这种东西遭到彻底唾弃，是由于纳粹党及其组织也佩戴了同样的肩带。多次废除这种肩带的努力都因服装处的极力反对而失败。鉴于在波兰战局中军官伤亡的数字相当可观，陆军总司令部决定，所有前线基层指挥官直至团司令部军官一律不再佩戴肩带。这样一来，团以上司令部的军官就成了"后方牲口"❷。于是我们集团军群也要求废除肩带，但没有人理睬。接着，我们就打了一份报告，称我们已在我集团军群范围内废除了所有军官的肩带。但是，为了不抢在陆军总司令部决断前采取行动，集团军群命令所有相当于军官级别的官员仍佩戴肩带。我们成功了！三天后，束缚我们的"胸托"终于被废除了。事实说明，为了达到目的，必须善于运用正确的方式方法。

我们那个烦恼的冬季一部分固然来自希特勒的朝令夕改，部队对上级的命令也逐渐失去信任。同时，新组建师的正常训练也因此被打乱。但真正使我们感到烦恼的，或者说我们的真正忧虑是由于两个重要的现实。

第一，是一种事态，我只能用一种说法加以概括，即"陆军总司令部的失势"。事态的这种发展令我十分痛心。1937~1938 年冬季，我作为总参谋部首席军需长，以及弗里奇和贝克的助手，一直为之奋斗的就是能使陆军总司令部在未来战争指导中有一个与之相应的地位。

---

❶ 海耶将军（1869~1946），德国大将。1920~1923 年任德国国防军部队局局长，相当于总参谋长。——译者注

❷ 对躲在后方的士兵的蔑称。——译者注

第二，整个冬季，我们集团军群司令部都在为争取陆军总司令部采纳我们的作战计划而努力，这个计划，至少我个人认为，是唯一能保证在西线取得决定性胜利的计划。直到希特勒亲自介入，这个计划才最终作为西线攻势的基础。当然，这是在陆军总司令部解除我集团军群参谋长职务之后的事——原因无疑是因为我的一再催促。

这两个现实情况，即"陆军总司令部的失势"以及"围绕西线作战计划的斗争"，将作为我在这一编描述西方战局的主要背景。至于战局以后的发展，已为众人熟知，无须我在这里赘述，只是将我个人作为一个军长的亲身经历介绍给大家。

不管怎么说，"烦恼的冬季"后面将是一个"辉煌的夏季"！

第四章

陆军总司令部的失势

南方集团军群司令部被调往西线；关于陆军总司令部对西线攻势的态度；希特勒——冯·布劳希奇——哈尔德；陆军总司令部企图在波兰战局后在西线采取守势；希特勒命令发动进攻；希特勒与布劳希奇之间的冲突；希特勒 1939 年 11 月 23 日的讲话；我们能否在西线坚持防御？进攻最早能在何时发动？敌人的计划；同盟国要在 1941 年达到其优势时才可能发动进攻，此前将实施消耗战；同盟国希望德国国内变革；他们会提前发动进攻吗？面对希特勒，陆军总司令部能够保住其应有地位吗？

一般人以为，陆军总司令部或总参谋部作为陆战指导的关键部门，是从希特勒免除冯·布劳希奇元帅职务，自己独揽国防军和陆军指挥权之后才失去权力的。事实并非如此。陆军总司令部和总参谋部的失势，实际早在波兰战局开始后不久的几周就开始了，尽管表面上看一切依旧。

1939 年 10 月 21 日，我代表由南方集团军群更名后的"A"集团军群，到措森去接受西线攻势的"黄色进军指令"，回来后在日记中写道："哈尔德、施蒂尔普纳格尔和格雷芬贝格的情绪相当沮丧。"冯·施蒂尔普纳格尔将军当时任首席军需长，是总参谋长哈尔德的得力助手，冯·格雷芬贝格上校是陆军总司令部的作训处长。

从这三位先生的谈话中可以确实无误地推断出，陆军总司令部制订的战争计划是希特勒强压之下的产物。很显然，陆军的这三位首脑，也包括陆军总司令本人，对德军在西线发动攻势的思想肯定会采取断然拒绝的态度。他们并不认为战争是缔结和约的正确途径。此外，从他们的谈话中还可以推断出，他们不相信德国陆军有能力在西线取得决定性的胜利。还可以说明这一点的是，为了对进军指令进行更加深入的研究，以确认其可行性，陆军总司令及其总参谋长曾反复到集团军群视察。

对在西线发动一次攻势的目的性和取胜前景，肯定会有不同看法，尤其是在 1939 年晚秋或冬季这个时候。使我感到惊讶的是，陆军总司令部在高级指挥层的地位现在竟一落千丈。特别是它刚刚指导了一次在德国历史上堪称最辉煌的战局之后！

诚然，鉴于苏台德危机，希特勒很早就对陆军总司令部的意见不理不睬。但那时的问题完全不同于现在，那不是关乎军事指挥权的问题，而是一个政治决断问题。陆军总司令部，主要是总参谋长贝克——与希特勒的根本分歧，不在于作战指导，而是进军捷克斯洛伐克会不会导致西方国家的介入，从而引发一场两线战争，这是德国陆军无力应付的。而对这一问题具有最终决断权的是政治领导，他可以利用其政治手段防止陷入两线战争的困境。陆军总司令屈从于政治权威，固然要为此担负重大的军事责任，但在它自己的领域并没有放弃原本属于它的军事领导权。

鉴于波兰危机，希特勒和陆军总司令部之间并没有出现类似的分歧。当然我们作为局外人，也不可能听到什么。在捷克斯洛伐克问题上，希特勒对西方国家的政治判断被证明是正确的以后，我相信，当时陆军总司令部希望 1939 年秋季的情况也能如此。但是无论如何，像我们在南方集团军群的情况一样，我估计，陆军总司令部在 8 月底的关键几天里也以为，整个事态会像慕尼黑一样，最终得以政治解决。此外，除了希特勒在进军东普鲁士的问题上表示过他的愿望之外——对此，陆军总司令部也表示赞同——他对波兰战局的指挥并没有进行干预。

可是现在的情况完全不同了。虽然不可否认，波兰被打败后，战争是否继续进行以及如何进行这样一个总体战争指导问题，必须由作为国家元首和国防军总司令的希特勒做出最后决断，但是，如果准备用陆上攻势的方式来解决西线问题，就必须由陆军为主来决断是否能够，以及何时和如何完成此项任务。在这三个问题上，陆军领导无疑具有无可争辩的优先权。

但是，在这三点上，希特勒将陆军总司令部置于一个既成事实面前。9 月 27 日，他在事先未征询陆军总司令意见的情况下，向三军总司令宣布了他在西线发动攻势的决心，而且 1939 年秋，还打算破坏荷兰、比利时和卢森堡的中立。不久，他的这一决定便被写入 1939 年 10 月 9 日国防军统帅部的一份指令中。

当我从上述三位先生那里听说，1939 年 10 月 21 日收到"黄色进军指令"时，我就感到陆军总司令部对此准备听之任之了。如同以前一样，他们不赞成拟制一份进攻指令。陆军总司令部的领导们不相信能取得决定性的胜利。基于敌我双方在西线的兵力对比，这种疑虑不是没有其合理性的。

由此，我只能得出结论认为，在这种情况下，作为陆战指导权威机构的陆军总司令部准备听天由命，仅扮演一种技术和执行机构的角色。但是至少当初贝克大将和我曾建议在战时采取一种合理的领率体制。当时，我们要求只设立一个机构，作为国家元首在战争指导问题上唯一负责的咨询机构，同时将陆战指导及其战争的总体指导统一起来。至少，当战争需在陆上决出胜负阶段，应由陆军总司令负责指挥三军，或者设立一个负责的帝国总参谋长，对国防军和陆军实施指挥。但是，无论如何不能出现两个总参谋部，即一个国防军总参谋部、一个陆军总参谋部，而且前者有权干预陆军的指挥。而现在的情况正是如此。现在，希特勒和国防军最高统帅部不仅要决定陆军进行何种战争，而且也有权决定进行的时间和方式。陆军总司令部只能传达相应的命令，不管是否符合它的意图。陆军总司令部已经从一个国家元首军事顾问，降到一个只尽服从义务的下级指挥官的地位。不久，这种非正常状况的轮廓又由于组建挪威"国防军战场"变得更加清晰。

问题是，陆军总司令部何以被排挤到如此地位，答案一是由于人事问题，二是关系到波兰战败后战争如何继续进行的问题。

希特勒——冯·布劳希奇——哈尔德

事态之所以会发展到上述地步，应归咎于希特勒的性格，对权力永不满足的贪欲，以及因他所取得的不可否认的政治成功而形成的自命不凡，加之他的党徒和几个亲信的阿谀奉承更使他感到不可一世。面对在军事领域的反对者，他占据着十分有利的地位，因为他不仅是国家首脑，而且兼任国防军总司令，因此也是国防军的最高统帅。此外，他善于经常利用政治和经济的理由向其军队的对手们施压，使他们不能立即予以反驳，而对这些问题做出重要评价本来就不是军事家而是政治家们的事。但是说来说去，最重要的原因恐怕还是他的权力欲，使他在担当了国家首脑和政治领导之后，还一心要篡夺军队统帅的大权。在这一方面，1943 年我与希特勒进行过的一次谈话就颇具启发性。我曾利用一次机会说服希特勒对军事指挥体制进行合理的调整，具体说就是他放弃对军事行动的指挥权，交由一位负有全权的总参谋长负责。希特勒坚决否认他有"当统帅"的想法（尽管毫无疑问，统帅的声誉对他具有很大的吸引力）。他认为更具有决定性作用的是权力，是他独具的贯彻其意志的权威。他只相信权力，认为权力就是其意志的体现。除此之外，希特勒在波兰战局之后，害怕将军们的功劳会危及他在人民中的威望，因此在西线战局指导问题上，他对陆军总司令部从一开始就如此独断专行，这对希特勒而言也是可以理解的。

此人具有强烈的专制意志，肆无忌惮，才智过人，冯·布劳希奇将军和哈尔德将军面对的就是这样一个人。他不仅是人民公认的国家首脑，而且是这批将帅的最高军事领导。

在这种情况下，希特勒的军事对手即使换成别人，也是一场力量悬殊的斗争。

后来的冯·布劳希奇元帅是一位非常能干的军人。虽然在高级指挥官和总参谋部旅行考察中——我在冯·哈默施泰因男爵将军❶和亚当将军❷手下时也参与了这些活动——还不能完全与冯·弗里奇男爵、贝克、冯·龙德施泰特、冯·博克和里特尔·冯·勒布这些顶尖人物相提并论；但无论如何也仅次于他们。事实证明，他完全有能力指挥一支陆军。

------

❶1929~1930 年任德军总参谋长。——译者注
❷1930~1933 年任德军总参谋长。——译者注

就布劳希奇元帅的人品而论，他那高尚正派的人生态度可以说无可挑剔。他的意志力也是不容置疑的，尽管在我的印象里，他的这种意志力更多地表现为消极的固执，而缺乏创造性。他宁愿接受他人的决断，而不愿亲自做出和执行决断。他常常回避做决断，希望以此逃避他自感力不从心的斗争。布劳希奇也曾为陆军的利益做过多次勇敢的斗争，比如他曾促使希特勒为冯·弗里奇男爵大将公开恢复名誉，尽管他也知道这会招致希特勒对他的恶感。为悼念弗里奇大将的死，他颁布了一份命令，证明他的勇气可嘉。但是从根本上说，他不是一个斗士。他从来不会真正利用他的人格和地位贯彻其意志。贝克大将曾非常不满地对我说，在捷克危机之际，布劳希奇并没有完全站在陆军总司令部的立场上，而将他置于尴尬境地。但另一方面，他又不赞同像当时的驻罗马大使冯·哈塞尔先生那样一批人，他们曾指责布劳希奇在以暴力对抗希特勒的问题上犹豫不决。一个不担负重大职责的政治家（如当时的冯·哈塞尔先生）秘密制订颠覆计划，与一位陆军领导策划一场政变，是有根本区别的。因为，一场政变会在和平时期引发内战，战时则会导致外敌的胜利。

　　冯·布劳希奇元帅举止庄重，外表高雅，颇具贵族气质。他举止得体，礼貌周全，甚至是和蔼可亲，但这种亲热总使对方感到缺少发自内心的热情。他缺少那种使对手肃然起敬或至少谨慎小心的昂扬斗志，因此在人们的印象中，他不是一个富有魅力和充满活力的人。他处事一般冷静、拘谨，常常显得很矜持，也很敏感。出于对他"绅士风度"的尊重，他的这种性格也许会赢得同事的亲近，但不能获得像部队对冯·弗里奇男爵大将那样的充分信任，也难以得到像希特勒这样的人的敬佩。诚然，冯·泽克特将军比他还要冷淡，甚至到无法接近的程度，但每个人都会感到他内心有一团炽热的火，他具有钢铁般的意志，足以使他成为"领袖"。这两点在冯·布劳希奇元帅身上都是缺少的，此外他还缺少军人的那种超然大度；而正是凭借这一点，他的前任弗里奇大将赢得了军队的心——暂且不说他具有优秀军人的其他素质。

　　至于说到冯·布劳希奇元帅与希特勒的关系，我深信，他在与这位冷酷无情的具有坚强意志的人物的斗争中，内心已经疲惫了。希特勒可以利用其国家首脑的地位无所顾忌地运用一切手段；而布劳希奇，依他的才能、出身和教育程度而论，不可能用同样的手段与希特勒对垒。布劳希奇只能忍气吞声，因为他辩不过希特勒。他内心长时间地遭受着折磨，直至心脏病发作，最后只得在一个希特勒认为合适的时机宣告退休。

公正而论，在与希特勒的关系上，布劳希奇比起他的前任来从一开始就处于极为不利的地位。首先，自布洛姆贝格被免去国防军总司令之职后，希特勒不仅已是国家元首，而且是最高军事首脑。国防部长冯·布洛姆贝格对陆军的最后一次打击，就是他建议希特勒亲自执掌国防军指挥大权。当然，不管布洛姆贝格是否提出这一建议，希特勒早晚都会走这一步。

但是，在冯·布劳希奇就职时，希特勒对陆军特别是对陆军总司令部的态度已经与过去几年大不相同了。在希特勒刚刚当权时，他对军事首领们还表现出一定的尊重，敬佩他们的能力。比如对冯·龙德施泰特元帅，虽然在战争期间曾两次将他免职，但对这位元帅一直保持着几分敬意。

在和平时期的后几年，主要有两点促使希特勒改变了对陆军的态度。

第一，希特勒认识到，在冯·弗里奇大将领导下（在冯·布劳希奇领导下也一样），陆军必将固守简约和骑士的传统观念，以及军人的荣誉观。希特勒并不能以此指责陆军对国家不忠，但事情很明显，陆军决不愿意抛弃军人观念去接受"纳粹党的思想"。同样清楚的是，正是陆军的这一态度必将赢得广大人民的欢迎。起初，希特勒拒不听信纳粹党对军队高级将领的谗言，但随着如戈林、希姆莱、戈培尔等一些高官对陆军的攻讦，最终还是在希特勒身上产生了效果。国防部长冯·布洛姆贝格曾强调他的任务就是使陆军"向民族社会主义靠近"，就连这一点也都为引起希特勒对陆军的不信任助了一臂之力，尽管他是无意的。1939 年春，戈林以"国防军资深军官"的身份对军队高级军官发表了一个胆大妄为的讲话，为这种煽动火上浇油，使希特勒对陆军的疑忌有增无减。在讲话中，他粗暴地指责陆军有别于其他两个军种，死抱着不符合纳粹体制的老传统不放。这个讲话对在座的布劳希奇大将来说，绝对是难以忍受的。

第二，使希特勒对陆军总司令部不满的是，这也是他后来常挂在嘴边的一句话，如果还不算太难听的话——"将军们总是迟疑不决"。这是指陆军总司令部对再武装的速度的态度问题，陆军认为装备速度过快必将以影响军队质量为代价，因此想方设法加以阻挠。另外，希特勒认为，他在外交方面的每一项成绩都是与胆小的将军们斗争的结果。正如霍斯巴赫将军在其书中（《在国防军与希特勒之间》）所说的，冯·弗里奇男爵大将即陆军总司令部，在实行普遍义务兵役制以及占领莱茵兰的问题上，对希特勒的意图都没有表示过反对意见。同样，对希特勒进军奥地利的决定，贝克将军（冯·布劳希奇当时不在柏林）也不曾提出过异议。首先对普遍义务兵役制提出反对意见的是国防部长冯·布洛姆贝格，他出于外交政策的忧虑，试图废止这一制度。同样是布洛姆贝格，在占领莱茵兰时听说法国实施了局部动员，便在未通知陆军总司令部的情况下，让希特勒撤回莱茵河左岸。正当希特勒准备接受布洛姆贝格的建议时，帝国外交部长冯·诺伊拉特男爵提醒希特勒此时必须保持镇静，由此挽回危局。这一事情使希特勒怀恨在心，加深了对将军们的恶感。此外，在再武装时期，陆军总司令部出于责任心一而再再而三地提出，陆军尚未做好战争准备。希特勒至少在表面上也一再同意陆军的这一观点，但这种反复警告加深了希特勒对陆军总司令部的积怨。1937 年 11 月 5 日，希特勒与外交部长、三军总司令进行了一次谈话，第一次表明其对捷克斯洛伐克的企图。也就是在这次会议上，希特勒的外交政策第一次公开遭到人们的反对。不仅外交部长冯·诺伊拉特男爵，而且还有国防部长冯·布洛姆贝格和陆军总司令冯·弗里奇男爵大将都表示反对，这促使希特勒决心设法寻找机会除掉这些告诫者。

今天人们常认为，陆军的将军们容忍冯·弗里奇男爵大将被废黜，使希特勒感到他现在面对陆军总司令部可以为所欲为了。当时希特勒是否已有此心，我不想下结论。如果是这样，那他肯定是误解了将军们的动机。他们的这种态度不是由于软弱，而是对那个阴谋的来龙去脉缺乏了解。一个正派的军人根本想象不到或及时识破，一个国家首脑竟会耍出这种把戏，而且就当时条件而论，也不可能因此发动一场政变。

此外，可以肯定的是，上文提到的那些党内要人和其他人一再在希特勒耳边唠叨"将军们总是在他的伟大目标前迟疑不决"。

所以，当冯·布劳希奇大将就职伊始，就感到与希特勒的关系处在一种十分困难的状态。更要命的是，他在上任时，在人事安排上做出了诸多妥协，比如无理地将一批战绩卓著的将军解职退役；将凯特尔将军的兄弟安插在陆军人事局局长的位置上。这是布劳希奇的第一大失误。

接着，在苏台德危机中由于西方的软弱妥协，希特勒面对陆军总司令部的犹豫不决采取断然措施，结果证明正确一方属于希特勒。此事使陆军总司令部的地位遭到灾难性的打击，冯·布劳希奇大将为此失去了他的总参谋长贝克。面对希特勒，他的地位无疑只能是大大削弱，决不会增强。

在贝克被免职以后，陆军总司令部面对希特勒的第二个重要人物就是哈尔德大将。在军事才能方面，他可与冯·布劳希奇元帅并驾齐驱。他们在共同的工作中能够相互协作。我相信，布劳希奇之所以经常能与哈尔德的作战建议保持一致，是因为他们有共同的信念。像大多数来自巴伐利亚总参谋部的军官一样，哈尔德也精通所有部门的总参谋部业务，工作起来孜孜不倦。毛奇"天才就是勤奋"的格言或许就是他的人生指南。但在他的心灵中，缺乏真正统帅所应具有的那种令人敬仰的炽热。苏联战局的作战计划是经集团军群参谋长们和首席军需长保卢斯将军研究后拟定的，这充分反映了他高度的责任心。然而，一个战局作战计划的基础方案应当出自一位指导该战局的人的头脑。他的举止不如冯·布劳希奇那样高雅。但他讲起话来客观准确，无可挑剔。我曾亲眼见过，他在向希特勒陈述他的观点时是那样条理分明。面对希特勒的错误决定，哈尔德也常常以一颗滚热的心为部队的利益据理力争。遗憾的是，仅靠客观务实并不足以触动希特勒。他对士兵缺乏同情心。

依我看，哈尔德最后失败在他内心的矛盾冲突上。当他刚刚接任贝克之职时，他就宣称他是希特勒的敌人。瓦尔特·戈利茨在《德国总参谋部》一书中写道，哈尔德在就职时就对当时的冯·布劳希奇大将说，他之所以接受这一职务，仅仅是为了与希特勒的战争政策做斗争。据报道，他曾多次计划推翻希特勒，尽管都没有付诸实施。

另一方面，他是德军的总参谋长，当后来希特勒执掌军队大权之后，也就成了希特勒的总参谋长。对于一位政治家来说，同时扮演负责的顾问和阴谋策划者双重角色也许是可能的；但对一位军人而言并不适宜。尤其是根据德国的传统，总参谋长对总司令满腹狐疑，是不可想象的。虽然由于希特勒的行为，使总参谋长有可能在和平时期制订一个推翻国家首脑和国防军总司令的计划，但在战时，密谋者和总参谋长的双重身份必将使他陷入进退两难的窘境。作为总参谋长，哈尔德的职责是竭尽全力共同指导陆军赢得胜利，也就是说，协助总司令取得军事行动的成功。但是，他的第二个角色使他不希望取得这种胜利。可以毫无疑问地说，哈尔德需要在履行其军事职责时，对这种双重任务进行艰苦抉择，需要付出全部精力为在这种艰难斗争中的陆军服务。另一方面，他的第二种角色又要求他无论如何都要保住眼下的职位，他希望终有一天能利用这一职位推翻希特勒。为此目的，他还必须屈从于希特勒的军事决断，尽管他并不同意。他之所以要坚持在这个岗位上，主要原因是他认为，当希特勒采取错误的军事决断时，他能以总参谋长的身份使陆军免遭殃及。但他为此付出的代价就是，违心地执行希特勒的指令。这种双重身份必将使他心力交瘁，最终垮台。然而有一点是可以肯定的，哈尔德大将如此长时间地坚守在总参谋长职位上，是为了事业，绝不是为了个人。

正是在这两个人物的领导下，1939年秋，陆军总司令部逐渐失去权力。从我的上述描述中可以明白，为什么这两位一流的军人却不是希特勒的对手。刚刚在波兰取得辉煌胜利之后，陆军总司令部就被迫降为一个执行机构，其原因至少与未来的战争指导权是由希特勒还是由陆军总司令部掌握有关。

战前和战争刚刚爆发时，德国在西方显然是采取防御的。谁能想到，西方国家会将他们曾为之担保的波兰如此无耻地抛弃？他们在西壁工事前方即萨尔地区实施了一次弱小的突击，不久便又撤回法国，这根本算不上后来大规模攻势前的准备。

如果说，不管我们能否将西方的大规模攻势阻止在西壁工事前，或者能否取道卢森堡和比利时向鲁尔方向推进，并利用从波兰腾出的兵力发动一次反攻，西方的这种大规模攻势肯定会到来，我们只能坐等，那么，现在由于西方国家的忍让，已经为我们创造了一个全新的形势。即便考虑到法国领导的教条和英国人的迟疑，他们也不可能在波兰已被打败、德国已将全部陆军调往西线之后，在目前发动一次攻势。到 9 月 18 日为止，当布祖拉河会战结束，苏联于前一日越过波兰东部边界之时，波兰的命运已经注定。因此，最迟到这个时候，希特勒与陆军总司令之间想必已就如何在西线行动的问题交换了意见。但是，从目前出版的书籍中（主要是时任国防军最高统帅部首席参谋洛斯贝格将军和部长助理、国防军最高统帅部战时日志官格赖纳的书籍）可以推断，事情并非如此。

对于在波兰取得的辉煌胜利，以及西方国家意外的袖手旁观，希特勒和陆军总司令部首脑们的反应可能是截然不同的。希特勒肯定认为，法、英军队未在西线发动攻势是一种示弱的表现，从而坚定了他在西线发动进攻的信念。波兰战局的辉煌胜利使他深信，德国陆军绝对能够胜任一切任务。而陆军总司令部决不会附和后一种意见，下面我还要详谈。他们面对西方军事上的克制忍让会得出另一种结论，认为西方没有参战，只不过是为了保全面子。这说明，与西方国家达到一种谅解的可能性是存在的。哈尔德将军也可能想在必要时，利用推翻希特勒为与西方达成这种谅解铺平道路。因此，在这一时刻，德军在西线发动一场攻势是绝对不妥当的。

尽管如此，陆军总司令部却断定，直到此时甚至在波兰战败后，希特勒还不曾有过在西线发动攻势的想法。对此，我有一个确凿的证据，此事发生在 1939~1940 年冬。有一次，希特勒在反复更改部队进入待机地域的命令之后，又一次下达了进入命令。负责与 "A" 集团军群协同的航空队队长施佩勒将军来到我这里，向我解释说，由于机场土地松软，飞机无法起飞。我说，数月的时间足够构筑坚固的跑道了。他回答，希特勒下令严禁进行任何在西线发动攻势的准备工作。此外，弹药的生产量也没有达到在西方发动攻势所需要的标准，这也是一个证据。

很明显，陆军总司令部认为，希特勒的这一观点是不会改变的，这是他们对希特勒心理活动的误解。格赖纳报告说，在 9 月下半月当波兰战局已稳操胜券时，陆军总司令部曾对未来西线战争指导问题，委托海因里希·冯·施蒂尔普纳格尔将军准备一份研究报告。施蒂尔普纳格尔在这份报告中得出结论认为，1942 年前，陆军在物质上的准备程度，不足以突破马其诺防线。他没有考虑绕道比利时和荷兰的可能性，因为德国政府刚在不久前声明保证尊重这些国家的中立。根据这份研究报告和希特勒的上述态度，陆军总司令部显然认为，在西线依旧保持守势。因此，在事先没有征得希特勒同意的情况下，他们便在波兰战局结束后，命令陆军继续加强西线的防御。

在因波兰彻底崩溃而出现的新形势面前，陆军总司令部等于将制订未来新计划的主动权拱手让给了希特勒。这肯定不是军事领导确保对未来战争施加影响的正确途径。此外，也不能将施蒂尔普纳格尔的研究结果视为解决未来战争问题的答案。如果我们要等到 1942 年再去突破马其诺防线，那时西方的军事装备水平早已远远超过德国，突破的一丝希望都将不复存在。即使马其诺防线被突破，也不可能使作战由此导向决定性胜利。1939年时，敌人已经拥有至少 100 个师，所以我们不可能取得决定性胜利。即使敌人部署强大兵力用以防守马其诺防线，他们也可以留置 40~60 个师作为战略预备队，足以及时封闭被突破的宽大缺口。战斗肯定将变成决不出胜负的阵地战。这不是德国战争指导者的目标。

当然，也不能认为冯·布劳希奇大将及其总参谋长的观点是长期坚持一种纯防御性的作战。但是，他们大概事先已将其希望寄托在与西方国家达成和解，或者西方最终主动发动进攻上。第一个希望的实现不是由他们可以做主的；至于希望西方发动进攻，如后来所证明的那样，是不现实的。事实上，从军事角度看，1940 年春或许是德国方面有望在西线成功地发动一次攻势的最早也是最后的时刻。

按照格赖纳的记载，希特勒虽然不知道上文提到的施蒂尔普纳格尔将军的备忘录，但他肯定十分清楚，陆军总司令部想在西线继续奉行防御策略。按理说，最迟在 9 月中旬必须就战争下一步如何实施问题及时进行一次会商，但希特勒突然于 9 月 27 日做出最后决断，接着 10 月 9 日最高统帅部下达相应指令，将陆军总司令置于既成事实面前。在事先没有征询陆军总司令意见的情况下，希特勒不仅下达了在西线发动进攻的指令，而且还自主决定战争在何时和如何进行。按理说，没有陆军总司令的参与，这些问题无论如何都是不能随意定下来的。希特勒要求尽早发动进攻，最迟在 1939 年秋季之前。根据洛斯贝格的记载，希特勒原定日期是 10 月 15 日，即至迟在布祖拉河会战结束、腾出装甲部队和空军兵力之后。希特勒还事先决定了下一步的作战方式，即取道比利时和荷兰绕过马其诺防线。

这样，留给陆军总司令的就只有技术上的实施了。他对于作战本身的来龙去脉一无所知，而且对于1939年秋能否取胜没有一点把握。

或许有人会问，以陆军总司令这样一个地位，怎能如此屈辱地接受希特勒的观点。我觉得，格赖纳的一本名为《国防军高层领导》的书或许能给出一个满意的答案。他指出，冯·布劳希奇大将也许认为，立即提出反对意见是行不通的。冯·洛斯贝格将军基于对希特勒的认识，也持相同观点。而布劳希奇大将希望希特勒自己能更改计划——这只不过是一个良好的愿望。他大概希望，晚秋或冬季的不利天气会使进攻计划无法实施。如果能拖到来年春天，或许能找到通过政治妥协方式结束战争的途径。

如果这确实是陆军总司令部及其总参谋长的想法，那么仅就天气因素这一点而论，他们的看法还是正确的。

但是，想通过"劝阻"方式说服希特勒改变其决定，即使陆军总司令部委派冯·赖歇瑙将军前往——依我看，也没有一丝希望，除非陆军总司令部提出一个使希特勒欣赏的更佳方案。

通过和平谅解的方式结束战争的可能性，就当时而言是不存在的。波兰战局后，希特勒曾向西方提出和平倡议，但遭到断然拒绝。此外，如果希特勒理智地处理波兰问题，或许能得到西方的谅解，但这种可能性事实上也是没有的，更不用说在苏联吞并了波兰东部之后了。如果当时没有希特勒此人，德国能否求得真正的和平，也是很值得怀疑的。首先，怎么能将希特勒推翻？如果哈尔德将军在1939年10月重新提出一个对抗柏林的军事计划，我只能说，波兰战局胜利后所能获得的部队拥护者比1938年秋还要少。

首先，从冯·布劳希奇大将对希特勒意图的态度说起。陆军总司令部根据希特勒提出的方针制订了"黄色进军计划"。但是，根据格赖纳的报道，陆军总司令接着便在总参谋长的支持下，于10月27日以军事理由为借口，企图说服希特勒将进攻日期推迟至一个更为有利的时节，即1940年春。格赖纳还报道说，几天前冯·赖歇瑙将军也向希特勒提出同样的建议——

可能是冯·布劳希奇大将的授意。可能陆军总司令知道，西线所有集团军群的司令们在这一点上与他是一致的。尽管希特勒没有完全拒绝他的理由，但他在 10 月 22 日确定的进攻日期并未改变，仍为 11 月 12 日。

11 月 5 日，陆军总司令再次试图说服希特勒。假设进攻真的在 11 月 12 日开始，那么 11 月 5 日这一天，就必须下达进入集结地域的指令了。

两个人进行了单独谈话（据格赖纳说，凯特尔是后来才进去的），但谈话结果还是为众人所知。我觉得，在这次谈话中，希特勒和陆军总司令之间出现了一道无法弥补的裂痕。根据格赖纳和凯特尔听到的，布劳希奇向希特勒宣读了一份备忘录，列举了反对在秋季发动攻势的全部理由。除了一系列无可争辩的理由（诸如天气状况、新组建的部队尚未完成战斗准备等）之外，布劳希奇的另一个理由使希特勒大发雷霆，那就是他对部队战斗力在波兰战局中表现的批评。他说，步兵的进攻锐气已不能同 1914 年同日而语；由于再武装的速度过快，致使部队的纪律和承受力大不如前。如果布劳希奇大将是在高级军官范围内讲这番话，或许能得到理解。他指责步兵的进攻精神已不如 1914 年——至少这种"一刀切"的提法是不公正的。他没有看到，这些年间步兵的进攻方式已发生根本变化，1914 年的进攻方法已经完全过时。另一方面，也不可否认，某些部队在居民地战斗中确实表现得精神紧张，这是战争之初一些初次参战部队的普遍现象。一些高级指挥官因此也对违纪现象采取了严厉的惩处措施。如果仔细想一想也毫不奇怪，一支 10 万人的国防军在不过数年的时间里就急速扩建为几百万人的大军，而且有相当一部分是在动员时刚刚组建的。但是，如果考虑到在波兰取得的胜利，上述一切都不能说明陆军仅仅因为这个理由就无力在西线发动一次进攻。如果布劳希奇大将把所指的范围缩小，这样来表述：新组建的师因训练不足，缺乏内在的坚定性，尚未具备进攻能力，但是进攻又不能单单依靠经过考验的现役师，那么他的论据也就会向他所说的季节问题那样，同样不会被驳倒了。然而，像上述那样"一刀切"的说法，在希特勒面前是难以通过的。因为，希特勒以新国防军的缔造者自居，现在却受到布劳希奇的指责。诚然，如果没有他政治上的冒险精神，没有他推动再武装的不懈努力，没有由民族社会主义运动而振兴起来并曾在魏玛共和国时期遭到唾弃的尚武精神，那么这支国防军就不可能达到 1939 年这样的战斗力。但希特勒有意忽略了一个事实，即与他的功劳同等重要的是旧国防军的成就。因为如果没有那支军队精神上和物质上的基础，没有由这支军队培养出来的军官和士官的忘我奋斗，希特勒就既不会拥有现在所谓"他缔造的"国防军，也不会有波兰战局的胜利。

冯·布劳希奇大将以怀疑的态度与希特勒这位早已自命不凡的独裁者谈话，只能是事与愿违。希特勒将布劳希奇所有论之有据的理由置于不顾，只就布劳希奇胆敢对他的功绩提出批评大发脾气，谈话也戛然而止。他坚持进攻发起日期 11 月 12 日不变。

然而庆幸的是，老天出面干预了，进攻日期被迫顺延，这样的反复更改，直到 1940 年 1 月已有 15 次之多。

尽管陆军总司令部向希特勒证明了，他们所建议的发起进攻日期是正确的，但造成领导层的危机，给后来战争的发展带来灾难性的后果。首先表现出来的是，希特勒和布劳希奇不再谈话。1940 年 1 月 18 日，作训处首席参谋、后来的豪辛格将军对我说，自 11 月 5 日起，在希特勒那里再也看不到布劳希奇了。这在当时是绝对不可能的事。11 月 5 日谈话破裂的另一个结果是，11 月 23 日，希特勒在总理府对集团群司令、军长和总参谋长等高级军官们的讲话。对讲话的内容我不想详谈，因为很多出版物都已将其公之于众。讲话的要点是，希特勒再次强调了他不可更改的决定，即尽早在西线发动攻势；同时对德国在东线无后顾之忧的局面究竟能维持多久表示疑虑。他在阐述在西线发动攻势的必要性时所列举的理由是客观的，是经过深思熟虑的，依我看很具说服力（除进攻的时间问题之外）。此外，他的讲话是对阻止他大胆进取的陆军总司令部以及陆军将领们的猛烈回击。就这一点而论，这个讲话是我所听到的希特勒讲话中最不客观的。陆军总司令唯一能做的，就是要求辞职。但希特勒拒绝接受。显而易见，这不是解决领导层危机的途径。陆军总司令部已经看清了，它现在已身陷一种不得不准备一场违心的攻势之中。陆军总司令已被排除在战争总体指导的行列之外，沦落为一个没有咨询权的执行官。

国家首脑与陆军领导的关系之所以会发展到如此程度，陆军总司令部之所以落到如此地步，究其原因，关键因素是希特勒的权力欲以及他日益增强的狂妄自大；而像戈林和希姆莱这样的人对"将军们"的诋毁更助长了他的骄横。但是，不能不承认，波兰战局结束后，陆军总司令部对未来战争问题的处理方式不当，也是沦落到今天这个地步的重要原因。

陆军总司令部决定继续在西线采取守势，这就等于将主动权拱手让给了希特勒！虽然毫无疑问，陆军在空军支援下迅速击败波兰之后，首先要做的是向国家首脑提出下一步的行动建议。

1939 年秋，如果由于季节和新组建部队尚不成熟的原因，陆军总司令部认为当时发动攻势是不可取的，那么这一观点无疑是正确的。但是，仅仅提出这样一种判断，以及加强西线防御部署，并不能成为如何使战争有一个最佳结局问题的答案。如果陆军总司令部要想对战争的总体指导发挥影响，它就必须对这个问题提出一个满意的答案！

陆军总司令确实有权提出一个与西方国家达成政治谅解的建议。但是，如果这种谅解无效，又将如何？面对像希特勒这样的一个人，陆军总司令部必须在此时向他指明一条利用军事手段结束战争的途径，尽管当时在西线还不可能实施进攻。

在手段问题上，波兰战局结束之后有三个问题需要考虑：

第一，继续采取防御策略能否取得一个有利的结局？抑或只有通过在西线赢得一场进攻战的胜利才能达到此目的？

第二，要取得这样一场决定性胜利，何时发动进攻为宜？

第三，进攻必须以何种方式进行，才能确保在欧洲大陆取得决定性胜利？

第一个问题有两种可能性：

其一，德国在波兰战局结束后与西方国家达成谅解。陆军总司令部对这条道路的可行性，想必从一开始就表示怀疑。依英国人的民族性而论，使大不列颠做出让步的可能性微乎其微。此外，因为在战胜波兰后，希特勒不再准备在解决德、波边界问题上做出理智的妥协。还因为他企图重建波兰，以达到与西方和解的目的，在苏联占领波兰东半部后已完全破灭。即使希特勒被推翻，换上另一个德国政府也不会有所作为。这是一个明摆着的现实。

其二，如果西方国家主动发动进攻，我们可以在西线坚持防御，直至战争胜利结束。这样，就有可能为德国提供一个利用反攻取得西线决定性胜利的机会。这个思想在《与哈尔德谈话录》中曾出现过，这种作战也可称为"后发制人"。但根据豪辛格的报道，陆军总司令部直到很晚才有这种考虑，即大约在 12 月，而不是在对其地位十分关键的 9~10 月份。

毫无疑问，这种后发制人的作战思想是颇具吸引力的。特别是，敌人必将因攻击西壁工事而受挫，或者背上破坏卢森堡、比利时以及荷兰中立的罪名。但是，这个如意算盘能够真的成为现实吗——至少在不久的将来？在德国大部兵力被牵制在波兰时，西方都不敢发动一次攻势；怎么能够设想，当现在面对强大德军的情况下会发动进攻呢？我认为，即使当时我也认为，德国的"后发制人"作战思想在当时是不可能存在的。

这个思想的有力证据可以在盟军最高司令甘末林将军❶制订的"战争计划"中找到，后来这份"计划"落入德军之手。该"计划"的主要思想如下：

1941 年春季前，同盟国军队的物质力量尚不能达到在西线对德国发动攻势的水平。地面部队在数量上的优势，取决于争取更多的同盟国。

英国尚未做好在 1941 年前参加大规模攻势的准备；这不包括德国部分崩溃这一情况（这句话的意思显然是希望德国发生一场变革，它说明我们如果真的发动一场政变，结果将如何）。

1940 年西方国家的主要任务是，确保法国领土的完整；但在比利时和荷兰遭到德国攻击时，自然要及早支援这些国家。

此外，要努力开辟其他消耗德国的战场，即北欧诸国和巴尔干（假设意大利保持中立）。当然，要继续争取比利时和荷兰加入同盟国行列。

---

❶ 莫里斯·居斯塔夫·甘末林（1872~1958），法国将军，1938 年任法军总参谋长，1939 年9 月任法国陆军总司令兼英国远征军总司令。作为法国统治集团投降政策的拥护人之一，对1940 年法国失败负有责任。——译者注

最后，不仅要通过开辟新战场，还要对中立国施压，使其对德国实施全面封锁，以切断德国生活必需品的进口渠道。

从这份"战争计划"可以十分清楚地看出，西方国家打算尽量在其他战场进行一场消耗战，直到其力量达到能在西线发动一场攻势的绝对优势，但绝不会在 1941 年之前。

尽管陆军总司令部此时不会知道西方同盟国有一个这样的战争计划，那么也应当估计到西方国家会进行一场上述那样的长期战争。

攻击西壁工事会使同盟国遭受重大损失，其人民也会因此对"影子战争"感到厌倦，如果陆军总司令部将这种希望作为其做出抉择的基础，那是不可取的。

将发动一场决定性攻势的优先权让给敌人，这似乎也是具有吸引力的想法，但它缺乏现实基础。德国绝不能坐等敌人扩充军备，直到它在地面和空中也取得优势地位（在这件事情上，鉴于罗斯福的态度，从一开始就应考虑到美国援助的问题）。尤其是看看苏联，就更不能坐以待毙！自苏联从希特勒那里得到它想得到的一切之后，与德国几乎再也没有任何生死攸关的共同利益。西方越是强大，德国与背后的苏联的关系越是棘手，处境就越是艰难！

对军事领导来说，波兰战局结束后出现的问题是：

第一，在西线继续实施防御，战争能否以胜利的结局而告终。答案是否定的。除非政治领导能与西方达成一项妥协。考虑到战争继续下去所带来的军事风险，陆军总司令有理由向希特勒提出妥协的建议，这是毫无疑问的。当然，为此必须在一个有限的时间内对西线做耐心的等待。向希特勒提供军事方面的咨询是陆军领导的权利和义务。他必须向他指明，如果不能以政治手段解决冲突，在军事上将会怎样！

陆军总司令部应准备第二套军事计划，以备在与西方国家达不成政治妥协时提出，当然政治妥协也是希特勒首先希望的。既不能指望在波兰被打败后希特勒仍会拒绝在西线发动攻势，也不能坐等由他自主做出军事决断。

在军事建议方面，不能局限于继续在西线实施防御。除非假定大不列颠在空战和潜艇战中被击败。然而，这种假定根本无从谈起。

总而言之，如果达不成政治和解，军方就只能建议在西线采取攻势。

但是，提出这项建议时，陆军总司令部必须握有决定何时开战和如何作战的优先权。

关于时间问题，陆军总司令部与西线集团军群司令们一致认为，若于1939年晚秋（或冬季）发动攻势，绝无可能取得决定性胜利。

关键因素是季节。在秋季和冬季，德国军队的两张王牌快速（装甲）部队和空军，因气候原因无法充分发挥其效能。此外，这个季节昼短夜长，一天之中连一个战术性的胜利都难以取得，无形中增加了快速作战的困难。

另外，所有在战争之初刚刚组建的部队，训练水平尚不足以参战。到1939年秋，真正具有进攻实力的只有现役师。所有其他部队的协同演练和射击训练都十分缺乏，部队内部的稳固性也显不足。此外，波兰战局后装甲部队的休整、补充工作尚未结束。要想在1939年秋季在西线发动攻势，就必须及早将快速师从波兰解脱。这一点连希特勒也没想到。空军也存在许多严重缺陷。

所以很明显，1940年前不可能在西线发动一场攻势。从军事角度看，正好利用这段时间寻找政治解决冲突的途径，但在10月初希特勒的和平倡议遭到西方拒绝后，他并没有这种考虑。

关于如何作战的问题，即在西线实施进攻的战略构想，是我在下一章介绍的主要内容，这里不详谈。

在这里或许有一点事先要提一下。希特勒于10月9日责成陆军总司令部拟制的进攻计划，只不过是一个权宜之计。其目标不是在欧洲大陆取得全面胜利，而是达成局部目的，至少开始阶段是如此。

就这一点而论，陆军总司令部应向希特勒指明，他的军事顾问完全可以提出一个比局部解决方案更佳的方案，因为为达成局部目标的作战是不值得的。但是要有一个前提，即陆军总司令部自己要相信，通过一次进攻可以在欧洲大陆赢得全面胜利。

在波兰战局结束后的几个决定性的星期里，陆军总司令部在西线作战问题上采取了妥协态度，从而将军事决断权让给了希特勒，其中的缘由至今尚不明了。他们也许是希望促使希特勒去寻求一种政治妥协方案，也许是对再次破坏比利时的中立有所顾忌。但局外人当时的印象是，陆军总司令部的头头们对于德国发动一场进攻能否取得决定性胜利，至少表示怀疑。

不管事情真相如何，陆军总司令部是把军事决断权拱手让与了希特勒。他们还屈从于希特勒的意志，下达了违心的作战命令。这样，它作为陆战指导的关键机构，实际上已丧失了其应有的职能。

此后不久，"A"集团军群司令部提出了自己的作战建议，这为陆军总司令部重新夺回已失去的地位提供了机会，但它并没有加以利用。

当西线攻势在那些建议基础上取得甚至超过希特勒原来预期的胜利之后，陆军总司令部对希特勒来说已完全失去价值，希特勒自认为已有能力撇开陆军总司令部自行处理作战问题了。

希特勒现在已执掌了——用施利芬的说法——国王、政治家、统帅三头政治 ❶ 的职权。然而，被施利芬至少视为三头政治家象征的"撒母耳圣油" ❷ 真的滴到他的头上了吗？

---

❶ 指古罗马由三位官员组成的委员会，执掌国家大权。——译者注
❷ 撒母耳是公元前 11 世纪人物，古代以色列历史上在摩西与大卫之间承前启后的宗教英雄和领袖。据《旧约》记载，他按以色列上帝雅赫维的旨意，先后为扫罗和大卫行涂油礼，立为以色列第一、二代国王。——译者注

第五章

围绕作战计划的斗争

陆军总司令部的作战计划；反对意见；进攻无法取得决定性胜利；是施利芬计划的翻版吗？敌军统帅部如何动作？"A"集团军群的作战计划；目标：全面解决；将重点放在北翼而不是南翼；使用装甲兵力通过阿登；采取攻式防御以对抗敌人的反击；为"新计划"进行的无畏斗争；"A"集团军群司令部给陆军总司令部的多次呈文；只做局部更改，并非作战思想的根本改变；飞行事故；作者被解职；向希特勒汇报后，"A"集团军群司令部的建议被采纳；该建议将被怎样付诸实施？

直到战争结束后，替代 1939 年 10 月 29 日由陆军总司令部拟制的"黄色进军计划"，并构成我们西线攻势基础的那个计划，才在更大范围内为人所知晓。根据那个计划，我们在西线迅速战胜法、英联军以及比利时和荷兰军队，取得决定性胜利。第一个对这个"新计划"进行报道的大概是英国军事理论家利德尔·哈特，他依据的是集团军群司令冯·龙德施泰特元帅和我们的作训处长布卢门特里特将军的报告，并以我的名字来命名这个计划。

因此，我认为，我作为主要参与者，现在应当依靠现有资料，对这个具有重要意义的作战计划的产生过程做一个描述。实际上，这个计划的基本思想确实出自我的头脑。我亲笔起草了多份备忘录，由集团军群司令转呈陆军总司令部。我们是想提出一个进攻作战的构想，以便能按照我们的观点在西线取得决定性胜利。最后，在我已经离开"A"集团军群参谋长位置后的 1940 年 2 月终于有了一个机会，我亲自向希特勒陈述自己的思想。这个思想通过集团军群司令向陆军总司令部提出后，一直杳无音信，而在我见到希特勒后仅仅几天，陆军总司令部就依据我们的思想和建议，拟制了一份新的进军指令！

需要说明的是，集团军群司令冯·龙德施泰特将军以及我的同事布卢门特里特和特雷斯科夫一直同意我的思想，而且龙德施泰特先生还在我们呈送的报告上亲笔签名，以表完全赞同和全力支持。没有他的首肯，我们根本不可能一再向陆军总司令部呈文，以说服他们接受我们的观点。

对于研究战史的军官和历史学家而言，对这个围绕一份作战计划所进行的思想上的争论进行全程分析，或许是值得的。但是，我不想重复介绍集团军群司令部呈送给陆军总司令部的呈文，以免使读者感到厌倦。那些呈文所提出的要求和理由，对今天已没有什么价值，它是专门针对当时那个特定时刻的，当时如果争取的话还有可能实现。如果想进一步研究西线攻势前期的历史，可以将陆军总司令部的进军指令（其中的主要段落）和本集团军群司令部的呈文当作基础资料。

因此，我将首先介绍陆军总司令部进军指令的基本作战思想，然后再解释我是出于什么原因认为陆军总司令部（或者更准确地说是希特勒）的战略方案是不完善的。接着，我将阐述与陆军总司令部进军指令相对立的基本作战思路，这也是我集团军群司令部战略方案的依据。最后，我还要简单地描述一下，在经过长时间的无谓争论之后，原来依据集团军群司令部思路拟定的作战计划最后又是如何被修改的——毫无疑问是根据希特勒的指示。

陆军总司令部（希特勒）的作战计划

如果根据手头的陆军总司令部（和希特勒）的进军指令，首先对西线攻势所采取的基本战略思想做一个概述，我想这样来介绍：

陆军总司令部（根据希特勒10月9日的指令）企图利用强大的右翼兵力，通过荷兰和比利时北部，击溃可能位于比利时的法、英军队以及比利时和荷兰军队。这个强大的翼侧突击应是取得决定性胜利的主要突击。

它由"N"集团军级支队 ❶ 和"B"集团军群（司令冯·博克大将）组成，在下莱茵和北艾费尔展开。"B"集团军群由三个集团军编成。德军北翼共计30个步兵师和快速师的大部（9个装甲师和3个摩托化步兵师），相当于德军在西线总兵力102个师的几乎一半。

"N"集团军级支队的任务是击败荷兰军队，"B"集团军群的三个集团军则从吕蒂希 ❷ 南、北两侧，经比利时北部向前推进。进攻中，将利用能发挥关键作用的强大装甲兵力，一举将敌人击溃。（关于"A"集团军群的任务，我在下面再谈。）

10月29日，对（10月19日下达的）第一个进军指令（见附件1）做了修改，荷兰被排除在外。这或许是依据陆军总司令部的建议。

根据新指令，"B"集团军群以两个（第4、6）集团军为第一线，另两个（第18、2）集团军为第二线，由吕蒂希两侧向前推进。后来，荷兰再次被纳入作战计划中，并由第18集团军负责对付之。

担负决定性作战任务的"B"集团军群，其南翼安全由"A"集团军群负责。"A"集团军群下辖的两个（第12、16）集团军共22个步兵师（但没有快速部队），在艾费尔南部和洪斯吕克展开，经比利时南部和卢森堡向前推进。

第12集团军在"B"集团军群左翼成梯次配置，随"B"集团军群一起推进，以避免"B"集团军群在进攻中翼侧遭敌攻击。

第16集团军在通过卢森堡之后，向南转，在萨尔河与色当东部的马斯河之间，紧贴着马其诺防线的北沿构筑防御阵地，以保障整个作战行动的纵深翼侧安全。

"C"集团军群留下两个集团军和第18步兵师，以保障卢森堡边界至瑞士边界间西壁工事的安全。第17步兵师和两个快速师留作集团军群预

---

❶ 集团军级支队是德军在第二次世界大战中的一种临时编制，兵力相当于1~2个军，其司令部级别高于军、低于集团军。——译者注

❷ 今列日。——译者注

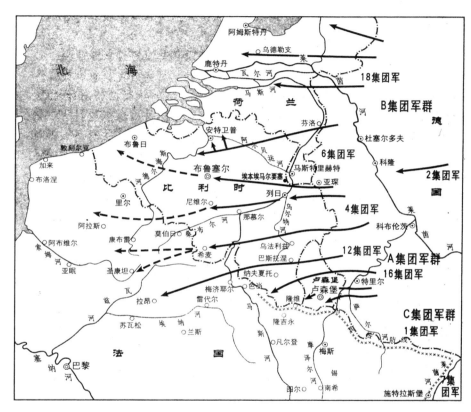

图 3　根据陆军总司令部进军指令拟定的作战计划

备队。

此次作战的目标，在 10 月 19 日进军指令的第一条中被作为"总企图"（根据 10 月 9 日希特勒签署的国防军统帅部指令）规定如下：

"尽量多地击溃法军及其盟军，同时尽量多地占领荷兰、比利时和法国北部领土，作为未来对英空战和海战的基地，以及鲁尔区的辽阔前哨地。"

陆军总司令部在该指令的第二条中，为两个集团军群规定的第一个进攻目标为：

"消灭荷兰军队，尽量多地击溃位于边境要塞中的比利时军队，在比利时北部及中央迅速集中强大，尤其是快速兵团，为强大北翼的继续推进和迅速占领比利时各港口创造条件。"

在 10 月 29 日的修正进军指令中，陆军总司令部对"总企图"做了新的界定，使"B"集团军群的作战目标在一定程度上有了扩展：

"在法国北部和比利时领土上牵制和歼灭尽量多的法军部队，为继续在陆上和空中与英国作战创造有利条件。"

在"兵力配置和任务"一节中，陆军总司令部为"B"集团军群规定的目标为：

"消灭位于索姆河北部地域的同盟国军队，一直突贯至海峡各港口。"

"A"集团军群的掩护任务虽然大体如前，但实际也有所扩大；它的右翼（第 12）集团军现在需在菲迈及其南部，以尽快的速度渡过马斯河，通过法国的边境工事地带，径直向拉昂方向推进。

两份进军指令所规定的作战企图可大致概括如下：

利用一次（强大的）右翼突击，击溃在比利时的法、英军，（较弱的）左翼负责对此突击实施掩护。就地域而言，作战目标为夺取海峡港口。实施首次打击后应当如何，指令并没有指明。

反对意见

这两份进军指令中所拟定的作战计划，首先给我带来的对立情绪更多是感情上的，而不是理智上的，这很特别。陆军总司令部的作战企图，基本是对 1914 年著名的施利芬计划的模仿。使我感到羞耻至极的是，我们这一代人居然无能到除了重复一个陈旧的方案之外，再也提不出另一个良方的境地，尽管它是出自像施利芬这样的名人。如果重复一个陈旧的、敌我双方曾共同经历过的战争计划，结果会怎样；况且敌人肯定对这个计划的重新启用早有充分准备！因为，任何一个有经验的军人都肯定明白，比起 1914 年对凡尔登—图尔—南锡筑垒防线来，德国人更不愿意也不可能攻击马其诺防线。

提到我在感情上对作战计划的恶感，自然是冤枉了陆军总司令部。因为首先，计划是出自希特勒，而不是陆军总司令部；其次，事实上，这个计划并不是彻头彻尾地照搬施利芬计划。一种普遍认为是照搬照套的看法，其中只有两点是正确的。第一，1914 年像 1939 年一样，德国都将进攻重点放在了北翼；第二，都必须通过比利时。除此之外，1914 年的计划和 1939 年的计划截然不同。

首先，形势已发生根本性变化。1914 年还能像施利芬那样利用作战的突然性。尽管不是全部军队都需通过比利时，但将德军大部兵力集中在北翼，当时还是可行的。但是，1939 年希特勒的类似企图无法掩敌耳目。

其次，1914 年可以像施利芬所希望的那样，法国人会提前向洛林发动攻势，从而给我们帮了大忙。但是，1939 年不可能再希望敌人为我们帮这个忙。敌人会投入强大兵力，抗击我们取道比利时以及荷兰的突击，而且与 1914 年不同的是，敌人将会采取正面抗击的形式。法国人不首先在整个战线的中央采取主动，但它可能后发制人，对我们取道比利时的主力实施强大的反突击。因此说，施利芬计划决不能简单重复。

此外，我已经搞清楚了，不管是陆军总司令部还是希特勒，都不曾想完全照搬施利芬计划的模式。施利芬计划的主旨在于全面、彻底地取得对法作战的胜利。也就是说，利用一次大规模的深远迂回，从北面将敌人包围，从而将法国北部的敌军一网打尽，之后经巴黎北部向前推进，最终将敌人的全部军队压至梅斯—孚日山—瑞士边界一线，迫其投降。为此，要冒在阿尔萨斯遭敌反突击的风险。同时，希望敌人向洛林发动进攻，从而为德军大规模包围战取得全面胜利助一臂之力。

而在 1939 年的作战计划中，争取全面、彻底歼敌的思想是没有的。作战目标十分清楚，是取得对比利时北部同盟国军队的局部胜利；同时夺占空间，占领海峡港口，为后续作战准备基地。

当时的冯·布劳希奇大将和他的总参谋长在拟订进军指令时，或许想到了毛奇的话，这是毛奇在论述总参谋部一书的引言中谈到 1870~1871 年战争时说的：

"任何一个作战计划都不可能准确地预计到与敌主力首次遭遇后的情况。只有门外汉才相信，在一次战局过程中，一个事先决定的、考虑到所有细节直到战局结束的思想，能够自始至终地加以贯彻。"

陆军总司令部如果以此作为其思路的基础，那它是想在第一目标——取得对比利时北部敌人的局部胜利和占领海峡港口——达成后，为决定是否和如何进行下一步作战留下余地。

然而，根据我在措森受领进军指令时所听到的，又不得不推断出，陆军总司令部认为在法国战场上取得全面胜利的可能性，如果不说绝对没有，至少可以说是微乎其微。陆军总司令和总参谋长多次对本集团军群的视察，更加深了我的这个印象。集团军群一再提出的必须争取全面胜利的提示，从来就没有引起陆军总司令部的真正注意。同时我也相信，即使希特勒当时也不相信有一举将法国击败的可能性。他可能首先想到的一个事实是，当我们 1914 年进攻失利后，没有事先占领对英进行潜艇战所需要的基地。于是，他现在对占领海峡港口给予了极大关注。

现在已经十分清楚，一次像施利芬计划那样的一举全面击败法国的作战，已是不可能的事。由于上文讲到的形势变化，已经不具备这种前提。但是，如果陆军总司令部想在局部目标达成后继续作战，以求彻底击败法国，那么它就早应将首次作战列为达成这个最终目标的一个组成部分！首先，争取将北翼敌军全部歼灭，以便为第二步即歼灭在法国的西方国家剩余兵力取得决定性的优势。其次，为第二步的作战创造一个有利的前提。

但是，我觉得，现在的作战计划无法满足为实施第二步行动，即达到全面歼敌的这两个条件。

德国的突击集群"B"集团军群，它的 43 个师在突击到比利时境内时，将遭到 20 个比利时师，如若将荷兰也包括在内，那就要再加上 10 个荷兰师的抗击。尽管这些师的战斗力远远低于德军，但他们可依托（吕蒂希两侧和阿尔贝运河畔）强大的要塞体系或地形障碍（在比利时，有一直通安特卫普要塞的阿尔贝运河，在南部有以那慕尔为轴心的马斯河筑垒线；在荷兰，有无数条纵横的江河），实施顽强低抗。

除这些敌军外，数天之内，德军还将遇到法、英军（全部为装甲师和摩托化师）的反突击。他们早已在比利时、法国边界准备就绪，随时抗击德军。

德国的进攻翼侧不再可能像 1914 年那样，对敌军实施一次突然的大规模迂回包围。随着英、法军的到来，德军就必须与一个实力相当的对手进行在某种程度上的正面较量。首次交战的胜利只有靠战术手段来取得，进攻胜利的战略基础已经没有了。

如果敌军指挥巧妙，可以避免在比利时全部被歼的命运。即使敌人未能守住安特卫普—吕蒂希—马斯河（或瑟穆瓦河）筑垒线，也必须估计到敌人仍能保持一定战斗力，退至索姆河下游彼岸。在这里，他们可以利用强大预备队构筑一条新的防线。而到此时，德军的进攻锐气也被一路削弱。而"A"集团军群就其兵力而言，也无力阻止敌人构筑一条由色当东部马其诺防线顶端至索姆河下游的防线。这样，德军就陷入了与 1914 年秋季作战结束之后相类似的处境。唯一的收获是占领了海峡沿岸一个宽大的海岸基地。除此之外，既未能消灭比利时境内的敌军，从而争取到实施决战的足够优势，也未能为下一步作战创造有利条件。由陆军总司令部计划的作战只能是一个局部胜利，别无其他。

事实上，1940 年由于"B"集团军群指挥高超，给比利时境内的敌人以毁灭性打击，比利时和荷兰军队被迫投降，尽管我们对德军指挥和装甲兵团的战斗力充满信心，但这样一个结果事先还是无法考虑到的。但是如果敌方指挥巧妙一些，也不会出现这样的结果。

敌人在比利时北部遭到的惨败，其原因应归结于我们后来对作战计划做了修正，使在比利时作战的敌人后方联系全部被我"A"集团军群的装甲部队切断，并被迫撤离索姆河。

最后，还有一件事是陆军总司令部的作战计划没有想到的：果敢坚定的敌军指挥所具有的战斗力。他们并不缺少这样的指挥，尤其像甘末林将军这样的人物，即使在我们这里也享有很高声誉。战前贝克将军拜访他时，就留下了良好印象。

敌军果敢的指挥有可能阻止德军取道比利时的突击，同时对德军南翼部队的北翼发动一次大规模的反突击。即使原本计划支援比利时和荷兰的兵力已投入比利时，他们也能为实施这样的反突击集中 50~60 个师——当然会削弱马其诺防线的驻军。在此期间，向西挺进的"B"集团军群离海峡或索姆河口的距离愈近，敌军对德军北翼纵深的反突击就愈加有效。"A"集团军群的 22 个师能否阻止敌人的反突击，难下定论。但不管怎么说，作战行动如果照此发展，那就难以为争取在西线战场赢得最终胜利创造有利条件。

"A"集团军群司令部的计划

上文讲到的我在研究陆军总司令部进军指令时想到的反对意见，构成了我们数次向陆军总司令部呈文，力促接受我们的作战观点的基础。这其中难免或多或少有些重复，所以我想将与陆军总司令部作战企图相对立的观点，简单地加以概括。

1. 西线攻势的目标必须是在陆上寻求决战。像陆军总司令部进军指令所提出的局部目标，无论就政治付出（破坏三国的中立）还是军事付出而言，都不尽合理。德军在欧洲大陆的攻击力，对我们来说是决定性要素。为了局部目标将其消耗掉，实不可取，况且已考虑到了苏联的因素。

2. 我们的进攻重点必须放在"A"集团军群，而不是"B"集团军群。计划中的"B"集团军群的突击将会与预有准备的敌军正面遭遇。进攻也许会取得初期战果，但最终会停止在索姆河畔。

真正有希望的是，"A"集团军群经阿登山地（敌人认为我决不会在此处使用装甲部队）对敌实施一次突然袭击，继而向索姆河下游推进，在索

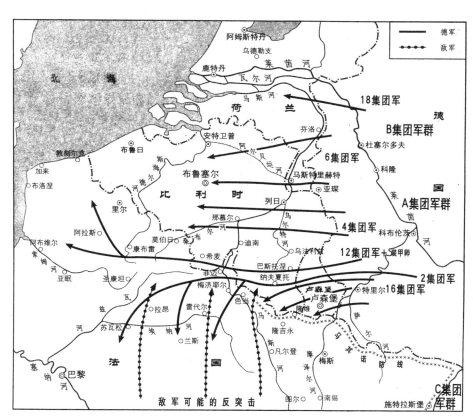

图 4 "A"集团军群司令部的作战建议

姆河前方将敌人投入比利时的军队退路切断。仅仅通过这一手段，就有望将位于比利时的敌军北翼全歼，从而为在法国赢得最终胜利创造前提。

3. 这既是我们的主要希望，同时也是德国攻势的主要危险所在。

如果敌人处置得当，它会避免在比利时实施对其不利的决战，有可能撤到索姆河彼岸。同时集中所有兵力对我南翼实施一次大规模反突击，力图将在比利时境内或下莱茵前方的德军主力合围。尽管我们不大相信法军统帅部会采取如此大胆的做法，其盟国也肯定不会赞成，但我们不能不考虑到这种可能性。

但是，一旦我们取道比利时北部的攻势在索姆河下游受挫，敌人至少会成功地利用其预备队建立一条绵亘的防线。这条防线可能始自色当东部马其诺防线西北端，利用埃纳河和索姆河的江河障碍，直至海峡。

为防止此种情况的发生，对敌军在我南翼即马斯河两侧或马斯河与瓦兹河之间的展开，必须在其初露端倪时就予以粉碎。必须割裂敌人在这一地域的防线，为我们将来迂回马其诺防线创造条件。

4. 必须以"A"集团军群为整个作战行动的重点。尽管出于地域原因，起初在"B"集团军群方面投入较多的师，但"A"集团军群不能只配属两个集团军，而必须是三个集团军。

其中，一个集团军经比利时南部，渡过马斯河，之后继续向索姆河下游突击，从背后攻击"B"集团军群当面的敌军。另一个集团军必须向西南方向推进，任务是粉碎敌军集中兵力旨在马斯河西部地域攻击我南翼的任何企图。第三个集团军按计划在谢尔克—穆宗之间的马其诺防线以北组织防御，以掩护整个作战行动的纵深翼侧。

因作战重点由"B"集团军群转到"A"集团军群，为此要求：

首先，另外准备一个集团军（鉴于空间的原因，该集团军在我们的攻势取得进展后再投入使用，但必须事先做好准备）；

其次，需要强大的装甲部队。

这就是我们集团军群司令部多次向陆军总司令部呈文的要点。

"A"集团军群为作战计划的斗争

当然，在 1939 年 10 月间，我也不可能马上就拟定出一份成熟的作战计划。就一般人而言，目标达成前总是要付出劳动和进行一番斗争的。他们不可能像雅典娜从宙斯的头中跳出一样❶，立刻蹦出一件完美的艺术品。

当本集团军群司令部就德国发动一次攻势，向陆军总司令部提出第一份建议时（1939 年 10 月 31 日），"新计划"的基本思想已经包含其中。

具体说来是指两份函件。第一份是集团军司令呈送陆军总司令的，主要阐述了德国攻势在当前条件下的基本问题。

在信的一开头，龙德施泰特就着重指出，按照 10 月 19 日和 29 日的进军指令作战，不可能取得决定性战果。敌我力量对比不能为全歼敌军提供基础，纯粹的正面作战使攻击敌之翼侧和背后成为无望。攻势将可能变成一场正面战斗，最终停滞在索姆河畔。此外，集团军群司令还指出，我们的王牌装甲部队和航空兵在晚秋和冬季将无法充分发挥其效能，作战将遭遇重重困难。

尽管如此，如果想通过攻势的成功为海、空军对英岛作战创造前提，必须发动一场攻势。为此，根据第一次世界大战的经验，只夺取部分海峡港口是不够的，必须占领法国北部直至大西洋的全部港口。

为取得局部胜利而消耗掉陆军的攻击力是不妥的，特别是考虑到在我们背后还有一个苏联。我陆军的攻击力是欧洲大陆上的决定性因素，只要我们具有一支有攻击能力的陆军，就能确保苏联与我们的友谊。

在新建师的训练和内在稳定性尚未达到必要水平之前，陆军的攻击力目前只能依靠现役师。然而，单单靠现役师不足以实施一次旨在夺取决定性胜利的攻势。

或许通过对英的空战能迫使西方国家主动发动攻势；但此后德国为应战而付出的惨重牺牲，能否抵消法国顽强的战斗意志，实在是个疑问。我

---

❶ 希腊女神雅典娜据说没有母亲，是从宙斯的前额中跳出来的。——译者注

们希望，进攻筑垒阵地的难题以及破坏比利时（及荷兰）中立的罪名，都由敌人来背负。当然，我们也不能无限期地等下去，直到英国填补完其在陆上和空中装备的缺口。

从军事角度看，对英战争只能在海上和空中赢得胜利。如果我们陆军的攻击力未经决战就被消耗掉，我们就将失去大陆！在信件中，龙德施泰特对德军过早（晚秋或冬季）发动攻势提出警告。在这一点上，集团军群司令部与陆军总司令部是一致的。但进攻作战的具体方案是不同的。在这个问题上，集团军群司令认为，如果按照陆军总司令部的进军指令行事，不可能取得全面彻底的胜利。

10月31日，我集团军群司令部呈送陆军总司令部的第二封信，是对集团军群司令上述判断的一个积极的补充建议，陈述我们对德军攻势的观点。信中强调了下列必要性：

1. 将整个作战的重点放在南翼；

2. 应保证强大的摩托化兵力从南面对位于比利时北部的同盟国军队背后实施突击；

3. 另一个集团军应随"A"集团军群跟进，该集团军采取攻势行动，保障我南翼免遭敌之大规模反突击。

在11月3日陆军总司令及其总参谋长对我集团军群的视察中，并没有提起这些呈文。但这次视察还是为我提供了一个机会，我受冯·龙德施泰特大将之托，向他们报告了我们的观点。可是我们增调兵力（一个集团军和强大的装甲兵力）的请求还是遭到布劳希奇的拒绝。他说："好吧，等到我有多余兵力的时候吧。"他的态度足以表明，仍拒不接受我们的思路。最后，他还是答应从总预备队中抽调出一个装甲师和两个摩托化团。

遗憾的是，从这次视察中已经非常清楚地看出，陆军总司令部的领导对计划中的攻势，以及在西线取得全面胜利的可能性持有明显的保留态度。因此，他们向各集团军司令和各军长了解各部队的现状。但是，从新组建各师的状况上来看，连他们自己都觉得这点兵力并不足以用来发动一场攻势。

为了消除这一印象，几天后，龙德施泰特大将召集各集团军的将领们训话。他在说明集团军群司令部的作战观点时指出，即使到春季在西线发动一场目标明确的攻势，也还是有取得决定性胜利的可能的。

11 月 6 日，我们利用陆军总司令部要求我们在现有进军指令的范围内申述意见的机会，再次提出我们的建议，但没有得到回音。

此间，希特勒的"观象青蛙"——航空部的气象学家们，不停地在梯子上爬下爬上。每当他们预报天气晴好时——哪怕是短时间的，希特勒就会立即下达进入待机地域的命令。但是每一次他的"观象青蛙"都会撤销预报，行动也随之告吹。

11 月 12 日，我们突然接到下列电文：

元首现在决定：在第 12 集团军南翼或第 16 集团军地带，组建第 3 个快速部队集群❶，利用阿尔隆、坦蒂尼、弗洛恩维尔两侧无森林地带，向色当及其以东方向推进。该集群由第 19 军军部、第 2 和第 10 装甲师、1 个摩托化师、1 个近卫师 ❷ 和"大德意志"步兵团编成。

该集群的任务是：

（1）歼灭敌人投入比利时南部的机动部队，减轻第 12、16 集团军的压力；

（2）在色当或其东南突然占领马斯河西岸，为继续作战创造前提；尤其是当第 6、4 集团军的装甲部队未能发挥作用时，此举更显重要。

接着，陆军总司令部也对进军指令进行了相应的补充。

从电文的措辞中可以得知，将第 19 军配属给"A"集团军群是根据希特勒的命令。怎么会发生这种情况呢？可能是第 16 集团军司令布施将军不久前向希特勒汇报时提出的。我曾经向他透露过我的思路。他可能在汇报时，提起了我们对阿登实施快速突破的愿望。也许这是希特勒自己的想法。他在战术上独具慧眼，在地图上经过了煞费苦心的研究。他认识到，

---

❶ 另两个集群位于"B"集团军群地域。——作者注

❷ 即党卫队"阿道夫·希特勒"近卫装甲师。——译者注

在色当附近横渡马斯河是最容易的，而第 4 集团军的装甲部队在马斯河下游的渡河将十分艰难。他可能认识到色当附近的马斯河渡口是渡河最有利的地点（等于为"B"集团军群南翼打开了一个缺口），同时像过去一样，他会抓住所有具有诱惑力的目标不放。尽管我们对该装甲军配属给我们感到高兴，但实际上这意味着分散了我们的装甲兵力。对第 19 装甲军的这种用法，军长古德里安将军不可能表示同意。他的一贯观点是，装甲兵力必须"大量集中"在一个地点使用。当我把本集团军群司令部的作战观点，以及关于将整个作战重点放在南翼即"A"集团军群的想法告知他后，他看到了在敌人背后这个索姆河口诱人的目标，兴奋异常，为我们的计划激情洋溢。一直到后来，他对这个计划始终充满热情，使我们装甲部队在敌人背后直至海峡沿岸的突然袭击如虎添翼。古德里安能接受这个利用强大装甲兵力突破阿登的想法，并认为阿登的困难地形可以克服，对我来说当然是如释重负。

但是，如果再回过头来看一看配属第 19 装甲军一事，毫无疑问，希特勒只是将它作为一个战术措施，它也可以减轻"B"集团军群横渡马斯河时的困难。

在陆军总司令部对进军指令的补充中，也未见设置一个新目标的想法。其中，也没有提及由"A"集团军群利用向索姆河口方向对敌实施一次合围，从而争取决定性胜利，甚至连为此铺平道路的想法都没有。

11 月 21 日，陆军总司令及其总参谋长再次来到我部。参加此次会议的，除了"A"集团军群各集团军司令外，还有"B"集团军群司令冯·博克大将及其所属各集团军司令。

出于一个特别的原因使得这次会议不同一般。冯·布劳希奇大将希望听一听在座的各集团军群和集团军司令在陆军总司令部进军指令基础上的企图和决定。但是，当"B"集团军群及其所属各集团军司令讲完，轮到我们发言时，布劳希奇却说上述发言已经足够了。很显然，他是怕"A"集团军群司令乘机又搬出与陆军总司令部进军指令相左的观点。

于是，我们别无他法，只能再次向陆军总司令部的头头们提交一份备忘录，以陈述我们对攻势的想法。

像上文提到的两份（10月31日和11月6日）和另外四份文件（11月30日、12月6日、12月18日和翌年1月12日）一样，这份备忘录主要是再次强调了过去曾提出的基本观点，这些观点是本集团军群提出的总体作战计划的依据。每一份文件又根据当时形势的不同而略有变化。由于这些文件的作战思想和建议都已介绍过，这里不再重复。

在此期间，希特勒似乎也在考虑第19装甲军在"A"集团军群领域的使用问题，研究如果一旦集中在"B"集团军群的装甲兵力未能迅速收到预期战果，能否并如何继续向"A"集团军群前调部队的问题。据国防军统帅部战时日志官格赖纳的报道，11月中旬希特勒曾询问过陆军总司令部，一旦需要时，能否并如何向古德里安装甲部队提供支援。格赖纳还报道，大约在11月20日，希特勒在一项指令中命令陆军总司令部提前采取措施，以备"A"集团军群如能"迅速取得比'B'集团军群更大的胜利"，便迅速将作战重点由"B"集团军群转移到"A"集团军群。

很显然，为执行这一指令，陆军总司令部于11月末将位于莱茵河东岸的第14摩托化军转移至"A"集团军群展开地域的后方。但是它仍属于陆军总司令部的预备队，陆军总司令部有权依据未来形势配属给"B"集团军群或"A"集团军群。

是希特勒自己想到将作战重点移至"A"集团军群，还是他当时已知道"A"集团军群司令部的思路，此事尚不明了。

11月23日，在希特勒在柏林向三军高级指挥官训话后的第二天，希特勒又召见了冯·龙德施泰特大将和他的参谋长布施，还有古德里安。在我们一同返回科布伦茨的途中，布施告诉我，希特勒非常理解我集团军群的观点。如果真是这样，那么希特勒首先是想加强"A"集团军群的装甲兵力，以便达成他所希望的目标，即在色当附近的马斯河防线上打开一个缺口，为"B"集团军群的行动提供便利。我觉得，龙德施泰特大将当时不会向希特勒报告我们与陆军总司令部所下达的进军指令相反的作战方案，特别是那几天陆军总司令正处于尴尬境地。

格赖纳还报道，希特勒早在10月末就已从其副官长施蒙特那里得知了我集团军群司令的计划。但至少这在时间上是值得怀疑的。施蒙特确实曾奉希特勒之命来我集团军群，目的是了解天气和地形条件是否真的如我们所报告的那样，无法发动攻势。我们的作训处长布卢门特里特上校以及冯·特雷斯科夫中校利用这个机会告诉施蒙特，本集团军群司令部曾将一份按照我们自己的观点拟制的更好的作战计划呈送陆军总司令部。

几天后，布卢门特里特经我同意（由于龙德施泰特大将准许，我只得勉强同意），将我拟制的最后一份备忘录的副本送交施蒙特上校。但我并不知道，施蒙特是将此件送给了希特勒，还是约德尔。无论如何，当我于 1940 年 2 月 17 日应希特勒的要求，向他做关于如何进行西线攻势的汇报时，他没有丝毫暗示，说他曾看过我们呈送陆军总司令部的某一份备忘录。

或许在 11 月末，希特勒是想在作战过程中能确保进攻重点从"B"集团军群转移到"A"集团军群。但这决不能说明放弃了目前的作战计划，或者接受了我集团军群司令部的基本作战思想。尽管作为总预备队的第 14 摩托化军已移至我展开地域，但当前的进军指令仍然有效。同过去一样，他还是想通过"B"集团军群在比利时北部的密集突击取得胜利，而"A"集团军群依然担负掩护任务。只是当"B"集团军群的战果未能如愿，或者"A"集团军群进展迅速时，希特勒才打算转移进攻重点。

这一点也可以从哈尔德将军对我 11 月 30 日呈送的一份有关作战计划的新文件（见附件 5）所做的答复得到证明（这是他对我们迄今所有建议的首次回复）。

在答复中，哈尔德最后说，现在第二个重点即"A"集团军群似乎已经出现了一旦对阿登的突破取得成功，这个重点会朝着我们所建议的作战目标扩大，总体作战也将会依据我们的建议实施。

哈尔德将军的回答说明，虽然我们的大部分思路与陆军总司令部的观点一致，但有一点区别是，如果按照陆军总司令部目前的命令（有关第 19 军和第 14 军的命令）行事，那就不是建立一个新的重点，而只是为建立新的重点创造可能性。他还补充说："由于受到我们影响力之外的一种力量的左右，实际重点的构成已经从一个进军问题变成一个在作战过程中实施指挥的问题。"

从哈尔德的这一答复可以得出两点结论：第一，希特勒保留最重要的决定权，包括在进攻实施过程中；第二，可以看出，他认为重点的构成是根据作战进程决定的，而对我集团军群司令部的作战计划要么是不知道，要么是不准备接受。

12 月 15 日，哈尔德打给我的一个电话，证明了上述的第二个结论。

12 月 6 日，我以私人的名义又一次给总参谋长写了一封信，再次阐明有关我们作战计划的所有基本观点（见附件 2）。事实上，这封信已经包含了"新计划"的全部内容，只不过是以一种作战方案建议的形式出现的。直到 12 月 15 日，我一直没有得到哈尔德大将的答复，于是我给首席军需长冯·施蒂尔普纳格尔将军打电话，询问陆军总司令部是否想对我们的建议装聋作哑，一直拖下去。这样，哈尔德才给我打了上面提到的那个电话。他向我保证说，他们完全同意我们的意见，但必须严格执行命令，即重点仍要放在"B"集团军群，或者在进攻过程中再决定是否转移重点。

根据上述事实可以推断，陆军总司令部实际上已接受了我们的作战思路，并以某种形式告知希特勒。然而，就在同时，约德尔的代表、国防军指挥参谋部首席参谋瓦利蒙特将军，以及后来的冯·洛斯贝格将军对我说，陆军总司令部从来就没有将我们的建议报告给希特勒！情况如云似雾，令人费解。

不管现在陆军总司令部是表面还是真的同意我们的观点，将"A"集团军群作为重点要在作战过程中才确定的思想，无论如何与"A"集团军群所希望的绝不是一回事。

"坐以待敌"的办法虽是拿破仑提出的，但这句话几乎已成了法国人的公理，尤其是 1914 年他们主动攻入洛林之后。这个公理对于 1940 年的同盟国军队统帅部来说无疑仍然有效，因为他们想将进攻的罪名加到我们头上，之后见机行事。他们肯定会规避在比利时的决战，采取后发制人的办法，以强大的兵力对我南翼实施反击。

然而对于我们而言，决不能坐等选择何时以及在何处打出我们王牌的时机，因为本集团军群司令部的作战计划是建筑在突然袭击基础之上的。敌人绝不会料到，我们会用一支强大的装甲兵力，而且还有一个集团军随后跟进，通过阿登山林地带。此次突击要想达成到达索姆河下游的作战目标，就必须将比利时南部的敌军击溃。同时，我们必须与逃窜的敌军残部一起渡过马斯河，才能从背后攻击位于比利时北部的"B"集团军群当面的敌军。

同样，如果我们企图击溃位于我南翼即马斯河和瓦兹河之间敌强大的预备队，并为"第二幕"即消灭敌之剩余兵力创造有利前提，我们在这里的兵力必须强大到足以掌握主动权。

如果我们等待选择重点方向的时机，静观形势的发展，就无异于放弃从南面迂回歼灭比利时北部敌军的大好时机。同时也意味着，给敌人提供了利用其强大预备队对我南翼实施反击的可能性，为敌人提供了取胜的机会。

如果说，是否配属给"A"集团军群足够强大部队，以构成进攻重点，取决于我们能否以不充足的兵力取得突袭战果，那么毛奇的一句话正好是针对这种思想的："在最初展开阶段所犯的错误，永远无法更正。"

也就是说，不管我们的攻势如何发展，不管"B"集团军群对比利时北部敌军的强大突击是否成功，也不管孤军奋战的第 19 装甲军能否到达色当，我们决不能坐等。如果打算接受"A"集团军群司令部的计划，必须从一开始就给该集团军群配属足够的装甲兵力和三个集团军（第三个集团军可在夺取更多空间后前调）。据此，我于 12 月 6 日为集团军群起草的呈文中，要求为我集团军群配属三个集团军共 40 个师，以及两个快速军，而不是两个集团军共 22 个步兵师和一个装甲军（在希特勒接受我们的作战思想后，达到了我们所要求的这个数字）。

因此，为争取我们的作战计划被采纳，还必须继续斗争下去。现在最重要的问题是，从一开始就不应当只是第 19 装甲军，而是除它之外还有第 14 摩托化军参与对阿登的突破，在色当及其前方地域渡过马斯河，之后继续向索姆河下游推进。此外，还必须让我们所要求的第三个集团军从一开始采取攻势行动，以防敌人可能对我马斯河西部的南翼实施攻击。

如果这两个要求都达到了，那么不管陆军总司令部同意我们的思想与否，作战都会朝着我们所希望的取得全胜的目标发展。

正如毛奇所说，我们的作战计划也不可能准确预见到与敌主力遭遇后的情况，但可以肯定的是，如果我们以不充足的兵力发动进攻，在最初阶段就会停滞不前。

但是毛奇同时还说，统帅必须超越与敌人的第一次接触，"时刻把握他的大目标"。根据我的理解，这个大目标只能是在欧洲大陆赢得决战的全面胜利。德军的攻势必须从一开始就以此为目标，尽管这种决定性胜利可能要分两个阶段来达成。上文提到的拿破仑的办法在其他条件下或许是最佳的，希特勒在进攻重点的构成上也想照此办理；但对我们来讲就意味着放弃夺取全胜的机会。

由于我于12月6日给总参谋长的信中没有谈及我们所希望的战果，于是我又于12月18日向冯·龙德施泰特大将提交了一份根据我们的作战思想而拟制的西线攻势的"进军指令草案"（见附件3）。这将是他向陆军总司令汇报的基础资料，如获同意还将向希特勒报告。12月22日，龙德施泰特大将向冯·布劳希奇大将做了汇报，但没有去见希特勒。此外，我们还将这份进军指令草案以书面形式呈送陆军总司令部。我希望，这种直接阐明我们作战思想的形式，或许比我们迄今进行的理论性的解释更具说服力，能使作训处更易于接受我们的思想。然而，直到战后我才知道，作训处根本就没有从哈尔德将军那里得到我们关于西线攻势的呈文。

12月下旬的天气已将任何发动攻势的想法排除在外。看来该停息一下了，然后再继续催促上面修正作战计划。有关这个问题的素材我们已经提供得够多的了，这样我就可以回家过圣诞节了。在我从利格尼茨返回科布伦茨的途中，顺便到了措森的陆军总司令部，想探听一下对我们作战草案的态度。施蒂尔普纳格尔将军再次对我说，陆军总司令部与我们的观点完全一致，但因受希特勒命令的制约，无法决定进攻重点的问题。陆军总司令是否已将我们的建议转告希特勒，现在依然搞不清楚。他的话似乎不可信，因为当时作训处的豪辛格中校向我透露，自12月5日后冯·布劳希奇大将就不曾到过希特勒那里。

随着新年的开始，希特勒的"观象青蛙"们又活跃起来。晴朗的冰冻天气被他们预报成好天气，这或许对空军的使用有利，但对装甲兵来说绝不是好天气，因为地面尤其是艾费尔高原和阿登山地已被暴雪覆盖。

希特勒再次下达指令，部队由待机地域进入进攻出发阵地。

尽管如此，本集团军群司令部于1月12日再度向陆军总司令部递交一份题为《西线攻势》的备忘录。在备忘录中，再次强调了我们反复提出的西线攻势的思路，指出目标必须是赢得全面的决定性胜利。虽然当时已不能再考虑更改进军指令了，但本集团军群仍然相信，在作战实施过程中，我们的思路仍会受到重视。而且，以往发动攻势的命令也一再叫停，所以此次进攻命令仍有希望撤销，对作战计划做彻底修改的可能性依然存在。

但是，如果要想达到这一目的，就必须搬掉迄今一直阻碍我们作战计划被采纳的绊脚石。然而这块绊脚石在哪儿呢？根据我们迄今从陆军总司令部那里所听到的，断定绊脚石就是希特勒的观点。陆军总司令部曾多次强调，他们与我们的观点完全一致；但受到希特勒命令的制约，希特勒主张进攻重点要依作战进程而定。但是，陆军总司令部是否确实将我们的计划报告给了希特勒？因为我们的计划与第一份进军指令相去甚远。如果呈送给希特勒的不是一个只争取达成局部目标，而是在西线赢得全面胜利的计划，能不能说服希特勒接受我们的建议呢？（据我们的印象，直到现在，不管是希特勒还是陆军总司令部的领导们都不曾相信这样一种可能性。）

为了澄清这个问题，在备忘录《西线攻势》的结尾处，龙德施泰特大将附上了这样几句话：

"从国防军最高统帅部的命令中获悉，元首和最高统帅握有在作战进程中确定重点的权力以及最高领导权。即是说，陆军总司令部无权随意定下作战决心。因此，我请求将这份建议（指上面提到的备忘录）直接面呈元首。

签名　冯·龙德施泰特"

这个建议是我向龙德施泰特大将提出的，他立即签了名。但这在某种程度上违反了德国的军事传统。因为，根据德国军事传统，只有陆军总司令或者总参谋长受陆军总司令之托，才能直接向希特勒提出建议。

然而，如果陆军总司令部真的与我们的观点一致，那么它无论如何都会自觉自愿地接受我们的作战计划，并向希特勒报告。如果是这样，陆军总司令部将给人留下深刻印象，它也会重新夺回在陆战中所应当享有的决定性地位。对于这样一个结果，没有人会比我更欣喜若狂。当初，我作为首席军需长，曾与冯·弗里奇大将和贝克将军一起为陆军总司令部的地位而奋斗❶。

但是，如果陆军总司令部已向希特勒报告了与我们相同的观点而未获成功，那么这份由希特勒评价甚高的冯·龙德施泰特大将签字的作战计划，对陆军总司令部就可能是一个巨大帮助。

也许，它还能打消希特勒在作战进程中确定重点的想法。根据我们从陆军总司令部那里听到的推测，正是希特勒的这种想法成了实现我们作战思想的主要障碍。

对于这个备忘录的答复，我们大失所望。答复中说，我们认为陆军总司令部只追求局部目标的观点是一种误解，下一步的目标将会及时选定。兵力的继续前调以及将另一个集团军配属给"A"集团军群等事宜，已预先采取相应措施。投入的时机必须由陆军总司令部决定。重点的最终确定将由希特勒根据陆军总司令部的建议实施。我们备忘录中的基本思路，陆军总司令部完全同意，因此没有必要呈送希特勒。

他们在答复中虽然也表示与我们的基本思路完全一致，但并不能掩盖他们的真实企图，他们并不想建议希特勒根据我们的建议，对作战计划做根本性的修改。

相反，目前的进军指令仍然有效。在比利时的决战还继续利用"B"集团军群的正面突击来实施。至少在作战的第一阶段，重点仍在"B"集团军群方面。

"A"集团军群仍然担负掩护此次进攻的任务。它的任务依然没有扩展，

----

❶ 我们集团军群司令部的人员从未刻意以新计划创造者的身份将该计划公之于众。证据是，直到战后，冯·龙德施泰特元帅和布卢门特里特将军在与英国军事家利德尔·哈特谈话时，这份计划才为世人所知。——作者注

从背后攻击位于比利时北部"B"集团军群的当面之敌的任务仍未在考虑之列。

进攻重点是否向"A"集团军群转移，依然要根据作战进程来决定。"A"集团军群并没有从一开始得到装甲兵力的配属，而这是它在取得突袭成功之后向比利时南部挺进，并从索姆河口方向攻击敌之背后的前提条件。"A"集团军群也没有获得配属另一个集团军的担保，而这是它采取攻势行动对抗敌可能实施的反击所必不可少的。

于是，"在最初展开阶段所犯的""永远无法更正的错误"被保留下来了。人们不想下决心进行一场冒险的作战，约德尔将军在1940年2月将这一作战形容为在"有可能被战争之神突然捕获的隐蔽小路"上进行的作战。

很显然，德军以及同盟国军队统帅部都不谋而合地认为，在比利时北部进行正面冲突，要比将作战引向自身更安全一些。为此，德国方面需接受"A"集团军群的计划；而同盟国方面，为能对德国南翼实施强大反突击，则要避免在比利时与德军进行决战。

在此期间发生了一个意外事件，许多人都将后来按照"A"集团军群的建议修改作战计划归结到此事上。

第7空降师作战科长因疏忽大意降落在比利时境内。第1航空队至少有部分进军指令落入比利时人之手。于是，必须估计到，西方国家已通过比利时获知了我们作战计划的内容。

尽管也可以认为，后来有人借机要求希特勒和陆军总司令部接受"A"集团军群的建议；事实上，并不是这件倒霉的事导致了对作战计划进行修改。1月25日在科布伦茨和巴特戈德斯贝格，陆军总司令与"A""B"集团军群司令和各集团军司令进行了一次谈话。此次谈话表明，陆军总司令部的基本思想并没有丝毫改变。这次谈话距上面提到的那件倒霉事件已有相当长的时间了。各集团军群和各集团军的任务依旧。只是"B"集团军群的任务有所扩大，第18集团军现在需占领荷兰全境（而不是只占领除"荷兰要塞"地区之外的部分荷兰领土）。"A"集团军群的任务未变。第2军司令部虽然部署在我集团军群领域，但它像第14摩托化军一样仍归陆军总司令部控制。虽然我奉本集团军群司令之命在一份呈文中指出，只靠第19装甲军突破阿登只能是权宜之计。由于敌人已在马斯河畔集结有强大兵力（法第2集团军），第19军的孤军突破不足以在色当取得胜利。但冯·布劳希奇说，他不可能将第14摩托化军配属给我集团军群。由此表明，高级指挥层依然坚持原有观点，认为将重点移至"A"集团军群的问题只有依作战进程而定。同时也表明，进军指令落入比利时人之手这件倒霉事，并不是促使上层修改进军指令的动因。

尽管如此，本集团军群司令部又根据此间敌情的变化，于1月30日向陆军总司令部递交了一份新的备忘录。其中指出，现在必须考虑到法国在比利时南部投入强大军队，特别是快速部队。在这种情况下，只靠第19装甲军已不足以对付这个敌军集团，更不用说横渡马斯河了。

这一观点在2月7日于科布伦茨举行的图上作业中得到证实，作业中对第19装甲军和"A"集团军群所属两个集团军的推进进行了演练。我的印象是，出席这次演练的哈尔德将军开始认识到我们观点的正确性。

但是就在此时，我的个人命运突然发生转折。1月27日，我接到通知，我被任命为第38军军长，该军即将在我的家乡组建。冯·龙德施泰特大将告诉我，陆军总司令在1月25日与各集团军群司令谈话时就已通知他，准备要更换他的参谋长。理由是，比我军龄还短的赖因哈特将军都已被任命为军长了，我的任命已不能再耽搁了。在我的任命问题上，并看不出他们背离了正常的晋升程序，然而正当大规模攻势即将开始的关键时刻更换参谋长，显得有几分蹊跷。被作为借口的级别问题，本可以用其他办法来解决。因此，不能不使人怀疑的是，我被解除集团军群参谋长之职归根结底是由于陆军总司令部急于除掉那个一直胆敢与他们的作战计划相对抗的人。

在上面提到的、由我参加领导的图上作业完成之后，龙德施泰特大将当着全体在场的人，对我在就任参谋长期间所取得的成绩表示感谢。这位高尚指挥官的言辞中，流露出慷慨大量和非凡气度。另外使我感到心满意足的是，集团军群下属的两个集团军司令布施将军和利斯特将军，以及古德里安将军，对我的调离不仅表示惋惜，而且感到十分震惊。

2月9日，我离开科布伦茨，首先来到利格尼茨。

在此期间，我的可靠的同事布卢门特里特上校和冯·特雷斯科夫中校并没有灰心丧气，没有因为我的调离而放弃，他们仍在为我们的作战计划而奋争。

我估计，可能是特雷斯科夫让他的朋友、希特勒的副官长施蒙特为我提供了一个机会，将我关于西线攻势的想法当面向希特勒报告。

2月17日，我奉命来到柏林，与另外几位新任命的军长一同向希特勒报到。之后，我们与希特勒一同进餐，像往常一样主要是听希特勒讲话。我记得，他对包括敌国在内的新军事技术有着惊人的了解。希特勒用了很长的篇幅讲到英国驱逐舰在挪威领海突袭"阿尔特马克"舰只一事 ❶，指出，小国很难维护它们的中立。

早餐后，正当我们要告别时，希特勒要我到他的办公室。落座后，他要我向他报告我对西线攻势的想法。关于我们的计划，他是否已通过他的副官长知道了或是了解多少，我并不清楚。不过，不管怎么说，我惊奇地发现，他对我集团军群数月来所建议的基本观点理解得非常快，对我的陈述表示完全赞同。

之后，我根据回忆立即整理了一份谈话记录，送交"A"集团军群司令部。该记录内容如下：

"A"集团军群前参谋长以第38军军长身份于1940年2月17日，借机向元首报告了"A"集团军群关于实施西线作战的思路。其报告内容如下：

1. 西线攻势的目标必须是在陆上取得决战胜利。像现在进军指令中所规定的局部目标，即在比利时消灭尽量多的敌军，夺占部分海峡港口等，将在政治上和军事上付出高昂代价。必须将赢得陆上的最终胜利作为我们的目标。

---

❶1940年2月16日，英国"哥萨克"号驱逐舰在挪威领海的约星峡湾袭击了德国"阿尔特马克"号辅助舰，救出船上303名俘虏。挪威政府遂对英国破坏中立法的行动提出抗议。——译者注

因此，作战指导必须一开始就致力于在法国取得全胜，摧毁法国的反抗能力。

　　2. 为此，应更改进军指令中的进攻重点。应从一开始就明确规定，重点放在南翼即"A"集团军群，而不应当放在"B"集团军群或暂时不定。按照目前的做法，最好的情况可能是从正面击溃在比利时的法、英军队，迫使其向索姆河退却，我方攻势也将在那里停滞不前。

　　如将重点移至南翼即"A"集团军群，该集团军群将经比利时南部，渡过马斯河向索姆河下游突击，必将成功切断位于比利时北部、"B"集团军群当面的强大敌军的退路，将其歼灭。这只有当"A"集团军群迅速突向索姆河下游时才成为可能。这是此次战局的第一部分。接着第二部分，以强大右翼将法军合围。

　　3. "A"集团军群完成这一任务的条件是编制三个集团军。还有一个集团军将投入北翼。

　　（第2集团军群）最北部的集团军的任务是，渡过马斯河向索姆河下游突击，以切断撤向"B"集团军群当面的敌军退路。

　　在该集团军群南部，第二个（第12）集团军必须在色当两侧渡过马斯河，之后折向西南，以进攻方式粉碎法军以强大兵力在马斯河以西对我实施反突击的任何企图。

　　第三个（第16）集团军首先采取防御，负责在马斯河与摩泽尔河之间掩护我作战的南翼。

　　重要的是，空军应尽早粉碎法军的展开，因为如果法国人还敢于有所动作，那就是在马斯河以西或两岸、或许一直到摩泽尔河，实施大规模的反突击。

　　4. 只将第19装甲军使用在色当附近的马斯河，是不完善之举。如果敌人以强大摩托化部队在比利时南部迎击我们，该军薄弱的兵力将不足以迅速给敌以毁灭性打击，无力阻止其残部越过马斯河防线。如果敌人只想以强大兵力守住马斯河，那么仅靠该军也不可能渡过马斯河。

　　如果想在前方使用摩托化部队，那就必须在"A"集团军群地段至少投入两个军，同时在沙勒维尔和色当横渡马斯河，无须视第4集团军的装甲兵力在日沃横渡马斯河的情况而定。因此，第14军必须从一开始就投入古德里安军的翼侧，"A"集团军群和"B"集团军群都不应干预它的使用。

元首对上述观点表示赞同。新的、最终的进军指令很快就会下达。"

可惜我不会再接触这个最终的进军指令了。我只知道它于2月20日根据希特勒的命令颁布。

这个进军指令的基本内容与我长时间为之力争的要求相符。

1. 将两个装甲军（由古德里安将军指挥的第19装甲军和由冯·维特斯海姆将军指挥的第14装甲军）投放到沙勒维尔—色当的马斯河防线两侧。它们隶属于一个新组建的装甲集群，由克莱斯特将军指挥。

2. 原配属给"B"集团军群的第2集团军，现改为配属给"A"集团军群，并同时为其提供第三个集团军。这样，如果由于第16集团军折向南方而在"A"集团军群进攻地段中空出来的地段，可立即由第3个集团军来填补。

3.（现隶属于"B"集团军群的）第4集团军改由"A"集团军群指挥，以使该集团军群在向索姆河下游突击时有必要的机动余地（为扩展进攻地段，"A"集团军群已一再要求至少将该集团军最南端的一个军归属于它。战时日志官格赖纳在其记载中，把这一改变隶属关系的日期提前到11月，其依据是错误的。只是在新的进军指令下达后，隶属关系才做了上述更改）。

这样，这个由陆军总司令部新拟制的命令已囊括了"A"集团军、群司令部所主张的全部观点。整个作战行动的重点移至南翼，这一范围包括马其诺防线北部地域及其交通枢纽。但"B"集团军群仍保留三个集团军，其兵力足以使它在比利时北部和荷兰取得重大胜利。

现在，"A"集团军群可以通过阿登横渡马斯河，向索姆河下游突击，给敌人一个突然袭击。这样，它也可以将在比利时北部作战的敌军撤向河彼岸的退路切断，同时也能有效对付敌人对德军南翼实施的强大反突击。

对于德军1940年5月进攻作战的实施，我想做如下表述：

"B"集团军群的进攻由于德军尤其是装甲部队的优势，取得了重大胜利，这比从正面突击，并可能遭遇比利时坚固的要塞工事要好得多。

尽管如此，同盟国军队在比利时遭到彻底毁灭的重要原因，是由于德军出人意料地通过阿登山地，渡过马斯河，推进到索姆河河口，一直挺进到英吉利海峡岸边。之所以能取得如此巨大的胜利，除了冯·龙德施泰特大将的卓越指挥，首先应归功于古德里安将军的无限激情和超凡活力，是他把"A"集团军群的作战思想转化为行动。

在比利时北部的战果并不尽如人意。根据丘吉尔的统计，有33.8226万人（其中2.6176万法国人）通过敦刻尔克撤走，尽管损失了大量重型武器和其他设备。这应归咎于希特勒的干预，他两次命令冲锋在前的装甲部队停止前进，一次是在向海岸推进过程中，另一次是在敦刻尔克城前。对于后一次命令有三种解释，事实上，正是这一命令为英军架起了一座跨越海峡的金桥。第一个理由是，希特勒想保存装甲部队的实力，用于法国战局的第二阶段。凯特尔曾对希特勒说，敦刻尔克周围的地形不利于装甲部队的使用。第二个理由是，戈林曾向元首保证，单靠空军的力量足以阻止英国人撤出敦刻尔克。从戈林好虚荣、说大话的本性上看，我觉得他完全有可能许过这个愿。但从军事角度说，这两个论据都是错误的。第三个理由是——据说是来自冯·龙德施泰特大将与希特勒的谈话——希特勒故意将英国人放走，因为他认为这样将有利于今后与大不列颠达成谅解。

不管怎么说，让英军撤出敦刻尔克是希特勒的一个重大错误。它为后来在英国的登陆行动制造了麻烦，继而使英国人有能力在非洲和意大利作战。

希特勒虽然接受了"A"集团军群的思想，通过阿登一直推进到海峡岸边，从而切断比利时北部敌人的退路，并一直突击到敦刻尔克城下；但他没有采纳其另一个思想，即第一阶段的作战要为第二个阶段的作战创造前提。德军统帅部只满足于在"A"集团军群的快速部队向海岸推进过程中，让随后跟进的各师像珍珠串一样沿受威胁的南翼构成一道防线，以防御敌人在马斯河两岸可能对我实施的反突击。他们大概认为"A"集团军群的另一思想过于冒险。"A"集团军群曾主张，采取攻势行动，在马斯河西部向南突击，从一开始就粉碎敌人发动反突击的任何企图，同时撕开敌人位于马斯河与瓦兹河之间的防线。

虽然后来在苏联战局中表明，希特勒在作战问题上具有某种直觉；

但他缺少军事统帅所应具有的完备的教育素质，而这一点正是使军事统帅在作战中敢于冒险的资本，因为他对驾驭战局充满自信。因此，对于上述情况，希特勒宁愿采取以防御方式对南翼实施掩护的保险的解决办法，而不敢采纳"A"集团军群所建议的大胆方案。只能说希特勒命好，敌人并没有发动大规模反突击。事实上，他们完全可以很快集中大约50个师，在马斯河两岸对德军发动一次大规模的反突击，从东一直向摩泽尔河推进，只不过要暂时放弃荷兰和比利时要塞以外的地区。

因此，在结束了第一阶段作战之后，英、法军得以再次沿马其诺防线至卡里尼昂，接着沿埃纳河和索姆河下游构筑一条新的绵亘防线，与德军对峙。德国必须首先再次突破这道防线。德军在第二阶段攻势中之所以能在很短时间内将敌人彻底击溃，原因是敌人在比利时北部受挫之后，已没有充足兵力防守自瑞士边界至海峡的这样一条绵亘防线。其次，法军的士气已不堪一击，更不用说在装甲兵这一作战手段上，敌人根本无法与德军相比。假设盟军统帅按"A"集团军群司令部的方案行动，那么他们会在马斯河两岸发动一次大规模攻势。但是根据"A"集团军群的计划，可以通过在马斯河与瓦兹河之间的进攻，将敌人的攻势粉碎在展开之中。与此同时，将比利时北部的敌军包围，接着"B"集团军群折向索姆河下游，按照施利芬计划的模式将法军残部合围，这样我们就可以最终以反转的正面在马其诺防线背后与敌进行一场决战。

鉴于我们——除了英国人从敦刻尔克逃走之外——在法国战场以令人称绝的手段最终赢得全面胜利，我的上述分析也就显得多余了。它的作用只是为了表明，即使敌人的行动如何高超和正确，"新计划"依然可以将其战胜。不过，第一阶段在马斯河与摩泽尔河之间的行动中曾出现过一段危急时刻。

第六章

第 38 军军长

成为旁观者；索姆河下游的防御战；突破法军
索姆河阵地；追击；停战

成为旁观者

自我突然被调离"A"集团军群参谋长职位后，在后来的西线攻势中所参加的行动，其规模之小连将其纳入这本回忆录都显得有些多余。我之所以还把它写出来，主要是为了向在我指挥下的英勇部队及其所取得的杰出战绩表达我的谢意。另一个原因是，第 38 军在取得突破法军索姆河阵地之后的作战行动，可以作为一个追击的战例。此次追击自索姆河开始，横渡塞纳河，直抵卢瓦尔，使敌人没有一丝喘息之机，直至其最后崩溃。

在别人为我曾为之奋斗的思想继续进行修正的这些日月里，我要完成的主要任务是，组建我的第 38 军军部，以及在斯德丁❶建立军属通信营，还偶尔奉命到波美拉尼亚和波森去视察那里新组建的师。

1940 年 5 月 10 日，当我正在利格尼茨休假的时候，从收音机里听到德军西线攻势开始的消息。不言而喻，在以后的几天里，我的思想和热切期盼都紧紧追随着突破阿登的部队。他们能否在强大的法国部队到达前，

---

❶ 今什切青。——译者注

通过卢森堡并突破巴斯托涅两侧的比利时要塞？装甲部队能否一鼓作气在色当附近渡过马斯河，为合围北翼敌军打下基础？

人们也许能够理解我此时的心情，正当我长期为之奋斗的计划在西线付诸实施的时刻，我却远离前线，身居德国的后方。

5月10日傍晚，第38军军部奉命由斯德丁开往不伦瑞克。5月13日，又由不伦瑞克进驻杜塞尔多夫，归属"B"集团军群指挥。在接着的几天里，我无所事事，像个随军观战者一样观看了德军在首次突击中占领的比利时坚固阵地，这些阵地位于马斯特里赫特附近的马斯河河段以及阿尔贝运河河畔，还参观了德军通过奇袭夺占的埃本埃玛尔现代化要塞。此外，我在"B"集团军群司令部获悉了下一步的战况。我听说，对于敌人的企图还没有获得一个清晰的了解。陆军总司令部显然也不清楚，而且对自己下一步的作战企图一直保持沉默，只是将两个集团军群的分界线向西北做了延伸。

5月16日，第38军归属"A"集团军群指挥。第二天，我便到巴斯托涅向我的老司令冯·龙德施泰特大将报到，受到我的继任者冯·佐登施特恩将军和参谋部我的老同事们的热烈欢迎。在这里我还听说，德军终于顺利通过阿登，渡过马斯河。我的军编在第12集团军，该集团军奉命继续向西即索姆河下游突击，新组建的第2集团军则插入第12、16集团军之间，正面朝向西南。

我刚到第12集团军，就经历了一次希特勒插手陆军指挥的事。根据希特勒的指示，陆军总司令部命令向前推进的克莱斯特装甲集群不得越过瓦兹河；第12集团军折向西南，转入防御。第2集团军插入第4、12集团军之间，接替继续向西突击的任务。理由是，元首无论如何都不想使德军受到哪怕是暂时的挫折，那样就会使万念俱灰的法国民心死灰复燃。他害怕的挫折是，如果第12集团军按原计划继续向西推进到索姆河下游，那么法军就有可能在马斯河西部从南向北，对我翼侧实施反突击。

自此，政治家或者说是鼓动家便开始插手军队统帅的事务。事情很清楚，一方面，冯·克莱斯特装甲集群停在瓦兹河，就有可能丧失全歼比利时北部敌军的机会，因为该集群可从背后攻击敌人。另一方面，命令第12

集团军转向西南并转入防御，就意味着放弃在马斯河与瓦兹河之间地域的主动权。事实上，此时法军不可能实施大规模的反突击。按"A"集团军群的观点，敌人要发动一场反突击，至少需要一周时间来集中必要的兵力，假定敌人确实有这样的计划。但"A"集团军群在冬季一直向陆军总司令部建议的核心是，向索姆河下游突击时，为掩护德军南翼，需采取攻势行动，这将足以使敌人的反突击计划化为泡影。

现在已经表明，希特勒虽然没有勇气在德军攻势的南翼暂时冒一定风险，但他已准备亲手处置陆战进程乃至作战的细枝末节。

当然，在这个时刻，他以担心德军遭受哪怕是暂时的挫折为由干预作战指挥，原因或许是陆军总司令部违背"A"集团军群当初的建议，即当德军渡过马斯河之后，并没有命令第12集团军插入正面战线。如果插入第4、12集团军之间，即可以继续向索姆河下游突击；如插入第12、16集团军之间，即可以在马斯河与瓦兹河之间向西南突击。说因空间不够而未能使后续部队插入第一线，这个理由是站不住脚的。当务之急是，由一个集团军司令来解决两个突击方向和两项任务的分歧，而随着作战地域的不断扩展，后续部队也会有足够的空间。

这个例子再次说明，如果作战计划不是由计划制订者而是由另一个人实施，那么即使没有任何正当的理由，他也可以对计划做任意修正，其结果就难以完全如计划制订者所愿。

虽然希特勒的这次干预（不像后来在敦刻尔克城前对克莱斯特装甲集群的干预）并没有对作战产生重大的不良影响，但他为第12集团军所规定的防御任务，使敌人得以在埃纳河畔构筑一条新的防线。在法国战局的第二阶段中，还必须经过艰苦战斗再次突破这条防线。在这个关键地段上，本可以通过攻势行动毫不费力地彻底粉碎敌人建立绵亘防线的企图，但现在这个机会丧失了。然而正是这一点——还有合围北翼敌军——是我们建议中关于德军第二阶段攻势的基本思想。

在此期间，我们的军部迁至卢森堡的一个景色如画的小城克莱夫。我奉命指挥几个师随第2集团军跟进，从此结束了我的旁观者的生活。正当要给敌军北翼以决定性打击的重要时刻，我却未能担负任何像样的任务。

在这些天，我得知我夫人的弟弟埃格伯特·冯·勒施在布鲁塞尔失踪了，他是一个俯冲轰炸机中队的中队长。埃格伯特是我夫人的二弟，他上学的时候，在德累斯顿和马格德堡同我们一起生活了很多年。他是我夫人最喜欢的一个弟弟，待他就像自己的孩子。他年轻的妻子当时正和我们一起住在利格尼茨。因为一直没有得到埃格伯特的飞机及其飞行员生死的消息，几个星期以来，埃格伯特的妻子、他的母亲和我的夫人都处在忧心焦虑之中，惶惶不可终日。看来很有可能是在攻击时被击落了。直到法国战局结束之后，我才得以对此做进一步的调查。在经过长时间的搜寻之后，才在布鲁塞尔附近找到飞机残骸。经询问附近的居民得知，飞机似乎是在俯冲时被敌人高炮击落的。两名乘员成功跳伞，其中一名在空中便被比利时士兵击毙，另一名则在着陆后被打死。我的妻弟和第四名乘员是被高炮击中后身亡的。

埃格伯特·冯·勒施是一个特别招人喜欢和聪明的年轻人。魁梧的身材，高高的个子，金黄的头发，一双漂亮动人的大眼睛，仅凭他的外表就能赢得人们的欢心。然而他内心更是充满着美好和善良，使人乐于与他接近。他是一个热情和出色的军官。他已为他可能的牺牲留下如下遗言："请不要为我悲伤。我是个理想主义者，虽死犹生。我不再能享受美丽的人间生活了。遗憾的是，我再不能为祖国以及我的夫人效力。这是令我最终牵挂的两件事。"

5月25日，我的军奉命接替第14装甲军在阿布维尔—亚眠地段的任务。该军奉冯·克莱斯特将军之命，同第9装甲师和第2摩托化师一起，负责保障位于索姆河下游的后方安全。5月27日，我们接防。

此时，在索姆河下游尚未建立巩固的正面。第14装甲军的第2摩托化师（后由第57步兵师接防）位于左翼，在阿布维尔—索姆河南岸占领一个登陆场；第9步兵师在亚眠担负同样任务。对位于两个小城之间的索姆河河段只加以警戒。

敌人此时也尚未集中足够兵力在索姆河下游建立新的防线。在亚眠我登陆场的前方，似乎有一个法国殖民地师和一些英军部队；在阿布维尔登陆场前方，有一个英国师。

我们的任务是坚守登陆场。第9装甲师和阿布维尔换防下来的第2摩托化师，起初作为机动预备队部署在索姆河以北，不久便有幸参加了海岸的决战。

第14装甲军军长冯·维特斯海姆将军在换防时对我说，他估计敌人不会有大动作。然而，他刚刚离开这里一小时，敌人便对我两个登陆场发动了猛烈攻击，而且在两处都投入了强大的装甲部队。到下午，敌人被击退。在亚眠，多辆法军坦克被击毁。在阿布维尔，击毁英军轻、重型坦克30辆，这里仅炮手布林福尔特一人就击毁9辆。他是经我推荐的第一个获得骑士十字勋章的普通士兵。

敌人的攻击已经清楚地表明，敌人要么是企图渡过索姆河以解除北翼被我合围的威胁，要么是打算在索姆河下游构筑新的防线。这样，对于我们而言也就面临同样的问题，即我前面讲到的关于希特勒给第12集团军的任务。是留在索姆河下游实施防御，还是力争将行动的主动权握在自己手里？

如果第14装甲军按所规定的任务采用防御的解决办法，那无疑就给了敌人一个在索姆河下游构筑新的坚固防线的机会。此外，如果敌人继续前调兵力，那么能否坚守亚眠和阿布维尔的登陆场也将成为问题。起初留置在索姆河以北的两个作为预备队的快速师，对于防守登陆场的战斗根本派不上多少用场。由于登陆场的地域所限，无法用来加强登陆场的防御。但是要从防御转入反攻，只有等敌人铲除了登陆场，将守卫登陆场的师消灭，并渡过索姆河之后才可以使用。

我曾多次向我的上司第4集团军司令建议，我们应将这两个快速师（或在它们开拔之后接替其任务的步兵师）在两个登陆场之间突然渡过索姆河，向正向登陆场开来的敌军翼侧实施攻击，并将其歼灭。我认为应投入一个军，在南部即索姆河前方实施机动作战，直到在比利时北部的会战结束，德军北翼渡过索姆河下游。这一行动的目的是，阻止敌人建立一条绵亘的索姆河防线。当然，不可否认的是，这个军在索姆河以南孤军作战时，可能会陷入困难境地。但是，为了总体作战的利益，这一冒险是不得不承担的，否则我们将会为对付敌人在索姆河畔建立起的新的坚固防线付出更大代价。

　　遗憾的是，第4集团军司令对于我的一再建议置之不理。他不肯将第二线用于渡河的师抽调出来。他这种有保留的做法是其个人的决定，还是依据于陆军总司令部的命令，我不得而知。结果，我奉命在登陆场实施防御作战，听任敌人在我两个登陆场之间，沿索姆河构筑一条绵亘的防线。按常规，人们只知道在江河后面实施防御，或者依托坚固的登陆场对江河实施固守。但为争夺江河防线而在江河前面实施机动作战，在教科书里还不曾有过。

　　在此后的几天里，敌人继续对我登陆场实施攻击，亚眠登陆场的态势一度危急。但在对我的部队视察之后，发现这里的状况一切还好。尤其是第116团（由我的老同事第3近卫团团长、后来的赫尔莱因将军指挥）在防御作战中做出重大贡献。

　　但是，阿布维尔在5月29日的态势极为严重。没有多少战斗经验的第57步兵师在经过艰苦行军之后，到这里接替第2摩托化步兵师的防务。该师刚到不久，便遭遇敌人在英国装甲部队支援下的攻击，一些地段被突破，损失惨重，后来知道还有人被俘。我前往阿布维尔，中途遇到一个营，可能因错误地理解了命令，正撤出阵地途经该城向后方撤退，我命令他们返回阵地。最后，该师的局势终于被控制住了。

　　冯·克卢格将军 [1] 甚至允许我们必要时可撤出登陆场，因此他也拒绝利用刚到达的第6、27师在阿布维尔两侧渡过索姆河，以便对攻击此处的敌军实施钳形攻击。事情很清楚，在比利时北部的会战结束，己方部队在敌人新构筑的防线当面"按部就班"地展开之前，高级指挥层也想避免任何冒险。

　　此时，敌人也利用这段时间前调预备队，在自马其诺防线末端，经卡里尼昂直至索姆河口一线，建立了一条新的防线。希特勒在瓦兹河与马斯

---

[1] 第4集团军司令。——译者注

河之间自愿放弃了主动权，遂使敌人有可能在埃纳河构筑防线。这样，在索姆河以南的主动权也等于随之放弃。

向卢瓦尔河的突击

如果说在德军西线攻势的第一阶段，我基本处于一种旁观者的地位，那么至少到了第二阶段，使我有机会作为一名军队高级指挥官亲临沙场。

我们曾多次向上司建议，在敌人未在索姆河后方建立绵亘防线之前，允许我们渡过索姆河，但均未收到成效。第4集团军原本计划在6月5日发动的进攻，到6月初才开始准备。

阿布维尔两侧地段由第2军（军长布罗克多夫伯爵将军）接管。在他与第38军之间的阿伊附近，有霍特将军的第15装甲军。原由第9师防守的亚眠登陆场，现由第14装甲军（由冯·维特斯海姆指挥）接防，并归属邻近的集团军指挥。这样，留给第38军的进攻地段只有皮克尼两侧不到20公里的地段。担负第一波进攻任务的，右翼为苏台德第46步兵师（师长冯·哈泽少将），左翼为施瓦本第27步兵师（师长贝格曼中将）。威斯特伐利亚第6师（师长冯·比格勒本中将）❶作为军的预备队位于第二线，等第一线师渡过河后，再投入作战以完成突破任务。

在河的北岸即我方这一边，有逐渐平缓的高地伸向索姆河，基本没有林地遮掩；而南岸地形则十分陡峭，敌人对我们的进攻待机地域一览无余。但仅有数百米的索姆河谷，被无数树丛所覆盖，遮挡了双方前沿的视线。在南岸，位于河谷内有布雷利、埃利、皮克尼和德勒伊等几个小村庄，似乎都有强大敌军据守。像法国多数村庄一样，这些小村庄都布满房屋和墙壁，为防御者提供了良好的支撑点。自陡峭的南岸直至敌人防区纵深的高地上，有多个村庄和大片树林，也为敌人提供了有利的防御要点，为其

---

❶ 三位久经考验的师长中，冯·哈泽将军于1944年7月20日被处以绞刑，贝格曼将军在东线牺牲，冯·比格勒本将军在战争中去世。——作者注

炮兵提供了良好的遮避物。

在我这个军的当面地段有两个法国师、一个黑人殖民地师和第13（阿尔萨斯）步兵师。根据勘察，我们估计，敌军炮兵在数量上绝不会处于劣势，甚至会优于我们。根据上述所描述的地形条件和敌我力量对比，我认为最好利用突袭取胜。基于这一分析，我命令己方炮兵在进攻发起前绝不开炮。直到进攻开始时，才用最强大的火力猛烈炮击南岸高地，以及位于河谷中的村庄，以消除敌人任何可能对我渡河所造成的威胁。

两个师的步兵应于进攻发起前利用夜暗，携带橡皮艇、汽艇和徒步桥潜入岸边的丛林。他们应在拂晓时分突然渡河，不与占据村落之敌纠缠。

6月5日黎明，我军突然在全线渡河，使敌人措手不及。但敌人在陡峭的河岸和坐落在河谷的村庄开始了猛烈的抵抗。

敌人作战十分顽强。阿尔萨斯人如同阿雷曼部族 ❶ 一样顽强不屈，在第一次世界大战期间为德军提供了众多优秀士兵。现在要将这些德国年轻人当作敌人对待，实在是一种悲哀。后来，当我与一些俘虏聊天时，他们中的许多人说，他们的父亲曾在德国陆军、近卫军或皇家海军中服过役，并引以为荣。我也回忆起我在第3近卫团训练过的许多阿尔萨斯新兵，他们大多数都是极为优秀的士兵，比如我当时的测距员、二等兵德尚。

进攻开始时，我在位于一片小树林并靠近前线的军指挥所里观察着战事的进程。当我发现部队已在全线顺利渡河，便立即开向前方。争夺河岸和村庄的战斗开始了。异乎寻常的是，敌人的炮火很弱，与我们侦察发现的数量大不相称。很显然，法国炮兵还完全生活在阵地战的经验中，他们还不大会随机应变，没有达到在机动战中快速集中强大火力的要求。法军不仅在前进观察能力方面不如我们，而且其观察营的编制装备也无法与我相提并论。胜利者很容易躺倒在荣誉的桂冠上，不求进取，法国就是如此。不管怎么说，敌人的炮兵未能发挥像第一次世界大战阵地战时的威力，使

---

❶ 居住于莱茵河和多瑙河上游日耳曼族的古称。——译者注

我们感到意外的欣喜。

通过索姆河沿岸低地地带还是相当棘手的，因为刚刚架好的便桥还处在小村布雷伊的火力控制范围之内。但我还是成功地到达了第27师第63步兵团，该团由出色的格赖纳上校指挥，他们占领了沿岸高地，伤亡惨重。令人钦佩的是那些伤员，他们躲在沿岸高地的死角地带，等待着眼下还不可能到达的输送他们的车辆。接着，我又渡河返回，经另一个渡口到位于军左翼的第27师第40步兵团。该团在讷伊村的树林前遭到阻击，停滞不前。该进攻地段基本属于邻近的第14装甲军，仍由敌军据守。由于该团还处在背后小村阿伊的敌人的火力控制下，因此伤亡也不小。但他们最终还是占领了能控制河谷的高地。

右翼的第46步兵师也成功渡河，并占领岸边高地。我对进攻第一天的战果十分满意，尽管争夺岸边村落的战斗一直延续到深夜。

从友邻军那里得知，第15装甲军也已渡过索姆河，但长时间为敌人所阻，无法前进。敌人在一个名叫阿赖讷的大型村庄进行顽强防御，切断了我车辆通行的道路。

左邻第14装甲军经过炮火准备后，从亚眠登陆场发起攻击，坦克的攻击似乎因敌人的雷场而停滞不前。因此，该军奉命转向南，这样我们在之后的攻击中便与该军脱离了联系。

到6月5日，除了占领岸边高地之外，还在索姆河南岸夺取大片地域，使我们得以在夜间将首批炮兵连输送过河。但是，敌人是已被打垮，还是企图在纵深继续顽抗，尚属疑问。在这种时候，通常得不到能澄清这种关键问题的情报。不确定性——这也是战争中的组成部分——使情况不明，敌情不清。粗心大意和轻举妄动都会招致恶果。但是，如果错过哪怕几个小时，就会使敌人得以重新组织防御，要想粉碎它又会付出重大代价。

在这种情况下，如果部队高级指挥官只想坐等正确情报的到来，那么就难以抓住有利时机，幸运就会从他手边溜掉。因此，我便于6月6日黎明来到河南岸的第46师指挥所。一眼可以看出来，他们的精神还没有从昨天的紧张中恢复过来。由于该师已与敌人脱离直接接触，所以我向他们指明立刻实施追击的必要性。然后，我继续向前，来到第42师的一个团，前方枪炮声不断，而该团仍在坐等命令。我命令他们前进，然后我来到军的右翼团。该团虽正准备前进，但想等炮兵对前方名为夸西的小村，以及高地和树林进行射击之后再行动。我们手头没有关于敌人的勘察报告。但凭借我的感觉，前方村庄以及高地和树林并没有敌人据守。于是，我命令团长立即采取宽正面和疏开的战斗队形向前推进。如果前方真有敌人，就会自动暴露，我们可以用预有准备的炮兵将其消灭。这种战斗队形不会造成重大损失。但团长对我的观点满腹狐疑，于是我驾驶我的军用吉普车在前开路。我们到达夸西村村口，发现村口设有街垒，但没有敌人防守。从村子里传出零星枪声，显然是散兵游勇。经过短时间观察之后，我们便开进村子，发现敌人确实已经撤走，村旁的高地和树林也已没有敌人。经过一番侦察之后，我返回该团，此时该团也正准备向前开进。我告诉他们，今后最好靠自己去进行侦察。作为一个军长，确实不应当亲自出马去担负一个侦察组的任务。但在目前情况下，似乎有必要做出榜样，使部队更加了解我；同时我也深信，要实施名副其实的追击，前提条件是指挥官的主动性。特别使我高兴的是，在这次不寻常的侦察行动中，我的助理参谋冯·施韦尔特纳中尉，以及年轻的司机中士纳格尔，表现出了极大的热情。

下午，我来到第 27 师的两个团，他们正在攻击赛瑟蒙村。我突然出现在第一线，使一位连长大惊失色。他向我报告了情况之后，还想从我这位突然出现的高官身上捞点好处。于是，我把我的大地图展开，趴在地上向他详细介绍了作战的总体态势，他对我描述的情况极感兴趣。当满足了他的求知欲望之后，才动身返回，并带回一名伤员。此时，军指挥所已移至靠近前线的一片树林里，这就大大缩短了我们返回的路程。

6 月 7 日，已在前天到达索姆河南岸的第 6 步兵师，在我军的右翼投入战斗。勇敢的威斯特伐利亚士兵勇猛向前，气势惊人。当我下午到这个师时，发现能为敌人提供可靠支撑的陡峭的普瓦地段已被占领，普瓦小镇也落入我手，该师的一个团正在攻击位于该地段另一侧的一个小村。不过，着实使人不畅的是，普瓦及该镇的前进道路都在敌人炮兵的射程之内。一名运输弹药的司机被敌人的火力阻滞在公路上，他居然躲到了满载炮弹的车子底下，此情此景又着实使我们大笑了一番。

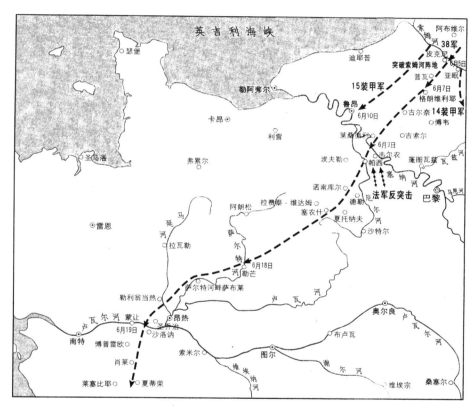

图5 第38军由索姆河向卢瓦尔河的突击

下午，我又到了第46师的一个团，该团被阻止在普瓦地段前方，无法前进。但当与重型武器和炮兵取得协同之后，此地段也于傍晚被占领。

第27师在参加了最艰苦的战斗之后，现被调到第二线，因为追击进展得十分顺利。该师在军左翼的位置由新近配属我军的第1骑兵师接替。

6月8日，追击继续进行，勇猛的威斯特伐利亚部队决定着追击的速度。第46师报告，发现100辆敌坦克，俯冲轰炸机前来实施攻击。我命令他们利用俯冲轰炸机攻击的机会，将敌坦克缴获，可惜没有成功。如果动作再迅速一点，敌人就不会跑掉了。

6月7日、8日的战斗给我的印象是，敌人已被击垮，在开阔的战场上只能进行局部和暂时的有限抵抗。估计敌人会集中现有兵力退至塞纳河彼岸。到达那里后，他们有可能同预备队一起，重新组织抵抗。对于本军而言，关键是要迅速渡过塞纳河，不给敌人沿河重新组织防御的时间和机会。6月8日晚，本军距塞纳河还有约70公里之遥。尽管如此，我还是命令各师一线部队务必令其摩托化先遣支队，不仅须于6月9日到达塞纳河，而且要渡过该河。步兵主力和骡马牵引炮兵应以最快速度在快速部队之后跟进，争取于明日与快速部队一同到达目的地。第6师将在莱桑德利渡河，第46师在韦尔农渡河。

这对于已经奋战四天和正在追击中的部队来说是个非同一般的要求。但有时候为了不错过有利战机，高级指挥官在战争中必须提出最严厉的要求，否则部队将为错失良机而造成的恶果付出更高昂的代价。

此外，在这种情况下，从作战角度考虑也必须行动迅速。看来，法国人决心在巴黎实施防御。巴黎防御阵地始自该城北部的瓦兹河，一直延伸到马恩河，阵地内集中了强大的兵力。如果我军能在巴黎南部迅速渡过塞纳河，就等于彻底摧毁了巴黎的防御。敌人只有迅速撤出巴黎，别无他路，否则其退路将被切断。

本军所处的态势要求必须对部队提出高要求。它要求各级指挥官充分发挥最高的主动性和迅速行动的能力。如此有利的机会绝不容错过。

6月9日从清晨到深夜，我一直在路上奔忙，以保证一线的两个师到达目的地。我欣喜地看到，我们的步兵不顾往日疲劳，仍表现出极大热情，不遗余力地奔向目标塞纳河。

当然，小小的纰漏仍是不可避免的。第 6 师一切顺利。清晨，我与两位师长见面，之后到第 46 师视察。当我近中午时分到达第 6 师位于莱桑德利的渡场时，发现师的先遣支队已到达河岸。其师部也正准备渡河，而这一行动本来计划在下午才实施的。遗憾的是，当先遣支队到达时，桥梁已被敌人炸毁。由于俯冲式轰炸机的攻击，位于河对岸陡峭山崖上的美丽如画的小镇莱桑德利起火燃烧，这等于宣告了我们的到达。在目前状况下，这无论如何都不是我们所期望的。

第 46 师出现了一些困难。首先，该师比预定时间迟到三小时。在我视察第 6 师后重新到达该师的时候，他们已失去与其先遣支队的联系，而该师的先遣支队无论如何都不会像第 6 师一样已到达塞纳河。在我返回第 6 师之前，命令第 46 师师长于黄昏时与我在预定的韦尔农渡场碰面，而且至少要带着他失去联系的先遣支队一起来见我。

我首先来到莱桑德利，发现塞纳河三处渡河地点对面，敌军的抵抗都很弱。该师步兵和骡马牵引炮兵也在竭尽全力，争取在当日及时到达塞纳河。

当我于 7 时左右到达韦尔农时，发现第 46 师师长与他的先遣支队也已到达。可惜的是，敌人已争取时间提前将桥梁炸毁。由于河南岸敌人的机枪向韦尔农猛烈射击，于是我命令先遣支队等到晚上趁夜暗渡河。

在这种迅猛的追击中，我却不能按我的意愿使用此时已到达本军作战区域的第 1 骑兵师。该师还远在后方，而且集团军在将该师配属给我时还附带一个条件：该师应使用在瓦兹河畔，用来掩护集团军的左翼，以防来自巴黎的威胁。此外，该师还报告，他们目前还在我所属各师的深远后方，被强大的敌军坦克所阻。很显然，这就是当初从第 46 师手中逃脱的那些坦克，现又在我纵深翼侧四处闯荡。

睡了一小觉之后，6 月 10 日清晨，我再次来到韦尔农，第 46 师的首批部队已渡过河。这样，第 38 军就成了第一支在塞纳河南岸立住脚的部队，他们理应为自己的追击行动自豪。使我感到高兴的是，这次快速行动使我的军免除了在渡河时可能会遭遇到的一场苦战。

但是，军所面临的态势并不容乐观。在塞纳河南岸只有我一个军，而6月10日右翼第15军才到达鲁昂附近的塞纳河地段，然后转向勒阿弗尔。其后的第2军离塞纳河还有相当距离。左翼是巴黎，其中到底部署了多少敌军，是一个很大的问号。此外，第38军要将其所有部队渡过河，还需要两天时间。莱桑德利和韦尔农的两座简易舟桥成了英国空军一再攻击的目标，韦尔农的桥梁曾一度被炸毁。假设敌军指挥在这一翼还有一些预备队，假设敌军还有恢复主动权的决心，那么孤军奋战在河南岸的第38军势必会成为他们的攻击目标。

第4集团军司令冯·克卢格大将在攻势开始时告诉我，陆军总司令部赋予他的任务是"占领塞纳河南岸的登陆场"。即使最高统帅不想按照施利芬计划，通过在巴黎西部回转的强大北翼取得法国战局的第二阶段的胜利，而是试图在巴黎以东集中大量装甲部队向南实施突击，那么第4集团军的上述目标也是不妥的。如果企图通过在巴黎以东的突击来取胜，那么不仅"C"集团军群对马其诺防线的突破，而且还有"B"集团军群在塞纳河下游的渡河都将成为次要行动，那么保持我们在外翼的主动权就将成为问题。"A"集团军群到6月9日才开始横渡塞纳河；而且它的突破能否取得预期的决定性战果还是未知数。此外，应当预计到，敌人对于施利芬计划中在塞纳河下游渡河实施远大合围的思想不是没有准备，而且已采取预防措施。更为重要的是，我们也必须在右翼保持主动权，不给敌人以任何时间在此组织防御或实施反突击。因此依我看，如果说第4集团军的作战任务是继续在塞纳河南岸进攻，那么第38军也不能在一个登陆场内坐等敌人集中优势兵力前来攻击。

因此，我请求集团军待我军属炮兵一旦渡河后，允许我向南突击，而不是像命令中所要求的坚守登陆场——此时该登陆场已扩展至厄尔河。为保险起见，第27步兵师已渡河，提前到达塞纳河南岸。此外，6月11日我还要求，允许现已在瓦兹河立足的第1骑兵师也推进至塞纳河南岸，该师在这一天对在上述提到的敌军坦克部队作战中打了一个漂亮仗。在目前态势下，我觉得应当将我们唯一的骑兵师作为追击行动的尖兵，尽早将从东南通往巴黎的公路和铁路切断。

遗憾的是，我的建议遭到拒绝。得到的答复是，集团军必须等候上级关于下一步作战的指示。接着，第1骑兵师也被调离，归属第二线的第1军；这样，该师只能继续留在瓦兹河畔的翼侧，仍位于塞纳河北岸。这个作为唯一最适合追击的精锐师未能一展身手，令我十分惋惜。

6月11日傍晚发生的两件事，足以证明我的观点是正确的。第6师第58步兵团击落一架敌机，俘虏其驾驶员，从他身上发现一份命令，获悉敌人正准备做更大范围的撤退。因此，现在关键的是要抓住敌人不放。第46师还报告，其当面敌人强大的装甲部队正准备发动进攻。这表明，我们在塞纳河南岸的存在使敌人如坐针毡。如果我们继续坐等下去，只能使敌人的困境得以缓解。

6月12日一早，第46师报告，昨夜他们遭到攻击，虽然已被击退，但己方损失也不小；现当面敌人正准备再次发动进攻，要求紧急支援（报告称，敌人出动坦克110辆）。我自主决定，依靠我的全部三个师实施一次进攻。然而，当命令刚要下达的时候，集团军司令就出现在眼前。他虽然同意我的看法，但指出陆军总司令部尚未指示新的作战目标，因此只能等待。他担心我会一意孤行，孤军行动。因此，他严厉地命令我，进攻行动决不准越过埃夫勒—帕西一线。为保险起见，在傍晚下达的集团军命令中，他将上述意思重复了一遍。

左翼第27师的进攻进展顺利，而第46师报告，在河的南岸没有足够的炮兵、弹药和给养，因此尚未开始行动。不过，它还是击退了敌人坦克的进攻（只有50~60辆）。

此后几天，继续实施追击。6月13日，第2军在我们右翼也渡过塞纳河。在这一天，我们在一座小别墅中过夜，它属于著名女作家科莱特·德阿维尔所有，可惜主人不在。我就在这位夫人的卧室兼客厅过夜，房间装修得漂亮而雅致，有一扇门通往花园。花园里有一个游泳池，它大受我们欢迎。

6月14日，陆军总司令到我部视察。我向他报告了我军迄今所取得的战绩，他虽然专注地听了我的汇报，但并没有透露一点关于下一步企图的信息。

6月15日，冯·克卢格大将通知我，集团军的目标现已定为勒芒。集团军必须毫无顾忌地向前追击，无须等候友邻到达。此话对我们而言毫无新意。

6月16日，我军所属各师在拉费泰—维达姆—塞农什—夏托纳夫一线再次遇到敌人有组织的抵抗。这股敌人是第1、2步兵师和第3机械化师一部，曾在佛兰德作战，从敦刻尔克逃脱之后又在布雷斯特登陆。此外，还发现两个西非骑兵旅和一个摩洛哥师。傍晚，敌人的抵抗被粉碎。第6师是我视察的所有部队中给我印象最好的一个师。

傍晚，接到集团军命令，本军的目标是勒芒和卢瓦尔河畔昂热方向。第1军插入我们的左翼，第46师由它指挥。第15装甲军抽调一个师占领瑟堡，其余兵力向卢瓦尔河下游推进，并在此"建立登陆场"。这似乎就是事情的始末初终。

6月17日，雷诺❶辞职，由老元帅贝当组阁。他是要重新组织抵抗呢？还是政治家们推出这位在一次大战中声誉卓著的军人来签署降书呢？

6月18日，元首命令我们实施最猛烈的追击，这对我们来说仍然不是什么新东西。此外，我们还迅速占领了图尔、凡尔登、南锡、克勒佐要塞，以及布雷斯特和瑟堡港口。在我们的一次强行军中，有一个团竟走了78公里。由林德曼上校指挥的一支摩托化先遣支队已到达勒芒城西。我在邦内塔布尔城堡过夜，这是中世纪的一座豪华建筑。城堡前后都有宽大壕沟，沟上有吊桥，正面筑有四座塔楼，墙壁足有四米厚。后面两侧也各有一座塔楼。这是除我后来见到的卢瓦尔城堡外，在法国给我印象最深的城堡。城堡内部也装潢得十分富丽。可惜城堡的主人杜代涅的公爵罗什富科先生逃走了。

6月19日清晨，我驱车前往林德曼的先遣支队，一路上没有看见一名德国士兵。我进入勒芒，参观了这里宏伟富丽的大教堂，70年前，我的祖

---

❶ 法国总理。——译者注

父曾凯旋开进勒芒。途中，遇到许多被解除武装的法国部队向东行进，其中还有一个向林德曼投诚的炮兵连，携带其全部火炮和车辆一同东行。很明显，敌人已经瓦解。尽管如此，我发现林德曼的营被阻挡在昂热附近的马延河地段。在河的对岸，敌人的机枪火力控制着桥梁，还发现有敌坦克。林德曼试图用他仅有的装备100毫米火炮的摩托化炮兵连驱赶敌人，但没有成功。我离开桥梁，沿河走到最前沿，发现在渡桥的旁边，敌人的兵力很薄弱。一个连长坐在岸边，似乎是在等着看敌人是否会放弃这座桥梁。我建议他从河的下游游过去，如果他愿意，我可以奉陪。这个建议生效了。不一会儿，这个连的士兵便纷纷赤身裸体跳下河，游过河后占领对岸，无一损伤。这座吞噬我们许多士兵生命的桥梁，现在终于被我占领了！我一直与先遣支队在一起，直到他们到达河对岸继续前进，我才返回军指挥所。不管怎么说，敌人仍是凭借少量坦克和机枪，将我先遣支队阻挡在马延河长达八小时！因此，到达指挥所后，我立刻派我的首席助理参谋格拉夫中尉，带着我的严格命令赶到林德曼那里，要先遣支队务必在夜晚渡过卢瓦尔河。不出所料，当他到达时，发现部队正准备在河的这一岸休息。他对他们严加斥责，部队终于连夜渡河，他自己则身先士卒，率先乘橡皮艇下水。

　　夜晚，两个师向军部报告，他们的先遣支队已渡过卢瓦尔河。我立即赶往前方，发现河流湍急，在西部的渡河地点安格朗德，河面宽达600米，波涛汹涌。高高的桥梁有两个桥拱已被炸毁，缺口处用一座舟桥连接。但舟桥距桥面仍有9米，这中间必须搭一个陡峭的架子，要从这个架子上过一辆吉普车都是极其危险的事。这条水流湍急、河面宽阔、有许多沙滩的河流，给我们造成极大困难；无论如何，所有重型车辆都必须渡河。

　　在另一处渡河地点沙洛讷，情况就简单多了，因为在这里河流分成三股支流。北部两条支流上的桥梁未被炸毁，已被我夺占，只需在第三条160米宽的支流上架桥。在这里，我亲眼目睹了一场特殊的决斗。一早，发现对岸法军并没有武装，但下午在我两个渡河地点对面出现了重型坦克。我已经渡河的部队无力阻挡敌军，因为我们的火炮或高炮还未能渡河。我在沙洛讷渡河点看到，我们的一门88毫米高炮和敌人的一辆重型坦克同时进入阵地，同时开炮。不幸，我们的高炮立刻被击毁了。但就在同一刻，我一门轻型反坦克炮一发命中敌人 32 吨坦克的正面薄弱部位，坦克起火燃烧。

这一夜，我下榻在沙洛讷附近的塞朗城堡。这是一座宏大壮丽的建筑，四周是高大的围墙，墙外有壕沟。这个城堡属于塔兰托亲王迪克·德拉特雷蒙耶所有。塔兰托亲王这个称号则是 1500 年左右，公爵依照安茹继承权法与那不勒斯联姻而获得的。城堡里收藏了大量珍贵的书籍，尤其是历史资料，还有英国斯图亚特王室追随者们的历史资料。城堡的地下室不允许进入，因为那里存放着凡尔赛王宫的家具。我睡在上层塔楼上，这里兼作客厅，布置得金碧辉煌，豪华的卧床上垂着八米长的幔帐。旁边是一间同样豪华的更衣室，屋顶为精美的呈花格状的筒形拱顶。城堡坐落在一个巨大的花园里，正面的墙用白色的砂岩砌成，四角的塔楼则用石头砌成。顺着豪华的楼梯可以走到二层的客厅，客厅里装饰有美妙的壁画，墙上挂着绘画和漂亮至极的哥白林挂毯。像在其他住处一样，我很注意珍惜别人的这些财产，对此倍加爱护。

到 6 月 22 日，第 6、27 师也成功渡过卢瓦尔河。先遣支队又向前推进了一段距离，有无数法军投降。

6 月 23 日，我们获悉昨天已在贡比涅签订协定。法国战局已经结束。在一份军日命令中，我对所属各师的忘我、勇敢及其取得的战绩表示谢意，他们的"推进既不是依靠坦克，也没有依靠摩托化"。他们在会战胜利后，对敌人进行了长达 500 多公里的追击，可谓名副其实的一路强行军，直达卢瓦尔河！

"车轮转动了。"然而，从 1918 年的贡比涅到 1940 年的贡比涅，这是一条漫长的路。它将把我们引向何方？

第七章

两次战局间

陆军总司令部准备部分动员；柏林的帝国议会；"现在怎么办？"；缺少一个战争计划；能否通过空战和海战迫使英国屈服？是否应为争夺地中海而战？能否在英国本岛登陆？"海狮"行动可行吗？放弃登陆的理由，因为决心下得太晚；在"英国上空的会战"结果不尽如人意；面对大英帝国希特勒的政治决断；两面战争的巨大风险

法国放下武器的那一天，也是德国从 1918 年 11 月 11 日黑暗中解脱出来之日。在那一天，德国在位于贡比涅法国元帅福煦的豪华专列上签署了降书。如今，法国也不得不在同一地点、同一车厢上在降书上签字。1940 年 6 月 22 日，希特勒达到了他事业腾达的顶峰。自 1918 年以来，法国的军事力量一直是德国的一大威胁，现在作为德国的敌人已与它东方的仆从国一起先后被排除了。大不列颠尽管尚未被最终打垮，但已被赶出欧洲大陆。在东方，尽管与现已成为德国邻国的苏联签订了《莫斯科条约》，但它仍是一个潜在的威胁。可以预测，鉴于德国取得了对波兰、法国的胜利，它在近期不会对德国发动侵略。即使克里姆林宫曾想利用德国被牵制在西方的机会，继续实施扩张，但显而易见，行动的时机已经错过了。同样明显的是，莫斯科没有估计到德国军队会如此迅速和如此彻底地赢得了对西方各盟军作战的胜利。

德国军队对波兰和法国的胜利，绝不能表明自贡比涅那一天起，德军统帅部就在为一场复仇战争进行准备。与所有怀有敌意的宣传相反，德国总参谋部理智地分析了战争可能会给德国带来的威胁，在 1918~1939 年的这段时间里，并没有将发动一场进攻战或复仇战作为其目标，而是致力于

保障帝国本身的安全。当然，军事领导们还是最终被希特勒所取得的令人咋舌的政治成果所折服。也可以说，他们承认了政治的优先地位，而这种政治是他们并不赞成的，但除了通过政变将其推翻，别无他法。

对于已取得的胜利而言，起决定作用的并非只是希特勒竭尽全力所进行的扩充军备。当然，鉴于《凡尔赛和约》迫使德国处于无防御能力的状态，扩充军备无疑是取得任何作战（包括防御战）胜利的前提。但是，在战斗中，德国军队绝没有达到与别国平起平坐的水平，陆军不如后来的苏联，空军则不如西方国家。事实上，西方国家在军队数量以及坦克、炮兵数量上都与德国军队相匹敌，甚至在某些方面还占优势。决定西方战局胜负的决定性因素不是军备的数量，而是德国军队的高素质和指挥的高超。自第一次世界大战末期，德国军队学会了一些东西，同时运用了战争艺术中那些永恒的法则。

停战后，陆军总参谋部首先采取措施撤销了相当一部分师，将其官兵复员，同时将一些步兵师改编为装甲师或摩托化师。

第38军起初将军部设在卢瓦尔河中游的桑塞尔地区，对一些师进行改编。于是，我们离开了那座充满历史回忆的豪华城堡塞朗，住进了另一座小城堡，它由世界著名的君度酒制造商建在卢瓦尔河畔陡峭的悬崖顶上。我们的新居是一座仿造的老城堡，十分难看。坐落在居室旁边的塔楼也好不了多少。架在阳台上的小型火炮几乎勾不起人们对战争的想象。唯一好看的是站在山顶遥望辽阔富庶的卢瓦尔低地。能够代表这位城堡主人暴发户形象的，是挂在他工作室的一幅大型油画。画上画着18世纪末～19世纪初欧洲各国的君主，有我们的老皇帝弗兰茨·约瑟夫皇帝、维多利亚女王等，他们围坐在一张圆桌旁，君度酒似乎已使他们醉意蒙眬，昏昏欲睡，只有城堡的主人站在圆桌上，居高临下，得意扬扬地举着一杯君度酒。这幅拙劣之作是我们在这座城堡里唯一不得不搬掉的东西。

7月19日，国防军所有军官均被召到柏林，参加国会。会上，希特勒宣布了西方战局结束，并奖励了一批高级军官，以此代表德国人民表达他对他们的谢意。其架势给人的感觉是，希特勒已赢得了这场战争。

如果说对于有功之臣所赢得的奖赏，德国人民认为是理所当然的，那么至少从陆军的感情上来说，这种做法就其形式和规模显得有点过头。

希特勒除了任命一名海军元帅之外，还任命了一批陆军元帅，这在很大程度上降低了这一级衔的价值和尊严。元帅在德国是最尊贵的级衔，此前（除威廉二世国王在和平时期任命的少数几名陆军元帅外），只有独立指挥过一次战局、赢得一场会战的胜利，或占领一个要塞的将领，才有幸荣获陆军元帅的军衔。

波兰战局后，对于符合上述条件的陆军总司令和两位集团军群司令，希特勒却没有在他们晋升为陆军元帅时表达对陆军的感谢。他任命了 12 名元帅，其中除了成功指挥两次战局的陆军总司令之外，还有国防军统帅部长官；而国防军统帅部既不是一级指挥机构，也不相当于总参谋长的级别。此外，还有空军国务秘书，尽管他在组织工作中有所贡献，但绝没有资格与陆军总司令相提并论。

最过分的是，希特勒将空军总司令提拔为帝国元帅，而且成为唯一被授予铁十字加大十字勋章者，从而使其凌驾于陆、海军总司令之上。事情表明，希特勒的这种奖赏方式只能看作有意冷落和贬低陆军总司令，同时也清楚地看出他对陆军总司令部及其价值的态度。

在国会开会的这一天，我得知我们的军部有了新任务。我们将移驻海峡岸边，准备对英国实施登陆。有三个步兵师配属给我们。我们的军部设在勒图凯，位于布洛涅附近的一个优美海滨浴场，许多英国人在这里建有漂亮的别墅。军部搬进一座耗巨资兴建的大宾馆，我与我的助手们则住进一所小别墅，它属于一个法国船主。主人虽然已经逃跑，但他的管家没走，留下来看家，家里的一切他都照顾得井井有条。与我后来在德国所亲身经历的相反，我们从未以老爷自居，也没有随意处理被占领国的财产。我们处处都很留意，凡是部队住过的房子都要保持井然有序。顺手牵羊拿走主人家什或贵重物品充作"纪念品"，绝不是德国陆军的作风。有一次，当我经过一座别墅时，发现刚刚离开这里的部队把这里搞得一片狼藉。第二天，我便命令这个连的连长带领一个清洁组，把这里重新收拾干净。

由于我们的部队行为检点，我在法国居住的半年时间里，与法国居民相处得十分融洽。他们对我们也很客气，因此也赢得了我们对他们的尊重。

我想，每个人大概都会或多或少地迷恋于这个国家的魅力。这里有如此古老的文化、绮丽的风光和著名的美食！在这片富庶的国土上，有如此琳琅满目的商品！可惜，我们的购买力有限。我们的军饷中只有一小部分可以兑换为占领国的货币，这个规定至少在陆军一直被严格地执行着，我们热切的购买欲望因此受到限制。但为了德国国防军的尊严，我们觉得这一规定是合情合理的。不过，我们每个月有一天时间可以到巴黎去尽享这个城市的魅力，这已经足够了。我们在海峡边驻防期间，一直到11月还可以享受海水浴的快乐。我的新任助理参谋施佩希特，我的忠实的司机纳格尔和我的马夫龙格，还把在岸边沙滩上长跑当作一种享受。有一次，我们正在游泳，并没有注意到海峡的潮汐高度，实际当时潮水已涨到八米高。这种情况对于在英国登陆以及向登陆港口运载部队，都是一个极具影响力的因素。当我们游入大海，离开岸边已经很远的时候，停在岸边的梅赛德斯装甲输送车突然被海浪卷入大海。我们急忙调来一辆牵引车开到已经变得松软的沙滩上，才将车拉上岸。

法国战局后，这个美丽的国家和休闲时光给我们带来的欢乐和舒适，并没有使部队的意志有丝毫懈怠，而这在一般情况下是部队领导难以避免的。我们肩负着登陆这样一项全新的任务，只有加紧训练。部队每天都在与将来登陆地点相似的松软地带进行训练。我们的渡河器材是经过改造的莱茵河、易北河驳船、小渔船和摩托艇，等运到后，我们就可以在风平浪静的天气里与海军一起进行上船和登陆训练了。训练中，有些参训者不慎落水洗个冷水澡已是常事。对这样一项全新的任务，海军的年轻士兵也必须经过训练才能掌握。从漂亮的巡洋舰或潜艇，来到这样的小驳船上来服役，自然很扫兴，但要驾驭这些驳船、渔船也不是一件简单的事。尽管如此，大家还是以高昂的热情投入这一不同寻常的任务中。我们深信，我们定能掌握这一技术。

"海狮"行动

看来有必要在这里对希特勒登陆英国的计划，以及促使他放弃这一企图的原因做一些评论。

如果希特勒真的认为法国投降后，已赢得了这场战争，只等着大不列颠也改弦易辙、束手就擒，那就大错特错了。大不列颠毫不留情地拒绝了希特勒的和平倡议，这表明英国政府及其人民是不会回心转意的。

于是，一个问题呈现在希特勒和国防军最高统帅部面前："现在怎么办？"

政治家和统帅当面临形势发生根本性变化时，譬如一方军事上遭到失败，或政治形势突变，或一些国家站到敌方一边，都会不可避免地面对上述这样一个问题。在这种情况下，除了推翻原"战争计划"，没有其他选择。

在这种情况下，人们也许会指责有关领导，说他过高地估计了己方的力量，低估了敌人的力量，说他错误地估计了形势。

但是，如果在作战中完全按预想战胜了一个敌人——对法国的胜利甚至已远远超出了预想——而另一个敌人由于身居海岛而得以幸免，国家和军队领导从而被置于"现在怎么办"这样一个问题面前时，人们不禁要问，德国方面是否真的有这样一个"战争计划"。

诚然，没有哪一场战争会按着一个固定的战争计划进行。这是完全正确的。但是，当 1939 年 9 月希特勒准备冒险与法、英一战时，他必须事先考虑清楚，他将如何以及能否对付这两个大国。很显然，在对法国发动攻势前，甚或在战争期间，德国最高统帅部都没有一个用以指导如何取得所预想的军事胜利，以及下一步作战的"战争计划"。希特勒一心希望大不列颠能够投降。但是，他的军事顾问们显然认为，必须等候"元首的决断"。

这个事例清楚地表明，一个不完善的军事领率机构将会造成怎样的结果；同时也表明，在希特勒接管国防军最高指挥权时，没有同时创建一个能对战争实施总体指导的负责的总参谋部，会带来怎样的结局。

事实是，除了可以做出决断的国家元首之外，并不存在一个授权对战争实施总体指导的军事机构。

从一开始，希特勒就将国防军统帅部当作一个军事秘书处来看待。国防军统帅部的长官凯特尔也没有能力成为希特勒战略问题的军事顾问。

实际上，希特勒没有给予三军总司令在作战总体指导问题上发挥任何影响的权力。虽然他们也时不时地向希特勒提出他们对作战指导问题的看法，但希特勒每每都是置若罔闻，独断专行。

在任何情况下，他都是自作主张。据我所知，除了在挪威问题上，雷德尔海军元帅曾第一个提出异议外，希特勒不曾准许三军总司令在战争指导问题上采取过什么重大决断。

由于没有任何机构授权拟制一份"战争计划"——国防军统帅部更是无足挂齿——因此结果是，大家都在等候"元首的直觉"。一些人，像凯特尔和戈林，将希特勒奉若神明，五体投地；另一些人，如布劳希奇和雷德尔，则无可奈何，听天由命。在三军总司令内部肯定对战争进行过长远的思考，但这于事无补。譬如，雷德尔海军元帅在 1939~1940 年冬曾让海军总部就在英国登陆的技术可能性和要求进行过研究，但没有一个军事机构，也没有任何一个人可以被希特勒视为专家和实施者，或是战争总体指导的顾问，来行使真正的总参谋部或总参谋长的职责。

这种形式的军事领率机构所造成的结果必然是我上文所说的，当西方战局取得决定性胜利时，一个问题便摆在人们的面前："现在怎么办？"

同时，德国最高统帅部还要面对两个现实：

1. 一个尚未被打败、不准备与德国达成谅解的大不列颠；

2. 苏联现已成为德国的直接邻国，不管克里姆林宫事前向德国表示了多么友好的善意，在战争中，它迟早都是干涉德国的潜在威胁。早在 1939 年 11 月，当希特勒强调在西线迅速取得决战胜利必要性的同时，就已认识到这一威胁的存在。

鉴于这两个事实，事情就很清楚了，那就是德国的当务之急是要尽快结束与大不列颠的战争。只有实现了这一点，才有望最终剥夺斯大林想利用欧洲各国纷争继续推行其扩张政策的机会。

如果找不到与英国和解的途径，那么德国就必须利用军事手段尽快将目前的最后一个敌人英国干掉。

在这样一个决定欧洲长远命运的短暂时间内，双方都不曾找到一条在理智基础上达成和解的道路，这实在是一个悲剧。

希特勒希望尽量避免与大英帝国一决雌雄，因为他的真正目标是在东方。这确实是事实。

但是，希特勒在结束法国战局后，在国会上向大不列颠发出含糊不清的和平倡议，不足以得到对方友好的回应。此外，希特勒现在已得意忘形，即使对方愿意接受这样一项倡议，希特勒是否真的同意在理智基础上媾和，也还是个疑问。而且他已成为他行动的俘虏。他把波兰的一半和波罗的海沿岸国家送给了苏联，形成了一个他只有付诸一场新的战争才能挽回的既成事实。他容忍意大利对法属地区领土的贪得无厌，从而使他不得不依赖于他的盟国。最后，自布拉格事件❶之后，他已失信于世界，也许他愿意签署某些协议，但不再有人相信他。

如果希特勒在战胜法国之后，能在理智基础上与英达成和解，广大德国人民肯定会向他欢呼。德国既不贪婪地希望吞并波兰大部领土，也不再梦想夺回很久以前曾属于德意志民族的神圣罗马帝国的土地。"优等民族"统治欧洲甚至整个世界的思想，在德国除少数狂热的党徒之外，从未加以认真对待过。只要希特勒吹响哨子，调回他那一帮宣传鼓动者，全国人民赞成一项理智和平的热情就会立刻迸发出来。

但是在敌人方面，以英国政府首脑丘吉尔为化身的英国民族特性，或许会在战争的某一阶段成为大不列颠对理智和平进行认真考虑的障碍。像过去曾发生过的一样，英国人会不顾艰难险阻，顽强不屈地战斗下去。这种危险的状况时刻都会出现。除此之外，他们对希特勒及其政权的怨愤和"无条件的仇恨"（某些政治家还对普鲁士—德意志充满憎恶），使他们降低了对另一个更坏的具有更大危险性体制的认识能力，那就是苏联对欧洲的威胁。很显然，英国政治家还受着传统的"欧洲均衡"思想的束缚（英国只是为了重建"欧洲均衡"才在最后一刻参战），这是它要击败欧洲大陆上过于强大的德国的出发点。但是，人们对一个改变了的世界视而不见，

---

❶ 指吞并捷克。——译者注

要想重建"世界均衡"，必须面对不断强大的苏联，因为这个标榜献身世界革命的政权对欧洲意味着危险。

此外，英国政府首脑丘吉尔是个极为好斗的斗士，是个将战斗视为唯一手段的人，一心只想着如何赢得胜利，而不会超越军事目标看到政治前景。只是当几年后苏联同巴尔干拉近关系，从而成为大不列颠的一个棘手问题之后，丘吉尔才对这一危险的前景给予关注。但是，此时面对罗斯福和斯大林，他已经不再应付自如了，虽然他相信人民的力量，相信美国会最终站到英国一边。但当时美国的大多数并不主张参战——尽管美国人也厌恶希特勒。

像丘吉尔这样的人，不可能看不到苏联对德国构成的潜在威胁。他将苏、德之间的战争视为大不列颠的一种希望。他从来就不曾考虑过与德国达成一项和解，因为他认为苏、德两个极权主义国家很快就会发生一场权力之战。他可能冷静地权衡过两个大国的"强点与弱点"，认为谁也不会绝对占上风；相反，会长期相互牵制，两败俱伤。而盎格鲁—萨克逊势力就会暂时担当起世界仲裁者的角色。两个极权主义国家的搏杀还可能导致它们权力的终结。

在专制、意识形态和"十字军东征"的时代，广大群众已被漫无边际的宣传鼓动所操纵，"理智"这个词已经消失。于是，英、德两国似乎认为，除了以武力一决雌雄，别无他路。这对两国人民是一大憾事，对整个欧洲也实属不幸。

西方战局结束后，摆在德国最高统帅部面前的"现在怎么办？"这个问题，看来只能通过继续与大不列颠作战来加以解决。然而，事实是，鉴于上面提到的原因，德国方面并没有一个超出西方战局的作战计划，因此导致恶果也是必然的。当希特勒在拟制登陆英国的计划（但并未下定最后决心）时，并没有进行任何实际的准备工作。结果必然是错过了可以立即利用大不列颠弱点的最佳时机。现在，为准备进攻耗费了大量时间，登陆能否成功又因天气原因而成为问题。

这最后一个事实，加之其他因素——我下面还要提到——成了希特勒放弃登陆行动的理由或借口，从而由进攻英国改为打击苏联。事情的结果已为众人所知。

在分析这个重大转变的原因之前，似乎有必要说一说希特勒如果准备与大不列颠决战到底，取胜的可能性究竟有多大。

有三种途径可供选择：第一，通过切断大不列颠海上补给，迫其屈膝。作为其前提条件，德国已占领挪威、荷兰、比利时的港口，可以将其作为空战和潜艇战的基地，这对德国十分有利。

不大有利的是，作战手段不充裕。

海军的潜艇数量还不充足，更谈不上重型舰只，特别是能与潜艇协同作战的航母。在英国空军未被摧毁之前，英国的潜艇作战能力一直处于优势。

在对英战争中，德国空军应担负下列任务：

夺取制空权，至少要保证遏制英国空军参与潜艇战；

利用轰炸机瘫痪英国的港口；

与潜艇实施有效协同，攻击敌人的海上交通线。

事实上，这些任务也是摧毁英国空军及其装备来源的前提。

"英国上空的会战"的进程证明，1940 年德国空军还没有强大到足以完成上述目标。如果 8~9 月的天气不是那样不利，如果德国领导不把注意力由对英空军的作战转移到轰炸伦敦，是否会是另一种结局，也是无法确定的。

不管怎么说，由于德国的轰炸机数量不足，以及歼击机作战半径的局限，1940 年夏无论如何都不可能达成打垮英国空军和迅速摧毁其装备来源的目标。主要依靠大量物质手段进行的作战，一般都要比预期的投入更多的时间和力量。在双方势均力敌的情况下，要想迅速取胜，通常只有通过指挥艺术的高超，很少像此时这样靠拼实力。

因此，必须从一开始就准备长期作战。为能确保取胜，空军也应像潜艇舰队那样，事先做好充分准备。

同样明显的是，对于大不列颠这样一个大国，要想按照杜黑将军的思想利用"战略性空战"迫其就范，就当时而言可以说是一种幻想。后来，盟军对德国的空战也是同样道理。

如果决定通过切断其海上交通线迫使大不列颠屈膝，那无论如何必须利用德国全部的装备生产能力加强潜艇和空军。为此，必须调集劳动力，这就不可避免地要缩减陆军装备的生产。

但是，这种斗争的长期性隐藏着危险。谁也不知道，苏联还能安分守己到几时。在德国陆军裁减和空军被牵制在对英作战的情况下，苏联即使不参战，也会走上政治讹诈的道路。

还有一种危险，就是美国有可能提前进行干预。它大概不会眼睁睁地看着大不列颠被慢慢扼杀，有可能较早地参加空战和海战。但如果德国要是对英实施登陆的话，美国无论怎样介入，都显得太晚了。

如果德国有一个确实的总体战争指导，那也不是没有取胜的可能。当然，苏联和美国进行干预的危险时刻存在，必须加倍提防。最可靠的是坚持达成消灭英国空军和切断其海上交通线的目标。任何想通过攻击城市，摧毁其人民意志的思想，都会危及胜利的取得。

第二种攻击英国的可能途径，被称为争夺地中海的战斗。人们曾指责希特勒和德国最高军事当局，说他们跳不出大陆思维的框架，从未认识到地中海作为大英帝国生命线的意义。

希特勒的纯大陆思维或许也不无道理。因为问题是，大不列颠丧失地中海地位后，是否就真的被迫放弃战斗。另一方面还要考虑，占领地中海又会给德国带来怎样的后果。

丧失地中海，对大不列颠是一个重大打击。这是确定无疑的。对印度、近东以及英国的石油供给可能造成的后果将会十分严重。此外，地中海航线被全面封锁，会使英国的粮食供给状况严重恶化。

但是，这一打击是致命的吗？我认为，不会的。大不列颠还可以绕道好望角，与远东和近东保持联系。除非利用潜艇和飞机严密封锁英伦三岛——上面提到的第一种途径，否则这条通路无论如何是不会被切断的。然而，这样会占用德国全部的空军力量，而无力顾及地中海！因此，尽管丧失直布罗陀、马耳他，以及埃及和近东的地位，对大不列颠将是件痛苦的事，但还不至于致命；相反，只会激励英国人的斗志。英国民族不会就此认输。他们会更顽强地战斗下去！它也证明，地中海是大英帝国生命线的说法纯属谎言。大英帝国的自治领在斗争中是否真的会背弃它，也值得怀疑。

第二个问题是，为争夺地中海而进行的决战，会给德国带来什么后果。

首先可以肯定的是，意大利虽然可以作为这场战斗的良好基地，但它的军队在战斗中只能做出微薄贡献。这无须事实的佐证，当时就已经看得很清楚了。

特别是意大利的海军舰队，无论如何都没有能力将英国人逐出地中海。

因此，这场战斗的重担仍须德国人自己承担；而德国的这个盟友将地中海视为其独享的领海，并要求相应的指挥权，这必将使德国左右为难。

要想剥夺大不列颠在地中海的地位，并以此给其以致命打击，就必须占领马耳他和直布罗陀，并将英国人从埃及和希腊赶走。毫无疑问的是，如果德国国防军将战争重点转向地中海，那么这一任务就只有通过军事手段来达成。

然而，这种方式还将引申出许多其他问题。占领直布罗陀，要么须征得西班牙的同意——事实上这是不可能的；要么对西班牙施加压力。两种情况都意味着西班牙中立地位的结束。德国要保障伊比利亚半岛港口及其该地区的供给，除了经西班牙和葡萄牙政府同意或是违背其意愿之外，没有其他选择。必须估计到西班牙，尤其是葡萄牙被迫进行抵抗。因为，它的殖民地将被英国占领。但是，伊比利亚半岛肯定会长期牵制德国大量陆军兵力。武力占领伊比利亚半岛国家，会在美国以及拉丁美洲国家产生有害影响。

由于意大利和西班牙都对法属殖民地提出领土要求，因此不可能与法国达成真正和解。所以，如果要阻止海上大国英国有朝一日重新在地中海立足，就必须同时占领法属北非。

一旦将英国人从埃及和希腊赶走，估计德国又会从东地中海继续向近东国家推进。因为，这样可以切断大不列颠的石油来源。有一种意见认为，德国在近东建立基地可以获得两大利益。首先，可能对印度构成威胁；其次，可对苏联构成翼侧威胁，以阻止其对德国进行干涉。我认为，这种思路是不切实际的。暂且不说德国军队开进这些近东国家，会对当地人造成怎样的影响，起码有两点是肯定的：

从近东地区对印度或苏联作战，仅仅由于补给原因，就根本不可能取得实际战果。海上大国英国在这里一直处于优势地位。

德国在近东的出现，不但不会阻止，相反会招致苏联对德国的提前干预。

依我看，争夺地中海地域斗争问题的中心是：

大不列颠在地中海地位的丧失不会使其致命；

而接下去，德国为争夺地中海而进行的决定性战斗则会长期牵制其强大的军事力量，这又会诱使苏联入侵德国的可能性倍增。如果苏联认为，它所要获得的利益——对巴尔干以及近东发挥居统治地位的影响——只有通过对德作战才能取得的话，那么入侵德国的可能性就更大。

通过地中海打垮大不列颠的途径，是一条弯路。犹如拿破仑一世所选择的，即企图通过埃及进攻印度置英国于死地的道路。这种途径势必会将德国的兵力长时间地束缚在一个非决定性的方向上。可以肯定的是，一方面它将使英国本土有充裕时间充实军备，另一方面又给苏联干涉德国提供大好时机。

事实上，通过地中海的这个途径是一种对英国本土实施决战的回避。

于是，出现了第三条道路，即登陆英国本岛。1940年曾对此进行过辩论。

在谈及这个问题之前，还要说一说在地中海战争指导上实际所发生的问题。像后来苏联常犯的毛病一样，希特勒在地中海也从未及时提供必要的兵力。他所犯下的一个根本性错误是，本来早就可以夺占马耳他，但他放弃了。这对于最终丧失北非以及所酿成的全部后果，具有决定性的影响。

1940年7月，希特勒拟制登陆英国本岛的计划（但并非最后决心），开始相应的准备工作。

作战行动命名为"海狮"，但只有在具备一定条件后才能付诸实施。就计划中的实施方式，在陆军总司令和海军总司令间进行了长时间的反复争论。关于这一点，以及促使最终放弃这一行动的原因——或者说借口——早有其他报道，这里不再赘述。

这里只讨论三个最重要的问题：

登陆英国能迫使其放弃斗争吗？一旦成功，能导致全局性的胜利吗？

登陆是否确有成功的把握？一旦失利，将带来怎样的后果？

是什么原因促使希特勒最终放弃登陆，由与大不列颠决一死战，转而对付苏联？

第一个问题的答案是，登陆是打垮大不列颠最迅速的途径。前面提及的其他两条途径都不能迅速决出胜负。但这是否就是最终的结局呢？对于这个问题，必须承认，有可能或者说有极大可能，丘吉尔政府在英国本岛被攻占后，还会在加拿大继续战斗下去；其自治领是否都追随其后，尚不能确定。不管怎么说，即使占领英国本岛，也并不意味着大英帝国的全面垮台 ❶。

不过，问题的焦点是：如果德国占领了英国本岛，就意味着敌人丧失了从海上对欧洲大陆发动袭击的基地，至少当时是如此。即使美国参战，但没有英国本岛作为其跳板，在当时想越过大西洋攻击欧洲，肯定是不可能的。如果能占领英国，摧毁英国的空军，将英国舰队逐出大西洋，英国本岛的战争潜力完全丧失，那么德国就有可能迅速解决地中海问题，这是毫无疑义的。

可以肯定，在丧失英国本岛之后，英国政府即使想继续战斗下去，也无望取胜。在此情况下，其自治领还情愿继续追随其后吗？

如果苏联在近期不能指望在欧洲出现"第二战场"的话，苏联对德国的潜在威胁是否仍会发挥作用？斯大林是否会在希特勒的同意下，将注意力转向亚洲？

---

❶ 登陆成功后，英国人民是否会有别于法国人民，继续抵抗下去，或是由英国政府签署降书，都无法做出预测。同样，英国人民是否会在最后时刻像比利时在第一次世界大战那样，为了给养问题而另辟蹊径，也是一个问题。——作者注

如果美国不得不单独为此付出代价，那么它是否会对德国发动"十字军东征"？

今天，或者说当时，都不会有人对这些问题给出结论性的答案。

诚然，德国也无法隔洋越海迫使对方接受和平。但有一点是肯定的：如果占领了英国本岛，德国所面临的形势肯定会比希特勒所选择的道路有利得多。

从军事角度看，1940 年夏在英国登陆——如果能取得成功的话——无疑是一个正确抉择。至于为能取得一个双赢的和平局面，德国在取得登陆成功后应当怎样做，以及会发生什么事，这是德国理智的政治所应寻求的目标，而不属于军事所应思考的事。

还是让我们回到军事话题，分析一下这个关键问题：1940 年在英国登陆有没有取胜的希望？

在关于"海狮"行动能否成功的问题上，观点不一，众说纷纭。可以肯定，这一行动隐藏着巨大危险。

1944 年盟军具备强大的技术装备——坦克登陆舰、航母等；但并不能仅凭这一点就得出结论认为，德国的登陆因其渡海设备原始而注定失败。同样，也不能说盟军 1944 年具有绝对的空中和海上优势，就能稳操胜券。

虽然 1940 年夏，德国在这些方面无法与敌人相比，但也具备其重要的有利条件，即英国的港口缺乏有组织的防御，没有事先部署装备充足、训练有素和指挥高超的部队。因此，实际上，英国在 1940 年夏对于敌国的登陆毫无防备可言。如果希特勒不让英国远征军从敦刻尔克逃走，那么可以说，英国的防御能力就几乎等于零。

1940 年夏若想成功登陆，取决于两个因素：

1. 尽早实施。这样可以在英国尚无设防的情况下给其以打击；同时可充分利用夏季有利的天气条件（7~8 月初，海峡通常波平如镜）；

2. 在渡海过程及之后的一段时间内，要能有效降低英国空、海军在海峡地区的影响力。

当然，由于"天气"因素的不确定性，以及德国空军至少在一定程度上能否确保海峡上空空中优势的不确定性，"海狮"行动肯定隐藏着巨大的危险。

鉴于这种冒险性，德国最高指挥当局多少有些迟疑不决，对该行动有所保留。

当时就已经看出，希特勒从一开始就没有认真对待过此事。人们发现，在准备过程中，从上到下都缺乏以往那种推动力。国防军指挥参谋部长官约德尔，把登陆行动视为一种没有任何根据的绝望行动。

一贯凌驾于国防军指挥之上的空军总司令戈林，根本就没有将由他指挥的对英空战看成是整个国防军登陆行动的组成部分。从他投入空军力量的方式，以及最后过多地投入，更清楚地说明，他是把对英国本岛的空袭看作一个独立的作战行动。

第一个提出在英国登陆的是海军总司令。他在审查实施登陆的实际可能性时得出结论认为，在一定条件下登陆是可以成功的。同时，海军也是最强烈地认识到因其装备不足而造成重大压力的军种。

态度最积极的大概要属陆军总司令部。但起初，即法国崩溃前夕，陆军总司令尚未将登陆英国纳入他的考虑范围。

有一点是肯定的，在"海狮"行动中作为首批冒险的陆军部队，也是在准备工作中最为积极的，对取得胜利深信不疑的部队。我之所以这样说，是因为我指挥的第38军便是计划中的第一波渡海部队，即由布洛涅—埃塔普勒渡海，在贝克斯希尔—比奇角登陆。我们对取胜深信不疑，但也没有低估其危险性。我们对另外两个军种，尤其是海军的忧虑不甚了解。

希特勒最终放弃"海狮"计划，主要出于两个原因或者说是借口。

首先，由于准备工作需要很长时间，第一波渡海最早要到9月24日才能实施。当第一波渡海后，能否确保海峡上空仍是好天气，以保证后续部队继续渡海。

其次，也是最重要的原因，德国空军直到渡海前夕，仍未能夺取英国上空的制空权。

即使我们承认，1940年9月的这两个事实是导致放弃登陆的主要原因，但如果更换德国领导是否就能取得成功呢？这大概也是疑问。因此，由对大不列颠作战转而对付苏联，最终还是要从希特勒的决断分析入手。

问题是，上述两个事实——推迟"海狮"行动，以及在英国上空空战结果的不尽如人意——到底是注定如此，还是可以避免的。

关于第一个事实，即把登陆时间推延到9月中旬，很明显是可以避免的。如果有一个将打垮英国问题包含在内的"作战计划"，那么就会早在法国战局结束前着手进行登陆的技术准备工作。如果有这样一个计划，那么希特勒不管是出于什么原因，也不会将英国远征军从敦刻尔克放走。如果德国军事当局至迟在法国崩溃之时，即6月中旬而不是7月中旬才决定登陆英国，那么登陆时间最晚也不会推迟到秋季。根据7月下达的命令，登陆的准备工作在9月中旬便完成了。如果提前4周下定决心，那么就可以早在8月中旬实施渡海。

关于构成放弃"海狮"的第二个理由，即对英之战结局的不尽如人意，可以这么说：

在尽可能早地实施登陆之前，进行一场孤立的空战，以图夺取英国上空的制空权，是一个指导性错误。

登陆前，夺取英国的制空权本来是想确保登陆的成功，但在一场过早实施的、于不利的天气条件下进行的战斗中，消耗了德国空军的力量。

如果空军总司令部能对敌我双方的力量对比做一个理智的分析，那至少应问一问自己，己方实力是否已强大到足以在英国上空的空战中，以及在攻击敌兵工厂的作战行动中取得决定性胜利。

首先，德国空军领导低估了英国歼击航空兵的实力，而对己方轰炸机的效力做了过高的估计；同时，英国凭借其有效的雷达体系，给德国空军以突然袭击。

此外，还要承认，己方轰炸机尤其是歼击机的活动半径及其侵彻深度都是不够的，敌方空军也因此得以避免遭到毁灭性打击。更不用说德国歼击机一直是在不利的天气条件下与英国空军作战。轰炸机突入敌国的纵深一旦超出歼击机的活动范围，就无法受到歼击机的保护。

仅仅出于这一考虑，德国空军指挥就应当在双方条件相同即在海峡或港口上空，才接受敌人的挑战，实施对英国空军的决定性战斗，与整个登陆行动进行直接协同。

最后，德国最高军事指挥又犯了一个错误：正当关键时刻却改变了空中攻势的目标。9月7日，空袭重点转移到伦敦。这是一个与登陆准备工作并无作战关联的目标。

尽管在登陆前必须夺取制空权，但德军最高统帅如果对全部因素做一个理智的权衡，那么空军的使用就应当与登陆行动密切协同，从而给敌以决定性打击。

肯定会有人指出，如果这样的话，空军的任务就过于繁重了，即：

攻击位于英国南部的英国空军基地；

掩护在法国港口的装载工作；

掩护运输舰队渡海；

为第一波登陆部队提供支援；

与己方海军和岸炮部队协同，阻止英国舰队的侵入。

但是，这些任务并非需要同时完成，尽管在时间上是一个紧接一个。譬如，英国舰队——不包括驻在英国南部港口的轻型舰只——可能在己方第一波登陆部队登陆时才开始发动进攻。

一切都依赖于陆军和海军实施登陆时，发生在海峡或英国南部上空的一场大空战的结局。在这场战斗中，作战条件远比攻击英国内陆有利得多。

当然，这种行动方式意味着孤注一掷。但如果要想冒险登陆，那么在当时条件下就必须付出一切代价。

如果希特勒在1940年9月由于上述两个理由实际放弃了登陆英国的计划，那么在当时来说，这些理由可能还是有说服力的。但是，之所以会出现这样的现象，是因为除了政治家希特勒之外，在德国最高统帅部内没有一个军事机构主管战争总体指导，负责及时拟制一个针对英国的战争计划，将登陆作为三军统一行动实施有效指挥。

如果说1940年夏，德军统帅部以上述方式放弃了成功进行对英最后决战的机会，那么原因当然不能不归咎于指挥机构的不完备，但重点还是要从希特勒的政治思维中寻找原因。

希特勒一直希望避免与大不列颠和大英帝国的战争。这或许是没有疑问的。他常说，消灭大英帝国并不符合德国的利益。他钦佩大英帝国，将其视为一种政治成就。如果不相信此话是真，那么有一件事是确凿无疑的。希特勒认为，大英帝国一旦被消灭，继承人不是他，也不是德意志，而是美国或者苏联。从这种理智的思考出发，他对大不列颠的态度就很容易解释了。他并不希望也不期待与英国进行一场一决雌雄的战争。

他的这种态度，以及对法战争如此意外轻易地取胜，足以解释为什么希特勒在打败法国之后，没有制订一个对英的战争计划。说到底，他并不想在英国登陆，他的政治设想与战胜法国后出现的战略要求发生抵触。最为不幸的是，他的政治设想并未获得英国方面的欢心。

与此相反，他对苏联的态度完全不同。尽管1939年他与斯大林已经结盟，但他不信任这个国家，而且蔑视它。他对俄罗斯帝国传统的扩张欲望抱有恐惧心理，可是他又与其签订了《莫斯科条约》，从而为苏联打开了通向西方的大门。

人们可以认为，希特勒知道两个极权国家在成为近邻后，终有一日会发生冲突。此外，希特勒一直受着"生存空间"思想的支配，他确信他能给德国人民以更大的"生存空间"，而这种生存空间只有到东方去寻找。

尽管上述两种思路会促使希特勒推延与苏联发生冲突的时间，但当他取得了对法战争的胜利，并成欧洲大陆的实际主宰之后，在希特勒这样的一个人心中便会油然而生动手的念头。而苏联陈兵德国东部边境地带，更引起了希特勒对克里姆林宫的疑虑和警觉。

现在，面对在英国登陆的问题，希特勒深知这一行动所包含的极大冒险性。如果登陆不成功，那么投入的陆、海军兵力将化为乌有，空军也将受到致命的削弱。从纯军事角度看，登陆英国的失败虽然并不意味着德国军事力量的彻底毁灭，但所造成的政治后果肯定十分严重。更重要的是，这一军事上的巨大失败，会使独裁者在德国以及全世界的威望一落千丈，威风扫地。

但是，独裁者不会冒这一风险。如果说他对大英帝国总的态度是准备放弃与其一决胜负的可能，如果说对英思维的错误判断使他的决心摇摆不定，最终希望与英达成和解，那么现在他则面对冒险自动退却了。他想避免与大不列颠进行一场决战的风险。他认为，不用打败大不列颠，只要打掉其手中寄予最后希望的"大陆之剑"，就可促使其相信和解的必要。

然而，由于害怕在军事、政治上冒巨大风险，希特勒采取了一个大错特错的决断。因为有一点是肯定的，如果希特勒害怕在对他最为有利的时刻进行对英作战，那么德国迟早必然陷入一种无法维计的境况。对英战争拖延的时间越长，德国在东方面临的危险也就越大。

当1940年夏希特勒未敢给英国以决定性打击，从而永远错过这一有利时机之后，他不能再"等待"了。于是，此时他不得不在欧洲大陆尚未出现对德国构成威胁的敌人之前，冒险对苏发动一场先发制人的战争，试图将苏联这个敌人消灭。

这样，事实上，希特勒在登陆英国这一冒险面前退缩的同时，迎来了一个更大的冒险——两面战争。同时，由于他拖延了登陆英国的计划，白白浪费了一年的时间。在这一年中，本可以取得决定性的战果。对德国来说，这是一个永远无法弥补的损失。

随着"海狮"行动的撤销，第38军于9月末也恢复了正常的训练。已准备就绪的渡海器材也从海港撤回，许多器材因遭英空军轰炸，已经受损。但是，有关希特勒进攻苏联的企图，我们一无所知。最后决心大概是很晚才做出的。直到1941年春，当我被调任新职时，才首次获知有关情况。

第八章

"装甲兵突袭"

对苏作战计划；希特勒与陆军总司令部的不同目标及其后果；北方集团军群和第4装甲集群的作战；政治委员命令；在德国土地上的最后几日；战争开始了；向杜比萨河的突击；奇袭迪纳堡；我们必须等待；是列宁格勒还是莫斯科？武装党卫队；快速兵团的指挥；小乐趣；向伊尔门湖的突击；在索利齐被合围；卢加；在向第16集团军的路上；我们从翼侧将一个苏集团军击溃；强渡波拉河；被任命为第11集团军司令；告别我的装甲军

1941年2月末，我在海峡附近卸下第38军军长之职，准备接受国内新组建的第56军军长的职务。西方战局前我就希望指挥一支"快速"军，现在终于如愿以偿。

对于对苏战局是否进行和如何进行的问题，作为一个军长的我自然无法得知。直到很晚，据我记忆，大概在1941年5月军部才接到进军指令。不过，内容只是局限在本军所在的装甲集群的范围。

因此，在这本回忆录中，我对1941年对苏作战问题的介绍不可能像西方战局那样详尽。因为，西方战局的作战计划是在我的影响下最终形成的。

在此期间发生的两件事，或许大家都已知晓：

第一，是一个错误，这至少应归咎于希特勒。他低估了苏联国家体制的优点、军事潜力和红军的战斗力。因此，他把一切推论都建筑在利用一次作战便可在军事上将苏联打垮的基础之上。即使可能，要想最终打垮苏联，也要在实施外部打击的同时从内部将苏维埃体制摧毁。但是，希特勒通过其全权代表和党卫队保安局在东方占领区所推行的政策——与军方的努力背道而驰——恰恰造成了相反的效果。希特勒一方面希望在战略上迅速将苏联打垮，而另一方面在政治上又采取与这一战略相悖的做法。在其他战争中，政治领导与军事目标常会出现分歧，但现在两者均掌握在希特勒一人手中。结果是，他在东方所推行的政策完全背离其战略要求，从而丧失了迅速取胜的时机。

第二，是一个现实。在最高军事指挥层，即在希特勒与陆军总司令部之间，没有一个统一的战略方案，不管在拟制总体作战方案时，还是在1941年战局实施过程中，都是如此。

希特勒的战略目标主要出于政治和军事经济考虑。这表现在夺占被他视为布尔什维克摇篮的列宁格勒，以及建立与芬兰的联系和控制波罗的海上。此外，还有占领原料产地乌克兰和装备生产基地顿涅茨克地区，以及后来的高加索油田。他企图通过占领这些地区，使苏联的战争经济瘫痪。

与此相反，陆军总司令部的观点是，这些地区无疑具有重要的战略意义，但要想占领和守卫这些地区，前提是打败红军。而对红军主力的决战，只能在通往莫斯科的路上才有机会实施（这一推测由于后来苏军的兵力部署并未完全得到证实）。因为，莫斯科是苏联权力的中心，他们不敢冒丢失莫斯科的风险。这首先是因为，莫斯科——与1812年不同——实际上已成为苏联的政治中心；其次因为，莫斯科周围及其东部地区的装备工业一旦丧失，苏联的战争经济至少将受到严重损失；最后，从战略上看，莫斯科是苏联欧洲部分最重要的交通枢纽，一旦丢失，苏联的防御实际上将会被一分为二，苏联最高统帅部将无法对整个作战实施统一指挥。

从战略角度看，存在于希特勒和陆军总司令部之间的观点分歧所导致的结局是：希特勒想从两翼寻求军事上的决战（由于兵力对比和德军作战地域过于广阔，这一点难以做到），而陆军总司令部则想在整个战线的中央寻求决战。

正是这个在基本战略方案上的分歧，导致德军指挥的最终失败。虽然希特勒同意陆军总司令部所建议的兵力配置，即把主力划分为两个集团军群，配置在普里佩特沼泽地，仅将一个集团军群配置在沼泽地南部。然而，关于此后作战目标的争论贯穿于战局的始终。结果只能是，希特勒过于宏大的目标最终没有达成，而陆军总司令部的方案也被葬送了。

在希特勒的"巴巴罗萨"作战指令中所指出的"一般企图"（"在大胆的作战行动中，利用装甲部队揳入敌人深远纵深，消灭驻在苏联西部的苏军主力，阻止其有生力量向苏联辽阔的内地撤退"），最多也不能说是一个战略"处方"，而只能算作一个战术"处方"。多亏德军指挥的高超以及部队的英勇善战，赢得了非凡的战果，使苏联武装力量迫近崩溃的边缘，但这一"处方"无论如何都不能替代作战计划。这个计划要求在拟制和实施过程中，最高指挥层必须保持步调完全一致。鉴于兵力对比和战争舞台的辽阔，这个作战计划从一开始就应充分考虑到应分为两个战局消灭苏联武装力量的可能性。

然而我处在军长这样一个位置上，无法得知最高指挥层的计划和企图。因此，当时我对存在于希特勒和陆军总司令部之间关于战略企图上的分歧，一无所知。可是不久，我在自己的职位上也开始觉察到这一分歧所带来的影响。

按计划，第 56 装甲军在北方集团军群编制内，从东普鲁士发起进攻。

北方集团军群（里特尔·冯·勒布元帅）的任务是，由东普鲁士出击，消灭位于波罗的海沿岸的敌军，之后向列宁格勒推进。

在此范围内，第 4 装甲集群（赫普纳大将）的任务是，快速向德维纳河及其下游的迪纳堡 ❶ 突击，夺占德维纳河渡场，为继续向奥波奇卡方向突击创造条件。

第 4 装甲集群的右翼第 16 集团军（布施大将）紧随该装甲集群之后，经科夫诺向前推进；该装甲集群的左翼为第 18 集团军（冯·屈希勒尔将军），向里加方向突击。

6 月 16 日，我到达了第 56 装甲军的展开地域。赫普纳大将对于第 4 装甲集群的推进做了如下安排：

---

❶ 今陶格夫匹尔斯。——译者注

第 56 装甲军（辖第 8 装甲师、第 3 摩托化步兵师、第 290 步兵师）从蒂尔西特 ❶ 东部的梅梅尔河北岸的森林地带出发，向东推进，在科夫诺东北占领通往迪纳堡的大型公路。位于其左翼的第 41 装甲军（赖因哈特将军）（辖第 1、6 装甲师、第 36 摩托化步兵师、第 269 步兵师）向雅各布城附近的德维纳河渡口方向推进。另外已配属给装甲集群的党卫队"骷髅"师，先在第二线随后跟进，之后再随进展最快的一个军后跟进。

虽然切断位于德维纳河前方苏军的退路，以及与北方集团军群保持同等的快速推进，占领完整的德维纳河大桥具有十分重要的意义，但德维纳河毕竟是一条大河，成为我们前进的一个巨大障碍。于是，第 4 装甲集群在推进中，两个装甲军展开了竞赛，看谁首先到达德维纳河。第 56 装甲军决心要夺得这场竞赛的胜利。此外，该军还占着一个便宜，它在敌人后方地域遇到的敌人兵力要比第 41 装甲军弱得多。由于这个原因，装甲集群司令特地为第 41 装甲军多配属了一个装甲师。我曾建议，将我们的重点选在苏军薄弱部位，但上司没有采纳。

在叙述第 56 装甲军的作战之前，首先需谈一谈军人和政治领导在观点上的截然不同，因为这比实际意义上的一场装甲兵突袭重要得多。

在发起进攻的前几日 ❷，我收到国防军统帅部的一份命令，即后来为众人所熟知的"政治委员命令"。它的主要内容是，所有被俘的红军政治委员均应当作布尔什维克思想工作者，予以枪决。政治委员的国际法地位是非常值得怀疑的，他们确实不能算作军人。譬如，对于派到我身边作为政治监督人的德国省党部头目，我也很少把他们看成是军人。同样，也不能承认这些政治委员具有像医务人员、随军牧师或战地新闻记者那样的非战斗人员身份。他们是狂热的斗士，而且从广义的作战角度来说，他们的活动是非法的。他们的任务不仅是对苏军指挥官在政治上进行监督，而且使

---

❶ 今苏维埃茨克。——译者注

❷ 1941 年 6 月 6 日。——译者注

战斗变得极端残酷，与传统的军事斗争观念截然不同。事实上，那些严重违背海牙陆战公约的作战方法和对待俘虏的方式，首先应归咎于这些政治委员。

但是，不管如何看待政治委员的国际法地位，在其被俘后不问青红皂白就地枪决的做法，也与军人的意识和感受不符。像"政治委员命令"这样的命令，从根本上说不能算是军事命令。军队一旦奉命执行，不仅玷污了军队的荣誉，也将挫伤军队的士气。因此，我们不得不向上司报告，在我所属范围内将不执行"政治委员命令"。在这一点上，我与下属的指挥官们一拍即合，并在本军的行动中保持一致。我的上司也完全赞同我的观点。很长时间以后，直到大家清楚地认识到，"政治委员命令"带来的唯一后果就是促使政治委员们用最野蛮的手段强迫其军队战斗到最后一个人，撤销这一命令的努力才终于见到成效❶。

可供我们准备的时间很短，此时我们的军司令部在因斯特堡设址。我与我的副官施佩希特中尉则住在城外因斯特堡医院的主治医生维德瓦尔德博士的别墅中。维德瓦尔德夫妻盛情款待了我们，他们的热情在东普鲁士人中有口皆碑。在这个富有教养的家庭里，我们度过了美好的一天。

我特别喜欢回忆在此期间结识的一位老护林员。有一次，我们在一个风雨交加的晚上训练归来，这位老人给我们端上滚热的咖啡；早晨还为我们做了一顿地道的东普鲁士早餐，使我们的疲劳一扫而光。主人还神采飞扬地谈论他驯养的鹿，说起他服兵役时的经历。

在发起进攻的前几天，我们是在离边境很近的伦肯骑士封地度过的。这里的种马场在整个东普鲁士闻名遐迩。马场主人冯·施佩伯预备役骑兵上尉已经上了战场。伦肯位于一片美丽的森林中，当我们刚到达这里时便

---

❶ 当我调任第 11 集团军司令时，我的这一观点已在陆军中得到普遍传播。在担任该集团军司令后，我也没有执行"政治委员命令"。少数被击毙的政治委员不是在战斗中，而是在后方被俘的，或是作为游击队的指挥者和组织者被移交部队的。他们都按照战争法规受到相应的处置。——作者注

看到一排种马。这里的景致如画，充满和谐，对我们来说似乎是一个吉兆。我们祖国边境的一角，也是我们在德国领土上最后一个宿营地，竟会如此美丽！当我们驱车经过主人宅第时，看到一位妩媚动人的年轻姑娘，她正在用力地擦洗阳台，一条花头巾裹着一张俊俏白净的脸。我的一位随从情不自禁地低声惊叹："啊！这里的一切都那么漂亮！"于是，他走进这所房子，想打听这位姑娘的情况。原来我们搞错了，这位年轻姑娘就是马场主人施佩伯骑兵上尉的夫人。她热情地招待了我们。女主人不久前刚刚生下一个男孩，于是我便被邀请做了孩子的教父。这样，我便与这个家庭建立了联系，从战争爆发直到战后一直没有中断。她丈夫在前线打仗期间，女主人自己照料着整个家和种马场，直到苏联人到来时，她才不得不逃离这里。现在，这位"年轻姑娘"与她的丈夫和七个孩子一同生活在莱茵河畔的埃尔特维勒。当我1953年从英国监狱获释回国后，她用一杯著名的上等葡萄酒欢迎我。只有懂得莱茵河畔葡萄酒的人，才能品出它的醇香甘美。

6月21日13时，军司令部接到命令，明晨3时开始进攻。大势已定！

由于梅梅尔北部森林地带可供本军支配的地域过于狭窄，我们只能投入第8装甲师和第290步兵师，对苏联边境阵地实施突击。第3摩托化步兵师留置在梅梅尔以南地区。

我们的进攻在边境只遇到微弱抵抗，当面之敌似乎是战斗警戒部队。但不久便遭遇苏军由一个永备发射点构成的阵地的阻击。时近中午，第8装甲师才从梅梅尔北部突破苏军阵地。

在第一个战斗日就暴露出苏军的真实面目。我军的一个侦察组被苏军切断退路，后来我们发现了他们的尸体，全部被残忍地断肢截臂。我的副官和我经常在尚有残敌的地段穿行，生怕被这种敌人生擒，后来还常常遇到苏军士兵高举双手，好像是投降，可是当我们的士兵靠近时，他们又拿起枪射击。有的伤兵还会装死，然后从背后袭击我们。

苏军给我的总的印象是，虽然我们对前沿的苏军部队并未达成突袭，但苏军统帅部大概没有或尚未估计到我们的进攻，因此未能将后方强大的部队统一协调地投入战斗。

苏军的展开究竟是防御性的，还是进攻性的？对这个问题曾有过许多不同看法。根据在苏联西部地区集结的兵力，以及驻在比亚韦斯托克和伦巴格 ❶ 强大的坦克部队来看，苏联或迟或早是要采取攻势的——这也是希特勒对苏联开战的理由。但另一方面，从 6 月 22 日苏军的兵力部署来看，并没有立即实施进攻的意图。

我北方集团军群当面是苏军伏罗希洛夫集团军群，共 29 个步兵师、2 个坦克师、6 个机械化旅。伏罗希洛夫只投入 7 个师用于边境地区的防守，其余兵力尚在深远后方的绍伦 ❷、科夫诺和维尔纳，部分兵力甚至在普列斯考—奥波奇卡地区（斯大林防线）。苏联的另外两个集团军群（铁木辛哥和布琼尼）在纵深成梯次配置，但在其边境地区也投入强大兵力。

最接近于事实的说法应当是，苏军已由驻地派出强大兵力在波兰东部、比萨拉比亚和波罗的海沿岸展开，形成一种"应付各种情况的部署"。毫无疑问，1941 年 6 月 22 日苏军尚在纵深地区，是一种准备实施防御的态势。但是，它也可以根据德国政治或军事形势的发展，在很短的时间内改变部署。尽管德军每个集团军群当面的红军集团军群在数量上并非处于优势，但可以在很短的时间内转入进攻。因此，直到 6 月 22 日，苏军的兵力部署虽在形式上是防御性的，但实际上是一种潜在的威胁。一旦苏联在政治上或军事上有机可乘，就会对德国构成直接威胁。

当然，斯大林在 1941 年夏还是不想与德国打仗的。但是，苏联领导迟早会根据形势发展，对德国在政治上施加压力，甚至以武力入侵相威胁，其防御性的部署就会立即转变为攻势部署。这也就是我们刚刚所说的"应付各种情况的部署"。

好了，还是让我们回到第 56 装甲军的话题。

如果要想完成本军所担负的夺占完好无损的迪纳堡渡口的任务，那么在突破苏军边境阵地后，便面临两个关键问题：

---

❶ 今利沃夫。——译者注

❷ 今希奥利艾。——译者注

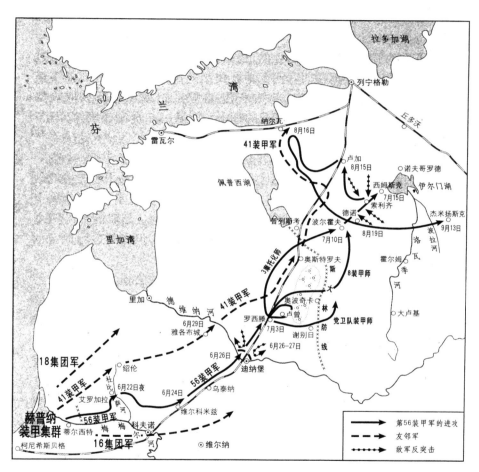

图 6　第 56 装甲军的突袭

本军必须在进攻的头几天突入苏联纵深 80 公里，占领艾罗加拉附近的杜比萨河渡口。第一次世界大战中，我就熟悉杜比萨河地段的情况。这是一个陡峭的峡谷，坡度很大，坦克根本无法爬越。在第一次世界大战中，我们的铁道兵花了数月时间，成功地在这个峡谷上架起了一座木桥。如果现在我们的敌人将艾罗加拉附近的大型公路高架桥炸毁，那么本军势必会在该地段前停滞不前，苏军就会赢得时间，在河对岸陡峭的高地上组织防御，到那时就更难以突破，对迪纳堡附近桥梁的突袭也就无从谈起。艾罗加拉附近的渡口是一个必不可少的跳板。

尽管军部提出极高的要求，但第 8 装甲师（布兰登贝格将军）还是完成了任务。这一天的大部分时间，我都与该师在一起，在突破边境阵地、粉碎苏军在纵深后方的抵抗之后，该师先遣支队于 6 月 22 日夜占领艾罗加拉附近的渡口；第 290 师急速行军，紧随其后；第 3 步兵师（摩托化）已于中午渡过梅梅尔河，向艾罗加拉南部的一个渡口推进。

第一步取得圆满成功！

要想在迪纳堡取得胜利，第二个前提是，不要顾及友邻是否与我保持同步，要一鼓作气挺进到迪纳堡。只有给敌以突然袭击，才能占领该地的重要桥梁。当然，这一行动需要冒极大风险。

事情正如我所愿，我们的突击恰逢苏军的薄弱部位。虽然不断遇到苏军实施的反突击，部分战斗异常激烈，但我军所属各师仍将其各个粉碎。

我军左翼第 41 装甲军因奉命歼灭据守绍伦周围的敌军，因此被远远抛在后面；右翼第 16 集团军的左翼正为争夺科夫诺激战；与此同时，第 56 装甲军已于 6 月 24 日在维尔科米兹地带占领通往迪纳堡的公路。本军已突入敌纵深 170 公里，不仅将友邻而且将边境地带的敌军远远抛在身后，还有 130 公里就到达我们的目标德维纳河桥梁了！但是，我们还能继续保持这种速度吗？敌人必将调其新锐预备役部队，对我们发动反突击。同时，他们时刻都可以在我们后方——至少暂时——封闭我们出现的缺口，切断我们的补给线。装甲集群司令部为此曾提醒过我们，但我们并不想由于迟疑而让变幻无常的幸运女神从身边溜走。我们的第 290 步兵师虽然赶不上全军的行军速度，但由于它的跟进使本军有了一定的安全感，它可以牵制强大敌军，否则我们的背后将会受到苏军攻击。军部率两个快速师——第8装甲师在公路上、第3步兵师（摩托化）在公路以南的辅路上，马不停蹄地向着我们的战利品迪纳堡挺进。两个师一路上多次击退苏军预备部队的反突击，有些战斗甚为激烈。苏军损失坦克70辆（大约相当于我们坦克数量的一半）和大量火炮。至于对俘虏的处理，我们根本无暇顾及，也没有多余的兵力参与此事。

6月26日一早，第8装甲师兵临迪纳堡城下。上午8时，我在该师师部接到报告，奇袭德维纳河两座大桥的行动获得成功！在河对岸的城市中，战斗已经打响。大型公路桥已完好无损地被我占领。奉命炸桥的苏军哨兵在桥梁的入口处被击毙，铁路桥只受到轻微破坏，仍可使用。翌日，第3步兵师（摩托化）也在该城上游突然渡河。我们的目标已经达成！

进攻前有人向我提出一个问题，问我能否以及用多少时间可以到达迪纳堡。我的回答是，如果四天之内到不了目的地，我们就无法指望完好无损地占领渡口。而现在，从出发那一刻算起，我们用了四天零五小时便达成目标，突入苏联纵深达300公里（直线距离）。之所以能取得这一战绩，是因为全体官兵都受着同一信念的驱使——夺占迪纳堡，为此冒巨大风险也在所不辞。当我们通过大桥进入该城时，心中油然而生一股满足感。可惜的是苏军在逃离该城时，已将城市大部焚毁。取得这一战绩，我们并未付出高昂代价，这一点尤其值得欣慰。

当然，本军的处境并不安全，因为只有我们一个军位于德维纳河北岸。第41装甲军和第16集团军左翼在我们身后100~150公里的距离上。在他们与我们之间，有苏联的多个军正向德维纳河撤退。我们不仅要估计到苏军会调集新锐部队，倾其全力向德维纳河北岸发动进攻，还要在河南岸提防撤退敌军的行动。

目前我们孤立无援的处境固然是个问题，但我相信它不会无限期地拖延下去。总参谋部的军需支队曾在离我们军部不远的后方树林中设营，不幸遭敌突袭，这足以说明我们处境的危险性。更成问题的是，我们现在向何处去？下一个目标是列宁格勒，还是莫斯科？6月27日，装甲集团军群司令乘轻型联络机到我们这里，但他并没有带来任何信息。按理说，一个装甲集群的司令本该知晓下一步的作战目标，但事实并非如此。不仅如此，不久我们的热情被浇了一盆冷水，上级命令我们扩展迪纳堡的登陆场，守住渡口，等待正在雅各布城渡河的第 41 装甲军和第 16 集团军左翼的到来。

当然，这是"安全"之策，是循规蹈矩的解决方法，而我们另有所想。我们认为，我军在敌纵深的突然出现，必然引起苏军的极大混乱，苏军肯定会倾全力将我们赶回河对岸，为此他们会调集各处兵力向这里开来。我们越是快速向敌纵深突击，苏军就越难有机会有计划地前调优势兵力与我对抗。在保障德维纳河渡口安全的前提下，如果我们能继续向普列斯考方向推进，同时装甲集群能将另一个装甲军前调，并以最快速度通过迪纳堡，那么苏军就只能像现在一样，仅对我们已夺取的地点实施反突击，有计划的作战暂时还不会发生。位于德维纳河南岸被击溃的敌军可以留给随后跟进的步兵处理。

不言而喻，一个单独的装甲军或是装甲集群越是深入苏联内地，所冒风险就越大。但另一方面，一个深入敌后的快速装甲兵团的安全主要依靠它自身的运动。一旦停滞不前，很快就会遭到敌预备役兵力的四面围攻。

如上所说，最高统帅部不同意我们的观点，但这确实不能指责他们。因为，如果我们继续向前突击，那么我们就不只是冒险了，前面还有万丈深渊在等着我们。我们的目标列宁格勒离我们还很远，于是本军只有在迪纳堡坐等。此时，苏军不仅从普列斯考，而且从明斯克和莫斯科向这里前调新锐部队。不久，苏军便在一个坦克师的支援下，在德维纳河北岸对我发动进攻。我们不得不费尽力气实施防御，某些地段一度告急。为夺回失地，第 3 步兵师（摩托化）发动一次反突击。作战中，发现前天在一个包扎所里的 3 名军官和 30 名士兵伤员，已被苏军打死，并被残忍肢解。

这些天，苏军空军也倾全力对被我占领的桥梁进行轰炸。他们以令人惊讶的顽强，一个中队接着一个中队地进行低空飞行，实施轰炸，但均被我们击落。仅在这一天，就被我歼击机和高炮击落 64 架飞机。

最后，当成为本军第三个快速师的党卫队"骷髅"师到达，左翼第 41 装甲军在雅各布城渡过德维纳河之后，我们终于在 7 月 2 日开始再次向前

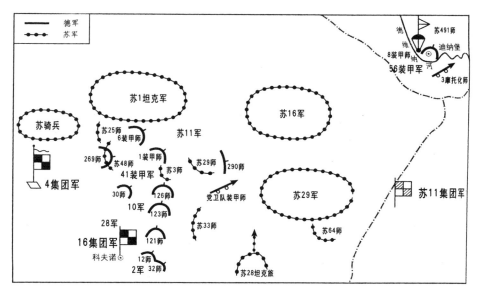

图 7　北方集团军群态势（1941.6.26）

第 56 装甲军占领迪纳堡

推进。

第 4 装甲集群奉命继续经罗西滕—奥斯特罗夫向普列斯考方向推进。这样，矗立在远方的目标列宁格勒便与我们遥遥相望！

然而，自本军对迪纳堡实施突袭以来，已耗费了六天时间，苏军已利用这段时间克服了由于德军突然出现在德维纳河东岸而出现的惊恐。

像第 56 装甲军这样对迪纳堡的突袭，不可避免地会在苏军后方地带引起混乱和恐惧，同时割断了苏军的指挥网络，使其无法实施协调统一的指挥。但第 4 装甲集群因固守在德维纳河畔，而未能利用这些优势。是否还有幸再次取得像现在这样的有利态势，至少值得怀疑。无论如何，最保险的是，装甲集群将其兵力集中使用，发挥整体效力。但是，恰恰是这一点无法做到，尽管苏军的抵抗并不足以阻止装甲集群的推进。

起初，装甲集群是从迪纳堡—雅各布城一线出发，统一向普列斯考方向推进，第 56 装甲军沿迪纳堡—罗西滕—奥斯特罗夫—普列斯考公路及其以东地域开进，第 41 装甲军位于左翼。苏军的抵抗比前几日顽强和有计划得多。尽管如此，仍被我击败。

在这些日子的战斗中，发生了一段小插曲，至今还深深留在我的脑海里。凡是在这种战斗中指挥过一个装甲军的人都知道，为了马不停蹄地追击苏军，一些高级指挥官常常会身处部队的最前方，以督促部队前进。一天，我正好在第 8 装甲师的一个战斗群司令部，该战斗群由于躲避敌人的炮火，停滞不前。根据苏军炮火的情况，我觉得这只是苏军为阻止我军追击而实施的干扰射击。但是，当我刚刚说出我的看法，苏军的一阵猛烈炮火就打了过来，我们急忙寻找掩蔽的地方。我的司机纳格尔驾驶着我的越野车想迅速离开火制地带而受伤，所幸只是一点小伤。我们躲在一个洞里，眼睁睁地看着苏军的炮弹从我们头顶上划过。该战斗群司令部的人不免带着一丝幸灾乐祸的表情，看着我这位军长是如何戏剧性地被事实教训了一番。最后，我们大家都为此开怀大笑，然后继续前进。

装甲集群逐渐接近"斯大林防线"，这是苏联边境地带的一条筑垒地带，强弱分布不均，沿着苏联旧边界线，从普列斯考西部的佩普西湖南岸，直达过去苏联的边境小要塞谢别日。

现在，第41装甲军奉装甲集群司令部之命沿公路继续向奥斯特罗夫推进，而第56装甲军则转向东，向谢别日—奥波奇卡开进。其意图是，该军在突破斯大林防线后，合围苏军可能位于普列斯考附近的一个强大的坦克集群。如果真的有这样一个苏军集群，如果第56装甲军有望迅速实施这一快速的合围机动，当然是一个上佳的设想。而我们的观点是，第一不存在这样一个苏军集群，第二不可能实施这样的机动。因为，若照所命令的方向推进，该军在突破斯大林防线后，则必须通过一片辽阔的沼泽地。我们的意见是，两个军一同向奥斯特罗夫推进，但没有回音。不久，对沼泽地带的担忧便被我们不幸言中。

第8装甲师虽然偶然发现一条可以通过沼泽地的束柴路❶，但已完全被一个苏军摩托化师的车辆所阻塞，全部车辆已停在那里动弹不得。要想将这条道路清理干净，并修好被破坏的桥梁，需要几天时间。当装甲师终于从沼泽地里走出来时，又遭遇苏军的猛烈抵抗，经过艰苦作战方才将敌击溃。

第3师（摩托化）在开进地段上，只找到一条狭窄的土堤，车辆根本无法在上面行驶。他们不得不撤回，随第41装甲军之后向奥斯特罗夫开进。

奉命向谢别日突击的党卫队"骷髅"师有良好的道路，当然也遇到敌人一条由永备工事构成的坚固防线。此时，该师的弱点便显现出来，这是部队指挥官们缺乏基础训练和经验所造成的必然结果。但是，这个师的纪律和军人举止给人以良好印象。我特别要指出的是，他们尤其具有良好的行军纪律，这对于摩托化部队顺利行军是一个重要前提。该师在进攻时勇猛如虎，防御时则坚如磐石。后来，我曾多次指挥这个师，它是我所指挥过的武装党卫队师中最优秀的一个。当时的师长是一员猛将，不久负伤，后来便去世了。但这一切并未能弥补指挥官们在训练上的不足。他们要在战斗中学习一般团长们早已掌握的本领，因此不得不为此付出高昂的代

---

❶ 为通过沼泽地或泥泞地带，用木柴或原木铺成的道路。——译者注

价。部队的损失和经验的缺乏使它们错过了有利战机，不得不为取得战果而重复作战。因为，最难学的莫过于适时抓住能使敌人抵抗力瘫痪的重要时机。于是，我不得不在战斗过程中不断为这个师提供支援，但仍不能阻止其伤亡数字的剧增。十天后，该师的三个团就被迫合编为两个团。

尽管武装党卫队师作战英勇，尽管它们也取得不小的战绩，但创建这种形式的军事组织仍不能不说是一个不可原谅的错误。经过精心挑选的后备人员，本可以在陆军中充任士官，但在武装党卫队中被大量消耗了。一般来说，这种高昂的付出并没有见到相应的成效，纯粹是得不偿失。这当然不是部队本身的责任。这种对兵力的不必要的消耗应归罪于那些出于政治考虑的人，他们想用这种特殊的部队来压制陆军的不同声音。

尽管如此，人们无论如何不应忘记，武装党卫队的部队是陆军部队在前线并肩战斗的忠实战友，表现得一贯勇敢坚定。如果他们能从希姆莱的控制之下解脱出来，加入陆军序列，武装党卫队的大部分成员肯定会表示欢迎。

在我转而叙述第56装甲军所遇到的事件之前，简单说一说在第一次世界大战中，快速兵团的指挥官是如何工作的，以使读者有一个形象的认识。

在1870~1871年的圣普里瓦—格拉沃洛特会战中，我的祖父作为一名军长，在敌火力范围之内坚守在一座高地上，由此可以俯视整个战场，并亲自指挥他的军作战。他还能骑马赶到正在冲锋的团，对其炮兵连没有离敌人足够近就卸载火炮严加斥责。

这种景象当然早已成为过去。在第一次世界大战中，由于敌炮兵射程的不断提高，我高级指挥所不得不向后迁移。由于战场变得十分辽阔，在战场上进行直接目视和指挥已成为不可能，有效的电话联络成为重要因素。施利芬所描述的未来统帅在办公桌前用电话发号施令的景象，变成了现实。

然而，第二次世界大战又对指挥方法，尤其是快速部队的指挥提出了新的要求。战争中形势瞬息万变，有利时机稍纵即逝，快速兵团的指挥官绝不能将自己束缚在距离部队很远的后方指挥所里。如果总是这样坐等前方的情报，那么决心也就很晚才能下达，许多可以利用的时机便会悄然溜走。指挥官靠近部队还可以在部队取得战果之后设法消除部队的松懈情绪，给部队以新的力量。

更重要的是，由于重新复活的运动战对指挥官和士兵的能力提出了史无前例的要求，高级指挥官也要尽量靠前指挥。普通士兵很自然有一种感觉，认为指挥官并不知道前线真的发生了什么，只知道躲在背后炮制什么命令。但是当他们看到军长也与他们患难与共，同享胜果时，他们会有一种满足感。只有天天与前方部队在一起，才能了解他们的疾苦，倾听他们的忧虑，给他们以帮助。高级指挥官不仅是不断督促下级完成任务的人，而且也是下属的帮手和战友。此外，他还可以通过到部队去而获得新的力量！我常常有这种经历，当我到某一个师部时，会听到他们对部队不断减退的战斗力和不可避免的过高要求的担忧。指挥官的这种忧虑是无法避免的，时间越长，忧虑越大。因为他们要对他们的团、营负责。但是，当我继续向前走到作战部队里，处在第一线时，我常常会为之振奋，那里对情况的自信和对前途的乐观——或许是因为刚刚取得一次胜利——会超出我的想象。然后，我与一个坦克乘员一块儿抽支烟，或是在一个连队里与他们谈论形势时，你总会感到从德国军人身上迸发出来的永远争先的强烈欲望，以及情愿奉献最后一滴血的热情。这种境遇对于高级指挥官来说，是他们一生中最美好的东西。遗憾的是，职位越高，这种机会也就越少。一个集团军或是一个集团军群司令也就不能像一位军长那样，随意到部队里亲身体验那里的一切。

但是，即使是军长也自然不可能总是在半路上。一个指挥官总不能在战场上跑来跑去，让别人找不到，那样的话就等于把指挥权交给了他的参谋部。某些情况下这是好事，但终究不是事情的本意。因此，关键的是指挥业务要有一个合理的组织，对于快速部队而言尤其如此，而且要保持它的连续性。

军的军需支队通常要在一地停留数天时间，以实施连续补给，这是必要的。但是，军长与他的指挥班子有时为了能跟上快速师的运动，必须每天将指挥所向前移动一次，有时甚至是两次。这就要求司令部具有高度机动性。要想做到这一点，就要使指挥所尽量精干——这只会对指挥有利——并舍弃一切舒适安逸。繁文缛节只能造成延误，遗憾的是陆军就染有这种恶习。

我们不在寻找宿营地上浪费过多时间。在法国，处处都有大小宫殿和城堡供我们使用。而在东线，留给我们的只有无法博得人们好感的小木屋，因为里面通常都长满了虱子、臭虫。因此，指挥所人员几乎总是住在帐篷和两辆指挥车里，此外还有几辆通信车。我和我的助理参谋合住一顶小帐篷。在这次突袭作战中，我只有三次睡在床上，其他时间都用一个睡袋睡在这顶小帐篷里。我的首席副官是唯一死也不睡在帐篷里的人，他宁愿睡在汽车里。每晚，他都不得不把长长的腿伸在车门外面，遇到夜里下雨，一觉醒来，潮湿的靴子就怎么也脱不下来了。

我们常常把小帐篷设在距离主要行军道路很近的树林里，可能的话也选在河、湖旁，这样当我们从前线满身灰尘地返回或是早晨起来洗漱时，可以跳到水里匆忙洗个澡。

参谋长自然是要留在指挥所里用无线电与各方进行联络，而我则是披星而出，戴月而归，终日在路上奔忙。通常，我一早在收到早报告，并下达必要的命令之后，便出发到各师或第一线部队去视察。中午返回指挥所，休息片刻，然后再去视察另外的师。常常是到了晚上，才看到了一点成绩。一天下来，满面污垢，拖着疲惫的双腿返回我们的帐篷，此时指挥所早已转移到另一个位置。每当端上来的晚餐不是老一套的面包、香肠和黄油，而是一只烤鸭或一杯美酒时，我们大家就会无比开怀，这要感谢第二副官尼曼少校的关照，这是他从一座小仓库里搞来的。当然，鸡和鹅更是稀罕货，因为有人偏爱这些东西。当秋雨绵绵，帐篷里特别冷的时候，我们就利用洗桑拿暖暖身子，同时洗个热水澡，这种简陋的桑拿设备几乎每个农家都有。

当然，我采取这种机动的指挥方法，只是得益于我装备有一辆通信车，还有一位出色的通信军官即后来的少校参谋科勒与我同行。他能以神奇般的速度在最短的时间里接通各师和指挥所的电话，在行进中也是如此。这样，我就可以获得整个军各个地段的情况报告，并将在行进中所做的各项决定立刻通知指挥所或获知指挥所的建议。此外，在我被监禁阶段，科勒还成了我夫人的一位无私的朋友和助手。

在途中经常与我同行的，除了我的两个忠实的司机纳格尔和舒曼以及两名摩托车通信员之外，还有就是我的助理参谋施佩希特中尉。他个子不高，敦实健壮，充满生气，无忧无虑，因此我们都叫他"小孩"。他的性格很像一名年轻的骑兵军官，而他也确实是一名骑兵军官，精力充沛，果断有力，不惧危险，灵活机智，理解力甚强，总是乐呵呵，还有点滑头。他所有的这些性格都赢得了我的欢心。在骑马方面，他具有杰出的天赋（他的父亲是一个有名的育马能手，其母是一位出色的女骑手），在他成为少尉之前即战前不久，就已经在多次大型赛马比赛中赢得胜利。他总是一副常备不懈的样子，最喜欢陪我一起参加对敌的侦察行动。在我担任装甲军军长期间，他每天都可以如愿以偿地随我在战场上奔忙。可是，当后来我升任集团军司令后，他便开始发牢骚，整天缠着我，要求到部队去。这是一名年轻军官常有的状态。我多次满足他的愿望，在克里木，他曾以极大的勇气和机智两次带领侦察营的骑兵中队完成任务。后来，在列宁格勒战场上，我派他到一个师去服役，不幸因乘坐的联络机失事而牺牲，他的死使我悲痛万分。

让我们回到第56军的话题。在帐篷和指挥车里的生活使我们无法得到很好的休息，终日累得要命。后来发生了一个特别有意思的小插曲，使我们松怠的身心为之一振。有一次，我们迷迷糊糊地随第3摩托化师行军纵队缓慢地行进在一条很窄的道路上，心情焦躁不安。我们的车在能见度极低的弥漫尘埃中行驶，只能看着前车的影子或是尾灯小心翼翼地行驶。在一个村子的岔路口，部队停了下来。尘埃渐渐散去，我们向前看去，前面的情景使我们目瞪口呆，我们呆呆地坐在那里足有几秒钟。我们发现前面有两辆苏军装甲侦察车，他们毫无觉察地随我们一起行军已经有很长时间了。庆幸的是，当他们发现自己身在何处时，其惊讶程度丝毫不亚于我们。如果沉着一点的话，他们应当立刻开火。但我们看见他们开足马力，向公路的左面岔路逃去。

还有一次，在一个灼热的天气里，我们满面污垢，精疲力竭地到达第

8装甲师师部。当师长向我们报告情况时，出色的装甲兵少校参谋贝伦德森（现任德国议会议员）给我们端上泡有冰块的法国白兰地。在如此炎热的天气里，他究竟是从哪儿搞来的冰块呢？后来才知道，工兵连在为架桥地点开辟通路时，挖出了一个奶酪场用的大冰窖。从来没有品尝过如此美味的白兰地！

几天后，我们经过正在燃烧的城市索利齐。从烟雾里一瘸一拐地走出一个苏联人，来到我们的车前。他推着一辆摆放着许多小箱子的小推车，箱子里装满了小瓶的伏加特酒。很显然，他是从专营商的货栈里趸来的，想从我们这里赚一把。当拿着小瓶的伏加特酒返回指挥所时，我们受到了大家少有的热烈欢迎，不一会儿酒便被大家分光了。一般人无法想象，像这种生活中普普通通的小趣事会在战场上起到怎样的作用。

一个装甲军的指挥官经常身在前线，除了能正确判断部队的战斗力，及时利用有利的战术时机等好处之外，还有另外的优点。他可以摆脱后方的电话纠缠，避免多余的询问和建议。因为，尽管对于指挥官来说，电话联络是必不可少的，但也常常会成为妨碍指挥官自主决断的桎梏。

好了，还是让我们继续描述当时的战事吧。

到7月9日，情况已经很清楚地表明，装甲集群司令部通过第56装甲军向普列斯考东部前方推进，迂回位于该城附近敌人的企图，由于沼泽地和敌人的顽强抵抗而未果。现在除了停止迂回行动外，没有其他方法，于是第56装甲军司令部命第8装甲师向北部的奥斯特罗夫推进，不久前第3摩托化师已经踏上这条道路。7月10日的敌情报告说明，自该装甲军受领攻击迪纳堡的任务后，面对在数量上占绝对优势的敌人，已击溃苏军4~5个步兵师、1个坦克师和1个摩托化师。除俘虏上千名苏军官兵外，自离开德国边界后，我们已缴获60架飞机、316门火炮（含反坦克炮和高炮）、205辆坦克和600辆载重汽车。可是，不久事实就表明，苏军虽向东逃跑，但并未被消灭。

军部希望趁现在第4装甲集群集中在奥斯特罗夫地域之际，利用其全部兵力迅速向列宁格勒推进，其中第56装甲军向卢加、第41装甲军向普列斯考推进。依照我们的观点看，这样不仅可以迅速占领列宁格勒，同时可以切断第 18 集团军当面企图由利夫尼亚向爱沙尼亚撤退敌军的退路。随第 4 装甲集群跟进的第 16 集团军负责保障此次行动暴露的东部翼侧的安全。

可能是根据最高统帅部的指令，装甲集群司令部并没有采取上述措施。

第 41 装甲军奉命沿通往卢加的公路，向列宁格勒方向挺进。

第 56 装甲军奉命再度向东，经波尔霍夫—诺夫哥罗德向前推进，以最快的速度在丘多沃附近，切断列宁格勒与莫斯科的联系。尽管后一项任务十分重要，但该行动再次将两个装甲军割裂，使每个装甲军都丧失了应有的突击力。尤其是在通往列宁格勒的作战地域遍布沼泽和森林地，给装甲军的使用造成极大困难。

更令人遗憾的是，原隶属于第 56 装甲军的党卫队"骷髅"师在谢别日—奥波奇卡由前调的第 290 步兵师接替，"骷髅"师则作为装甲集群预备队留置在奥斯特罗夫南部。于是，像刚刚离开德国边界时一样，装甲集群将重点再度放到其左翼第 41 装甲军。奉命向丘多沃推进的第 56 装甲军只能利用一个装甲师和一个摩托化师向前推进。其暴露的南翼的安全本由随后跟进、在右翼成梯次配置的党卫队"骷髅"师负责，现在则毫无保障。尤其令人担忧的是，苏军虽已被击溃，但并未被消灭。

尽管如此，军部依然深信，军的安全依然可以从其运动的快速性中去寻找。

起初在奥斯特罗夫作战的第 3 摩托化师已于 7 月 10 日经过激战后占领波尔霍夫，现在在北部的一条辅路上推进。第 8 装甲师奉命向索利齐推进，以迅速占领姆沙加河注入伊尔门湖处的渡口，这对于继续向前推进至关重要。

本军在经过数天不间断的、其中大多十分激烈的战斗后，继续向前挺进。在我们暴露的南翼，苏军迄今尚未有什么重大动作，只是 7 月 14 日清晨，似乎是苏军的一股侦察力量对我位于舍龙河北岸的军部实施了一次突袭。同日，第 8 装甲师经与装备有强大炮兵和重型坦克的苏军作战之后，占领索利齐，后在我的介入下直达姆沙加河地段。桥梁已被炸毁。

此时，装甲集群司令部已将前进重点从通往卢加的公路移至西部。第41装甲军及其三个快速兵团由普列斯考向北调遣，企图切断第18集团军当面、佩普西湖北部敌军撤向纳尔瓦的退路。该军只将一个步兵师（第269师）留在通往卢加的公路沿线。

这样，第56装甲军向丘多沃方向的深远运动就突然显得比原来更加孤立。因此，军部向装甲集群建议，如果要想顺利完成到达丘多沃的任务，应立即前调党卫队"骷髅"师以及随本军之后跟进的第16集团军第1军。

然而，在这个请求尚未得到答复之前，第56装甲军就已经陷入困境。7月15日清晨，军部在索利齐西部舍龙河畔的指挥所里接到几个令人不快的报告。苏军以强大兵力从北面，对正在向姆沙加河突击的第8装甲师翼侧发起攻击，同时还从南面渡过舍龙河对我实施攻击。索利齐被敌占领。这样，位于索利齐与姆沙加河之间的第8装甲师主力与该师后方部队的联系被切断，军部也位于这一地域。此外，苏军还封闭了我们背后的退路，并从南面向我们的补给线调集强兵。同时，正向深远北部推进的第3摩托化师在小乌托戈尔什发现，苏军正以优势兵力从北面和东北面向这里发起进攻。

很明显，苏军的企图是将孤立的第56装甲军合围。由于没有党卫队"骷髅"师成梯次配置在该军右后翼侧跟进，使苏军得以渡过舍龙河，对我南部翼侧的部队实施攻击。同时，由于第41装甲军离开了卢加公路，使从那里解脱的强大苏军对我北翼发起进攻。

此刻再也不能说本军的态势令人羡慕了。我们不得不自问，我们此次是不是有点过于冒险了？是不是因迄今所取得的战果而忽视了位于我们南翼的苏军？如果还要想完成任务，到底还有什么办法可寻？在目前情况下，除了将第8装甲师经索利齐调回，以避免被合围之外，没有其他办法。第3摩托化师也必须暂时与敌脱离接触，以便使本军重新赢得行动自由。在这些危急的日子里，苏军利用一切手段维持对我的合围态势。为此，他们除了投入数个步兵师之外，还使用了两个坦克师、强大的炮兵和航空兵。尽管如此，我第8装甲师仍成功实现突围，经索利齐撤向西方，并再次将全师兵力集中；当然，他们曾一度不得不依靠空中实施补给。第3摩

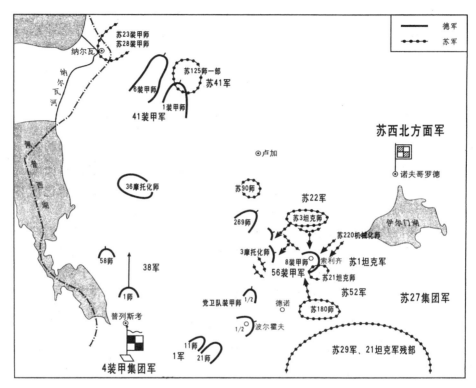

图 8　第 56 装甲军在索利齐附近被合围（1941.7.15—7.18）

托化师在击退敌 17 次攻击后，才得以脱身。此时，党卫队"骷髅"装甲师再度归属本军指挥，军的补给线因此也得以获救。

7 月 18 日，危机看来已经过去。现在，本军在德诺高地附近立住脚跟，正面向东和东北方。第 8 装甲师由党卫队师接防，暂时得以喘息。由于第 16 集团军第 1 军正向德诺接近，暴露的南翼的危险也已消除。

我们从苏军的通信联络机上缴获了一封伏罗希洛夫元帅的信件，使我们得到一丝慰藉。1931 年，我在莫斯科曾与伏罗希洛夫元帅有过一面之交，我们当面的苏军方面军就是由他指挥。从这封信中获知，苏军已有相当部分集团军被击溃，尤其提到了争夺索利齐的战斗。

在被合围的日子里，我们至多只能靠电话和飞机与后方保持联系。但是，与后方的联系刚刚恢复，文件就像往常一样铺天盖地地飞来。特别值得一提的是，一封由最高统帅部发来的带威吓性的电报。原来，莫斯科广播电台曾对本军被合围一事匆忙地搞过一次庆祝活动，同时还说缴获了我们重要的密件，即一份涉及化学迫击炮的绝密文件。我们也可以用这种新式武器发射液体燃烧弹，这自然令苏联人十分不快。我们当面的苏军集团军早就公开向我们发电，警告我们不要玩弄这种液体燃烧弹，否则他们将使用毒气（他们的防毒设备十分缺乏，因此我们知道他们根本不敢使用毒气）。所以，莫斯科电台对缴获那份绝密文件一事满世界宣扬，也就不足为怪了。现在，最高统帅部要我们做出解释，秘密文件"怎么会"落入苏军之手？很明显，苏军不是从作战部队那里缴获的文件，而是当他们占据我们的补给线时从运输纵队缴获的。当一个装甲军突入苏军深远纵深时，这种事情时刻都可能发生。面对最高统帅部的责问，我们如实报告，并补充说，为避免受到指责，今后我们突入苏军防线纵深不再超过 100 公里。

早在 7 月 19 日，装甲集群就已通知我们，按计划第 56 装甲军应经卢加向列宁格勒推进，位于通往卢加公路旁的第 269 步兵师归属本军指挥。对此，我们曾建议集中使用装甲集群的兵力；此外，由于向卢加的突击方向有大片不适宜装甲兵行动的森林地带，因此应将兵力集中于北部，即第 41 装甲军所在的纳尔瓦东部地域（此处有四条通往列宁格勒的道路可供选择），但直至现在依然没有回音。此外，我们必须首先与第 1 军一起向东，向曾经到达过的姆沙加河地段突击。最高统帅部似乎依然坚持原来实施大迁回的计划，甚至向东一直绕到伊尔门湖。于是，我们开始了新的战斗，并与第 1 军一起将敌人赶到姆沙加河对岸。

7 月 26 日，陆军总司令部的首席军需长保卢斯将军来我军视察。我向他描述了过去一段时间的战斗，并指出在这种极不适合装甲部队的地形上作战，我装甲军已受到极大消耗，同时说明装甲集群分散使用的弊端。军的三个快速师损失已达 6000 人。尽管第 8 装甲师休息了几天，能够使用的坦克数量也从 80 辆增加到大约 150 辆，但整个部队及其装备都已超出负荷。

我对保卢斯说，依我看，最好的办法是将整个装甲集群从一个无法迅速向前推进的地域撤出，转而用在莫斯科方向上。如果坚持要向列宁格勒，并经丘多沃向深远东方推进，那就必须以步兵为主。装甲军必须留到通过了森林地带之后，最后攻击城市时使用。否则，等到达列宁格勒时，快速师便已丧失其战斗力，成了强弩之末。这种作战行动无论如何都是要花费一定时日的。如果要想迅速占领海岸和列宁格勒，唯一的办法就是在纳尔瓦东部地域集中整个装甲集群的兵力，直接对列宁格勒实施攻击。保卢斯完全赞同我们的观点。

然而，实际上是两回事。当第 16 集团军以其第 1 军和另外一个新调来的军，占领伊尔门湖西部姆沙加河沿岸一线之时，第 56 装甲军却要经卢加向列宁格勒突击。为此，将第 3 摩托化师、第 269 步兵师和新调来的党卫队警察师配属给该军。

这样，装甲集群的快速部队就被彻底肢解了。党卫队"骷髅"师停在伊尔门湖畔第 16 集团军辖区内，第 8 装甲师被装甲集群指定为预备队，暂时用来清剿后方的游击队。这不仅是一种浪费，而且也不适宜。在卢加附近，军现只有第 3 摩托化师一个快速师，而第 41 装甲军则投入三个快速师参加在纳尔瓦东部的战斗。装甲兵创始人古德里安大将对于装甲兵的使用有过这样一条格言："要集中，不要分散"；而在我们这里反其道而行之。要求保留军的三个快速师的努力均告失利。以往的经验证明，当兵力短缺时，只有极少数指挥官能正常维持部队的战时编制，难以避免分散使用兵力。

如果对卢加争夺战进行一番描述的话，我们的话题可能就扯得太远了。那里的战斗异常艰苦。几个星期前苏军在这里的兵力还不多，现在已增加到一个编制有三个师的满员军，而且配属有强大炮兵和装甲兵。此外，卢加地区是苏军的一个训练基地，苏军对该地十分熟悉。另外，他们也有足够的时间构筑坚固的阵地。

到 8 月 10 日本军开始进入战斗，并在之后几天里经过艰苦作战不断取得进展，只是伤亡一直未能减少。党卫队警察师师长米尔施泰特将军英勇牺牲。尤其使我们难以对付的是苏军在坦克支援下发动了数次反突击，而我们现在没有装甲兵力。需要指出的是，在这些战斗中，我们的炮兵观察营的出色表现，苏军是无法比拟的。依靠他们的目标观察和侦察，我们摧毁了苏军的大部分炮兵，至少迫使其向后方转移阵地。不过，对于苏军新近出现的大量重型迫击炮，我们还是无能为力。

在战斗进行过程中，军部接到执行新任务的命令。本军终于能在北部与第 41 装甲军协同对列宁格勒实施突击。但军部仍是只有第 3 摩托化师可供使用，第 8 装甲师和党卫队"骷髅"师仍在遂行现有任务。

8 月 15 日，我们将在卢加地区的指挥权移交第 50 军，军长林德曼将军是我在第一次世界大战中的老相识，然后便向东方进发。我们的新指挥所设在萨姆罗湖畔，位于纳尔瓦东南 40 公里，路况极差，我们花 8 小时才走了 200 公里。我们于傍晚刚刚到达萨姆罗湖畔，装甲集群司令部便打来电话，命令随后跟进的第 3 摩托化师立即停止前进，于次日清晨急速转向南前进，向在德诺的第 16 集团军司令部报到。于是，我们与第 3 摩托化师和从伊尔门湖赶来的党卫队"骷髅"师一起向第 16 集团军开进。对这种来回地调动肯定不会有人感到高兴的。奇怪的是，我们的军需官克莱因施米特上校是个例外，当他听到他的整个运输安排要来个 180 度大转弯的消息后，表现出毫不气馁的乐观。

于是，8 月 16 日，我们又沿着前日走过的路况极坏的道路，继续向德诺前进。这次，我们用 13 个小时走了 260 公里。还好，第 3 摩托化师向北没有走多远，就及时地回转了。士兵们对这种来回调动做如何感想，我不愿去揣摩。

之所以会如此，归根结底或许是因为我们的总兵力不足，以及由于列宁格勒、普列斯考和伊尔门湖之间是一片不适合使用装甲部队的地区。

我们到达第 16 集团军司令部后的情况是：在第 16 集团军右翼、伊尔门湖南面作战的第 10 军，正受到优势之敌（苏第 38 集团军的八个师和骑兵部队）的攻击，并节节后退。该军目前正面向南，在伊尔门湖南面实施艰苦防御。苏军显然想竭力将该军从西面合围。第 56 装甲军的任务是尽快减轻其压力。

我们军要做的是，将其两个快速师尽可能隐蔽地从德诺东部开到苏军暴露的西部翼侧，之后向着正在攻击我第 10 军的苏军翼侧即背后发起攻击。我们面临着一项很不错的任务。党卫队"骷髅"师重新归属我指挥，不仅该师感到高兴，我们也很满意。唯一令人遗憾的是，未能将第 8 装甲师解脱出来参加这一有意义的任务。

截至 8 月 18 日，两个师成功地隐蔽到达苏军西部翼侧，占领经伪装的待机地域。8 月 19 日清晨，军开始发起进攻，苏军显然毫无觉察。如计划一样，苏军翼侧阵线被突破，第 10 军也乘机转守为攻，在我们协同下给苏第 38 集团军以沉重打击。8 月 22 日，我们到达旧鲁萨东南方的洛瓦季河。在此过程中，两个摩托化师的步兵大多是徒步通过几乎没有任何正规道路的沙地。在这些天里，仅我一个军就俘苏军 1.2 万人，缴获坦克 141 辆、火炮 246 门以及数百挺机枪、大量载重汽车和其他车辆。在战利品中，有两样东西饶有趣味。一样是德国 1941 年制造的崭新的 88 毫米高炮！另一样是苏联的多管火箭炮，这是第一次落入德国之手。我特别想把它运回去，但已经运不走了，因为轮胎已被人拆走，听到此事我火冒三丈。这是谁干的？看来，除了我的第二副官尼曼少校外，没有别人。因为他发现这些轮胎很适合用在我的指挥车上。最后，他不得不将这些轮胎拆下来，再次装到多管火箭炮上，一脸郁郁不乐。在洛瓦季河畔经过短暂休息后，上级又考虑将第 56 装甲军调出用于其他方面。最后，第 16 集团军奉命重新沿伊尔门湖南侧向东开进。8 月末，夏季的第一个雨季来临，所有道路不久就变得泥泞不堪，无法通行，两个摩托化师也暂时动弹不得。同时，敌人前调大量新锐部队。被击溃的苏第 38 集团军由新调来的三个集团军所替代，即在霍尔姆—伊尔门湖正面的苏第 27、34 和 11 集团军。新的战斗又开始了，对此我不准备详加描述，否则就离题太远了。第 56 装甲军在强渡波拉河后，直抵杰米扬斯克城下。除了苏军不断增强的抵抗之外，在无法通行的道路上艰难跋涉，对部队和装备而言真是一种沉重负担。在这段时间里，我也终日与我所属各师在一起，我的那辆坚固的指挥车经常须由牵引车拖拉才能前进。有一次，我们在黑夜通过占领的波拉河上的一座桥梁，报告称附近地雷已被清除，但当我们驶入桥口时，突然在我们车右轮下方，有一枚地雷爆炸了。轮子被炸飞，抛到 100 米之外，轮盘被炸毁，只有收音机还在继续广播。车上的四个人没有一个受伤。我坐在前排司机的右侧，居然安然无恙，我只能说这是命运的恩赐，保我大难不死！

在我们的帐篷里越来越感到不舒服，天气日渐潮湿和寒冷。但是，在这块地方根本找不到理想的宿营地。为了取暖，我们穿着单薄的衣服到处寻找有桑拿的房子，最后终于找到一处。

在这几个星期里，我们也感觉到了希特勒和陆军总司令部在目标上存在的分歧，前者主张列宁格勒，后者力主莫斯科。第 16 集团军司令布施大将对我说，他的企图是用第 16 集团军向东突击直至瓦尔代丘陵，为之后向加里宁—莫斯科方向推进创造条件。北方集团军群司令部则持另外观点，因为它担心其东翼集团军可能会在之后行动中暴露。9 月初，第 57 装甲军由中央集团军群辖区向北参加我们的战斗。与此同时，我们于 9 月 12 日接到命令，让我军所辖第 3 摩托化师向南调往中央集团军群（第 9 集团军）。对这种来来回回的调动，连我这个军长都感到费解。但我的印象是，归根结底还是由于在希特勒和陆军总司令部之间在作战目标上——是莫斯科还是列宁格勒——存在分歧而导致的结果。

不管怎么说，在这几周里，第 16 集团军的战斗——第 56 装甲军也参加了——不断取得胜利。9 月 16 日，最高统帅部就宣布了苏第 11、27 和 34 集团军被击溃的消息。其中 9 个师被歼灭，9 个师遭重创。

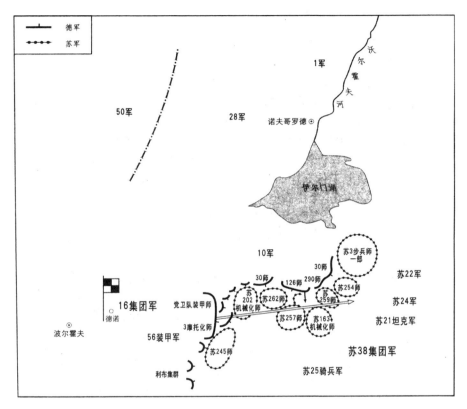

图 9　第 56 装甲军对苏集团军的翼侧突击（1941.8.19）

尽管如此，我们对于取得的这些战果仍缺乏一种真正的满足感。因为我们直到现在仍然不知道，我们的作战目标到底是什么，眼下的这些作战究竟服务于什么样的更高一级的目标。像我们当初突袭迪纳堡时那样的迅猛突击，无论如何不会再度出现了。我指挥第 56 装甲军的时日也即将结束。

9 月 12 日夜，我与司令部的同事们坐在帐篷里，外面大雨倾盆。自白昼变短之后，我们常常在夜间报告到来之前，用打桥牌来打发时间。突然，我旁边的电话响了。这种夜间来的电话通常不会有什么好事。但事情并非如此，布施大将向我宣读了陆军总司令部的如下命令：

"步兵上将曼施泰因立即动身前往南方集团军群，接任第 11 集团军指挥权。"

我即将要指挥一个集团军了，任何一个军人都能体会到此时的喜悦和自豪。这似乎是我军事生涯的顶峰了。

次日清晨，我与下属各师师部和军部人员惜别——遗憾的是只能用电话向他们告别。我对装甲军和军部在过去的几个月中所取得的战绩致以谢意。在那些日月里，军与所属各师已凝聚成一个牢固的整体。

虽然对于即将来临的重大任务满怀欣喜，但我也清楚，在我军人生涯中或许是最得意的时光也将成为过去。三个月，我与部队一起生活，与他们共分患难，同享荣誉。从这种的共同生活，从每个人的忘我精神以及亲密无间的战友情谊中，我曾获取了无穷的力量。将来由于我职位的局限，我不再可能像现在这样与部队亲密接触了。

像第 56 装甲军在战争头几天所实施的风卷残云般的突击，是任何一位装甲兵指挥官所梦想的，类似的经历可能不会再有了。我与我的军及其司令部难舍难分。尤其是我富于经验的参谋长冯·埃尔弗费尔特男爵上校，是一位思想高尚、沉稳冷静和一贯可靠的顾问。类似的人还有像充满激情和聪明智慧的作训处长德特勒夫森少校、情报处长吉多·冯·克塞尔少校和永不知疲倦的军需官克莱因施米特少校。还有我的人事处长冯·德·马维茨少校，他是波美拉尼亚人，是开战后几个星期才到我们这里，在并肩战斗的日子里，我们结下了深厚的友情，现在不得不忍痛惜别。9 月 13 日一早，我首先到我的老友布施大将那里去告别准备走马上任时，与我同行的只有我的助理参谋施佩希特和两位司机纳格尔和舒曼。如今他们都已不在人世了！

第九章

克里木战役

克里木战役的特点；接任集团军司令；第11集团军司令部；"新主人"；罗马尼亚；新战场；在接任集团军司令时的情况；集团军的双重任务：克里木还是罗斯托夫？新阿斯卡尼亚；两条战线上的会战；突破伊顺地峡；亚速海畔的会战；占领克里木；对塞瓦斯托波尔的首次攻击；斯大林攻势；苏军在刻赤和费奥多西亚登陆；施彭内克伯爵的死；敌人在埃乌帕托里亚登陆；游击战；集团军的命运危在旦夕；在费奥多西亚的反突击；帕尔帕奇地峡的防御战；苏军从刻赤半岛撤退；"猎鸨"行动取得全胜；攻克塞瓦斯托波尔要塞；在罗马尼亚休假

现在我描述第11集团军和罗马尼亚战友们在克里木的战斗，首先为的是纪念克里木集团军的战友们。同时，也是想使那些幸存者能够了解事情的全貌，因为他们当时各司其职，只知道事情的局部。

在 1941~1942 年的那段时间里，他们在对数量上占优势的苏军无休止的战斗中做出了了不起的事情，他们以无与伦比的迅猛对苏军实施攻击和追击，在似乎无望的情况下顽强不屈，坚持到底。他们并不了解集团军领导为什么向他们提出似乎无法完成的要求，为什么让他们马不停蹄地南北转战。尽管如此，他们仍给予集团军领导以高度信任，尽心竭力完成对他们的要求；同样，我也信赖自己的部队！

假若我要将此次战役中的每次战斗，以及每支部队的所有事迹都描述一番，恐怕就超出了本书的范围。由于资料的缺乏，如果仅凭我的记忆来描述，就有可能褒奖一些人，却遗漏了无数做出同样贡献的人，这是不公正的。因此，我不得不对作战进程只做一个概略的叙述。即使这样的描述也足以显现部队顽强的战斗力，它是取得进攻作战的决定性因素，也使部队领导有可能在最危急时刻转危为安，最终在刻赤半岛取得典型的歼灭战的胜利，攻克海岸要塞塞瓦斯托波尔。

第 11 集团军在克里木的作战不仅对当事者，而且对局外人也有值得关注之处。这是一个在被隔绝的战场上独立作战的稀有战例，一切都是自己做主，没有最高统帅部的干预。此外，在此次为期 10 个月的不间断的战斗中，集中了各种各样的作战形式：进攻和防御会战，运动战中的独立作战，迅猛追击，对掌握制海权敌人的登陆作战，反游击作战以及对坚固要塞的进攻作战。

最后，克里木战役之所以使人感兴趣，还由于它的战场置于深入黑海的半岛之上，岛上至今还能找到希腊人、哥特人、热那亚人和鞑靼人的踪迹。1854~1856 年的克里木战争❶ 就曾成为历史的焦点。在当时曾扮演重要角色的城市名字，如阿尔马、巴拉克拉瓦、因克尔曼、马拉霍夫等，现在再次为世人所关注。当然，就作战形势而言，1854~1856 年的克里木战争与 1941~1942 年的克里木作战无法相比拟。当时，属于进攻一方的西方国家掌握着制海权，并可利用由此而带来的一切长处。而 1941~1942 年的克里木作战中，黑海由苏联人控制着。进攻的第 11 集团军不仅要占领克里木和塞瓦斯托波尔，而且还要克服因苏联人掌握制海权而给我造成的一切困难。

---

❶ 沙皇俄国为实现夺取伊斯坦布尔、控制黑海海峡、向东扩张的战略目标，与英、法、奥斯曼等国的利益发生矛盾，遂于 1853 年 11 月爆发战争。俄国总兵力约 100 万人，战舰约 380 艘；英、法等国总兵力 100 余万，战舰 440 余艘。战争在巴尔干、高加索、黑海、波罗的海、克里木半岛展开，以克里木为主战场。其中尤以 1854 年 10 月开始、长达 11 个月的塞瓦斯托波尔之战最为著名。最后，双方在各自付出伤亡 50 余万人的代价后议和，于 1856 年 3 月签订《巴黎和约》。克里木战争使俄国受到沉重打击，遂迫使其进行资本主义改革。——译者注

接任第 11 集团军司令时的情况

1941 年 9 月 17 日，我到达第 11 集团军大本营，接管其指挥权，大本营设在位于布格河入海口处的苏联港口尼古拉耶夫。

前任集团军司令里特尔·冯·朔贝特大将前日刚在尼古拉耶夫安葬。在一次每日例行的前线视察中，他所乘坐的联络机降落在苏军的雷场内，他和他的驾驶员同时遇难。他的死使德国陆军损失了一位思想高尚的军官，一位久经考验的前线指挥官，他将永远活在士兵的心中。

集团军司令部几乎全部由精英组成，作训处便是后来顿河和南方集团军群司令部的前身。我怀着感激之情怀念这些优秀的助手在两年半的艰苦战争岁月里与我的合作。我们在这一段紧张的日子里，不断面临新的艰巨任务，同时也不断驾驭着新出现的形势。我们的司令部也由此而得益，避免陷入一种不动脑筋、例行公事的危险。这对于高级司令部而言，特别是在阵地战或战事平静时是一种难以避免的现象。在这种不断解决新问题的过程中，加深了我们之间的相互信任，这种信任又反过来促进了每个人独立行事的能力。

我不可能回忆起在这些年里所有同事的名字。因此，我所列举的最亲近的顾问的名字可以作为所有人的代表。首先是我当时的参谋长韦勒上校，在克里木战役最危急的几周里，他以坚如磐石般的镇静给我以巨大支持。然后是作训处处长、后晋升为将军的布塞❶，最后晋升为南方集团军群参谋长，在我任职期间一直与我保持密切关系。在那艰难的年月里，他始终是我最可靠的顾问，他的判断一贯正确，充满活力，在危急时刻也能镇定自若。同时，他还是我一位最忠实的朋友，战后他把他的所有计划推延，不惜耽误其工作前程，牺牲一年的时间在对我的诉讼中为我进行辩护。最后，我要讲的是我出色的军需长、后晋升为将军的豪克，他为令我焦心的集团军后勤补给贡献颇大，战后我们依然保持友好关系。

---

❶ 步兵上将，德第 9 集团军司令。——译者注

虽然说我们的司令部——从第 11 集团军司令部，到后来的顿河集团军群和南方集团军群司令部——的关系非常密切，与我的同事们相互信任；然而在一开始，人们对第 11 集团军新主人的到来怀着几分担忧。我的前任里特尔·冯·朔贝特将军颇具巴伐利亚人温文尔雅的气质，即使如此，人们也和善地说他粗暴无礼。至于我，大概在我到任之前，"普鲁士人的"冷淡和矜持的名声就不胫而走了。有一件事还是我很久以后才得知的，那是在汉堡举行的一次对我的诉讼中出现的一个小插曲。当打开我的卷宗时，主诉人在我的主要证据第 11 集团军司令部战时日志中，发现了一处由胶纸覆盖的字句。这是一个重大发现！这里肯定掩盖着某些东西，将成为对我提出诉讼的有力罪证！人们小心翼翼地将可能覆盖着一段秘密文字的胶纸揭开。一桩什么样的无耻行径将会大白于天下？我对贴纸一事一字不知，因为虽然我作为集团军司令要在战时日志上签字，但由于时间紧张从来没有读过。这是集团军参谋长的事。当胶纸揭开之后，诉讼人向法庭宣读这段被覆盖的文字。他边读边显出惊慌之色，一脸尴尬。这段文字大致是这样的："将有一位新司令到任。他是一位'绅士'，有点不好相处。当然还是可以与他坦率交谈的。"

法庭认为此证不具价值，最后一笑了之。很显然，这意味着起诉人满怀巨大期望所推举的证据，并没有引起轰动效应。最后，这件事情终于搞清楚了。原来，参谋长韦勒在我上任之前，在一次司令部会议上简单地介绍过新任司令的特点。战时日志官便把此话记录在案。在将战时日志送我签名前，巧妙地将这一段话用胶纸贴上了。有时候一件偶然事件会改变对一个人的看法。如上所述，后来我们的关系十分融洽。当我 1944 年卸任时，司令部的许多同事也都不想再干了。

我接任集团军的指挥权时情况很新奇，我的指挥范围不仅由一个军扩展为集团军，而且后来当我到达尼古拉耶夫时才听说，我除了指挥第 11 集团军之外，还有一个编成内的罗马尼亚第 3 集团军。

由于政治上的原因，在东方战场上，这一部分指挥关系是极难处理的。

由罗马尼亚第 3、4 集团军和德国第 11 集团军所组成的联军，由罗马尼亚国家元首安东内斯库元帅负责指挥。但在有关作战指令问题上，他同时又受到南方集团军群司令冯·龙德施泰特元帅的制约。第 11 集团军司令部可以说是安东内斯库元帅和南方集团军群司令部的中间链环，主要负责作战问题上的咨询。

不过当我到任时，安东内斯库只指挥罗马尼亚第 4 集团军了，并用于对敖德萨的进攻。第 11 集团军现直接隶属于南方集团军群，罗马尼亚第 3 集团军则划归第 11 集团军指挥，参加该集团军向东方的推进。

一个集团军司令除了指挥本集团军之外，还要指挥另一个独立的集团军时，就已经是一件很糟糕的事了；而那另一个集团军如果又是盟国部队的话，困难程度就会成倍增长。雪上加霜的是，这两个集团军不仅在组织、训练和指挥方法上存在差异，而且战斗力也十分悬殊。因此，在执行命令方面，有时对盟国部队不得不要求更严格一些，这在自己部队中就是多余的。

尽管有这许多困难，但我们与罗马尼亚各级指挥和部队一直未发生过重大摩擦，这主要应归功于罗马尼亚第 3 集团军司令杜米特雷斯库将军（后晋升为大将）的忠诚和正直。德军的联络组——我们在所有师、旅以下部队中均设有这种组织——也以适当方式，必要时则想方设法促进这种合作。

但是，说到这种合作，首先使我回忆起的是罗马尼亚国家元首安东内斯库元帅。尽管在历史上将他作为一名政治家加以诋毁，但安东内斯库元帅是一位真正的爱国者、一位优秀的军人，是我们可靠和忠实的盟友。一旦他将命运与德国的命运连接在一起之后，便会尽其所能地将罗马尼亚的军事力量和战争潜力供我们使用，直到他被推翻为止。如果说他的这些愿望并未能全部如愿以偿，主要是由于其国家和政府的内部关系所致。不管怎么说，他对盟友始终忠贞不贰，每当回忆起与他的合作，我心中只有感激之情。

至于说到罗马尼亚军队，无疑存在许多弱点。罗马尼亚军人大多出身于农民，虽然简朴、能干和善战，但由于教育水平普遍低下，难以将他们训练成有自主能力的单个士兵，更不用说成为士官了。其中有些属于德意志少数民族的士兵，虽然符合晋升条件，但由于罗马尼亚人的民族夙愿使他们难以如愿。像以往那种靠棍棒处罚士兵的做法，同样不能提高部队的战斗力。它只能促使那些具有德意志血统的罗马尼亚士兵千方百计地投向德国军队或武装党卫队。

关于罗马尼亚部队内部结构的稳定性，其重大弊端在于缺少像我们这样的一个士官阶层。遗憾的是，今天我们都将其遗忘了，我们的军队之所以优于他国，应当说我们优秀的士官团功不可没。

此外，一个非常重要的问题是，罗马尼亚军队很大一部分中高级军官不大符合要求，尤其是军官与士兵间缺乏亲密关系，而在我们这里，这是情理之中的事。在军官对士兵关怀方面，他们缺乏"普鲁士式"的教育。

由于缺乏作战经验，他们的战斗训练也不符合现代战争的要求，导致过高的伤亡；这反过来又势必降低部队的士气。

他们的军事领导自1918年以来一直受到法国的影响，思想还停留在一次大战的时代。

其装备部分已经陈旧，数量也不足，尤其是在反坦克装备方面，因此面对苏军的坦克攻击几乎没有还手之力。德国能否在这方面给予其更为有效的帮助，此话暂不讨论。

最后，还要说到我们在东方战场上使用罗马尼亚部队时的一种负担，即他们对"俄罗斯人"有一种敬畏感。在困难条件下，这很容易引起恐慌。这在所有东南欧民族在对俄战争中都有所表现。保加利亚和塞尔维亚人与斯拉夫民族的亲缘关系，更会助长这种不稳定因素的发展。

在评价罗马尼亚部队战斗力时，还有一个情况绝不能忽视。当时，罗马尼亚原本的战争目标已经达成，即他们不久前已经夺回属于他们的比萨拉比亚 ❶。希特勒承认或强迫罗马尼亚将"特兰西瓦尼亚"（德涅斯特河与布格河之间的地区）并入罗马尼亚，实属超出罗马尼亚愿望之外的事。因

---

❶1940年6月25日，苏联向罗马尼亚提出割让比萨拉比亚和布科维纳北部地区的最后通牒，罗被迫接受。6月28日~7月1日，苏军占领上述地区。——译者注

此事情很清楚，现在要他们继续向所畏惧的苏联进攻，在很多罗马尼亚人中间自然引发不了什么激情。

尽管存在上述种种缺点和不足，但罗马尼亚部队仍尽其所能担负起应负的义务。特别是他们甘愿服从德军的指挥。他们不像其他盟国那样，把威信问题摆在实际需要的前面。安东内斯库元帅的军人思维肯定在这方面发挥了决定性的影响。

具体到隶属于我们的罗马尼亚第 3 集团军而言，我的参谋的评价是，损失较重时他们会丧失攻击力，防御时必须有德军的支援，好比女人的胸衣，没有衣架的支撑就会瘫成一堆烂布。

在这里，不妨举几个与罗马尼亚同事们交往时发生的小插曲。1942 年春，有一次我去视察罗马尼亚第 4 山地师，该师在马诺柳将军指挥下，在贾伊拉山地与游击队作战。对于此次作战，我们还曾一度派出德国部队为整个罗马尼亚山地师提供支援！我首先视察了几个分队，然后被带进他们的司令部。在一张大地图前，马诺柳将军自豪地指着地图对我说，他的师已经从罗马尼亚走到了克里木。言外之意，他们做的已经足够了。我接着说道："是啊，您距离高加索已经走了一半了！"我的话自然无法使他高兴。当我们穿过一个营地时，突然号声大作。这大概是对我表示敬意，对有关部队而言则是警报："来人了！"我对这位精明的指挥官感到有点意外，接着我走进热气腾腾的厨房，想品尝一下士兵的伙食。伙食很糟，汤也很糟。我只好被领到师部就餐。这里是另外一番天地！罗马尼亚人不懂得什么叫军官和士兵供给的平等。这里的午餐十分丰盛，当然在这里也分等级。年轻军官的菜少一点，旁边师长的酒无疑要高级一些。我们在为罗马尼亚部队提供大部分供给时，很难干预他们的分配。罗马尼亚军官的观点是，绝大部分农民出身的士兵习惯于简朴的生活，因此军官多分得一些是理所当然的。特别是一些随军小贩的物品，如香烟和巧克力等，我们通常是按人头供给他们的。他们的军官说，这种商品士兵是从来不会买的，因此通常都放在军官餐厅里。我曾向安东内斯库元帅提出过我的改进意见，但并没有结果。他说他正在调查此事，然后说一切都已就绪。

我负责指挥的地段是东线的最南翼，主要包括布格河下游、黑海、亚速海和扎波罗热南部的第聂伯河河曲之间的诺盖草原，以及克里木。与正向第聂伯河北部推进的南方集团军群没有直接接触，这对于第 11 集团军的机动极为有利。从不大适合装甲军作战的俄罗斯北部森林地带走出来，呈现在眼前的是一片辽阔无垠的大草原，这里几乎没有任何障碍物，自然也没有遮蔽物。这是装甲兵团最为理想的地形，遗憾的是我的集团军没有装甲部队。

只是到了夏季，小河河床干涸，形成两岸陡峭的深深沟堑。尽管如此，大草原单调的景致仍显出其特有的魅力。每个人大概都会为它的辽阔、为它的无边无际而倾倒。你可以依靠罗盘在这个地形上数小时地驾车驰骋，没有一点起伏，没有一间房屋，没有任何人烟。在遥远的地平线上隐约可见层层叠叠的山地，山的后面似乎是天堂在向你招手，然而任你追逐，它不断向后延伸。只是过去由西门子公司建造的英国—伊朗电报线的电线杆，不时打破大草原的单调。但是，每当夕阳西下时，残阳普照，整个草原泛着红光。在诺盖草原的东部，梅利托波尔周围及其东北部，可以见到一些用德国人名命名的美丽村庄，如卡尔斯鲁厄、海伦妮塔尔等。它们坐落在硕果累累的果园里，坚固的石质房屋表示着房主人过去的富裕。居民们说着地道的德语，但村落里只有老人、妇女和儿童。男人都已被苏联人强行拉走了。

最高统帅部赋予第 11 集团军的任务位于两个相反的方向上。

一项任务是，向南方集团军群的右翼推进，继续追击向东方逃逸的敌军。为此，集团军须集中大部兵力，沿亚速海北岸向罗斯托夫方向前进。

此外，集团军还要夺占克里木，这是一项特别急迫的任务。这一方面是因为，占领克里木及其军港塞瓦斯托波尔对土耳其的态度会产生积极影响。更主要的是因为，苏军在克里木的大型空军基地，对我们生命攸关的罗马尼亚油田构成巨大威胁。在占领克里木之后，第 11 集团军所属山地军应通过刻赤海峡，向高加索方向挺进，这显然是对上述向罗斯托夫攻击行动的呼应。

对于 1941 年的战局，当时德国最高统帅部的目标还是相当大的。但不久便表明，赋予第 11 集团军的双重任务是不切实际的。

9月初，第11集团军在第聂伯河下游的别列斯拉夫强渡该河，这是一项壮举，主要由下萨克森的第22步兵师完成。然而，也就是从此时起，集团军便开始遂行双重任务，向两个不同的方向开进。

当我接受指挥权时，面临的态势如下：

两个军，即由冯·扎尔穆特将军指挥的第30军（下辖第72步兵师、第22步兵师和近卫部队）和由屈布勒将军指挥的第49山地军（下辖第170步兵师、第1、4山地旅）继续向东追击在第聂伯河畔被击溃的敌军，现正向梅利托波尔—扎波罗热南部的第聂伯河河曲一线靠近。

由汉森将军指挥的第54军以其第46、73步兵师扼制了克里木的通路和彼列科普的地峡。从希腊调来的第50步兵师一部在罗马尼亚第4集团军属下推进到敖德萨，部分在黑海岸边清剿残敌。

罗马尼亚第3集团军的山地军（辖第1、2、4山地旅）和罗马尼亚骑兵军（辖第5、6、8骑兵旅）还远在第聂伯河西岸。该集团军正准备在这里做休整。可能是他们觉得，在不得不强渡布格河之后，罗马尼亚的政治目标已经达成，没有必要再渡过第聂伯河继续向东推进了。

现在，面临双重任务——向东向罗斯托夫方向追击，以及占领克里木，接着经刻赤向高加索推进——第11集团军司令部必须回答的问题是：同时还是先后以及如何完成这个方向各异的任务。这个本应由最高统帅部做出的抉择，现在却甩给了第11集团军司令部。

以现有兵力同时完成两项任务，看来肯定是不行的。要想占领克里木，需有比在彼列科普作战的第54军更为强大的兵力。虽然敌情报告称，苏军在第聂伯河上游的集团军只有三个师逃往彼列科普地峡；但原来在克里木、特别是塞瓦斯托波尔的苏军究竟有多少尚未搞清。不久便获悉，在地峡并非只有三个苏军师，而是六个。后来，苏军还将防守敖德萨的集团军向这里调遣。

但是，从地形特点来看，苏军三个师在地峡的顽强防御足以阻止第54军夺占克里木的通路，至少在争夺地峡的战斗中会极大地消耗我军兵力。

克里木由俗称"腐海"的锡瓦什湖 ❶ 与大陆分隔。锡瓦什湖是一片浅海或盐碱沼泽地，对于步兵行动极为不利，由于其水深过浅，对冲锋艇又构成一大障碍。从陆地到克里木只有两条通路：西部有彼列科普地峡，东部有格尼切斯克。后者极为狭窄，只能容下一道公路路堤和一道铁路路堤，中间还有长长的桥梁。因此，对于进攻根本无用。

彼列科普地峡只有 7 公里宽，对于进攻而言也是成问题的。进攻必须是纯正面的，而且必须在毫无遮蔽物的条件下实施。由于两面临海，所以合围的可能性也不存在。苏军已在地峡构筑有坚固的防御工事。在地峡中部横贯有古时被称为的"鞑靼壕沟"，水深达 15 米。

即使突破彼列科普地峡，在伊顺南部还有一个狭窄地段，许多咸水湖使进攻地段进一步缩小到三四公里宽。

鉴于进攻地形的这些困难，以及苏军掌握空中优势的现状，可以预计争夺地峡的战斗将异常艰苦。即使突破了彼列科普地峡，该军是否还有余力在伊顺附近进行第二场战斗，实属疑问。不管怎么说，两三个师的兵力绝不足以占领整个克里木，其中包括坚固要塞塞瓦斯托波尔。

因此，要想确保迅速达成占领克里木这一目标，无论如何必须从集团军向东方实施追击的集群中抽调兵力。实施追击的剩余兵力还可继续遂行其任务，只要苏军仍在退却。但是，如果苏军在其后方地域重新构筑防线，或有新锐兵力前调，要想达成夺取罗斯托夫这一深远目标，就目前兵力而言势必过于单薄。

如果认为向罗斯托夫方向推进是至关重要的，那么就必须将克里木暂时搁置一边。至于能否以及何时具备占领克里木的兵力，是一个难以回答的问题。此外，克里木掌握在一个拥有制海权的苏军手中，对东线德军的纵深翼侧构成一大威胁，它作为一个空中基地对于罗马尼亚油田更是一个长远威胁。

---

❶ 亚速海西部的浅水海域，以仅 0.27~8 公里宽的阿拉巴特沙嘴与亚速海相隔。呈沼泽状，多腐殖质。——译者注

如果企图以两个军向深远的罗斯托夫方向推进，以一个军占领克里木，结果必然是两个目标都无法圆满达成。

集团军领导因此决定，首先将占领克里木放在首位。不管在什么情况下，都要竭力避免以不充足的兵力遂行这些任务。于是，我们将全部可以支配的预备队炮兵、工兵和高炮配属给担负攻击地峡任务的第54军。此外，还将位于深远后方的第50步兵师前调，准备用于以后攻克第二个难点即伊顺沼泽地带。但仅是这些措施还不够。如果说在攻占伊顺时尚不需要投入第二个军，那么为在突破地峡之后迅速占领克里木，投入第二个军就是绝对必要的。为此，最高统帅部已指示，德国山地军辖两个山地师将在不久经刻赤向高加索方向开来。该军用于占领克里木南部的山地地带，比用在草原更能发挥其效力。此外，我们还企图在突破地峡之后，利用摩托化部队以突袭方式迅速占领塞瓦斯托波尔要塞。为此，党卫队近卫师已在担负进攻任务的第54军背后准备就绪。

集团军司令部的这种安排自然要极大削弱本集团军东方正面的兵力。为了能抽调上述兵力，除了在克里木北部担负海岸防御任务的第22步兵师一部之外，就只能前调罗马尼亚第3集团军。尽管在罗马尼亚军中存在上述的种种阻力，我还是与杜米特雷斯库将军进行了一次私人谈话，要求他们尽快渡过第聂伯河。

如果苏军在本集团军东面停止撤退，并试图重新夺得主动权，那么集团军司令部所采取的上述措施将意味着一个巨大冒险。然而，如果要想避免以不充足的兵力占领克里木，那么这个代价就必须付出。

两线的会战
突破彼列科普地峡和亚速海畔的会战

第54军进攻彼列科普地峡的准备工作，由于后勤补给的困难一直拖延到9月24日才完成。与此同时，上述兵力的重新部署正在进行中。但自9月21日起，本集团军东部正面的态势呈现变化的迹象，苏军已在梅利托波尔西部—扎波罗热南部的第聂伯河河曲一线，进入预设阵地。追击被迫停止。但集团军司令部仍决定将山地军调出。为减小所冒风险，将余下的部队与罗马尼亚第3集团军混编。在该线南段的罗马尼亚骑兵军被编入德军第30军，而在北段的罗马尼亚第3集团军中，德军第70步兵师则被当作"女人胸衣衣架"，用以为罗马尼亚山地军提供支撑。

9月24日，第54军已进攻到彼列科普地峡。尽管提供了最强大的炮兵支援，但进攻的第46、73步兵师仍要在毫无遮掩的盐碱草原上推进，烈日当头，口焦舌燥，条件十分恶劣。苏军已将地峡变成了一个构筑有坚固阵地、纵深达15公里的防御地带，他们在每一道堑壕、每一个支撑点进行拼死顽抗。

尽管如此，第54军在挫败苏军强大的反突击后，于9月26日占领彼列科普，越过鞑靼壕沟。接着在经过三天苦战之后，突贯敌防线的纵深剩余地带，夺占坚固筑垒据点亚美尼亚斯克，进入较开阔地带。被击溃的苏军撤向伊顺狭窄海域，伤亡惨重，被俘1万余人，丢弃坦克112辆、火炮135门。

虽然通过沉重代价取得了最终突破克里木的战果，但我们并没有从中得益。尽管苏军损失惨重，但在德军第54军当面的苏军兵力增加到六个师。鉴于力量对比悬殊和我军的重大伤亡，企图以同样的迅猛突击攻克伊顺狭窄地段，对部队而言似乎期望过高。集团军司令部此刻前调新锐部队——山地军和党卫队近卫师——的企图也被苏军打乱。显然，苏军已识破德军迅速占领克里木的意图，因此向亚速海和第聂伯河之间的防线前调新锐部队。

9月26日，苏军在此投入两个新锐集团军——第18、第9集团军，共计12个大部为新调或经补充的师，对本集团军东段发起攻击。在俄第30军当面，苏军第一波攻击虽未取得重大进展，但德军态势急剧恶化。而在罗马尼亚第3集团军地段，第4山地旅被敌击溃，在集团军正面出现一个宽达15公里的缺口。该旅将其大部火炮遗弃，战斗力已消耗殆尽。罗马尼亚其他两个山地旅也遭到重大伤亡。

现在看来，除了将本已接近彼列科普地峡的德国山地军再度调回，以恢复罗马尼亚第3集团军处的态势之外，没有别的办法。但是同时，集团军司令部也多少被剥夺了机动使用唯一一个快速师党卫队近卫师的可能。最高统帅部已下达命令，将该师编入第 1 装甲集群，参加对罗斯托夫的攻击行动。因此，集团军司令部也就无法利用该师扩大在地峡所取得的战果。

为能更接近本集团军的两个正面，集团军作训处已于 9 月 21 日在诺盖草原上的新阿斯卡尼亚开设指挥所。新阿斯卡尼亚是德国法尔茨—法因家族过去的领地。

该地原本在整个俄罗斯是一个有名的模范农庄，现已变成苏联的集体农庄。房屋破败不堪，农庄里荒无人烟，苏军在撤退前已把所有的农耕机械设备毁坏，在堆积如山的谷物上浇上汽油，纵火焚烧。大火、浓烟持续数周，我们也无法将其扑灭。

新阿斯卡尼亚原本是安哈尔特公爵买的一块大型租地，这里的动物园在整个苏联都很有名。草原中央有一个很大的公园，里面小溪纵横，池塘棋步，从黑、白、红三色野鸭到鹭鸶和红鹤，足有上百种水鸟在这里栖息。这个公园在草原上成了名副其实的小天堂。紧靠着公园还有一个达数平方公里的草原禁猎区，里面生活着各色各样的野兽，有红鹿、黄麂、羚羊、斑马、盘羊、野牛、骆驼等，它们和平共处，各自觅食。只有少数猛兽被单独圈养起来。在这个禁猎区内漫步于各种各样动物之间，可谓一种别具风味的享受。这里还有一个蛇饲养场。据说苏联人在撤退前，已将蛇从养殖场放出来了。我们曾搜寻过毒蛇，但没有找到。有一天，响起空袭警报。此前，参谋长韦勒上校让人预先在作训处办公室附近挖了一条避弹坑道，此时他便命令参谋部的人员进入坑道。当第一批敌机出现时，作训处的人员便陆续进入坑道，走在最前面的韦勒上校突然停在下面的一级台阶上，像被钉在那里一动不动。后面的人大喊："上校先生，请您再往下走一点，我们大家还都在外面呢！"韦勒上校还是没有往前走一步，反而怒气冲冲地转过身来，对后面大声说道："你小子喊什么？我走不了啦。前面有一条蛇！"果真是条蛇！这个时候，所有拥入坑道的人才发现，在坑道的地上有一条令人胆战心惊的蛇。它竖着半个身子，愤怒地左右摇摆着头，张着大嘴，发出咝咝的声响，令人毛骨悚然。

在敌机和猛蛇之间，我们还是选择了前者，好在敌机不会百发百

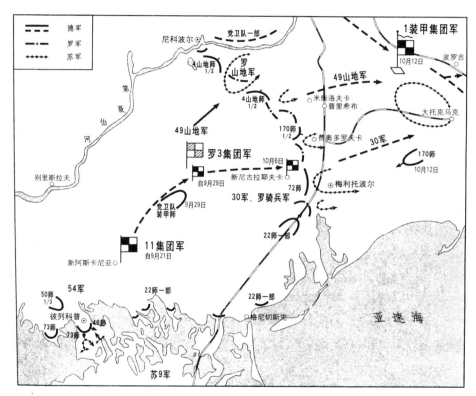

图 10　亚速海畔的会战（突破彼列科普地峡）

中——如果幸运的话。这段滑稽的事当然成了大家晚餐的笑谈。于是，有人建议工兵领导除了地雷探测，也将毒蛇探测纳入训练大纲。还有人建议将敌人的这种新式秘密武器，向陆军总司令部报告。此外，自从一个德军司令部和一个罗马尼亚司令部分别在基耶夫和敖德萨成为定时地雷的牺牲品后，我们还必须在司令部的营地和其他建筑物附近，对这种地雷进行仔细搜索。

这个动物饲养基地给我们带来许多趣事。一天，我们的作训处长坐在地图桌前，全神贯注地凝视着地图，思考着什么问题。一头温驯的雌鹿迷失了方向，走进处长的办公室，用温柔好奇的目光打量着钉在墙上的地图。然后，它用嘴碰了碰布塞上校，上校不愿有人打扰，于是非常不温柔地站起来，大声吼道："干什么，给我滚开……给我……"当他回头面对这个他想象中的"肇事者"时，看到了雌鹿一双忠实、忧郁的眼睛！然后，上校非常客气地将这位新奇的造访者领出了门。当我们离开新阿斯卡尼亚继续向前推进时，他还带走了两只虎皮鹦鹉，取名为诺瓦和阿斯卡❶。自此，这两只鸟便在作训处办公室里自由自在地飞来飞去。它们愉快的欢叫声对我们倒没有多少影响，只是由于它们偏好红色，不停地用嘴去啄情况图上的红色，于是用红色标注的敌人越来越少，搞得我们哭笑不得。遗憾的是，现实恰恰相反！

一名参谋还讲过这样一件小事，很能说明司令部的内部关系。他说："布塞上校对我们年轻参谋管理十分严格。他习惯简单地称我们为作训处小子。当然，对如此严厉的管理，我们年轻人有时候也抑制不住内心的不满，想寻机发泄一下。于是，一天晚上我们秘密举办了一个伏特加酒会，地点就选在作训处办公室。我们五个人晚上都睡在这里，有几个睡在行军床上，另外几个挤在地图桌上。午夜后，当接收完最后一份报告后，我们的酒会进入高潮。我们在紧邻办公室以及上校和参谋长卧室的学校走廊里，

---

❶ 合起来便是新阿斯卡尼亚。——译者注

穿着睡衣进行了一场阅兵式。突然，从墙那边传来命令声和指责声，我们个个呆若木鸡。一扇门慢慢地打开了，冯·曼施泰因将军出现在眼前。他冷眼打量着我们，压低声音有礼貌地说道：'我的先生们，能不能轻一点？你们把参谋长和布塞吵醒了！'然后，门轻轻地关上了。"

集团军正面的态势日趋紧张，我们被迫于 9 月 29 日率一个小型司令部向最危险的前线靠近。我们之所以这样做，是为了防止在情况危急时下属司令部向后移址，司令部的后撤会对部队产生很坏影响。尤其是对常常发生此种现象的罗马尼亚司令部来说，我们只有这样做。

同日，德国山地军和党卫队近卫师在罗马尼亚第 3 集团军负责的南翼发动一次突击，并达成突破，但未充分利用初期战果。当这里的态势刚刚趋于稳定，北翼的第 30 军又正在酝酿着一场新的危机。这里的一个罗马尼亚骑兵旅开始溃逃。我亲自到现场极力加以干预，阻止其撤退。接着，急调党卫队近卫师前来，方才解除被突破的危险。

虽然发生上述危机使东段态势变得相当紧张，但与此同时也出现一个良机。为挫败我占领克里木的企图，苏军以两个集团军不断实施攻击，从而被牵制在正面。很显然，苏军手中已无预备队用以掩护扎波罗热和第聂伯罗彼得罗夫斯克的第聂伯河渡口，这就给冯·克莱斯特将军的装甲集群突破苏军北翼创造了机会。前几日，我就建议南方集团军群实施这一攻击，10 月 1 日下达了攻击命令。在第 11 集团军拖住实施攻击的苏军的同时，装甲集群不断加大对北部苏军的压力。敌人开始退却。10 月 1 日，本集团军司令部下达命令，命第 30 军和罗马尼亚第 3 集团军立即转入攻击和追击。第二天，与第 1 装甲集群协同，在大托克马克—马里乌波尔—别尔江斯克地域，将苏军两个集团军大部合围，另一部在我追击中被歼。俘虏苏军 6.5 万人，缴获坦克 125 辆、火炮 500 多门。

占领克里木

随着"亚速海会战"的结束，德军南翼的东段开始变更部署。德军最高统帅部显然已经看到，一个集团军在罗斯托夫方向作战的同时，另一个集团军却在攻占克里木，这是不可能办到的事。

于是，向罗斯托夫方向推进的任务转交第 1 装甲集群完成，第 11 集团军也奉命将第 49 山地军和党卫队近卫师转隶该集群。

第 11 集团军现在的唯一任务就是以现有的两个军（第 30 军辖第 22、72、170 步兵师，第 54 军辖第 46、73、50 步兵师。后者有 1/3 兵力尚在敖德萨城下）占领克里木。

罗马尼亚第 3 集团军再次由安东内斯库元帅指挥后，只负责黑海和亚速海海岸防御。但是，我还是在征得他的同意后，将罗马尼亚山地军司令部以及所辖的一个山地旅和一个骑兵旅留在克里木，以参加东部海岸线的防守任务。

现在，虽说第 11 集团军只有一个目标——占领克里木，但最高统帅部急不可耐地催促，尽早派出一个军越过刻赤海峡，向库班方向推进。

从希特勒的这一要求可以明显看出他对苏军的低估。为此集团军司令部指出，向库班推进的先决条件是必须首先彻底肃清克里木苏军。苏军也无疑将为克里木战斗到最后一个人，他们宁可放弃敖德萨，也不会放弃塞瓦斯托波尔。

事实上，苏军在掌握制海权的情况下，只要在克里木还有立足之地，阻止德军仅由两个军组成的第 11 集团军经刻赤向库班的突击，就完全不在话下。因此，集团军司令部借此机会要求，再前调一个辖三个师的军部。可能是希特勒急欲达到上述愿望，数周后，便将第 42 军及第 132、24 步兵师调来。事实表明，面对后来苏军为保卫和夺回克里木半岛所做的殊死斗争，德军兵力的加强是绝对必要的。

争夺伊顺地峡的战斗

眼前的任务是，首先要重新夺回通往克里木的通路，打开伊顺地峡。人们也许会说，这只不过是一次像往常一样的进攻行动而已。然而，这 10 天的搏杀已经远远超出了一般意义上的进攻作战，成了德国军人进攻精神和献身精神的光辉典范。

在此次战斗中，我们几乎不具备任何通常被视为攻击坚固筑垒阵地的条件。

占据数量优势的是苏联防御一方，而不是德军进攻一方。德军第11集团军共编有六个师，而当面苏军不久就达八个步兵师和四个骑兵师。10月16日，苏联人撤出被罗马尼亚第4集团军久攻不下的敖德萨，将这部分守军越海调至克里木。尽管有报告称，德国空军击沉敌3.2万吨舰船，但苏军的大部护航舰船仍从敖德萨成功到达塞瓦斯托波尔港和克里木西部海岸。当我们的进攻开始不久，这些兵力的首批师便出现在战场上。

德军的炮兵虽然要比苏军的优越，给己方步兵的进攻提供了有力支援，但苏军在克里木西北海岸和锡瓦什湖南岸的有装甲防护的岸炮可以参加这里的战斗，德军炮兵起初对它们束手无策。苏军投入大量坦克实施反突击，而第11集团军一辆也没有。

尤其困难的是，高级指挥官几乎没有任何可能采取战术措施，以减轻部队在进攻中的沉重负担。根据当时的条件，不可能对敌实施突袭。苏军在构筑良好的野战阵地里，坐等德军的进攻。像在彼列科普一样，现在一面是海，另一面是锡瓦什湖，不可能对敌实施合围，甚至连侧射火力都无法发扬。进攻只能在三个狭窄的地峡上正面实施，这三个地峡又被湖沼所分隔。

由于这三个地峡宽度的限制，起初只能投入第54军的三个师（第73、46、22师），只有等向南夺占一定的空间之后，第30军才能使用。

此外，这里一马平川，只覆盖有青草的盐质草原，使进攻者找不到一点遮蔽物。而天空又被苏联空军所控制！他们的轰炸机和歼击机对任何一个发现的目标进行持续不断的攻击。为躲避敌空军的攻击，不仅在第一线作战的步兵、炮兵要构筑掩体，而且还要为位于战斗地带后方的每一辆汽车和每一匹马挖掘掩壕。事情甚至糟糕到我高炮不敢射击的地步，否则就会立刻被敌空军所摧毁。只是到了默尔德斯 ❶ 的歼击机中队到来之后，集团军才在进攻的最后几天将敌机赶走，但这也仅限于白天；到夜里，默尔德斯对敌人的空中攻击也奈何不得。

在这样一种作战条件下，面对寸土必争的防御者，势必要对进攻部队提出极高的要求，伤亡惨重也在所难免。我每日都在路上奔忙，以实地了解战事进展的真实情况，看一看是否以及如何为陷于苦战的部队分忧解难。

我对部队战斗力的减退十分担忧。奉命实施艰苦作战的各师，已在彼列科普和亚速海会战中付出沉重代价。此刻一个问题便摆在面前：争夺地峡的战斗能否成功；即使打开了通路，面对不断加强的苏军，已方兵力是否仍足以最终夺取克里木。

10 月 25 日，部队的攻击力事实上已成强弩之末。一个极富战斗力的师的师长曾两次向我报告，他所属各团已损耗殆尽。像任何一次搏杀一样，现在已到了决定会战命运的关键时刻；同时，也是显示进攻者是否具有赴汤蹈火精神以及能否摧毁防御者抵抗意志的时刻。

下定殊死战斗的决心，付出高昂代价，但结果却是一场空，这种危险不是没有，为此指挥官要在内心深处做激烈斗争。但是，如果他对其部队以及部队战斗到底的意志不是充满信心，那么他的任何决心都是枉然。

第 11 集团军的领导并不想在对部队提出种种要求之后，在最后一刻错过取胜的机会。部队不屈不挠的进攻精神最终粉碎了敌人顽强的抵抗意志。又经过一天苦战，10 月 27 日终于赢得了胜利。10 月 28 日，在经过 10 天异常激烈的战斗之后，苏军的防御崩溃了。第 11 集团军转入追击。

---

❶ 默尔德斯（1913~1941），德国歼击机航空兵上校，在 1938~1939 年的西班牙内战和二战中分别击落飞机 14 架和 115 架，成为第一个获得希特勒授予的带橡叶和宝剑的铁十字勋章的人，被纳粹吹捧为德国空中英雄、青年人的表率。1941 年，因飞机失事身亡。——译者注

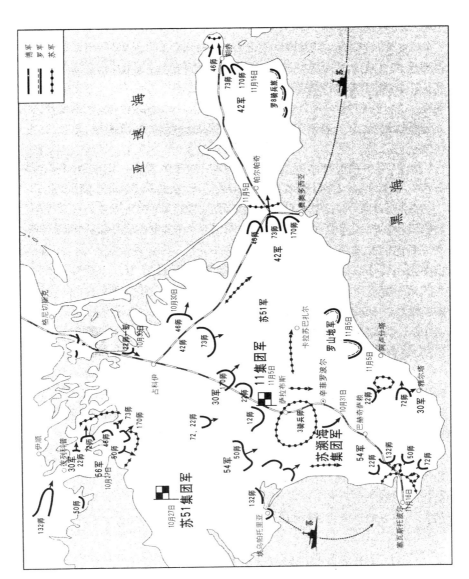

图11 突破伊顺地峡占领克里木（1941年秋）

追　击

　　一般而言，被击溃者的行动通常要比胜利者快。向后方寻找安全之所的急切心情，会加速撤退的步伐。而在胜利者一方则不同，在赢得胜利的一刻，部队会沉浸在胜利的过度喜悦之中。此外，溃退者还可以利用后卫阻止追击者，为其主力的撤退赢得时间。因此，战史上很少有通过追击歼灭撤退之敌主力的战例。要想达到这一目的，就只有超越敌人，并将其退路切断。这也是第11集团军在那些天里所要力争达到的目标。

　　苏军在地峡南部与从敖德萨前调来的"滨海集团军"（五个步兵师和两个骑兵师）共同进行的防御崩溃之后，似乎向南撤向克里木首府辛菲罗波尔。半岛上唯一的坚固公路沿贾伊拉山直通塞瓦斯托波尔和刻赤半岛，辛菲罗波尔则是这条公路的枢纽。苏军的另一个集群（第9军的四个步兵师和两个骑兵师）大概向东南即刻赤方向退却。另有三个师作为预备队，位于辛菲罗波尔—塞瓦斯托波尔周围。

　　苏军虽被击溃，但数量仍不可小视，而且苏军还可以越海向这里增援。他们的动向可能会有下列两种：

　　苏军可能继续防守克里木半岛南部，以便将其作为海军舰队和空军的基地，以及下一步作战的出发地位。为此，它会将难以通行的贾伊拉山为依托，为防守克里木南部在此组织防御。同时，敌人会很快封锁阿尔马河畔通向塞瓦斯托波尔的通路，以及在帕尔帕奇地峡通往刻赤半岛的通路。

　　如果苏军感到这样做兵力略显不足，就会集中大部兵力占领塞瓦斯托波尔要塞地区，另一部兵力退守刻赤半岛，以图至少能保住克里木阵地的这两个支柱。

　　第11集团军必须先于苏军的这些企图采取行动。其中，首先要尽快控制半岛上很少的几条坚固公路，它们由克里木南部的辛菲罗波尔，分别通往塞瓦斯托波尔和刻赤这两个支柱。

　　从这个思路出发，本集团军利用新调来的第42军的三个师（第73、46、170师）追击向费奥多西亚—刻赤半岛方向撤退的敌军集群，争取在帕尔帕奇地峡抢在苏军前面，阻止其在费奥多西亚或刻赤登船逃逸。

集团军主力则必须不惜一切代价对苏军穷追不舍，使其疲惫不堪，阻止其在贾伊拉山北麓重新组织防御。最重要的是，阻止起初撤向辛菲罗波尔的苏军集群进入塞瓦斯托波尔要塞地域，否则苏军就等于捞到了救命稻草。

为此，将第 30 军第 72、22 师投向辛菲罗波尔方向，阻止苏军在贾伊拉山北麓立足。同时，快速突贯贾伊拉山，沿辛菲罗波尔—阿卢什塔公路，对阿卢什塔—塞瓦斯托波尔公路实施控制。

第 54 军（辖第 50 步兵师、新到的第 132 步兵师以及一个新编混成摩托化旅）奉命向巴赫奇萨赖—塞瓦斯托波尔方向实施追击。其中关键的是，尽快切断可供苏军使用的辛菲罗波尔—塞瓦斯托波尔公路。此外，集团军甚至还希望以奇袭方式夺占塞瓦斯托波尔。

不过，集团军缺少奇袭要塞的快速部队或装甲部队。否则，就大可不必在冬季的艰苦作战和后来攻击要塞的行动中付出惨重代价，本集团军也可尽早解脱，投入东线的作战。为弥补党卫队近卫师被调走的空缺，集团军曾努力要求前调第 60（摩托化）师，但均因希特勒的固执己见而未果，他当时所能看到的只是罗斯托夫。集团军司令部只好自己将一个罗马尼亚（摩托化）团、一个德国侦察营、一个反坦克营和一个（摩托化）炮兵营合成一个旅，但这仍替代不了装甲部队的位置。

此次追击再次显示了各级指挥官的勇敢和主动性，以及部队的牺牲精神。如果看一看部队在遭受重大损失、背负沉重压力已近力竭之时，仍向克里木南部港口冲击，人们不禁想起 1796 年拿破仑军队在征服意大利时的情景。

11 月 16 日，疾风暴雨式的追击宣告结束，除塞瓦斯托波尔要塞区外，整个克里木都落入我们的手中。

第 24 军在快速追击中，挫败苏军在帕尔帕奇地峡阻止我追击的企图。一批为数不少的苏军企图在费奥多西亚乘船逃走之前，第 42 军便攻占了这一重要港口。11 月 15 日，刻赤被我占领。只有少量苏军越过海峡逃向塔曼半岛。

第 30 军通过对辛菲罗波尔的快速突击——该军所属第 72 师的先遣支

队已于 11 月 1 日占领该城——以及对通往南部港口阿卢什塔山地公路的大胆突破，将苏军主力分割为两部分。这样，不仅使苏军在贾伊拉山北麓构筑防线的企图落空，而且把挤压在辛菲罗波尔—阿卢什塔公路东部的所有苏军歼灭。被苏军视为救命稻草的费奥多西亚港已被第 42 军封锁。不久，阿卢什塔—雅尔塔—塞瓦斯托波尔沿海公路也被第 30 军占领。该军所属第 105 步兵团在勇敢的团长米勒上校（后来被希腊人枪杀）指挥下，占领了巴拉克拉瓦要塞。在后来的克里木战争中，这个小港成了西方军队的基地。

为了尽快切断苏军向塞瓦斯托波尔撤退的公路，在本集团军右翼投入了齐格勒（摩托化）旅。该旅及时占领了位于公路旁的阿利马河与卡恰河渡口。第 22 步兵师侦察营越过山地，径直突击到雅尔塔附近的南部海岸。这样，苏军撤向塞瓦斯托波尔的全部公路均被封锁。只有被逼入辛菲罗波尔—阿卢什塔公路东侧山地的部分苏军，尚有一条通往塞瓦斯托波尔的崎岖山路。本想利用齐格勒旅对塞瓦斯托波尔实施一次突袭，但因兵力不足而作罢，因为尚不清楚苏军是否在要塞前部署有强大的守备部队。

随后快速跟进的第 54 军奉命越过贝尔贝克谷地和乔尔纳亚河，将位于山区的苏军撤向塞瓦斯托波尔的最后退路切断。但是该军在顺利完成追击后，在卡恰河和贝尔贝克谷地之间的要塞前方地带，以及在通过山地向乔尔纳亚河推进时遇到了苏军的顽强抵抗。在要塞里，苏军尚有四个满员的海军陆战旅，构成要塞防御的核心。要塞炮兵也具有一定战斗力。被逼入山地的滨海集团军中有相当一部分兵力正撤向塞瓦斯托波尔，尽管他们没有火炮和汽车。他们通过海上补给很快恢复了战斗力。由工人组成的无数个劳动队活跃在这个大型海军基地，要塞的所有人员都武装起来，使要塞的防御能力大大增强。由于苏联塞瓦斯托波尔最高指挥官的果断指挥，第 54 军被阻于要塞前方地带。苏军在经过海上补给之后，在其舰炮火力支援下，从塞瓦斯托波尔北部海岸对第 54 军右翼发起攻击。第 30 军急调第 22 师前来支援。

鉴于此种情况，集团军司令部原打算从追击中由东部和东南对塞瓦斯托波尔实施突袭的计划被迫搁浅。另一个原因是，从东部实施攻击没有一条公路可资利用。缴获的地图上所标识的坚固公路，实际上并不存在。

如果说此次追击未能以攻占塞瓦斯托波尔要塞而高奏凯歌，那么在开阔地的战斗中歼灭大量苏军也算一次大捷。第 11 集团军的 6 个师击溃苏军 2 个集团军大部，共计 12 个步兵师、4 个骑兵师。德军在争夺地峡的战斗和追击中，俘虏苏军 10 万多人，占其 20 万兵力的一半，缴获火炮 700 门、坦克 160 辆，此外，被我击毙的至少有 2.5 万人。从刻赤海峡逃往塞瓦斯托波尔的苏军都是没有重型武器的残余部队。逃往这个要塞的部队之所以很快成为有战斗力的部队，主要是因为掌握着制海权，能及时得到人员和物资的补充。

在占领了除塞瓦斯托波尔要塞区之外的克里木半岛之后，第 11 集团军便赢得了自己的战场。在他们前面也许还有更为艰苦的日日夜夜，部队也许还要完成接近极限的任务，但克里木的秀美风光和宜人气候总算使部队得到一定的慰藉和补偿。不过，半岛的北部是一片荒无人烟的盐碱草原。在辽阔的盆地中，锡瓦什湖的水被蒸发后，便生成一种在俄罗斯稀有的有机盐。这一地区的移民十分贫困，大多住在用黏土搭成的简陋茅舍里。特别引人注目的是，这里居然还有几个富裕的犹太人村庄，村民都是被布尔什维克强制迁移到这里的犹太人。

克里木的中部是一片几乎没有树木的肥沃土地，到冬季从东乌克兰辽阔草原上刮来的凛冽寒风便会在这里肆虐。这里有大型的经营良好的集体农庄，农庄的财产当然已被苏联人破坏或带走了。不久，我们便将农民被剥夺的土地作为私有财产归还给他们，使其恢复耕作。这样，他们的大多数便站到了我们一边，他们因此也经常受到贾伊拉山游击队的报复。

贾伊拉山位于克里木半岛的南部。它从克里木中部突然隆起，直升 2000 米，向南延伸，又陡然插入黑海。山上布满灌木林，山高路陡，难以通行，为游击队提供了良好的藏身之地。向北延伸的谷地里，隐藏着富庶的果园，坐落着鞑靼人的小村庄，风景如画。每当春季果树盛开鲜花之时，漫步于花海之中，五光十色映入眼帘，如诗如画的景色是我所到之处从未见过的。当时鞑靼可汗的首府巴赫奇萨赖，位于一条小河旁，别具东方风情的美妙。侯爵宫殿称得上鞑靼建筑艺术的珍品。与里维埃拉 ❶ 相媲美的南部海岸，其景色的嵯峨壮丽更胜一筹。林立的奇峰怪石和插入大海的陡峭山崖，大概可以说是全欧洲美景之最。在雅尔塔周围，山上布满碧绿茂密的树林，沙皇的利瓦季亚宫就位于附近。山上的空地种满了葡萄和果树。热带植物随处可见，特别是在沙皇的利瓦季亚宫周围的花园里，奇花异草遍地皆是。走在其中，似有置身于伊甸园之感。谁会想到，仅仅几年之后，这个伊甸园成了签署雅尔塔协定的场所，按照这个协定，半个欧洲归属了苏联。谁还会想到，两个伟大的盎格鲁—撒克逊民族竟让一个野蛮残忍的专制暴君乖乖地牵着鼻子走。展现在眼前的伊甸园使我们流连忘返，心醉神迷。在这里，我们没有发现隐藏的蛇。

这里不仅有美丽的景致，还处处蕴含着历史的回忆。埃乌帕托里亚 ❷、塞瓦斯托波尔、费奥多西亚等海港城市，可以追溯到古希腊时代。在我们占领了塞瓦斯托波尔后，在赫尔松聂斯半岛 ❸ 发现了希腊神庙的瓦砾。后来，哥特人在塞瓦斯托波尔东部的山地建立起他们的帝国。一个宏大的山间城堡可以见证他们的这段历史。他们曾在这里生活了数百年之久。其间，也曾有热那亚人落户海港。再往后，鞑靼人在克里木建立王国，直到近代，他们一直与苏联人为敌。我们占领克里木之后，他们便立刻站到我们一边，将我们视为解放者，感谢我们将他们从布尔什维克的枷锁中拯救出来，我们对他们的宗教信仰十分尊重。后来，他们派了一个代表到我这里，赠予我水果和美丽的手工织物，这些礼物本是送予他们尊崇的解放者"阿道夫"的。

克里木半岛的东部便是向东延伸的刻赤半岛，这里又呈现出另一幅景象。这是一片只有个别起伏地的平原，只是在东部海岸以及在将克里木与库班地区隔开的狭窄海湾，有许多光秃秃的高地。刻赤半岛蕴藏着煤矿、

---

❶ 地中海沿海地区，气候宜人，风光绮丽，是著名的旅游休养胜地。——译者注

❷ 今叶夫帕托里亚。——译者注

❸ 位于塞瓦斯托波尔西南五公里。——译者注

铁矿以及少量的石油。因此，在海港城市刻赤周围便出现了大型的工业设施。刻赤周围的山地为游击队和后来的敌军残部提供了庇护所。

我们的军需营移驻位于贾伊拉山北麓的辛菲罗波尔，这个城市已彻底俄罗斯化；司令部则驻进萨拉布斯，这是位于辛菲罗波尔北部的一个大型村庄。我们将办公地点选在一所新建的学校，苏联人几乎在所有大型村庄中都建有这种学校。我和参谋长还有几名军官住在属于果木集体农庄的小农庄里，每人都有一间简陋的房子。我的全部家具是一张床、一张桌子和一把椅子、一个放脸盆的小板凳和一对挂衣钩。我们本可以从辛菲罗波尔搬来一些家具，但这不是我们司令部的作风，我们从不追求舒适和享受，因为士兵们根本就没有舒适可言。

我们在这个还算舒适的住所一直住到1942年8月，此间只有两次短时间的离开，一次是到刻赤前线指挥所，另一次是1942年6月到塞瓦斯托波尔指挥所。在过惯了吉卜赛人的生活之后，现在这种全新的生活方式并不怎么受欢迎。当一个司令部处于静止不动的状态时，随之而来的就是每日工作千篇一律，文牍主义、笔墨官司也随之而来。整个冬季，我就坐在两只小炉子中间迎接文牍主义的挑战。这两只小炉子是我们仿照苏联人的样子用砖建造的，因为苏联人撤走时将所有供暖设备都破坏了。

我想在这里提及一件一直萦绕在我心间的事，只是到了1941~1942年冬季，由于紧张的战事，我的这种忧虑才退居次要位置。身为一个集团军的司令，同时也是集团军的最高法官。对于最高法官而言，最难的就是对死刑判决的批准。一方面，维护部队的纪律是他义不容辞的责任，为了部队的利益，他必须对作战中的违纪者严加制裁；另一方面，他的大笔一挥便了结了一条性命，难啊！当然，在战争中会有成百上千人付出生命，每个军人都懂得做好随时牺牲准备的必要。但是，在疆场上意外中弹英勇倒下，与站在战友的枪口前并以骂名离开人世，完全是两回事。

诚然，如果一个军人因某种卑劣行为玷污了军队的荣誉，或因其行为而断送了战友的性命，那么他不可能也不应当得到同情。但是，往往有这样的情况，这种过失是出于某种可以理解的人之常情，而不是由于思想品质的低劣而造成的。但是，不管怎么说，军事法庭对死刑的宣判必须公正。

当处理一项死刑判决时，我从不轻信其他优秀的集团军法官的报告，而是亲自仔细查阅有关卷宗。在战争之初，我的军有两个士兵因强奸一名老妇被判处死刑，后来被枪决，这是合情合理的。但是，还有另外的例子。譬如，有一个在波兰战局中荣获铁十字勋章的人，在伤愈出院后被分配到一支陌生的部队。在第一天的战斗中，他的机枪班长和其他战友都已战死，于是他神经失去控制并逃跑了。虽然按军法他理应被判死刑，但这种情况是否也可以用另一种标准加以衡量——尽管懦夫的行为会危及部队的士气。由于我不能立即推翻部队法庭的判决，于是每逢遇到这种以及类似的情况，我便与团长磋商将死刑的判决延迟四周。如果此人在四周之内在战斗中经受住了考验，我便将判决撤销。如果他仍是屡教不改，便执行判决。这些戴罪立功的人在考验期内只有一个人投敌，其他人均有良好表现，有的人则在艰苦的战斗中忠于职守，战死疆场。

对塞瓦斯托波尔的首次攻击

第 11 集团军眼前的任务是，攻占苏军在克里木的最后一个堡垒塞瓦斯托波尔。攻击越早实施，苏军用来组织防御的时间也会越少，成功的机会也就越大。同时，苏军越海实施增援的可能性也就越小。

当然，首先必须确实隔绝要塞与外界的联系。为此，第 54 军左翼必须做好预先准备工作，特别是要封闭它与位于塞瓦斯托波尔东南部山地的第 30 军之间的缺口。这就要求进行一系列艰苦的山地战，幸好此时罗马尼亚第 1 山地旅配属给本集团军。

要想实施攻击，首先要解决兵力问题。眼下位于要塞周围的四个师肯定不足以实施攻击。封闭要塞的缺口，这点兵力是不够的。此外，敌人通过上述措施，已经在很短的时间里将其防御兵力增加到九个师。这个事实突出说明，首先断绝苏军的补给是何等重要。

为确保攻击成功，第 11 集团军将所有可以搜罗来的兵力全部调来。但另一方面也很清楚，只要我们没有足够兵力对海岸实施防御，苏军在掌握制海权的情况下，可以随时在其认为有利的海岸登陆。因此，一个问题便摆在集团军领导面前，是冒险撤出克里木其他部分，特别是刻赤半岛，还是从一开始就用不足的兵力实施进攻。抉择必须有利于进攻。

就攻击行动而言，应以下述考虑为依据。必须从多个方向对苏军进行牵制，使苏军不可能将其兵力集中于被攻击的要塞一面。

攻陷要塞的前提条件是，必须尽早控制各港口和谢韦尔纳亚湾。只要要塞的海上通路畅通，苏军的兵力就始终会处于优势。因此，必须从东部和东北部发起攻击，对谢韦尔纳亚湾实施主要突击。目标不是城市，而是港口。集团军只能在北部投入强大炮兵。在南部，由于山地交通的不便，无法向该地段输送弹药。因此，要想在苏军火力下从海上确保对港口公路的控制，可能性很小。而苏军北部的工事，虽然就其强度和数量而言都大于南部，但南部陡峭的山崖也会对攻击造成极大困难。此外，南部地段的交通网络极不发达，要想构筑需要花费大量时间。

基于这些考虑，集团军司令部决定，从北部和东北部实施主要攻击。在南部，实施辅助攻击，主要用以牵制和吸引敌人兵力。

在北部担负攻击任务的第 54 军，配属有四个师（第 22、132、50 师和新调来的第 24 步兵师），以及集团军重型火炮的大部。

在南部实施辅助攻击的第 30 军，除第 72 师外，还配属有从刻赤调来的第 170 师和罗马尼亚山地旅。

从刻赤抽调出来的第 73 师留作预备队，以备北部使用。这样，留在刻赤半岛的就只有第 42 军军部和第 46 师。

在贾伊拉山，有罗马尼亚山地军的第 4 山地旅在作战，以对付那里强大的游击队。这里从一开始就十分活跃的游击队由于得到苏军滨海集团军残部的加强，对我后勤补给以及通往费奥多西亚的公路和塞瓦斯托波尔正面的南部山地，构成一大威胁。

真正用于海岸防护任务的部队，除了在东部海岸的罗马尼亚第 8 骑兵旅以及很少的刚刚组建的海岸炮兵之外，就只有各作战师留置后方的少量分队。

面对苏军舰队掌握制海权的现状，集团军的指挥肯定要冒巨大风险。不过，如果在苏军从库班或高加索地区越海向塞瓦斯托波尔输送新锐力量之前，我们就开始对塞瓦斯托波尔的攻击，风险似乎还不会太大。

因此，选择好发起攻击的时间就具有重大意义。依照我们的计算，部队的调动和炮兵所需要的弹药补充可在 11 月 27 日或 28 日完成。于是，发起进攻的日期就定在这两天之内。

正在此时，苏联的冬季以梅雨和严寒两种形式迎接我们，给我们的计划造成严重影响。在克里木，雨下个不停，所有不甚坚固的道路很快就泥泞不堪，无法通行。从内陆通往辛菲罗波尔只有一条路面平坦、两侧有沟的道路。气候干燥时，坚硬的黏土路面通行状况良好；但是一到雨季情况就大不一样，如果不是不停地维修，就根本无法通行。随着雨季的来临，集团军运输纵队的行动实际上已经停顿。到 11 月 17 日，因技术损耗，运输纵队 50% 的车辆已被淘汰。但另一方面，在北方内陆，严寒已经降临，致使在第聂伯河南部的五辆机车坏了四辆。这样，集团军的补给就降到了每天只有两列火车。第聂伯河虽已结冰，但仍不坚固，同时又没有不受结冰影响的桥梁。这样，我们的进攻准备工作便不得不向后顺延。于是，我们将发起进攻的日期由 11 月 27 日改为 12 月 17 日。很显然，时间的损失对坐守要塞的敌人十分有利。苏军越海前调增援部队的危险与日俱增。

在付出向后推延三周的重大损失之后，在北部地段的第 54 军和南段的第 30 军发起攻击。然而在此之前，集团军领导还面临着一个艰苦的抉择。10 月 17 日，集团军群司令部鉴于罗斯托夫态势告急，命我集团军立即抽调第 73、170 步兵师驰援罗斯托夫。第 11 集团军司令部多次提出异议，指出这样将使对塞瓦斯托波尔的进攻无法实施，结果我们只争取到了保留第 170 师，该师正沿海岸向第 30 军开进。即使调往罗斯托夫，也会在很晚时候才能到达。但是，只调走第 73 步兵师的事实丝毫改变不了因此而造成的北部地段的攻击没有预备队的结果。于是，集团军司令部需要做出选择，在此情况下是否要冒险发动攻击。最后决定，冒险行动。

在这里，不可能对进攻行动的细节做周全的描述。集团军首要的任务是从东部实施一次突袭，将位于卡恰河与贝尔贝克谷地之间地域前方的苏军逐出该地。同时，占领苏军在贝尔贝克谷地及其南部高地的支撑点。然后，从贝尔贝克谷地南部的要塞斜堤发起攻击，直指谢韦尔纳亚湾。此次作战的成败都落在了勇猛善战的下萨克森第22步兵师的肩上，该师由优秀的沃尔夫中将指挥。该师肃清了卡恰河与贝尔贝克谷地之间地域前方的苏军，与从南部向这里突击的第132步兵师一起，向贝尔贝克谷地南部高地发起攻击，突入高地南部的要塞区域。但是，先头部队的正面越来越窄，原因是从东面向谢韦尔纳亚湾实施攻击的第50、24步兵师，在难以通行、一部分因布满灌木甚至无法通行的山地没有取得多大进展。苏军凭借碉堡进行顽抗，我方部队为此付出沉重代价。与此同时，突降的严寒使部队的体力受到极大消耗。不管怎么样，到了12月的最后几天——圣诞节也顾不得过——先头部队已接近斯大林堡垒，如果将其攻陷，我们的炮兵至少可以控制谢韦尔纳亚湾。若有新锐部队，一直突击到谢韦尔纳亚湾是不成问题的。但由于调走了第73师，使我们缺少这样的部队，因此也无法将各师集中使用在先头部队之后，以扩张战果。

正是在这种情况下，苏军先后在刻赤和费奥多西亚登陆。正当集团军将除一个德国师和两个罗马尼亚旅之外的所有师团都投入塞瓦斯托波尔时，苏军的这一行动对我无疑是一致命威胁！

事情非常清楚，必须以最快速度从塞瓦斯托波尔抽调兵力，投入最危险的地点。任何迟疑都可能酿成灾祸。但是，正当距达到控制谢韦尔纳亚湾目标只有一步之遥的关键时刻，是否应当放弃对塞瓦斯托波尔的进攻？

此外，如果在北段战线取得一次胜利后再从塞瓦斯托波尔抽调兵力，肯定要比现在这样过早脱离敌人容易得多。

于是，集团军领导决定，即使苏联人在费奥多西亚登陆也要冒险暂缓从塞瓦斯托波尔抽调兵力。因此，首先只命令第30军停止攻击，第170师向受威胁的刻赤半岛开进。而在北段，在征得第54军军长及其各师师长同意后，继续攻击，力争达成控制谢韦尔纳亚湾的作战目标。不遗余力，竭尽所能是部队的一贯作风。第22步兵师的先头部队，由冯·肖尔蒂茨上校指挥的第16步兵团已攻入斯大林堡垒的外围。但此时部队的精力已经耗尽。12月30日，担负攻击任务的各师师长报告，继续实施攻击已无取胜的希望。于是，集团军司令部通过电话向集团军群和希特勒提出严正交涉，在说服他们之后，下达了最终停止攻击的命令。此外，集团军司令部还不得不忍痛命令北段部队撤至贝尔贝克谷地北部的高地。不采取这些措施就不足以抽调足够的兵力。在此种情况下，先头部队也不能在原地久留。但集团军的这一决定遭到希特勒的否决，因为该决定违背了他严禁任何撤退行动的命令。他并不看重对付出沉重代价的部队所应负的责任。而集团军领导正是为了部队着想，才最终定下这一决心。

对塞瓦斯托波尔要塞的首次猛烈攻击，就这样宣告失利。但我们仍取得了某些利于之后作战的战果：达成对要塞的合围，赢得了下一步攻击的出发基地，第 30 军也在南部占领了为其之后进攻具有重要意义的地域。对于所付出的代价而言，这些无疑也算是一个小小的慰藉。

斯大林攻势至占领克里木

苏军在刻赤半岛登陆时，正值第 11 集团军在塞瓦斯托波尔北段处在决定性关头，不久便发现苏军的登陆不仅仅是一次牵制行动。苏联电台宣布，这次行动是按照斯大林的命令和计划实施的，是一次旨在收回克里木的重大攻势。它宣称，此次作战不达消灭德第 11 集团军之目的，绝不罢休。苏军投入这样大的兵力，不久便证明这一威胁并非空穴来风，在不惜代价使用重兵的背后，斯大林的残暴暴露无遗。

12 月 26 日，苏军在越过刻赤海峡后，首先以两个师的兵力在刻赤两侧登陆。接着，小规模的登陆也在半岛北部海岸实施。

德第 42 军（军长冯·施彭内克伯爵将军）仅以第 46 步兵师防守半岛，情况肯定不妙。于是，施彭内克伯爵请求集团军司令部准许其撤出刻赤半岛，认为可以在帕尔帕奇将半岛封锁。集团军司令部没有同意他的观点。因为苏军一旦在刻赤半岛站稳脚跟，在半岛就会出现第二个战场，那么在塞瓦斯托波尔被攻占前，集团军就会处于岌岌可危的境地。

因此，集团军司令部命令第 42 军应利用登陆之敌立足未稳之机，将其赶下大海。同时，为将第 46 步兵师的全部力量集中用于这一任务，命令位于辛菲罗波尔周围的罗马尼亚第 4 山地旅和克里木东部海岸的罗马尼亚第 8 骑兵旅，向费奥多西亚开进，以阻止敌人在这一危险地段登陆。同时，命令正在开进途中的第 73 步兵师的最后一个加强团第 213 步兵团，从格尼切斯克向费奥多西亚前进。

事实上，12 月 28 日，第 46 步兵师已将苏军位于刻赤北部和南部的登陆场摧毁，只是在北部沿海尚有小股残敌。即使在这种情况下，施彭内克伯爵再次请求批准其撤离刻赤半岛。集团军司令部明确拒绝了这一请求，因为我们始终认为，刻赤半岛一旦放弃，就会出现一种以集团军现有兵力无论如何都无法驾驭的形势。

此时，第 54 军于 12 月 28 日在塞瓦斯托波尔实施了最后一次攻击。

然而也是在此时，苏军也在准备对德军发动一次新的打击。12 月 29 日清晨，我们收到发自费奥多西亚的报告，称苏军在强大海军兵力掩护下于夜间在此登陆。在费奥多西亚的微弱兵力（一个工兵营、一些反坦克炮和岸防营，罗马尼亚部队次日上午才到达费奥多西亚城郊）未能阻止苏军的登陆。我们与位于半岛中部的第 42 军无线电联络中断。但到了 10 时，我们接到自费奥多西亚打来的电话，由于苏军在费奥多西亚的登陆，施彭内克伯爵已下达立即撤离刻赤半岛的命令。集团军司令部立即发回一个禁止撤退的命令，但第 42 军军部一直没有收到。军部害怕在刻赤半岛的第 46 师的退路会被登陆苏军切断，军部的担心也是可以理解的，但是我们并不因此认为仓促撤退会有助于态势的改善。如果此刻将刻赤的残敌放掉，苏军会立刻对第 46 步兵师实施追击。接着，该师便会在帕尔帕奇地峡遭到两面夹击。在制止撤出刻赤的同时（如上所述，第 42 军军部一直未收到这一命令），集团军司令部命令罗马尼亚山地军以上述两个山地旅和一个正在开进的罗马尼亚摩托化团，立即将在费奥多西亚登陆的苏军赶下海。虽然我们对罗马尼亚军队的攻击力不抱任何幻想，但敌人在费奥多西亚的陆上兵力也很有限。在苏军兵力处于薄弱这一刻，紧紧抓住苏军不放，看来可以奏效。我们估计，罗马尼亚军队至少也可将敌人牵制在费奥多西亚周围的某个狭窄登陆场，直至德军到来。

刻赤半岛态势的发展

然而，仅仅是这个希望也在不久后破灭了。罗马尼亚山地军对费奥多西亚的攻击不但没有奏效，反而在苏军几辆坦克的反突击下，仓皇逃至旧克里木东部地区。

第46步兵师虽以强行军速度撤到帕尔帕奇地峡，但不得不将大部火炮丢弃在冰冻的道路上，而且部队已精疲力竭。在一些小型登陆场的苏军本可以立即实施追击，因为刻赤海峡的海面已经结冰，苏军可以很快前调新锐兵力。

如果苏军能利用这一有利时机，从刻赤对第46步兵师穷追不舍，同时从费奥多西亚对撤退的罗马尼亚军队背后实施大胆攻击，那么集团军北部战线的形势就岌岌可危，甚至整个第11集团军的命运都危在旦夕。苏军也可以少量兵力在占科伊将我集团军整个后勤补给切断。从塞瓦斯托波尔赶来的第170步兵师和北段的第132步兵师，最早也要在14天后才能到达费奥多西亚西部和西北地域。

然而，苏军没有利用这一天赐良机。或许是苏军指挥未能认识到这一机会，或许是不敢贸然立即行动。从缴获的地图上得知，在费奥多西亚登陆的苏第44集团军的企图，只是在翌年1月4日前，以现有六个师的兵力向旧克里木西部和西北地区实施攻击，然后在已到达的一线转入防御！很显然，苏军没有胆量以其三倍优势于我的兵力实施一次大规模作战，一次将使第11集团军全军覆没的作战。看来，他们还想等待兵力再强大一点。

事实上，苏军并没有到达上述的旧克里木西部地域一线。

在刻赤投入作战的苏第51集团军虽然尾随德第46步兵师之后跟进，但迟疑不决。而在费奥多西亚登陆的苏第44集团军向西和西北两个决定性的方向上的推进也是小心翼翼。使我们感到惊讶的是，苏军以较强兵力向第51集团军东部实施突击。很显然，苏军只是想达到消灭我在刻赤半岛兵力这一战术目的，却丢弃了将第11集团军置于死地的战略目标。

这样，已筋疲力尽的第46步兵师与刚从格尼切斯克赶到的第213加强团，以及罗马尼亚部队一起，在贾伊拉山北麓与锡瓦什湖之间地域，建起一道薄弱的警戒线。为了加强罗马尼亚军队的战斗力，我们将德军甚至是集团军司令部多余的军官、士官和士兵作为军中砥柱，编到罗马尼亚部队之中。

施彭内克伯爵将军的悲惨结局

最高统帅对撤离刻赤半岛采取惩治措施是不公正的。为了我们英勇作战的士兵的名誉，我必须在这里对此加以说明。

起初，南方集团军群现任司令冯·赖歇瑙元帅把我们对第46步兵师的所有表扬嘉奖通通封锁了，这是导致希特勒下达惩处命令的直接原因。因为，希特勒自1941年12月接手陆军最高司令指挥权之后，下达过禁止任何部队在任何情况下后退一步的命令。但是，对部队而言这是不公正的。撤退命令是军长下达的，部队只是执行而已。最后，我终于达到目的，推翻了对这支英勇部队的不公正判决——只有一点很可惜，此事是在不久冯·赖歇瑙元帅死后，由其继承人冯·博克元帅处理的；第46师的继任师长希默中将也在帕尔帕奇地峡的防御作战中阵亡。

施彭内克伯爵将军的死是一场悲剧。这在高级指挥官身上是会经常发生的，在履行服从义务与个人对作战的看法之间发生矛盾时，悲剧也就在所难免。他们知道，违命就有掉脑袋的危险，但在现实的必要性面前只能违抗命令。这种无法调和的矛盾只有军人才得以体会。

在我收到军部关于第46步兵师违抗集团军司令部的命令撤出刻赤半岛的报告之后，便解除了施彭内克伯爵的职务。这样做并不是因为他自作主张采取行动。我自己也时常违背上级甚至是希特勒的作战指令行事，我并不反对给我的下级以必要时按照自己的判断行事的权力。我之所以解除施彭内克伯爵的职务，是因为我没有充分把握确信，在当时像刻赤半岛这样的严峻形势下，他能否挺得住。在争夺第聂伯河渡场的艰苦战斗中，他已经承受了巨大的精神负担。我命原第72步兵师师长、久经考验的马滕克洛特将军接任第46师师长。

施彭内克伯爵当然希望在军事法庭对他的审讯中为自己的行为进行辩

护。希特勒亲自安排了这次审讯，并在元首大本营里接见了施彭内克伯爵。之后，也就是在克里木处于岌岌可危的那几天，在元首的大本营里对施彭内克进行了审讯，审讯由戈林主持。在经过简短审理之后，便宣判施彭内克伯爵死刑，死刑自然又被希特勒改为关进要塞监狱。本集团军司令部既没有获知开庭的日期，我本人也没有被邀请出席对施彭内克伯爵的审讯。

关于此事，我还要做如下几点评述：

施彭内克伯爵肯定认为，他面对的是一种极为困难的形势。当他接到集团军司令部禁止撤出刻赤半岛的命令之后，由于苏军在费奥多西亚登陆，形势无疑发生了变化。在此情况下，当务之急是迅速撤离以保存第46步兵师的实力，这是不言自明的。因此，从施彭内克伯爵的位置看，他如此处理也是没有问题的。

如果有什么要指摘的话，那就是第42军军部先斩后奏的做法，从而将集团军司令部置于一个已下达撤退命令的既成事实面前；同时关闭电台，使集团军的其他任何建议都无法送达。还有就是，第46步兵师的仓皇撤退并不是确保其实力的有效手段。如果要想撤出刻赤半岛，那么首先是要保证该师在到达帕尔帕奇地峡时具有充足的战斗力。如果敌人处置正确的话，那么当该师到达帕尔帕奇时，就不可能向西实施突贯。

由富有经验的前线指挥官组成的军事法庭与在戈林领导下的法庭，在对刑事判决上毕竟是不一样的。凭良心说，应当承认，施彭内克伯爵在当时巨大的困难压力下，除了那样做，别无他途。他在担任第22步兵师师长时在鹿特丹和在第聂伯河渡场的英勇表现，便是其责任心的佐证，足以推翻对他的判决。

在我得知这一判决之后，立即在一份呈送集团军群司令的报告中对施彭内克伯爵进行辩护，并要求亲自陈述我的观点。冯·博克元帅完全同意我的看法。但凯特尔不加任何解释，以粗暴的方式拒绝了我的建议。只是最后，希特勒以上述方式改变了对施彭内克伯爵的死刑判决。于是，施彭内克伯爵的余生就不得不在盖默斯海姆要塞中度过了。我多次为他恢复名誉的努力都毫无结果。可是后来，根据希姆莱一份卑鄙的命令，施彭内克伯爵于1944年7月20日被枪决，这件事是我战后才听说的。他作为一名军人的荣誉和一名指挥官的责任心，永远留在人们的记忆里，并为与他相识的人所缅怀。

还是让我们回到第 11 集团军。

在 1942 年 1 月的头几天，第 11 集团军的生命线——由占科伊通往辛菲罗波尔的铁路，实际上已在费奥多西亚登陆和到达刻赤之敌的控制之下。已经建起的一道薄弱的警戒线无法抵御强敌的攻击。1 月 4 日，苏军已在费奥多西亚周围集中了六个师的兵力。如果我们不能从塞瓦斯托波尔前调若干个师，第 11 集团军的命运实际上就岌岌可危！苏军为阻止我从塞瓦斯托波尔要塞区域抽调兵力，在其尚未站稳脚跟之时便对塞瓦斯托波尔发起进攻。

这些天里，我的一个沉重精神负担是，在辛菲罗波尔的野战医院里躺着一万名伤员，我们无法把他们后送。在费奥多西亚的野战医院，布尔什维克主义者把我们的伤员打死，或将他们拖到海边，用海水灌他们，扔在凛冽的寒风中冻他们。如果苏军突破费奥多西亚西部的薄弱警戒线并到达辛菲罗波尔，又将发生什么呢？

好像是商量好似的，一切都携起手来与我们作对。由于过度严寒，我们停在费奥多西亚和埃乌帕托里亚机场的轰炸机无法在清晨起飞，攻击在费奥多西亚登陆的苏军。前面已经说过，苏军现在可以横穿刻赤至艾泽的公路。但是，我们停在赫尔松和尼古拉耶夫的轰炸机仍因天气原因不能起飞。

在之后数周，由于后勤补给的困难，马匹吃的燕麦和粗饲料都无法运到。位于塞瓦斯托波尔南部海岸的部队，由于在当地找不到粗饲料，马匹已经奄奄一息，死亡率大增。于是，第 170 师的全部牵引炮兵只能徒手翻越阿卢什塔和辛菲罗波尔之间的山脉，将火炮留给汽车运载。

我还想借这个机会说一个题外话。尽管我们上面提到在后勤补给方面所遇到的困难，但本集团军还是千方百计——比如压缩我们自己的口粮——以满足大量俘虏的最低供给。这样，俘虏的死亡率年平均不到 2%，这对一支庞大的由重伤员或筋疲力尽的俘虏组成的队伍来说，是一个极低的数字。我还可以举出一个我们善待俘虏的例子。在费奥多西亚，有一个关押 8000 名苏军俘虏的营地，看守逃跑了。然而，这 8000 名俘虏并没有投向解救他们的苏军，反而向塞瓦斯托波尔方向——也就是向我们开来，而且没有任何人监督。

此外，集团军还尽其所能对当地居民提供帮助。因为，苏联人在撤离克里木之前，不仅将几乎所有工厂、磨坊摧毁，而且还焚烧粮仓，使这里的居民处于饥寒交迫的境地。本集团军的军需官豪克上校和随军行政长官拉布斯，克服自己补给的各种困难，出色地解决了这个问题。

我们不仅为他们提供帮助，也尊重他们的宗教信仰，这使克里木的鞑靼人大多数都对我们十分友好。我们甚至还组建了由鞑靼人组成的武装自卫队，以对付贾伊拉山上的游击队对村庄的袭扰。

从一开始克里木半岛上的游击队就十分活跃，给我们添了不少麻烦。克里木的居民除了鞑靼人和其他少数民族外，还有很多俄罗斯人。他们其中有一部分是被布尔什维克政府强行迁到这里来的。游击队主要就是由这些人和大量苏军残部组成。

游击队的活动是经过周密筹划的。在交通不便的贾伊拉山区，有他们的栖息地、粮仓和弹药库。他们将很少的几条山路全部封锁。尤其是在情况告急的罗马尼亚山地部队作战的一线，游击队构成了极大威胁。此外，像在东方其他战场一样，游击队作战时诡计多端，十分残忍。他们根本不将国际法规当一回事。为了部队以及和平居民的安全，对每一个被俘的游击队员只能按战争法进行处理。

对于苏军在刻赤和费奥多西亚登陆对第 11 集团军形成的致命威胁，能否予以排除，当时尚无人可以预测；然而就在此时，苏联人又发动了一次新的攻势。

1 月 5 日，苏军在舰队掩护下，又在埃乌帕托里亚实施了一次登陆。同时，在城里发生了一次暴动，参加者为部分居民和打入该城的游击队。守卫该城的只有很少兵力，无力对付苏军的登陆和城内的暴动。一波未平，一波又起，与此同时，苏军又在塞瓦斯托波尔附近实施登陆。

尽管费奥多西亚的形势危急，集团军司令部仍不得不决定，由塞瓦斯托波尔南段开来的第 105 步兵团转向埃乌帕托里亚，尽快消灭在那里登陆的苏军和城内的暴动。第 22 师的侦察营、几个炮兵连和工兵营，已在向埃乌帕托里亚开进的途中。

经过艰苦的巷战，被派往埃乌帕托里亚的部队在里特尔·冯·海格尔上校——后来在第 105 步兵团团长米勒上校——指挥下，控制了埃乌帕托里亚的局势。暴动者和游击队在大型建筑物里负隅顽抗。最后，我们只能用工兵突击队将整个大楼炸毁。很多英勇的士兵和指挥官，如第 22 师侦察营营长冯·博迪恩中校等，在埃乌帕托里亚的战斗中英勇牺牲。他是被隐藏在身后的游击队打死的。

1 月 7 日，埃乌帕托里亚的战斗结束。登陆的苏军部分被歼，部分被俘。武装游击队被打死 1200 人。

与此同时，费奥多西亚也奇迹般地守住了。但是，从塞瓦斯托波尔调来的两个师还需要一周的时间才能赶到这里。为了在费奥多西亚发动反突击，集团军司令部还将位于塞瓦斯托波尔南段的第 30 军调来。弗雷特－皮科将军接替因黄疸病告退的冯·扎尔穆特将军的军长职务。

但是，苏军一方面继续有新锐部队在费奥多西亚登陆，另一方面由刻赤向这里前调兵力。而在塞瓦斯托波尔，目前只有四个德国师和一个罗马尼亚山地旅，在苏军攻击下，形势告急。

1 月 15 日，在费奥多西亚的第 30、42 军终于可以实施反突击了。但是，敢于下定这个决心是十分困难的。因为，我们是以三个半德国师和一个罗马尼亚山地旅的兵力，来与现已增加到八个师和两个旅的敌人作战。此外，苏军还装备有少量坦克，而我们没有。我们的空中支援也很成问题，因为最近几天因天气原因，飞机无法起飞对费奥多西亚实施攻击。尽管如此，我们还是决定冒险一战。

多亏部队的勇猛无畏，特别是第 105 步兵团以及在希茨费尔德上校指挥下的第 213 步兵团，使攻击得以取胜。第 213 团在攻克鞑靼海峡和夺占刻赤的战斗中做出了重大贡献。到 1 月 18 日，费奥多西亚落入我们手中。苏军除死亡 6700 人之外，还有 1 万人被俘，损失火炮 177 门、坦克 85 辆。后来我们才得知，空军克服天气的种种困难，在费奥多西亚港口击沉敌人的多艘运输船只。

苏军近几日在费奥多西亚西部的苏达克附近实施的一次小规模登陆，也被我粉碎。

随着在费奥多西亚取得的胜利，一个问题很自然地浮现出来：有没有可能立即利用当前的战果，达成肃清刻赤半岛上全部苏军的目的。愿望终归为愿望，集团军司令部在经过审慎考虑之后认为，以集团军现有兵力无法达成这一目标。加之原已答应给我们的一个装甲营和两个骑兵中队，又必须转隶南方集团军群，而这些兵力是我们达成上述目标所急需的。

于是，集团军司令部不得不舍弃利用费奥多西亚初期战果的奢望，只是将苏军逐回帕尔帕奇地峡。在此地，集团军可以在位于黑海和亚速海之间的最狭窄地段将刻赤半岛封锁。我们将目标局限于此并不表明我们胆怯，而是因为我们充分认识到，我们已经对部队要求过高，如果过度，将会招致严重恶果。

"斯大林攻势"继续进行

夺回费奥多西亚和在帕尔帕奇地峡对刻赤半岛的封锁，虽然暂时排除了第 11 集团军的致命威胁，但我们并没有因此而产生苏军会就此善罢甘休的幻想。目前，苏军在整个东线战场正力图弥补其在夏季失利中所遭受的损失，企图重新夺回主动权。它怎么可能会放弃克里木呢？在这里它掌握着制海权，取胜的把握性极大。这里的成功对于整个东方战场的形势具有重大意义！在政治上，可以影响土耳其的态度；在军事经济上，夺回克里木就意味着占领了进攻罗马尼亚油田的空军基地。还有，他们在宣传中将此次对克里木的攻势与斯大林的名字紧密联系在一起，说明敌人就此罢手的可能性微乎其微。

不久我们便判定，苏军确实在继续向刻赤半岛运送兵力。由于苏军拥有"刻赤冰上公路"，因此它能弥补费奥多西亚港的损失。空中侦察发现，苏军正不断加强黑海各港口以及高加索东部地区机场的兵力。1 月 29 日的敌情就已表明，苏军在帕尔帕奇战线的兵力已超过九个师、两个步兵旅和两个坦克旅。

在塞瓦斯托波尔战线，苏军的活动也十分频繁，尤其是炮兵得到极大加强。

据此，我们下达指令，一面静观苏军行动，一面在上述两线做好准备，一旦苏军胆敢发动进攻，将给敌人以迎头痛击。

虽然陆军总司令部现也认识到我们面临的态势十分棘手，但因东线其他战场急需兵力，对我们也爱莫能助。安东内斯库元帅又向我们提供了两个步兵师的兵力。其中第 10 步兵师用于保障克里木西部港口，尤其是埃乌帕托里亚港的安全；第 18 步兵师部署在帕尔帕奇战线的北翼。我们希望该师依托亚速海能守住阵地，主要是因为苏军不大会在这里的沼泽地带投入大量兵力。

在经过外松内紧的几周之后，终于如我们所料，苏军于 2 月 27 日发动了大规模进攻。

在塞瓦斯托波尔一线，苏军企图从东、北两个方向打破第 54 军的合围。面对两个德国师和一个罗马尼亚山地旅，苏军在要塞地域的兵力已达七个步兵师、三个步兵旅和一个骑兵师（无马匹）。这些师的炮兵部分是有装甲防护的要塞炮兵。苏军的进攻重点是针对下萨克森第 22 师和萨克森第 24 师防守的地段。由于我军部队的出色表现和炮兵的威力，经过激烈战斗，击退了苏军的攻势。

在帕尔帕奇一线，在我第 30 军（第 170、132 步兵师）和第 42 军（第 46 步兵师和罗马尼亚第 19 师）当面，苏军投入七个步兵师、两个步兵旅和一个坦克营。在其背后，还有六七个步兵师、两个坦克旅和一个骑兵师，时刻准备利用一线突破成功，扩大战果。

正当德军各师抵御苏军进攻之际，罗马尼亚第 19 师的防御崩溃，同时还损失了在这一地段作战的两个德军炮兵营。现在，为了阻止苏军在东部的突破，没有其他办法，只得将预备队第 213 步兵团投入战斗，并从该线南部调来第 170 师师部和第 105 团。在深深的泥沼中，这些装备重型武器的部队运动十分缓慢，致使苏军一直向西推进到基特。这样，实际上，帕尔帕奇地峡的东部已向苏军敞开。罗马尼亚师撤出战斗。

这里以及塞瓦斯托波尔的激烈战斗一直持续到 3 月 3 日。然后，双方都因精疲力竭而暂时喘息一下。在帕尔帕奇一线，我们依托那里的沼泽地终于阻止住苏军在北段的突破。现在，整个正面虽然缩小了，但重新连成一线，不过北段正面形成一个向西凹进的弓形。

3月13日，苏军再次发动大规模反突击。这一次，他们在第一线投入八个步兵师、两个坦克旅。头三天，我们便击毁敌坦克136辆，但多处也发生危机。此次，苏军将重点针对第46师所属各团，战斗激烈程度可想而知，但在头三天，第46师各团分别击退苏军的10次和22次进攻。

3月18日，第42军军部报告，他们已无力再次击退苏军的大规模攻击。

此时，新组建的第22装甲师奉陆军总司令部之命赶到这里。

鉴于形势危急，集团军司令部决定，利用该师发动一次反突击。目标是夺回帕尔帕奇地峡的原防御前沿，并将位于北段向西凹进的弓形地段的2~3个敌军师的退路切断。

我带领一个精干的指挥班子，将指挥所设在危险的帕尔帕奇战线的后面，以亲自监督由第42军担负反突击任务的准备工作。

3月20日，反突击开始。翼侧的第46、170步兵师虽也参加了战斗，但反突击最终失利。在晨雾中，第22装甲师闯入苏军的一个待机地域。这说明集团军司令部犯了一个错误，不应该将一个没有试验和经过训练的新编师投入如此大规模的战斗。虽然该师在此次为达成有限目标的战斗中失利，但经过在实战条件下的训练后，在数周后的战斗中圆满地完成了任务。但是，在当时那种危险形势下，我们除了冒险将这个新编装甲师投入战斗，又有什么办法呢？不过，该师仍使敌人吃惊不小，在紧要关头，打消了敌人再次发动大规模反突击的企图。直到3月26日苏军才发动反突击，但还是被第42军击退。在此次进攻中，苏军只投入四个师的兵力，或许是因为其他部队已在最近战斗中疲惫不堪，或许是首次看到我们使用了坦克，便将其目标局限在一定范围内。

正当第 22 装甲师在战线后面休整之时，第 28 轻型师 ❶ 的第一批部队到来。现在，我们可以泰然对待苏军新的进攻了。

4 月 9 日，苏军以 6~8 个步兵师和 160 辆坦克的兵力再次发动进攻，这是它为夺回克里木所做的最后一次努力。至 4 月 11 日，敌人被击败，损失惨重。

至此，苏军在此的进攻锐气已彻底受挫，无力回击。

英勇的师团克服种种困难，经受了防御会战的考验，终于可以喘一口气了，但仍不能撤离战线。

然而，集团军司令部在经过一个危机重重的冬季之后，又面临下一个任务：准备发动攻势，将苏军完全彻底地逐出克里木。

"猎鸨"行动
夺回刻赤半岛

在此次与前次防御会战的间隙，安东内斯库元帅来到克里木，与我一起视察了罗马尼亚各师和塞瓦斯托波尔一线。他良好的军人风姿给我留下深刻印象。罗马尼亚的高级军官们似乎都很怕他。我觉得他最的可贵之处是，当陆军总司令部除了向我们提供第 22 装甲师和第 28 轻型师外，再也拿不出其他兵力之际，他又向我们慷慨地提供了两个师的兵力。

按照陆军总司令部的指令，将苏军最终逐出克里木包括塞瓦斯托波尔的行动，应作为最高统帅部计划中的东方战场南段大规模攻势的序幕。

很明显，第 11 集团军要消灭的第一个目标就是刻赤半岛上的苏军。这一方面是因为，夺占塞瓦斯托波尔要塞到底要花费多少时间，尚无法预测。更主要的原因是，苏军可以最快的速度不断地向刻赤一线前调新锐兵

---

❶ 这种新编轻型师并不是过去那种介于装甲师和摩托化师的中间物，其编制装备更像山地师。后来改称轻型步兵师。——作者注

力，这对第 11 集团军而言是一心头大患。不应当让这里的苏军有任何喘息的时间，以防止其死灰复燃。塞瓦斯托波尔可以放在消灭刻赤半岛苏军之后解决。

从双方在克里木半岛上的兵力对比来看，完成两项艰巨任务似乎并不乐观。

苏军最近似乎在刻赤组建了一个克里木方面军司令部，下辖三个集团军。

防守塞瓦斯托波尔要塞的依然是苏滨海集团军，2 月时其兵力为七个步兵师、一个步兵旅、两个海军陆战旅和一个（徒步）骑兵师。在我们对刻赤半岛实施攻击期间，在塞瓦斯托波尔要塞北面和东面负责监视苏军上述兵力的只有第 54 军，以及新近调来的罗马尼亚第 19 师。德军第 50 步兵师也从中抽调走，用于刻赤方向。在塞瓦斯托波尔南面，只留下第 72 步兵师。

罗马尼亚山地军以其第 4 山地旅负责保障克里木整个南海岸的安全，以防苏军越海突袭。为了以尽可能多的兵力实施对刻赤的攻击，集团军司令部已近乎将其他战线的兵力抽空。

在刻赤战线，苏军依然有第 44、51 两个集团军的兵力。1942 年 4 月末，苏军共计有 26 个兵团，即 17 个步兵师、3 个步兵旅、2 个骑兵师和 4 个坦克旅。

面对如此强大的敌军，集团军司令部除了从塞瓦斯托波尔抽调来的第 50 师之外，就只有 5 个德国步兵师和第 22 装甲师。此外，还有刚刚到达的罗马尼亚第 7 军下辖的罗马尼亚第 19 师、第 8 骑兵旅和从西海岸调来的罗马尼亚第 10 师。由于罗马尼亚军队难以用于进攻任务，因此此次代号为"猎鸨"的行动，在兵力对比上要比过去更加悬殊。

此外，通过帕尔帕奇地峡的攻击必须从正面实施。两侧都是大海，排除了实施包围的任何可能性，而且苏军进行了纵深梯次配置。在这种条件下，面对敌我兵力对比至少 2∶1 的情况，如何达成消灭敌两个集团军的目标？

有一点是清楚的，从正面将苏军的集团军击退，甚至是一次突破，都

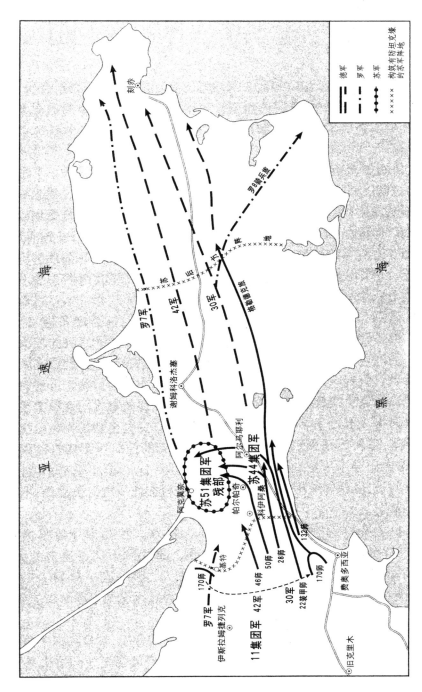

图 12 夺占刻赤半岛（1942.5）

不可能达成目标。如果苏军在丧失帕尔帕奇阵地后能在某处重新构筑防线，那么我们的攻势势必受挫。刻赤半岛越是向东就越宽，苏军在数量的优势就越会发挥出来。我们总共6个德国师的兵力在进攻中通过仅有18公里宽的帕尔帕奇地峡是绰绰有余，而苏军并不能将其全部兵力投入。但是，当我们的作战向东发展，正面扩展到40公里时，苏军在数量上的优势是不是就会完全占据上风？所以，重要的一点是，不仅要突破苏军在帕尔帕奇的防线，继续向敌纵深突击，而且在突破过程中要消灭敌之主力或至少大部兵力。

在这个问题上，苏军自己给我们提供了一个机会。在他们防线的南段即黑海和科伊—阿桑之间，他们在多次进攻失利后，依然停在原来坚固的帕尔帕奇阵地内。而在北段，形成一个一直向西突出直到基特的巨大弓形，这是在罗马尼亚第18师被击退后形成的。

苏军领导估计，我们有可能切掉这个突出部，因此才将兵力做了如此分配。据我们侦察发现，苏军将其第一线和预备队兵力，即全部兵力的2/3放在北段之内或之后；而在南段，第一线只有3个师，以及2~3个师的预备队。估计，苏军之所以如此分配兵力，是因为第22装甲师曾将切断敌在科伊—阿桑西部的突出部作为其攻击目标。

这就是集团军司令部为"猎鸨"行动拟制进攻计划时所依据的态势。我们并不打算直接攻击敌之突出部，而是沿黑海沿岸对其南段实施攻击。也就是说，打击苏军料想不到的部位。

此项任务由第30军担负，该军下辖第28轻型师，第132、50步兵师和第22装甲师。第170步兵师起初仍留在中段，以欺骗苏军，后来也投入南段战斗。

第30军应以三个师为第一梯队，突破帕尔帕奇阵地，越过纵深反坦克壕，向东夺占地盘，为装甲师扫清障碍。接着，与装甲师一起转向东北方，然后再向北，从翼侧和背后攻击北段苏军之主力，并与第42军和罗马尼亚第7军协同，将苏军合围在半岛北部沿岸。

为保障此次行动暴露的东翼安全，防止刻赤苏军的攻击，组建了一支由德国摩托化部队和罗马尼亚分队组成的机动兵团，命名为格勒德克旅。该旅的任务是，快速向刻赤方向突击，防止部分苏军从其后方阵地中逃脱。

为减轻对帕尔帕奇阵地首次突破的负担，集团军司令部——大概是第一次——计划实施一次乘冲锋舟越海行动。一个营在费奥多西亚乘搭冲锋舟，于黎明时分越海，在帕尔帕奇阵地背后登陆。

军的决定性攻击，不仅得到强大炮兵，而且还有第 8 航空军的支援。

第 8 航空军还编有强大的高炮部队，从其编成上看，是空军能对陆军作战提供最得力、最强大支援的部队。军长冯·里希特霍芬男爵将军❶的确算得上我们在第二次世界大战中最著名的空军将领。他对所属部队要求极严，对每次重要的空中攻击行动都亲自进行监督。在陆军先头部队中也常见他的身影，他为取得对陆军提供有力支援的第一手资料，常常亲临第一线。我们不仅在第 11 集团军，后来在顿河集团军群和南方集团军群，都进行了密切合作。我以钦佩和感激之情，深深怀念他的功绩和由他指挥的航空军。我与他的参谋长克里斯特上校也合作得十分愉快。

在其他战线，第 42 军和罗马尼亚第 7 军实施佯攻，以牵制苏军。一旦南段的帕尔帕奇阵地被我突破，便转入进攻。

此次作战的胜利取决于两个前提。第一，要使苏军确信我们的决定性攻击是在北段，等到其觉察并将预备队投入南段，为时已晚。第二，取决于第 30 军特别是第 22 装甲师向北突击的快速性。

第一个前提已通过采取广泛的欺骗措施具备了。计划除了无线电欺骗外，要在中段和北段通过大张旗鼓地进行炮兵准备以及部队运动，达到迷惑苏军的目的。很显然，这些措施完全达到了预期效果，因为苏军预备队主力一直停在其北翼后方，直到他们觉察上当。

在第二个前提即第 30 军的快速性问题上，老天爷又一次站到了敌人

---

❶ 冯·里希特霍芬男爵将军（1895~1945），第一次世界大战中先后在骑兵和歼击航空兵服役，在第二次世界大战的波兰战局中任第 3 航空军军长，1942 年先后任第 4、2 航空队队长，1943 年晋升为元帅，1944 年因重病退役，1945 年死去。——译者注

一边。

　　当攻势就要开始之时，我们失去了久经考验的参谋长韦勒将军，他在刚刚过去的艰难的冬季成了我的左膀右臂，在"猎鸨"行动的准备工作中也做出重大贡献。正当我们就要重新夺回主动权的一刻，他的调任使我感到异常痛心。不过，韦勒将军是被任命为中央集团军群参谋长，我自然不能阻挡他的升迁。

　　接替韦勒职务的是舒尔茨将军。他也是我的一位朋友和富有经验的顾问。在1943年最为艰苦的冬季作战中，以及在第6集团军惨遭覆灭的那些日子里，他尤其给了我莫大帮助。在这员猛将身上，不仅具有钢铁般的意志，而且和善可亲，对部队疾苦和需求给予深切关心。早在他担任军参谋长时，他就因经受住了极为艰苦条件的考验而荣获骑士十字勋章。后来，在南方集团军群任军长时，他已成了部队的中流砥柱。

　　5月8日，集团军的"猎鸨"行动开始。

　　第30军成功越过苏军反坦克壕，突破苏军前沿阵地。搭乘冲锋舟的部队越海行动，对苏军达成突袭，给我沿海岸向前推进的翼侧以极大帮助。但是，战斗并不轻松。第30军的部队在越过苏军反坦克壕后，未能夺占足够的地盘，使后续装甲师无法投入。第42军的攻击也进展缓慢。尽管如此，我们已与苏军10个师接触，并将其南翼击溃。而苏军预备队似乎依旧停留在北翼。

　　直到5月9日，第22装甲师才得以向前推进，并准备投入战斗。当它准备转向北方时，首先粉碎了苏军一支强大装甲部队的攻击。但是，紧接着下起大雨，彻夜不停，这使得10日早晨空军和装甲部队都无法行动。直到5月10日下午天空放晴，部队才开始行动。由于整个作战行动是建筑在快速性上面，因此24小时的损失对我们来说实在是一巨大灾祸。不过令人欣慰的是，在大雨到来之前，格勒德克旅已快速向东推进，致使苏军在后方阵地重新组织防御的任何企图均告破灭。显然，这次向苏军后方地域纵深实施的大胆突击，完全出乎苏军的预料。不幸的是，该旅的英勇指挥官格勒德克上校在作战中身负重伤，不久离世。

　　自5月11日，作战便没有遇到较大阻力。第22装甲师推进到北部沿岸，将苏军大约八个师的兵力合围。集团军下达了追击的命令。各支部队包括罗马尼亚部队在内，全力以赴执行这一命令。5 月 16 日，刻赤城被第 170 师和第 213 团占领。为歼灭退至东部海岸的残敌，还要进行艰苦的作战。

在进攻发起前，我又将指挥所移至战线的背后，整日往来于各师部和一线部队之间。对于一个军人来讲，此次疾风暴雨式的追击是终生难忘的。条条道路上都堆满了苏军的车辆、坦克和火炮，时时会遇到长长的俘虏队伍。我和冯·里希特霍芬将军在刻赤的一个高地上见面，由此处向下俯视，所见景色动人心魄。在我们正前方是汪洋大海和通往刻赤的公路，对面的海岸映射着耀眼的阳光。我们梦寐以求的目标终于达成了。在位于我们前方的海滩上，堆满了无数各式的车辆。苏军的快艇曾试图解救其岸边的部队，但均被我火力所击退。为迫使在岸边做垂死挣扎的残敌放下武器，减少我步兵的进一步伤亡，我炮兵集中全部火力，对苏军的最后支撑点进行了猛烈射击。

5 月 18 日，"刻赤半岛上的会战"宣告结束。苏军只有少数小股部队在几个狂热政委的威逼下，在刻赤周围的岩洞里坚持了数周时间。据报告称，俘虏苏军 17 万，缴获火炮 1133 门、坦克 258 辆。

5 个德国步兵师和 1 个装甲师，以及 2 个罗马尼亚步兵师和 1 个骑兵旅，共消灭苏军 2 个集团军计 26 个兵团。只有部分苏军越过刻赤海峡逃往塔曼半岛。我们的部队再次创造了奇迹，其中，第 8 航空军功不可没。这是一次名副其实的胜利的歼灭战！

"捕鲟"行动
夺占塞瓦斯托波尔要塞

还有一项最为艰巨的任务摆在第 11 集团军面前：夺占塞瓦斯托波尔要塞。

早在 4 月中旬，我曾就攻击要塞问题以及刻赤攻势问题，在元首大本营向希特勒做了报告。自 1940 年 2 月向希特勒报告我对西线攻势的想法之后，这是我第一次以高级指挥官的身份再次与他会面。像上次一样，这次给我的印象依然是，他不仅了解过去战斗的所有细节，而且对我所报告的作战思路表现出深刻的领悟。他聚精会神地听了我的陈述，对集团军司令部在刻赤攻势和攻击要塞上的想法表示完全赞同。他对我们的计划没有进行任何干预，也没有像后来那样喋喋不休地列举生产数字，或节外生枝地争论其他问题。

但是，当时有一个原则性问题没有加以商议：就计划中的乌克兰攻势而言，在一个无法预测的时间段内，将第 11 集团军投入对塞瓦斯托波尔坚固要塞的攻击，是否正确？尤其是在刻赤半岛的胜利已排除了克里木的威胁之后。当然，这个问题的决断是最高统帅的事，集团军无权干预。我当时和现在依然认为，第 11 集团军首先占领塞瓦斯托波尔是正确的。如果我们仅限于将要塞合围，那么除了罗马尼亚部队之外，德国的 3~4 个师即第 11 集团军的一半兵力，都将被牵制在克里木半岛之上。但是，后来塞瓦斯托波尔被攻陷之后，最高统帅部将第 11 集团军从整个苏联战场的南翼调向列宁格勒，用以弥补那里的缺口，是彻头彻尾的错误。

按原计划，第 11 集团军在攻陷塞瓦斯托波尔之后，应越过刻赤海峡，向库班挺进，以截击 "A" 集团军群当面、从顿河上游向高加索退却的苏军。或者，如时间来不及，则应作为预备队留置在南翼背后。若能如此，斯大林格勒的悲剧或许就不会出现了。

在刻赤半岛的战斗结束之后，紧接着，集团军司令部就为攻占塞瓦斯托波尔重新部署兵力。

第 42 军负责确保刻赤半岛和克里木南部海岸的安全。为此，该军只保留德国第 46 步兵师，以及罗马尼亚第 7 军，下辖罗马尼亚第 10、19 步兵师，第 4 山地师和第 8 骑兵旅。其他部队均立即向塞瓦斯托波尔开进❶。

很明显，现在攻击塞瓦斯托波尔要塞要比去年 12 月份困难得多。此时，

---

❶ 第 22 装甲师转隶南方集团军群。——作者注

苏军有半年的时间用来加固工事，补充兵员，越海向要塞运送物资储备。

塞瓦斯托波尔要塞之所以坚不可摧，虽然因其也有一些现代化的工事，但并不完全在于此，更多的是因为其地形险峻，以及建造有无以数计的小型工事，像一个密密的网络布满从贝尔贝克谷地到黑海沿岸的整个地域。

尤其是在贝尔贝克谷地与谢韦尔纳亚湾之间的地域，是一片构筑坚固的要塞作战地带。

北部防线沿贝尔贝克谷地南部向东西延伸。敌人在北面沿岸的柳比莫夫卡周围及其北部还据守着一大片支撑点。谷地以及向南陡斜的山坡，都在苏军一个最现代化的装备有 305 毫米火炮的装甲炮台的射程之内（我们称其为"马克西姆·高尔基 I 号"）。岸边山坡上覆盖有密集的、纵深达两公里的野战工事网，部分为混凝土结构。其后，有无数极为坚固、大部用混凝土构筑的支撑点，我们分别将它们取名为"斯大林""伏尔加""西伯利亚""莫洛托夫""GPU""契卡"等。这些支撑点都由地下野战工事相互连接。第三道防区是由名为"顿涅茨""伏尔加""列宁"等支撑点构成，此外还有构筑良好的居民点巴滕耶夫卡、旧有的"北方堡垒"和海岸炮台，以此形成保卫谢韦尔纳亚湾北向海岸的最后一道防线。在这些岩石下 30 米深处，挖有用以储存弹药和预备队的山洞。

东部防线在贝尔贝克村东部两公里处与北部防线连接，然后向南延伸。两条防线的拐弯处受到陡峭的卡梅什雷峡谷的天然庇护。此外，东线的北部地段是贾伊拉山的起点，陡峭的山上布满灌木林。灌木中，苏军构筑了无数环形防御阵地，有些隐藏在山洞里，进攻者的火炮对它们几乎无可奈何。这条由灌木林覆盖的东线北段，一直到达盖塔尼南部和东南部的陡峭山地。

再往南虽然没有树林了，但如同悬崖般的地形越发险峻，一直延伸到大海。

在从南海岸通往塞瓦斯托波尔的公路两侧，通向南部要塞地区的接近路，被乔尔纳亚南部的陡峭山脉所阻断，山上筑有许多强大的支撑点。参加克里木战役的士兵们都还记得这些支撑点的名字，如"宝塔糖块""北方鼻子""教堂山""遗址山"等。接着就是构筑有强大工事的卡马雷村，最后一直到达巴拉克拉瓦湾东北部的岩石群。1941 年秋，德第 105 步兵团在攻占巴拉克拉瓦后，苏军就一直在这里坚守。要想突破这种由构筑有各种工事的连绵高地和岩石组成的防线，要比从翼侧攻击一座山头困难许多倍。

在南部，在第一道防区之后，位于塞瓦斯托波尔公路北面，又有费久基尼高地群峰突起，一直向南延伸，到达海岸，上面筑有像"雕峰"这样的支撑点，以及构筑有工事的卡德科夫卡村。所有这一切构成了萨蓬山上最强大的防线的所谓前方地带。这条防线实际是一东向陡峭的山地，以因克尔曼为起点，从上可控制乔尔纳亚山谷直至盖塔尼南部地带。然后，折向西南，隔断通往塞瓦斯托波尔的公路，与西部支脉"风磨山"相连，一直通向大海。这道名为萨蓬阵地的防线，凭借其陡峭的山地和侧射火力，步兵极难攻克。苏军炮兵观察哨对前方整个要塞地区可一览无余。在克里木战争中，西方国家在攻击塞瓦斯托波尔时，就曾将萨蓬山阵地作为其背后依托对抗苏军的解围部队。

进攻者即使夺占了这个占据制高点的阵地，也并不等于万事大吉。在岸边还有一系列海岸炮台，其中包括现代化的"马克西姆·高尔基Ⅱ号"装甲炮台。与此相连接的还有一道阵地，该阵地从谢韦尔纳亚湾附近的因克尔曼半圆地域，一直到斯特列斯卡亚湾附近的塞瓦斯托波尔。它由反坦克壕、铁丝网和无数碉堡组成。其中还有一个位于塞瓦斯托波尔东南、英军在克里木战争中遗留下来的墓地，现也改建为一个坚固的炮台网。

最后，紧贴着该城还有一道要塞防线，同时赫尔松半岛也由数道侧向阵地与东方隔断。如果说苏联人在野战工事的巧妙布设和伪装方面闻名天下的话，那么在塞瓦斯托波尔则更使他们大有用武之地，这里的地形向他们提供了充分利用侧射火力的可能性。此外，这里的岩石也为其迫击炮和其他重型火炮提供了良好的掩护，除非直接命中，否则无法将其摧毁。不言而喻，苏联人还会在各防御地域前方和内部布设雷场。

在考虑如何对这一要塞地域实施攻击时，集团军司令部得出的结论与去年冬季基本一致。我们排除了在整个要塞防线中段实施决定性攻击的可能性。在森林地带的战斗必将造成重大伤亡，因为我们的两张王牌——炮兵和空军支援，在这里无法充分发挥其效能。因此，我们只有从北面和东北面，以及东段的南面实施攻击。同时，将进攻重点——至少开始时放在北面。虽然要塞的北部地带即谢韦尔纳亚湾北部，苏军工事构筑的坚固程度和数量都要大于南部，但地形较易克服。尤其是炮兵和空军在北部要比南部山地有更大的发挥余地。

当然，也要在南部发动一次攻击。首先这是因为，多个方向的攻击可以分散苏军的防御能力。其次，必须估计到，苏军即使丢失了谢韦尔纳亚湾北部的要塞地带，仍会坚守在城内和赫尔松半岛。人们不要忘记，塞瓦斯托波尔的问题不仅仅是夺占一个要塞的问题，而是面对一个在数量上与我们相当的集团军，尽管苏军在物质上居于劣势❶。当时在冬季攻势中所持的一种观点，即认为必须尽早控制港口的观点，现已不再发挥作用。只要第 11 集团军能得到第 8 航空军的支援，苏军就不可能任意从海上获得补给。

基于上述考虑，拟制了代号为"捕鲟"行动的如下进攻计划。

第 11 集团军的企图是，在攻击北线和东线南段的同时，在中段的梅肯西亚—上乔尔贡牵制苏军。首批进攻目标，在北线是谢韦尔纳亚湾的北岸和盖塔尼附近高地；在南线，占领可控制两侧公路的萨蓬高地阵地，两条公路分别从南部海岸和巴拉克拉瓦通向塞瓦斯托波尔。

北线任务由第 54 军负责，该军下辖第 22、24、50、132 步兵师❷和第 213 加强团。该军应集中兵力，将谢韦尔纳亚湾东半部的北部高地作为主要突击方向。首先控制要塞地带的一侧，为之后从背后将其占领创造条件。

---

❶ 根据第 11 集团军司令部的资料，敌人当时在要塞内的兵力为：滨海集团军司令部（由彼德罗夫将军指挥），下辖第 2、25、95、172、345、386、388 步兵师；第 40 骑兵师（无马匹）；第 7、8、79 海军陆战旅（当时被击溃并逃入要塞的滨海集团军各师，现已补充满员）。——作者注

❷ 师长分别为沃尔夫将军、冯·特陶男爵将军、施密特将军和林德曼将军。——作者注

军的左翼应占领盖塔尼及其东南前方高地，为之后罗马尼亚山地军向南推进创造条件。

南线任务由第 30 军负责，该军下辖第 72、170 步兵师和第 28 轻型师 ❶。首先必须为之后向萨蓬山进攻夺占出发阵地和炮兵观察所。同时，必须占领"北方鼻子"—"教堂山"—"遗址山"—卡马雷—卡马雷南部的岩石峰等首批障碍地带，摧毁敌从巴拉克拉瓦东部高地南向的侧射火力。为完成这一任务，应将第 72 步兵师投入通往塞瓦斯托波尔的公路两侧，第 28 轻型师应夺取位于巴拉克拉瓦湾东部山地最北部各制高点。第 170 师暂作预备队。由于这里的地形错综复杂，要完成上述任务，必须对各局部进攻做精心准备。

处在上述两个德军突击集群中间的罗马尼亚山地军，首先应牵制其当面的苏军。尤其是罗马尼亚第 18 师应通过局部攻击和炮兵火力为第 54 军左翼提供掩护，免遭苏军南面的翼侧攻击。再向南，罗马尼亚第 1 山地师应通过占领"宝塔糖块"，为第 30 军北翼提供支援。

在炮兵准备方面，集团军司令部决定不采用苏军惯用的急袭射击。鉴于地形的特点和苏军大量的工事构筑，这种射击方法既不能取得突出效果，我们也没有那么多弹药。我们会在步兵发起攻击前五天以空中突击和炮兵火力，对已知的苏军预备队营地和补给线实施最猛烈的急袭射击。在之后的五天里，炮兵便以精确的观察射击将苏军的炮兵摧毁，对苏军前沿的防御设施实施冲击前的准备射击。在此期间，第 8 航空军对城市、港口、苏军的补给设施和机场实施不间断攻击。

还要提一下我们炮兵的实力。

集团军司令部自然是把手头的每一门炮都用于攻击，陆军总司令部也提供了超重型火炮。

第 54 军炮兵司令楚克图特将军的炮兵加上各师属炮兵，共计 56 个重

---

❶ 师长分别为米勒－格布哈德将军、赞德尔将军和辛胡贝尔将军。——作者注

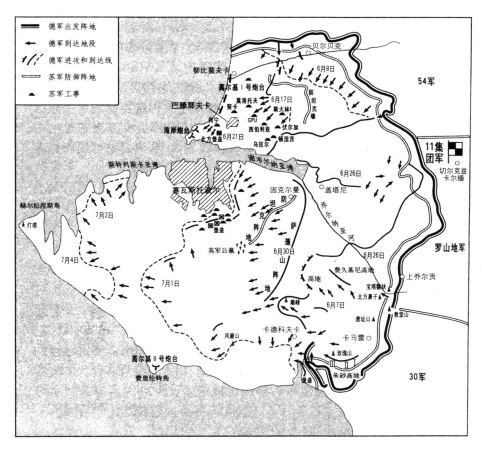

图 13　占领塞瓦斯托波尔（1942.6—7）

型和超重型炮兵连、41 个轻型炮兵连、18 个迫击炮连和 2 个自行火炮营。这 121 个连共有 2 个观察营。

重型炮兵包括装备最大口径为 190 毫米的加农炮连，以及装备 300、50、350 和 420 毫米榴弹炮和迫击炮连。此外，还有 2 门口径为 600 毫米的火炮和有名的 800 毫米 "多拉" 火炮❶。后者最初是为对付马其诺防线最坚固的工事而设计的，但没有用上。它称得上炮兵技术的一个奇迹。它的炮管长约 30 米，炮架高达两层楼，需要 60 辆列车才能将这个怪物置放在它特有的轨道上。为保障其安全，有两个高炮营时刻守护在其左右。毫无疑问，从能效比来看是很不上算的。不过，它的一发炮弹击毁了苏军在谢韦尔纳亚湾北部的一个位居岩石下 30 米深的弹药库。

第 30 军的炮兵由原奥地利将军马蒂内克指挥，他是一位有名的炮兵专家。可惜后来担任军长时，在东部战场上牺牲。

该军编有 25 个重型、超重型炮兵连，25 个轻型炮兵连和 6 个迫击炮连，以及 1 个自行火炮营和 1 个观察营。此外，还配属该军第 300 装甲营，装备可携载炸药的遥控坦克。

遂行牵制苏军任务的罗马尼亚山地军，编有 12 个重型炮兵连和 22 个轻型炮兵连。

使我们感到高兴的是，第 8 航空军军长冯·里希特霍芬将军还为地面战斗部署了多个高炮团，为我们的炮兵又助了一臂之力。

从总的方面看，在第二次世界大战中，德军还没有像此次攻击塞瓦斯托波尔这样集中投入如此强大的炮兵，特别是超大口径火炮。但是，与后来苏联人在开阔地实施突破进攻时所集中的炮兵数量相比，似乎是小巫见大巫！在塞瓦斯托波尔，进攻者在 35 公里正面上只有 208 个炮兵连（不含高炮连），即平均每公里不到 6 个炮兵连，当然在主要进攻地段数量要

---

❶ 德国 1942 年制造、名为 "古斯塔夫" 的铁道炮，口径 800 毫米，身管长 32 米，初速 820 米／秒，射速 3 发／小时，射程 47 公里，全重 1350 吨，一发榴弹重 4.8 吨，穿甲弹重 7.1 吨。——译者注

多一些。而苏联人在 1945 年的进攻计划中规定，每公里进攻正面投入 250 门火炮！

在进攻准备的最后几天，我来到南部海岸，详细了解第 30 军的准备情况。我们的指挥所设在过去一位大侯爵的小行宫里，建筑呈摩尔人风格，神奇地建在黑海边的一座陡峭岩石上。在这里的最后一天，我乘坐我们唯一的舰船—— 一艘意大利快艇，沿南海岸直到巴拉克拉瓦高地做了一次勘察。我是想以此断定，第 30 军借以实施全部补给的沿岸道路离大海究竟有多远，一旦可能时，苏军能否对其实施观察射击。事实上，苏联的黑海舰队并没敢这样做，大概是畏惧于我们的航空兵吧。

在返回的路上，在距雅尔塔港很近的地方遭遇不幸。突然，机枪子弹从天而降，雨点般呼啸而过，炸弹在周围爆炸，震耳欲聋。苏军的两架歼击机正朝我们的快艇俯冲下来。由于敌机是从耀眼的阳光方向飞来的，因此未被我们及时察觉；而且快艇发动机的声响巨大，也没有听到敌机的声音。短短的几秒钟内，艇上的 16 个人就死伤了 7 个，快艇起火，船舷悬挂的鱼雷则成了巨大危险。艇长是意大利一位年轻的海军少尉，表现十分出色。他沉着果断地采取了一系列措施，使船和我们得救。我的助理参谋跳入水中，不顾触发岸边水雷的危险，奋力向岸边游去，赤身裸体地拦住一辆汽车，然后风驰电掣般地驶向雅尔塔。他在那里找到一艘克罗地亚摩托艇，才将我们的快艇拖进港内。这是一次倒霉的行程。一位意大利下士牺牲，三个水兵负伤。雅尔塔港口司令冯·韦德尔海军上校也因陪同我们而牺牲。他也曾是一位老水兵，这次在他担任港口司令期间，有幸再次体验乘船的感受，不幸却被死神夺走了生命！虽然他对我十分崇拜，但毕竟也是我最亲密的战友。我的司机弗里茨·纳格尔大腿受了重伤。意大利少尉撕下自己的衬衣为他包扎，仍止不住从动脉喷涌出的血。

弗里茨·纳格尔出生在卡尔斯鲁厄，自 1938 年就做我的司机。我们在一起经历了许许多多的事情。他在第 56 装甲军的时候就受过一次伤。在这些年月里，他成了我亲密的同事和朋友。他中等身材，满头黑发，一双漂亮爽直的棕色眼睛，从不阿谀奉承，喜欢运动，规矩正派，热情奔放，总是满脸笑容，是一个不仅会博得上司也会赢得同事喜欢的人。上岸后，我亲自把他送到野战医院。他动了手术，但因失血过多，这个年轻的生命终于在夜间逝去了。我们将他与牺牲的另外的德国和意大利战友埋葬在雅尔塔墓地，它位于这个美丽海港的一小块高地上，俯视大海，一览无余。

在他的墓前，我诵读了一篇悼词。我想将这篇悼词引述于此，以表怀念。我自己的那一份已经找不到了，这是我当时寄给他父母的那一份。

我们与亲爱的战友、一级下士弗里茨·纳格尔告别了。你一生都是一个充满激情的军人。你将你全部的身心投入军人这一职业。前辈的军人气质决定了你的思想和品质。你勇敢忠实，充满活力，恪尽职守，堪称表率，你理应不断升迁，但命运做了另一种安排。

你是一位好战友，终日欢笑，乐于助人，你赢得了我们每一个人的心。你满怀幸福地走过了你的一生。

你深深热爱的家庭给了你良好的教育，使你很早就会做事。你对所接受的各项任务，不论工作还是勤务，永远都能充满信心地去完成，因此一切凡经你手的事，都完美无缺。

你用率直的双眼阅尽了人世的美好，用坦诚的心怀经历了时代的奇闻大事。你愉快地享受着生活的乐趣，但对自己的义务从未有一丝懈怠。你的乐观向上和乐于助人赢得了所有与你相识人的心。

幸福、成绩、友爱的阳光伴随你的一生，忧虑、苦恼的阴霾与你无缘。曾在这里居住过的古希腊人有一句话，是对你奋斗一生的恰如其分的写照："上帝过早地召走了他的宠儿。"

五年多的时间，你作为我的司机和忠实伴侣紧握方向盘，陪坐在我的身边。你用准确的目光和镇定的双手，带我们跨过无数国家，穿越万水千山。我们融洽相处，从未红过脸。我们一起见识过许多美景，共同经历了作战中的重大事件，共享了胜利的喜悦。过去，你曾在我的身边受过伤，今天子弹却夺去你的生命。朝夕相处的年月和共同的经历使我们结下深厚的友情，命中你的万恶子弹也截不断连接我们友情的纽带。

我的谢意，我的忠诚，以及我们大家的思念，将与你为伴，永恒不变。

安息吧，我最亲密的战友！

战争不允许有瞬间停歇，即使是思维。几天后，集团军司令部的指挥班子便在位于塞瓦斯托波尔战线附近的鞑靼小村朱哈雷—卡拉列斯开设指挥所。这个小村坐落在一个狭窄的峡谷中。想必苏联人已经知道这里驻进了一个携带通信设施的司令部，因为每晚他们都出动老式轰炸机来这里投下几颗炸弹，所幸从未命中。在这个村子的上方即切尔克兹—克尔缅山脉，哥特人过去曾在上面建有堡垒，我们也就在这里设立了观察所。6月6日夜我们来到这里，从这里可以观察到次日晨在全线开始的步兵攻击。这是一个小型地下掩蔽所，旁边有一个潜望镜观察哨位。我和参谋长、作训处长、情报处长和助理参谋"小孩"一起，在这里度过了暴风雨前夕的寂静之夜。

有人曾向我建议，向部队下达一份"日命令"，阐明此次作战的意义。我不同意这样做。因为，这种激励只是停留在办公室里，而且我们的士兵也不需要什么激励。但下达这样的一份命令是进攻前的一种惯例，于是我不得不简单地写了几句话，便交给了"小孩"，让他下达到各军。没几秒钟他就回来了，向我报告："大将先生，我已把'令人头疼的东西'下发各军。"这种做法未免有点胆大妄为了，不过它也说明前线的军人是如何看待这种惯例的。对"小孩"这一把戏，我们大笑不止。

次日即6月7日清晨，当第一缕晨曦把天空染成金黄，朦胧的暮色从峡谷中退走之时，我们的炮兵开始了猛烈射击，掩护步兵冲击，空军对指定目标实施俯冲轰炸。一个宏大的动人心魄的场面呈现在我们眼前。对于一个集团军指挥官而言，能在一场现代战争中俯视整个战场，真是千载难逢的机会。向西北望去，是第54军左翼正在艰苦作战的森林地带，再向前是计划夺占的贝尔贝克谷地南部高地。向西看，可以望见盖塔尼高地，在山后面的远方，谢韦尔纳亚湾的粼粼海水闪闪发光，与黑海融为一片。天气晴好时，赫尔松半岛的顶端可尽收眼底。在西南方，可以望到萨蓬山和高高耸起的岸边岩石。夜间，还可以看到要塞周围炮火的闪光；白天，可以看到我们的重型炮弹和空军炸弹爆炸的烟雾和尘土。真是一出宏大剧目的奇妙场景！

老实说，在这里为之激烈争夺的每一块土地犹如钢铁般坚硬，攻防双方都投入了无以量计的技术兵器，但与为胜利而战的那些士兵所付出的力量及其献身精神相比，都相形见绌。在塞瓦斯托波尔要塞前，不仅仅是一个进攻的集团军与一个至少在数量上旗鼓相当的防御者对垒，也不仅仅是最现代化的炮兵和航空兵与以钢铁、水泥和岩石筑成的工事相对抗，更多的是德国军人的精神，勇敢、主动和自我牺牲精神，与一个拼死顽抗的敌人的搏斗。敌人不仅占有地形之利，具有顽强作风，而且更通过苏维埃体制铁一般的强制措施如虎添翼。对在这场长达一月之久、在炙热的天气里（清晨气温就高达 50 度）所进行的不间断的搏斗中，攻防双方所做的付出不可能做恰如其分的描述。我们的部队在这场搏杀中的表现称得上一篇英雄史诗！因本书篇幅所限，对作战过程只能做一粗略描述。

第 54 军右翼第 132 师暂时放弃对苏军卢布杰莫夫卡桥头阵地的攻击，越过贝尔贝克峡谷，对在苏军控制下的峡谷南部高地实施正面突击。在左翼，第 22 步兵师的任务是，从东穿越卡梅什雷峡谷，向贝尔贝克峡谷南部实施突击，为第 132 师打开穿越贝尔贝克峡谷的通路。第 22 师左翼的第 50 步兵师则攻击居民地卡梅什雷，以便从西南方向将整个攻击衔接起来。在该军最左翼的山林地带，第 24 步兵师向盖塔尼高地推进，其左翼安全由罗马尼亚第 18 师提供保障。

第一天，在强大炮兵的火力支援和第 8 航空军不间断的攻击下，我军越过卡梅什雷峡谷和贝尔贝克峡谷，并控制了峡谷南部的制高点。

在南翼，第 30 军首先要为其之后攻击夺占进攻出发阵地；之后几天才投入主力，在通往塞瓦斯托波尔的公路两侧作战。

攻击的第二阶段至 6 月 17 日结束，在两个攻击正面上，为争夺每一寸土地、每一座碉堡和每一道阵地都要进行浴血奋战。苏军为夺回失地不断拼死进行反突击。在他们的坚固支撑点以及小型碉堡内，常常会战斗到最后一个人。在这些主要由步兵和工程兵担负的攻击行动中，炮兵前进观察哨功不可没。他们为炮兵指引火力，在他们的协助下，炮兵才得以将单个的支撑点或碉堡摧毁。他们，特别是自行火炮，成了步兵最得力的助手。

6 月 13 日，由冯·肖尔蒂茨上校指挥的第 22 师第 16 步兵团，攻占了斯大林堡垒，去年冬，我们曾在此停滞不前。该团的一位伤兵指着他被炸断的手臂和缠着绷带的脑袋说："这没什么了不起的，我们已经攻占了斯大林！"这就是我们步兵的气概。

尽管遭受重大伤亡，但截至 6 月 17 日，第 30 军还是在苏军防区前方的萨蓬阵地上打入一个楔子。经过艰苦奋战，苏军防区最前方的诸支撑点如"北方鼻子""教堂山""遗址山"等相继落入第 72 师之手，同时，第 170 师占领卡马雷。在第 30 军北部，罗马尼亚第 1 山地师在多次突击失利后，也攻占了"宝塔糖块"。但是，第 28 轻型师在经过沿岸陡峭的山地、"玫瑰山"和"朱砂 I 、Ⅱ号"高地时，进展缓慢。在这种崎岖难行的山地作战，只能采取突击小组的方式实施，因此损失惨重。

尽管经过艰苦作战取得了一些成绩，但前途未卜，不容乐观。苏军的抵抗未见减退，而己方部队的战斗力显著下降。第 54 军的第 132 师因损失过重，必须暂时撤出战斗，由从左翼抽调出第 24 师接替。正值此时，陆军总司令部却催促说，如果第 11 集团军不能很快将要塞攻克，那么第 8 航空军将撤出克里木，用于乌克兰的攻势。对此，我们的意见是，无论如何都必须将克里木的战斗进行到底，而前提条件便是第 8 航空军必须留下。我们的意见终于占了上风。可是，在我们的英勇部队已成强弩之末的时刻，又有谁能确保能迅速将要塞攻克？我们的步兵显而易见已精疲力竭，因此集团军司令部请求增派三个步兵团，陆军总司令部答应了我们的要求。他们应至少赶上最后阶段的战斗。

在目前情况下，我集团军的两个军都可以利用进攻者所特有的优势，即可以任意转移进攻方向和进攻重点，给敌人以突然袭击。

第 54 军所属第 213 步兵团和第 24 师转向西。第 213 步兵团在希茨费尔德上校指挥下，攻占"马克西姆·高尔基 I 号"装甲炮台。该炮台的一门火炮已被我重型炮兵连命中摧毁，另一门被我冲上堡垒的工兵炸毁。但苏军在有数个隔层的工事里仍然顽抗，直到我们的工兵将工事的顶部炸毁后才投降。突围时，苏军的政委被打死了，他手下的人投降了。到 6 月 21 日，第 24 师将北段沿西海岸的所有剩余地段，以及为保卫谢韦尔纳亚湾出海口的工事全部占领。

第 30 军也通过突然转移攻击重点，于 6 月 17 日取得一次重大胜利。军部决定，停止位于巴拉克拉瓦东部滨海山地北段的攻击，将兵力集中于公路及公路南侧，实施一次突袭。对其滨海山地的翼侧只以炮兵实施掩护。事实上，第 72 师已在公路南侧突破苏军的阵地。该师侦察营在巴克少校指挥下，大胆利用初期战果，突然袭击，一鼓作气攻到苏军设在萨蓬山上的"雕峰"支撑点。6 月 18 日清晨，侦察营占领构筑坚固的"雕峰"支撑点，并一直坚守到师的后续部队赶到。这样，向北对苏军防御体系实施突破的前提条件已经具备。

在接下去的第三阶段，利用突然转移攻击重点，特别是有效利用炮兵火力，取得了成功。在北部，第一个攻击目标即谢韦尔纳亚湾已全部达成。在南面，已为攻击萨蓬山赢得了进攻出发阵地。

在北段，在全部炮兵集中火力的支援下，第 24 师占领了半岛上能控制谢韦尔纳亚湾出口的工事，其中包括作为苏军支撑点的"北方堡垒"，它虽已陈旧，但十分坚固。

第 22 师攻占了在其作战地带内可俯视谢韦尔纳亚湾北岸的高地。在第 22 师和第 50 师分界线之间，为争夺铁路隧道展开异常激烈的战斗，苏军以强大兵力（刚刚由一艘巡洋舰运来的一个旅）从隧道向外实施反突击。最后，我们的炮弹直接命中，将隧道口炸塌。从隧道口走出的不仅有上百名苏联士兵，而且还有包括妇孺在内的大量平民。尤其困难的是将躲在海湾北岸山洞里的敌人赶出来。苏联人将大量弹药和预备队藏在位于陡峭山崖上的山洞里，山洞很深，并装有金属防弹大门。在其政委的威逼下，苏军并没有投降的意思。在这种情况下，除了炸门，别无他法。当我们的工兵爬上山崖准备炸门时，苏军的坑道里发生爆炸。一声巨响，岸边山崖被炸飞一大块，里面的苏军连同我们的工兵被埋在废墟里。最后，我们自行火炮连的一位少校不顾苏军从海湾南岸的炮火，用他的火炮近距离轰击苏军堡垒上的枪眼，迫使坑道内的其余苏军投降。

一直在丛林地带艰苦作战的第 50 师，到达谢韦尔纳亚湾的东端，占领了可控制乔尔纳亚山谷出口的盖塔尼山制高点。

在其左翼，罗马尼亚山地军右翼通过森林地带，在盖塔尼东南高地作战。罗马尼亚拉斯克尔将军是此次行动的灵魂，后来在斯大林格勒作战中被俘。

第30军也通过突然转变攻击方向而取得成功。军部利用第72师已攻占的"雕峰"，命随后跟进的第170师由南面转向这里，对费久基尼高地实施攻击。苏军的眼睛一直盯着北方，等待着德军对萨蓬高地的攻击，因此南面的攻击大出苏军所料。费久基尼高地很快便被占领。这样，就为对萨蓬高地的决定性攻击赢得了出发阵地。

这些天里，罗马尼亚山地军左翼（第1山地师）也取得进展。

6月26日晨，第11集团军发现要塞的外围地域几乎已全部被我占领。苏军已躲入要塞的内部区域，该区域北段是谢韦尔纳亚湾南岸陡峭高地，东段从因克尔曼高地沿着萨蓬高地，直至巴拉克拉瓦周围岩石。

摆在集团军司令部面前的问题是，如何摧毁要塞的内部设防地带。苏军肯定会继续顽抗，尤其是苏军克里木方面军已宣称，他们不会撤出克里木半岛。

另一方面，也不能不看到，虽然苏军的预备队已基本用尽，但德军各师团的攻击力也近乎耗竭。

近几周，我每天都在军司令部，各炮兵指挥所，各师、团、营，以及炮兵观察所之间来回奔走。因此，我对部队的现状再了解不过了。我们的团已降到几百人。我记得一个撤出战斗的连曾向我报告，该连只剩下一名军官和八个士兵。

现在，第54军的前方便是谢韦尔纳亚湾，迎接第30军的即将是对萨蓬高地的艰难攻坚战，在此情况下，以现有的疲惫之兵如何才能结束塞瓦斯托波尔争夺战？

目前，理想的途径是将整个进攻重点转移至南翼第30军。而事实上，这是不可能的。即使将少许几个师从北段调向南段也需要数天，这就给了苏军以喘息的时间。而且连接两个作战地段的只有一条狭窄道路，这是我们在冬季费尽九牛二虎之力才建成的一条穿越山地的道路。但它承载不了超重型火炮的重量。如果将炮兵主力从北段经雅尔塔转移至南段，并向该处运送弹药，则需要几周时间。还有一点就是，最高统帅部要在很短时间内将第 8 航空军从克里木调走。

第 22 师刚刚到达谢韦尔纳亚湾北岸，我就立刻赶往该师所属各团。我想从海湾北岸的一个观察所亲自观察一下那里的情况。在我前方，是宽800~1000 米的海湾，苏军的一个舰队曾在这里停泊，对岸的右边便是塞瓦斯托波尔城，正前方是直插入海的陡峭岩壁，上面布满工事。一个想法涌上心头：从这里，也就是从翼侧攻克萨蓬高地。因为，从这里通过谢韦尔纳亚湾实施攻击，是苏军万万想不到的。

我先与第 54 军和一些部队指挥官就这一计划进行了商谈，但他们都摇头否决，满腹疑虑。面对苏军在南岸陡峭岩石上构筑的坚固工事，冲锋艇怎么能渡过宽大的海湾？即使冲锋艇能够到达彼岸，也只有很少几条可用来作为入口的陡峭山谷，冲锋艇如何靠岸？部队又将怎样登陆？总之，北岸的一切无处不在南岸苏军的监视和火力控制之下！

不过，正因为渡过谢韦尔纳亚湾看来是不可能的，才能给苏军以突然袭击，而这种突然性也蕴含着成功。因此，不顾大家的疑虑，我坚持我的计划。然而，由于职位关系，我不能亲自参加行动，因此下令采取这一冒险行动，对我来说是个艰难的抉择。

决定一经做出，大家便以极大热情进行准备。在这里，尤其要给工兵以特别的赞扬，在摧毁敌人碉堡的战斗中做出重大贡献的，除了步兵就数工兵了。

按计划，6 月 29 日清晨应在全线发起对要塞内部地域的攻击，第 54 军越过谢韦尔纳亚湾，第 30 军攻击萨蓬高地。而第 50 师已在 6 月 28 日渡过乔尔纳亚河下游，占领因克尔曼。在因克尔曼发生了一场悲剧，由此说明布尔什维克人的作战已达到何种疯狂程度。在因克尔曼背后有一座高耸陡峭的山崖，像一堵墙壁一样伸向南方。在这座山崖里面有一个硕大无比的大厅，是克里木香槟酒厂储存香槟酒的地窖。布尔什维克人在这里存放了大量弹药，同时也作为安顿数千名伤员和逃难平民的地方。当我们的部队冲进因克尔曼时，背后的整个山崖突然颤抖起来，同时伴随着惊天动地的爆炸声。30 米高、300 米长的一座高耸的山墙顿时坍塌下来，数千人被埋在下面。

6月28日夜里，所有参加横渡海湾的人都忐忑不安。为掩盖海湾北岸可能发出的一切声响，第8航空军应对塞瓦斯托波尔城实施不间断的轰炸。全体炮兵正严阵以待地监视南岸高地，只要那里的炮声一响，即说明苏军已发现我们的行动，我炮兵将以置敌以死地的猛烈炮火压制苏军的火力。但对岸一直悄无声息。最困难的冲锋艇下水和装载工作顺利完成。午夜1时，第24师和第22师的第一波兵力从南岸搭乘冲锋艇到达北岸，冲锋艇返回南岸。很显然，苏军对这次冒险的横渡绝没有料到，现已大功告成。当苏军守军在南岸高地开始动作时，我们英勇的步兵早已在南岸站稳脚跟。苏军在南岸高地的火力点被我炮火一一摧毁，我们的部队爬上高地平台。这样，令人畏惧的萨蓬高地阵地被我从翼侧打开缺口。

借着第一缕晨光，我们的部队开始对该阵地的正面发起攻击。

在第54军左翼，第50师和刚投入战斗的第132师（以及第46师所属步兵团）由盖塔尼及其南面，对因克尔曼附近及其南部高地发起攻击，并由谢韦尔纳亚湾北岸炮兵提供翼侧火力支援。此次攻击还有罗马尼亚山地军右翼参加。

第30军也在拂晓开始对萨蓬高地发起决定性攻击，由第54军的远程炮兵和第8航空军提供火力支援。该军炮兵的火力使苏军误以为我要在宽大正面实施攻击，而作为突击群的第170师却在费久基尼高地的狭窄地域待命出击。在一个高炮团直接火力支援下，并由自行火炮和第300装甲营随伴，该师很快便到达塞瓦斯托波尔公路两侧高地。利用突袭给苏军的震撼，该师很快向北、西、南各个方向扩展了足够地盘，为军的其他各师向高地推进创造了条件。

随着横渡海湾的成功，因克尔曼高地的攻克，以及第30军对萨蓬阵地的突破，塞瓦斯托波尔要塞的命运已经注定。

接下去的最后决战既不能挽救他们的命运，从作战的总体形势看也无法给苏联人以任何补益。甚至决战对于维护军队的荣誉都是多余的，因为苏联士兵确实已经表现得够勇敢的了！只是他们的政治体制要求他们继续进行无谓的战斗。

第54军各师在渡过谢韦尔纳亚湾，到达南岸高地之后，已经占领该城外围呈一巨大弓形的阵地。多次反扑被击退之后，苏军已大失所望。第54军以部分兵力向南突击，其主力则转向西，对该城周边阵地和城市本身展开攻击。在克里木战争中，曾为之付出大量鲜血的著名"马拉科夫"堡垒被该军攻克。第54军已经占领城市周边阵地。

在此期间即6月29日，第30军命其在后方宽大地域执行佯攻任务的各师——第28轻型师和第72师，迅速随第170师跟进。于是，该军所属各师从萨蓬高地夺占的跳板出发，向四周成放射状展开，开始了攻占赫尔松半岛的战斗。

第28轻型师首先占领克里木战争遗留下来的"英军墓地"，继而突破塞瓦斯托波尔东南的外围阵地。苏联人已将这个墓地改建成外围阵地主要支撑点之一。当时为阵亡的英国士兵竖立的大理石墓碑，现已成为废墟。新的死者便倒在被炸弹掀开的坟墓旁。该师接着沿该城南侧，转向西方，以便从西面夺取该城，或者阻止苏军从这一方向突围。

第170师的目标是，到达位于赫尔松半岛最西端的灯塔。那是伊芙琴尼亚 ❶ 以其全部身心翘首企望希腊大陆的地方。

第72师沿着南岸向前推进。该师由北向南对萨蓬阵地实施攻击，并首先攻占能控制周围广大地域的"风磨山"，为军利用通往塞瓦斯托波尔公路创造了条件。随后跟进的罗马尼亚第4山地师由背后攻克了巴拉克拉瓦周围的阵地体系，俘获苏军1万名。

根据我们对苏军领导的了解断定，苏军定会在城市周边阵地负隅顽抗，垂死挣扎。斯大林不断向塞瓦斯托波尔发出命令，要求战斗到最后一个人。我们得知，包括妇女在内的所有具备作战能力的平民，都被动员来

---

❶ 希腊神话中迈锡尼国王阿迦门农与克吕泰涅斯特拉的长女。当阿迦门农率领他的希腊舰队要出征特洛伊时，射中阿耳忒弥斯女神的赤鹿。女神大怒，刮起逆风，使阿迦门农舰队滞留在奥利斯港无法起航。为摆脱逆风，尽快起航，阿迦门农只得将其长女伊芙琴尼亚作为祭品献给阿耳忒弥斯女神。但阿耳忒弥斯用一只赤鹿替换了伊芙琴尼亚，把她带到克里木，让她在那里当了自己的祭司。——译者注

参加战斗。

　　如若对上述情况不加考虑，那么第 11 集团军司令部对其所属士兵而言就是失职。城市内部的战斗势必会使进攻者付出更多的鲜血。为避免此种情况发生，集团军司令部命令在各师对城市发起攻击之前，炮兵和第 8 航空军要再次发威。要使苏军明白，不要指望在巷战中使进攻者付出更大伤亡。

　　因此，7 月 1 日，我们对城市周边阵地和城内支撑点进行了密集射击。成效显著。侦察员很快便报告，苏军的抵抗已逐渐消退。炮火停止，各师开始攻击。敌人主力似乎已在 7 月 1 日夜撤出要塞，向西退去。

　　然而，战斗并未结束。苏军滨海集团军虽已放弃该城，但其企图只是为了在能够封锁赫尔松半岛的阵地内组织新的抵抗，要么是为了执行斯大林关于战斗到最后一个人的命令，要么是想乘夜暗在塞瓦斯托波尔西部海湾运走集团军的部分官兵。事实上，只有很少的高级指挥官和政治委员被快艇接走，其中包括集团军司令彼德罗夫将军。他的继任者在利用同样办法企图逃走时，在黑海被我们的意大利快艇擒获。

　　赫尔松半岛的最后战斗一直持续到 7 月 4 日。第 72 师攻占了由数千苏军防守的"马克西姆·高尔基Ⅱ号"装甲炮台。其他各师逐步将苏军驱赶到半岛顶端。苏军多次在夜间向东突围，企图与贾伊拉山的游击队取得联系。他们成群结队，密密麻麻，为防止有人退却，有些战士还手挽手，向我们的战线猛冲过来。冲在队伍的最前面的，常常是全副武装的共产党的妇女和年轻姑娘。不言而喻，用这种方式实施突围必定造成重大伤亡。

　　最后，滨海集团军残部只得逃入赫尔松半岛陡峭山崖的岩洞里，无望地等候营救。当 7 月 4 日他们投降时，仅仅从半岛顶端这一地域就钻出 3 万人。

　　在要塞地域抓获的俘虏总计上升到 9 万人。苏军的伤亡几倍于我们。缴获的物资之多史无前例。一个地形险峻、构筑坚固，并由一个集团军防守的要塞终于陷落了。苏军的一个集团军被我歼灭，克里木现已落入我军之手。从作战观点看，第 11 集团军现在可以解脱出来，及时用于南翼，融入德军东方战场的宏大攻势。

7月1日夜，我与参谋部的几个亲密同事在指挥所里闲坐，这是一座位于朱哈雷—卡拉列斯的鞑靼人的小屋子。过去，每到傍晚就向我们的峡谷里投下几颗炸弹的苏联飞机再也不来了。于是，我们的思绪回到了近几个月的战斗，思念起已长眠于九泉之下的战友。

此时，收音机里响起胜利军号声，接着广播了塞瓦斯托波尔陷落的特别公报。很快我们就收到如下电报：

发给克里木集团军司令冯·曼施泰因大将

为表彰您在克里木战斗，即成功取得刻赤歼灭战的胜利，以及攻克地形险峻、固若金汤的塞瓦斯托波尔要塞的突出功绩，特晋升您为陆军元帅。谨以您的晋升和为全体克里木斗士颁发盾形徽章，代表全国人民表示我对在您指挥下的部队所取得的英雄般的战绩的敬意。

阿道夫·希特勒

此时此刻，我们已沉浸在自豪和兴奋之中，人们只要想一想为达成克里木的作战目标，我们在数月间所做的一切，就会理解我们现在的心情，但最懂得这种情感的只有命运曾处在千钧一发的第 11 集团军自己。

站在战场上品尝胜利的喜悦，是一种别人无法享有的经历！

元帅权杖虽然是一场战局胜利的象征，意味着我军事生涯的光辉顶点，但我并没有忘记，为达成这样一个目标需要牺牲多少军人的幸福。

此外，这种外在的荣誉，比起一个集团军领导所承担的重任，以及一支军队以及他的国家命运所赋予他的重任，又是何等轻薄！

正是在这一时刻，我和我的同事们都不会忘记我们士兵们的牺牲精神、英勇顽强、百折不挠和恪尽职守。正是凭借这种精神，他们克服种种危机，使第 11 集团军赢得了战局的最后胜利。还有一点就是：他们在作战时，忠实地继承了德国军人正派和豪侠的作风！

当我们胜利完成任务之后，我的一个心愿就是要表达我对我的战友们的感谢。我不可能与所有人见面，不可能与每一个人握手。于是，我便邀请营以上军官，以及获得铁十字骑士勋章或德意志金十字勋章的军官、士官和士兵，出席我在当年沙皇的利瓦季亚宫花园举行的一个庆祝会。我们首先追忆了为在夺取胜利的道路上付出生命的战友。接着，吹响晚点名号。

我们把爱和静静的祈祷送入天堂。随着渐渐消退的阵阵鼓声，唱起了好战友之歌。只有在东方的战斗中，在克里木这块土地上，这支歌才真正变为现实。我们的好战友！我还要感谢第 11 集团军和第 8 航空军以及不能参加这次庆祝会的全体官兵，感谢你们在几乎无望的情况下所表现出的牺牲精神、英勇果敢和坚韧不拔的作风，感谢你们所做的一切。接着是一个简单的晚餐会，但吃得并不舒畅，因为有几架从高加索地区飞来的苏联轰炸机光顾我们这里——投下几颗炸弹，幸好没有命中。

在攻克塞瓦斯托波尔之后，我自然收到很多祝贺之词，尤其是三件礼物使我异常兴奋。7 月 1 日夜，也就是当我们收到元首关于晋升我为元帅和向集团军颁发克里木盾形徽章的电报之后，我们坐在鞑靼人的小屋里互相表示祝贺，而我们的情报处长艾斯曼少校却连夜赶往辛菲罗波尔。到了那里后，他把一位鞑靼银匠从梦中叫醒，并把自己的银表交给他，叮嘱他要在天亮前打造一对元帅肩章上的小权杖。当我于 7 月 2 日去吃早餐时，发现一对雕镂精致的权杖放在我的座位上。同事间的亲密和忠诚感人肺腑，它使我欣喜至极。

不久，我又收到一个小包裹。寄件人是德国王储。包裹内是一个很重的金质烟盒。在烟盒的正面，艺术地镌刻着塞瓦斯托波尔要塞的鸟瞰图，所有工事一清二楚，烟盒里面刻着捐赠者的亲笔签名。特别使我感动的是随礼物寄来的短信。王储写道，他当时一直未能占领凡尔登。现在我能攻克坚固的塞瓦斯托波尔要塞，他感到莫大欣慰。

第三件礼物不同一般。这是一位逃往法国的苏联牧师寄来的，是一根粗粗的手杖。它是用一根弯曲的葡萄藤做成的，造型很艺术，手柄处镶有一块黄玉，在一只很窄的金属环上刻着几行俄文。牧师在上面写到，他的祖父曾在克里木战争中担任团长，在保卫塞瓦斯托波尔的战斗中腿部受了重伤，他的士兵便为他做了这根手杖。他对我们占领塞瓦斯托波尔，并将克里木从布尔什维克统治下解放出来十分欣喜，并赠送这根手杖，以表谢意。

另外，我还收到两本非常漂亮的皮面精装书。这是冯·曼施泰因将军❶的回忆录。在安娜女皇时期，曼施泰因将军在米尼赫元帅❷指挥下在俄军服役时，曾在黑海海滨作战。尽管我只是与他名字相同，并无血缘关系，但这本用法文写成的回忆录仍使我激动不已。在某种程度上可以说，我是追随这位曼施泰因的脚步在同一地区作战，另外这本书也使我了解了他冒险的一生。伊丽莎白女皇执政后，曼施泰因便被迫逃离俄国，而他的靠山米尼赫元帅则被流放西伯利亚。过去，他们俩曾联合推翻了俄国的真正统治者库尔兰的比龙公爵。当米尼赫坐着雪橇奔向西伯利亚时，遇到了正从西伯利亚返回的比龙公爵。后来，曼施泰因加入普鲁士军队，在科林一战中身负重伤，在运往潘杜林的家中时，途中被人打死。

在罗马尼亚休假

在结束克里木战斗之后，部队在克里木南部的疗养胜地获得几周他们应得的休息，此时恰逢水果成熟季节。我也得以享受休闲的轻松。

夏季，当刻赤半岛会战结束后，安东内斯库元帅曾来这里拜访我。当时，他邀请我偕夫人在塞瓦斯托波尔战斗结束后到他那里做客，他将安排我到喀尔巴阡山去疗养。此外，他还向我的长子发出同样友好的邀请。我

---

❶ 冯·曼施泰因将军（1711~1757），俄国将军之子，先在普鲁士军队服役，后转入俄军，在与土耳其人和鞑靼人的作战中表现突出，遂被提升为米尼赫元帅的副官。他奉米尼赫元帅之命，在安娜女皇死后，打败了王位继承人的监护人和摄政比龙。1741 年，被新任女皇作为米尼赫的追随者流放西伯利亚，但不久又被任命为驻立陶宛一个团的团长。1745 年，加入普鲁士军队，因此在俄国被缺席判处死刑。他的回忆录描述了 1727~1744 年间他在俄国的生活，曾一版再版。——译者注

❷ 米尼赫元帅（1683~1767），俄国元帅。1721 年前，在法国军队、黑森军队和波兰军队服役。1721 年后加入俄国军队，任上将工程师。1728 年，被女皇安娜任命为俄军总司令，晋升为陆军元帅。1732 年，任军事委员会主席。在波兰王位继承战争期间，他率俄军攻克格但斯克，后又转战克里木和摩尔多瓦与土耳其人作战。1739 年，在北比萨拉比亚获大胜。1740 年，推翻比龙的监护内阁，遂被安娜之母任命为首相。1741 年，被新任女皇伊丽莎白流放西伯利亚。1762 年，又被彼得三世召回，叶卡捷琳娜二世将他任命为波罗的海港口总督。在由他督建的波罗的海雷维尔港即将竣工前去世。——译者注

的长子在参加了苏联的作战后，被送到军事学校深造，今年春季晋升为少尉，他在猩红热刚刚痊愈之后获准休假。

我们要在此后的几周时间里，见识罗马尼亚慷慨的好客之风。当然，这次休假多多少少还带有一些国事访问的意思。

当我们到达罗马尼亚边境时，早有一列豪华车厢等候在那里。一位将军和外交部特使前来迎接安东内斯库元帅和罗马尼亚政府的客人。我们的列车在风光绮丽的喀尔巴阡山中穿行，次日中午到达普雷代亚尔。在山顶上，位于著名的锡纳亚王宫附近，有一座空气疗养胜地，安东内斯库元帅的一座美丽别墅便坐落在这里。在车站，安东内斯库元帅的夫人和罗马尼亚国防部长前来迎接，此外还受到元帅近卫营的一个连的军队礼遇。当时，罗马尼亚的铁卫队企图发动针对他的暴动，因此元帅组建了自己的这个近卫营。

我们乘车驶过挂满旗帜、两旁有小学生夹道欢迎的大街，来到一座优美的小型别墅，这是政府专门用来招待贵宾的宾馆。我和我的夫人，以及几天后到来的我的儿子，住在这里，施佩希特和两名陪同我的罗马尼亚军官，住在邻近的一所房子里。我们受到前总理的遗孀戈加夫人，以及安东内斯库亲密女友的友好接待。这所房子原是属于她的，她领着我们逐一参观了客厅、餐厅和两间卧室，这是一处十分舒适的住所。她向我们介绍了这里的服务人员，同时轻声但非常认真地向我们强调说，可以完全相信这里的厨师。这不由得使我想起在巴尔干的日子。事实上，开创与德国友好局面的前总理戈加是被毒死的。在我们疗养期间，安东内斯库元帅曾患轻度胃功能障碍，他便辞去了他的厨师。于是，他们像保护眼睛一样将我们精心地保护起来。经常有两名德国和两名罗马尼亚便衣警察"悄悄地"尾随着我们。早在列车上，就有一名罗马尼亚官员睡在我们卧室的门前，我们费了好大劲才给他找到一个比较舒适的地方。这是我有生以来第一次，也是唯一受到如此隆重的待遇，被如此小心翼翼地保护起来。一开始还真有点不适应。

我们在普雷代亚尔期间，安东内斯库元帅多次邀请我们到他家做客。他和他的夫人都能说一口流利的法语，殷勤好客。安东内斯库在巴黎和伦敦做过很长时间的武官，对德国十分友好。

我们还应国王和海伦娜王后之邀共进早餐。王后依然端庄漂亮，风采不减当年，谈吐和善，思维机敏，举止大方。她一直渴望回到佛罗伦萨，在卡罗尔国王逊位后，她曾在那里居住多年。她对我们说，她的血管里流淌着霍亨索伦家族的血液。

年轻的米夏埃尔国王当时给我的印象有些迟钝和冷漠。他的兴趣都集中到汽车和摩托艇上面去了。他母后在政治方面表现出很深的理解力，而国王对于他一国之君的角色显得似乎有些陌生或兴致索然。就他的年龄而言，更像一个顽童。难道这当时是一种假象吗？造成他不成熟的主要原因是，他的年轻时期是在他的父亲失去王位，其母大部分时光居住在国外期间度过的。此外还因为，在所有国事方面，安东内斯库元帅都将他排斥在外。至于如何面对军队，年轻的国王就更是一无所知了。

还有一次，我们在罗马尼亚官员陪同下，驱车经过锡本比尔根❶，参观位于赫曼施塔特❷的骑兵学校。安东内斯库曾做过该校校长，因此对这所学校倍加呵护。该校不仅设备齐全，而且骑兵教学水平也很高。

罗马尼亚主教还邀请我们到他的庄园做客。庄园坐落在精致如画的森林里，紧邻一座小寺院。像所有东正教的教士一样，主教和他的随从都蓄着漂亮的大胡子，以表明他们职务的尊贵。主教曾在布雷斯劳❸和蒂宾根学习过神学，和这位造诣高深的主教聊天也是一大享受。傍晚，我们坐在别墅的阳台上，品尝一顿并不豪华但别具乡村风味，又十分可口的晚餐。

在罗马尼亚疗养期间，最美好的事要算对德国少数民族的访问。他们生活在安东内斯库体制下，而且由于有德国的影响，享受着比以往要大得

---

❶ 罗马尼亚地区名，今称特兰西瓦尼亚，历史上为罗、匈、奥等国所纷争。1867 年被匈牙利占领，第一次世界大战后为罗马尼亚夺占，1940 年 8 月经德国"仲裁"，将其一半划归匈牙利。——译者注

❷ 今罗马尼亚锡比乌。——译者注

❸ 今波兰弗罗茨瓦夫。——译者注

多的自由。一种流行的称呼，说他们是"锡本比尔根萨克森人"，这是错误的。锡本比尔根德国人来自卢森堡和洛林。我们乘车周游了美丽的锡本比尔根。每天早晨，他们都到附近的一座古老的城堡教堂做礼拜。这些城堡筑有高墙和工事，过去这是人们在战争中避难，以及饲养牲畜和储藏生活必需品的地方。农民们携家带口从周围的村庄赶来见我们，他们都穿着古老的绘制有图案的民族服装。然后，我们驱车来到他们美丽而富足的农家大院。到处都悬挂着旗帜，学生们挥舞着鲜花欢迎我们。我们还参观了马林堡 ❶，这是普鲁士的先驱之地。在条顿骑士团来到德国之前，他们被迫撤出圣地 ❷，首先奉命在锡本比尔根开荒垦殖。

中午，我们出席了一个德国男孩的洗礼，我应邀做了孩子的教父。在洗礼后的午餐上，农民们端上了他们所拥有的一切美食。下午，参加了另一个村的庆祝会，在一片绿草地上，穿着五颜六色民族服装的年轻姑娘和小伙子跳起古老的舞蹈，美妙绝伦。晚上，我们是在一群德国少数民族中度过的。

疗养的最后一天，我们来到布加勒斯特，参观了普洛耶什蒂油田和一家罗马尼亚兵工厂，我还访问了一所野战医院。这个医院位于一座豪华建筑物内，原本是宫廷为其大臣们建造的。战争爆发时，安东内斯库二话没说便将其从宫廷手里夺来，改作野战医院。尽管这些措施本身并无大错，但安东内斯库元帅的许多严酷无情的规定，使他在宫廷圈子里树敌不少。类似的一件事是，突然有一天，他把太后身边所有人员全部解雇，换上一批新人。受到殃及的包括冯·罗塞蒂少校、一位外交官的儿子和保罗斯将军的内弟。安东内斯库元帅的这些严酷措施无疑对他大为不利。不过从当时国王的状态来看，还没有一点迹象表明他有勇气将安东内斯库元帅逮捕。但是，当时已经为他背叛德国，并使其统治走向崩溃埋下了伏笔。

---

❶ 今波兰马尔堡。——译者注
❷ 指耶稣故乡巴勒斯坦。——译者注

不管怎么说，回忆那几周的日子仍使我们充满感激。在这些日子里，我们饱尝了罗马尼亚好客的盛情，尤其是德国的锡本比尔根给我留下了难以磨灭的记忆。今天，仍在那里居住的德国人重新遭受奴役。唯一使我感到欣慰的是，我的教子及其父母有幸逃命，现生活在汉诺威。

第十章

列宁格勒—维捷布斯克

最高统帅部没有将第 11 集团军投入夏季攻势，而是用于列宁格勒；进攻列宁格勒的准备；敌人使希特勒的打算落空；在拉多加湖南部歼灭敌一个集团军；我的副官施佩希特中校战死；空军野战师；希特勒的战略梦想；我的儿子格罗·冯·曼施泰因战死；集团军司令部移至中央集团军群管辖地域内；一项新的任务

第 11 集团军各师在克里木休整，以及我在罗马尼亚度假期间，集团军司令部正进行横渡刻赤海峡的准备工作。此次行动应作为在此期间业已开始的德军南翼大规模攻势的组成部分。我虽身在普雷代亚尔，但通过我的作训处长布塞上校的到来，对准备工作还是了解的。遗憾的是，我们的这些工作最终是徒劳一场。希特勒又犯了同时追逐多个目标和对初期战果估计过高的毛病，放弃了原来的计划，第 11 集团军因此也不再参加此次攻势。

当我于 8 月 12 日返回克里木时，最高统帅部的又一个指令使我深感遗憾。指令要求只以第 42 军和第 46 师，以及罗马尼亚部队来实施此次行动。集团军横渡刻赤海峡的计划也被取消了。第 11 集团军则奉命夺占列宁格勒，炮兵已从塞瓦斯托波尔出发，正在开进途中。更使我感到遗憾的是，三个师已被肢解。第 50 师留在克里木，我们最精锐的一个师第 22 师改编为空降师，开向克里特岛，直到战争结束，它一直闲在那里，基本没有动用。在我们的开进途中，第 72 师又被抽调出去，转隶中央集团军群，去应付那里的一场危机。这样，最后能够用于未来任务的部队就只有第 54 军部、第 30 军部，以及第 24、132、170 步兵师和第 28 轻型师。不管最高

统帅部出于何种原因，这样肢解一个集团军无论如何都是令人惋惜的。在这个集团军中，各师、军平等协作已有多年，实属不易。在艰苦战斗中获得的相互了解和信任，是战争中的一个重要因素，绝不容忽视。

除此之外，还出现一个更为重要的命题。第11集团军刚从克里木脱身，却将其从东方战场的南翼抽出，用于一个不甚重要的目标即占领列宁格勒，这是否站得住脚？从德国方面来说，1942年夏本应在南翼寻求决战。即使如此，就德军兵力而言也并不显强大。而希特勒又将德军的攻势一分为二——斯大林格勒和高加索——使德军兵力更显不足。因为越向东推进，突击部队的北部翼侧就会拉得越长。

事情的发展证明，第11集团军留在南翼是多么重要。如果留在南翼，它现在就可以横渡刻赤海峡，阻止苏军向高加索撤退；或者暂时作为担负攻击任务的集团军群的战役预备队。

我借飞向北方准备到元首大本营商谈新任务之际，与总参谋长哈尔德大将就这一问题进行了详谈。哈尔德明确向我表示，他并不同意希特勒关于除南方攻势外又企图攻占列宁格勒的想法。但希特勒坚持己见，不放弃他的企图。我问哈尔德，他是否认为在没有第11集团军的情况下，南翼也能应付得了，他做了肯定的回答。我对他的答复表示怀疑，但又无法驳斥总参谋长的观点。

通过此事使我大感惊诧的是，希特勒与其总参谋长的关系竟是如此恶劣。在情况汇报会上发生了这样一幕：中央集团军群由于苏军发动一次局部攻势而出现危机（为排除此危机，我们的第72师被派往那里），为此希特勒责骂了在那里作战的部队，而总参谋长对他进行了反驳。他指出，部队长时间以来已经超负荷作战，尤其是军官和士官的过高损失，必定会产生不利影响。哈尔德虽然十分客观地陈述了他的理由，但使希特勒大发雷霆。这是我唯一亲眼目睹的事。希特勒出语伤人，指责总参谋长没有权力与他唱反调。希特勒说，他能十分准确地做出判断，因为他作为步兵曾参加了第一次世界大战，而哈尔德将军不曾有过此种经历。整个场景令人十分尴尬，于是我不得不躲到地图室，直到希特勒稍事平静之后才请我回去，继续开会。事后，我便将此事对人事局长，同时也是希特勒的副官施蒙特将军说了，我觉得我有责任这样做。我对他说，在国防军总司令与陆军总参谋长之间存在这样一种关系，是决不允许的。要么希特勒应当倾听总参谋长的意见，维护总参谋长的尊严；要么总参谋长从中汲取教训，改善方式。遗憾的是，双方都没有这样做，六周后，两个人终于分道扬镳，哈尔德大将被解职。

8月27日，第11集团军到达列宁格勒战线，勘察第18集团军地段地形，判断在此实施攻击的可能性，并拟制进攻计划。集团军奉命接收第18集团军正面朝北的战线，之后第18集团军便据守沃尔霍夫附近的东段战线。由第11集团军负责的北段战线分为从拉多加湖到列宁格勒东南面的涅瓦河地段；列宁格勒南部地段即原来的进攻正面；以及包括芬兰湾南岸奥拉宁鲍姆周围的巨大桥头阵地在内的地段，该桥头阵地尚由苏联人防守。

除了包括部分从塞瓦斯托波尔调来的强大的攻击炮兵外，第11集团军所属兵力共计12个师，其中包括西班牙“蓝色师”、1个装甲师、1个山地师和1个党卫队旅。但是，还要从这些兵力中抽调4个师，分别用于涅瓦河地段和奥拉宁鲍姆地段，因此真正用于列宁格勒正面的只有9.5个师。面对列宁格勒地域1个集团军的敌人——计19个步兵师、1个步兵旅、1个边防旅和1~2个坦克旅，我们的这点兵力实在不能算充裕。

鉴于这一兵力对比，如果芬兰人参加我们的攻势，把从列宁格勒到卡累利阿地峡北部地域封锁，那无疑将具有十分重要的意义，至少能牵制其当面苏军的5.5个师。当德国派驻芬兰大本营的埃尔富特将军将这一动议向芬兰提出时，芬兰总司令部拒绝参加这一行动。关于芬兰的观点，埃尔富特将军解释说，芬兰自1918年一直坚持不对列宁格勒构成威胁的政策。基于这一理由，芬兰不会参与对这一城市的攻击。

这样看来，第11集团军司令部只能依靠自己的力量完成这一任务。我们十分清楚，此次作战很难取得成功。我们认为，这次行动是完全没有必要的，因此丝毫激发不起我们的兴趣。1941年夏，曾出现过以突然袭击攻占列宁格勒的可能性。迅速占领该城最初也曾在希特勒的计划中居第一位，但由于某种原因，没有利用当时出现的机会。后来，希特勒认为可以用饥饿迫其投降。苏联人却通过拉多加湖对该城实施补给，打碎了希特勒的如意算盘，他们夏天用船，冬天利用敷设在冰面上的轨道进行运输。现在，留给德军的是一条从拉多加湖到奥拉宁鲍姆西部的消耗兵力的正面。消灭该城自然是最理想的。但现在的问题是，面对当前德军在南翼即将进行决战的同时，能否取得对列宁格勒进攻的胜利。有一句话说，"失去一分钟就失去永恒"，正好用在攻击列宁格勒的行动上。

此时，我们对指派给我们的进攻任务做最充分的准备。列宁格勒构筑有纵深梯次配置的野战工事网，当我们在该城南部进行勘察时发现，该城似乎近在咫尺。从这里可以看到涅瓦河畔的科尔皮诺大型工厂，工厂里一直不停地生产着坦克。芬兰湾畔的普尔科沃造船厂清晰可见。远方，以撒大教堂的侧影，以及海军部的尖塔和彼得—保尔要塞也遥遥在望。天气晴好时，还可以看到停泊在涅瓦河上一艘被击毁的装甲巡洋舰。这艘 1 万吨的装甲舰是我们 1940 年卖给苏联人的。1931 年，我曾到过的沙皇皇宫和位于皇村 ❶ 的叶卡捷琳娜宫殿，以及最后一位沙皇居住过的小宫殿和位于芬兰湾畔豪华的彼得宫，都在战争中变为废墟，看到这些实在令人不快。这都是苏联炮兵干的。

根据勘察我们认为，第 11 集团军无论如何都不能进入列宁格勒城区作战，因为那样己方兵力将迅速被消耗殆尽。对于希特勒关于利用第 8 航空军对列宁格勒实施毁灭性袭击迫其投降的观点，我们与富有经验的第 8 航空军指挥官冯·里希特霍芬大将都不能苟同。

基于这些考虑，集团军司令部的企图是，首先在强大炮兵和航空兵火力支援下，以三个军的兵力突破列宁格勒南部防线，但以突贯到城南边缘为限。之后，两个军掉转向东，突然渡过城东南的涅瓦河，消灭位于他们与拉多加湖之间的敌人，切断苏军的拉多加湖补给线，并从东面将该城严密封锁。这样，就有可能像华沙一样不经艰苦的巷战，迫敌迅速投降。

---

❶ 今普希金。——译者注

然而不久，"失去一分钟就失去永恒"那句话果真变成了现实。德军向列宁格勒战线运送兵力的行动，自然无法遮掩苏军的耳目。早在8月27日，苏军就对第11集团军东向正面实施过攻击，迫使我们不得不将刚刚到达的第170师投入战斗。之后几天的情况表明，苏军正准备以强大兵力实施一次为列宁格勒解围的攻势行动。很明显，苏军企图要先发制人。

　　9月4日下午，希特勒亲自给我打来电话。他指出，为避免一场灾难的发生，必须立即介入沃尔霍夫战线的作战。他要我立刻接管指挥权，以攻势行动恢复那里的态势。这一天，苏军在拉多加湖南面第18集团军薄弱的宽大正面上，达成纵深突破。

　　在一个危急时刻，接手第18集团军领域内这样一个危险地段，自然使我们感到几分尴尬。对于已奉命进攻列宁格勒的第11集团军司令部来说，心中不快也是可以理解的。尽管这是一种不公正待遇，但我们仍想尽一切办法力争完成任务。

　　现在，原定对列宁格勒的进攻改为"拉多加湖南部的会战"。

　　在从列宁格勒经姆加通往东方的铁路线以北地区，敌人已在第18集团军正面撕开一个8公里宽的口子，突入纵深约12公里，向西直到姆加。现在，第11集团军必须首先利用现有兵力阻止敌人的推进。经过艰苦战斗，这一目标在之后几天终于达成。接着，在集中此时陆续到达的各师兵力之后，集团军司令部对敌发动决定性反突击。集团军将主力用于北、南两个方向，以彻底切断敌向西突进的先头部队与其主力的联系。

　　第30军以其第24、132、170步兵师和第3山地师从南向北突击；第26军以其第121步兵师、第5山地师和第28轻装师，由北向南突击。至9月21日，经过艰苦作战，终将苏军突进部队后路切断。之后几天，苏军又以强大兵力由东向西实施突击，企图解救被围部队，均被我击退。列宁格勒的苏军也出动8个师，分别渡过涅瓦河和从列宁格勒南面发动攻击，但遭到同样命运。

　　与此同时，我们还必须解决被合围在姆加和盖托洛沃之间的强大苏军。像往常一样，尽管已经没有一丝希望，尽管从作战角度看继续作战已毫无益处，但苏军并没有投降的意图，反而一再实施突围。由于合围圈的整个地域均覆盖着茂密的森林（在这种地形上，我们决不会向内实施突破），如若我们以步兵进攻的方式消灭合围圈内的苏军，势必造成重大伤亡。因此，集团军司令部从列宁格勒战线调来最强大的炮兵，以不间断的火力轰击合围内的苏军，同时空军也实施轮番轰炸。没有几天，森林地便变成一个巨大弹坑，当初高耸挺拔的大树只留下节节树桩矗立在地面上。后来，我们从缴获的一本苏军团长的日记中，了解了我们炮火的威力。这也表明，被合围的苏军是如何在政委的强迫下做最后的挣扎。

到 10 月 2 日，我们依靠这种办法结束了合围圈的战斗。苏军第 2 突击集团军投入此次会战的不少于 16 个步兵师、9 个步兵旅和 5 个坦克旅。其中有 7 个步兵师、6 个步兵旅和 4 个坦克旅在合围圈被歼灭，其他部队也在解围战斗中遭重创。1.2 万人被俘，300 多门火炮、500 门迫击炮和 244 辆坦克被我缴获或击毁。苏军死伤人数要比被俘人数多出几倍。

恢复第 18 集团军东线态势的任务算是完成了，但我集团军各师也遭受重大损失。同时，为攻击列宁格勒而准备的、原本就不充裕的弹药也消耗殆尽。因此，再实施一次进攻就无从谈起了。但希特勒并不想放弃攻占列宁格勒的企图。当然，希特勒也准备将进攻目标缩小一点，但决不会彻底放弃。对此，集团军司令部的观点是，不经过补充新锐兵力或是在兵力不足的情况下，决不能实施对列宁格勒的作战。10 月就在这种反复讨论和新计划不断翻新中耗掉了。

德军在南方已攻入高加索和兵临斯大林格勒城下，而在北方却停滞不前，此种态势难以令人乐观。因此，我的助理参谋施佩希特流露出了闷闷不乐的情绪，像他这样一名年轻军官在一个高级司令部里整日忙于一般性事务，产生这种情绪也情有可原。他又开始缠着我，要我放他到前线去。我理解他的感情，最后满足了他的愿望，送他到正在涅瓦河畔作战的第 170 师，在克里木时，他曾参加这个师的战斗。他乘坐的飞机中途失事。10 月 25 日，我们安葬了这个可爱的年轻人。他的死对我们大家，尤其对我是个沉重打击。我们再也听不到他那爽朗的笑声和响亮的嗓音。我怎么能少得了这个年轻的伙伴！他常常使我们的帐篷充满欢笑，他陪伴我走过无数艰难险阻，但再难再险也掩盖不住他的朝气，他的信念和他的进取心。继我的司机之后，他是我最亲密的人员中，第二个被东方战争夺走生命的人。

施佩希特的葬礼还没有参加完，我就奉命立即飞往元首大本营，去接受元帅权杖。如果能与我同行，施佩希特该会多么高兴啊！

迄今为止，希特勒对我还是礼遇有加，对第 11 集团军在拉多加湖所取得的战绩予以充分肯定。我便利用这个机会向他说明我们的步兵现已负担过重的问题。我说，在东方战争中，鉴于苏军的顽强，伤亡过大是不可避免的，因此及时为各步兵团补充兵员就具有格外重要的意义。但自苏联战局开始，几乎从来没有得到及时补充，迫使各步兵团不得不在编制不足的状况下作战，部队的损耗因此日益增大。

现在我们知道，根据希特勒的命令，空军正在组建 22 个空军野战师，空军可以从其内部为此抽调 17 万人。这不足为奇。戈林在他自己的领域一向十分阔绰，这不仅表现在经费和房舍方面，而且在人员数量上也是如此。为什么会有这种结果，这里不是讨论这个问题的地方。然而，空军是可以将这 17 万人放手的，而且早就可以放手。因为与英国进行一场战略空战的梦想已经成为过去。

现在，这 17 万人就将编成空军自己的部队用于地面作战。由于空军人力资源雄厚，所以这些部队的军人无疑都是一流的。如果 1941 年秋能用这些人员补充陆军各师，使其保持充足战斗力，那么就能使德国陆军 1941~1942 年所遇到的危机得到大大缓解。但是，用如此优秀的军人在空军内部编成空军野战师，纯粹是胡来。这支部队将从何处得到必要的战斗和协同作战训练？他们从什么地方获得必不可少的东方作战经验？空军又从哪里找到师、团、营各级指挥官？

上述这些观点，我都曾向希特勒详细地阐述过，不久又在一份备忘录中向他做了报告。他倒是耐心地倾听了我的阐述，但坚持说，他已对此事做了周密审慎的考虑，不会改变原来的观点。此后不久，与希特勒副官交往甚密的中央集团军群作训处长告诉了我此事的缘由：戈林向希特勒要求在空军中组建自己的部队，理由是，他不能将"他的"用纳粹精神教育出来的士兵交给陆军，陆军中有牧师，而且指挥陆军的军官们都深受弗里德里希 ❶ 思想的影响。他曾对他自己的人说，空军势必也会付出牺牲，但这种牺牲绝不能成为陆军牺牲的组成部分。这就是戈林向希特勒陈述他的计划时的理由！

我们在列宁格勒城前的任务即将结束。当我在文尼察的时候，希特勒对我说，我的集团军司令部可能要移至中央集团军群所在的维捷布斯克地域，有迹象表明苏军即将在那里发动一次大规模攻势。我们将对此予以反击。同时他又说，如果他与他的大本营一旦离开文尼察，将让我接管"A"集团军群指挥权。自该集团军群司令李斯特元帅因与希特勒意见不一，但又在无任何正当理由的情况下被解职后，希特勒一直是自己兼任该集团军群司令。这不是长久之计。然而更使我感到惊讶的是，他提到在我接任该集团军群司令后这支部队的使用问题。他说，他想在明年让一个摩托化集团军群经高加索向近东突击！这表明，他当时对总体军事形势和战略前景的认识，距离现实是何等遥远。

在列宁格勒城前的最后几天发生的一件事，是在这次战争中对我的夫人、对我以及对我的孩子们的一个最沉重的打击：我的长子格罗战死了。他本在我过去的第 18 师服役，是第 51 装甲步兵团的少尉，于 10 月 29 日为国殉职。请读者们原谅，允许我在这里说一说我个人的这一损失，尽管在我的指挥下，有成千上万的德国年轻人以同样的方式为德国捐躯。诚然，我儿子的牺牲如同无数德国年轻人一样，对于他们的父母而言，感受都是相同的。不过，我想在我的回忆录中，为我捐躯殉国的儿子留出一个位置，想必是能够得到大家理解的。像我儿子一样为国捐躯的许多可爱年轻人，他们将永远活在我们的心中。

---

❶ 即弗里德里希二世（1712~1786），德意志国王，德军统帅、军事思想家，德意志军事思想的早期代表人物和奠基人。他批判地继承欧洲古代和近代军事思想，结合自己的战争实践，创建了适合普鲁士并领先于其他欧洲国家的军事思想体系，给之后德国军事思想的发展以重大而深远的影响。——译者注

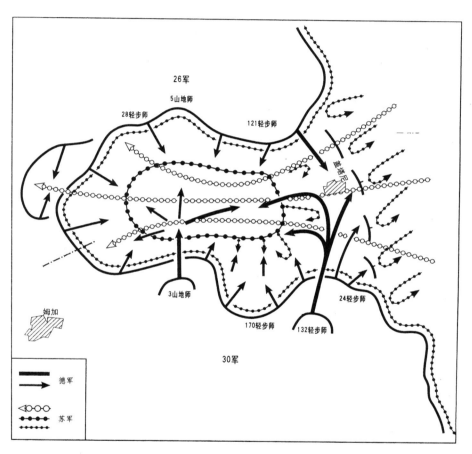

图 14　拉多加湖会战（1942.9）

我们的格罗出生在 1922 年除夕，生下来就是个文弱的孩子，19 岁便离世而去。他从小就得了哮喘病，多亏我夫人的精心呵护才长大成人，成为一名军人。尽管他的疾病使他未能享受到许多童年的乐趣，但这使他少年老成，培养了他坚强的意志，能够排除一切困难去成就生活对他提出的种种要求。

格罗是个十分可爱的孩子，老成，有思想，但不乏乐观。他一生都表现得谦虚质朴，乐于助人，忠于职守。他愉快地走完了他的一生。

1940 年，当他从利格尼茨贵族学校毕业后，表示要从军，而且要和我一样当步兵，因为当时步兵是战斗的主要兵种，被称为战场上的皇后。我们做父母的理解儿子希望继承祖业的愿望，我和我的夫人无意干涉他的职业选择。做为一名军官——平时是德国青年人的教育者，战时则是他们的领导者——这种血统也遗传给了他。

这样，他在毕业之后便加入了利格尼茨的第 51 装甲步兵团，并作为一名步兵参加了 1941 年在苏联的夏季作战。不久他晋升为士官，并因在一次侦察行动中与其他人员救回一名战友而获得铁十字勋章。1941 年秋，他回国就读军事学校，并于 1942 年春晋升为军官。

在得了一场重病休假回来之后，他又回到他热爱的团，该团所属的第 16 集团军正在伊尔门湖南部作战。当我在拉多加湖指挥作战期间，他来到我的指挥车上，我非常高兴地见了他一面。此后我又见过他一次，那是 10 月 18 日，我去第 16 集团军拜访我的好友布施大将时。布施把格罗请来，加上我可爱的助理参谋施佩希特，我们一起度过了一个愉快的黄昏，此后数天，施佩希特就牺牲了。

1942 年 10 月 30 日一早，我忠实的参谋长舒尔茨将军在向我做了早报告之后，便告诉我，我的儿子格罗在前天夜里被一枚苏联炸弹炸死。他是以营长副官的身份，向前沿的排长传送命令时在半途中弹的。

10 月 30 日，我们将这个可爱的孩子埋葬在伊尔门湖畔。第 18 装甲步兵师的随军牧师克吕格尔在开始致辞时，称他为"一名步兵上尉"，好像他完全理解我儿子的内心所想。

葬礼之后，我便飞回家乡与我可爱的夫人一起待了几天。在过去的那些年月里，她给了这个孩子以特殊的体贴和关怀。他一直是我们的快乐所在，但他为战胜苦难所做的付出，也时时揪着我们的心。现在，我们将他的灵魂托付给了上帝。

像许许多多的德国青年一样，格罗·埃里希·聚尔韦斯特·冯·曼施泰因是在敌人面前英勇倒下的。军官的职业就是他的天职。他还未到完全成年就结束了一生！他是一个真正意义上的贵族孩子。不仅仅是因为他的外表——高大修长的身材，一张柔嫩狭长的贵族脸，而主要在于他的品行和思想。他从不会弄虚作假。他谦虚朴实、乐善好施，他的观点里充满严肃庄重，同时又满面喜悦，他不懂得什么是自私，只知道友谊和仁爱。他的精神和他的灵魂吸纳着人间一切美好和善良。他继承了许多代军人的传统，也正因为如此，才使他成为一名热情洋溢的军人，同时也是一个名副其实的高尚的人，一个基督教徒。

当我在利格尼茨为格罗举办葬礼时，第 11 集团军司令部已由列宁格勒的中央集团军群所在地域移至维捷布斯克地域。在这里只待了几周，没有什么重要的事情值得叙述。正当我们考虑如何对预料中的苏军攻势实施有效反击的时候，南部的战事又使我们的集团军面临着一项新的任务。

11 月 20 日，一道命令下达到集团军司令部，命令我们立即接管新组建的、位于斯大林格勒两侧的"顿河集团军群"指挥权。当时我正与作训处长布塞上校视察歇瓦勒里的军，中途遇到地雷而受阻。到处都有游击队活动，因此要么乘坐装甲车辆，要么乘坐有特殊防护措施的列车。

由于天气原因，飞机无法起飞，我们只好于 11 月 21 日乘火车从维捷布斯克出发，中途再次为地雷所阻。11 月 24 日即我的 55 岁生日那天，我们才到达"B"集团军群司令部，我们将来的作战地段就属该集团军群管辖。在这里，我们获悉了第 6 集团军、第 4 装甲集团军，以及罗马尼亚第 3、4 集团军的情况，对此我将在"斯大林格勒"一章中加以叙述。

第十一章

希特勒执掌军队最高指挥权

　　最初几年对希特勒的印象；希特勒的战略观；对技术的兴趣使他对技术手段估计过高；他缺少作战训练和经验以及判断能力；他的战略目标是由政治和经济因素决定的；他深信他的意志能决定一切，忽视敌人的意志；惧怕冒险；对他不愿接受的决定尽量拖延；寸土不让；沉溺于数字之中；希特勒有军人情感吗？奖章问题；我们的军事领率机构是一种错误的体制；所谓最高统帅部战场；希特勒干预指挥细节，但从不下达长期性指令；与希特勒的争论；他在为自己论点辩护时的坚韧性；说服他接受一种合理的领率机构体制；作为一名前线指挥官为什么要拒绝在战争中发动政变的思想？

　　随着我被任命为"顿河"集团军群司令，我第一次被置于作为国防军最高统帅和陆军总司令的希特勒的直接指挥之下。只是从此时开始，我才有机会能够真正认识和评价这位身兼国家元首和军队统帅的人物。此前，对于他对军事指导上的干预只是间接的，大有远不可及的感觉。由于一切作战问题都要严格保密的原因，所以我不可能做出自己的有根有据的判断。

　　在波兰战局中，我们并不知晓希特勒对陆军指挥的介入。在两次视察龙德施泰特集团军群的时候，他都耐心地倾听了集团军群司令部对态势的报告，对于我们的企图，他也表示理解和赞同，没有任何插话。

　　至于说到占领挪威的计划，局外人根本一无所知。

　　关于希特勒对西线攻势的态度，已经做过详细描述。在这个问题上，他将陆军总司令部置之度外，自作主张，实在是一件令人十分遗憾和忧虑的事。不过不得不承认，从军事角度看，他认为在西方必须以攻势行动决出胜负的观点，基本还是正确的——尽管在时间上并不是他原来预期的。诚然，作战计划的基本要点是由他确定的，但他命令实施的进攻行动不可能赢得全胜，原因我在前面已做过分析。他起初大概也没有想到，他会取得那样大的战绩。但是，当"A"集团军群司令部将一份有可能达成这样战绩的计划呈送到他面前的时候，他立刻抓住了这一思想，而且把它变成自己的思想——尽管由于害怕冒险而对这一思想做了某些限制。他命令装甲部队停止在敦刻尔克城前是犯了一个重大错误，不过当时的局外人很难看得清楚，因为没有任何有关信息。当时英国人丢弃在敦刻尔克周围沙滩上的作战物资堆积如山，那幅场景足以使我们错误地以为，英国人不可能将如此数量的人员搭救过海。

由于缺少一个"战争计划"，登陆准备工作未能适时展开，这无疑是国防军统帅即希特勒的过错。另一方面，局外人无从判断，现在掉转头来对付苏联的决定，出于政治理由是不是不可避免的。因为，苏联军队在我们的边界，以及在匈牙利和罗马尼亚边界的兵力部署，已经使人感到咄咄逼人。

我作为一名军长以及后来的第 11 集团军司令，不管是希特勒对对苏作战计划和实施第一阶段的介入，还是对 1942 年夏季攻势计划的干预，我都知之甚少。不管怎样，希特勒对于克里木作战的指挥并未插手。相反，1942 年春，我在向他汇报时，他十分爽快地同意了我们的企图，而且尽一切可能使我们取得了攻克塞瓦斯托波尔之战的胜利。不过，我认为，在攻陷塞瓦斯托波尔要塞之后，对第 11 集团军的使用是欠妥的，这我已在前面谈过。

然而，当我就任一个集团军群司令之后，便直接置于希特勒的指挥之下了。直到此时，我才对他是如何行使其军事指挥权的有了真正了解。

在评价希特勒履行其军事统帅的角色时，绝不能以常用的那句藐视他的话"二战中的下士"简单了事。

在西线使用"A"集团军群的决定就表明，他对于作战的可能性还是有一定的眼力。这种眼力常常会在某些军事外行人身上表现出来。否则，在军事历史上，就不会有一些王侯成为杰出的军队指挥官了。

此外，希特勒具有广博的知识和惊人的记忆力，在技术和所有装备问题上具有创造性的想象力。他对于哪怕是敌人的新式武器性能，以及敌我双方的生产数量都如数家珍，其熟悉程度令人咋舌。每当他要拒绝听取对方的解释时，他就会搬出他的老一套加以抵挡。毫无疑问，在装备领域，他给予了许多关注，并以极大热情促进其发展。但是，他在这些问题上的过于自信又带来灾难性的后果。由于他的干预，空军未能得到持续和及时的发展。在火箭助推和原子武器领域，也是由于他的干涉而进展缓慢。

由于对所有技术问题都感兴趣，他常常对技术手段估计过高。譬如，在只有使用大兵团作战才可恢复态势的地方，他却认为，只投入几个自行火炮营或新型"虎"式坦克即可。

从总体上看，他缺少的是建筑在经验基础上的军事能力，这是他的"直觉"替代不了的。

如我上文所说，希特勒对于作战机会的把握独具慧眼，一旦发现便能迅速抓住，但缺乏对一个作战思想实施的前提和可能性的判断力。作战目标和由此产生的作战的空间性，必须与所需时间和兵力相适应，更不用说对于后勤补给可能性的依赖了，而希特勒缺少对这种关系的理解力。他不理解或不愿去理解，每一次远程进攻作战中，首次攻击所需要的兵力数量要远远大于平时的补充量。所有这些都在 1942 年夏季攻势的计划和执行中得到明显表露。还有就是他在 1942 年秋对我说的，他打算明年派一个摩托化集团军群经高加索向近东、继而向印度突击，这也是他异想天开、常于幻想的一个例证。

像在政治方面一样——至少是他在 1938 年取得成功之后——希特勒在军事领域也缺少一个衡量何者可以达成、何者无法达成的尺度。1939 年秋，虽然他低估了法国的抵抗，但他并没有认识到在正确规划德军攻势的情况下，在西方赢得全胜的可能性。但是，当这一胜利真的来临时，他又在新出现的条件下茫然不知所措。这两种情况都说明，他缺少扎实的战略、战术训练和能力。

于是，每一个具有吸引力的目标都被他那活跃的思想抓住，但带来的结果是，德军兵力被分散在数个目标和战场上。他不懂得一个基本规律——在决定性的地点上，兵力永远不可能过剩，甚至必要时要放弃次要方向，或者因削减次要方向上的兵力而冒一定的风险。因此，在1942年和1943年的攻势中，他都不能倾全力赢得成功。他也不能或不愿意，在情况逆转时采取必要措施加以扭转。

说到希特勒的所谓战略目标——至少在对苏作战中——都深受其政治和战争经济考虑的制约。关于这些，我已在开始介绍苏联战局时叙述过了，在描述1943~1944年防御作战时还会再度提及。

不错，政治——尤其是在今天——以及战争经济问题在确定战略目标时，扮演着一个非常重要的角色。然而，希特勒忽视了一点，即赢得对敌人武装力量的胜利是守住地域目标的前提。在未达成消灭敌人军队这一军事目标之前，要想占领敌人具有重要战争经济价值的地域，即占领地域目标是十分困难的，而长期防守更是不可能——这在对苏战争中表现得十分明显。当时还不可能通过使用空军或远程武器摧毁敌人的装备潜力及其运输系统，从而使其丧失作战能力。

诚然，战略是政治领导的仆人，但是也不能像希特勒在确定战略目标时那样，全然不顾每一场战争都是以摧毁敌人军事抵抗力为战略目标这一规律。只有战争的胜利才能为达成政治和经济目标开辟一条通途。

说到这里，我就要提到决定希特勒领导风格的一个重要因素：对意志力量的过高估计。他认为，只要将他的意志变为每一个士兵的信仰，就能证实他的决断的正确性，并保证其命令获得成果。

当然，坚强的意志对于统帅而言是赢得胜利的重要的先决条件。一些会战之所以失去，一些胜利之所以擦肩而过，就是因为指挥官在关键时刻意志软弱。

统帅的必胜意志可以增强他的信心，可以使他渡过难关。但希特勒的意志与此不同，他认为，他的意志说到底来源于对他"使命"的深信不疑。这种信仰必将导致他的固执己见，认为他自己的意志可以超越严酷的现实——不管这种现实是敌军兵力占有绝对优势，还是空间和时间有限，也不管敌人同样具有坚强的意志。

总的说来，希特勒在他的考虑中很少顾及敌人的企图，因为他深信，他的意志必将最终取得胜利。他也不愿意承认敌人兵力占优势的报告，不管这种报告是如何确凿无误。每当此时，他都会拒绝倾听，或数落敌军的弱点以贬低敌人，或滔滔不绝地引述自己的生产数字聊以自慰。

　　这样，在他的意志面前，任何军事指挥官做决定时所依据的情况判断，都或多或少地被排斥在外。希特勒也就因此脱离了现实。

　　希特勒如此过高估计自己的意志力量，如此轻视敌人的企图和兵力，奇怪的是，他在做决定时却缺少相应的胆量。1938 年前，希特勒在政治领域节节得胜，使他变成一名政治赌徒，但在军事领域畏缩不前，惧怕冒险。占领挪威的行动 ❶ 虽然最先是雷德尔海军元帅的动议，但也算是希特勒在军事上唯一的大胆决定。即使是这一次，在纳尔维克的态势刚刚告急时，希特勒便下令撤出该城，从而牺牲了整个作战行动的最重要目标——保持铁矿进口的畅通。如我前面讲到的那样，在西方攻势实施过程中，希特勒也是害怕军事冒险。进攻苏联的决定归根结底是希特勒放弃登陆英国的必然结果，因为他觉得，在英国登陆风险过大。

　　在苏联战局过程中，可以从两方面看出希特勒对冒险的畏惧。一方面，他拒绝机动作战，因为这要以暂时牺牲所占领的某些地域为代价——这主要表现在 1943 年以后。另一方面，他不敢为了赢得主要战线或战场的胜利而放弃次要战线或战场——哪怕是面临危险也不放弃。

　　希特勒在军事领域畏惧冒险出于三种原因。第一，他在情感上不愿承认他缺少应付这些风险的军事才能。但是，他把自己内心的这种不自信转移到他的将领们身上，对他们也不相信。第二，像所有独裁者一样，希特勒同样也担心一旦出现挫折会动摇他的威望。这就不可避免地在军事上犯错误，结果反而更加有损于他的威望。第三，在他的权力欲中根植着一种

---

❶ 1940 年 4 月 9 日，德国开始了代号为"威悉河演习"的占领丹麦和挪威的行动。随即英、法、波站在丹、挪一方，相继对德开战。5 月 13 日，盟军展开全面进攻。经过 14 天激战，盟军攻入纳尔维克，情况一度告急。——译者注

心理，即凡是到手的东西就决不放弃。

说到这里，我还要谈一谈希特勒的另一个特性，在我就任集团军群司令期间，我和他的总参谋长蔡茨勒大将都曾在这些问题上与他进行过反复斗争，但都是徒劳。

当希特勒面临一个不愿接受但又无法避开的决定时，总是喜欢尽量拖延。每当可以通过及时投入兵力阻止敌人赢得胜利或扩张其战果时，他都会拖延不办。当时要想从受威胁较少的战线向危机地点调动兵力，总参谋长通常要与希特勒做连续数日的斗争。虽然他最后同意抽调一些兵力，但多数情况都是太迟或太少。结果是，为恢复原来的态势，最后不得不投入比开始时多数倍的兵力。如果要放弃一些实际已无法守住的目标（如1943年的顿涅茨地区，1944年的第聂伯河河曲），那就要斗争几个星期。有时为了得到一些兵力，需要放弃已无作战价值的突出部，从不受威胁的战线上撤出时，情况也是如此。希特勒大概总是相信，事态会按照他的意志发展，并能避免做出他不情愿的决定。因为这些决定会给人一种印象，似乎他是在被敌人的行动牵着鼻子走；可是，他又害怕在较弱的战线上冒一定风险。

对自己意志力的过高估计，畏惧机动作战（比如反突击）——因为它的成功前景无法预计，以及不愿放弃任何已到手的东西，这些因素决定了希特勒的军事领导方式，而且随着时间的推移日益增强。

寸土不让的僵化防御逐渐成了他指挥的唯一原则。德国国防军在战争的头几年通过机动作战取得巨大成功之后，希特勒面临莫斯科城下的首次危机，却继承了斯大林的死守每一阵地的做法。这种方法在1941年曾将苏军带到覆灭的边缘，德军发动1942年攻势时，他们便放弃了这种做法。

但是，当1941年冬苏军的反攻最终被我们击退之后，希特勒深信，仅仅是由于他禁止任何撤退的命令，才使德军免遭1812年拿破仑的命运。加之周围人员以及某些前线指挥官的吹捧，他对此更加深信不疑。当1942年秋德军在斯大林格勒城下停滞不前，高加索出现新的危机时，希特勒再次将寸土不让作为挽救危局的灵丹妙药。最后，再没有任何人能使他放弃这种观念。

现在，防御普遍被认为是一种较强的战斗形式。但这只适用于有效的防御配置，它足以使进攻之敌在我防御阵地前碰得头破血流。但这在东线根本就谈不上。德军的数量从来就没有达到能构成这种强大防御配置的程度。而数倍优势于我的敌人，总能通过集中兵力在我宽大正面的任意一点达成突破。结果，大量德军无法逃脱被合围的命运。只有机动作战才能使德军指挥官及其部队的优势得以充分发挥，最终或许能达到削弱苏军的目的。

希特勒越来越强调"寸土不让"的原则，它所造成的影响，我还要在下面讲到 1943~1944 年东线防御作战时进一步详加叙述。希特勒之所以越发坚持这一原则，深层的原因还要从他的本性去挖掘。他是一个只知动用极端野蛮的手段进行斗争的人。他的思想停留在一厢情愿地希望大批敌人在我们的阵地前血流成河的水平，而不懂得高明的斗士往往在进行致命攻击前先退让一步的道理。归根结底，他的野蛮武力思想与战争艺术格格不入，而这种野蛮武力思想的成功是以其意志力量为依托的。

希特勒将武力置于精神之上，忽视士兵的勇敢和能力，因此对于他过高估计技术手段，沉溺于数字之中，就不足为怪了。他陶醉于德国装备工业的生产数字，当然德国装备工业的迅猛发展应当归功于他的大力推动（但他有意忽视了敌人装备工业更高的生产数字）。

但是，他忘记了只有经过训练的士兵和依靠士兵的能力才能使新型武器充分发挥效能。他认为，只要将新型武器运上战场就一了百了。至于部队是否已经掌握了使用方法，新型武器是否已在实战条件下经过验证，他就一概不管了。

同样的，希特勒总是不断命令组建新师。我们当然希望增加师的数量，但这种组建是以牺牲现有师的补充兵员为代价的。现有各师已近枯竭，而新组建部队由于缺少足够的战斗经验，造成过高的伤亡。前面讲到的空军野战师，以及不断组建新的党卫队师，还有所谓的人民步兵师，都是突出例证。

最后还要提到的是，希特勒虽然经常强调他的军人观，喜欢谈论他在前线时所获得的军事经验，但事实上，他在本质上与军人的思想和军人的情感相差太遥远了。同样，他的纳粹党的所作所为与普鲁士作风也毫不相干——而他常常乐于自诩普鲁士的风范。

通过集团军群、集团军等的报告，希特勒对于前线态势肯定是十分了解的。他也经常听取前线军官的口头汇报。因此，他不仅知道我们部队的战绩，也知道自对苏战争开始后部队一直在超负荷运转。也许正是出于这个原因，人们才没有办法使他到东方战场的前线走一走。请他到我们的集团军群司令部做一次视察也十分困难，他甚至从来都不曾想过驱车向前走得稍稍远一些。也许他害怕这样会将他意志不可战胜的梦想打得粉碎。

尽管希特勒时不时地搬出他过去的所谓战争经验，但我从未感到他的心是属于部队的，部队的损失对他来说只不过是一些数字而已，因为数字的多少会直接影响部队的战斗力。他几乎从来没有将他们当作人看待。❶

不过，在一件事情上他有十足的军人味，即在对立有战功人员的奖励问题上。他的主要目的是通过奖励给那些勇敢的斗士以荣誉。因此，在对苏战争之初，由他颁发的关于铁十字勋章授予的规定得到了模范的执行。

---

❶ 一位过去在最高统帅部服役的军官，在每日情况汇报会上每天都能见到希特勒，后因调到前线作战负伤而被调离统帅部。他曾在信中给我谈过如下情况：

"我完全赞同你的这一感觉（他的心不是属于部队的，部队的损失对他来说只不过是一些数字而已）。实际上，他在大庭广众之下似乎又表现得相反；从军人的角度看甚至还很柔弱，很重感情。他不能忍受战争的恐惧。他害怕他的柔弱善感会影响其政治意志做出的决定。他害怕自己去分析或听别人绘声绘色地描述部队的损失；听到他所认识的人死去的消息，对他简直是一种折磨。

"通过多年观察，我不认为他这是在做戏，而确实是他本性的一面。因此，他外表表现得无关痛痒、麻木不仁，为的是使上文讲到的他那些本性得以消解。这也是他不愿到前线和被轰炸城市去视察的一个深层次的原因。这肯定不能归结为他缺少勇气，而是由于他对自己恶劣经历的一种恐惧。

"在许多非正式场合，大家不分级别地谈起部队的战绩和负担时，可以发现他对作战部队也流露出明显的同情和关心。"

这位军官并不属于希特勒的亲信圈子，也不是什么追随者，他的判断至少说明，希特勒给人的印象是如此相反，以至于不同的人对他的本性和思想的看法截然不同；也说明，要想真正地认识他或看透他，是一件困难的事。如果真的像这位军官所说，希特勒心地是"柔弱"的，那么如何解释在他统治下日益增长的野蛮和残忍呢？——作者注

这个规定只适用于那些有英勇行为的士兵和建有指挥功绩的指挥官及其第一助手。可惜，有些授予单位从一开始就没有按照这个规定执行。其中有一些单位设立十字勋章太晚了，这种勋章是授予那些尚未达到荣获铁十字勋章的条件、但也应受到奖励的有功者。一位有功的将军要想由希特勒亲手授予骑士勋章，比前线的普通军官还要难。

事后，当回忆起在漫长的战争中，希特勒为我们军人创立的名目繁多的奖章、徽章，着实有点可笑。比如像近战奖章别针，还有像第11集团军获得的克里木盾形徽章，当时我们还引以为荣。

上述列举的希特勒的弱点使他自诩的最高军事统帅的角色大打折扣。

如果他善于倾听一位富有经验和责任心的总参谋长的咨询，并给予这位总参谋长以充分的信任，那么他的这些弱点至少会得到某些弥补。不过，希特勒也具有统帅所应具备的一些基本特征：坚强的意志，在即使最危急时刻也毫不动摇的神经，公认的敏锐洞察力，在作战领域也有几分天才，对技术前景的认识能力。如果他善于利用总参谋长的能力来弥补他缺少军事训练和经验，尤其是在战略和作战领域的不足，那么即使存在上述弱点，也能组建一个有效的军事领率机构。然而，这恰恰是希特勒所不愿做的。

如同他将意志力视为决定一切的重要因素一样，在评价自己的能力在政治上的成功，以及战争初期军事上的胜利时——他将其归于自己名下——也总会丧失标准。如果他接受了一位享有职权的总参谋长的建议，他认为这不是对自己意志的补益，而是向别人屈从。此外，由于他的身世和经历，他对军事将领们有一种无法磨灭的不信任感。他与这些来自另一种环境的人的作风和思想格格不入。因此，他不准备让一位有职权的军事顾问追随于他的左右。他想与拿破仑并驾齐驱❶，只允许有执行其意志的助

---

❶ 拿破仑虽然也建立了总参谋部，但依然大权独揽。总参谋部形同虚设，沦为他的一个办事机构，连他的总参谋长都没有参与真正意义上的作战指挥，只不过是他的一个传令兵。——译者注

手和机构存在，但他既缺少拿破仑那样的军事知识，也不具备拿破仑那样的军事天才。

在介绍对大不列颠实施登陆计划时，我已经说过，在希特勒组建的最高统帅部里，并没有一个有权就整个战争指导问题提出有效建议和能制订战争计划的单位。从理论上讲，最高统帅部的国防军指挥参谋部理应担负这一任务，但实际上只扮演了一个军事秘书处的角色，只负责将希特勒的思想和指示转变为军事命令。

但是还有比这更糟的。希特勒将挪威战场定为国防军统帅部战场，陆军总司令部对此无权过问，由此开创了分割陆战指导的先例。接着，其他战场也都先后划入统帅部的业务范畴，只有东方战场还由陆军总司令部负责，但陆军总司令由希特勒兼任。这样，陆军总参谋长便无权过问其他战场，另外两个军种的总司令对战争的总体指导同样也无权干预。陆军总参谋长对于陆军兵力在各战场的分配不能施加丝毫影响，甚至常常不知道部队和物资究竟补充到哪个战场，数量有多少。因而在此种情况下，国防军指挥参谋部与陆军总参谋部之间发生冲突是不可避免的。故意制造这种冲突也许是希特勒的一种领导原则，这样他便可以在所有问题上独自做出决定。最高统帅部的这样一种错误组织形式势必导致它形同虚设。

希特勒对其意志力和能力的过高估计，也使他经常下达一些指令，直接插手下级各指挥机构的事务。

依靠各级指挥的责任心、自主性和主动性，并尽量鼓励这种精神的发挥，是德军指挥历来所具有的强点所在。高级指挥层的"指令"和中、下级指挥层的命令，原则上只应为其下级所属部队指派"任务"。至于如何执行这些任务，则是下级指挥官的事。❶ 德军能战胜敌人，赢得胜利，基本归功于这种指挥方法，而敌人的命令往往要为下级规定到行动细节。除非万不得已，德军决不会通过下达具体详细的命令去介入下级司令部的指挥。

希特勒却相反，他相信即使坐在办公室里也会比前线的军官们更能洞察一切。不言而喻，他那份情况图——遗憾的是，他在上面对每一个细节都做了标识——是绝对赶不上前线战事的发展。更不用说，他从如此遥远的距离根本无法判断，前线的行动何者为正确，何者为必要。

利用个人的指令干预集团军群、集团军的指挥，这已逐渐成为他的一种习惯，而这根本不应当是他干的事。虽然我本人没有受过他的干预，但是在由维捷布斯克到罗斯托克中途的一个车站上遇到克卢格元帅时，他给了我一个提醒。他说他在中央集团军群时，任何一次兵力超过一个营的行动，都必须事先向希特勒请示。虽然后来希特勒一直未曾对我指挥的集团军群进行这种不像话的直接干预，但因希特勒的介入而引发的我们与最高统帅部之间的冲突也不算少。

希特勒不停地下达的这种个人指令通常只能束缚和损害下级指挥，但他不愿下达长期性的作战指令。他越是将"寸土不让"的原则视为其指挥艺术，就越是不想下达长期性指令，因为这种指令必须考虑到将来作战态势的发展。而未来的形势很可能是被敌人制服，这是他不想看到的。他对下级的不信任使他不可能下达长期性指令，因为这将给下级以行动自由，而这种行动自由又会被下级利用来做与他的愿望不相符的事。然而，这样

---

❶ 这就是普鲁士—德意志总参谋长老毛奇在 1864~1871 年德国统一战争期间所创立的指挥方法。他指出，由于新技术在作战中的应用以及大兵团作战的出现，军队的活动领域日益广阔，战局变化更加迅速，即使最有才干的统帅和指挥官也无法洞察作战进程的每一个细节，指挥级别越高，这种现象越突出。为此，他提出少下达命令、多下达指示的指挥原则，要求各级尽量少下达内容具体、约束力强的命令，多下达目标明确、内容简洁的指示，以便给下级较大的自由。他鼓励下级在情况变化或尚未接到命令时积极行动，以免坐失战机。这一指挥原则为日后德国军队所遵循，近代被发展为"任务式指挥法"。——译者注

就使真正的指挥艺术失去了生存根基。最后，竟发展到了如果没有最高统帅部的指令连一个集团军群都无法行动的地步，这同时也束缚了友邻的行动。我们常常思念在克里木作战时的那段时光，可以说，那是在一个我们自己的战场上作战。

最后，我还要就我的亲身经历，说一说在军事指导问题上希特勒与高级军事将领们之间发生的争执。某些描述说，希特勒在发生这种冲突时总是大发雷霆，暴怒时唾沫四溅，甚至有时还会咬地毯。他在盛怒时会失去自制力，这是事实。但是，我只看到过一次他与哈尔德大将的争吵，那次希特勒大声咆哮，大失体统——我上文已经说过此事。他与凯特尔相处时也是如此，这与他的身份极不相称。

但是，希特勒并不是对所有人都是如此，他很会看人下菜碟。当他大发雷霆时——也许是故意做戏——他知道这会产生一种震撼效应。

就我个人与希特勒接触的经验而言，我只能说，当我们意见发生分歧时，他还能保持起码的礼节，做到公事公办。只有在一次非公事的私人谈话时，他对我有点尖锐的回答不予理睬。

希特勒对于他想要说服的对象的心理了解得十分透彻，在这方面可谓行家里手。当然，他也知道来找他的人是出于什么动机，心怀什么企图。所以，他早就准备好了一整套应对的论据。

他具有一种十分出众的用自己的信心感染别人的能力——不管这种信心是真是假。特别是一些从前线回来的军官对他不了解，因此很容易上当。然后，你就可以看到，来时他们本想"将前线危机的真相向希特勒汇报"，走时却昂首挺胸、信心百倍了。

当我担任集团军群司令时，有时会在一些作战问题上与他发生分歧，给我印象最深的是他为自己观点辩护时表现出的难以置信的坚韧性。有时要争论数小时，才能达到目的；有时则一无所获，或者只得到一纸空文。在我认识的人间，还没有哪一个在这种争论中具有与他相等的耐力和韧性。如果说前线指挥官与希特勒的争论最长不过数小时，那么总参谋长蔡茨勒将军为了采取某些必要的行动，必须与希特勒进行好几天的争论。我们常常问他，你与希特勒已经战了几个回合？

希特勒的论据——包括他为之辩护的纯军事问题，一般都不易被驳倒，至少是举不出有力的证据加以反驳。尤其是关于作战意图，这是一件任何人都无法绝对正确地预言其前景的事。战争始终没有绝对可靠的东西。

一旦希特勒发现，他的作战观点未能给别人以深刻印象时，他就会立刻转到政治或经济领域寻找论据。因为，他在这些领域所具有的知识是任何前线指挥官所无法比拟的，所以他在这方面的论据大多都难以驳倒。最后，汇报者只能坚持说，如果希特勒不同意这一企图或要求，军事上的事不仅搞不成，也必将在政治和经济领域造成严重恶果。

某些时候，希特勒也表现出他的另一面，尽管他不同意报告者的观点，但也能认真倾听，之后进行客观的探讨。

这个心里只有其政治目标，只生活在一种"使命"之中的独裁者、偏激者，在其内心深处与军事将领们的关系自然无法搞好。很明显，希特勒对于人的东西丝毫不感兴趣。他只把人当作为其政治目的服务的政治工具。希特勒对德国军人没有任何信任可言。

德军领率机构日益暴露出来的缺点，一方面是基于希特勒个人的原因，另一方面则是由于极不合理的最高统帅部的组织体制。这自然就引出一个问题，是否应当以及如何改变这种关系。在这里——而且在整部书里，我都不想谈及政治问题。

为使战争得到合理的指导，我曾不少于三次试图劝说希特勒改变军事指挥的现状。我相信，再没有任何人像我一样当面向他提出这样的要求，指出他军事指挥上的不足。

我也清楚，希特勒决不准备公开放弃他在军事上的最高指挥权。作为一个独裁者他也决不会这样做，因为这将使他威望扫地。因此在我看来，要想达到目的就只能说服希特勒，在名义上保留其指挥权，实际上，将所有战场的作战指挥交给一位有职权的总参谋长，东方战场可专门任命一位总司令。遗憾的是，这一努力没有成功，我在下面叙述 1943~1944 年情况时还要再次谈及此事。在这件事情上，我的处境很尴尬，因为希特勒非常清楚，在陆军中有许多人都希望我能出任有实权的总参谋长或东线总司令。

在这里，我不想深入探讨用武力改变国家领导的问题，其中包括 1944 年 7 月 20 日所采取的行动❶。但愿以后有机会再谈及此事。在这本回忆录里，我只想说一句话，作为一名负责的前线指挥官不允许在战争中有发动政变的思想，因为它将导致前线的崩溃，并引发国内的混乱。此外，这种思想与入伍誓词背道而驰，谋杀能否成功也是个问题。

如我在接受审判时所说："高级指挥官年复一年地要求其士兵为胜利而捐躯，因此他决不会用自己的手制造失败。"

此外，当时已经看得很清楚，即使政变成功也无法更改同盟国对德国提出的无条件投降的要求。我认为，在我担任一名指挥官的当时，我们还没有到必须用这种方式解决问题的地步。

---

❶1944 年，当德国法西斯发动的世界大战败局已定时，德军中的一部分军官企图谋杀希特勒、发动政变，求得一个体面的停战。1944 年 7 月 20 日，施陶芬贝格上校在希特勒的会议室里置放定时炸弹，企图将希特勒炸死，但希特勒只受了轻伤。政变遂被残酷镇压，一批德军元帅、将军被处决。——译者注

第十二章

斯大林格勒的悲剧

通向斯大林格勒的路；希特勒的基本错误；斯大林格勒周围的态势发展到接管顿河集团集群指挥权；11 月 24 日的态势；第一次机会错过了；第 6 集团军是应冒险突围还是等待解围？空运补给无论如何都是前提条件；第一印象；安东内斯库的一封信；顿河集团集群的两项任务；接管指挥权时的态势；保卢斯请求行动自主权；依靠空运能否提供足够补给？戈林的过错；"冬季风暴"命令；敌人发动攻势；敌人对第 4 装甲集团军实施攻击；奇尔河下游态势恶化；希特勒迟迟下不了决心；生与死的竞赛；第 57 装甲军的战斗；艾斯曼少校的使命；顿河集团集群命令第 6 集团军执行"霹雳"行动；机会没有利用；希特勒将燃料问题作为拒绝放弃斯大林格勒的理由；突围行动被迫停止；第 6 集团军的最后战斗；能否再次实施解围？胡贝将军的报道；敦促投降；第 6 集团军战斗的意义；尾声

"旅行者，请到斯巴达❶来，在这里向世人宣布，我们看到他们长眠在这里，这是命运的安排。"❷

---

❶ 希腊古都，在荷马史诗中称拉塞达埃蒙。公元前 9 世纪建成斯巴达城邦，热衷于战争。——译者注

❷ 1943 年 1 月 30 日，即第 6 集团军全军覆灭的前一天，也是纳粹党执政 10 周年之际，戈林在无线电里为第 6 集团军大吹大擂。他在讲话中模仿这首诗句说，千年之后，德国人将怀着敬畏的心情这样谈起伏尔加河畔的英雄战役：你们到德国来的时候，别忘了说一声，你们已经看到我们长眠在斯大林格勒。为了德国，为了荣誉，为了元首，我们必须这样做。——译者注

通过上面的诗句，世人了解了泰尔莫皮伦防御者的英雄事迹，它也从此成为对勇敢、忠诚和服从的赞歌。但是，没有人在通往斯大林格勒的路上，为纪念在斯大林格勒惨遭覆灭的德军第6集团军树立一块镌刻这样史诗的纪念碑，没有人为在那里阵亡、被饿死和冻死的德国士兵们树立一个十字架。

尽管胜利者的欢呼声早已消退，尽管德军士兵对痛苦的抱怨、对失望和不满的怒吼已渐沉寂，但对他们所遭受的无以言状的苦痛和伤亡，对他们表现出的史无前例的英勇、忠诚和尽职的缅怀，并没有随着时间的推移而淡忘。

尽管这种英勇并未取得成效，尽管接受效忠和尽职的这个人对此并不理解，也不值得，但这种英勇、忠诚和尽职依然是对德国军人气质的一首赞歌！一种牺牲如果没有带来胜利也许等于徒劳，一个政权如果不懂得珍爱对它的忠诚，这种忠诚也许是没有意义的。如果服从的前提被证明是骗人的，那么说明这种服从是错误的。然而，这种由第6集团军在他们捐躯过程中所表现出的民族品质和气节，将永世传承。

要描绘德军第6集团军的英勇事迹，恐怕只有杰出的诗人才能胜任。但是，德国军人的苦难和牺牲太神圣了，以至于会使人感到心惊胆战，使人们怀疑资料的可靠性，或者会引发政治上的争论。凡是想着手描绘这一悲剧的人，定会对这段历史肃然起敬，而不会心怀憎恶！凡是像我这样曾处在一个负责的地位上，亲身经历过斯大林格勒战斗的人，都不会用低劣的语言亵渎在斯大林格勒死去的人们。不管是言之无物的华丽辞藻，还是与之不相协调的仇恨，都不能用在这一悲惨事件上，对它只能是客观地描述。历史会对此做出最终的评判，不过可以肯定，那些认为其所走过的艰苦路程是他们应尽的义务的人将是正确的。也可以肯定，这段历史是一个错误或疏忽，但对他们的效忠进行谴责是不公的。

我并不认为我不能够描述第6集团军士兵的战斗和苦痛，但是我的地位阻止我这样做。在这里，没有必要对这出悲剧中的人，对他们所遭受的苦痛、绝望、怨恨和死亡，以及在那些日子里，后方人们的恐惧、担心和悲痛进行描述。之所以如此，绝不是因为这些东西在我和我们的同事，以及包括所有为拯救第 6 集团军而为之战斗的军人心里一直留存着可怕的阴影。对于斯大林格勒悲剧中的人，没有人比曾亲历此事的我们有更深切的理解，我们在最后一刻也没有放弃拯救我们战友的努力。但是，要说起这出悲剧中的人，其中饱含了无法想象和难以言状的苦痛，以至于我们有可能在描述他们时挂一漏万，有失真实。我们不是低估他们所遭受的痛苦，而是怕重新揭开这个旧疮疤。我们这样做有助于理解，避免制造新的仇恨。

因此，我将对这出悲剧进行理智和客观的描述，不掺杂情感的东西。我将不提及那些德国军人的伟大英雄气概和苦痛。我将站在我的位置上，从更宽大的视角，并将斯大林格勒作为整个战局的一部分来描述。我的描述也许没有将读者带到会战的喧哗、斯大林格勒周围的冰天雪地，以及争夺沟堑和居民地的激烈战斗之中，只能停留在一个高级指挥层，对这一点希望读者能够给予理解。

斯大林格勒会战被苏联人称为战争的转折点，这是可以理解的。英国人也将 1940 年抵御德国空袭的结束赋予类似的意义。而美国人则把同盟国取得最终胜利归结为它的参战。

在德国也有许多人持相同观点，认为斯大林格勒会战是一场具有"决定性意义的会战"。

针对这些观点必须指出的是，无论这些或是其他一些个别事件都不是决定性的评判标准。因为这些事件更多来源于更重要的因素，即由于希特勒的政策和战略，使德国在苏联面前最终处于一种无望的劣势地位。

不过，仅就德军在伏尔加河畔的攻势最后演变成大溃败而言，也可以说斯大林格勒会战是第二次世界大战的转折点。但是，尽管第 6 集团军遭受重大损失，但东线的战争甚至是整个战争并没有因此而失去。如果德国的政治和军事领导想要取得一个平局的话，当时还是存在这种可能性的。

通向斯大林格勒的路

不言而喻，第 6 集团军覆灭的原因是由于希特勒出于其威望的考虑而拒绝主动放弃斯大林格勒。

然而，第6集团军之所以会陷入这种状况，是由于德军最高统帅部在计划和实施1942年攻势时，事先，尤其是在攻势即将结束时所犯的错误。

对于德军南翼在1942年晚秋所犯的错误，我将在叙述1942~1943年冬季战局时再提及。这里，我只想列举几点攸关第6集团军命运的重要因素。

由于希特勒的战略目标受到战争经济观支配，所以德军1942年的攻势分为两个方向——高加索和斯大林格勒。因此，在德军进攻受挫后，现有兵力已不足以守住一条防线。然而，第11集团军在克里木战役后被肢解到各个方向上，使德军统帅部没有一支战役预备队以供翼侧使用。

此时，"A"集团军群正面向南，位于高加索北部黑海与里海之间。"B"集团军群则正面向东和东北方向，位于斯大林格勒南部的伏尔加河畔，在城北折向顿河中游，之后沿着顿河直至沃罗涅日北部。两个集团军群防守着绵亘的防线，而兵力并不充裕。苏军的南翼虽然遭受重大损失，但实际上并没有被击溃，而是通过主动退却逃脱了被歼灭的命运。此外，苏军在后方等其他战线上还拥有十分强大的战役预备队。最后，在德军两个集团军群之间的卡尔梅克草原，有一个宽达300公里的缺口，在此仅有一个师（第16摩托化师）在埃利斯塔负责警戒。

我们暂且不谈在计划和实施1942年夏季攻势中的错误，仅就企图长时间防守如此绵长的防线而论，就应当算是第一个错误。正是由于这个错误，导致第6集团军在1942年11月底陷入困境。

第二个更大的错误是，希特勒强迫"B"集团军群将其重要的突击兵力第6集团军和第4装甲集团军，投入斯大林格勒城内外的战斗。而该集团军群位于顿河北部纵深翼侧的保障任务，却交给了罗马尼亚第3集团军，以及一个意大利集团军和一个匈牙利集团军，沃罗涅日地段的防守任务交给了兵力较弱的德军第2集团军。希特勒应当明白，这样的联军即使在顿河后方也抵挡不住苏军的强大攻击。对于负责保障第4装甲集团军暴露的右翼安全的罗马尼亚第4集团军来说，同样如此。

占领斯大林格勒的企图在最初获得部分成功之后，通过进攻赢得伏尔加河控制权的想法充其量在一个短时间内还是可以成立的。但是，将"B"

集团军群的主力放在斯大林格勒达数周之久，而只以不充足的兵力来保障其翼侧安全，则是一个重大错误。死盯着斯大林格勒不放，这恰好将我们整个南翼的主动权拱手交给了苏军。这简直就等于邀请苏军前来利用这一机会，将第 6 集团军合围。

第三个错误是，德军南翼指挥体制荒诞离奇。

"A"集团军群根本没有自己的司令，它是由希特勒顺便兼管。

"B"集团军群下辖兵力不少于 7 个集团军，其中包括 4 个联军集团军。按理说，一个集团军群司令部应以指挥 3~5 个集团军为宜。然而，如果多数为联军集团军，那么其任务势必会超过一个集团军群司令部的兵力所能。"B"集团军群司令部将其驻地选在顿河畔防线的后方（旧别利斯克）是正确的，这样可以更便于指挥联军。但是，这个位置势必使它又拉远了与其防线右翼的距离。此外，加之希特勒对指挥滥加干涉，致使集团军群司令部无法对第 6 集团军实施有效指挥。

陆军总司令部肯定已认识到在指挥上的这一困难，为此准备组建一个"顿河"集团军群，由安东内斯库元帅指挥。但这个集团军群最终并未组建，因为希特勒想等攻陷斯大林格勒以后再说。未启用这位罗马尼亚元帅是一个严重错误。他的作战能力确实尚未经过考验，但无论如何他都是一个优秀军人。特别是凭借他的个人形象可以加强罗马尼亚高级指挥官们的作战意志，他们对这位元帅的敬畏一点不亚于对苏联人。我们曾要求增加斯大林格勒防线翼侧安全保障兵力，他的出面会极大地加强我们这一要求的砝码。他毕竟是国家元首和盟友，希特勒对他绝不会像对待第 6 集团军或"B"集团军群司令那样不屑一顾，必定会耐心地倾听他的意见。

在我就任集团军群司令后，安东内斯库元帅曾在一封给我的信中强烈指出当前态势，尤其是罗马尼亚第 3 集团军的危机，以后就此又多次提出警告。但是，他并不负有前线指挥权，因此对他的话没有人给予重视。假使他是以国家首脑的身份，并同时在受威胁的防线上担任总司令，那么他的警告就有分量了。"B"集团军群和第 6 集团军司令部也曾就敌人正准备在斯大林格勒两侧发动大规模进攻提出过警告。

最后，还有一个事实值得一提，它对于第 6 集团军乃至整个南翼具有重要意义。整个"A"集团军群，以及第4装甲集团军、第6集团军、罗马尼亚第3、4集团军和意大利集团军，都依靠于唯一的第聂伯河渡口，即第聂伯罗彼得罗夫斯克铁路桥。扎波罗涅日铁路桥尚未修复，通过乌克兰，经尼古拉耶夫、赫尔松到达克里木，并由此经刻赤海峡的铁路都尚未修复或尚未完工。德军防线后方南北的联系也不顺畅。因此与苏军相比，在部队补充的快速性方面和在防线后方兵力调动上，德军最高统帅部都处于劣势；而敌人则能在任何方向上建立有效联系。

为能赢得胜利，任何一位统帅都不得不冒险。然而，德军最高统帅部在1942年晚秋所冒的风险，不应当是将"B"集团军群具有战斗力的部队长时间束缚在斯大林格勒，而在顿河防线却只配置薄弱兵力。对此可以找到的理由是，事先没有料到联军会像后来发生的那样完全彻底地崩溃了。罗马尼亚军队一直算是我们联军中最好的部队，不过他们的表现可从克里木战役的经验中窥见一斑。至于意大利部队，根本就不要抱任何幻想。

夏季攻势虽然又夺占了一定的地域，但并未给敌军南翼以决定性打击，此后德军统帅部所应冒的风险绝不能是上面提到的那种冒险，而只能是利用顿河大转弯的地利条件，在高加索与顿河中游之间实施机动作战，阻止苏军赢得主动权。但是，用此种冒险替代彼种冒险并不在希特勒的考虑之列。当他的攻势未能取得最终结果时，他并没有从中汲取教训，这也就为斯大林格勒悲剧的发生做好了准备！

斯大林格勒城下态势的发展
就任"顿河"集团军群司令

11月21日，第11集团军司令部在维捷布斯克接到陆军总司令部的命令。命令指出，为使在斯大林格勒西、南两个方向上进行艰苦防御作战的各支部队实施更紧密的协同，第11集团军司令部将改编为"顿河"集团军群司令部，下辖第4装甲集团军、第6集团军和罗马尼亚第3集团军。鉴于我们缺少一个军需支队，因此把准备配属给安东内斯库元帅司令部的军需支队配属给我们。它的指挥官是总参谋部上校芬克，他不仅人品优秀，而且是一位出色的后勤方面的组织者。后来，集团军群遇到的所有后勤上的困难都被他一一化解。但第 6 集团军的空中补给不在他的管辖范围内。在我于 1944 年 4 月被免职之后，芬克上校被提升为西线总司令的军需长。后来有人告诉我，他在极短的时间内便将那里的后勤组织整顿得井然有序，以至于在苏军完全掌握制空权的情况下都能实施补给。由于他被卷入谋杀希特勒的行动，遂于 1944 年 7 月 20 日后被处决。

对于"顿河"集团军群的任务，陆军总司令部在命令中指出："阻止敌人的攻势，夺回在其进攻前己方所占领的出发地位。"

最初，答应配属给我们的加强兵力只有一个军和一个师，这些部队本是准备调往米列罗沃，即将来"B"集团军群右翼的后方。

从命令赋予我们任务的措辞以及答应加强给我们的这一点点兵力上，可以得出结论认为，陆军总司令部在下达命令的时候，绝对没有清楚地认识到斯大林格勒态势的危险性，而就在那一天，第 6 集团军被合围。

其他消息是我们在维捷布斯克与冯·克卢格元帅及其参谋长韦勒将军谈话时获知的，当时我们的列车停在车站，偶遇克卢格元帅。他们告诉我，苏军以强大兵力（1~2 个坦克集团军、大量骑兵部队，共计约 30 个师）突破罗马尼亚第 3 集团军位于斯大林格勒西北的顿河防线。位于斯大林格勒南面、隶属于第 4 装甲集团军的罗马尼亚第 4 集团军正面，同样也被突破。

因此，我从维捷布斯克给总参谋长发了一份电报，明确指出：鉴于敌人投入强大兵力，我们在斯大林格勒的行动不能仅为了夺回一些阵地。

用以恢复态势的兵力应为一个集团军规模，而且尽可能在完全展开之后再实施反突击。

蔡茨勒将军同意我的意见（一贯如此），并允诺再配属给我们 1 个装甲师和 2~3 个步兵师。

与此同时，我又给"B"集团军群发电，请他们命令第 6 集团军坚决将其兵力撤出防线，以确保守住其背后位于卡拉奇附近的顿河渡口。命令是否已下达到第 6 集团军，我便无法断定了。

直到 11 月 24 日我们到达"B"集团军群位于旧别利斯克的大本营时，

才从其司令冯·魏克斯男爵大将和参谋长冯·宗登施泰恩将军那里了解了近日情况即目前态势。

原来，苏军于 11 月 19 日清晨，在经过猛烈的炮火准备之后，从克列缅斯卡亚的顿河桥头阵地以及西部渡过顿河，对第 6 集团军左翼（第 11 军）以及罗马尼亚第 3 集团军（罗马尼亚第 4、5 军）发起进攻。同时，苏军又以强大兵力在斯大林格勒南面，对在那里与罗马尼亚第 4 集团军混杂在一起的第 4 装甲集团军（霍特大将）发起攻击。第 6 集团军虽然保住了它的左翼，但罗马尼亚的两条防线均被苏军突破。强大的苏军坦克部队迅速突入我纵深——这是他们从我们这里学来的。11 月 21 日清晨，苏军便在顿河畔的卡拉奇会合，夺取了完好无损的大桥，该桥对于第 6 集团军的补给可谓生命攸关。这样，自 11 月 21 日上午，第 6 集团军以及从斯大林格勒南部地区被赶至这里的德军第 4 装甲集团军一部和罗马尼亚军队便被合围。被合围的有 5 个德国军，共计 20 个师，还有 2 个罗马尼亚军，以及大量统帅部炮兵预备队和工兵部队。后来，连集团军群自己都无法精确统计到底有多少德军部队被合围。根据第 6 集团军统计的数字在 20 万 ~27 万人之间，不过应当注意的是，这其中"领取口粮"的人中除了罗马尼亚部队之外，还包括数千名"志愿救护人员"和战俘。一般认为 30 万人的说法无疑是夸大了。第 6 集团军的部分后方勤务人员，以及部分运输部队、伤员和休假者并不在合围圈内。这些残留人员后来便作为第 6 集团军各师重新组建时的基干，不过每个师在 1500~3000 人之间。如果考虑到第 6 集团军各师的兵力在 11 月时已被极大削弱，那么即使加上强大的统帅部炮兵和工兵预备队，被合围的也应当是 20 万 ~22 万人，这个数字似乎是相当准确的。

11 月 24 日的态势如下：

第 4 装甲集团军所属第 16 摩托化师尚属完整的师，分散在埃利斯塔两侧的草原上，此外还有北翼的罗马尼亚第 18 师。其他所有罗马尼亚部队部分被投入斯大林格勒，部分被歼灭或击溃。集团军试图集中罗马尼亚部队残部和德军后方勤务部队，在科捷利尼科夫前方守住一条警戒线。起初，他们没有受到攻击。罗马尼亚第 4 集团军残部（包括其司令部在内）

归属霍特大将指挥。位于斯大林格勒南线的霍特大将的第 4 装甲集团军，在罗马尼亚军队溃败后撤向斯大林格勒南部和西南部、正面向南的防线，并划归第 6 集团军指挥。

第 6 集团军及其第 4、8、11、51 军和第 14 装甲军，被合围在斯大林格勒周围。第 6 集团军将第 11 军和东部紧邻的第 8 军一部由位于顿河两侧的防线，撤向合围圈内一条新构筑的西部防线，其突出部一直到达卡拉奇大桥以东。同时，用预备队和在斯大林格勒作战的第 4 装甲集团军一部，以及罗马尼亚集团军，构筑了一条新的南部防线。合围圈东西约 50 公里，南北约 40 公里。

罗马尼亚第 3 集团军两翼已被突破。在中央，由在塞瓦斯托波尔表现出色的拉斯克尔将军指挥的一个集群，约三个师的兵力，进行了英勇顽强的抵抗。他们已被合围，估计在此期间均已被俘。

原本计划留作预备队、位于顿河桥头阵地后面的第 48 装甲军发动反突击，但为时已晚，最终未果。它的两个师已被合围，受命向西突围。其军长（海姆）已被希特勒解职，并被召回元首大本营。由戈林组成的一个军事法庭——对这种事，他常常是乐此不疲——判处海姆死刑，罪状是他应对该军的覆灭负责，但后来被赦免，因为事实上，他所指挥的部队在兵力上对于所承担的任务而言过于弱小。该军所辖兵力只有新组建且没有任何作战经验的罗马尼亚装甲师，以及德军第 22 装甲师，从技术上讲明显达不到应有水平。

罗马尼亚第 3 集团军实际上只有大约三个师的兵力，他们并未参加攻击行动，而是停在顿河河畔，与意大利军队毗邻（罗马尼亚第 1、2 军）。

依照"B"集团军群的看法，第 6 集团军所拥有的弹药量最多只够两天，粮食只够六天！（后来证明这个数字估计得太低了。）在晴好天气里，利用空运补给只能满足第 6 集团军弹药或燃料需求的 1/10。原本允诺投入 100 架容克式飞机对集团军实施补给（除去无法避免的损失外，实际相当于 200 吨物资），其他型飞机也将陆续投入。

苏军的情况是：大约 24 个兵团（师、坦克旅和机械化旅）突入斯大林格勒南部的缺口，向北折向第 6 集团军南翼，发起猛烈攻击。

从罗马尼亚第 3 集团军被突破地段，苏军以大约 24 个兵团从第 6 集团军背后向卡拉奇方向突击；同时，另有 23 个兵团正从西部向南和西南方向上的奇尔河推进。此外，位于斯大林格勒城内的苏军，在第 6 集团军的攻击下一直顽强坚守，并得到伏尔加河彼岸的支援。在伏尔加河与顿河之间，第 6 集团军北线当面，一直有优势兵力存在。毫无疑问，苏军一直利用铁路不间断地向这里运送部队。事实上，截至 11 月 28 日在"顿河"集团军群作战地域，已发现苏军整整 143 个兵团（师、坦克旅等）。

由我指挥的"顿河"集团军群由下列部队编成：被约三倍优势之敌合围在斯大林格勒周围的第 6 集团军，共计 20 个已被严重削弱的德军师和 2 个罗马尼亚师，没有足够的弹药、燃料和食物储备，而且补给断断续续。此外，没有丝毫作战自主权，希特勒不顾已被合围的事实，一直顽固坚持守住"斯大林格勒要塞"的命令。除第 6 集团军之外，本集团军群还有第 4 装甲集团军残部和罗马尼亚的两个师。当时最好的一个师要算尚未动用的德军第 16 摩托化师，但该师尚位于草原，为"A"集团军群担负后方警戒任务，无法调动。最后，还有四个完整的罗马尼亚师，战斗力明显不如苏军。

说是第 6 集团军归属"顿河"集团军群指挥，多少也是徒有其名。实际上，该集团军一直由陆军总司令部直接指挥。该集团军或许还有机会依靠自己的力量脱身，但希特勒硬要将它牢牢地钉在斯大林格勒。现在，从作战角度看，它已无法机动。集团军群无法对其实施"指挥"，只能提供帮助。此外，希特勒还在第 6 集团军司令部为自己设立了一部电台，以便通过那里的联络官对集团军实施直接指挥。集团军的供给甚至也由希特勒亲自掌握，因为空运手段掌握在希特勒手里。在这种状况下，我本可以拒绝接受第 6 集团军归属"顿河"集团军群指挥的安排，并要求依旧由陆军总司令部直接指挥，这样做从形式上说是正确的。但当时我并没有这样做，因为我认为，我能比陆军总司令部更好地直接协同解围部队与第 6 集团军间的行动。可是，在那关键的几天里为什么未能达成这种协同，原因我将在下文叙述。

除去已被合围、在作战上已没有意义的第 6 集团军外，最初"顿河"

集团军群所拥有的全部兵力就只是些残兵余卒。

应配属给"顿河"集团军群新的兵力是：

配属给第 4 装甲集团军（其任务是从斯大林格勒南部实施解围）的兵力有，从"A"集团军群抽调来的第 57 装甲军司令部及其第 23 装甲师和强大的统帅部炮兵预备队，以及从西线调来的新组建的第 6 装甲师。

向罗马尼亚第 3 集团军左翼增派一个军部及 4~5 个师，组成霍利特集团军级支队，由奇尔河上游向东，对斯大林格勒实施解围。

我在"B"集团军群看到一份电报，是第 6 集团军司令保卢斯将军发给希特勒的（据我回忆是 11 月 22 日或 23 日）。他在电报中报告，他和他所有的军长都认为，集团军向西南突围是绝对必要的。为集中必要兵力实施突围，必须在集团军内部调动兵力，并缩短北面防线，以节省兵力。"B"集团军群的观点是，即使立即得到希特勒的批准，也不可能在 11 月 28 日前实施突围。

然而，希特勒拒绝了第 6 集团军的建议，禁止北面防线的任何后撤行动。为了强调后者，他命冯·赛德利茨将军❶（第 51 军）接管北面防线的全部指挥权。

我们身在"顿河"集团军群司令部，既没有时间也没有可能调查在第 6 集团军所发生的事。很明显，保卢斯将军已在希特勒死守斯大林格勒命令范围内尽其所能，从受威胁较小的防线上将部队撤出，并成功地从第 4 装甲集团军中抽出第 4 军，在暴露的南翼建起一道新的防线。此外，他还将第 14 装甲军从顿河东岸调至西岸，以确保背后道路畅通。但是，该军

---

❶ 冯·赛德利茨将军（1888~1976），瓦尔特·冯·赛德利茨－库尔茨巴赫，德军炮兵上将。1908 年入伍，参加过一战。二战初，在西线任第 12 步兵师师长，后调往东线。1942 年 1 月，率"赛德利茨集群"成功地为被包围在杰米扬斯克地域的德军解围。在斯大林格勒被合围后，于 1942 年 11 月 22 日建议保卢斯不要听从希特勒的命令，实施突围。遭拒绝后，于 1 月 31 日第一个向苏军投降。在苏军战俘营担任"德国军官联合会"主席和"自由德国"全国委员会副主席，进行反希特勒宣传工作。1944 年被德国军事法庭判处死刑，1950 年被苏联法庭判处死刑，后改判为 25 年徒刑，1955 年获释，返回德国。——译者注

在顿河西岸遭到优势之敌的攻击，同时苏军还对据守在顿河西岸的第11军背后发起攻击。这种态势迫使第6集团军司令部将两个军撤到顿河西岸的一个桥头阵地，之后又渡河撤向东面，这样至少可以在伏尔加河与顿河之间构成一道环形防御。

这些措施使第6集团军在友邻部队纷纷溃败之时避免受到影响，但其结果必然被敌合围。

事情很清楚，最高统帅部本应及时向第6集团军下达命令，使其获得作战的机动权，避免被合围。一名有远见的最高统帅事先就应当认识到，将全部进攻部队都集中于斯大林格勒城中和周围，而翼侧又缺少足够的保障，一旦苏军突破防线接合部，就存在着被合围的致命危险。当苏联人于11月19日渡过顿河并从斯大林格勒南部发起大规模攻势之时，德军领导们势必就知道，事情不妙了。从此刻起就应采取行动，而不应等到罗马尼亚军队被击溃。即使罗马尼亚军队没有如此迅速的崩溃，也应将第6集团军作为机动作战部队，用来控制"B"集团军群南翼的局势。因此，最迟到11月19日夜，陆军总司令部就应当向第6集团军下达一项新的命令，使其获得作战自主权。

无须对头几天苏军的攻势进行详尽描述，就可以说，如果第6集团军在敌人进攻初期就实施突围，并渡过顿河向西或沿顿河向西南撤退，是可以避免被合围的。但下达这样的命令是最高统帅的事。保卢斯将军自己也应当做出撤离斯大林格勒的决定。但他不可能及早做出这样的决定，因为他不像陆军总司令部那样了解友邻的情况。当他于11月22日或是23日请求向西南突围时，关键时刻已经错过。他向希特勒提出撤退的请求是否是一个心理上的错误，那是另一回事。保卢斯了解希特勒，他从1941年冬季作战中知道希特勒关于东方战争的观点。当时，他在陆军总司令部任首席军需长 ❶。他知道，希特勒曾把在那一年冬季德国陆军避免重蹈拿破仑

————————

❶ 负责作战。——译者注

的覆辙，归功于他下达的不惜一切代价坚守阵地的命令。他应当清楚，希特勒按照他在讲话中对斯大林格勒的说法，决不会撤出这座城市。对这位独裁者来说，这座城市的名字与他的军事威望关系太密切了。于是，唯一的可能性是给希特勒制造一个集团军撤出斯大林格勒的既成事实。但是这样做，保卢斯就有可能人头落地。然而，人们也不必担心保卢斯不敢去做他认为正确的事情。大概更多的是由于他对希特勒忠心的驱使，才使他要征得希特勒对突围行动的批准，尤其是还与陆军总司令部保持着无线电联系。此外，正如上文所说，他对总体态势可能也难以有足够清楚的认识。难于下定突围决心的另一个原因可能是，此刻突围比在斯大林格勒组织防御要冒更大的风险。

11月24日，"顿河"集团军群司令部根据当前态势做出如下判断："顿河"集团军群司令部目前还不可能下达介入该战事的命令。只有等到在新切尔卡斯克开设的大本营中有一个至少能够开展工作的指挥参谋部，并配置了必要的指挥通信设备后，方能下达命令和负起相关职责。而这两项工作的完成还有待数日（由于暴风雪，我的飞机一直滞留在中央地段，下面的路程将改乘火车）。

但是，作为将来肩负职责的集团军群司令，我必须对下列问题做出决断：依据11月24日的态势，第6集团军是否可能和应该立即突围——尽管已经晚了；如果已经错过成功突围的最有利时机，是否应等待解围部队采取行动。

经过缜密考虑，我得出如下结论，我的参谋长舒尔茨将军和作训处长布塞上校对此表示完全赞同：苏军首先会倾其全力消灭被合围的第6集团军。同时也必须考虑到另一种可能性，即苏军会利用罗马尼亚第3集团军被击溃的机会，以快速兵力由顿河大河曲地域向罗斯托夫方向突击。这样，不仅可将第6集团军、第4装甲集团军，而且也会将"A"集团军群与后方的联系切断。苏军可不断得到新锐兵力的补充，因此完全有能力同时达成上述两个目标。

对"顿河"集团军群司令部而言，首要的任务是无论如何都要解救第6集团军。因为，一方面这关系到20万德国军人的命运；另一方面，不将

图 15　德军南翼态势（1942.11 月末）解救第 6 集团军的战斗

这个集团军解救出来，并保持它的战斗力，恢复南翼态势就无从谈起。有一点是明确的，即使经过突击与第6集团军建立联系，该集团军也无论如何都不能继续留在斯大林格勒。将斯大林格勒视为关乎名誉声望的问题，在我们这里没有任何价值。相反，如果第6集团军被成功解救，它将会立即用来稳定德军南翼，可使我们平安度过这个冬季。

眼前最重要的问题是，在最佳时机已经错过的情况下，此时是否仍应进行解救第6集团军的尝试。自保卢斯向希特勒提出突围请求后又已过了两天，据"B"集团军群的估计，在11月29日或30日前难以实施解围行动。而此后，苏军就能获得一周时间，以加固其合围圈。

第6集团军只有两个方向可实施突围，而在这两个方向上，苏军都已做好准备。

一种可能性是，集团军向卡拉奇附近的顿河渡口突破。但是，在这个方向上即使成功突破敌合围圈，也将会在顿河这一障碍前停步。他们的大部分弹药会在突围中消耗殆尽。横渡顿河势必要遭遇正从顿河以西向奇尔河下游开进的强大苏军的压制。第6集团军在没有充足弹药，并受到来自北、东、南三面苏军对自己背后压力的情况下，要成功渡河实在大有疑问。

如果第6集团军从顿河东面向西南方的第4装甲集团军余部方向突破，情况或许会好一些。当然，苏军对此也预有准备。需要考虑的是，第6集团军即使在西南方向突围成功，一开始也不会得到任何德军部队的接应，反而会受到来自斯大林格勒东、北、西三方面苏军的追击。顿河西岸的敌人也将向南实施超越追击，以封锁第6集团军可能用来渡河西进的任何渡口。第6集团军很有可能迟早将在无充足弹药、燃料和补给的情况下，在草原地带被迫与苏军再次孤军奋战一场！或许其部分兵力尤其是装甲部队能成功得救，但第6集团军不久即将覆灭的命运已经注定！苏军为此投入的兵力也就会随之解脱，之后便会用来消灭东线的南翼德军（包括位于高加索的"A"集团军群）。

不管是从第6集团军考虑，还是从南翼的整个态势考虑，目标必须确立：将第6集团军完整地解救出来，使其保持战斗力。但是，前提条件是德军最高统帅部必须在出现集团军被围的危险时，准予集团军享有作战行动自主权。可是现在，集团军依靠自身力量在没有解围部队支援的情况下夺取主动权，并同时保持其战斗力，这个时机似乎已经错过了。

另一方面，也可以这样设想，如果两个解围集群付诸行动，虽然不能保证第 6 集团军突围成功，但可大大减轻其作战负担。如果正在顿河西岸推进的苏军被其他部队牵制，那么第 6 集团军至少就可以避免与此苏军交战。如果在第 6 集团军行动的同时，另一个解围集群在顿河以东从背后对苏军合围圈实施突击，那么苏军势必会减少合围的兵力，并减轻对第 6 集团军实施的最初突围行动的压力。❶

必须认清，任何等待都包含着危险，因为苏军会赢得时间继续加强其合围圈。要排除这一危险，就只有在第 6 集团军重新获得自由之前，最高统帅部一直能通过空运保障其补给。

如果这一前提条件成立，那么在成功突围的机会已经错过的情况下，现在就不要让第 6 集团军实施希望渺茫的突围，而是等待解围部队采取行动后出现新的机会。

基于上述分析，我用电话将我集团军群司令部的观点向陆军总参谋长做了如下报告：

第 6 集团军即使现在向西南突围似乎仍是可能的。鉴于其弹药和燃料状况，继续留在斯大林格勒将异常危险。

但是从作战角度看，目前集团军最好还是等待解围部队采取行动（因为，集团军突围的最佳时机已经错过）。但这只有以第 6 集团军（通过空运）能获得充足供给为前提。这一问题对于下定决心至关重要。

旨在恢复态势的作战要等 12 月初部队到达后发起。要想取得决定性战果，需要不间断地增派兵力，因为苏军也在不断前调强大兵力。

如果因敌人的强大压力使我新锐兵力无法前调，那么第 6 集团军单独

---

❶ 事实上，虽然霍利特集团军级支队根本没有实施解围，但它牵制了在顿河以西作战的苏军主力。而第 4 装甲集团军则迫使敌人极大地减少了投入合围的兵力。——作者注

实施突围也是必要的。

放弃冒险立即突围的唯一前提条件是，必须每天通过空运为第 6 集团军提供 400 吨的补给。（每天 400 吨是集团军对燃料、反坦克弹药和步兵弹药的最低需求量。在粮食储备用完之后，对补给的最低需求量则上升为每日 550 吨。）

我在这次谈话中明确无误地指出，如果这一补给量得不到确实保证，那么第 6 集团军即使暂时留在斯大林格勒也是一种冒险，这是不允许的。

如果亲身经历了后来斯大林格勒的悲剧，则会认为当初让第 6 集团军立即突围也许是上策；而这一悲剧的酿成，则是因希特勒固执地坚持坚守该城的思想，也因第 6 集团军司令部未能利用一切有利时机（对此我下文还将提及），第 4 装甲集团军的解围部队未能迅速集结；还有就是苏联人突破了意大利部队的防线，使霍利特集团军级支队无法投入对斯大林格勒的解围行动中。

可以预计，第 6 集团军至少部分兵力可以达成突围，并与第 4 装甲集团军余部建立联系；至少装甲部队，包括步兵师的部分兵力均可突出重围。

但另一方面，集团军是否还能保持一个具有作战能力的兵团的地位，就难以预计了。此外，集团军可能实施突围的最佳时机已经过去，态势已经恶化。

虽然突围出来的第 6 集团军部分兵力或许能与第 4 装甲集团军会合，但敌人的全部合围兵力同时也得以解脱。这样，整个南翼、包括"A"集团军群的命运就已经注定了。

我要强调指出的是，这后一种考虑在我们 11 月 24 日的观点中，并不是我们愿意发生的。我们决不想以牺牲第 6 集团军的代价来换得整个南翼的安全。我们更多的是希望它能与两个解围集群协同，创造更为有利的机会，而不是孤军突围。

我和我的同事所热切希望的是，能拯救出一个尚有战斗力的集团军，而不只是一些残兵败将。斯大林格勒这一名字以及声望问题，对我们而言毫无意义。

于是，那一天我们既没有再次强烈要求希特勒允许第 6 集团军立即实施突围，也没有命令它自主行事。在这里需要补充的是，在听命于希特勒还是服从集团军群司令部之间，保卢斯将军大概难以选择后者。

此外，我们十分清楚，即使解围部队突入合围圈与第 6 集团军建立联系，集团军也不可能继续留在斯大林格勒周围。主要的问题是，在此刻前是否能做到尽量维持集团军的战斗力。有了战斗力它就可以在斯大林格勒立足，这要比它突围后处在空旷的大草原上容易得多，因为它依靠若干防线还能获得起码的生活必需品，但这必须以有充足的空中补给为前提。

是否应采取这种途径解救第 6 集团军，取决于两个标准：

首先，空军是否有能力维持第 6 集团军的补给；其次，最高统帅部是否能够和愿意继续前调解围部队。这两个问题我都在向陆军总司令部的报告中做了清楚的说明。只有有权支配所有战场上陆军和空军的国防军最高司令希特勒才能对此做出判断和决断。如果希特勒做出肯定的判断和决断，我们就负责命令第 6 集团军不要单独实施突围，应继续留在斯大林格勒。

如果希特勒不愿及时投入最大兵力解救第 6 集团军，或是他不切实际地对空军能力抱有幻想，那么他就是不负责任。同样失职的还有那些煽惑他并为其幻想推波助澜的人，以及那些不懂得权衡轻重的人。他们不知道，与所有战场的要求相比，居第一位的应当是第 6 集团军的命运——而这种人大有人在。

戈林轻率地担保第 6 集团军可以得到充分的空中补给，之后又撒手不管，不去兑现。对这种情况，一个军人无论如何都是无法预料到的。

当然，我们也没有想到，希特勒为了他寸土不让的理论，竟然将一切客观考虑抛诸脑后。谁会料到，他为了斯大林格勒这样一个名字竟会牺牲一个集团军。

最初印象和决断

11 月 24 日下午，我们继续踏上由旧别利斯克向新切尔卡斯克的征程。

10 年前，我也是走在这条路上，前往罗斯托夫应邀参加红军在高加索举行的一次演习。那一次给我留下许多有趣的印象。而今天，摆在我们面前的是一项艰巨的任务，对这项任务我们不敢抱有任何幻想。我们的思绪一直牵挂着被围于斯大林格勒的战友们。我的助理参谋施塔尔贝格中尉试图通过说笑话、放轻松的唱片或谈论其他话题，将我们的思绪引开。他是在"小孩"死后到我们司令部来的，是我过去的同事特雷斯科夫介绍来的，是他的侄子。施塔尔贝格到战争结束一直跟着我。在停战结束前的这段时间里，他是处理我全部私人事务的忠实助手。

11 月 26 日，我在驶向罗斯托夫的途中与豪费将军会晤，他是德国派驻罗马尼亚的军事代表团团长，最初担任安东内斯库集团军群的德军参谋长。对于在斯大林格勒战线的两个罗马尼亚集团军的状况，他向我们描绘了一幅令人沮丧的画面。他以绝望的语调告诉我，当初的 22 个罗马尼亚师中，已有 9 个被全部击溃，另有 9 个溃逃，目前已没有战斗力，只有 4 个师尚可作战。不过，他希望不久能将这些残部重新组成几个师。

安东内斯库元帅给我写了一封信，可以作为豪费将军所言的补充。在信中，他对德军领导牢骚满腹，严加指责。他指出，对于罗马尼亚第 3 集团军当面的克列缅斯卡亚桥头阵地的危险，他曾多次提出过警告，但德军方面并未给予足够重视；对于他接管指挥权的命令一再被拖延下达，也表示了不满。

同时，这位元帅还不无道理地指出，比起德国的所有盟国来，罗马尼亚以及他个人是为共同事业做出最大贡献者。尽管他对德国并不负有任何条约义务，但他自愿为 1942 年作战提供了 22 个师的兵力，而且与意大利和匈牙利不同的是，他将这些部队毫无保留地置于德军指挥之下。

在这封信中，流露出一名军人因别人的错误而使自己的部队惨遭覆灭的失望，这是完全可以理解的。

在我内心深处，实在无法反驳这位元帅对德国最高统帅部的批评。我答复他说，我会把他的信转呈希特勒，因为我并没有亲历这些事，因此无法就他对希特勒的批评发表看法。但是无论如何，这封信对希特勒不会有任何伤害，他确实应当读一读他的最忠实的盟友提出的这些坦率批评。这封信还触及了一个政治问题，即两个盟友间的互信问题。安东内斯库元帅在信中指出，他的死敌罗马尼亚"铁卫队"的领袖被希姆莱释放，正留在德国"以备后用"。"铁卫队"是一个激进的政治组织，当初曾发动政变，试图推翻安东内斯库的政权。政变曾一度将安东内斯库包围在其办公楼里，但最终被镇压。"铁卫队"领袖逃往国外。而现在希姆莱却将此人保护起来，安东内斯库自然感到盟友对他不忠。如此阴险的手段肯定无助于加强我们之间的友情。

安东内斯库给我写信的原本动机是，抗议德国勤务机构以及一些军官和士兵，对罗马尼亚人出言不逊，侵犯了罗马尼亚人的尊严。尽管这些事件可以用来解释为什么近来发生了一些事件以及许多罗马尼亚部队的溃败，但我还是立即进行了干预。这种事情只能损害我们共同的事业，但是他们将友邻撒手不管从而引起了德国军人的愤怒，也在情理之中。

我前面已经介绍过，根据情况的不同应知道对罗马尼亚军队什么是可以期待的，什么是无法期待的。不过，他们仍是我们最好的盟友，而且已尽其所能在许多场合进行了英勇战斗。

11月26日，我们到达在新切尔卡斯克新开设的大本营。唯一的警卫部队就是一个哥萨克志愿营，他们将能在我们的司令部门前站岗视为一种特殊的荣誉。由于第二天夜晚最重要的通信联络也已开通，我于11月27日上午便可接管"顿河"集团军群指挥权。

摆在我们面前的任务具有两面性。一方面，重要的是解围并救出第6集团军。这一点无论从人道角度还是从纯军事角度看，都是最急迫、最重要的任务。因为，如果不能保存第6集团军的实力，那么东线南翼乃至整个东线的态势根本就无法恢复。

另一方面，我们也不能不看到，整个南翼眼下正面临着崩溃的危险。一旦如此，东方的战斗就极有可能大局已定，整个战争也因此而失去。如果苏联人撕破了主要由罗马尼亚军队残部、德国运输部队和警戒分

队 **❶** 组成的薄弱防线，那么第 6 集团军也就毫无希望了。接着，"A"集团军群的处境势必就变得岌岌可危。因为，这道防线（除所谓的斯大林格勒"要塞"之外）构成了"A"集团军群背后与顿河河曲之间整个作战地域的唯一屏障。

这要归功于第 4 装甲集团军司令霍特大将和被任命为罗马尼亚第 3 集团军参谋长的文克上校。正值 11 月底的危急时刻，他们成功地在第 6 集团军、"A"集团军群和顿河防线之间的巨大缺口处建立了那道屏障，挫败了苏军统帅部迅速利用这一态势的企图。如果当时苏军利用一支快速集团军突击到罗斯托夫的顿河下游——苏军无疑是具备这种能力的——那么，不仅有失掉第 6 集团军的可能，就连位于这一地域的"A"集团军群也难免被歼。

对于我集团军群来说，尽管一直存在着整个南翼被歼的危险，但并不能因此把用于解救第 6 集团军的人员和弹药用于其他任务。尽管只有一线希望，我们也要尽其所能，运用一切指挥权限，力争解围。为此，集团军群势必要冒巨大风险。

然而，拯救第 6 集团军的任务最后还是没有完成，主要原因是苏军过于强大，己方兵力不足。其他阻碍则来源于天气，它极大地妨碍了空军的使用，尤其是对第 6 集团军的补给。另外，运输状况不佳也使解围部队无法迅速前调。

此外，我们也第一次领教了来自德军最高统帅部的约束，而其根源则是希特勒个人的思想和性格。这在关于希特勒军事指挥的那一章中已经描述过。在围绕拯救第 6 集团军的那场斗争中，最高统帅部并没有甘冒其他战线受损的风险，尽其所能解救第 6 集团军。在形势发展已清晰可见，本

---

❶ 警戒分队由非战斗部队、司令部人员、空军部队、休假人员和痊愈的伤员组成。他们没有固定编制和具有作战经验的指挥官，缺少武器（尤其是重型武器、反坦克武器和火炮），没有补给设施，大部分没有作战经验和战斗训练，因此战斗力不强。尽管如此，他们在经过一段时间的作战之后，往往能够打得很出色。——作者注

集团军群司令部也反复向希特勒陈述的情况下，他们一再拖延做出必要的决定。

当我说到我接管"顿河"集团军群指挥权后所面临的两个任务时，第一个任务即解救第 6 集团军，实际那时已经到了 1942 年圣诞夜即到了这一行动的尾声。截至此时，情况已经很明了，第 4 装甲集团军已不可能达成其目标，无法与被合围部队建立联系。与此同时，希特勒却一再命令第 6 集团军坚守斯大林格勒，促使第 6 集团军司令部违背集团军群司令部的指令，错过了最后尚存的机会。这样，集团军的命运实际上便已经决定了。此时，希特勒还想在 1 月份派遣正向哈尔科夫开进的党卫队装甲军去解救第 6 集团军，这从一开始就是一个不着边际的幻想。

第 4 装甲集团军的解围突击行动告停之后，第 6 集团军只有做拼死搏斗。除解救第 6 集团军外，"顿河"集团军群还肩负另一项任务，即避免东线的整个南翼被歼，因此为减轻第 6 集团军的损失和痛苦，只有等到它搏斗的最后阶段，才能建议其投降。

当然，解救第 6 集团军的战斗是与德军整个南翼的态势发展密切相关的。对于后者我之所以要在后面的一章中单独加以叙述，是为了更清楚地说明各种作战思路。

接管指挥权时的形势

我在接管指挥权时，"顿河"集团军群所面临的形势与 11 月 24 日大致相同，没有重大变化。

很明显，苏军首先集中其主力用于合围第 6 集团军。苏军在我集团军群作战地域内的约 143 个兵团中，至少有 60 个投入合围第 6 集团军的行动。11 月 28 日，集团军南翼受到猛烈攻击，但被击退。直至 11 月底，集团军的其他防线只有局部战斗，集团军乘此巩固了各条防线。尽管如此，在近几日实施突围的企图必将遭到强大敌人的抵抗。在突围中，现存的弹药和燃料储备必将耗尽。即使集团军突围成功，但当它到达顿河时，势必陷入既没有弹药和燃料，也得不到解围部队及时支援的困境。

此外，苏军正对构成斯大林格勒南面和西面的缺口之间的薄弱屏障进行试探性攻击，而解围部队的待机地域便位于这道屏障的背后。

现在，集团军群首要的工作是弄清第6集团军的现状和企图。因为，从数百公里之外的陆军总司令部和"B"集团军群所获得的情报，是远远不够的。

早在11月26日，保卢斯将军派一名军官从合围圈中飞出，送来一封他写给我的信（见附件4）。在信中，保卢斯将军强调了"在最坏情况下给予其行动自由权"的必要性。他指出，立即向西南突围的可能性可随时出现。关于集团军缺少补给的情况这封信没有详谈，但从合围圈中飞出的另一位军官皮克特空军上将对此做了补充。皮克特将军是第4航空队的参谋长，奉其司令冯·里希特霍芬男爵大将之命到合围圈内组织空军的补给事宜。据他介绍，第6集团军的口粮只够12天之用（当然标准已经压缩）。现存弹药量只及正常标准的10%~20%。仅相当于一个实际战斗日的用量！燃料只够部队的小规模调动，无法集中装甲车辆实施突破。如果这些数字是准确的话，那么集团军四天前所报告的突围企图，就实在无法解释了。

根据这些情报，我决定亲自深入合围圈与保卢斯当面磋商。由于我的参谋长和作训处长的坚决反对，最终放弃了这一念头。由于天气的原因，我很有可能要在合围圈内停留两天或更长时间。无论从其他集团军的紧张状况，还是从陆军总司令部需要不间断地获知我集团军群的观点角度考虑，我如此长时间的不在位都是不妥的。因此，我便派我的参谋长舒尔茨将军，后来又派我的作训处长布塞上校到合围圈内。

舒尔茨的首要任务是，除了获取对第6集团军的处境、集团军本身及其指挥官们的现状的第一手资料外，就是要将我们解救集团军的计划通知保卢斯。他们可依此判断此次行动的前景和采取行动的时间。现在，重要的是要协调和统一我们与保卢斯对态势的看法，因为在缺少无线电和可靠的书面联络的情况下，集团军群对第6集团军司令部的决定施加有效影响是不可能的。更何况，陆军总司令部向第6集团军派驻了一名联络官，使其不断受到希特勒思想和命令的干预。

保卢斯的信流露出强烈的沮丧之情。造成这种结局的责任不仅在集团军指挥，也在最高统帅部。对于他在信中进一步表示的"在最坏情况下给予其行动自由权"的愿望，我是理解的，保卢斯将军曾经有过当合围圈内的情况无法坚持下去时实施突围的意图。所谓无法坚持是指，要么苏军对集团军的一个或多个正面施压甚至突破——此时在战术上将无法坚持；要么集团军的兵力已被耗尽。但是，在两种情况下，集团军的突围都只能是以覆灭告终。在当前态势下，重要的有两点：首先，要进行顽强防守，以保存集团军实力；其次，不要等到部队已成强弩之末时，而是在尚具足以实施突围的力量时实施突围，并与解围行动密切协同。

这些观点通过舒尔茨将军传达给了保卢斯将军。

舒尔茨将军从合围圈带回来的情况，后又经布塞上校证实，给我总的印象是，在空运能保证充足补给的情况下，第6集团军的状况及其抵抗并非悲观（以后将看到，这一观点也会造成危险）。

于是，我产生了一个疑问，第6集团军是不是真的能够依靠空运得到补给。

11月24日，本集团军群司令部在从旧别利斯克给陆军总司令部的报告中，明确指出这是一个重大问题。只有确保补给，集团军才能坚守在合围圈内，直至解围部队为其突围创造较为有利的时机。

当希特勒前一天拒绝保卢斯将军的请求时，实际上也就是对能否确保补给的问题给了一个肯定的答复。他的依据是戈林能对第6集团军实施补给的许诺。

事实上，空军总司令部是唯一能判断空军的兵力和手段能否对斯大林格勒的集团军实施补给的机构。

与本集团军群实施协同、同时担负对第6集团军补给任务的第4航空队司令冯·里希特霍芬男爵大将，在我接管"顿河"集团军群指挥权时，曾对我说过如下的话。他认为，根据目前的天气条件，依靠空运不可能对集团军实施充足的补给。他还认为，即使天气转好，也不可能保证持续不断地实施空运，他已将这一点报告戈林。至于戈林还将运用其他什么兵力和手段，他自然无法做出判断。

集团军群司令部立即将第4航空队司令的观点向陆军总司令部做了报

告。我们在日报告中也曾指出，空运补给量距离标准相差太大，但得到的答复往往是：新的运输机队正不断开来。我们的这次报告也得到同样答复。新的运输机队确实也来了，但机组人员为此项任务付出了重大牺牲。空军在斯大林格勒上空损失飞机 488 架，人员约 1000 名！即使如此，第 6 集团军也未能获得哪怕是最低标准的补给。

这样可以断定，11 月 23 日（或此前）戈林对希特勒的许诺纯属空话。他之所以做出这一许诺，到底是基于对空军运输能力的错误估价，还是为了虚荣或讨好希特勒脱口而出，我无从判断。但是，无论哪种情况戈林都必须为此承担责任。不过，希特勒也应对这种许诺进行核实。他不但了解戈林，对空军实力等状况大概也十分清楚。

而集团军群司令部以及第 4 航空队司令，都无法进行这种核实。同时，此前他们也没有任何根据可以说，对第 6 集团军实施暂时的空中补给是不现实的。而 1941 年~1942 年冬，空军曾对杰米扬斯克合围圈的德军实施过补给，使 10 余万德军坚持长达数月之久。

当然，现在被合围的人数比那时增加了一倍。因此，补给只能维持很少几个星期，至少我们是这样认为的。一旦解围部队接近斯大林格勒，我们认为第 6 集团军无论如何都应实施突围。让它长时间地停留在斯大林格勒是根本行不通的。

其实，对于空军总司令来说，重要的是要有一个清醒、客观的计算。

第 6 集团军每日所需各类补给最少为 550 吨（如果算上合围圈内的储备量，最少需 400 吨）。

运输 550 吨物资，按每日一个架次计算，则需 225 架 Ju-52 型飞机（或更多的 He-111 型飞机，其运载量最多为 1.5 吨）。

从莫罗索夫斯基和塔琴斯卡亚空军基地起飞，其飞行距离分别为 180 公里和 220 公里，其中飞越的敌占区只有 50 公里（两个机场直到在决定第 6 集团军命运的 1942 年圣诞夜才丢失）。天气晴好时，24 小时内每架飞机可出动两次。这样，在良好天气条件下，所需要的飞机数量就可减半。

上述这些数字就是空军总司令判断能否对第 6 集团军实施充足补给的主要根据。但是，还必须对下述因素加以考虑：

第一，冬季的天气常常会使运输机队无法飞行。因此，在可飞行的日子里必须增加工作量，或者相应增加飞机的数量。天气因素会对补给造成多大影响是无法预测的，不过空军的气象工作人员必须从去冬天气中获取必要的基础资料。

第二，应当考虑到，并不是每架飞机都能一直飞下去。这是有以往的统计标准可以参考的。此外，这种损失还取决于机场的维修力量和手段，以及能否得到补充。下文我还将提及此事。

最后，还要考虑的是，被击落和失事的运输机还将占一定比例。可能被敌人击落的数量，主要取决于空军究竟能投入多少战斗机为运输机队护航。

空军总司令在对第 6 集团军的补给做出许诺之前，必须对两个问题进行深入的分析研究：

在考虑到技术上的损失和冬季天气因素影响的前提下，能否立即提供所要求的每日 550 吨物资的运输力量？

是否能不断弥补飞机的损失，尤其是能否出动与敌人防空力量相当的战斗机，一直维持到第 6 集团军被解围？

只有戈林能准确回答这些问题。只有他知道，能否提供如此数量的飞机。如果他回答不出来，那他就有责任在 11 月 22 日 ~23 日对第 6 集团军的去留做出决断之前，向希特勒说明情况。

戈林还有责任在希特勒命令第 6 集团军留在斯大林格勒之后，立即尽最大力量投入运输机、战斗机和维修力量等空军预备力量。

戈林是否在这些领域尽其所能了，实在值得怀疑。由于本集团军群不断提出第 6 集团军补给不足的报告，希特勒遂于 1 月初将空中补给任务交给了米尔希元帅。米尔希元帅拥有支配空军所有兵力和手段的权力，本可以改善空中运输。只是无论从作战角度，还是从空中运输角度看，时机都已经错过。因为，此时两个空军基地已经丧失，飞机距离因此大大增加。

如果说戈林 11 月 22 日 ~23 日的许诺纯属戏言，那么他在第 6 集团军被合围的最初几周更是没有尽其所能。而那时成功解救第 6 集团军还是大有希望的。

第 6 集团军的补给问题变得愈是扑朔迷离，尽早实施解围行动也就显得愈加重要。依照此时陆军总司令部向本集团军群提供的资料，前者为此目的准备了下述兵力：

1. 在第 4 装甲集团军编成内，有由基希纳将军指挥的第 57 装甲军（从"A"集团军群调来），下辖第 6、23 装甲师和第 15 空军野战师。这些师应于 12 月 3 日前到达科捷利尼科沃；

2. 新组建的霍利特集团军级支队（正在罗马尼亚第 3 集团军所辖地域开进）下辖第 62、294、336 步兵师；第 48 装甲军军部（冯·克诺贝尔斯多夫将军）下辖第 11、22 装甲师；以及第 3 山地师和第 7、8 空军野战师。该支队应于 12 月 5 日在奇尔河上游做好战斗准备。

集团军群认为，两个解围集群的兵力共计四个装甲师、四个步兵或山地师、三个空军野战师。但是，从一开始就清楚，空军野战师最多只能用来担负防御任务，比如为突击部队提供翼侧掩护等。

如果上述兵力真的能如数和按时提供，那么这些兵力还是可以暂时恢复与第 6 集团军的联系，并使之重新获得行动自由。但是，无论如何不足以给苏军以沉重打击，从而恢复像希特勒在阵地战期间所提出的任务——"夺回进攻前的阵地"。

11 月 27 日，集团军群收到陆军总司令部的一份电报，以作为其对 11 月 24 日集团军群所做报告的答复。从中可以看出，希特勒依旧坚持上述观点。他之所以坚持固守斯大林格勒的理由是，放弃斯大林格勒就等于我们来年还要投入更大的力量进行第二次尝试，以获得 1942 年通过付出重大牺牲获得的东西。

这个问题根本就提不到议事日程上，更不用说从目的性和兵力上来说，能否重复 1942 年的攻势。现在的问题是，能否重建东线南翼的态势。不解救第 6 集团军，这似乎很难做到。

因此，我于 11 月 28 日又向希特勒呈送一份详细的态势报告。其中，有一份材料列举了苏联人针对我方所投入的兵力（共计 143 个兵团）。同时，我也就第 6 集团军所处态势及其状况做了清楚的说明；并特别指出，由于缺少弹药和丧失机动力，该集团军的炮兵不久将陷入瘫痪。

在这种状况下，是否还要等待所有解围部队，尤其是霍利特集团军级支队的到来，似乎是一个疑问。可能性更大的是，第4装甲集团军的解围部队先一步采取行动。正如我11月24日所报告的，它的行动成功与否也取决于能否能继续前调部队。最佳的结果是，能打开一条通往第6集团军的走廊，借以对其实施燃料和弹药的补充，使其最终重获机动能力。但是，此后集团军必须撤出合围圈。因为，他们在毫无遮掩的大草原上无法度过冬季。我特别指出，面对苏军在数百公里的战线上享有行动自由的现状，从作战角度看，我们不可能继续坚持在一个狭小的地域内。无论如何我们都必须恢复我们的行动自由。像去年解决杰米扬斯克合围 ❶ 的办法，现在已不适用。后来事态的发展充分证明了这一观点的正确性。

事情一直拖到12月3日，我们才收到对这个作战指导基本问题的答复。这是一个例证，说明希特勒对于他不愿回答的问题总是一贯采取拖延战略。

不过，我们从答复中获知，希特勒同意了我们的观点。他只对两点持保留态度。他不希望，为了赢得兵力而缩短即撤出斯大林格勒北部防线。其次，虽然他对集团军群提供的敌兵团数字未表示异议，但他指出苏军各师的人数已经下降，而且由于突如其来的胜利，使敌统帅部在后勤和指挥上出现诸多困难。

说苏军各师人数下降可能是对的；但正如本集团军群在报告中明确指出的，己方部队在数月的艰苦战斗中也受到削弱，敌我双方因此也扯平了。说到苏联人目前在供给上产生困难，是不能接受的。至于说苏军在指挥上出现困难，那只是一种假设，更不可能发生。

---

❶ 在1942年苏军冬季反攻行动中，苏军两个集团军于1月8日在伊尔门湖南部发起进攻，向旧鲁萨实施钳形突击。18日在伊尔门湖东南部会合，将德军两个军大部兵力合围在杰米扬斯克。被合围的9.5万德军依靠空投补给，直到1942年4月28日才打开一条通路，与合围圈外的德军建立联系。1943年2月1日，希特勒下达撤离杰米扬斯克的命令。——译者注

不过——这是最重要的——从希特勒大体赞同的态度来看，估计他接受了本集团军群的如下重要观点：

首先，即使经过奋战与第 6 集团军建立了联系，该集团军也不能继续留在斯大林格勒；

其次，通过空运必须使集团军获得所需补给量的每日平均数量；

最后，必须不断前调兵力——这是本集团军群 11 月 21 日一再强调的观点。

后来表明，希特勒事实上丝毫没有想让第 6 集团军撤离斯大林格勒的意图。后两个保证作战成功的前提，也未能得到满足。

更应当强调的一件事是，陆军总司令部为解救第 6 集团军而投入的兵力，以及做好战斗准备的时间，均未按它在旧别利斯克所允诺的预期发展，且相距十分遥远。

运输被大大拖延了。关于霍利特集团军级支队出现的问题，是由于铁路运输能力不足所致；而第 4 装甲集团军则是由于斯大林格勒周围的草原全部封冻，高加索地区却处于解冻时期。结果，第 23 装甲师装备轮式车辆的部队无法按原计划实施陆上开进，只能被迫靠铁路运输，从而大大降低了第 57 装甲军的最低行军速度，比原计划推迟数天到达。我们翘首终日，望眼欲穿。

更为不利的是解围部队的数量问题。计划配属给第 57 装甲军的第 15 空军野战师需要几周时间才能组建完毕。当它最终组建完毕，并在态势危急时刻（解围问题早已无望）投入战斗时，几天之内便土崩瓦解。答应配属给 "A" 集团军群的统帅部预备队炮兵，除一个烟幕迫击炮团外，其余根本没有到达。计划配属给霍利特集团军级支队的七个师中有两个师（第 62、294 师）早已投入罗马尼亚第 3 集团军防线，为的是使它能至少站住脚跟。如果将这两个师调走，罗马尼亚第 1、2 军的防线便会立即崩溃。因此说，这两个师根本就不应算在解围部队之列。另外许诺的第 3 山地师也杳无音信。它的一半兵力已在火车上，已被陆军总司令部拨给 "A" 集团军群，用以应付一个局部危机。另一半也出于同一原因留给中央集团军群。在苏军发动攻势之初便参加罗马尼亚第 3 集团军战斗的第 2 装甲师，已成强弩之末。它在 11 月的激烈战斗中遭到重创，已谈不上什么战斗力。鉴于空军野战师无力承担进攻任务，实际上第 4 装甲集团军能够参加解围作战的突击力量只有第 57 装甲军下属的两个师；霍利特集团军级支队只有第 48 装甲军军部及其下属的第 11 装甲师和第 336 步兵师。后续调来的第 17 装甲师和第 306 步兵师是陆军总司令部用来弥补解围行动中的损失，但其兵力有限，且到达时间过晚，对解围作战于事无补。

在这种状况下，事情很快就清晰了，原计划从两个方向上——第 4 装甲集团军从顿河东部的科捷利尼科沃地域，霍利特集团军级支队从奇尔河中游向卡拉奇——为第 6 集团军实施的解围行动，由于兵力不足而无法实施。充其量我们只希望能集中较强兵力于一点。从情况发展来看，用于解围行动的只有第 4 装甲集团军。它距斯大林格勒较近，而且在开往斯大林格勒的路上也无须克服顿河这样的障碍。我们还希望，苏军不会料到我们在顿河东岸发动解围攻势，因为从总体形势看，德军在这里集中较强兵力蕴藏着巨大风险。正因为如此，苏军最初在科捷利尼科沃方向上只部署了较少兵力，用以掩护其合围圈。在第 4 装甲集团军当面，敌人目前只有 5 个师，而在奇尔河畔部署了 15 个师。

因此，本集团军群在 12 月 1 日下达的"冬季风暴"作战命令中，计划：

第 4 装甲集团军以其主力在一个尚未确定的日子（最早为 11 月 8 日），由顿河以东的科捷利尼科沃地域出击。其任务是，在突破敌人的掩护兵力阵地之后，从背后或翼侧攻击和占领斯大林格勒南部或西部的合围阵地。

霍利特集团军级支队应以其第 48 装甲军从顿河—奇尔河桥头阵地出击，对苏军掩护兵力的背后实施攻击。如果在发起攻击前，位于科捷利尼科沃北部的第 4 装甲集团军当面的苏军得到极大加强，或者担负第 4 装甲集团军东部翼侧纵深安全任务的罗马尼亚第 4 集团军再次面临危机，将采取下列补救措施：第 4 装甲集团军的装甲师突然从顿河西岸向北部的顿河—奇尔河的下奇尔斯卡亚桥头阵地推进，并由此发起主要攻击。此外，用一个较弱的突击群由顿河西岸的顿河—奇尔河桥头阵地出发，向卡拉奇突击，以切断此处苏军的联系，并为第 6 集团军打通顿河大桥。

对于第 6 集团军而言，集团军群的命令规定，第 4 装甲集团军发起攻击后，第 6 集团军将按集团军群的命令在某一天，首先从西南防线向顿斯卡耶察里扎方向突围，与第 4 装甲集团军建立联系，并参与突破苏军南部和西部合围圈，以及夺占卡拉奇附近的顿河桥头阵地的战斗。

按照希特勒不容更改的命令，第 6 集团军应继续坚守合围圈内的阵地。但十分清楚的是，如果集团军向西南方向突围，企图与第 4 装甲集团军建立联系，实际上坚守阵地的命令是不可能付诸实施的。如果苏联人攻击我北面或东面防线，集团军势必要步步后撤。那么，希特勒也只有被迫接受这一现实，后来他也常常如此。（在我们的命令中不可能将这一观点明确提出来，因为希特勒会从他派驻第 6 集团军的总参谋部军官获知，并立即下达一个针锋相对的命令。）

在我接管集团军群指挥权的头几天，集团军群防线上的态势还算平静。很明显，苏军正准备对第 6 集团军实施集中攻击。但它似乎还不敢立即以强大装甲兵力对罗斯托夫，或者对本集团军群生命攸关的顿河渡口或利哈哈的铁路枢纽实施攻击。苏军似乎认为，他们在顿河大河曲部的兵力已占绝对优势，足以保证其攻击的成功，不愿为此冒任何风险。然而，他们无疑因此而错过一个大好时机，因为在 11 月末至 12 月初这段时间里，德军方面并不具备足以阻止苏军实施这种攻击的兵力。

苏军对第 6 集团军实施攻击

12 月 2 日，苏军开始对第 6 集团军发起攻击。此后，12 月 4 日和 8 日，苏军再次实施攻击，但遭到第 6 集团军顽强抵抗，均被击退。庆幸的是，被合围部队的补给情况要比原来预想的好得多。12 月 2 日，集团军报告，他们（自 11 月 30 日算起）依靠现有补给（压缩口粮标准，屠杀大批马匹后）可坚持 12~16 天。同时，自 12 月 5 日第一次空运了 300 吨物资之后，我们希望借助天气之利，改善未来的空运状况。遗憾的是，这是唯一的一次。无论如何，现在都应尽快与第 6 集团军建立陆上联系，并将其解救出来。

直到现在为止，对我唯一有利的是苏军未敢利用有利时机切断本集团军群与顿涅茨河畔渡口或与罗斯托夫（此处还有"A"集团军群）的后方联系。否则，在我们准备实施解围行动地段，态势将会严重恶化。

在第 4 装甲集团军方面，第 57 装甲军从高加索向这里的输送因上文提到的理由而迟延。完成集结的日期由原定的 12 月 3 日推迟到 12 月 8 日，最后又改为 12 月 12 日。在这段相当长的时间里，苏军肯定不会静止不动。12 月 3 日，苏军以强大兵力对第 57 装甲军的主要卸载地点科捷利尼科沃发动攻击——很明显，苏军是企图清除这个地点。12 月 4 日，被在此时做好战斗准备的第 6 装甲师击退。自 12 月 8 日，有迹象表明，苏军正在第 4 装甲集团军北部战线当面（科捷利尼科沃东北）集结强大兵力。其中有一个新组建的集团军（第 51 集团军），在位于主要由罗马尼亚第 4 集团军防守的北部防线上的第 4 装甲集团军的当面，态势却相对平静；埃利斯塔周围的第 16 摩托化师也是如此。为免除罗马尼亚集团军的担心，集团军群命令该师派出一小部摩托化部队，对其防线背后罗马尼亚军队当面的苏军实施了一次大胆突击。此次行动已确凿无误地证实，在伏尔加河西部，目前确实没有强大苏军。

奇尔河畔防线态势告急

罗马尼亚第 3 集团军和霍利特集团军级支队作战地段的态势最为令人担忧。在这里，从奇尔河下游的奇尔河与顿河交汇处向上的 70 公里，除了几个高炮群之外，就只有几个由运输人员和第 6 集团军刚刚归队的休假人员组成的警戒分队。后来，调来两个空军野战师，那本是计划配属给霍利特集团军级支队的，但因其没有作战经验和经训练的指挥官，其用途也极为有限。

11 月间，苏军曾在罗马尼亚第 3 集团军的地段，即大捷尔诺夫克附近的奇尔河河湾与顿河防线之间，撕开一个缺口，现在必须尽快将位于顿河畔的罗马尼亚第 3 集团军所属兵力的右翼（罗马尼亚第 1、2 军）向后回收，并利用已精疲力竭的第 22 装甲师和被击溃的罗马尼亚军队残部，将该缺口封闭。然而这还不够，本计划配属给霍利特集团军级支队的步兵师（第 62、294 师）也必须投入此处，才能使这 120 公里长的防线得到一定程度的巩固。12月初，危险在即，苏军即将在奇尔河防线正面发动一场大规模攻势的迹象清晰可见。12月3日，发现在奇尔河下游地段有苏军强大炮兵。12月4日，苏军即在此处发动攻击，并不断变换突击重点。苏军反复投入强大的坦克部队，试图突破该处防线。奇尔河下游的态势告急。此处无论如何必须坚守，因为在奇尔河与顿河交汇处的桥头阵地，以及位于顿河以东、下奇尔斯卡亚附近的顿河大桥，对于解救第6集团军具有至关重要的意义。此外，如果苏军突破奇尔河防线，那么通往莫罗索夫斯基和塔琴斯卡亚空军基地的道路——两个机场距离苏军分别只有40公里和80公里——以及通往顿河渡口和罗斯托夫的最近的道路，将为苏军敞开。因此，本集团军群司令部只好同意将第48装甲军所属第11装甲师和第336步兵师，暂时用于增强奇尔河下游的防线。该军在这里扮演了一个消防队的角色，什么地方的薄弱屏障即将被敌突破，它就急忙赶到什么地方去救援。这样，霍利特集团军级支队自然失去了唯一能够从这一方向实施解围行动的师。不过，我们还是打算，一旦情况允许，该军要通过顿河大桥，与第4装甲集团军的解围部队实施协同。

12月9日，苏军对第6集团军的攻击被碰得头破血流之后，逐渐趋缓。但苏军似乎正抽调兵力对付德军可能的解围行动。

苏军不断对奇尔防线施压，在第4装甲集团军北部当面，苏军在科捷利尼科沃吃了一次败仗之后，有所收敛。

围绕必要的决断而做的徒劳斗争

在这段情势危急的时间里，我自然与陆军总参谋长保持着不间断的电话联系。对于我就作战形势的未来发展和由此得出的结论，蔡茨勒将军表示完全赞同。但是，他认为必要的事情能否在希特勒那里通过——而且是及时的，那是另一回事。

这里涉及两个问题（除去我们经常要求的空军须增强力量对第6集团军实施补给）：

第一，无论如何都不能再让第6集团军继续留在斯大林格勒——即使解围行动取得成功。希特勒一直希望能像去年冬季在杰米扬斯克那样，被合围部队能坚守城市，并打开一条走廊，对被合围圈的军队实施补给。

本集团军群司令部始终认为，这种解决办法是行不通的；相反，如果要想避免灾祸的发生，就必须使其重获作战机动能力。这一争论一直持续到拯救第6集团军的最后一线希望丧失殆尽。

第二，增强解围兵力的问题。自发现最初计划配属给霍利特集团军级支队的七个师，现只有第48装甲军所属的两个师可供解围之用以后，增强第4装甲集团军就已势在必行。该集团军仅以其两个师（第6、23装甲师）是不可能到达斯大林格勒的，这是不言自明的事。

增强解围部队的兵力有两个途径。

本集团军群司令部一再请求，能将"A"集团军群所属第3装甲军及其在山区无用武之地的两个装甲师，划归本集团军群，但屡遭拒绝。理由是，"A"集团军群声称，只有允许他们撤出位于高加索突出部位的阵地，他们才能抽调这个军，但这一措施是希特勒绝不会同意的。我们还曾要求，用"A"集团军群的一个团替代在埃利斯塔担任第1装甲集团军纵深翼侧防护任务的第16摩托化师，也未能如愿。等到他们同意了，解救斯大林格勒的时机早已错过了。

第二个途径是，陆军总司令部及时为第4装甲集团军增加兵力，以实现对斯大林格勒的突击。第17装甲师和紧随其后的新组建的第306步兵师，正向"顿河"集团军群开来。由于位于科捷利尼科沃的第57装甲军未能及时到达集中地域，第17装甲师或许能替代它而按时到达斯大林格勒。可是，陆军总司令部又将该师留作其预备队，放在集团军群的左翼，它这样做也不无道理，它担心苏军会在那里发动一次大规模攻势。但是，两者不可能兼得——要么保证第4装甲集团军获得成功，要么保障集团军群左翼的安全。可是一旦左翼发生危机，第17装甲师也无能为力。我们希望第4装甲集团军能取得成功，而希特勒宁愿通过保留第17装甲师得到一种虚假的安全。当第306师到达后，希特勒才最终将第17装甲师放手，但已错过第4装甲集团军的首次突击。解围行动的重要时机也许就这样被错过了！

为了加强我的电话对蔡茨勒的影响力，我不得不隔三岔五利用电报给他，同时也直接给希特勒发送情况报告，以便为蔡茨勒在天天与希特勒的唇枪舌剑中提供炮弹。

其中有一份是 1942 年 12 月 9 日的"情况判断"（作为附件 5 列在书后，可以作为一个例证），说明本集团军群是如何详尽地及时将情况向希特勒和陆军总司令部做了报告。此外也表明，集团军群当面的敌人在数量上占有何等优势，而我们又是以什么兵力——除了新调来的很少几个师——在斯大林格勒外围作战的。最后还可以从中看出，本集团军群是以何种方式试图使最高统帅部了解作战核心问题的。

对于那些善于用批评的眼光看问题的读者，我还想就这份情况判断做两点说明。

第一，也许会有人指责说，在这份报告中只是就打通通往第 6 集团军的走廊之后如何作战的问题做了说明。对此，我需要说的是，关于第 6 集团军即使可通过一道走廊获得补给也无法继续留在斯大林格勒的问题，在希特勒那里是无法通过的。只有使他认清，要想继续坚守斯大林格勒需要不断前调多少兵力，才有望使他感觉到将第 6 集团军撤出斯大林格勒的必要。遗憾的是，这个对一个具有正常思维的人来说的合理建议，却丝毫动摇不了希特勒那因声誉问题而导致的顽固不化。即使如此，我们依然希望希特勒能在事实面前被迫低头。

第二，这或许是令人惊讶的，面对当面强大的敌军，集团军群司令部居然还相信第 6 集团军能够解救出来。也许有人会指责我们低估了敌人。

但是，对于我们而言，我们坚信即使第 6 集团军的弟兄们尚有一线得救的希望，我们也甘愿冒最大风险。结果证明，我们差一点将集团军解救出来，尽管最终还是失败了。原因我将在下文详加分析。

生与死的竞赛

当时，敌我之间无疑展开了一场生与死的竞赛。

我们的目标是拯救第 6 集团军！但是，解围行动不仅危及着"顿河"

集团军群，而且也危及着"A"集团军群的生存。

　　这场竞赛的主题是，解围部队第4装甲集团军是否能在苏军迫使我们停止解围作战之前，在顿河以东与第6集团军建立联系。敌人有可能突破我们位于奇尔河畔的薄弱防线，或在集团军群左翼（霍利特集团军级支队）和"B"集团军群右翼，打开一条将"顿河"集团军群和"A"集团军群的所有后路切断的通路。

　　一方面想在顿河以东发动并维持一场向斯大林格勒方向的攻势，与此同时，我们所面临的危险日趋严重，而且是我们过去所不曾有过的冒险。我不相信，当时希特勒已经认清了这种冒险的真实意义。否则，他至少会采取措施加强第4装甲集团军的兵力，以尽快解救第6集团军。他并没有这样做，反而正如蔡茨勒将军所说，"他总是有意给我们制造麻烦"。比如，如我上文所说，在关键时刻将第17装甲师放在错误的地点；又比如，很晚时候才放手将第16摩托化师调出。希特勒常说，将军们和总参谋部只会"算计"，不敢冒险。然而，这次"顿河"集团军群司令部所冒的风险提供了一个有力的反证：集团军群司令部在时刻面临德军整个南翼覆灭危险的同时，依然命令第4装甲集团军对斯大林格勒实施突击。

　　这场生与死的竞赛是随着12月12日第4装甲集团军对第6集团军展开救援开始的，对此我只能作一个概略的描述。由于形势的瞬息万变，我不可能对第57装甲军与不断有新锐兵力特别是坦克部队加强的苏军的战斗，做详细的描述。在那些天里，我们装甲兵指挥的灵活机智，装甲兵人员的优良素质，以及装甲步兵的英勇顽强和反坦克兵的机警熟练，都得到了最为出色的表现。同时，也可以看出那些坦克和自行火炮装备齐全的各师是如何英勇作战的，如在优秀指挥官劳斯将军和装甲兵指挥官冯·许纳斯多尔夫上校（可惜，他在担任该师师长后牺牲）指挥下的久经风雨的第6装甲师。但是，那些仅剩少量装备的部队却是艰苦度日，如由冯·福尔曼将军指挥的第23装甲师，他们当时仅有20辆坦克！福尔曼将军曾在第一次世界大战中五次负伤，我们过去同在陆军总司令部作训处服役。

　　现在，至少让我们关注一下在这场战斗中，在这场生与死的竞赛中的主要情节。

当位于顿河以东的第 57 装甲军在科捷利尼科沃地域完成集结之后，12 月 10 日，位于顿河以西的苏军又以强大兵力对我们奇尔河下游的防线再度发起攻击。很明显，将第 48 装甲军从这一防线调出，并从奇尔河—顿河桥头阵地出发，与第 57 装甲军协同行动的企图，再无法实现了。

现在，第 57 装甲军的投入显得越发急迫。当该军在科捷利尼科沃实施卸载和集结时，便与企图粉碎其集结行动的强大苏军进行了艰苦战斗。在击退苏军后，该军于 12 月 12 日开始向斯大林格勒方向开进。它向东、面对伏尔加河的翼侧由罗马尼亚第 7 军负责掩护，向南直至顿河的翼侧则由罗马尼亚第 6 军负责掩护。该军的攻击显然使苏军大感意外，至少没有料到会这么早，因此最初的进展还算顺利。但是，苏军接着便急速从斯大林格勒地域向这里调来新锐兵力。他们不再实施防御，而是反复实施反突击，企图夺回被我两个装甲师占领的地盘，甚至以优势的坦克部队将我一部分兵力包围。第 57 装甲军将苏军数个强大集群击溃。虽经反复的拉锯战，但直至 12 月 17 日，第 57 装甲军终未能取得决定性战果，但也是这一天，第 17 装甲师终于能在顿河以东投入战斗。这个师是在本集团军群司令部一再催促下，陆军总司令部才将其从集团军群左翼后方调来的。但是，该师必须首先经过长途行军到达并通过波捷姆金斯卡亚附近的顿河大桥，才能投入顿河东岸的战斗。

正当第 57 装甲军为获胜而在顿河东岸鏖战之时，苏军加强了在顿河西岸的攻击，企图摧毁德军奇尔河防线。很明显，苏军非常清楚位于奇尔河与顿河交汇处的桥头阵地和顿河大桥，对于德军具有何等重要的意义。自 12 月 12 日，苏军就已开始对该桥头阵地和顿河大桥实施集中攻击。12 月 14 日，大桥被炸毁，随之弃守。到 12 月 15 日，已经可以看出，奇尔河下游的战斗只能再坚持数天。

同时，在顿河大河曲地带出现了新的危机。12 月 15 日，有明显迹象表明，位于"顿河"集团军群左翼和"B"集团军群右翼当面的敌人，正着手进行进攻的准备。12 月 16 日，苏军即开始局部性攻击。现在还说不准，他们是像往常那样实施试探性突破，还是企图阻止我们从这一翼侧抽调兵力去增援顿河东岸的作战。不过，我们通过无线电窃听，获知苏军新组建了一个集团军（第 3 近卫集团军），这说明苏军有实施深远突破的企图（目标：罗斯托夫？）。

当我们正在顿河东岸为解救第 6 集团军作战时，也就无法在集团军群左翼投入重兵实施决定性的战斗，只能被迫放弃。这样，位于该地的霍利特集团军级支队便奉命组建必要的预备队以实施迟滞性防御，撤向后方一条缩短的防线，并保持与"B"集团军群右翼的协同。

12 月 18 日是最危急的一日。

在顿河东岸，第 57 装甲军的第 17 装甲师虽已投入战斗，但始终未能取得决定性战果，使该军无法迅速接近斯大林格勒合围圈，因此也未能为第 6 集团军的突围创造条件。不仅如此，该军极有可能被迫转入防御，因为苏军不断从其合围圈上抽调兵力，投入对第 57 装甲军的战斗。

在奇尔河下游，战斗正酣，尽管苏军尚未突破我防线。

而在集团军群左翼，出现了严重危机。苏军对霍利特集团军级支队和构成"B"集团军群右翼的意大利集团军发动大规模攻击。

在霍利特集团军级支队方面，有迹象表明罗马尼亚军队已抵挡不住苏军的攻击。现在的问题是，一旦盟国军队溃败之后将战场甩给德军，德军的几个师能否至少撤回他们指定的阵地。

更为糟糕的是，意大利集团军在苏军首次攻击中就被击溃。"顿河"集团军群翼侧因此暴露无遗。

同日，集团军群司令部立即请求陆军总司令部让第 6 集团军向第 4 装甲集团军方向突围。如果第 17 装甲师能充分发挥其战斗力，第 57 装甲军还有望向合围圈推进一步，这样也有利于顿河东岸取得决定性战果。如果第 4 装甲军从一开始就拥有第 17 装甲师和一直停在埃利斯塔的第 16 摩托化师，情况就会更为有利。

尽管我们已向最高统帅部阐明允许第 6 集团军突围的紧迫性，但希特勒依然拒绝突围。与此同时，总参谋长也通知我们，所有正向这里开来的军队，由于意大利军队的溃败已配属给"B"集团军群。由此而出现的在这种形势下斯大林格勒是否还能坚守的问题，说明最高统帅部对形势的严重性是多么缺乏认识，或者说是否准备承认这种严重性的存在。

希特勒虽然拒绝解救第 6 集团军，但并未能阻止集团军群司令部为不久即将发生的事做必要的准备。12 月 18 日，我派情报处长艾斯曼少校到了第 6 集团军司令部。他将集团军群司令部对于第 6 集团军不久必须实施突围作战的指挥问题的想法，向集团军指挥官们做了传达。

我们思路的要点如下：

鉴于奇尔河防线，尤其是集团军群左翼的态势危急，第 4 装甲集团军在顿河东岸为解救第 6 集团军的战斗，只能维持在一定时间之内。第 4 装甲集团军能否突击到斯大林格勒合围圈附近，是值得怀疑的；因为苏军不断从合围圈上抽调兵力。因此，对于第 6 集团军来说，目前也许是其最佳突围时机。在第 6 集团军和第 4 装甲集团军之间建立联系的前提是，前者必须积极投入作战。一旦第 6 集团军突出合围，并向西南实施突破，苏军便不再可能减弱其合围圈的兵力。这样，第 4 装甲集团军就有望继续向斯大林格勒合围圈方向推进。

12 月 1 日，在"冬季风暴"命令中为第 6 集团军规定的任务，即向西南方向突围至顿斯卡耶察里扎，并与第 4 装甲集团军建立联系的任务，将加以扩展。现在可能会要求它超越原"冬季风暴"命令中的有限目标，尽量向西南方向实施突破，直至与第 4 装甲集团军建立联系。在"冬季风暴"行动中，希特勒命令必须坚守斯大林格勒地域，而现在面临的选择要适应尽量向西南突围的考虑，为此须采取逐步撤退的方法。

艾斯曼少校还指出，集团军群司令部认为，通过空运改善第 6 集团军的补给，使其长时间坚守在斯大林格勒地域的企图，尽管已付出极大努力，仍无法达成。

艾斯曼少校的使命是协调集团军群司令部与第 6 集团军领导的观点，但结果并不令人鼓舞。

艾斯曼少校的陈述不会不给保卢斯将军留下任何影响，同时，保卢斯将军也强调了完成集团军群司令部向他提出的任务所面临的困难和所冒的风险。艾斯曼少校在与集团军作训处长和军需处长的谈话中得知，虽然他们两位也指出所面临的困难，但同时也指明，在目前情况下，集团军必须尽快而且也能够突出合围！

但是，对第 6 集团军的态度起决定性作用的是集团军参谋长阿图尔·施密特少将。他声言，第 6 集团军现在突围是不可能的，那是一个"覆灭的方案"。他对艾斯曼少校说："第 6 集团军仍将据守其阵地直至复活节❶，你们只要改善补给即可。"施密特的话显然是说，解救集团军以及此前通过空运保证充足补给，是最高统帅部和集团军群的事，陷入目前困境并非他们自己的过错。这个观点是可以理解的，从理论上说也是正确的。只是情势不饶人。艾斯曼指出，集团军群司令部为能维持第 6 集团军的正常补给已竭尽全力，但是他们既无回天之力，改变天气对飞行的不利影响，也不会施展魔术变出更多的运输机，但这些话对施密特来说只是对牛弹琴而已。艾斯曼少校从作战角度所列举的集团军有必要实施突围的理由，也未赢得这位参谋长的赞同。

　　事情表明，虽然集团军司令受过更良好的作战训练，具备更为清晰思维的头脑，但他的参谋长具有更强的个性。❷

　　艾斯曼与第 6 集团军的会商最终以保卢斯将军认为突围是不可能的而告终。而且将军还补充道，放弃斯大林格勒是"元首命令"所不容的！

　　艾斯曼少校固然已经向第 6 集团军司令部说明了当前的态势，以及集团军群司令部的企图，但就第 6 集团军所负任务的看法上并没有达成一致。如果集团军司令及其参谋长都对作战行动的可行性满腹狐疑，那么集团军群司令部又怎么能希望他们成功地实施对他们来说异常困难的作战呢？

　　若是在另一种情况下，这种与其上级在看法上的分歧将会导致集团军司令的更换。但是，在目前第 6 集团军所处的危急时刻，可以不加追究。如果撤换领导，新上任的司令或参谋长尚需数天时间熟悉情况，这在当时

---

❶ 为纪念耶稣复活，天主教规定，每年春分（3 月 21 日）月圆后的第一个星期日为复活节；东正教因历法的不同，复活节比西方晚一两周。一般而言，复活节在 3 月末~4 月末。——译者注

❷ 施密特将军在这个问题上的固执己见，终于酿成灾难。后来在他被俘后为维护自己的荣誉，依然顽固到底。据说，施密特在监狱里表现出一种令人敬佩的军人气概和战友情谊，为此他被判处 25 年劳役。对这种表现表示敬意，是理所当然的。——作者注

是不可能办到的。此外，希特勒也绝不会同意这种更换，因为正是这些人建议要固守斯大林格勒的。

尽管如此，集团军群司令部仍不愿放过拯救第6集团军的唯一和最后机会，哪怕是冒巨大风险和历尽千难万险。

为此，必须向第6集团军领导下达一项命令，指明将免除他们因突围冒险行动以及放弃斯大林格勒所应承担的一切责任。我们已为此做好准备。

关于这一命令最终并未由第6集团军付诸实施的原因，我将在下文说明。突围问题已成了我们谈话的主题，通过一条新设立的短波通信设备，我与保卢斯将军以及双方参谋长之间就此多次交换意见；在集团军群司令部与最高统帅部之间也是如此。

次日即12月19日，顿河东岸的态势正朝着两个集团军有望达成协同的方向发展，解救第6集团军出现转机。

在这一天，第57装甲军迈出了漂亮的一步。它成功地穿越阿克萨伊河地段，一直向东突进到梅什科瓦河。其先头部队距斯大林格勒南部合围圈只有48公里之遥！自我接任"顿河"集团军群司令之后一直期盼着第6集团军突围成功，这一时刻随着解围部队逐渐接近第6集团军已经来到。只要第6集团军开始实施突围，同时第4装甲集团军继续向东攻击，或至少能够继续吸引合围圈上的苏军兵力，苏军便会陷入两个集团军的夹击之中。无论如何起码可以建立第4装甲集团军与第6集团军之间的联系，以使后者获得继续实施突破的燃料、弹药和食粮。为此，集团军群司令部在第4装甲集团军后方，组建了一支可运送3000吨上述物资的汽车运输纵队，并准备了为牵引第6集团军部分炮兵的牵引车辆。装甲部队一旦打开第6集团军与第4装甲集团军间的通路，这些运输和牵引车辆便会径直开向第6集团军。

12月19日，顿河西岸的态势也朝着对集团军群有利的方向发展，它可保障顿河东岸的作战不致停止，至少可维持到第6集团军在第4装甲集团军支援下向西南突围成功。

奇尔河畔的防线也一直在我们手中！

虽然集团军群司令部需要动用霍利特集团军级支队，以确保后撤的实

图 16　1942—1943 年冬季战局

施，但仍有望按计划守住阵地。当然，霍利特集团军级支队翼侧暴露的危险依然存在。

顿河两岸的"生与死的竞赛"已进入决定性阶段！

集团军群能否使顿河大河曲地带的态势再稳定数日，直至使第6集团军能抓住在其面前出现的最后一次机会？只要不浪费时间，这是完全可以做到的！

集团军群司令部因此于12月19日中午，向最高统帅部发出紧急呼吁（见附件6），要求准许第6集团军由斯大林格勒实施突围，并向第4装甲集团军方向推进。

如同以往一样，这份电报仍未得到及时回复，集团军群司令部于当日18时向第6集团军和第4装甲集团军又发出一份命令（见附件7）。

命令要求第6集团军不久即开始向西南方向实施突围。第一步，就是12月1日所规定的"冬季风暴"进攻行动，必要时继续向顿斯卡耶察里扎推进，以便与第4装甲集团军建立联系，并使上述提到的运输纵队将补给物资运向第6集团军。

同时，这份命令还规定，如有可能将于"冬季风暴"突围行动之后采取第二步行动。该行动代号为"霹雳"，即第6集团军应一直突围至与第4装甲集团军建立联系，分区分阶段逐步撤离斯大林格勒地域。

"霹雳"行动命令之所以尚未发出，原因是必须保持两个集团军进攻行动在时间上的统一，而且还存在一个运输纵队能否深入第6集团军的问题。更重要的是因为，集团军群司令部必须尽力说服希特勒收回关于第6集团军在任何情况下都要坚守斯大林格勒的命令。因为，尽管集团军群司令部已表示，如第6集团军不遵从"霹雳"行动的命令，集团军群司令部将自己承担责任，但希特勒的命令依然是束缚第6集团军司令手脚的桎梏。

错过拯救第6集团军的机会

自11月末，当希特勒拒绝保卢斯将军立即突破苏军尚未得以巩固的合围圈后，有一个拯救集团军的机会出现了，这就是 12 月 19 日。第 6 集团军的突围尽管会遇到困难，尽管在此期间集团军群的其他防线会面临危险，但集团军群司令部仍命令其利用这一时机。关于集团军群面临的危险，我将在以后谈及。现在，12 月 19 日~25 日的首要问题是，第 6 集团军能否和愿否执行向它下达的命令。

希特勒虽然表示同意第 6 集团军向西南突围，与第 4 装甲集团军建立联系，但仍旧坚持要集团军坚守斯大林格勒地域东、北、西三面防线。他依然希望能打开一条"走廊"，使第 6 集团军得到较长时间的补给。对此，有两点是十分明确的：

第一，集团军群的总体态势，尤其是"B"集团军群所辖地域的态势发展，不允许两个集团军——第 4 装甲集团军和第 6 集团军——长时间停留在顿河东岸。在这段时间里，不仅第 6 集团军，而且"顿河"集团军群和"A"集团军群的命运都时刻受到威胁，只要苏军采取坚决行动，上述部队与后方的联系均有被切断的危险；

第二，让第 6 集团军在投入全部兵力向西南方向突围的同时，又要其坚守斯大林格勒周围的防线，这是不可能办到的事。这样维持一两天是可能的，但苏军很快便会觉察集团军突围的企图。决不要奢望集团军在长时间坚守斯大林格勒的同时，又能与第 4 装甲集团军建立联系。

如果说希特勒反对集团军群司令部在 12 月 19 日命令中所规定的作战企图，其理由是不现实的，那么第 6 集团军司令部对此提出的思想应当说是无懈可击。他们指出，如若执行集团军群的命令，势必要冒巨大风险。

如果集团军说，只要希特勒坚持固守斯大林格勒的命令，突围就不可能实施，这是完全正确的。基于此，集团军群司令部才命令集团军在"霹雳"行动中撤离要塞地域。当然，集团军领导面临的问题是，他该服从谁，是希特勒还是集团军群司令部。

此外，集团军认为需要六天时间进行突围的准备。我们认为太长了，即使把因该集团军机动能力急剧下降而造成的所有困难因素都考虑在内，在目前形势下六天时间也是无法接受的。仅就集团军群左翼态势来看，等六天时间也是不可能的。尤其是在斯大林格勒合围圈上的苏军也不会在这么长时间里无所事事，眼睁睁地看着我们进行突围准备。或许突围的准备工作，包括为此从第6集团军其他防线上抽调兵力，能在短时间内使敌人不被觉察。然而，向突围的西南方向上调集兵力若要六天时间，那么未等突围至顿河，苏军早在其他战线发起攻击了。此种情况无论如何都要避免发生。

此外，集团军还怀疑，它是否有能力从其他防线上抽调用于突围的兵力，因为苏军已在其他防线上展开局部进攻。这依然关系行动的快速性问题。集团军如能尽早实施突围，则可避免其他防线遭敌突破，并能以迟滞战方式逐步撤出。

在保卢斯将军与我以及双方参谋长之间以电报形式进行的会商中，集团军有理由强调指出，"霹雳"行动必须紧随"冬季风暴"实施，绝不能发生类似于在顿斯卡耶察里扎那样的等待。在这一点上，我们的意见完全一致。其实集团军群的命令中早就是这样计划的。

摆在第6集团军司令眼前的事实，对他来说肯定是一个沉重的负担。比如，由于宰杀马匹充饥，部队机动力已大为下降，加之天寒地冻，部队的这种现状使完成一项如此艰难和如此冒险行动的成功概率，大打折扣。

但是，最终使集团军司令部不敢冒险突围的决定性因素是燃料问题。他们认为，集团军没有能力执行集团军群司令部的命令。保卢斯将军报告说，他的坦克只有百余辆尚能得到燃料，目前的燃料最多只够其坦克行驶30公里。因此，要么能保障充足的燃料储备（和食品），要么第4装甲集团军推进到距苏军合围圈30公里处，否则集团军无法奉命实施突围。现在，现实无可辩驳，第6集团军作为其突击力量的坦克，距第4装甲集团军尚有约50公里，以只能行驶30公里的燃料储备绝不可能与第4装甲集团军建立联系。另一方面，也不能坐等第6集团军的燃料储备达到其所要求的标准（4000吨）。更不用说，用飞机运送如此数量的燃料，在我们迄今的经验中前所未有。而且，这样一种等待也意味着，集团军本可以实施突围的时机将会白白错过。因此，我们不得不满足于勉强糊口，也就是说以现有的一切，包括现有的燃料开始行动，在集团军集结的几天里还可以得到空运的燃料补给。此外，在突围的过程中还有望继续从空中得到燃料补给。

另外，部队所拥有的燃料储备量总比其向上报告的要多，这是常事。即使不把这一因素考虑在内，我们也希望能按下面的预计发展。在第6集团军开始向西南突围后，第4装甲集团军便可以松一口气，此后苏军不会再从斯大林格勒合围圈上抽调兵力来对付第4装甲集团军。第4装甲集团军于12月19日渡过梅什科瓦河的行动本是没有把握的，但第6集团军在为其减轻负担之后，它也许能再继续向东推进20公里。

　　当然，对这种希望的预期意味着一种冒险。但不这样做，就不能指望拯救第6集团军。

　　重要的是，为什么这个问题最终成为让第6集团军留在斯大林格勒的原因，是因为希特勒在合围圈内安排了一个联络官。他可以通过这位联络官了解到，保卢斯将军曾表示，由于燃料问题不仅不能向西南方向突围，甚至连此次作战的准备工作都无法进行。

　　我曾在发给希特勒的电报中试图反复说服他同意第6集团军放弃斯大林格勒，实施突围。但希特勒总是说："您到底想要干什么？保卢斯将军自己说他只能行驶20公里，最多30公里，他自己报告说他现在不能突围。"

　　这样看来，集团军群司令部一方面要面对最高统帅部——它规定集团军向西南突围的同时还要坚守斯大林格勒的其他防线；另一方面又要面对集团军领导——他们声言由于燃料问题，无法执行集团军群下达的突围命令。希特勒在做决定时又可以拿集团军领导的意见作为依据。如果希特勒没有这样一个借口，也许形势会迫使他放弃第6集团军即使向西南突破也要坚守斯大林格勒的要求。如果是这样的话，那么保卢斯将军就完全会从另一个角度来看待整个问题。他就会从希特勒命令的束缚中解脱出来而自由行动。

　　我之所以如此详细地阐述第6集团军司令未能抓住拯救其集团军最后机会的原因，是因为我认为这与他的个人品质及其后来的行为没有任何关系。正如我上文所说，他为其做出的决定所列举的所有理由都是合情合理的。但现在的问题是，当时是拯救集团军唯一的，也是最后一次机会。不去利用它——即使冒再大的风险——就意味着放弃拯救集团军。当然，利用这一机会也就等于孤注一掷。按照集团军群的观点，现在必须这样做。

在那情况危急的数天里，要想批评后来被晋升为元帅的保卢斯所采取的态度，是十分容易的。但是，简单地用对希特勒"盲目服从"这样的空话无论如何解决不了问题。在保卢斯的内心深处肯定也在做着痛苦的抉择，他是否应违背希特勒的意志，投入一场作战，而其结果必将是放弃斯大林格勒。对此应当指出的是，这一因受强大苏军所迫而遂行的任务，不仅违背了希特勒的意愿，而且是集团军群下达的命令，因此其责任也要由集团军群来承担。

除了这种内心斗争之外，集团军司令还面临着一个巨大的风险——如果他照集团军群的命令行事的话。突破肯定会使集团军有获救的机会，但同时也有覆灭的可能。首次突破如不成功，集团军将会停在半路，而第4装甲集团军又未能继续向前推进，或者敌人把在背后和翼侧负责掩护突破的德军部队击溃，那么第6集团军覆灭的命运也就注定了。这就是摆在第6集团军面前的一场巨大冒险和一项艰巨任务。这就好比一个向四面冲击的方阵，在它向西南方向的第4装甲集团军突击的过程中，时刻都有覆灭的可能，或者其后卫和翼侧被敌歼灭。而且担负这一任务的是一支早已饥寒交迫、缺乏机动能力的部队。不过，在重获自由和摆脱死亡与被俘欲望激励下，或许有望使部队完成看起来不可能完成的任务！

如果说保卢斯将军当时没有抓住这一最后机会，如果说他犹豫不决，以至最后放弃冒险，那无疑是因为他感觉责任重大。虽然集团军群司令部努力想通过下达命令以减轻其责任，但他仍觉得在希特勒面前，乃至面对自己都无法卸责。

在集团军群于12月19日向第6集团军下达尽快突围命令后的一周，是决定集团军命运的一周。

在整整六天的时间里，集团军群司令部不顾一切风险，竭力使第6集团军获得机会与第4装甲集团军协同，杀开一条通往自由之路。

在此过程中，集团军群时刻处在危险之中：苏军有可能利用突破意大利集团军防御的有利时机，通过已经敞开的顿涅茨河，向罗斯托夫突击，直抵整个德军南翼的生命线；要么转而攻击"顿河"集团军群左翼的背后即霍利特集团军级支队。

还有一种危险：苏军可能会最终突破我们在奇尔河下游（罗马尼亚第3集团军）和由霍利特集团军级支队组成的薄弱警戒线。

即使如此，集团军群司令部仍决定将第4装甲集团军留在顿河以东，以使第6集团军有望利用这最后一次机会。第4装甲集团军留在顿河东岸的期限，以集团军群左翼的态势迫使我们不得不抽调顿河东岸的兵力增援这里，以及当12月25日第57装甲军无法继续在梅什科瓦河坚守为准。

对这扣人心弦的一周只能做一简要描述。

首先从集团军群的左翼，或者更精确地说从霍利特集团军级支队的左翼说起。

在意大利部队那里所发生的事情，我们不大明了。似乎那里只有一个轻型师和一两个步兵师进行过可以称为抵抗的抵抗。倒是在12月20日清晨，一位负责指挥意大利右翼的德军军长报告，它所属的两个意大利师已经溜之大吉。据报告称，在其纵深翼侧已发现苏军的两个坦克军。这样，霍利特集团军级支队的翼侧已完全暴露。

当集团军群司令部获知霍利特集团军级支队的这一处境后，便命令这位军长（隶属"B"集团军群）立即采取一切手段阻止意大利各师的溃逃。霍利特集团军级支队受命利用梯次配置掩护其左翼，以守住奇尔河上游阵地。

然而，在这一天，在霍利特集团军级支队的薄弱防线上有两处被突破。罗马尼亚第7师自作主张撤离防线。罗马尼亚第1军军长惊慌失措，擅自离开其指挥所。

到了12月20日傍晚，霍利特集团军级支队纵深翼侧的状况已混乱不堪。谁也说不清楚与霍利特集团军级支队毗邻的意大利军队是否或在何处实施抵抗。报告称，在霍利特集团军级支队背后到处都是苏军的坦克尖兵，甚至在卡缅斯克—沙赫京斯基前方的顿涅茨河的重要渡口都有。

在接下去的两天，霍利特集团军级支队的态势日益恶化。甚至其正面也被突破，其翼侧和背后已完全没有保障可言，苏军的坦克部队在原属意大利的地段上任意驰骋。用不了很久，这种危险也必将降临到罗马尼亚第

3军在奇尔河下游的防线。

霍利特集团军级支队首先必须尽力在与罗马尼亚第3集团军大致平行的位置上重建一条新的防线，以便为自己翼侧，同时也为对第6集团军提供补给的莫罗索夫斯基和塔琴斯卡亚空军基地提供安全保障。此外，还必须尽其所能保障位于福尔赫斯塔德特和卡缅斯克—沙赫京斯基的顿涅茨河重要渡口畅通。

可以肯定的是，以这些微不足道的应急措施来维持集团军群左翼的态势，最多只能是两三天的事，不可能坚持太久。集团军群早在12月20日就向陆军总司令部发电，明确指出，如果突破意大利军队防线的苏军决心行动，那么它就会径直向罗斯托夫方向突击，并力争赢得对"顿河"集团集群和"A"集团军群的决定性胜利。然而，陆军总参谋长并未能在当天将这一电报递交希特勒，这是德军统帅部的一种怪现象，因为希特勒正与意大利的一个代表团谈判，而且与会者只有最高统帅部人员。12月22日，集团军群司令部得到的唯一答复是陆军总司令部的指令，命令霍利特集团军级支队要坚守实际早已失去的一条防线。事实上，能否在这一天将前方作战的德军和少量罗马尼亚部队全部撤向霍利特集团军级支队，并组成一条新的防线，是大有疑问的。

很明显，由于意大利军队的溃逃而在直到"B"集团军群正面上出现的巨大缺口方面，集团军群司令部不能指望最高统帅部提出什么得力措施，使那里的态势得以稳定。甚至连从"A"集团军群地域迅速抽调一个步兵师用以保障罗斯托夫安全的请求都遭到它的拒绝。这样，我们只有依靠自己了。也就是说，只有靠集团军群右翼即顿河东岸的作战部队。这是一个痛苦的决定。但事态已不容我们再迟疑下去，因为12月24日霍利特集团军级支队面临的危机已岌岌不可终日。苏军三个坦克军和机械化军已从意大利军队和罗马尼亚第7师之间的缺口处达成突贯。其中两个军（第25坦克军和第50机械化军）已接近为第6集团军提供补给的莫罗索夫斯基和塔琴斯卡亚空军基地。另一个军（第8坦克军）还深入在奇尔河中游和上游作战的霍利特集团军级支队部分部队的背后。

当集团军群左翼即暴露的西面翼侧态势日益恶化之际，集团军群司令部还在为拯救第6集团军而竭力奋争，希望希特勒能放弃斯大林格勒，第6集团军也要勇于冒险突围。

此时，第4装甲集团军正奋力争取向斯大林格勒方向靠近，同时等待第6集团军踏上向西南方向突围之路，以减轻第4装甲集团军的压力。

在第4装甲集团军于12月19日到达梅什科瓦河后的几天里，便开始陷入苦战。苏军从斯大林格勒不断调来新锐部队投入这场会战，企图阻止德军解围部队继续向前推进。尽管如此，第57装甲军还是在梅什科瓦河东岸站住脚跟，夺占了渡口，并经反复争夺，在河东岸建成一个登陆场。苏军为其大规模进攻付出沉重代价。第57装甲军的先头部队甚至已经在遥远的地平线上看到了斯大林格勒周围的炮火火光！只要第6集团军发起攻击，至少阻止苏军不断抽调新锐兵力用以对付第4装甲集团军，从而为第4装甲集团军的推进减轻压力，那么胜利实际已近在咫尺，唾手可得。然而，由于上文说到的原因，这一进攻始终未能付诸实施。

12月23日下午，集团军群司令部被迫定下决心，准备向态势已趋恶化的集团军群左翼前调部队。司令部命令在奇尔河下游的罗马尼亚第3集团军抽调第48装甲军军部的第11装甲师，担负恢复西部态势的任务。为弥补抽调第11装甲师的空缺，第4装甲集团军必须向奇尔河下游防线派出一个装甲师，否则这里将无法坚守。

就在第二天，事态证明采取这一紧急措施是何等及时。塔琴斯卡亚空军基地已经丢失，因此就丧失了一个对第6集团军实施补给的渠道。直到12月28日，机场才重被夺回。

当集团军群已经清楚，第6集团军已无法及时突围后，才被迫痛下决心，不惜削减担负解围任务的第4装甲集团军的兵力，从中抽调一个师。如果第16摩托化师此时已做好战斗准备，也就不会采取这一措施了。陆军总司令部虽然在集团军群一再催促下，于12月20日终于决定用"A"集团军群的"诺尔曼人"师替代位于埃利斯塔的这个师，但10天后才能成行！而10天前本集团军群就已经第一次提出抽调这个师的请求！如果当时立即行动，12月23日就已经可以投入奇尔河防线，也就不必从第57装甲军抽调一个装甲师了。像往常一样，这一次希特勒的决断又可以用上

"过晚"这个词了！尽管希特勒已答应前调第7装甲师，但对于目前已在进行中的解围行动来说实在是太晚了。同时，希特勒还将希望寄托于第一个用于实战的"虎"式装甲营，盼望它能扭转危局，但事实证明这只不过是梦幻一场。更不用说这个营还需要很长时间才能到达，而且它并没有经过实战的检验，还存在许多发展中的问题，不可能发挥重大作用。这是希特勒过高估计新型武器作用的一个典型事例。

这样，在顿河东岸的战场上，主动权已转入苏军手中。

12月25日，在梅什科瓦河地段，第57装甲军遭到不断加强的苏军攻击，被迫撤到阿克萨伊河地段。此后几天，苏军从东、西两面合围该军的企图已逐渐呈现出来。

在第4装甲集团军北部和东部防线前方，出现两个苏军集团军（第51、2近卫集团军），辖有三个摩托化军、一个坦克军、三个步兵军和一个骑兵军。这些兵力大部来自斯大林合围战线，当然也有一部分是从伏尔加河彼岸调来的新锐部队。

在集中起来的数倍优势敌军面前，第4装甲集团军被迫在之后几天向后做大范围的撤退，直至科捷利尼科沃，这是该军在12月12日发起攻击的地点。这一撤退之所以无法避免，是因为负责保障在阿克萨伊河地段苦战的第57装甲军翼侧安全的罗马尼亚第4集团军，已出现支撑不住的迹象。担负保障伏尔加河当面集团军东翼安全的罗马尼亚第7军，以及负责第57装甲军到顿河之间地域安全的罗马尼亚第6军，已全无斗志，主要原因是这几个军的指挥官们没有在鼓舞士气上下功夫。罗马尼亚第4集团军司令虽然发誓要竭尽全力使其部队重获战斗力，但面对溃不成军的部队也束手无策。因此，除了将他们撤出战斗并遣送回家，别无他法。

于12月12日开始的解救第6集团军的努力宣告失利——至少目前是如此。

从此后的态势来看，是否仍有再次行动的希望呢？

今天，事后从"B"集团军群事态的发展来看，答案是否定的。但是，当时尚无法预料，1月份，意大利集团军又遭受了一场比位于顿河畔的匈牙利集团军大得多的灾难。

在那些日子里，“顿河”集团军群司令部排除关于能否和有无必要解救第 6 集团军的各种疑虑，始终没有放弃这一信念。基于此，集团军群司令部于 12 月 26 日向陆军总司令部提出如下建议：

集团军群左翼正受到向罗斯托夫方向突破的敌军威胁，为能使该翼至少维持一段时间，请求陆军总司令部将正在“B”集团军群右翼背后即米列罗沃地域集结的集团军级集群 ❶ 尽快投入战斗。此外，“A”集团军群应以最快的速度从其第 17 集团军中抽出一个步兵师，派往罗斯托夫，担负那里的防护任务。准备配属给本集团军群的第 7 装甲师，虽然现在用于顿河东岸为时已晚，但可以投入集团军群左翼的战斗。

在最坏的情况下，集团军群的中央防线将撤至顿河—顿涅茨河一线。此外，近日奇尔河下游的态势日趋缓和，因为敌人已集中其兵力向西，企图夺占我们的莫罗索夫斯基和塔琴斯卡亚空军基地。

有无再次实施解围行动可能的关键是，能否在顿河东岸集中足够兵力，使第 4 装甲集团军有能力击败追击它的苏军。为此，“顿河”集团军群要求——实际我们早就提出过这一要求，并于 12 月 18 日后反复提出——陆军总司令部立即从第 1 装甲集团军抽调第 3 装甲军和第 1 步兵师，以加强第 4 装甲集团军。集团军群认为，这些兵力与前调的第 16 摩托化师加在一起，足以使第 4 装甲集团军再次向斯大林格勒方向发起突击。按照我们的观点，这些兵力应于六天之内即可提供给第 4 装甲集团军使用。鉴于最高统帅部已准备此时增加运输机的数量，因此在这几天之内，必须将第 6 集团军急需的燃料（1000 吨）和食品（500 吨）空运至合围圈内。塔琴斯卡亚和莫罗索夫斯基空军基地，在此后几天可重新启用。不言而喻，与此同时，我们一再要求赋予第 6 集团军以行动自由权。尽管集团军认为此时突围是没有希望的，但集团军群司令部坚持认为，除冒险突围外别无良策，因为长久为一个合围圈内的集团军提供补给是不可能的。从总体形势

---

❶ 二战中，德军为执行某一特殊任务而临时组建的一种部队编制形式，通常配属一两个盟国集团军，由德集团军司令部通过联合参谋部实施指挥。——译者注

以及第 6 集团军部队的状况来看，集团军群认为突围时间最迟应在新年前后。到那个时候，第 4 装甲集团军可以再次向合围圈方向发起攻击，当然前提条件是能迅速得到所要求的加强兵力。即使突围成功，第 6 集团军也不再可能是一个有作战能力的兵团了。但是，我们相信，仍会有相当一部分部队杀出重围，与第 4 装甲集团军会合。

问题是第 1 装甲集团军能否在此刻抽出上述兵力。希特勒和"A"集团军群司令部均给予拒绝。

这种拒绝态度是否合理，暂不去评论。"顿河"集团军群司令部至少在 12 月 27 日曾向陆军总司令部（并转呈希特勒）提交了一份兵力状况比较材料，其中指出，抽调我们要求的那三个师是完全可以做到的。依照此份材料看，"A"集团军群地域内的敌我兵力对比状况，无疑要比"顿河"集团军群地域内的状况有利。而且，后者的部队已进行了一个半月的艰苦作战，兵力已有相当的消耗。"顿河"集团军群是在开阔地带作战，而"A"集团军群是自高加索攻势停止之后固守阵地，在此期间，他们势必对阵地进行了相当的加固。第 1 装甲集团军在抽调出三个师后，即使面对优势之敌不再能坚守其阵地，也仍可以机动作战形式迟滞敌人的进攻，直至解救第 6 集团军的行动结束。但希特勒并不赞同这一方案，尽管集团军群司令部已多次指出，即使第 6 集团军被成功解围，长期坚守高加索也是不可能的。对于我们提出的"大解决"方案，即在解救第 6 集团军的同时将"顿河"集团军群地域的作战过渡为机动战，希特勒并不接受。

他拒绝削减"A"集团军的兵力，除了出于他一贯不愿放弃任何东西的倾向之外，还有另一个原因。他深信，他手中还握有另一个可以解救第 6 集团军的良方——尽管时间要很晚。

集团军群于 12 月 31 日收到陆军总司令部的一份指令，指出，希特勒决定将更新装备和经补充的党卫队装甲军所属"近卫""骷髅""帝国"装甲师和装甲步兵师，从西线调往东线。该军将在哈尔科夫附近集结，并将从该处向斯大林格勒发起攻击，实施解围。然而，根据有限的铁路运输状况来看，2 月中旬前在哈尔科夫附近集结完毕是不可能的。在此之前这段时间里，第 6 集团军将如何保命，是一个无人解答的问题。虽然当时并没有预料到匈牙利集团军也会像意大利集团军那样溃不成军，但对于态势日趋恶化的"B"集团军群和"顿河"集团军群来说，前调党卫队装甲军是必要的。但是，无论如何都不能认为，依靠党卫队装甲军的兵力就足以打到斯大林格勒城下。科捷利尼科沃到斯大林格勒相距130公里，这一距离在12月份对于如能得到加强的第4装甲集团军来说，并不算太遥远，但是到了2月，从哈尔科夫到斯大林格勒的560公里，是个不可及的数字。如果希特勒真的相信这是可以做到的，这恰好成了我们前一章有关对他评论的佐证。

当12月末希特勒拒绝了"顿河"集团军群提出的迅速加强第6集团军的所有要求之后，第6集团军的命运已无可挽回。我们将最后一个人、最后一发炮弹都用在解救第6集团军，结果却是徒劳！我们将解围行动坚持到最后一刻，结果也是徒劳！我们将整个集团军群的命运孤注一掷，结果还是徒劳！

自1月初，在"顿河"集团军群地域，作战行动大致可分为两部分：

第6集团军在斯大林格勒周围的最后战斗，以及为保护德军南翼——包括"B"集团军群、"顿河"集团军群和"A"集团军群作战地域——的战斗。

从作战的连续性考虑，我将第6集团军的战斗作为本章的最后一节，第二部分作战行动将另做处理。这样，可以看出第6集团军的最后战斗对于保护德军整个南翼具有何等重要的意义。

第6集团军的最后战斗

第6集团军于1942年年末~1943年年初进行的濒死挣扎，是德国军人遭受的一段无以言状的苦痛和伤亡史。尽管他们深陷绝境，尽管他们有理由对那些寄予无限信任的人满腹怨恨，但是面对一种从天而降、不可避免的命运，表现出了英雄般的勇敢，忠贞不贰的责任感，以及珍贵的同志情谊，心地坦然地接受现实，虔诚地听从上帝的安排！

我不提及这些肯定是不行的，因为我们置身于集团军群司令部的人对这一切无法有深切体会。对这种前所未有的英雄气概的崇敬，我找不到合适的语言做恰如其分的描述。

但有一个问题我是必须回答的，同时，身为当时的"顿河"集团军群的司令我也有责任和有资格回答。这个问题就是，要求我们英勇的士兵做这种牺牲，是否有此必要，以及将要延续多长时间。回答这个问题，应以第6集团军进行的最后决战的本身意义为着眼点；不能只看到战争的最后失利，而是要根据当时的作战形势以及必要性来进行评判。

12月26日，第6集团军向集团军群司令部发来如下报告，我们立即将其转呈陆军总司令部，这是我们的一贯做法——毫不掩饰地向上报告集团军的状况。当然，从此时起，我们只能利用无线电或是由集团军派出来的军官获知合围圈内的情况。短波通信也已中断。

保卢斯大将的报告如下：

流血牺牲、严寒和补给的短缺，已使各师近期的战斗力大为下降。因此，我必须将情况报告如下：

1. 截至目前，集团军仍能击退敌人小规模的攻击行动，尚能在一定时间内处置局部性危机。前提依然是改善补给，尽快补充人员。

2. 如果苏联人从霍特 ❶ 当面抽调强大兵力，并利用这些兵力或其他部队对要塞实施集中攻击，集团军则无法进行长时间抵御。

3. 如果事先不打通走廊，集团军未能获得充分的人员和物资补充，突围将无法实施。

因此，我请求上级机构，如不是因总体形势所迫而牺牲本集团军，则应采取得力措施尽快解围。集团军当然会竭尽全力坚持到最后一刻。

此外，集团军还报告：

今天只空运70吨补给品。一些部队已近于断粮。现急需采取有力措施。

八天前集团军参谋长曾说过，如有充足补给，集团军能在合围圈内坚守到复活节，可见上述报告是错误的。

---

❶ 指由霍特大将指挥的第4装甲集团军，位于斯大林格勒南线。——译者注

同时这个报告也证明，八天前，依据当时第 6 集团军的状况，并考虑到第 4 装甲集团军的日益接近，当集团军群司令部命令其突围时，那不仅是获救的第一次机会，也是最后一次机会。

　　此外，12 月末和 1 月初，苏军只实施了局部攻击，第 6 集团军当面的态势相对稳定。这可能是因为，苏军炮兵正为实施一次大规模进攻做准备；要么就是企图首先集中兵力歼灭第 4 装甲集团军，在顿河大河曲地带取得成功。

　　1 月 8 日，第 14 装甲军参谋长胡贝将军由元首大本营来本集团军群司令部。他是奉希特勒之命从斯大林格勒飞往勒岑，向他报告第 6 集团军的状况。胡贝将军告诉我，他已将合围圈内的全部情况毫无掩饰地向希特勒做了一番描述。其实，这些情况集团军群早在日报告中向希特勒做了汇报，但他就是死不相信。不过，值得注意的是，不知胡贝将军在勒岑逗留之际被什么触动了，也不知希特勒的信心——不管是真是假——在他身上产生了怎样的影响。希特勒信誓旦旦地表示，他将倾其全力长时间为第 6 集团军提供补给，接着又提到之后的解围计划。胡贝满怀信心地返回合围圈，但不久又被希特勒召回，奉命负责从外部对第 6 集团军实施补给。实际上他也无法改变空运不利的现状，因为并不是组织不力，而是天气恶劣和空运力量不足。胡贝有一个消息触动了我，他说，在第 6 集团军流传着一个消息，说我曾用电报告诉他们："坚持住，我会救你们出来。曼施泰因。"虽然我为解救第 6 集团军尽了一切努力，但在没有成功把握的情况下向部队许诺什么，这从来不是我的作风，况且这也不是我一个人所能决定的。

　　胡贝将军是一个无所畏惧的人，他在晋见希特勒时也曾向他指明，像第 6 集团军被围这样的事件，对国家元首的威望势必是一大损害。他还向希特勒建议，至少应将东线的指挥权交给一位军人。由于胡贝在飞往勒岑时曾在我这里逗留，希特勒肯定以为胡贝将军之所以提出如此建议，是受我唆使，其实完全不是这么回事。

　　后来，即斯大林格勒事件之后，我向希特勒提出改组最高军事指挥机构时，显然他早已有所警觉，因此断然加以拒绝。否则，在第 6 集团军覆灭的强大压力和自感内疚的情况下，他会接受我的建议。

1月9日，苏军敦促第6集团军投降。集团军奉希特勒之命加以拒绝。

我不相信有人会责备我，说我对希特勒的军事决定或措施会不加任何分析地全盘接受。然而，对他这一次的决定我表示完全赞同。因为，这在当时那个时刻来说是绝对必要的，不管从人性角度来说是多么残酷。

从纯军人立场而论，一支军队一息尚存绝不允许投降，我不想就此多加议论。但是，若抛弃了这一立场，也就意味军人身份的沦丧。在一个国家没有武装力量和没有军人的美好时代到来之前，军人的荣誉观念必须得到维护。即使通过投降可避免一场无望的战斗，但就其本身而言也不能作为投降的理由。如果每一个指挥官都认为其态势无望而投降，那就永远不能赢得一场战争。即使在全无希望的情况下，也常会绝处逢生。从保卢斯将军的角度而论，无论如何应拒绝投降，这是军人的职责，除非集团军已不担负任何任务，除非继续战斗已徒劳无益。从这一点来说，希特勒拒绝投降是合理的。用长远观点来看，即使第6集团军继续抵抗已徒劳无益，但从总体形势出发仍扮演着一个重要角色。它应尽可能长时间地牵制当面苏军。

12月初查明，苏军用于合围第6集团军的部队共计60个兵团（步兵师、坦克旅或机械化旅等）。其中一部分肯定由于第4装甲集团军的攻击受到暂时牵制，但他们又从他处调来部队以做补充。1月19日，据报告称，在"顿河"集团军群地域发现有259个敌军兵团，第6集团军当面有90个！如果1月9日由于第6集团军的投降而使这90个苏军兵团的大队人马得以解脱，那将意味着什么？本集团军群以及东线整个南翼的后果就不堪设想了。

第6集团军继续战斗尽管对其本身而言已经无望，但它尚有余力战斗下去。它的坚持对于南翼形势来说具有决定性意义。它牵制敌军兵力的每一天都对东线命运至关重要。现在事后说什么战争最终还是失掉了，要是尽早结束或许会减少许多苦痛。这只不过是马后炮。在那些日子里，并不绝对肯定德国在军事上一定会失败。军事上的和棋也可导致政治上的和棋，如果能通过某种方式将东线南翼的态势稳住，这种可能性是完全存在的。但是，成功实现这种可能性的最急迫的前提就是，第6集团军在尚有一丝能力的情况下，必须坚持战斗，牵制当面敌军。战争的严酷迫使最高统帅不得不要求这支英勇的部队做出最后牺牲。至于在这个集团军陷入如此境地的责任上，最高统帅应付什么责任，则需另当别论。

1月9日，在第6集团军拒绝投降之后，苏军实施了最强大的炮火准备，开始投入大量坦克，在多个方向上发起进攻。受压力最大的是集团军最西端、位于马里诺夫卡附近的突出部位。敌人在此多处突破。

1月11日，态势严重恶化。由于弹药和补给缺乏，集团军已无力恢复态势。阵地尤其是卡尔波夫卡谷地居民地的丢失，使西面防线的部队失去了用以避寒的宿营地。恶劣的天气完全断绝了补给品的空运。

1月12日，第6集团军在一份报告中报告了其恶化的态势，本集团军群立即将其转呈陆军总司令部。电文称：

"近日虽进行了英勇抵抗，但敌人仍达成纵深突破，我只能勉强坚守。已无预备队，也无力组建。弹药只够三天，粮食已近断绝。重型武器无法机动。重大伤亡、补给短缺，加之严寒，已使部队战斗力大为下降。如敌人继续以现有强大兵力实施攻击，预计要塞正面只能坚持数日。抵抗将化为各自为战。"

1月12日，天气再次中断了空中补给，空军对防御作战的支援也被迫停止。

黄昏，空军负责安排补给事宜的皮克特将军飞出合围圈。他向人们描绘了一幅恐怖的图景。他预计，集团军的战斗力还能坚持2~4天；但第6集团军的英勇和忘我推翻了这个预计。依照他的观点，由于集团军已无力填补敌人突破形成的缺口，因此即使现在改善空运补给，也无助于态势的改变。

皮克特将军还带给我们一份此间晋升为大将的第6集团军司令的报告，描述了合围圈内的态势：

在西北面，苏军投入10~12个师。第3、29步兵师（摩托化）一部从北面遭苏军攻击，已被歼灭。在此重建防线已不可能。虽击毁苏军坦克100辆，但苏军仍有50辆坦克可遂行战斗。

在合围圈的南面，尽管第297步兵师做了顽强抵抗，但苏军在经过两天猛烈炮火袭击之后，已达成纵深突破。此处也没有多余兵力用以封闭缺口。在苏军投入的 100 多辆坦克中，有 40 辆被击毁。

在东面，目前尚在坚守，但苏军也在此处投入强大兵力。

在东北面，苏军达成纵深突破。在此鏖战的第 16 装甲师兵力已被耗尽。

保卢斯大将还报告，集团军将战斗到最后一颗子弹。胡贝将军向希特勒提出缩小合围圈的建议，无异于加速崩溃，因为已没有重型武器可以机动了（由于当时正值集中兵力力争突围的关键时刻，所以希特勒严禁集团军缩小合围圈）。报告称，即使现在通过改善空运获得充足补给，也已于事无补。坚持抵抗的时间更多依敌人的攻击强度而定。

在这一天，皮托姆尼克机场也丢失了。目前，在合围圈内只有古姆拉克机场尚可使用。

入夜，保卢斯大将又报告，如果立即派遣数个全副武装的营进入合围圈内，或许还有望继续实施抵抗。他已多次提出，要求派数百人飞入合围圈，以弥补其人员损失。但集团军群无法同意，因为集团军群已没有后备部队了。此外，自第 4 装甲集团军的解围行动停止之后，已经再没有理由向合围圈内输送部队或补充人员。在集团军的一再催促下，我们曾允许休假归来的指挥官和总参谋部军官返回合围圈内，此事令我们心如刀绞。其中包括有俾斯麦和比洛这样姓氏的人，这件事足以证明，德国军队恪忠尽职和同志情谊的传统，经受住了最严峻的考验。

1 月 13 日，保卢斯大将的首席副官贝尔上尉携带集团军的战时日志来到我们这里。这是一个已获骑士勋章的年轻军官，举止言行堪称表率。他向我们陈述了部队是如何一如既往的英勇，全体官兵如何慷慨面对严峻的命运。

他还带来保卢斯大将给我的信函，以及保卢斯的参谋长给我的参谋长的信件。信中充满了德国军人的勇敢、责任心和高尚。信中也指出，他们已明确认识到，为解救第 6 集团军，集团军群已竭尽全力。当然，对于未能兑现空运补给之事也不乏抱怨之词。可是，这种诺言既不是冯·里希特霍芬大将，也不是我许下的。承担其责的应是戈林。

1 月 16 日，集团军所有正面再次展开激烈战斗。飞机曾一度无法着陆，因为昼间敌人地面和防空火力已给我运输机造成重大损失，只能在夜间空运或空投补给。其中有相当一部分补给品不可避免地要丢失。

这一天，希特勒委派米尔希元帅负责第 6 集团军的空中补给。1 月 17 日，集团军用无线电通知，古姆拉克机场又可以使用了，空军却持反对意见。但集团军群坚持一试，看能否在此降落。

1 月 19 日，我与米尔希做了第一次交谈，他前日在来与我会面的途中，车子与一辆火车相撞，受了一点轻伤。尽管第 6 集团军的状况已近绝望，但我仍向他强调指出改善第 6 集团军补给的急迫性。我说，我们对于我们的战友直到最后一刻都是心感歉疚的。集团军一直牵制着敌人 90 个兵团，也就是说，它肩负着一项重大的战略任务。鉴于本集团军群其他防线和"B"集团军群暴露的翼侧态势危急，我们使集团军保持战斗力的每一天都具有重要意义。米尔希向我许诺，他将动用国内一切可用手段，包括全部的运输机以及维修人员和物资。后者显得更为重要，因为莫罗索夫斯基和塔琴斯卡亚机场已落入敌人手中，实施补给的飞机必须从新切尔卡斯克和罗斯托夫，或其他更远的机场起飞。从米尔希的话中可以得知，如若他在前一周接此重任，情况肯定会大为改善，因为他在国内掌握着动用很多资源的权力，而这一点是里希特霍芬不具备的。但戈林是更应当负责的，他没有为使这些资源及时发挥效益操过心。

1 月 24 日，集团军群收到陆军总参谋长蔡茨勒将军的如下通告：

本部收到如下电报：

要塞只能坚守几天。由于补给的停顿，人员已虚弱不堪，武器无法机动。最后一个机场刚刚丢失，补给因此已降到最低限度。继续坚守斯大林格勒的基础已不复存在。现在，苏联人可以在任何一点达成突破，因为整个地域已因人员死伤而丧失。即使如此，官兵的斗志丝毫未减。为在崩溃之前做最后一搏，我准备命令所有部队向西南方向做一次有组织的突围。部分部队可望突围出去，也可在苏军后方造成混乱。如若停滞不动，肯定将全军覆灭，要么被俘，要么饿死冻死。我建议，将少数作为专门人才的官兵送出合围圈，以备后用。此命令必须尽早发出，因为很快便不能再飞入合围圈内。请开列军官名单。我自己当然不在考虑之列。

签字　保卢斯

答复（陆军总司令部）如下：

电报收到。与我四天前的建议完全一致。我已再次呈送元首。元首决定：

1. 关于突围：元首保留最后决定权。因此，如有必要请再向我发电。

2. 关于人员的飞出：元首暂时拒绝。请派齐策维茨来这里，就此再做汇报。我将带他晋见元首。

签字　蔡茨勒

关于保卢斯大将的这份电报，特别是关于一些人员的送出问题谈谈我个人的观点。就事情本身而言，尽可能救出一大批重要的专门人才自然是众望所归，但这其中不应考虑级衔问题。很显然，从人道角度看，希望并力争将每一个人救出。然而，这个问题还必须从军人的角度考虑。他们要求首先将伤员送出。在当前这种境遇下，这是值得敬佩的。可是，专门人员的撤出自然会影响伤员的送出。此外，专门人员大部是军官，基于其受教育程度，对于作战指挥来说要比普通士兵重要得多（士兵并不都是受过技术或科学教育的专门人才）。但是，像在第6集团军这样的情况下，按照德国军人的逻辑，当需要抢救生命时，军官都要退居士兵之后，这是他们的责任和义务使然。基于这一原因，集团军群没有督促希特勒接受第6集团军司令的建议。

关于试图在最后时刻以小型集群为单位，冒险突破敌军战线的问题，即希特勒所要求保留的"最后决定权"，并未付诸实施。

然而，集团军群仍试图采取在敌后各地投掷食品，以及派出侦察机搜寻他们等措施，为突围集群的成功突围创造生存条件。可是，我们没有发现这样的集群，飞行员也没有搜寻到他们。

无论如何，保卢斯的电报表明，在英勇的第6集团军中，那些一息尚存的官兵直到最后一刻也没有丧失战斗意志。集团军群还知道，特别是那些尚有作战能力的年轻官兵曾坚决表示，无论如何都要在最后一刻杀出重围。这也是我们采取上述措施的理由，可惜无所收获。

1月22日，苏军占领古姆拉克机场，实施补给的飞机再也不能着陆了。保卢斯大将报告，他已无力填补古姆拉克防线上的缺口，弹药和食品已近告绝。他请求希特勒准许他与苏军进行投降谈判。为了这个问题，我与希特勒在电话里进行了长时间的争论。我急迫地请求他准予集团军投降。虽然，集团军抵抗的日益减弱意味着集团军群总体态势恶化，但我依然认为，现在已到了结束集团军垂死挣扎的时候了。他们顽强战斗到最后一口气，牵制了占绝对优势的苏军，因此也为在那个冬季拯救东线做出了重大贡献。从此时起，集团军所遭受的苦难已不能再牵制苏军了。

虽经长时间激烈辩论，但希特勒还是拒绝了保卢斯和我的请求，并命令集团军抵抗到底。他的理由是，集团军坚持的每一天对总体形势都十分重要，它可以避免斯大林格勒的苏军转向他处。在苏军此时击溃顿河畔的匈牙利集团军之后，"B"集团军群似乎已在地图上消失了，情况已变得十分严峻。从顿涅茨河畔的伏罗希洛夫格勒到顿河畔的沃罗涅日，出现一巨大缺口，强大的苏军在此好似出入无人之境。在此状况下，"顿河"集团军群和正从高加索地区撤退的"A"集团军群能否坚持得住，似乎大有疑问。

希特勒认为，虽然第6集团军已不能再建成一绵亘战线，但仍可在各个被分割的小合围圈内坚持一段时间。最后，希特勒宣称，投降没有任何意义，因为苏联人从不守约。不是按字面理解，而是就其本意来讲，希特勒的这最后一句话还是正确的。因为事实说明，在最后落入苏军手中的9万名俘虏中，能够存活下来的不过几千人。同时必须指出的是，苏联人有完备的铁路运输线直达斯大林格勒，如果他们有善心的话，俘虏的供给和运输是不成问题的。尽管严寒和虚弱会导致过高的伤亡，但死亡率仍是超出了此种情况下的一般限度。

据我回忆，我与希特勒在电话里至少谈了三个半小时。我现在不想再全部重复他的思想。在他富于梦幻的思维中，第6集团军的投降是第三帝国的奇耻大辱，而什么人道观念根本无足轻重。

当希特勒拒绝我准予第6集团军投降的请求之后，我个人自然就面临着一个问题，我是否应以辞去集团军群司令的方式来表达我的不满。

萌生这一念头这已不是第一次。特别是在1942年圣诞节前后，当未能说服希特勒准予第6集团军突围后，这一念头就像一副重担压在我的心头。

在之后的几个月当中，这个问题一直在眼前晃来晃去。在采取每一项必要的军事措施时，都要与最高统帅进行无休止的、令人神经紧张的战斗，这实在让人难以承受，大有卸职了事之感，我想这种感受是可以理解的。我的首席参谋布塞上校曾说过一句话，足以证明在那些日子里，辞职的思想一直在我脑际萦回。1942 年圣诞节刚过，布塞曾对第 6 集团军工兵指挥官说："如果不是我为部队着想，三番五次恳求他（曼施泰因）留下，他早就向希特勒掼纱帽了。"这句发自我最亲密同事的肺腑之言，是我当时的处境和心情的最好写照。

但是，对于一位身处战场的高级指挥官的辞职问题，我有必要再补充几句。首先，很显然，像每一个士兵一样，一位高级指挥官不能在战争中随意甩手就不干了。希特勒也不会被迫接受辞呈，尤其是在当时的情况下。当事情激化或政府方针与其意愿不同时，政治家可以随时摆脱，而战场上的军人不能那样随意，他必须服从命令，指向哪里打到哪里。

肯定也会出现这样的情况，一位高级指挥官在执行命令时，会与其责任感发生冲突。正如赛德利茨❶在佐恩多夫会战中说的："战后我的脑袋可由国王任意支配，但是战中还是希望他允许由我来使用。"任何一位将军都不应将失败归咎为因违心地执行了上级的命令。在这种情况下，他只有违反命令，他应向他的头脑负责。

正是出于这种原因，我于 12 月 19 日违背希特勒的指令，向第 6 集团军下达了尽快向西南突围的命令。这一命令之所以未能取得成效，是因为第 6 集团军司令部拒绝执行。这种观点是否正确，这唯一的获救机会是否应当放弃，大概无人能做出令人信服的回答，因为没有人能确保突围成功。

以后，在十分必要的情况下，我也违背希特勒的作战命令行事，战绩

---

❶ 赛德利茨（1721~1773），普鲁士将军。参加两次西里西亚战争，先后被提升为骑兵上尉和少校。在七年战争中，战功卓著，后负伤。1767 年，被普鲁士国王弗里德里希二世任命为骑兵上将。——译者注

证明我是正确的，希特勒对这种无视其命令的做法也只得听之任之。（当然，自主行动决不能致使友邻集团军群陷入困境。）

关于辞职问题，除了上述不能成事的原因之外，还有其他因素，即一位高级指挥官对其士兵必须具有的责任感。

我当时考虑的不仅仅是第6集团军，而是整个"顿河"集团军群以及"A"集团军群的命运，他们都已危在旦夕！尽管从人道角度看，希特勒对于第6集团军投降的态度尚属合理，但如在此刻丢弃我的职责，甩手不干，对我那些在斯大林格勒合围圈之外做生死搏斗的英勇士兵来说，就等于背叛。

后来，"顿河"集团军群成功地驾驭了这种最困难的局面。这样看来，我在那些日子里没有在希特勒面前提出辞呈还是对的。

面对优势之敌，第6集团军的艰苦抵抗是何等必要和急需，只要对"顿河""A""B"集团军群在1943年1月间的形势发展做一概略介绍，便可一目了然。

12月29日，陆军总司令部在"顿河"集团军群一再催逼下，终于命令"A"集团军群撤出高加索地区，首先是其左翼第1装甲集团军撤至皮亚季戈尔斯克—普拉斯科韦亚的库马河一线（距萨尔斯克东南270公里）。由于装备的后送，撤退异常缓慢。部队尚未撤离阵地。

1月9日，这是苏军要求第6集团军投降的日子，第1装甲集团军尚未到达库马河一线。

第4装甲集团军的任务是掩护位于顿河南岸"A"集团军群的背后，同时保持与罗斯托夫联系的畅通，现正在顿河南岸与数倍于己的敌人（第3集团军）苦战，并被迫经科捷利尼科沃向西撤退。至1月9日，到达马内奇河与萨尔河之间的库别尔勒河地段，转入艰苦的防御战。苏军的企图是，从两翼将其包围。位于顿河畔康斯坦丁诺夫卡的敌第3近卫坦克军，现转向东南的普罗列塔尔亚尔斯卡，向第4装甲集团军背后推进。新从卡尔梅克草原调来的敌第28集团军，也企图沿马内奇河从南部包围第4装甲集团军。

霍利特集团军级支队在顿河大河曲地带进行一番苦战之后，被迫向卡加利尼克地段撤退。在这里，南翼阵地也已被苏军突破。1月7日，一股较弱苏军在新切尔卡斯克东北（集团军群大本营驻地）渡过顿河。在集团军级支队北翼，第7装甲师企图在贝斯特拉亚—格尼拉亚河与卡利特瓦河之间，通过短促突击迟滞苏军由福尔赫斯塔德特向顿涅茨河渡口的开进。

在霍利特集团军级支队的西北，"B"集团军群地域，由于意大利集团军的崩溃出现了一个巨大缺口。在米列罗沃附近作战的是隶属于"B"集团军群的弱小的弗雷特 - 皮科战斗群，曾几乎被苏军合围。

1月24日，原来还能构成绵亘防线的第6集团军，现已被分割为三个集群，散布于斯大林格勒城内和周边，已无力牵制强大的苏军；其他防线态势如下：

"A"集团军群北翼尚在白格利纳南部，甚至在阿尔马维尔东部，距罗斯托夫还有150~200公里。第1装甲集团军主力经罗斯托夫后撤的行动，终于获得陆军总司令部的批准。

在"顿河"集团军群，为保证顿河渡口随时为第1装甲集团军使用，第4装甲集团军在罗斯托夫东南苦战，我准备将第1装甲集团军投入集团军群左翼伏罗希洛夫格勒以北的顿涅茨河一线。

霍利特集团军级支队防守着从顿涅茨河与顿河交汇处至福尔赫斯塔德特的顿涅茨河河段。

此时，隶属于集团军群的弗雷特 - 皮科战斗群（辖两个疲惫不堪的师），在卡缅斯克两侧防守着顿涅茨河。

由于意大利集团军以及此时在顿河畔的匈牙利集团军相继被击溃，自1月19日在"B"集团军地域顿涅茨河畔的伏罗希洛夫格勒至沃罗涅日间出现一巨大缺口（约320公里）。直至1月23日，旧别利斯克的战线才改由"顿河"集团军群负责。实际上，在这里作战的只有已被击溃的第19装甲师，面对苏军的三个军，它不得不放弃旧别利斯克。

2月1日，第6集团军停止最后抵抗。苏军正以由三个坦克军、一个机械化军和一个步兵军组成的集群，在伏罗希洛夫格勒地带渡过顿涅茨河；与此同时，苏军还似乎以另一个由三四个坦克军和一个步兵军组成的集群，向利西昌斯克—斯拉维扬斯克的顿涅茨河一线推进。

在 1 月 9 日至 2 月 1 日之间这段时间里，如果没有第 6 集团军的英勇抵抗，在斯大林格勒牵制如此强大的苏军，态势将会如何发展，结局将如何，大概用不着再详加描述。

还是让我们回到第 6 集团军的最后战斗。1 月 24 日，第 6 集团军被分割在三个小合围圈内，一个在北部边缘，一个在中央，另一个在南部边缘。

1 月 31 日，晋升为元帅的第 6 集团军司令携其司令部向苏军投诚。

2 月 1 日，在北部作战的第 11 军残部也缴械投降。

第 6 集团军的战斗结束了！

集团军的官兵们是在精疲力竭、饥寒交迫、弹尽粮绝之时，才做了苏联人的俘虏！在苏联监狱中又受尽饥寒之苦。多亏德国空军飞行员的献身精神，使合围圈内的 3 万余名伤员获救。

但是，对于第 6 集团军的悲剧究竟应当由谁来承担责任的问题，希特勒自己给出了一个明确的回答。

2 月 5 日，我奉命来到元首大本营。此前，我曾一再请求希特勒亲自到我们的前线视察一下，或至少派总参谋长或约德尔将军前往，但都未果。

希特勒以下面的话开始我们的谈话，大意是：

"斯大林格勒由我自己来负责！或许也可以说，对于空军实施补给的能力，戈林给了我一个与实际不符的印象，因此，至少他也应承担一部分责任。但是，他是由我亲自指定的接班人，因此我不能将斯大林格勒的责任推给他。"

这一次，希特勒居然承认负担全责，不再寻找替罪羊，实在难得。

遗憾的是，他并没有从此次由于他的指挥失误而导致的惨痛失败中，为未来作战汲取教训。

不管事后对责任问题，以及苏联监狱的残暴、宣传的影响，还有第 6 集团军的一些官兵可以理解的怨恨如何评说，一个事实都摆在面前：

第 6 集团军的官兵们以其无可比拟的勇敢和责任感，为德国军人树立了一座纪念碑，虽然它不是用钢铁和岩石铸造，但将永垂不朽。在这座无形的纪念碑上，镌刻着本章开始时的那句诗，作为对这个伟大悲剧的悼念。

第6集团军在斯大林格勒沦殁的部队有：

第4、8、11、51军和第14装甲军军部；

第44、71、76、79、94、113、295、297、305、371、376、384、389步兵师；

第100轻型步兵师和克罗地亚第369团；

第14、16、24装甲师；

第3、29、60摩托化师；

以及大量集团军和统帅部预备队、高炮部队和空军地面勤务部队；

此外，还有罗马尼亚第1骑兵师、第20步兵师。

第十三章

1942—1943 年在南俄的冬季战局

"战略是一种应急体系。"

——毛奇

攸关德军整个南翼的命运；冬季战局的背景；指导思想：从东翼转到西翼；第一阶段：为解救第 6 集团军而战；第二阶段：为免除"A"集团军群背后威胁而战；陷入阵地战僵局的后果；德军指挥原则；第 4 装甲集团军在顿河南岸的战斗；霍利特集团军级支队在大河曲地段的作战；第三阶段：为保持德军南翼与后方联系畅通的作战；1943 年 1 月的态势；1 月后半月的作战；"A"集团军群和第 1 装甲集团军是应经罗斯托夫向关键战场开进，还是向库班桥头阵地推进？顿涅茨地区及其经济意义；交换下一步的作战设想；2 月 6 日与希特勒的商谈；关于撤出顿涅茨东部地区和最高指挥问题；兵力大转移付诸实施；对下一步作战的情况判断；第四阶段：德军反击；希特勒到大本营造访；在顿涅茨河与第聂伯河之间的会战；哈尔科夫会战，回顾

正当 1942~1943 年交替之际，整个德国都在热切地注视着斯大林格勒，忧心忡忡地为在那里作战的子弟们祈祷；与此同时，在东线南翼也在进行一场更大的决战，规模要远远大于为拯救第 6 集团军两万英勇官兵的生命和自由而进行的战斗。

此次决战不仅关系到一个集团军，更是攸关德军东线整个南翼的命运，可以说是东线的最后决战。这场战斗是为了避免德军覆灭悲剧的发生。战斗后期，德军也曾昙花一现，取得了一次胜利——这也是此次战争中的

最后一次胜利。然而，这次战斗充满了闻所未闻的紧张、几乎令人窒息的危机，暂且不说开始阶段为拯救第6集团军的苦战，因此可以说此次战局是第二次世界大战中最为扣人心弦的战斗。对德军方面而言，此次战局的目的并不是再度赢得最后胜利。由于1942年夏秋两季战局中指导上的错误，现在首要的是至少要避免失败。敌人具有数倍于己的优势兵力，使它占尽一切得胜的良机。面对此敌，德军统帅部不得不一再采取应急措施，德军部队也在战局中建立了前所未有的功绩。这次战斗中固然缺少激昂的胜利鼓号声，但也没有听到像伴随第6集团军那样沉闷的丧钟声，因此仍值得记载一笔。作为一次撤退性的作战，注定与光荣无关。但是，它并不是以失败而告终，而是再次为德军最高统帅部至少提供了一个军事上的和棋机会，其价值要超过一次"普通意义上的胜利"。

冬季战局 ❶ 的战略背景

为了解此次决战的意义及其危险程度，须对此次战局的战略背景做一简要介绍。

1941~1942年冬，苏军的兵力只够阻止德军对莫斯科的进攻，并使德军的攻势停滞不前。

但是到了1942年夏，德军再度掀起攻势，向东一直推进到伏尔加河畔和高加索。

而现在即1942~1943年冬，苏军已自感强大，足以将主动权最终掌握在自己手里。对于他们而言，问题是能否在这个冬季为使德军在东线失败迈出重要的一步。第6集团军的灾难虽然惨痛，但与整个第二次世界大战相比，算不上什么打击。但是如果德军东线的整个南翼被歼，那就等于为苏联在不久战胜德国铺平了道路。期望在南翼达成这一目标，苏军统帅部

---

❶ 参见图15。——作者注

有两个依据。第一，苏军在兵力数量上占绝对优势；第二，由于德军在指挥上，尤其是在斯大林格勒的错误，使苏军在战略形势上处于有利地位。他们无疑将竭力争取达成这一目标，尽管没有获得成功。

首先，简要介绍一下这次在东线南翼实施的冬季战局的战略形势。

1942 年 11 月，德军在高加索地区和东乌克兰的战线形成一个向东的巨大突出部。突出部的右翼背靠黑海边的新罗西斯克。"A"集团军群（第 17 集团军、第 1 装甲集团军）的战线继续向前经高加索北部，但没有在东部的里海寻找到一处可靠的依托。这一向南暴露的纵深翼侧，只有第 16 摩托化师负责防守，该师正面向东，位于伏尔加河下游埃利斯塔东部的卡尔梅克草原上。

"B"集团军群的绵亘防线从斯大林格勒的南部才开始，防线从斯大林格勒起便向后延伸直到顿河畔，然后沿河直抵沃罗涅日。该集团军群所辖部队依次为罗马尼亚第 4 集团军、第 4 装甲集团军、第 6 集团军、罗马尼亚第 3 集团军、一个意大利集团军和一个匈牙利集团军，最后还有一个德国集团军（第 2 集团军）。几个月来，德军主力都聚集在斯大林格勒周围，其他战线特别是顿河一线，主要由联军负责。无论在"A"集团军群背后，还是在"B"集团军群背后，都没有强大的预备队。

相反，苏军将其兵力划分为"高加索方面军""西南方面军"和"沃罗涅日方面军"，不仅一线兵力占绝对优势，而且在该地段背后以及东线（莫斯科）中段，甚至在后方，都拥有极为强大的预备队。

为认识这种形势的实际危险性，以及为苏军所利用的程度，必须提一提具有某种战略意义的距离问题。

从 11 月 19 日罗马尼亚第 3 集团军被击溃后的顿河地段（苏军克列缅斯卡亚桥头阵地及其以西），以及从位于卡桑斯卡亚两侧的意大利集团军防守的顿河地段，到罗斯托夫顿河渡口的空中距离，都只有 300 多公里。不仅整个"A"集团军群，而且罗马尼亚第 4 集团军和第 4 装甲集团军与后方的联系，都要经过罗斯托夫。但位于高加索地区的"A"集团军群左翼，距罗斯托夫至少有 600 公里，而位于斯大林格勒南部的第 4 装甲集团军，距罗斯托夫也有大约 400 公里。

再往后，集团军群的南翼与后方的联系要经过扎波罗热和第聂伯罗彼得罗夫斯克的第聂伯河渡口。经克里木和刻赤地峡与高加索的联系不十分畅通。位于德军南翼背后的具有重要意义的第聂伯河渡口，距斯大林格勒近700公里，高加索防线的左翼更有900公里。而敌人的顿河战线，从卡桑斯卡亚到扎波罗热，以及从斯沃博达到第聂伯罗彼得罗夫斯克，只有大约420公里！

　　这种形势意味着什么，依我个人的经验知道得很清楚。1941年，我率第56装甲军，从蒂尔西特到迪纳堡，用4天时间走了300公里，而且遇到的抵抗远比罗马尼亚、意大利和匈牙利军队在顿河遇到的大得多。当时，苏军在其战线后方还留置有预备队，数量要比我们在1942年冬季所拥有的强大得多。

　　苏联人除在战略上占据有利地位之外，还在兵力数量上具有绝对优势。"顿河"集团军群在作战之初与苏军的兵力对比，已在"斯大林格勒"一章中做过介绍。至于兵力对比在冬季又是如何发展的，可以看看以下两个数字。1943年3月，南方集团军群（原"顿河"集团军群）在从亚速海到哈尔科夫东部的700公里正面上，部署有32个师。苏军方面，在这个地段上及其背后竟有341个兵团（步兵师、坦克旅、机械化旅或骑兵师）。

　　因此，"顿河"集团军群是在两种情况下作战的，这也是构成我们后面将要描述的许多事件的背景。

　　第一，苏军在数量上的压倒性优势。即使集团军群得到从"A"集团军群调来的第1装甲集团军主力，以及陆军总司令部新配属的三个、后来是四个集团军，敌我兵力对比也仍为7∶1（已考虑到苏军兵团的人数通常少于德军师的这一因素）。

　　第二，战略危险。由于苏军兵力的优势，以及在作战中联军相继溃败，苏军已完全掌握了行动自由权，通往德军南翼的生命线——通往罗斯托夫和第聂伯河渡口的道路已经畅通。

　　这两种情况加在一起，已经构成南翼后勤补给被切断，被迫撤向亚速海或黑海，并在此被苏军歼灭的危险。苏联黑海舰队也可将黑海封锁，切断我们的补给。一旦"顿河"集团军群和"A"集团军群被歼，东线的命运也就注定了，只是早晚的问题。

作战主导思想

根据上述战略形势，1942~1943 年冬季在东线南翼的整个作战行动，双方的焦点是：苏联人能否将德军南翼合围，从而为取得最终胜利迈出决定性的一步；就德军而言，则是德军统帅部能否避免这一灾难的发生。

苏军的作战计划是很明确的。这是德军最高统帅部提供给他们的可能性，而德军的夏季攻势处于停滞不前的境地。不用说，苏联人自然会充分利用这一有利时机，将聚集在斯大林格勒的第 6 集团军围而歼之。

在之后的作战中，苏军利用其在罗马尼亚、意大利和匈牙利军队所辖地段所取得的战果，一再投入新锐兵力，不断向前推进，试图从西、北两面迂回德军南翼。苏军的目标是，切断南翼以及西翼与后方的联系，最终将其合围在海边。德军统帅部将南翼拉得过于绵长，为苏军的上述战略设想提供了客观条件。

如何从这一危险中脱身，对于德军方面来说是一个十分棘手的问题；而这一危险是由于自己的过失，以及苏军在斯大林格勒所取得的出人意料的胜利而造成的。德军最高统帅部在苏军发动进攻的第一天，就应当明了总体战略形势的发展，认清位于高加索的"A"集团军群处于何等危险境地。

从总体上看，德军最高统帅部的当务之急是从两条道路中选择其一。第一条道路是，在苏军对斯大林格勒两侧的第 6 集团军发起攻击之后（尚未被牢牢包围之前），立即将其从伏尔加河撤出，并前调强大兵力，尽力恢复顿河大河曲地段的态势。同时，必须用德军对联军所防守的顿河地段给予支援。但是很显然，德军最高统帅部不仅已没有多余的兵力，也因铁路运输能力所限，无法及时将兵力运达。将第 6 集团军撤出斯大林格勒的决心，迟迟难以下定。在苏军发动攻势几周后，情况便十分清晰，第 6 集团军注定要覆灭。从作战的整体框架考虑，我们只能争取将尽可能多的敌军尽可能长时间地牵制在斯大林格勒。这是这个英勇的集团军所要完成的最后一项任务，他们为此做出了牺牲！

尽管由于希特勒固执己见致使斯大林格勒的态势恶化，尽管解救第6集团军的所有希望已化为乌有，但在德军统帅部面前还有第二条道路可供选择。只要肯放弃在夏季战局中所夺占的地盘（无论如何已经守不住），就能转危为安！为此，必须将"A"集团军群和"顿河"集团军群分步从突出部撤出，首先将其撤至顿河或顿涅茨河之后，再撤向第聂伯河下游。

此时，任何可以调用的兵力，包括两个集团军群通过压缩战线而多余出来的兵力，应集中在哈尔科夫周围。这个集群的任务是，一旦苏军对后撤的集团军群实施追击，或企图切断其通往第聂伯河渡口的道路，便对苏军翼侧实施攻击。也就是说，由一次大规模撤退转变为一次包围作战，目标是将实施追击之敌逼向大海，并将其歼灭。

本集团军群曾向陆军总司令部提出上述建议。其背景是，解救第6集团军已变得无望，"A"集团军群在高加索的态势岌岌可危，而且由于苏军对意大利集团军防线的突破，致使整个南翼的后路有被切断的危险。

但是，希特勒并不是轻易接受建议的人，因为这首先要求他——就目前形势而言也是无法避免地——放弃1942年夏所夺占的地盘，同时肯定会带来相当大的冒险。这样的一种决定与希特勒的本性是不相融的，这点我们已在"希特勒执掌军队最高指挥权"一章中描述过了。由于他对作战问题缺乏经验，甚至将希望寄托于正向哈尔科夫开进的党卫队装甲军，以期恢复南翼的态势。

对于"顿河"集团军群而言，两条道路的第一条，即重建顿河大河曲地段态势的努力，已因第6集团军被全部合围而被阻断。当"顿河"集团军群司令部组建之初，接收的部队要么是一些残兵败将，要么是零敲碎打地给予补充，因此要想在顿河大河曲地段取得会战胜利，希望十分渺茫。而且，由于意大利集团军被击溃，加强部队遂被滞留在"B"集团军群地域内。第二条道路，即由大规模的撤退转变为对实施追击的苏军北翼实施反突击，也因集团军群没有这方面的权利而作罢。要走这条道路，集团军群必须拥有对从高加索到沃罗涅日整个南翼的指挥权，以及自主支配陆军总司令部预备队的权力。

"顿河"集团军群只能遂行自己指挥范围内的任务，而且问题接踵而至，自顾不暇。为了应付出现的危险，以及整个南翼后路被切断的危险——时间越长，危险越大，集团军群不断采取应急措施。

摆在集团军群面前的第一个任务就是解救第 6 集团军。其他一切作战设想暂居其后。

在"斯大林格勒的悲剧"一章中提到的任务变得无法解决之后，"顿河"集团军群的基本作战思想是，无论如何都要避免威胁更大的灾难发生，即东线整个南翼的后路被完全切断。陆军总司令部所拥有的预备队，不足以保证南翼经顿河下游和顿涅茨河与后方的联系畅通。因此，道路只剩下一条，那就是缩短集团军群的东翼，用解脱出来的兵力加强西翼。对于"顿河"集团军群而言，重要的是，要有预见性地从东翼抽调兵力用于西翼，及时阻止住敌人不断向西实施的包围运动。这是一项艰巨的任务，尤其是在北部友邻"B"集团军群因联军溃败逐步从地图上消失之后。另一方面，将足够强大的兵力调往西翼，没有"A"集团军群兵力的参与也是办不成的，而"A"集团军群并不受"顿河"集团军群的指挥。

虽然这项任务规模宏大，时间较长，但与保卢斯将军于 11 月 19 日～23 日在斯大林格勒所面临的任务同属一类。这次的任务就是要及时地、不顾及局部后果地，将兵力投放到能确保后方联系畅通的关键地点，同时维持己方的作战行动自由。只是保卢斯将军要被迫在数天甚至几小时之内做出决断，而且起初不能指望有任何加强兵力。这一思想应作为集团军群所有作战设想的指导思想，同时也成了我们与最高统帅部争论长达数月之久的问题。

从根本上来说，这是一个十分简单的思路，通过东、西及时的换位，阻止苏军切断我后方联系的企图。不能要求挖空心思制造出一个特别的战略方案。但是，在战争中往往最简单的，恰恰是最难的。真正的困难不在于决心的下定，而在于坚定不移地执行。在目前情况下，从东翼抽调任何兵力，对那里的态势都意味着一种危险，而且也无法预计能否将这种危险克服。但主要问题还不在于此。主要问题是，要想使这一兵力的调动及时发挥效力，就要赶在被苏军切断后路的危险尚未显现，希特勒也因此尚未认识到或尚未完全认识之前（有时要在几周前）。最后还有一点——以后的态势将会证明——"A"集团军群地域内态势的发展已成为这一思想付诸实施的羁绊。

"顿河"集团军群这一基本作战思想看起来是如此简单和易于理解，可是面对目前日益恶化的态势，执行起来又是如此之难。要想使这一思想在最高统帅部那里——至少是适时地——通过，同样十分困难，因为两者的观点水火不容。希特勒的原则是一味坚守，而我们主张机动作战。在这一点上，我们的指挥及其部队都优于苏军，这是我们取胜的法宝。

由于集团军群面临即将接管指挥权的现实，以及深受友邻集团军群态势和行动的影响，加之最高统帅部的束缚，集团军群领导不得不采取毛奇所说的"应急体系"，但以不牺牲我们的指导思想为原则。

基于上述分析，"顿河"集团军群（后改称南方集团军群）1942~1943年的冬季战局，可分为相互连续的四个阶段：

第一阶段，解救第 6 集团军的战斗。集团军群为此冒尽最大风险！

第二阶段，为免除从高加索地区撤出的"A"集团军群的后顾之忧而进行的战斗。

第三阶段，为维护集团军群南翼与后方联系畅通，阻止敌人将其切断而进行的战斗。

由此又派生出第四阶段，即集团军群在撤退过程中成功实施了一次反突击，尽管战果小于期望值，但也算是在哈尔科夫附近赢得的一次最大胜利。

第一阶段：解救第 6 集团军的战斗 ❶

关于为解救第 6 集团军群，以及为达成从斯大林格勒合围圈突围所做

---

❶ 参见图 16。——作者注

的努力，我已在前面做过介绍。

为成功解救第 6 集团军所做的一切努力，已达到集团军群所冒风险的极限。一直到第 6 集团军的命运已经注定，即 1942 年 12 月末，在"顿河"集团军群的中央及其左翼只维持了一条由最小限度的兵力构成的薄弱的警戒线。它的任务是尽量长时间地推延在此地段的决战，直到第 4 装甲集团军在顿河东岸的战斗取得胜利，为第 6 集团军打开一条逃生之路。

但是最终放弃了第 6 集团军与第 4 装甲集团军建立联系的希望，同时由于意大利集团军的溃败，使"顿河"集团军群西翼暴露在敌人面前，通向罗斯托夫的道路也为苏军敞开之后，集团军群才不得不将关注点转移到东线整个南翼的维护上，并将其放在头等位置。

最后，还要简单描述一下"顿河"集团军群防线态势恶化的情况，这一方面是由于第 6 集团军放弃从斯大林格勒突围的企图造成的，另一方面则是由于"B"集团军群右翼（意大利集团军）态势的发展所致。

由于苏军不断从斯大林格勒合围圈抽出兵力，致使"顿河"集团军群东翼的第 4 装甲集团军陷入困境。关于这一点，前面已经有过叙述。在阿克萨伊河与科捷利尼科沃之间进行的战斗中，以及为第 4 装甲集团军开辟解围突击出发地而进行的战斗中，第 57 装甲军因罗马尼亚军队溃败而独自作战，遭受重大损失。其中尤以已遭严重削弱的第 23 装甲师损失最为惨重。由于"顿河"集团军群要求从"A"集团军群抽调的加强兵力未到，因此第 4 装甲集团军能否坚持到底，阻止苏军将强大兵力转向第 1 装甲集团军背后，实在大成问题。

集团军群其他防线的态势也不容乐观。在罗马尼亚第 3 集团军负责地段，由于顿河东岸的第 4 装甲集团军正在撤退，致使苏军在波捷姆金斯卡亚以及之后在齐姆尔扬斯卡亚地带通过了封冻的顿河，从而对奇尔河阵地的翼侧和背后构成威胁。在此期间，该防线的指挥权已由罗马尼亚第 3 集团军司令部转交米特将军。鉴于苏军已从东、南两个方向渡过顿河，米特集群除了暂时撤至卡加利尼克地段，别无他法。

集团军群左翼的情况比这里还要严重。在罗马尼亚各师溃败之后，霍利特集团军级支队虽然成功地将其部队从奇尔河上游撤至南部，但一个刚刚到达的新编师接管了在贝斯特拉亚—格尼拉亚河畔负责保障霍利特集团军级支队翼侧安全的任务后，却轻易放弃了米柳京斯卡亚附近的渡口。这样，通向霍利特集团军级支队翼侧以及通往莫罗索夫斯基机场的通路便为苏军敞开了。

更为严重的是，由于意大利集团军和罗马尼亚军队（位于霍利特集团军级支队左翼的罗马尼亚第1、2军）几乎全部撤出战斗，苏军几乎未遇任何抵抗，便到达福尔赫斯塔德特、卡缅斯克和伏罗希洛夫格勒的顿涅茨河渡口。只有在米列罗沃附近，在"B"集团军群右翼新组建的弗雷特－皮科集群还在孤军奋战，迎击着汹涌澎湃的红色潮流。但是，不管怎么说，苏军不仅能够转向东，推进到霍利特集团军级支队或米特集群背后，而且可以向南向罗斯托夫挺进。

因此，"顿河"集团军群的形势异常危险。如果集团军群能独立行动，那么我们就能立即将前面讲过的"交换位置"的思想付诸实施，转危为安，这是唯一正确的解决方案。第4装甲集团军应径直撤向罗斯托夫，以解除集团军群左翼和西面后方交通线的威胁。尚在顿河大河曲地带作战的米特集群和霍利特集团军级支队，也应撤向顿涅茨河。

但一个现实阻碍了这一方案的实施，即"A"集团军群依然留在高加索阵地内。如果"顿河"集团军群变更兵力部署，即把兵力向其西翼调动，那么"A"集团军群的背后就将暴露无遗，这种情况是决不容出现的。相反，"顿河"集团军群的任务是，不仅要掩护"A"集团军群的背后，而且还要保障经罗斯托夫通往后方的联系畅通无阻。

集团军群的这一作战指导思想，即利用向西转移重点，以阻止苏军切断德军整个南翼的企图，目前尚无法实现。因此，集团军群在接管指挥权的头几个星期，便主动收回这一思想，集中一切力量解救第6集团军。

现在即第二个阶段中，尽管集团军群西翼的危险日益严重，但仍不得不为保障"A"集团军群无后顾之忧而做拼死一搏。

第二阶段：为保障"A"集团军群后方通路畅通而进行的战斗 ❶

德军最高统帅部应从一开始就清楚，如果解救第 6 集团军的作战未果，"A"集团军群就无法继续留在高加索，因此也就不能指望在顿河大河曲地段建立相对稳定的态势。由于在"B"集团军群右翼被撕开一个缺口，致使苏军可以直抵罗斯托夫，继续坚守高加索战线因此也被排除在考虑之列，这已成为再明显不过的事了。除非希特勒能够并打算从别的战场向这里调遣强大兵力。

早在 12 月 20 日，即两个意大利师溃逃致使霍利特集团军级支队翼侧暴露，并为苏军打开通往顿河渡口的那一天，我就向蔡茨勒将军指出，现在敌人如若向罗斯托夫方向推进，它就可能获得对德军整个南翼作战的决定性胜利。

12 月 24 日，我再次提醒他，这不仅关系到"顿河"集团军群，而且关系到"A"集团军群的命运。

前面已经说过，我曾要求从"A"集团军群抽调兵力，用于罗斯托夫并支援第 4 装甲集团军，但遭到拒绝。即使不再想为第 6 集团军解围，仅为"A"集团军群利益考虑，也应对第 4 装甲集团军给予加强。一旦第 4 装甲集团军被击溃，通往"A"集团军群背后的道路便向敌人敞开。"A"集团军群不愿抽调兵力，这是可以理解的，及时平衡两个集团军群之间的兵力，这本是最高统帅部的事。"A"集团军群拒绝我们所要求的兵力（参见"斯大林格勒的悲剧"一章），原因可能是他们不愿将部队拆得七零八落。毫无疑问，大兵团的抽调是十分困难的一件事，至少很耗时。不过这样做，部分原因也是形势所迫（缺少足够的预备队），只有以此来填补因敌人突破所造成的缺口。但是肯定还有另一个原因，那就是"A"集团军群几个

---

❶ 参见图 16。——作者注

月来一直没有自己的司令，部队因此缺乏整顿。指挥官们无疑都愿意维持部队的正常编制，以使部队发挥最大效能，保障作战的灵活性。但是，在目前这种状况下，如此长时间地缺少一位享有职权的司令，部队混乱不堪也就不足为怪了。

在集团军群一再催促下，希特勒终于在 12 月 29 日决定将"A"集团军群已大部暴露的东翼即第 1 装甲集团军撤至皮亚季戈尔斯克—普拉斯科韦亚的库马河地段。很显然，他还一直希望通过将"A"集团军群东翼的撤退，在马内奇河低地找到一个依托，稳定马内奇河与顿河之间以及顿河大河曲地带的态势；同时，保持整个南翼向西经第聂伯河下游与后方联系的畅通。由于该集团军群 11 月的突进，在高加索和伏尔加河河畔形成了一个凸出的"阳台"，这也是造成态势朝着不利于我的方向发展的基本原因。但是，这个"阳台"并没有从根本上被排除，只是规模缩小了。从何处调集部队，用来弥补因罗马尼亚两个集团军和意大利集团军，以及刚刚溃败的匈牙利军队所造成的空缺，实在是个不解之谜。正因为如此，在以后的时间里，高加索其他战线必须全部放弃。

"顿河"集团军群在第二阶段的战斗中，面临的任务是：不是依态势的要求通过将重点全部转移至西翼，以避免后路被切断的危险，而是必须在态势日益恶化的情况下，为争取时间而战。

在顿河下游南面，它必须保障"A"集团军群无后顾之忧，同时还要保障其经罗斯托夫与后方的联系畅通。对于兵力薄弱的第 4 装甲集团军来说，这一双重任务实在难以完成，加之它控制着高加索到顿河这片广阔地域，面对的是强大的敌军。

霍利特集团军级支队必须在顿河大河曲和顿涅茨河前方，迟滞顿河下游北岸苏军的推进，使其无法迅速达成从东对罗斯托夫的突破，以避免第 4 装甲集团军与"A"集团军群的联系被切断。同时，保障福尔赫斯塔德特—卡缅斯克—伏罗希洛夫格勒的顿涅茨河一线渡口，以及通往罗斯托夫通路的安全。

最后，集团军群还必须想方设法依靠自己的力量，或借助于陆军总司令部曾允诺的加强兵力，保障向西直至第聂伯河下游地段与后方的联系畅通。

面对这一切的是一支久战疲惫的部队，它所面对的又是一支在数量上居数倍优势的苏军。

任务固然艰巨，但最主要的危险是"A"集团军群不能迅速从高加索脱身。这再次表明，阵地战的必然结果是部队及其指挥被暂时"冻结"。在阵地战中，仅仅为了节省兵力，势必会把非机动兵器埋入半地下，势必会储备大量弹药和食粮。为了减轻部队生活负担，也会建立许多设施，在缺少足够的用以换防的预备队时，这种设施就显得更为重要。在已变为固定的作战区域内，一般不能饲养马匹，必须在大后方饲养，这又多少限制了部队的机动性。加之苏联冬季的道路状况，尤其是在山区，使困难有增无减。

结果常常是，部队及其指挥失去应变能力，而瞬息万变是机动作战的家常便饭。惰性、僵化占了上风，因为任何一次换防都会造成困难的撤离、部队调遣和不适，也常会带来危险。堆积如山的武器弹药、物资和各类储备，对之后作战十分宝贵，肯定不舍得丢弃。结果是，当必须实施大规模撤退时，首先就要求给予一段相当长的准备时间。甚至因为舍不得丢弃大量物资而拒绝撤退，因为这是他们之后获取战绩的工具。或许人们还记得，甚至像鲁登道夫这样著名的德军指挥官，在 1918 年德军攻势停滞之后，也没有勇气利用一次大规模撤退，将阵地战转变为机动战，而这是德军获胜的唯一希望。归根结底，是因为他舍不得丢掉德军战线上及其后方的大量物资，或者是因为他下不了决心，丢弃用重大牺牲换来的地盘。

类似的事情也发生在"A"集团军群。在 12 月 29 日与该集团军群参谋长谈话之后得知，第 1 装甲集团军的撤退 1 月 2 日才能开始。最后，经我们紧急提供燃料支援后，1 月 1 日开始运动。但不久"A"集团军群又通知，第 1 装甲集团军的撤退只能分阶段进行，以便将必要的物资和在高加索疗养地的伤员运出。为实施此次撤退，该集团军要求 155 辆列车（每师20 辆），而且因列车运输能力有限，25 天之后才能到达库马河一线。尽管到 11 月末，至少"A"集团军群背后的威胁已能觉察，但很显然集团军群并没有就可能实施的撤退进行任何准备。毫无疑问，希特勒禁止做任何这样的准备，或者当他知道以后，也会全力禁止。但是，造成这种状况的一个重要原因是，"A"集团军群在过去一段时间内缺少一位享有职权的司令。

现在，"A"集团军群司令由冯·克莱斯特大将担任，但陆军总司令部曾有过让我接管该集团军群指挥权的考虑。这种让一个集团军群或一个集团军归属一个友邻、同级指挥机构的做法，弊多利少。不过在目前这种危急情况下，或许还有一定益处，但前提是，这种隶属要彻底和无附加限制条件。这样，才会排除希特勒进行干预的可能性，或者因受他决断的影响导致"A"集团军群违抗我的命令的可能性。但是，陆军总司令部在让我接管两个集团军群指挥权时我所提出的要求，希特勒是决不会接受的，"A"集团军群因此依然维持着独立状态。现在，"顿河"集团军群唯一所能做的，就是反复催促"A"集团军群加快步伐，以便将部队从那里解脱出来，将其投入顿河南岸，之后用于具有重要意义的"顿河"集团军群西翼。重要的是，尽量缩短冬季战局第二阶段——保障"A"集团军群背后畅通的战斗——的时间，以最终恢复整个南翼的态势。为此，必须粉碎企图从西面迂回南翼之敌。事实上，撤离高加索的期限是可以大大缩短的。

上文讲到的阻力，部分是阵地战以及山地战场困难造成的必然结果，部分则是最高统帅部的掣肘所致，他们不愿放弃任何东西。这就使得"顿河"集团军群从12月底到次年2月初，长时间被困在顿河地区的战斗中，加之"B"集团军群的危机，致使整个南翼被切断的危险有增无减。

谁要想寻找"战略是一种应急体系"的实例，那么"顿河"集团军群两个集团军的战斗就再合适不过了。尽管危机重重，但上述任务终究还是完成了。主要原因在于，集团军群领导坚持了久经考验的德军指挥原则，即：

机动、灵活的作战指挥；

给各级指挥以尽可能大的活动空间，使其主动性和自主性得以充分发挥。

这些原则无疑与希特勒的思想大相径庭。

第一条原则已在描述两个集团军作战时介绍过，关于第二个原则我只简单说两句。

充分保障下级指挥的自主性，给予其广阔的活动空间——只是向下级交付任务，执行方法则任其选择——一直是德军指挥的强点所在。德军的这一指挥原则很久以来——至少始自老毛奇时代，就有别于其他国家的军队。在其他军队中，下级指挥的自主性在战略和战术领域无法享有同样的活动空间；相反，他们常常被冗长、具体而详细的指令束缚在一个固有的框架内，甚至连执行方法或战术动作都做出规定。德军一直认为，这种方法贻害无穷。虽然对于平庸的指挥官来说，这似乎可以避免因错误而导致的冒险，但执行者也常会违背局部态势的要求行事。但最主要还是，为追求安全起见，会使自主行动的下级指挥官放弃大胆利用出现的有利态势和关键时机。归根结底，德军的这种方法渊源于德国人的性格，与"盲目服从"那句愚蠢的流行语相反，它蕴含着顽强的个性，以冒险为乐，并被作为日耳曼人的一种遗产被继承下来。当然，保证下级这种自主性的前提条件是，全体军人从上至下都要熟谙一定的战略战术原则。这大概只有德国总参谋部的院校才能产生这样观点的统一。不过，总还是有些指挥官常常在考虑，是否要对下级指挥进行干预。情况越危急，自己的能力显得越小，就越急于插手下级的事务。在这里，是不是承认下级的价值，是问题的关键所在。

　　至于说到本集团军群司令部，我相信，除非是在万不得已时，否则我们不会干预各集团军的指挥。特别是当集团军群的作战意图要牵扯某种责任，而不能指望有关的集团军去承担时。但是，我们基本不向下级提出不负责任的"建议"，因为它会扼杀下级的主动性，成为其逃避责任的搪塞物。

　　前文已经说过，希特勒对久经考验的德军指挥原则知之甚少，他总是通过下达详尽具体的指令干预下级指挥机构的指挥。当这些指令与友邻集团军群的运动有关，或是涉及陆军总司令部预备队的使用时，你就无法拒绝。但是，在很多情况下，希特勒坚守某一战线直至最后一个人的命令，常常到最后不得不屈服于环境的威力。

　　更难以克服的困难是，上文说过的希特勒对于必须做出的决定久拖不决。我们总不能强迫他下达一项命令。在这种情况，没有别的办法，只能向他报告说，如果截至某日某时陆军总司令部不下达指令，我们将按自己的判断行事。

与此相反，本集团军群司令部所属的集团军在下文介绍的这次战局中，从未对我们做出的决断发出过迟延的抱怨。他们向集团军群司令部提出的每一项建议或要求，一般都会及时得到答复。在困难情况下，集团军群充其量也会在一个极短时间内做出决断，如几小时或至迟于次日。

从总体上说，除斯大林格勒外，面对希特勒的干预和迟疑，一些必要的决断，集团军群最终还是得以付诸实施。

第 4 装甲集团军在顿河下游南岸的战斗

要想排除 "A" 集团军群背后的威胁，第 4 装甲集团军必须完成两项任务。

它必须阻止实施追击的苏军深入第 1 装甲集团军背后，直至该集团军从高加索脱身，撤到正面向东的一条防线。

与此同时，它还必须阻止苏军沿顿河下游向罗斯托夫的突贯，避免第 4 装甲集团军和 "A" 集团军群与后方的联系被切断。

很显然，集团军的兵力不足以阻止苏军在从顿河下游直至高加索北部之间广大地区的推进。

如上所述，在罗马尼亚军队溃败之后，该集团军在科捷利尼科沃附近只有第 57 装甲军，下辖两个受到严重削弱的师（第 17、23 装甲师）。第 15 空军野战师一直没有做好战斗准备，"A" 集团军群一直未抽调部队对尚在埃利斯塔的第 16 摩托化师进行换防。

集团军群竭力使第 4 装甲集团军及时获得加强兵力，但一切努力均告失利。从 "A" 集团军群抽调第 3 装甲军的建议已被陆军总司令部拒绝；原本计划配属给本集团军群、用于加强第 4 装甲集团军的第 7 装甲师，被希特勒留置在罗斯托夫，以便在意大利集团军覆灭后用于掩护罗斯托夫北部渡口。就其本身而言，这是一个不容否定的想法。但是，我们要求从 "A" 集团军群（第 17 集团军）抽调的那个步兵师，就已足够达成这一目标。

可是，如我前文所述，希特勒还是拒绝了我们的这一要求，因为他害怕该师一旦撤出新罗西斯克地段，位于该地的罗马尼亚师立刻会弃阵逃跑。

当追击第 4 装甲集团军的强大苏军向南，转向正在后撤的第 1 装甲集团军的时候，第 1 装甲集团军背后就出现了严重危机。虽然第 16 摩托化师可以对该敌实施一次成功的攻击，并先敌到达马内奇河彼岸，但推延了第 4 装甲集团军投入战斗的时间，直到 1 月中旬才得以前调。

为支援第 4 装甲集团军，"顿河"集团军群司令部也曾在自己范围内采取一项措施，但被苏军挫败。我们计划将第 11 装甲师从顿河大河曲地带调出，渡过顿河下游，开向第 4 装甲集团军；与此同时，苏军也在两处渡过顿河，企图从南和东南方向对在奇尔河下游、正面朝北的米特集群的背后实施攻击。为阻止苏军的这一攻击，并使米特集群撤向位于卡加利尼克河地段后面，第 11 装甲师不得不在顿河北岸投入战斗，第 4 装甲集团军因此也未得到该师的加强。

最后，能够用来支援第 57 装甲军的两个装甲师，就只有早已从"A"集团军群调出的党卫队"诺曼人"师（1 月中旬又有第 16 摩托化师）。

在集团军当面，苏军的两个集团军即第 51 集团军和第 2 近卫集团军已通过科捷利尼科沃，共辖一个坦克军、三个机械化军、三个步兵军和一个骑兵军。不久，在南部的卡尔梅克草原又发现敌第三个集团军（第 28 集团军）。

很显然，苏军的这三个集团军不仅将要从正面牵制第 4 装甲集团军，而且还企图同时从南、北两面实施迂回，最终将其包围。

面对上述的兵力对比以及集团军所防守的如此广大地域，如果希特勒还认为能够命令集团军守住某一条防线，或者任何撤退必经他的批准，那他就大错特错了。在目前情况下，集团军所防守的防线对于苏军而言，根本构不成什么障碍，只不过是一张蜘蛛网。但是，希特勒还是一再下达坚守的命令，限制我们的机动作战的自由，同时又拒绝集团军群司令部关于给予第 4 装甲集团军加强的要求。鉴于此，我不得不于 1 月 5 日提出辞呈。我在向总参谋长发出的电报中称："鉴于这些建议遭到拒绝以及继续受到局限，我认为已不可能有效履行我的司令之职。不如设立一个类似于军需总监'分局'的机构更为合适。"（军需总监"分局"的主管只能由老参谋军官担任，他接受军需总监的直接领导，负责集团军群的后勤补给事宜。）

这样看来，对于第4装甲集团军来说，现在要做的不是在一条绵亘的防线上进行勉强的抵抗，而是要将其兵力集中起来。只有如此，才能依据态势的变化在重点方向上对苏军实施最顽强的抵抗，或根据可能给敌以突然袭击。很明显，为此它必须暂时完全撤出所防守的地域，在另一处建立一条薄弱的警戒线。

霍特大将在其出色的参谋长范格尔将军协助下，冷静、果断并灵活地完成了这一艰巨的任务。他利用不在阵地内做长时间防御以避免被歼的方法，巧妙地迟滞了苏军对其正面的步步近逼。同时，他还迅速将兵力集中在两翼，数次挫败苏军对其实施包围的企图。

集团军群司令部已无法使其获得用以解决艰巨任务的必要兵力，但至少有权通过下达有关命令，减轻其在解决这个困难问题时的责任。如上所述，第4装甲集团军必须同时要完成两项任务。它必须阻止追击它的三个敌集团军对从高加索撤出的第1装甲集团军背后实施攻击，因为该集团军正处于运动中，只有当它将其正面转向东方时才有能力实施防御。同时，它还必须阻止苏军沿顿河下游向罗斯托夫突击。苏军一旦突破成功，那将意味着在顿河下游以南作战的三个集团军的后路被完全切断。

如果情况确实如此，那么第4装甲集团军只有能力解决两项任务中的一项。哪项优先，这只有集团军群司令部可以做出决断，并为其后果承担责任。

集团军群司令部决定，首先把掩护第1装甲集团军撤退放在首位。虽然从长远看，罗斯托夫是个更大的危险，但如果敌人成功地推进到第1装甲集团军背后，并将其包围，那么守住罗斯托夫也就毫无意义，位于顿河下游以南的三个德军集团军的命运就危在旦夕。但是，如果第1装甲集团军能顺利撤退，就自然有了克服罗斯托夫危机的手段和途径。

事实上，苏军一直在竭力利用上述两个机会。前面已经讲到，转向第1装甲集团军背后的一部分苏军，已被第16摩托化师阻滞在马内奇河上游。为了同一个目标，苏军一再企图将第4装甲集团军从南面包围，并插入第

4装甲集团军与第1装甲集团军之间。与此同时，苏军还企图派一个坦克军，沿顿河下游，经康斯坦丁诺夫卡向罗斯托夫方向突击。在负责防守顿河的哥萨克部队和边境海关安全部队逃跑后，1月7日，一小股苏军出现在顿河北岸，距集团军群司令部所在地新切尔卡斯克约20公里。我们不得不利用几辆从修理厂搞来的坦克，由我们的第一军需长安努斯上尉指挥，将这些"私闯民宅者"赶走。后来，我们上文提到的那个苏联坦克军，由康斯坦丁诺夫卡转向东南，向第4装甲集团军背后方向的普罗列塔尔亚尔斯卡推进。这样，至少在以后几天里，内罗斯托夫的威胁算是解除了。第4装甲集团军也可以应付其北翼受到的威胁了。

此时，第1装甲集团军加快撤退速度，到1月14日完成撤退，在切尔克斯克—彼得罗夫斯科耶一线立住脚跟，其左翼面向东方。这样，至少为第1装甲集团军和第4装甲集团军协同作战创造了条件，尽管在两者之间即从彼得罗夫斯科耶至普罗列塔尔亚尔斯卡还有一个宽大的缺口，不过还好，其中有一部分是马内奇河低地的沼泽地。

这样，第4装甲集团军的第一部分任务，即免除顿河南岸的"A"集团军群后顾之忧的任务已经完成。现在就剩下第二项任务，保持"A"集团军群经罗斯托夫与后方的联系畅通。

面对数倍于己的优势苏军，加之第1装甲集团军为继续撤退做准备，需要在已到达的一线停留几天，因此完成第二项任务十分艰难。第4装甲集团军的任务已到了几乎无法解决的地步，因为希特勒一直不想完全放弃高加索地区。第1装甲集团军是否应经罗斯托夫撤至顿河北岸，整个"A"集团军群是否继续留在库班地区，这些问题也一直悬而未决。

霍利特集团军级支队的战斗

1月下半月，正当第4装甲集团军在顿河南岸完成其任务时，霍利特集团军级支队正在顿河大河曲地带遂行一项艰巨任务。正如在"斯大林格勒的悲剧"一章中所说的，苏军在过去几周不断以优势兵力对霍利特集团军级支队位于奇尔河畔的正面实施攻击。

霍利特将军在自顿河畔的下奇尔斯卡亚至卡缅斯克—沙赫京斯基约200公里的正面上，辖有包括米特集群在内的四个师（第62、294、336、387师），但都已久战疲惫。此外，还有一些警戒分队，以及由优秀的施塔尔将军指挥下的高炮分队，他们成了这里的顶梁柱。支队所属的两个空军野战师，现只剩下一些残兵败将，只能编入陆军各师。霍利特集团军级支队的主力是第6、11装甲师，还有新调来的第7装甲师，已被击溃的第22装甲师不得不解散。

凭借这些兵力，霍利特集团军级支队必须完成的任务是，阻止由北部向顿河下游即向第4装甲集团军背后推进的苏军；更主要的任务是，在第4装甲集团军和"A"集团军群尚在顿河下游期间，阻止苏军向罗斯托夫的突破。此外，它还要阻止其左翼当面之敌突贯到福尔赫斯塔德特与伏罗希洛夫格勒之间的顿涅茨河渡口，并依此保障从西北面通向罗斯托夫的道路畅通。但是，霍利特集团军级支队的两翼同时受到威胁。在西翼，由于意大利军队在战场上消失，在此处作战的弗雷特－皮科集群正边打边撤，从米列罗沃地域缓慢撤向顿涅茨河方向。在东翼，苏军的数个军先后在波捷姆金斯卡亚和齐姆尔扬斯卡亚渡过顿河。支队只能依靠前文提到的第11装甲师的作战，以及将米特集群后撤至位于卡加利尼克后面的一条正面向东的防线，才阻止住苏军的推进。

如同第4装甲集团军一样，霍利特集团军级支队在完成其任务的艰苦作战中，以及面对不断出现的危机，善于实施坚定而灵活的指挥。当然，集团军群司令部也多次设法为支队减轻负担，如在某些受威胁较小的地点，冒着巨大危险将装甲兵力集中起来，对敌实施短促突击。

如果说，霍利特集团军级支队在变幻多端的战斗中，最终将敌阻止在顿涅茨河，并因此保证了第4装甲集团军与"A"集团军群在顿河下游南岸的联系免遭切断，那么除了霍利特集团军级支队指挥有方之外，主要功劳应归功于各步兵师和其他参加防御作战的部队，他们英勇无畏，击退了苏军的数次进攻。另外，若不是我们的装甲师及时出现在危急地点，步兵师也难以取得如此战绩。譬如，装甲师曾使霍利特集团军级支队右翼免遭一次被包围的危险，使其安全撤至卡加利尼克地段，还阻止了苏军实施的一次极具危险的突破；再譬如，装甲师在霍利特集团军级支队位于顿河前方的地域，对苏军进攻阵地实施了一次突然袭击，从而防止了一次危机的出现。在其防御任务范围内实施这种短促突击本应是支队司令部的事，但只要它敢于这样做，责任则一般由集团军群司令部来承担。当装甲部队奉集团军群的命令集中起来实施这种突击时，其他地段不可避免地会出现危险，集团军群司令部必须为集团军级支队承担可能出现的危险。

第三阶段：为保障德军整个南翼后路畅通 而进行的战斗

1943 年 1 月中旬的作战态势

1943 年中旬，东线南翼作战态势终于结出了苦果，种子则是 1942 年晚秋播下的，当时德军统帅部一定要让德军固守在一条从长远看根本无法防守的防线上。自 1942 年圣诞节，当我们没有利用第 6 集团军最后一次突围机会时，态势的发展趋势已清晰可见。只是由于德军官兵的艰苦搏斗，才使态势没有向更坏的方向发展。

第 6 集团军已步入穷途末路，最多只能在一个较短时间内尽其所能牵制强大的苏军，为他们在顿河河曲处和高加索的战友们做出最后贡献。

很明显，第 6 集团军的覆灭使得高加索地区不可能再防守下去——哪怕是在一个有限的范围内。

不过，多亏第 4 装甲集团军在顿河以南地区顽强灵活的作战，至少使"A"集团军群不至于和高加索同归于尽。它成功地将其受威胁的东翼大部向后收缩。虽然第 1 装甲集团军尚在 300 公里外的罗斯托夫附近的顿河渡口，但已走出山区，其背后的威胁也已消除。在最坏的情况下，它也能依靠自身的力量继续撤退。

在顿河与顿涅茨河之间地域，苏军一直未能打开通往罗斯托夫的道路，这样也就从北面阻断了位于顿河下游以南的三个苏军集团军的前进之路。

图 17　1942—1943 年冬季战局——"顿河"集团军群
　　为保持与后方的联系畅通而进行的战斗

但是，不管是霍利特集团军级支队，还是在米列罗沃作战的弗雷特－皮科集群（第30军军部，下辖第3山地师和第304步兵师），显然都无力阻止经加强后的苏军在卡缅斯克—沙赫京斯基的顿涅茨河上游渡河。这样，从西北通往罗斯托夫的道路或是通往亚速海港口的道路便向敌人敞开了。

但是，就在这几天，在"B"集团军群所辖地域由匈牙利集团军防守的顿河中游地段被苏军的一次攻势击溃；同时，与其毗邻的集团军群北翼也受到牵连。"B"集团军群想将其兵力撤至艾达尔河之后，直到旧别利斯克北端。这样，伏罗希洛夫格勒以南的顿涅茨河下游便向苏军敞开了。事实上，几天之后集团军群的翼侧已经不复存在。从伏罗希洛夫格勒向北出现一个巨大缺口，只有"B"集团军群的个别德军战斗群尚在做绝望的抵抗，匈牙利和意大利军队已消失得无影无踪。

陆军总司令部想以正在开进的预备队来填补这一缺口，好像注定是不可能的。

因此，对于"顿河"集团集群来说，现在无论如何将大部兵力从顿河以南撤向顿涅茨河中游的时机已经来到了，只有如此才能防止"顿河"集团军与"A"集团军群的联系被切断。

但是，最高统帅部坚决不同意这一建议。其原因，要么是因为它看不到，如果不采取有力措施在重要地点即顿涅茨河与第聂伯河下游之间地区增加兵力的话，未来形势将如何发展；要么就是对当前的危险视而不见。

希特勒始终不愿放弃高加索地区。他想方设法在顿河以南维持一道防线，这样至少可以确保迈科普油田的安全。但他最低的希望是保住库班河上宽大的桥头阵地，为的是以后再度从高加索攫取石油。

于是，为确保"A"集团军群有计划地撤退，"顿河"集团军群在之后几周不得不继续在顿河两岸进行拼死战斗。与此同时，围绕向顿涅茨河地区实施兵力转移的问题，我与德军最高统帅部展开了一场激烈辩论。这场斗争不仅关系到兵力转移的问题，而且还关系到究竟要将"A"集团军群的多少兵力经罗斯托夫撤向重要战场的问题。依我们看，让"A"集团军群的大部兵力固守在库班河上的一个桥头阵地，是个永远无法实现的梦幻。

1 月下半月的战斗

1 月 14 日，第 1 装甲集团军到达切尔克斯克—彼得罗夫斯科耶一线，占领一条正面向东的防线；但就在同一天，在霍利特集团军级支队地域内态势急转直下。

在"B"集团军群右翼，米列罗沃南部的弗雷特－皮科集群地域内，苏军出动一个坦克军成功地向顿涅茨河方向实施了突破。虽然陆军总司令部给该集群加强了一个步兵师（第 302 步兵师），但并不足以稳定顿涅茨河地域的态势。

1 月 16 日，陆军总司令部将弗雷特－皮科集群配属给"顿河"集团军群（同时也将防线延至艾达尔河），但这并不能确保将它撤到顿涅茨河西岸。此时，苏军的企图已清晰可见，即在弗雷特－皮科集群地域内，以 3~4 个快速军向卡缅斯克—沙赫京斯基两侧的顿涅茨河实施突击。

值得庆幸的是，几天前霍利特集团军级支队在其左翼出动两个装甲师，在卡利特瓦河畔对敌实施了一次成功的突然袭击，粉碎了敌人准备在此发动进攻的计划。

因此，集团军群司令部命令该支队尽快提供一个装甲师，参加福尔赫斯塔德特—卡缅斯克之间顿涅茨河河段的机动防御作战，并以此方式撤向顿涅茨河阵地。可是，对于新接管的卡缅斯克—伏罗希洛夫格勒之间的顿涅茨河河段，除了溃逃到这里的意大利军队外，没有一兵一卒可供利用。因此，"顿河"集团军群的顿涅茨河防线不久就有可能被苏军从西面包围，对此危险绝不能小视。

同时，还可以看出，苏军还企图从东面包围霍利特集团军级支队。在位于顿涅茨河与顿河交汇处的支队右翼与第 4 装甲集团军之间的缺口处，有两个苏军的军出现在萨尔河、顿河、马内奇河的三角地带；而第 4 装甲集团军为掩护第 1 装甲集团军的北翼，一直在萨尔斯克前方的马内奇河畔与占绝对优势的敌军作战。苏军的这两个军可能企图渡过顿河，向罗斯托夫突击，或是向霍利特集团军级支队顿涅茨河阵地背后突击。

因此，"顿河"集团军群司令部要求准予将第 4 装甲集团军调往集团军群西翼（暂时只留下一个师在罗斯托夫前方，以保持第 1 装甲集团军顿河渡口的畅通）。当然前提是，陆军总司令部必须同时命令"A"集团军群撤退，即把第 1 装甲集团军撤至罗斯托夫，将第 17 集团军撤至库班。

但是，要求希特勒快速做出决定的要求又落了空。他也不同意集团军群司令部的建议，将"A"集团军群的装甲师集中到第 4 装甲集团军的地域，以便在顿河以南实施一次短促突击，拓展活动空间，并为第 1 装甲集团军的后撤和第 4 装甲集团军的迅速解脱创造条件。

直到 1 月 18 日，陆军总司令部才同意给第 4 装甲集团军以一定程度的行动自由，即不必再对萨尔斯克东北位于马内奇河畔的第 1 装甲集团军北翼实施掩护。而"顿河"集团军群还必须保证"A"集团军群对罗斯托夫—季霍列茨铁路的使用，直到 88 辆为库班桥头阵地实施补给的列车通过。现在，第 1 装甲集团军是否应撤向罗斯托夫或库班，一直还是个悬而未决的问题。

将南翼兵力向西转移的决定迟疑不决，自然使苏军坐收其利。他们正抓紧时间利用"B"集团军群地域内意大利和匈牙利军队覆灭的战机，准备集中强大兵力渡过顿涅茨河中游，向亚速海港口方向或第聂伯河渡口推进。同时，他们还可能直接攻击罗斯托夫，以及经伏罗希洛夫格勒对霍利特集团军级支队西翼实施包围。

为此目的，1 月 20 日，苏军在第 4 装甲集团军地域内集中四个军，在顿河南岸渡过马内奇河下游，向罗斯托夫发动攻击。苏军的坦克已到达罗斯托夫机场。第 4 装甲集团军将第 16 摩托化师投入北翼，该师对由马内奇河南岸向该河和顿河之间的敌人翼侧不断发起攻击，并迟滞了苏军的推进，但仅凭这点兵力，自然无法阻止上述四个军的前进。

与此同时，苏军对正在逐步从马内奇河中游向罗斯托夫撤退的第 57 装甲军发起攻击，企图将第 4 装甲集团军主力牵制在罗斯托夫前方，并向罗斯托夫渡口背后突击。

此外，苏军还对霍利特集团军级支队发动强大攻势，其企图明显同样是牵制我军兵力，直至夺占罗斯托夫，并渡过顿涅茨河中游实施一次合围。苏军对在顿河与顿涅茨河交汇处的米特军，以及在卡缅斯克两侧实施的攻击，也都在于阻止我们从这一防线上抽调兵力用于顿涅茨河中游。

集团军群司令部再次面临这样的问题，应首先对付哪一个威胁。在霍利特集团军级支队地域有两个装甲师（第7、11装甲师）已做好调往顿涅茨河中游西翼的准备。从长远观点看，不管那里的危险有多大，当前对集团军群司令部来说，排除罗斯托夫附近的危险是当务之急。必须尽一切努力，不仅将第4装甲集团军，而且至少将第1装甲集团军经罗斯托夫撤回。否则，就无法在集团军群西翼集中足够兵力，排除整个南翼被合围在亚速海边的危险。

基于此，集团军群司令部决定，首先用上述的两个装甲师对渡过马内奇河向罗斯托夫突击的苏军实施一次短促突击，以防止我军与罗斯托夫的联系被切断。但是，此次反突击的效果，因燃料的缺乏（在那几天，所有补给列车正经罗斯托夫开向库班桥头阵地！），以及空军因天气原因无法对突击实施支援，而很长时间没有显现出来，真使人有度日如年之感，因为时间急不可待。鉴于第6集团军的抵抗已近尾声，我们必须估计到，被牵制在斯大林格勒附近的大部苏军会在2~3周之内得以解脱，从而为我们制造麻烦。我已于1月22日对蔡茨勒将军说过，我预计这些苏军将会出现在旧别利斯克地域，即"顿河"集团军群和"B"集团军群之间的宽大缺口。

同日，希特勒最终决定，至少第1装甲集团军的一部兵力不再进入库班桥头阵地，而是经罗斯托夫撤向对未来具有重要意义的战场。虽然，这个决定对我们而言只不过是一个折中方案，但从集团军群的作战思想角度看，还是值得欢迎的。重要的是尽快将这一撤退付诸实施，以便能尽快将第4装甲集团军调往集团军群西翼。第1装甲集团军迅速经罗斯托夫后撤的前提是，"A"集团军群的其他部队要适应装甲集团军的运动速度。很显然，"A"集团军群目前还无法将其运动速度提高到当前态势所要求的水平。对此，我还找不出一个无可辩驳的理由加以解释。第1装甲集团军在归属我指挥后曾指出，他们本可以从一开始就顺利实施撤退，只是一再受到上级指令的约束。然而，无论是"A"集团军群还是陆军总司令部，都否认这种说法。不管怎么说，"A"集团军群的左翼1月23日尚位于季霍列茨以东50公里的白格利纳，而"A"集团军群希望它能于2月1日到达季霍列茨!

1月23日，"顿河"集团军群又"继承"了一份遗产！这次是"B"集团军群位于顿涅茨河与旧别利斯克之间南部的一段防线。像往常一样，这次依然是负债远远大于继承。这条防线长约100公里，当面至少有苏军的三个军，其中有一个坦克军和一个机械化军，正全面向前推进。在意大利军队溃败之后，唯一可以指望的是位于旧别利斯克附近的第19装甲师。但是，就在1月24日，该师已被迫放弃旧别利斯克。他们能成功地杀出一条血路，向西方撤退，实在是这支英勇部队在波斯特尔中将（阵亡）出色指挥下的杰出成就。但他们无力阻止优势之敌渡过顿涅茨河转向南面的行动。

1月24日，希特勒决定，如果可能的话，第1装甲集团军全部应经罗斯托夫向后撤退。此时其南翼还在阿尔马维尔，因此这就意味着为能保障罗斯托夫通路畅通，第4装甲集团军还要继续留在顿河南岸。所以，它能否及时赶到集团军群西翼，还是个疑问。

不过，有两件高兴的事值得记载下来。

"A"集团军群不愿看到其所属集团军渡过顿河之后消失；但它已认识到，它的命运将在顿河畔而不是在库班半岛决定。此外，越过刻赤海峡对在库班岛上的强大兵力实施补给，可能性是大有问题的。"A"集团军群也主张，将尽可能多的兵力经罗斯托夫向后撤退。

第二件事是，上文提到的两个装甲师于1月25日对渡过马内奇河下游苏军实施的攻击，终于取得了所期望的效果。这样，对罗斯托夫渡口的直接威胁暂时已被排除。

与此相反，第4装甲集团军南翼的态势再度恶化。苏军似乎从追击"A"集团军群的部队中调来新锐部队，企图插入"A"集团军群与第1装甲集团军北翼之间，从南面将前者包围，逼迫后者离开罗斯托夫。"顿河"集团军群司令部于是向"A"集团军群提出最强烈的要求，要他们用一个装甲师参加此次战斗，并全力加速第1装甲集团军向罗斯托夫的撤退。

1月27日，至少第1装甲集团军的北半部部队归属"顿河"集团军群指挥，这就使我们有能力下令采取上述措施。

同时，因为第 4 装甲集团军还需继续保持罗斯托夫渡口的畅通，因此集团军群司令部决定，先将从顿河南岸解脱出来的第 1 装甲集团军投放到顿涅茨河中游。第 1 装甲集团军经罗斯托夫后撤的各师，以及从第 4 装甲集团军抽调出来的部队，则应随后跟进。

　　到了 1 月 31 日，第 1 装甲集团军终于如我们所期望的，可以经罗斯托夫撤回了。但它能否及时撤到顿涅茨河，阻止苏军渡过顿涅茨河对海岸港口实施突破，那是另一个问题。遗憾的是，并不是第 1 装甲集团军的所有部队都调到了对未来具有重要意义的战场。在该集团军是撤向罗斯托夫还是库班的问题上，由于希特勒的迟疑不决，致使在阿尔马维尔的第 50 步兵师（原属克里木集团军，是一个久经沙场的师）未能加入向罗斯托夫的开进，而是被并入第 17 集团军。经过一天的左思右想，希特勒在最后一刻还是决定，将第 13 装甲师拨给"A"集团军群用于库班，此前我们在向罗斯托夫撤退的部署中一直为该师留有一个空缺位置。这样，这两个师就不能参加将来在关键地点的战斗。此外，还有大约 40 万人实际被闲置在库班桥头阵地。很明显，他们牵制了强大的苏军，苏军清除这个桥头阵地的企图屡遭挫折。但是，希特勒所期望的战略效应始终没有出现。最后，苏军倒是可以随意决定留在库班桥头阵地的兵力数量。对于在库班岛留下如此强大兵力，希特勒的理由是为了不让苏军夺占新罗西斯克，这是不能令人信服的。最后，还是不得不放弃。

　　1 月 29 日，集团军群司令部将其大本营由塔甘罗格（1 月 12 日移至此）移至斯大林诺，❶ 因为集团军群的重点已由顿河转移至顿涅茨河。

　　在顿河南岸和顿河大河曲地带所进行的战斗，目的是掩护"A"集团军群由高加索的撤退，但从更大的范围来说，则是为了保全德军的整个南翼。正当这一战斗进行过程中，一个新的问题出现了。这就是，这个南翼能否守得住顿涅茨河地域。

---

❶ 今顿涅茨克。——译者注。

早在希特勒 1941 年的战略考虑中，顿涅茨河地域就扮演了一个十分重要的角色。这一地域位于亚速海、顿河入海口和顿涅茨河中、下游之间，向西以马里乌波尔—红军城—伊久姆一线为界。希特勒认为其地位对于赢得战争具有重大意义。一方面，他认为没有这一地区的煤矿，我们在经济上就无法将战争坚持下去。另一方面，失去这个煤矿对苏联人则是一个重大打击。他曾说，顿涅茨煤矿（大部位于苏联欧洲部分）的煤是苏联唯一适合炼焦的煤。失去它，苏联人的坦克和弹药生产迟早要陷入瘫痪。至于希特勒的这一观点有多少可取之处，无须在这里详加探讨。不过，事实是，1942~1943 年，苏联人在没有顿涅茨煤矿的情况下，仍生产了数以千计的坦克和数以百万的炮弹。

　　问题的关键不在这里，而是我们能否在军事上守住顿涅茨地区。从战争经济角度看，守住这一地区无疑是众望所归，这是毋庸置疑的。不过，这里有一个限制因素，即虽然顿涅茨的大量煤矿可供我们利用，但由于顿涅茨的煤不适合我们的机车，因此用于开采煤矿的列车所需要的煤全部从德国运来。而国内的运煤列车每天都在为国内需求忙碌着，军队的运输就相应被压缩了。

　　但是，无论如何希特勒依然坚持其观点，认为顿涅茨盆地对于用经济支撑战争是绝不能缺少的（一年后，对于尼科波尔的锰矿，他也说过类似的话）。

　　然而，自沃罗涅日以南的匈牙利防线崩溃之后，通向顿涅茨河的道路，以及渡过该河通往第聂伯河渡口或亚速海港口的通路已向敌人敞开。自此时起，占领顿涅茨地区就成了问题。

　　因此，1 月 19 日我与蔡茨勒将军在电话里，第一次就保住顿涅茨地区的问题进行了交谈。一天前，他曾向希特勒提及此事，但无功而返，现在他想听听我对这个问题的意见。也就在这一天，在伏罗希洛夫格勒至沃罗涅日之间的整个防线上出现一个巨大缺口。我对蔡茨勒将军说，不管守住这个地区多么重要，而且从经济角度看具有何等重大意义，回答这个问题都很简单。如果想守住一切，那就必须在最短的时间内尽量向西即尽量向哈尔科夫前方增派强大兵力。如果出于以下理由做不到这一点，那就只好自食其果。第一，中央和北方集团军群没有多余兵力供其调遣；第二，国内组建新军的工作尚未完成；第三，最高统帅部不可能从其他战线抽调兵力。最后还有，铁路状况满足不了这种快速开进。如果德军南翼继续留在顿河下游，那么凭借自身的力量是无法填补这个巨大缺口的。如果所要求的新锐兵力在很长时间内才能到达，并在深远后方展开，也就是说，与南翼的作战行动脱节，那么南翼也不可能在那里孤军奋战。南翼的战斗以及新锐兵力的展开，在空间上必须为形成一个互有联系的作战整体创造条件。要么，所要求的新锐兵力必须迅速和尽量向东展开，然后集团军群才能在顿河下游和顿涅茨河立住脚。如果做不到这一点，那就收回这一方案。否则，不等加强兵力发挥作用，苏军就已将德军整个南翼的后路切断。蔡茨勒将军同意我的这些观点。

无论如何，可以肯定的是，到2月中旬准备在哈尔科夫集中的党卫队装甲军，在兵力上不足以封闭从伏罗希洛夫格勒至沃罗涅日之间被撕开的缺口。如果南翼继续留在顿河下游和顿涅茨河的话，那么为了利用在顿涅茨河北岸发动一次突击以保障南翼翼侧的安全，该军还是可以及时投入战斗的。

在之后几天，集团军群纵深翼侧的事态发展大大加深了我们的忧虑。

早在1月20日，苏军就有两个军向集团军群位于卡缅斯克的左翼，即伏罗希洛夫格勒方向的弗雷特－皮克集群做迂回运动。同时，苏军还向位于伏罗希洛夫格勒以东、顿河西岸的意大利残部推进。此外，苏军似乎企图以其主力首先向西对旧别利斯克实施突击，这显然是为了获得机动自由。但是，可以推测，这一目标一旦达成，苏军不仅将包围弗雷特－皮克集群，而且还要以强大兵力继续向西挺进，渡过顿涅茨河，向第聂伯河渡口或亚速海港口方向推进。

1月24日有报告称，在顿涅茨河以南的伏罗希洛夫格勒附近发现苏军的骑兵，不过这也许是某个被吓坏的地方部队指挥官所做的虚假报告。

1月31日，我给陆军总司令部发去一份电报，重申了我对守住顿涅茨河地域问题的观点。

我指出，解决这一问题的前提是在泥泞季节到来之前，击败哈尔科夫东北的苏军，及时减轻罗斯托夫方向的负担。如果两者都做不到，那么顿涅茨河地域——至少它向东延伸的部分，就无法守住。从作战角度看，继续留在顿河下游和顿涅茨河的企图，是一个错误。第二个不容忽视的要点是，如果——预计肯定会如此——苏军从高加索和斯大林格勒继续向这里调遣大量部队，凭我们现有兵力不足以守住整个顿涅茨地区。不要把希望寄托在苏军潜力已近枯竭（尽管在进攻德军时肯定会造成重大伤亡），或因补给困难提前停止作战行动。这些是希特勒经常拿来作为反驳蔡茨勒将军的论据，每当蔡茨勒将军根据我们基本可靠的敌情报告，向希特勒指出苏军在数量的巨大优势时均是如此。他的话肯定有一定的道理。不过，需要注意的是，苏军攻击我们的联军时，付出的代价是相当低的，其对后送的依赖程度也远比我们（在敌国领土）要低。仅数天之后，集团军群对苏军行动的估计就得到验证。苏军的企图显然是挤压我顿涅茨北部防线，同时由南实施迂回。

2 月 2 日，苏军在伏罗希洛夫格勒以东渡过顿涅茨河，负责防守此处的意大利军队根本没有进行认真抵抗。苏军在这里投入一个由三个坦克军、一个机械化军和一个步兵军组成的突击集群，这些兵力显然是当初在顿河击溃意大利军队的部队。估计苏军这个突击集群的目标是罗斯托夫或塔甘罗格。

苏军另一个由 3~4 个坦克军和一个步兵军组成的集群，在将第 19 装甲师逐出旧别利斯克后，正转向西南的斯拉维扬斯克—利西昌斯克一线。苏军显然企图由西对我翼侧实施迂回，该翼侧可以接管伏罗希洛夫格勒甚至伏罗希洛夫格勒以东的防线。

因此，自 1 月末的一段时间里，集团军群就与陆军总司令部围绕作战的实施问题展开激烈争论，其中还不包括集团军群在自己职权范围内以及为尽快将第 1 装甲集团军用于顿涅茨河下游所采取的措施。

上文已经说过，我已于 1 月 19 日向蔡茨勒将军强调指出，只有在哈尔科夫强大兵力迅速介入的前提下，才可能有效地防守整个顿涅茨盆地。由于这个前提并不存在，因此我要求将我们的东翼缩短，这至少可使集团军群腾出必要兵力，以便与即将加强的兵力一起，阻止苏军切断德军整个南翼的后路。

为防止霍利特集团军级支队被包围，我们命第 1 装甲集团军开向顿涅茨河中游。

现在，必须做的就是将第 4 装甲集团军撤出位于顿河下游和顿涅茨河的"阳台"。只有如此，才能及时应付苏军通过伊久姆—斯拉维扬斯克一线切断我与第聂伯河渡口联系的危险。还必须看到，除报告在斯拉维扬斯克发现敌军外，另有一股苏军渡过顿涅茨河向第聂伯河下游推进。除党卫队装甲军第 1 装甲师此时到达哈尔科夫之外，在"B"集团军群的整个地域内，苏军面对的只是些残兵败将。仅凭这些部队，不足以阻止苏军向我翼侧纵深推进。但第 4 装甲集团军只有在集团军群的防线大大缩短之后，才能抽调出来。现在不是要防守从顿河下游和顿涅茨河畔的罗斯托夫至伏罗希洛夫格勒以西地带这样一个巨大弓形，而是将集团军群的右翼撤到弓的弦上。这就是德军南翼在 1941 年第一次从罗斯托夫撤退时的阵地，它位于米乌斯河后面，一直向东延续到顿涅茨河中游❶。这一阵地虽已破旧不堪，但毕竟可作为一个依托；现在将防线撤至这一阵地，当然就意味着放弃顿涅茨煤矿的东部。

为说明此次撤退的合理性，我试图从长远作战的角度，向最高统帅部进一步陈述了我的思路。

我在一份发给希特勒的电报中指出：

以集团军群现有兵力长时间防守顿河—顿涅茨河弓形地带，即使实施纯防御也是不可能的。如果最高统帅部因 1943 年损失了第 6 集团军及其20 个师就被迫采取守势，那么为防守整个顿涅茨地区就会导致所有兵力都束缚在防守这个突出部之上。而苏军赢得了行动自由，可以凭绝对优势兵

---

❶1941 年 11 月 17 日~12 月 2 日，苏军两个集团军对向罗斯托夫实施突击的德军第 1 装甲集团军翼侧实施反突击。德军虽粉碎了苏军的反突击，并于 11 月 21 日占领罗斯托夫，但背后的威胁不断增大，被迫于 11 月 28 日放弃该城，至 12 月 2 日撤至米乌斯河地段。——译者注

力在东线的任何一条战线上实施攻击。从眼前看，"顿河"集团军群有被合围在亚速海边的危险（"A"集团军群也会随之在库班岛覆灭）——即使我们可以避免这一危险，能够守住整个顿涅茨地区——但苏军的最终目标是将整个南翼合围在黑海边上。

另一方面，如果最高统帅部认为1943年还能再以攻势决一胜负，那么只有在南翼有望达成。但是，决不能从顿河—顿涅茨河弓形地带出击，因为不仅补给困难，而且任何从这一突出的"阳台"实施的攻击都会使翼侧受到威胁。如果想以攻势决一胜负——如果可行的话——只有首先将南翼的敌军吸引到西部的第聂伯河下游。然后，必须以强大兵力由哈尔科夫地域发动攻击，将那里的苏军正面切断，接着转向南，将亚速海边的敌军合围。

然而，希特勒似乎并不想接受这一思想。总参谋长告诉我，他曾亲口对希特勒说，现在的问题只是，要么将顿涅茨地区放弃，要么让它与"顿河"集团军群同归于尽。对此，希特勒回答道，从作战角度看，他也许是正确的；但出于战争经济的原因，顿涅茨地区是不能放弃的。这不仅是因为我们会因此失去这里的煤，更重要的是苏军夺回这个重要的煤矿后将用于其钢铁生产。作为应急措施，希特勒命令党卫队装甲军第1装甲师到达哈尔科夫，命令"帝国"装甲师从哈尔科夫地域向正朝我顿涅茨防线推进苏军的背后实施突击。

暂且不说这个师根本无力实施这样一次远程作战（它必须一开始就要击溃六个敌军师），而且也无法掩护拉得越来越长的北翼，实际上，这就等于从一开始将有望在不久的将来成为唯一的突击力量的党卫队装甲军肢解了。而且，这个师也根本不能调来使用了，因为"B"集团军群已将该师用于对付向哈尔科夫方向快速推进的苏军。此时，该师正被困在哈尔科夫东北的沃尔昌斯克附近的一场毫无希望的防御战中。

在此后几天（2月4、5日），"顿河"集团军群防线的态势急剧恶化。苏军对第4装甲集团军施以强大压力，而该集团军正掩护第1装甲集团军通过罗斯托夫。在第4装甲集团军当面，敌人原来只有三个集团军，现从高加索又调来两个集团军——第44和第58集团军。也就是说，"A"集团军群将其第 17 集团军留在库班而对敌人翼侧构成的所谓"威胁",并不足以阻止苏军将可观的兵力调往其他重要战场。"顿河"集团军群必须估计到,要不了多久,苏军就会对罗斯托夫以及新切尔卡斯克两侧的顿河防线,发动大规模进攻。

此外,发现苏军一支强大的摩托化兵团正由斯大林格勒向顿河方向开进。

在"顿河"集团军群左翼,态势也明显恶化。在伏罗希洛夫格勒东部,霍利特集团军级支队根据集团军群司令部 1 月 14 日的命令,在顿涅茨河中游投入的第 6 装甲师,未能将苏军逐回顿涅茨河彼岸,只能将苏军牵制在已被我占领的桥头阵地内。

再往西,苏军已在宽大正面上渡过顿涅茨河,因为实际上此处已没有兵力防守。苏军已兵临斯拉维扬斯克城下,并占领伊久姆。

这样,霍利特集团军级支队还能否撤到米乌斯河阵地,似乎已颇有疑问;根据集团军群的意图,本应于 1 月 5 日到达新切尔卡斯克—卡缅斯克一线。事实上,由于希特勒未批准将防线撤至米乌斯河,所以仍停留在顿河—顿涅茨河一线。如果苏军从斯拉维扬斯克迅速向东南突击,那么米乌斯河阵地从一开始就失去了。

尽管此时第 1 装甲集团军司令部及其集团军群配属给它的兵力,已从罗斯托夫起程向顿涅茨河中游开进,但等它到达并发挥实际作用,仍需几天时间。更糟的是,沿海一带松软的路面使装甲师的开进十分困难,而再往北地面则全部冻结,所以苏军的机动性未受到限制。

鉴于这种危急态势,"顿河"集团军群不仅再次要求立即将右翼撤至米乌斯河,而且向陆军总司令部提出一系列具体要求,以使其明了态势的严重性。我们要求,将担负后方地域防空任务的第 7 高炮师,用来对经第聂伯罗彼得罗夫斯克的后勤补给线提供防空掩护,同时也用来对付苏军的地面攻击。要求立即着手准备整个集团军群的空中补给,以备集团军群与后方的联系被切断后启用。

集团军群还要求,大量增加铁路运送能力,同时大量缩减"B"集团军群的补给,因为该集团军群实际上已没有部队可资补给。

我们要求，如果党卫队"帝国"师的攻击直至 2 月 6 日仍未取得成功，并未到达库皮扬斯克，那么待运输能力得到改善后，党卫队装甲军一旦到达哈尔科夫，就应在顿涅茨河以南对伊久姆发起攻击。

最后，我们还要求立即将第 13 装甲师战斗部队和第 17 集团军的两个步兵师调往第聂伯河下游，在那里他们将换装新式武器，并接管第 6 集团军停在那里的运输车队和补给纵队。纵然希特勒对我们长远的作战构想充耳不闻，无论如何这些要求想必也会使其对态势的急迫性有一个清楚的了解。

这份电报果真生效。2 月 6 日，元首的一架"兀鹰"式联络机降落在我们这里，接我到元首大本营去汇报。希特勒之所以决定当面听我汇报，或许是受他的副官长施蒙特将军的影响，施蒙特曾于 1 月末到我们这里，我们以极为急迫的话语向他阐明了我们对当前态势以及对最高统帅部的看法。

1943 年 2 月 6 日我与希特勒的谈话，为解除德军南翼的巨大威胁铺平了道路，也给最高统帅部再次提供了一个在东线至少赢得平局的机会。

谈话一开始，希特勒便毫无保留地承担了对第 6 集团军悲剧的全部责任，这我在"斯大林格勒的悲剧"一章中已经介绍了。我当时的印象是，他对这场悲剧不仅深感悲痛——因为这意味着他指挥上的一个巨大失败，而且还从人道角度对那些为效忠于他而战斗到最后一息的英勇士兵的命运深表内疚。可是，以后我对此产生了怀疑，希特勒对他忠贞不贰的军人是否真的有如此怜悯之心，他们——从元帅至士兵——在他眼里是否只是推行其战争政策的工具。

不管怎么说，事实是希特勒很干脆地和全部地承担了斯大林格勒悲剧的责任，颇有军人风度。不管是故意的还是无意的，希特勒就是以这种心理上的技巧开始了我们的谈话。在这方面，他的确手段高超，他常常会以其特有的语调来迎合谈话对象。

至于我，只想和他商讨两个问题。

第一个问题是，关于在我范围内的作战指导问题，这个问题取决于必须征得希特勒对放弃顿涅茨东部地区的首肯。无论如何必须在这一天征得他的同意。

我在谈话中想提出的第二个问题是，最高军事指挥的问题，也就是在冯·布劳希奇元帅被解职后由希特勒行使其权力而产生的问题。这种指挥方式所导致的结果就是斯大林格勒的悲剧，因此对这个问题我有充足的论据。

先来说第二个问题，简而言之，我们的谈话毫无结果。我知道，像希特勒这样一个独裁者，是不可能拱手让出指挥权的，因此我试图提出一个有说服力的解决方案，既不损害他的威望，又可保证将来有一个令人满意的军事领导。为确保军事指挥的统一性，我请他物色一位总参谋长，不仅给予他完全的信任，而且要赋予其相应的责任和绝对的权力。

但是，希特勒显然不愿实事求是地对待这个问题。他总是站在个人立场上回避这个问题，并抱怨对当初的国防部长冯·布洛姆贝格的失望。同时他也直截了当地指出，他不可能设一个实际上凌驾于戈林之上的总参谋长。戈林也不可能屈从于总参谋长，即使总长是以希特勒的名义履行义务。至于希特勒是真的顾忌这一方案会得罪戈林，还是以此作为挡箭牌，我们暂且不去讨论。

他不断把话题扯回当前的作战态势上。当前的态势对我来说已是燃眉之急，但对于我的作战企图，希特勒一直没有表示赞同，因此我决心将谈话集中到作战问题，争取最终达到我的目的。

于是我回到第一个问题，即"顿河"集团军群地域内的作战问题。

我首先向希特勒描述了集团军群当前的态势，以及由此得出的结论。我向他指出，我们的兵力无论如何不足以守住顿河—顿涅茨河弓形地带。不管希特勒对顿涅茨地区的价值估计得如何之高，问题只有一个，那就是，竭力守住整个顿涅茨地区，还是让顿涅茨地区与"顿河"集团军群（势必还搭上"A"集团军群）同归于尽，或者还是及时放弃该地区的一部，以逃过危险的一劫。

在描述了当前态势之后，我又向他阐明了如果我们继续留在顿河—顿涅茨河弓形地带势必会产生的后果。由于"B"集团军群已近形同虚设，所以掌握行动自由权的苏军可以在"B"集团军群的地域内，集中强大兵力向第聂伯河下游或海岸推进，切断德军整个南翼的后路。我向他明确指出，事实上，南翼将决定东线胜败的命运。敌人肯定会不断从强大的预备队中（主要是从斯大林格勒）调集新锐兵力，以达成切断德军南翼之目标。无论如何不能指望，仅凭党卫队装甲军的一次反突击，就能阻止苏军可能实施的大范围的迂回。苏军具有强大兵力，足以实施此次包围运动，同时在哈尔科夫地域内掩护其西面翼侧。即使把德军即将得到的所有加强兵力算在内，也不足以阻止苏军的突击。因此，必须动用正在向顿涅茨河中游开进的第 1 装甲集团军，以及随后跟进的第 4 装甲集团军，阻止苏军在顿涅茨河与第聂伯河之间实施的包围运动。只有如此，才能与即将到来的加强兵力一起，恢复东线南翼，即位于亚速海港口与中央集团军群右翼之间整个防线的态势。不从顿河下游调出第 4 装甲集团军，此目标便无法达成。但是，调出第 4 装甲集团军也就意味着，我们不得不从顿河—顿涅茨河弓形地带撤到米乌斯河阵地。现在一天也不能耽误了。目前更成问题的是，由于迟迟未作决断，负责防守从海岸直至顿涅茨河中游整个防线的霍利特集团军级支队，能否撤回到米乌斯河阵地。因此，我必须在这一天得到希特勒的首肯，放弃顿涅茨地区东部直至米乌斯河地段。

希特勒安静地倾听完我的陈述之后，便围绕顿涅茨地区问题展开了长达数小时的争论。甚至在我们谈到第二部分内容即关于指挥问题时，他还几次将话题扯回到顿涅茨。

后来，在类似的场合我都能明显地感觉到，他对于我的作战设想总是采取回避态度。他从不试图自己提出一个更佳方案，或是驳倒我提出的作战前提和结论。他也从不否认我对态势可能发展的预计。对一切凡与急迫的作战态势无直接关系的考虑，他都作为一种假定来看待，它或许能够成真，但也可能永远是假的。归根结底，一切作战设想——尤其是当战略主动权握在敌人手里时——都只是一种设想，或者是一种对敌人未来行动的假定。人们不可能事先就确定形势会如何发展。但另一方面，军事指挥官也只有具备预见能力，才有望取得成功。他必须透过遮掩敌人未来行动的迷雾，至少能正确判断出可能提供给敌我双方的机会。指挥的范围越广，越需要有预见性。穿越的地域越广，需要机动的部队越庞大，一个决断生效的时间也就会越漫长。对这种长远的预见，希特勒是不感兴趣的——至少在军事领域。当他的愿望与现实不符时，他就不愿承认事情的结局。由于他无法反驳，所以就只有避而不谈。

这一次也是如此，他主要是从其他方面寻找论据。首先，他引证说明，在没有证据证明除了主动放弃之外就别无他法之前，他认为决不能将付出重大代价所夺占的地区主动放弃。作为一名军人，对这一论据一直是理解的。按照我的禀性，我当时和后来难以做到让他强行放弃这一地区。我何尝不想提出一个有望取得成功的进攻计划，以替代无法避免的撤退。但是，有一条前人的经验说，想在战争中守住一切的人，什么也守不住。

希特勒的另一个惯用论据是，如果像我所说的为抽调兵力而缩短正面，那么敌人同时也会因此腾出相同的兵力，并将其投放到关键地点以施加影响。就这一观点本身而言，也不无道理。然而，这其中的关键是，在这种兵力转移中谁能夺占先机，谁能通过及时行动在关键地点赢得主动权，迫使姗姗来迟的敌人处于被动地位——即使敌人在兵力上居于优势。此外，如果防守顿河—顿涅茨河弓形地带，其绵长的防线实际要占用相当大的兵力，我们对苏军防御的强点也将不复存在。而进攻者则可以相对较少兵力，无须付出重大牺牲，在绵长防线的任何部位达成突破。由于防御者缺少预备队，整个防御大厦将会顷刻倒塌。

希特勒继续提出反驳的理由，他指出，如果我们寸土必争，顽强战斗，使苏军每前进一步都要付出沉重代价，那么总有一天苏军的进攻力量会消耗殆尽。苏军迄今已连续进攻了两个半月，他们的损失已经很大，不久便会成为强弩之末。加之，他们日渐远离出发阵地，供给的困难最终将使其远距离的包围运动停顿不前。在所有这些论点里，无疑都有许多正确的东西。毫无疑问，至少在攻击德军至今防守的地段时，苏军遭受了重大伤亡，进攻力量被削弱。不过，他们在德军未进行顽强抵抗的地段，取得胜利并不难。当然，苏军由于遭受的损失——尤其是步兵——使其战斗力有了大幅度下降。否则，面对数倍优势于己的苏军，我们根本就难以立足。但是，不管苏军损失如何惨重，战斗力下降多少，新锐兵力源源不断地开来。也可以肯定的是，苏军越是向前推进，补给困难也就会越大。但是，在这普遍运用汽车的时代，苏军从其铁路终点到亚速海港口或第聂伯河下游的距离并不算远，足以使其实施切断德军南翼的作战。

在第一次世界大战时期，一个集团军距离其铁路终点最多不会超过150公里。这一数字在第二次世界大战中已不适用了，我们在西线和东线的作战中有切身体会。此外，苏联人是快速修建铁路的大师，在很少有桥梁、堤坝等建筑物的辽阔平原上，对他们来说是一件很容易的事。不管怎么说，把我们自己的措施寄托在空洞的希望上，希望苏军不久便兵力枯竭或丧失机动能力，都是不能容忍的。最后，我们也不能不看到，我们久战疲惫的部队也已遭受重大伤亡，距离衰竭也不太远了。我必须在此说明，希特勒对于自己部队的状况及其损失是一清二楚的。只是他不愿承认，新组建的部队由于缺乏战斗经验，不得不在初上战场时伤亡过重。而对空军野战师的组建，他倒承认是个错误，说那是对戈林威望需求的一种妥协。

在作战态势方面，希特勒基本只有一个观点，即只要党卫队装甲军从哈尔科夫地域向东南方向的伊久姆实施一次突破，顿涅茨河中游的危险即可排除。但其前提是，该军的两个师"近卫"师和"帝国"师需在消灭位于沃尔昌斯克的苏军之后，才能到达（第三个师将在更晚的时候到来）。他对这个新组建的党卫队装甲军的突击力似乎寄予无限希望。但是，对于未来的威胁，即如果苏军将斯大林格勒的兵力调往新的战场所造成的威胁，一直没有清醒认识，或者根本不想去认识。在争论中，希特勒反复引证的最重要的理由就是，不能将顿涅茨地区放弃。他害怕放弃这一对于战争经济十分重要的地区，会在政治上对土耳其产生反作用。更重要的是他所强调的，即顿涅茨煤矿对于敌我战争经济的重要意义。苏联人将顿涅茨煤矿夺回，就能够维持其钢铁生产，也就因此能生产坦克、火炮和弹药。当我反驳他说，苏联人现在即使没有顿涅茨煤矿也照样能生产足够的坦克和弹药时，他却回答道，他们事先还有钢铁储备。但是，一旦他们没有了顿涅茨煤矿，他们就无法维持现在的生产，因此也就再不能发动大规模攻势了。谁都不否认，苏联人因丢失这一可冶炼焦化煤的煤矿以及那里的钢铁厂和其他工厂，势必会对其生产带来困难。我至少可以举出一个事例来说明这一点，即苏军在1941年损失的大部火炮，直到现在还未能得到补充。这也是我们当时能守住临时拼凑起来的奇尔河防线的原因。在那一年的冬季，苏军的火炮数量似乎还够其在有限的地段上部署具有压倒优势的强大炮兵，比如在顿河防线连续的三次突破。但是，也很明显，他们还没有能力将所有部队都装备具有机动能力的火炮。对于顿涅茨地区在战争经济上的意义的讨论，自然给希特勒提供了一个表现他对生产数字、武器性能和效力的惊人知识和记忆力的机会。

我们的观点针锋相对。希特勒认为，放弃顿涅茨地区——不管是全部还是局部——就会给我们的战争经济带来重大损失，同时使苏联赢得攸关战争胜负的重要筹码；我却坚持认为，将防线撤至米乌斯河一线是十分必要的。在这场辩论中，我最后只留有一张王牌。在我飞来勒岑之前，德国煤业联合会主席团主席保罗·普莱格尔曾到我的大本营。我向他询问了有关顿涅茨地区对敌我双方战争经济的确实意义。他对我说，沙赫特附近的煤矿——顿涅茨煤矿的一部分，位于米乌斯河以东—— 一点也不重要。此处的煤既不适合炼焦，也不适合我们的机车使用。站在战争经济的立场上的希特勒再也无法驳倒这个论据了！

然而，谁要是相信他现在已经败下阵来了，那就是低估了这个人的韧性。最后，他求助于天气，想以此至少达到推迟撤出顿河—顿涅茨河弓形地带的目的。事实上，这些天对于南俄来说有点不寻常，霜冻期过早地转暖。塔甘罗格湾的冰上道路已经不大安全。顿河和顿涅茨河虽然依然封冻，但若天气继续转暖，不久也会解冻。

现在，他开始以善辩的口才说服我。他说，等几天后，宽阔的顿河沿河洼地或许能成为一道不可逾越的障碍，使敌人无法在夏季到来之前渡过该河实施进攻。此外，我们的四个装甲集团军在向西的运动中，有可能陷入泥沼而不能自拔。因此，他劝我再略等几天。

我依然坚持我的观点，同时声明，我不可能把集团军群的命运寄托在完全不确定的天气转暖之上。于是，希特勒终于同意将集团军群的东部防线撤至米乌斯河阵地。如果将关于指挥问题包括在内，那么我们的谈话从17时到21时，整整持续了四小时。

他在坚持其观点方面是何等的坚韧不拔，从一件小事上可见一斑。当他最终批准我的作战意图之后，我向他告别刚要离开他的房间时，他把我喊回来，说道，他当然不想更改他刚才的决定，但他十分急切地要求我再考虑一下，是不是可以再等上一段时间，或许数天后顿河洼地解冻，我们仍可以留在顿河—顿涅茨河弓形地带。但我依然坚持自己的观点。不过，我对他说，等我回去后，如果晚间的态势不需要我立即下达命令，可以等到第二天中午再下达。

我之所以用这么大篇幅来叙述与希特勒的这次谈话，不仅是因为它对这次冬季战局的结局具有重大意义，而且因为在很多方面能够说明希特勒的典型表现，以及要他接受与其愿望相悖的事情时是何等困难。

到二月末态势的发展

如果人们认为，在经过斗争获得希特勒撤出顿涅茨河东部的批准之后，第4装甲集团军因此就能投入西翼了，德军南翼的危险也已被排除了，那就错了。由于距离遥远和道路状况不佳，第4装甲集团军由东翼向西翼的转移需要两周时间。此外，由于苏军已推进到顿涅茨河南岸伏罗希洛夫格勒附近的霍利特集团军级支队纵深翼侧，所以该支队能否撤回米乌斯河阵地还不能肯定。第1装甲集团军能否守住或重建顿涅茨河中游防线，也值得怀疑。但主要还是"B"集团军群地域内的态势，即在哈尔科夫地域内苏军可以为所欲为。他们不仅一直推进到第聂伯彼得罗夫斯克和扎波罗热的第聂伯河渡口，企图切断"顿河"集团军群与后方的联系，甚至到达并渡过了第聂伯河上游，从西面将其封锁。因此，除了将第4装甲集团军调往集团军群的西翼之外，还必须新组建一个集群，以填补"B"集团军群地域内因联军几乎全部溃败而出现的空缺。

2月7日中午，我返回位于斯大林诺的大本营。由于苏军攻占了顿河南岸罗斯托夫郊区的巴泰斯克，顿河附近态势骤然紧张。在我到达大本营后，立即下达向顿河西岸撤退的命令，并安排第4装甲集团军司令部和其他各师向西翼转移。霍利特集团军级支队也奉命撤向新切尔卡斯克—卡缅斯克一线。

2月8日，在罗斯托夫和伏罗希洛夫格勒附近又出现新的危机，苏军从他们夺占的桥头阵地中向外实施突破。此时投入顿涅茨河中游的第 1 装甲集团军也告急，原本希望它能阻止敌人越过利西昌斯克—斯拉维扬斯克之间的顿涅茨地段，现已无望。

在"B"集团军群地域内，在哈尔科夫附近新组建了一个在兰茨将军指挥下的集团军级支队，即将到达的党卫队装甲军也将隶属于它。我们听说，原本计划党卫队"帝国"装甲师击溃沃尔昌斯克附近的敌人，接着向东南方向的伊久姆突击，现在无论如何都办不到了。相反，它撤到了顿涅茨河西岸。在这种情况下，希特勒计划用党卫队装甲军的突击行动来减轻我们西翼压力的办法肯定是毫无意义了，何况装甲军现只有"帝国"装甲师。

2 月 9 日，苏军在"B"集团军群地域哈尔科夫北部，占领别尔哥罗德和库尔斯克，正从伊久姆附近的顿涅茨河河曲处向西推进。事实上，在顿涅茨河与中央集团军群右翼之间的缺口处，只有兰茨集团军级支队和库尔斯克西部的第 2 集团军，前者在哈尔科夫的展开已颇有疑问，而隶属于"B"集团军群的第 2 集团军早已遭受重创。

苏军很有可能在第聂伯罗彼得罗夫斯克渡过第聂伯河上游，实施一次大范围的迂回运动，因此很明显，尽管第 4 装甲集团军计划将向西翼转移，但本集团军群仅凭自己的力量，还是难以确保与后方的联系在较长时间里不被切断。必须采取强有力的措施。于是，我在一份发给蔡茨勒将军的电报里要求，务必在 14 天之内在第聂伯罗彼得罗夫斯克以北地域，再展开一个兵力至少为 5~6 个师的集团军，另在第 2 集团军防线的后面即库尔斯克西部地域，展开一个集团军，并向南实施突击。此外，还必须从根本上提高运输能力；像现在这样慢条斯理、零敲碎打的方式，对于态势的改善于事无补。

蔡茨勒将军这次允诺要给我以强有力的帮助。他希望最终能从中央和北方集团军群再抽调六个师，并以迄今从未有过的速度运达我们这里。他还答应每天提供 37 辆列车进行运输，这也就是说，每两天就能得到蔡茨勒将军所说的六个师中的一个。由于被撕开的缺口过大，这些兵力只能做应急之用，最多也只不过是在泥泞季节到来之前暂渡难关。他们是否能按时达到，取决于哈尔科夫周围态势的发展，而对此，本集团军群是无力施加影响的。不管怎么说，致命的危险依然笼罩在德军东线南翼上空，在泥泞季节到来之前或之后，敌人将会推进到亚速海边或更远，直至黑海。

如果说本集团军群主要忧虑是在其纵深翼侧，那么正面的态势也决不令人乐观。

第 1 装甲集团军（司令冯·马肯森将军，参谋长文克上校）的任务是，将从顿涅茨河中游过河的苏军赶回去，但他面对的是两个兵力占优势的苏军集群。第一个强大集群在伏罗希洛夫格勒渡过顿涅茨河，并试图向撤向米乌斯河的霍利特集团军级支队与由南向这里推进的第 1 装甲集团军之间实施突击。另一个集群在利西昌斯克—斯拉维扬斯克一线渡过顿涅茨河，现正试图将重点放在西翼的克里沃托列兹的两侧地域。这样，第 1 装甲集团军就有被两面包围的危险；它只有将这两个集群各个击破。集团军群的意见是，将第 1 装甲集团军的重点移至西翼，首先将位于斯拉维扬斯克的苏军集群击溃，接着转而对付伏罗希洛夫格勒的苏军。然而，由于形势的需要，集团军的一部兵力已被苏军的后一个集群所牵制。这样，它的兵力就不足以将斯拉维扬斯克的苏军迅速击溃，同时也无力阻止伏罗希洛夫格勒南部敌人向西南的突破。

像多数情况一样，大范围的危机总会伴随着局部冲突。第 1 装甲集团军为派出第 40 装甲军消灭从斯拉维扬斯克向前推进的敌军集群，曾对地形进行勘察，发现在克里沃多列士以西地域无法对敌实施包围。纵横陡峭的山谷被厚厚的雪覆盖着，装甲部队无法在这里使用。因此，第 40 装甲军只能沿着并在克里沃多列士峡谷以东实施攻击，并或多或少成了正面攻击。在苏联的严冬，部队根本不可能在野外露宿，因此进攻基本是在克里沃多列士峡谷的居民地周围进行的。首先攻击的目标是工业中心克拉马托尔斯克。在这种战斗中，不可能像在斯拉维扬斯克那样速战速决。处在战斗第一线的第 11 装甲师只能缓慢向前推进。

集团军群原本打算以这种方式从西面对苏军实施包围，切断其与顿涅茨河的联系，现在已无法兑现。苏军于 2 月 11 日夜，以强大坦克部队通过看来不可逾越的克里沃多列士西部地带，一直推进到格里希诺。这再次表明，西方认为有些地形苏联人无法通过的说法，正确性极为有限。他们的坦克装有宽大履带，可以轻易逾越像泥沼或深雪等我们无法通过的障碍。在格里希诺，苏军不仅已推进到第 1 装甲集团军的翼侧纵深，而且还封锁了集团军群从第聂伯罗彼得罗夫斯克通往红军城的主要后勤补给铁路，只有通往扎波罗热的铁路还保持畅通。但是，由于在扎波罗热附近的第聂伯河大桥 1941 年被苏军炸毁，尚未修复，运输能力大受局限。所以，物资必须在那里转运，装载燃料的油罐车也不能直抵前线。

正当前线的补给尤其是石油发生危机，以及第 1 装甲集团军受到从西面被包围的威胁时，已从伏罗希洛夫格勒实施突破的苏军正从东向这里挺进。尤其是苏军的一个骑兵军一直突击到重要的铁路枢纽杰巴利采沃，该地不仅位于第 1 装甲集团军右翼背后的深远地域，而且还地处霍利特集团军级支队所夺占的米乌斯河阵地后方。虽然该军被我合围在杰巴利采沃，但由于苏军的顽强抵抗，要想消灭它十分艰难，颇费时间。于是，本应急速支援第 1 装甲集团军西翼的第 17 装甲师，不得不被牵制在这里。

在东面，经休整的苏军坦克部队对撤至米乌斯河阵地的霍利特集团军级支队紧追不舍，致使暂时无法撤出尚在该支队的装甲师。

不过，该支队还是于 2 月 17 日到达米乌斯河阵地，转入防御。下面我还要提及此事。

在西翼，此间赶来的"诺尔曼人"师将苏军的坦克部队阻止在格里希诺，但无力将苏军迅速歼灭。因为，一方面，该师经过一系列艰苦作战，战斗力已大为下降，尤其是缺少指挥官。另一方面，该师均是由波罗的海和北欧国家的党卫队志愿者组成，由于损失惨重，现已没有几个通晓其相应语言的军官。所以，这支优秀部队的战斗力急速下降，是完全可以理解的。

此时，第 4 装甲集团军尚在由顿河下游向西翼转移的途中。因道路状况十分恶劣，进展相当缓慢。除了在格里希诺的敌人已处在第 1 装甲集团军背后，并能为据守在这里的苏军增援新的兵力之外，在第 1 装甲集团军左翼与哈尔科夫地域之间的巨大缺口处，情况十万火急。苏军已完全掌握了此处的行动自由权。

在"顿河"集团军群地域内之所以发生这样的危机，主要原因是本集团军群为掩护"A"集团军群撤退，长时间被迫停留在顿河与顿涅茨河地带。现在，我们仍以日益焦急的目光注视着"B"集团军群地域内的态势发展。

因为，"B"集团军群在联军被击溃后，只能在库尔斯克以西作战，同时还牵制了第2集团军和刚刚在哈尔科夫周围立住脚跟的兰茨集团军级支队，因此对"顿河"集团军群同时构成两个威胁。

苏军除了为对付哈尔科夫可能留下一部兵力外，将与从伊久姆向西推进的苏军会合，直逼巴甫洛格勒，继而转向第聂伯彼得罗夫斯克的第聂伯河渡口和扎波罗热，切断"顿河"集团军群与第聂伯河的后方联系。另外一种可能性是，将正在集中的兰茨集团军级支队击溃。此举一旦成功，通往克列缅丘格两侧第聂伯河渡口的道路便为苏军敞开了。继而，他们不仅可将通往克里木的道路，而且可将赫尔松附近的第聂伯河渡口封锁，结果就等于将德军整个南翼合围。即使3月末泥泞季节的到来会迫使苏军推迟此次大规模的作战行动，但这一季节一结束，他们仍会为达成这一目标再次发动攻势。

基于这一考虑，2月12日，我将对态势的最新判断向陆军总司令部提交了一份报告，并转呈希特勒。从上述的作战考虑出发，我主要强调两点：

第一是兵力分配。我指出，虽然很明显，苏军三个月来一直企图通过击溃或切断德军南翼取得东线的决定性胜利，但德军东线的兵力分配与这一现实不符。尽管近几个月来，向"顿河"集团军群前调了几个师，但这里以及在"B"集团军群地域的敌我兵力对比一直为8：1（某些地域甚至还要大），而在中央、北方集团军群地域内，敌我兵力对比为4：1。陆军总司令部害怕从上述两个集团军群抽调兵力会导致新的危机，这当然是可以理解的。此外，陆军总司令部过去在回复我的类似要求时说，几乎所有可以支配的兵力兵器都给"顿河"集团军群了，致使中央、北方集团军群的战斗力已不如"顿河"集团军群，此话或许不无道理。不过，我要提出一点不同看法。几个月来，"顿河"集团军群各师一直处在闻所未闻的艰苦战斗中，而上述两个集团军群的情况并非如此。此外，我们是在完全开阔的战场上作战，而上述两个集团军群是处在构筑良好的阵地内。

关键的问题是，苏军将决一胜负的重点没有放在德军东线的中央或北翼，而是放在了南翼，因此我们的兵力不能不继续处于劣势。

可以肯定的是，即使第聂伯河渡口被切断的危险可以排除，苏军仍不会放弃将德军南翼围歼在海岸的宏大目标。因此，德军无论如何都必须彻底改善南翼的兵力配置，甚至牺牲其他战线或战场的利益也在所不惜。

在我的形势判断报告中，除了重点谈到这个兵力分配问题之外，还向陆军总司令部谈了我对东线南翼下一步作战的看法。

这个问题，我将在下一章"堡垒"行动中详述。

2 月 12 日夜，本集团军群——现已更名为南方集团军群——将大本营迁至扎波罗热，以便对即将进行的战斗实施更好的指挥。

2 月 12 日深夜，集团军群司令部收到陆军总司令部的指令，很明显，这是对我 2 月 9 日建议的答复。根据我的建议，指令规定在波尔塔瓦—第聂伯罗彼得罗夫斯克展开一个集团军，在第 2 集团军南翼背后展开另一个集团军。事实上，这两个集团军都没有兑现。预计在第 2 集团军南翼背后展开的那个集团军，根本就没有到达。第 2 集团军虽然也得到一些加强，但与所许诺的差之千里。本应在波尔塔瓦—第聂伯罗彼得罗夫斯克展开的集团军，实际就是已被牵制在哈尔科夫附近的兰茨集团军级支队。后来，该支队连同"B"集团军群地域内的别尔哥罗德地段，一起归属南方集团军群指挥。第 2 集团军归属中央集团军群，撤销"B"集团军群建制。

第四阶段："德军反突击"

这样，到 1943 年 2 月中下旬，在南方集团军群地域内危机四起，再度趋紧。苏军正准备从北部对德军南翼实施一次大规模的合围行动。然而，正值这个危急时刻，一个转机正在悄然凸现。

当然，起初形势还模糊不清。

此时，从防线中撤销"B"集团军群，无疑是一个冒险。该集团军群司令部除了辖有第 2 集团军外，只有一些残兵败将，尽管如此，它仍是东线指挥链条中的重要一环。它的撤销使中央与南方集团军群之间出现了一个巨大缺口。

事实上，南方集团军群司令部也无法接管划归它的哈尔科夫地段指挥权（由兰茨集团军级支队负责），因为尚未建立通信联络。如不是我们接管，哈尔科夫早就丢失了。我们能迅速接管哈尔科夫地段的指挥权，要归功于集团军群通信团的出色工作，以及通信官米勒将军指挥有方。每逢此时，我的好朋友、通信兵主管费尔吉贝尔将军都会给我慷慨的支援。

"B"集团军群的撤销尽管打乱了东线指挥的相互关联，给这个棘手地点的作战指挥带来困难，但另一方面也使我们从中得利。兰茨集团军级支队转隶南方集团军群司令部，使我们获得了一个在关键时间、关键地点独立实施指挥的机会。这使得1942~1943年冬季战局取得最后胜利成为可能。

起初，哈尔科夫地域成了南方集团军群一个新的焦点，尽管此前"B"集团军群、实际是希特勒在这里行使了几天的指挥权。

兰茨集团军级支队奉希特勒之命，不惜一切代价坚守哈尔科夫，因此也成了类似于斯大林格勒那样的有关其声望的地点。此外，它还受命用属于其核心力量的党卫队装甲军中的两个师对洛佐瓦亚方向不断实施突击，以减轻南方集团军群左翼的压力。

该支队凭借自己的力量显然无法同时完成两项任务。要么为哈尔科夫而战，要么参加南方集团军群左翼的战斗。因此，我向希特勒建议，兰茨集团军级支队应暂时放弃哈尔科夫附近的战斗，集中力量粉碎城南之敌。这样，集团军群在克列缅丘格两侧第聂伯河渡口被包围的危险便可暂时排除。但是，我们希望能通过第4装甲集团军的参战，以自己的力量来对付企图夺占扎波罗热和第聂伯罗彼得罗夫斯克的第聂伯河渡口的苏军。如果兰茨集团军级支队能在哈尔科夫以南将苏军击溃，那么它还可以夺回该城。但这个方案不符合希特勒的思路，因为哈尔科夫这个乌克兰的重要城市已攸关希特勒的威望。因此，希特勒于2月13日通过"B"集团军群向兰茨集团军级支队下达严格命令，不惜一切代价守住哈尔科夫。

接着，我便要求陆军总司令部做出决断，在兰茨集团军级支队归属我指挥之后，这个命令是否仍然有效；在党卫队装甲军在哈尔科夫有被包围的危险时，是否还应执行这一命令。同时，我还要求对我前日送往勒岑的情况判断做出答复。蔡茨勒将军回答我说，希特勒认为我的判断"考虑过多"。我说，我认为一个集团军群考虑到 4~8 周后的情况是完全正确的；而最高统帅部常常只想到三天后的事，倒是颇令人生疑。

哈尔科夫的形势战胜了希特勒的意志。党卫队装甲军确实已经面临被合围在哈尔科夫的危险，遂于 2 月 15 日违背兰茨将军的命令撤出该城。这个既成事实是由"B"集团军群通知我们的，也就是在这几天，该集团军群被撤销了。如果撤出哈尔科夫的命令是由一位陆军将军下达的，毫无疑问，希特勒将把他送上军事法庭。但此事是发生在党卫队装甲军——即便它这样做是正确的——结果安然无恙。不过，集团军级支队司令兰茨将军不久被解职，由装甲兵上将肯普夫将军接任，理由是兰茨将军是山地步兵出身，而肯普夫将军是一位装甲兵指挥官。

正当哈尔科夫地域的指挥权由"B"集团军群转交南方集团军群之际，态势急剧恶化，而集团军群越过第聂伯河与后方联系被切断的危险也日渐明显。

2 月 16 日有报告称，正如我们所料，苏军以强大兵力由伊久姆西部地域向巴甫洛格勒和第聂伯罗彼得罗夫斯克方向推进。一旦苏军到达洛佐瓦亚或巴甫洛格勒的铁路枢纽（位于巴甫洛格勒西南的辛西尼科沃铁路站），那么通往波尔塔瓦的铁路就被切断了。

同时，陆军总司令部允诺的加强兵力因运送速度减缓也不断下降。原答应每日可提供 37 列列车，但 2 月 14 日那一天只有 6 列。

此外，中央集团军群声称，因兵力不足，无法在两个集团军群的接合部与南方集团军群进行认真的协同。他们似乎乐意看到能制止第 2 集团军向库尔斯克西部的撤退。

鉴于态势日益恶化，希特勒遂决定亲自来我大本营。大概是我过去的形势判断促使他有所思考。能当面向他陈述我的想法，使他有机会亲身体验一下危急的态势，我自然是欢迎的，但是要在像扎波罗热这样的大工业城市（苏军正向这里开进）保障他的安全，也是一件难事。尤其是他通知说，要在这里住上几天。他与其随行人员，其中包括总参谋长和约德尔将军在内（当然像往常一样，还有他的私人厨师），将在我们的办公大楼下榻。整个周围地带被严密封锁起来。尽管如此，情况仍令人不安。在他从机场进入扎波罗热的路上，已被路边的士兵和党员们看到，并向他挥手致意，希特勒到达的消息因此不胫而走。在扎波罗热，我们除了警卫连和几个高炮分队之外，再没有别的部队了。最近，苏军的坦克已距扎波罗热很近，第聂伯河东岸的机场甚至都已在他们的炮火射程之内。

2月17日下午，希特勒来到我的大本营。我首先就目前态势向他做了汇报。

霍利特集团军级支队虽被苏军紧追不舍，但今日已到达米乌斯河阵地。

第1装甲集团军将敌阻止在格里希诺，但未能将其消灭。在克拉马托尔斯克，正与从利西昌斯克—斯拉维扬斯克向这里推进的苏军激战，尚未决出胜负。

兰茨集团军级支队已撤离哈尔科夫，正撤向西南方向的莫什河地段。

接着，我向希特勒报告了我的意图，即把党卫队装甲军全部撤出哈尔科夫，只留下兰茨集团军级支队一部兵力。

党卫队装甲军应由克拉斯诺格勒地区向南部的巴甫洛格勒方向突击，以便与正在开进途中的第4装甲集团军实施协同。他们应将位于第1装甲集团军与兰茨集团军级支队之间宽大缺口处的苏军击溃。此举如果成功，霍利特集团军级支队与第1装甲集团军的联系被切断的危险便可排除，我们就能在哈尔科夫地域实施一次攻击。

希特勒首先拒绝我了设想的一系列的作战行动。他不愿承认在第1装甲集团军与兰茨集团军级支队之间有强大敌军存在的现实。此外，他也害怕我曾提到的在第聂伯河与顿涅茨河之间的作战行动将会陷入泥泞之中。因为，冬季已经临近，此种可能自然存在。但是，希特勒拒绝的主要原因还是希望无论如何尽快收复哈尔科夫，希望党卫队装甲军全部集中之后便立即采取行动。实际的情况是，要想在哈尔科夫方向发动攻击，前提是必须首先排除第聂伯河渡口的危险。不保持越过第聂伯河的联系畅通，第1装甲集团军与兰茨集团军级支队就不可能生存。此外，在哈尔科夫的攻击行动，至少需要第4装甲集团军一部兵力的协同。而且可以肯定的是，因解冻期的到来使作战暂告一段落，首先发生在顿涅茨河与第聂伯河地域，然后才轮到哈尔科夫及其北部地域。因此，我们希望在击败第 1 装甲集团军与兰茨集团军级支队之间的苏军之后，接着还能攻击哈尔科夫。相反，如果两个行动前后倒置，那么第一个行动结束后，第二个还能否进行就大有疑问了。即使取得了哈尔科夫的胜利，集团军群右翼和中央越过第聂伯河与后方的联系也许已被切断，到那时，我们将难以度过数周的泥泞季节。

由于希特勒的固执己见，自然又引发一场无休止的辩论。我最后说，党卫队装甲军无论如何必须首先在哈尔科夫—克拉斯诺格勒的公路旁集结，但这最早要在 2 月 19 日才能完成。所以，是向北还是向南推进，到那时再做最终决断。我之所以采取这种拖延处理的办法，是因为我知道，2 月 19 日之前，第 4 装甲集团军是不可能参战的。同时我也清楚，战事的进程将会使希特勒认清形势。

2 月 18 日，我再次到希特勒那里汇报。苏军用强大兵力攻击米乌斯河防线，已在霍利特集团军级支队多处尚未设防的地段达成突破。被包围在杰巴利采沃一线后方的苏军骑兵军，至今还未能歼灭。我向希特勒报告说，即使如此也必须尽快将摩托化部队从这一翼向西翼转移。深入第 1 装甲集团军翼侧纵深的苏军机械化军也尚未被消灭，在此处作战的部队因此被牵制在那里。

有确凿证据证明，位于第 1 装甲集团军与兰茨集团军级支队之间缺口处的苏军，正以强大兵力向第聂伯河渡口推进。苏军第 267 步兵师出现在克拉斯诺格勒南部。配属有一个坦克营的苏军第 35 近卫师已占领巴甫洛格勒。防守该处的一个意大利师（原意大利集团军的残部）在敌军接近时便弃城而逃。

兰茨集团军级支队报告，在基辅卸载的党卫队"骷髅"装甲师的轮式车辆已陷在基辅与波尔塔瓦之间的泥泞中，动弹不得。希特勒期望的向北实施攻击以夺回哈尔科夫的行动，因此也成为泡影。如果说党卫队装甲军没有"骷髅"装甲师就无法守住哈尔科夫的话，那么现在恐怕要想夺回哈尔科夫，希望就更加渺茫。因此，现在只有考虑向东南实施攻击，消灭位于第 1 装甲集团军与兰茨集团军级支队之间缺口处的敌军。由于该处即将解冻，因此必须尽快采取行动。在此情况下，希特勒终于同意我的意见，命令党卫队装甲军尚可动用的"帝国"装甲步兵师立即向巴甫洛格勒方向挺进。"近卫"师负责对付向南迅猛推进的敌军，掩护第 4 装甲集团军的作战。现在只是希望第 4 装甲集团军在得到"帝国"装甲步兵师加强后，能赢得胜利。

在做出这个决定之后，我接着便向希特勒陈述了我对总体形势的看法。我指出，即使我们能够在泥泞季节到来之前避免态势朝不利于我的方向发展——并非有十足的把握——我们也须想得远一些。泥泞季节最多不过能给我们几周的喘息时间。之后，集团军群防守的是长达 700 公里的防线，而我们所拥有的部队，包括兰茨集团军级支队在内只有 32 个师。泥泞季节过后，苏军肯定会再次将重点放在德军东线的南翼，将德军合围于黑海边。

我指出，700 公里的防线只有 30 几个师来防守，占优势的苏军可以在任意一点达成突破。尤其是我们无力阻止苏军从北部对集团军群实施大规模迂回，直至亚速海或黑海。

因此，本集团军群不能坐等苏军的突破或从北部对我实施迂回。除非陆军总司令部能够发动一次攻势，及时解除我们一直向东突出的防线所受到的压力。

我向希特勒陈述这些的目的是想促使他能够看得更远一些。但是，希特勒显然不愿承诺什么。希特勒也承认，集团军群要在来年防守这样一条防线，兵力确实是太少了。同时，他又不愿承认我提出的兵力分配不当的事实。他虽不反对我关于当面苏军有 341 个兵团的说法，但说那只是小菜一碟，已不堪一击。我反驳说，我们各师也已精疲力竭。他却回答，趁泥泞季节，我们的部队可以补充满员，装备新式武器（早该如此）。但他不想承认，苏军同时也会将其 150 万在 1926 年出生的人送上战场。他也不愿承认，苏军能在两个月内（泥泞季节的大约时间）生产可装备约 60 个坦克旅的坦克。希特勒反而更加强调，顿涅茨地区一旦再次落入苏军手中会如何如何重要。至于说到他自己在 1943 年东线战场的指挥问题，他却说他既无法从别的战场抽调兵力，也不能筹建新的部队，以发动一次大规模攻势。但他说新兵器的投入，将使我们有可能实施一些有限的攻击行动。这样，希特勒又将话题引到了武器及其生产方面。看来，想使他在未来夏季战局的作战意图上承诺些什么，已是不可能的了。我们似乎生活在两个不同的思想世界。

2月19日，继续进行会商，冯·克莱斯特元帅 ❶ 也应邀参加。希特勒在我的大本营逗留期间，毕竟对南翼的危险性有了比较深刻的认识。他宣布，"A"集团军群应尽一切力量向南方集团军群提供兵力，现在，"A"集团军群应被视为南方集团军群的"就近兵力储备仓库"。这样，希特勒在未来作战中发挥库班桥头阵地作用的思想，就等于搁置起来了。遗憾的是，后来的事实说明，由于运输的困难，这个"就近兵力储备仓库"并没有发挥其应有作用。库班桥头阵地依然处于孤立无援的境地。一条古老的经验说，一旦兵力被牵制在一个错误的地点，再想调动它就难上加难。

此外，就在那一天，苏军的强大兵力似乎已到达辛西尼科沃车站，气氛顿时紧张起来。它不仅暂时切断了中央集团军群与本集团军群右翼的主要供给线，而且距我们的大本营——德意志帝国元首的下榻地，只有60公里之遥。在我们附近已没有部队可供调遣！就在当日下午，希特勒飞返他的大本营，我如释重负。次日，敌人的坦克完全就有可能占领第聂伯河东岸的机场，使我们无法起飞。

我最后向希特勒报告的是，在计划实施的集团军群西翼的打击行动中，我急需几乎所有的装甲师，这些兵力将从米乌斯河防线抽调。如果说该防线目前尚能守住，只是因为向该防线推进的苏军主力必须通过罗斯托夫狭窄地段，目前尚未到达。苏军从东面占领顿涅茨河地域的可能性不能排除。要想对付这股苏军，就必须首先保障本集团军群与后方的联系不被切断。这一点，希特勒似乎也懂得。

---

❶ "A"集团军群司令。——译者注

不管怎么说，我的印象是，希特勒对我大本营的访问，使他对当前以及将来德军东线南翼被合围的危险有了清楚的认识。不久，从最高统帅部和施蒙特将军那里传出一种说法，说希特勒到我们这里来，是"为了给集团军群打气"。我不认为本集团军群司令部需要这种"打气"。尽管我们不准备像希特勒所要求的那样不计后果的"寸土必争"，但我相信，再也不会找到一个像我们一样的司令部，在危机四伏的环境中依然怀着必胜的信念。就这一点而言，我与我的同事之间从未有过丝毫歧见。

顿涅茨河与第聂伯河之间的会战

2月19日，集团军群命令第4装甲集团军对越过佩列谢皮诺—巴甫洛格勒—格里希诺一线，企图切断集团军群与第聂伯河联系的苏军实施反突击。

2月20日，苏军的作战意图已全部显露，与我们事先所预料的完全相同。

在东部，苏军选择三个突破重点，对霍利特集团军级支队的米乌斯河阵地发动攻击。

为达到切断我与第聂伯河联系之目的，苏军除了已被我牵制在格里希诺和克拉马托尔斯克的兵力外，似乎投入了一个集团军，下辖三个步兵师，以及两个坦克军和骑兵部队。

与此同时，苏军还试图在哈尔科夫西南和西部较弱的肯普夫集团军级支队（此时兰茨已由肯普夫替代）防线上达成突破。此外，苏军还企图包围该支队的西北翼侧，并从北部对其实施迂回。

面对此种形势，集团军群有两件事情要做。

第一，必须尽力守住米乌斯河东部防线。但是，以现有微弱兵力以及缺少预备队尤其是装甲师的现状，能否守住实在大有疑问。

第二，必须尽快以第4装甲集团军兵力，将位于第1装甲集团军和肯普夫集团军级支队之间的苏军击溃，防止我与第聂伯河渡口的联系被切断。否则，集团军群的大部兵力将很快因燃料缺乏而丧失机动能力。

如能将顿涅茨河与第聂伯河之间的苏军集群击溃，我们就可以根据态势的发展决定，是否立即集中全部机动兵力向北实施突击，以恢复肯普夫集团军级支队的态势。或者，如果第1装甲集团军凭自己的力量不足以对付格里希诺和克拉马托尔斯克的苏军，那第4装甲集团军就先要参与第1装甲集团军地域的战斗。

　　无论如何，我们必须守住我们的北翼，即肯普夫集团军级支队。支队的任务是，必须实施顽强防御，封锁——或经克拉斯诺格勒到达第聂伯罗彼得罗夫斯克，或经巴甫洛格勒到达克列缅丘格——通向第聂伯河的道路。如果苏军有更大的野心，打算向基辅推进——已经有此征兆（希特勒对此惴惴不安），那我们就只能祝他们旅途愉快。这样一次远程迂回行动，恐怕在泥泞季节到来之前是难以看到效果的。

　　2月21日，在本集团军群最重要的地段上，已开始感到压力减轻。

　　我们守住了米乌斯河东段防线。早已被合围在杰巴利采沃周围的苏军骑兵军残部最终投降。在马特维耶夫库尔干突破米乌斯河阵地的苏军坦克军也被合围，并被歼灭。

　　在第1装甲集团军右翼，苏军继续对弗雷特集群施加压力，苏军的目的显然是想由此将米乌斯河阵地摧毁，或迂回第1装甲集团军北部防线。集团军当面态势相对平静。从截获的电报获悉，在位于格里希诺附近第1装甲集团军的西面，以及在克拉马托尔斯克地域的苏军集群（波波夫集群），已遭重创。很显然，苏军的补给出了问题。

　　第4装甲集团军占领巴甫洛格勒，剩余部队也有望在道路解冻前赶到这里。一股较弱的苏军突击到扎波罗热附近，但现已构不成重大威胁。苏军因燃料短缺停滞在距该城约20公里处，并被迫划分为数个小群，结果被我歼灭。遗憾的是，一个按计划正向巴甫洛格勒进开进的新锐师（第332师），奉陆军总司令部之命转向中央集团军群右翼。尽管第2集团军的情况也不妙，但最终决定胜负的地点在我们这里，我们正在为夺回主动权而战。此时，苏军是否会向基辅方向和向北推进，都无关紧要。

　　苏军以强大兵力由别尔哥罗德向阿赫特尔卡推进，意图显然是从北面迂回肯普夫集团军级支队。

图 18　1942—1943 年冬季战局

德军反突击，顿涅茨河与第聂伯河之间的会战

此后几天里，第 4 装甲集团军的反突击如愿得胜，此次作战的主动权因此也转到德军手里。

第 4 装甲集团军首先击溃了正向第聂伯河渡口推进的苏军，即位于巴甫洛格勒周围及其南部的苏军。希特勒不愿承认的现实，现在终于得到了验证。苏军在这里至少有两个坦克军、一个步兵军和一个骑兵军。接着，该集团军与第 1 装甲集团军协同，将其西部防线当面的四个敌坦克军和机械化军击溃。

截至 3 月 1 日，情况表明，因在顿涅茨河与第聂伯河之间失利，第 1 装甲集团军当面的苏军已开始退却，顿涅茨河一线有望重新夺回。我们很想越过封冻的顿涅茨河追击苏军，以便为之后在哈尔科夫及其西部从背后攻击苏军创造条件。

然而，为了掌握渡过顿涅茨河下游向前推进的主动权，必须首先击溃敌哈尔科夫集群南翼，即位于别廖佐瓦亚河畔哈尔科夫西南的强大敌军。鉴于即将解冻，此举能否实施还是问题。因此，本集团军群必须首先将目标局限在消灭顿涅茨河以西的苏军哈尔科夫集群。

在南方集团军群作战地域靠近海岸的南端，已经开始解冻。苏军遂于 2 月末在米乌斯河防线开始利用步兵师实施攻击，替代原来用装甲和机动兵力实施的突破。显然，苏军是想在泥泞季节到来之前，至少在米乌斯河西岸开辟桥头阵地。当苏军在宽大正面上实施的攻击失败之后，最终变成了毫无结果的局部进攻。

3 月 2 日，集团军群终于看到了由第 4 装甲集团军和第 1 装甲集团军左翼，对顿涅茨河与第聂伯河之间敌人实施的首次反突击的效果。由于此次突击，以及霍利特集团军级支队在米乌斯河的出色防御，苏军的"西南方面军"受到沉重打击，致使其暂时无力再发动攻势。损失最为惨重的是攻击第 1 装甲集团军左翼和突入该集团军与肯普夫集团军级支队间的敌军，即敌第 6 集团军、在格里希诺作战的波波夫集群和第 1 近卫集团军。苏军第 25 坦克军以及三个步兵师也被歼灭。被击溃的有苏军第 3 坦克军、第 4 近卫坦克军、第 10 坦克军，以及一个独立坦克旅、一个机械化旅、一个步兵师和一个滑雪旅。此外，第 1 近卫坦克军、第 18 坦克军，以及六个步兵师和两个滑雪旅遭重创。

据我方部队报告，在顿涅茨河与第聂伯河之间的古战场，苏军遗弃的尸体大约有 2.3 万具，被我缴获的坦克 615 辆、火炮 354 门、高炮 69 门，以及大量机枪和迫击炮。但俘虏的人数只有 9000 人。这说明，我们的部队尤其是装甲师未能将苏军严密合围。严寒使苏军——特别是夜间——大都集中到居民地内及其周围，单兵或小分队很容易丢弃汽车逃走。此外，由于顿涅茨河尚在封冻，携带轻武器的步兵可以轻易过河，因此无法将苏军背后通往顿涅茨河的道路封锁。

苏军除上述损失外，被合围在米乌斯河阵地后方的苏军第 4 近卫机械化军和第 7 近卫骑兵军也被歼灭。

哈尔科夫会战

在取得顿涅茨河与第聂伯河间胜利，重新夺得主动权之后，集团军群根据 2 月 28 日下达的集团军群命令，开始了对苏军"沃罗涅日方面军"即位于哈尔科夫地域之敌的攻击行动。意图是攻击该敌南翼，以便从南面围歼苏军，或者，如有可能，从东部攻击苏军背后。我们不仅要占领哈尔科夫，而且要争取将这股苏军歼灭。

因此，我们的第一个目标是，击溃位于哈尔科夫西南别廖佐瓦亚河畔的苏军南翼，即苏第 3 坦克集团军。这一任务已由第 4 装甲集团军于 3 月 5 日前完成。苏军第 3 坦克集团军所属第 12、14 坦克军，以及一个骑兵军和三个步兵师部分被击溃，部分被合围在克拉斯诺格勒附近。据部队报告，被俘人数依然较少，但被击毙者大约为 1.2 万人，缴获坦克 61 辆、火炮 225 门、汽车 600 辆。

现在，南方集团军群的企图是，从背后攻击向阿赫特尔卡和波尔塔瓦方向对肯普夫集团军级支队紧追不舍的苏军，迫使该苏军反转其正面实施决战，但由于天气原因未能如愿。要实现这一企图，第 4 装甲集团军必须在哈尔科夫渡过顿涅茨河下游，之后才能转向西，从东面攻击苏军背后。但是，顿涅茨河的冰面已经开裂，无法架设舟桥。甚至由于地面解冻，连对苏军实施小规模的迂回几乎都不可能，因为要实施这样的迂回，需要在哈尔科夫西南渡过莫什河，之后从背后夺取该城。于是，我们必须从翼侧攻击苏军，迫使苏军退出哈尔科夫。

为此，3月7日，第4装甲集团军包括党卫队装甲军——此时，装甲军最后一个师党卫队"骷髅"装甲师已全部到达——由克拉斯诺格勒向北发起攻击。当苏军正面开始出现溃退迹象时，肯普夫集团军级支队也立即加入攻击。

在此后几天，第4装甲集团军和党卫队装甲军的进展十分顺利。他们从翼侧实施攻击，并将数量相当可观的敌军兵团击溃。

不过，此时苏军也已认清他们的沃罗涅日方面军所受到的威胁。通过无线电侦听断定，苏军正将伏罗希洛夫格勒地域的兵力向伊久姆转移（似乎有数个坦克军和机械化军），估计目的是对向北面哈尔科夫推进的第4装甲集团军翼侧实施攻击。但苏军的这些兵力不足以产生重大效果。要么他们会因在伏罗希洛夫格勒地域或在米乌斯河地段的战斗已失去战斗力；要么因顿涅茨河解冻而使其无法遂行此次行动。苏军只能在伊久姆西北顿涅茨河南岸占领和据守一个小型桥头阵地。此外，苏军还从东部向哈尔科夫调来第2近卫坦克军，并将肯普夫集团军级支队北翼西部的兵力和对第2集团军实施追击的兵力撤回博戈杜霍夫。第2集团军兵力过于薄弱，仅靠它的兵力能否阻止原本计划向阿赫特尔卡和北部向西突击的苏军向东退却，实有疑问。不过，无论如何，我们将竭力迫使肯普夫集团军级支队当面南部的敌军离开哈尔科夫，或者切断其通往哈尔科夫东部顿涅茨河渡口的道路。此举一旦成功，便可奇袭占领哈尔科夫。本集团军群将想方设法尽力避免使哈尔科夫变成束缚我们突击力量的第二个斯大林格勒。

但是，哈尔科夫的名字不可避免地要对部队和中级指挥产生一种不可思议的诱惑力。党卫队装甲军表示，要将夺回乌克兰的重要城市哈尔科夫作为向"其元首"的献礼，并急于抄近路直取哈尔科夫。集团军群司令部急忙介入，以避免该军形成正面攻击哈尔科夫之势，被牵制在此地，致使尚在城西作战的苏军逃逸。最后，党卫队装甲军成功地从东面接近该城，并轻易将其占领，将相当一部分苏军渡过顿涅茨河逃跑的退路切断。

图 19　1942 年—1943 年冬季战局

德军反突击：哈尔科夫会战

哈尔科夫周围及其南部的态势发展，迫使苏军将其位于肯普夫集团军级支队当面的兵力撤回哈尔科夫和别尔哥罗德方向，这股苏军已接近波尔塔瓦，并占领阿赫特尔卡以东地域。

肯普夫集团军级支队则穷追不舍。

3月10日，希特勒再次到我大本营视察。除了当前态势外，我特别向他报告了在泥泞季节结束后，我对作战指挥问题的想法。关于这一点，我将在下一章中再谈及。

3月14日，哈尔科夫被党卫队装甲军占领。同时，位于肯普夫集团军级支队北翼的"大德意志"师也迅速向别尔哥罗德方向挺进。苏军再次出动强大坦克部队迎击，但在盖沃龙附近被"大德意志"师击溃。接着，该师向别尔哥罗德发起突击。

随着占领哈尔科夫和别尔哥罗德，南方集团军群的第二阶段反突击行动告一段落。由于道路上的泥泞越来越多，作战无法继续进行。集团军群本想与中央集团军群协同，将库尔斯克周围苏军突向德军战线而形成的巨大弓形肃清，以缩短我们的防线；但中央集团军群无意协同，这一企图因此作罢。于是，在我们整个防线上出现的一个令人烦恼的弓形地带，这在作战上有利于敌而不利于我。不过，南方集团军群最终还是占领了从别尔哥罗德直到米乌斯河阵地的整个顿涅茨河防线。这就是德军于1941~1942年冬季曾经据守的防线。

回　顾

如果我们对1942~1943年南俄冬季战局的整个过程及其结果做一回顾的话，那么应当承认，苏军方面获得了巨大成功。苏联人将我们最强大的一个集团军第6集团军合围并歼灭。此外，他们还将与德军并肩作战的联军四个集团军消灭。其中许多勇士献身疆场，还有相当部分沦为苏军战俘。所剩部分也溃不成军，迟早要撤出战场。尽管第6集团军在其残部基础上经补充重新组建，并于1943年3月由霍利特集团军级支队启用第6集团军番号，但大约20个师，包括相当一部分统帅部炮兵、工兵预备队的损失是难以弥补的。联军的战斗力固然十分有限，但他们的溃败对我们也是一个极大损失。有他们存在，我们至少可以从态势平静的地段抽调德军部队。尽管德军总共损失了五个集团军，但并不能因此说已经决出胜负。除了部队的损失之外，德军还丢失了 1942 年夏季攻势中夺占的大片领土及其资源。攻势中的一个最重要的目标——夺占高加索油田，最终流产。这里要指出的是，这个由戈林极力主张的经济目标，对于分散德军夏季攻势起了至关重要的作用。他忘记了，追逐这样的目标必须首先击败苏军主力，然后才能谈夺取和坚守。不过，不管怎么说，我们还是守住了顿涅茨盆地的大部。

尽管苏军取得了巨大成功，但未能赢得消灭德军东线南翼的决定性胜利。在冬季战局结束时，主动权重新落入德军之手。苏联人以两次重大失败结束了此次战局。虽然这并不具有决定性意义，但它稳住了德军战线，并为德军最高统帅部提供了一个使东线战争达成一个平局的机会。但我们决不希望 1943 年夏季再实施一次决定胜负的攻势。德军的战斗力已损耗过大。德军统帅部应从当前这一结局中总结出这样一条结论，即力争至少与敌阵营中的一个敌人达成和解。它还必须认清，在东线之后的战争中应以节省兵力，尤其避免像在斯大林格勒那样损失整个集团军，同时尽力消耗苏军的攻击力为目标。必须坚决放弃一切次要目标，在西方敌人尚未在法国登陆或从地中海发动一次决定性攻击之前，将重点放在东线战场。

从这个角度出发，我们再回过头来看看 1942~1943 年冬季战局及其结果，不禁要问，苏军统帅部在此次冬季战局中取得重大战绩，但为什么没有赢得消灭德军整个南翼的决定性胜利呢？而且，他们不仅在数量上占压倒优势，正如我们在本章开始时所描述的那样，自此次战局一开始就在作战态势上占有先机，理应胜券在握。

首先应当肯定的是，苏军绝不缺乏活力。他们为了达到目的会毫不顾及部队的损失。部队英勇善战，自我牺牲精神有时令人难以置信。不过，他们步兵的战斗力明显下降，炮兵在 1941~1942 年所遭受的损失也未得到完全弥补。另外不可否认的是，苏军领导自战争开始后学到了许多东西，尤其是装甲大兵团的组织和运用。1941 年苏军就拥有大量坦克，但并不懂得独立和统一使用。现在，他们学会有目的地组织坦克军和机械化军，同时学会了德军的纵深突破战术。不过，除了 1942 年 11 月的作战之外，尽管他们每次都突入德军纵深，但几乎均被我击溃或消灭。另外，自他们将第 6 集团军合围后，再也没有能实施过像这一次在关键地点如此迅速和如此强大的突破行动，因此未能达成在顿河畔或亚速海或第聂伯河下游切断德军南翼的目的。除了希特勒提供机会为苏军制造了斯大林格勒悲剧之外，苏军领导再也没有能实施过像我们在 1941 年多次实施过那样的合围战役，当时我们每次都俘敌几十万人之多❶。而且，苏军在 1942~1943 年冬季占有压倒优势，开始时的作战态势对他们也极为有利，加之联军相继被歼，通往德军后方的道路完全为他们敞开着。而我们在 1941 年——从总体上看，在东线打的是正面战。

现在，让我们来研究一下苏军最高统帅部。鉴于德军夏季攻势结束后的形势，情况十分清楚，苏军决不会放过合围德军整个南翼这一战略目标。粉碎联军的防线也是不言而喻的事。对苏军方面来说，1942 年晚秋拟制一份作战计划，实在不需要太多的天才。

第一次打击，即合围第 6 集团军无疑是正确的。此举一旦成功——德军最高统帅部也竭力相助促其成功——德军最强大的突击力量便不复存在。

更佳的办法是，在实施第一次打击的同时，也对意大利和匈牙利防线实施攻击，以便能在一开始就以一次统一的大规模作战行动切断位于罗斯托夫或亚速海边德军的后路。但是，显然是因炮兵的数量不足，不得不推延了突破的时间。也许是运输状况不允许同时满足全部进攻兵力的补给。

不过，苏联人意料之外的联军迅速和全面崩溃，使苏军在三次突破行

---

❶ 据德方统计，1941 年 7 月结束的比亚韦斯托克—明斯克合围战，苏军被俘 32 万多人；8 月结束的斯摩棱斯克合围战，苏军被俘 31 余万人；同期结束的乌曼合围战，苏军被俘 10 万人；9 月结束的基辅合围战，苏军被俘 66.5 万人；10 月结束的维亚济马—布良斯克合围战，苏军被俘 67 万人。——译者注

动的时间安排上有了很大的缓冲余地。如果苏军最高统帅部能达成近在咫尺、唾手可得的目标，即切断德军南翼与顿河下游、亚速海和第聂伯河的联系，那么他们肯定不会停止在广阔地域的攻势行动。苏军突击部队距要到达的决定性地点的距离，绝没有超越现代战争的可能性。德军能够投入的预备队也不足以阻止苏军对重要目标的突击，不会使其最终严重受挫。

所以只能说，苏军最高统帅部在关键地点——除去斯大林格勒之外——没有达到足够的强度和速度。

在冬季战局的第一阶段，苏军为了抓住第 6 集团军这个猎物不放，无疑在此投入过多的兵力，却让在顿河下游切断德军南翼补给线的大好机会从手中溜走了。在奇尔河战线虽投入强大兵力，但行动不统一。

在突破意大利集团军防线后，苏军最高统帅部依然没有集中兵力渡过顿涅茨河，直抵罗斯托夫。他们大概是担心，对这样一个深远目标实施攻击的同时，自己的翼侧早晚也会遭到攻击。他们接着实践的对匈牙利防线的攻击会对其翼侧起到掩护的作用。这肯定是一个冒险。但是，不进行这样的冒险，就不可能迅速取得决定性战果——在这种情况下，后者是关键。

在成功突破匈牙利防线后，德军防线自顿涅茨河至沃罗涅日出现一个巨大缺口，苏军最高统帅部依然没有在第聂伯河渡口这一关键方向上，以足够快的速度投入足够强大兵力实施突破。他们没有为此投入兵力，也没有派出一支强大的突击集群向西推进，反而越过库尔斯克，分别向阿赫特尔卡、波尔塔瓦、第聂伯河，以及越过斯拉维扬斯克—利西昌斯克—伏罗希洛夫格勒的顿涅茨河一线，实施一种远距离、分散式突击。这就为德军最高统帅部提供了机会，最终通过将兵力从东向西实施转移以及前调加强兵力，在关键地点构成了兵力上的优势。直到此时，尽管德军"A"集团军群长时间被牵制在高加索方向，而且回撤缓慢，但苏军并没有利用这一新出现的机会及时摆脱困境。

按照施利芬的一句话说，一次会战或一次战局的军事结果，是通过战胜者和被战胜者双方的措施共同完成的。德军最高统帅部对于第 6 集团军的折损，以及 1942~1943 年冬季在东线南翼出现的危机所应负的责任，在前面已说得很清楚了。现在再来说一说德军所取得的最终战果，以及挫败敌人合围德军南翼的行动，才算是合理和公正的。

对此，我只想说一点：如果不是德军部队及其指挥官们在这次冬季战局中做出近乎超凡的贡献；如果不是英勇的步兵师敢于与数倍于己的优势敌人对垒；如果不是他们在没有足够反坦克武器的情况下，面对苏军的坦克攻击岿然不动，顽强坚守——不仅如此，他们还能在苏军坦克突破防线之后，将缺口封闭，重建防线，并将敌人消灭，本集团军群就难以避免覆灭的下场。同样，如果不是我们的装甲师以空前的灵活性驰骋于疆场，发挥超常的作用，那么此次冬季战局的指挥也就无从谈起。始终怀有优越感的德军部队，经受住了最严峻的考验，他们的勇猛顽强和献身精神足以抵消敌人的数量优势。

但有一点不能忘记：是英勇的第6集团军忠于职守，坚持到最后一刻，才使苏军消灭德军东线南翼的企图未能得逞。如果他们不是一直抵抗到2月初，而是一旦感到无望就立即放弃，那么苏军就会将更强大的兵力投入关键地点，德军南翼也就随之被合围。第6集团军通过他们顽强坚守，为稳定1943年东线态势做出了重大贡献。或许第6集团军当时所做出的牺牲对战争结局无补于事，但这种牺牲在伦理道德上的价值是永远都抹杀不了的。

正因为如此，在描述此次冬季战局的结尾处，应当再次提及第6集团军的英名！他们表现出的是一个军人的最高境界：在无望的境遇中为战友宁可战斗到最后一颗子弹。

第十四章

"堡垒"行动

1943年春季的战略形势；还能达成平局吗？苏军在作战上的几种选择；后发制人还是先发制人？"堡垒"行动计划；作战设想；灾难性的拖延；慕尼黑的会商；莫德尔大将；继续推迟至7月初；与陆军总司令部交换意见；推迟的进攻为什么没有被劝阻？7月1日希特勒的讲话；进攻开始；第9集团军进攻停滞；苏军对奥廖尔突出部发动进攻；南方集团军群的决战即见分晓；7月13日希特勒命令停止进攻；南方集团军群的观点；总结

1943年春夏，东线战场笼罩在代号为"堡垒"的作战行动中。这是德军为保卫在东线的主动权而进行的最后一次尝试。随着作战行动的中止——实际等于失败，主动权最终落入苏军之手。"堡垒"行动是东线战争的一个重要转折点，因此有必要对实施这次行动的战略背景及其失败原因做一分析。对于作战的计划和实施过程，只做一简要介绍。

1943 年春的战略形势

1943年春季，德军最高统帅部面临着一个困难的抉择。经过两次战局，依然没有如期取得打败苏联人的胜利。对于这一结果，希特勒对其在政治和战略上所犯错误应当承担的责任究竟占多大成分，或者说德国是否具有足够的军事力量推翻苏维埃政权，对此难以做出回答。不过不管怎么说，苏维埃政权已临近崩溃的边缘！

现在，在西方敌人尚未决定介入之前，留给帝国与东方敌人决一胜负的期限似乎已到。随着美国人在北非的登陆，那里的战事已近尾声，在欧洲大陆开辟第二战场的威胁日渐迫近。现在，不仅兵力问题，而且时间因素也对东线战争的进行起着至关重要的作用。

在希特勒过早地甩掉英国转而对付苏联之后，西方敌人已没有可能做出别的决断。此外，卡萨布兰卡声明 ❶ 不仅对希特勒及其政权，而且对整个德国来说，都是一个毁灭性打击。如果要想与西方强国达成某种和解，如果可能的话，那就只有将西方敌人即将实施的登陆或已在欧洲大陆开始的行动粉碎。两者的前提是，必须从东线战场上腾出大量部队。

第一个需要回答的问题是，当时是否能够达成一种可接受的解决方案。这当然不是指将苏联彻底击垮。但是不是还有望达成一种平局？也就是一种可以保住帝国的解决方案。

今天可以说，在 1943 年的那个时刻还想着在东方达成平局，只能是缥缈的梦幻。但就当时而言，这种思想是不是错误的，我们暂且不论。1943年春的政治形势是否存在一种与苏联达成和解的可能性，我们作为军人来说是无法判断的。但是，这种可能性大概也不能完全排除，这当然要看希特勒的意愿。

如果有正确的作战指导，当时在东线争取军事上的平局还是有可能的，起码"顿河"集团军群司令部（此间改称南方集团军群）确信这一点。从斯大林格勒到顿涅茨河，我们毕竟使苏军付出了重大牺牲，使其遭受两次重大打击。在一切条件具备的情况下，苏军并没有达成合围德军整个南翼的目标。冬季战局结束时，主动权重新被德军掌握。在冬季的各场战斗中，德军部队及其指挥官表现出极高的素质。尽管我们在斯大林格勒损失了一个集团军，但据陆军总司令部的可靠估计，自开战后，敌人也已付出1100 万人的代价！其中包括俘虏和死伤者。因此，苏军的战斗力也已成强弩之末。这就是我们集团军群司令部对当时东线军事形势的看法。其中，

---

❶1943 年 1 月 14 日 ~25 日，罗斯福、丘吉尔以及美、英军事首脑在突尼斯的卡萨布兰卡举行会议，会后发表"无条件投降"的声明，提出同盟国将把对德、意、日的战争进行到三国"无条件投降"为止。——译者注

重要的一点是我们在已近乎绝望的情况下取得了最终胜利，使我们劫后余生。

许多事后批评家断定说，战争无论如何都是要失去的。这种看问题的方式对我们毫无用处。我们的任务是迫使当面的苏联人远离德国边界。对于苏联人，只能继续施以打击才能求得一个和局。但是，另一方面，卡萨布兰卡声明使我们除了在东线至少争取和解之外，别无他法。

要回答的另一个问题是，1943 年我们应如何遂行在东线的战斗。

在敌我兵力对比中，我处于劣势地位，我们不再可能实施像 1943 年前那样对深远目标的攻击。

现在，防御对我们而言是比较现实和适宜的。苏联人要想将我们驱逐出境，就势必继续实施劳民伤财的攻势，为此要付出惨重损失。因此，此后我们应将防御作为一种最强的作战方式。这确实是一个令人信服的思想；但是由于两方面的原因，我们只能有条件地接受这一思想。

第一，1943 年春，没有人能够断言，泥泞季节结束后苏联人是否会重新发动进攻。很有可能，他们一面继续加强其兵力，一面观望等待其盟国军队在欧洲大陆开辟第二战场。为保全面子以及防止德军从东线撤走，敌人可能会实施小规模的进攻，这与其观望战略并不矛盾。这是最令德国方面难受的。最后，我们不得不在两个战场上与敌较量。因此，纯粹的防御即近乎阵地战的形式，我们不应予以考虑。

反对纯粹防御的第二个理由是一个简单的事实，我们在东线可供支配的兵力不足以实施纯粹防御。要在从黑海到北冰洋这样一条绵长的防线上进行足够强大的设防，就我们当时的兵力而言是无法做到的。兵力最少的要算南方集团军群防线，在自黑海沿岸的塔甘罗格直到苏梅东南长约 760 公里，兵力却只有 32 个师。

从兵力对比上看，如果我们局限于纯粹防御，苏联人可以在东线的任何一点上集中占压倒优势的兵力达成突破。结果，不是被合围就是被切断退路。在这方面，1944 年的例证已俯拾皆是。

纯粹防御不是我们干的事！我们应当，即使在战略防御的框架内，发挥我们的优势：指挥的高超和灵活，以及部队的高度机动能力（至少在夏季）。

即使我们从总体上已转入防御，也必须不断给敌人以局部性的重大打击，使其付出重大牺牲，俘获其大量人员，积少成多，最终迫使其求和。我们必须在战略防御的框架内，重新采取机动作战方式，因为这是我们的强点所在。这种机动作战的机会，或者靠敌人为我们提供，或者我们自己去创造。

正是从这种灵活指挥的角度出发，南方集团军群司令部早在1943年2月初，就由右翼向左翼实施兵力大转移问题，以及之后东线作战指挥问题，与陆军总司令部和希特勒进行磋商。磋商一直延续到3月末。

总而言之，只有两种选择。是首先将主动权让予苏联人，等待其进攻，之后创造有利条件后发制人？还是由我们掌握主动权，在苏联人尚未从冬季战局中恢复过来之前，实施先发制人的打击？

对这个问题的决断，显然主要取决于对苏联人在泥泞季节结束后将如何行动的判断上。因为，实施后发制人的打击，只有等苏联人准备主动发起进攻后才有可能。

苏联人在作战上的几种选择

尽管不排除苏联人消极等待西方盟国开辟第二战场的可能性，但我们依然认为，待泥泞季节结束后，敌人会再度发起进攻。因为，自取得斯大林格勒胜利后，敌军统帅部无疑信心大增。另外，他们不可能一面大力宣扬"解放神圣的俄罗斯领土"，同时又长时间枕戈不战，这对于苏联的政治领导来说在精神上是难以承受的。最后，估计克里姆林宫的主人会先于其盟国抢占东欧，尤其是巴尔干。基于这些理由，我们认为泥泞季节结束后，敌人会重整旗鼓，寻机再战。

如果是这样的话，鉴于敌人在数量上的优势，自然就有多种可能性可供选择。他们可能试图对北方集团军群的南翼实施突破，将其逼至大海，随之将其合围。也可能从南、北两面对中央集团军群在奥廖尔周围向东突出的弓形防线实施钳形攻击，从而动摇该集团军群的整个防线。

就作战、战争经济以及政治价值而论，没有一个地方能比德军南翼中的南方集团军群所辖地域更大更高！在此处，德军环绕顿涅茨地区的防线向东突出，形成一个类似阳台状的弧形。苏军一旦从东面渡过米乌斯河，从北面渡过顿涅茨河，对这个"阳台"实施攻击，就有可能将位于顿涅茨地区的德军挤压到沿海地区，并将其消灭。如果与此同时，哈尔科夫地域的苏军再对基辅以北的第聂伯河方向实施攻击，那么他们就可以达成1942~1943年冬达成的目标：将整个德军南翼合围在亚速海或黑海沿岸。不仅南方集团军群，而且包括位于库班桥头阵地的"A"集团军群及其第17集团军，都将成为牺牲品。苏联人如果能赢得对德军东线南翼的胜利，也就等于重新夺取了重要的战争经济目标顿涅茨地区和乌克兰粮仓，同时也就打通了通往巴尔干、特别是罗马尼亚油田的道路。最终将对土耳其的政治态度产生重大影响。

由于对任何地方的攻击都不会比此处希望更大，因此预计1942年和1943年，苏联人会将作战重点放在德军东线的南翼。苏军有足够的兵力，因此在其他地段也会有小规模的攻击行动。

苏军的兵力部署也佐证了我们上述的预计。在南方集团军群当面，在苏军战线的后方有五个强大的集群作为预备队，大部分为坦克军、机械化军和骑兵军。其中一个位于我们前方的米乌斯河畔，两个位于我们前方的顿涅茨河中游，另两个在哈尔科夫东方和东北方。此外，3月份，苏军还不断从高加索和斯大林格勒向这里运送部队。在中央集团军群的奥廖尔防线东段和北段当面以及莫斯科附近，苏军还部署有强大的预备队。从总的方面来看，几乎可以毫无疑义地确定，苏军迟早要与南方集团军群决一雌雄，也有可能通过围歼奥廖尔突出部，同时对中央集团军群南翼实施攻击。

因此，南方集团军群司令部预计，苏军首先将从东面渡过米乌斯河，从北面渡过顿涅茨河中游，对"顿涅茨阳台"实施攻击，以便牵制那里的德军集团军，或将其逼至海岸。这一行动将可能先后实施，与此同时，会从哈尔科夫地域或以北地域出发，向第聂伯河方向实施攻击，再次实施其2、3月间失败的大范围的合围作战。事实上，苏军最高统帅部自1943年夏就是照此行动的。

实施后发制人的打击？

基于对苏军企图的这种判断，南方集团军群司令部在 2、3 月向希特勒多次提出一种实施后发制人打击的设想。我们指出，我们应在苏军对顿涅茨地区发动攻击前撤出战斗，将苏军的攻击部队引向西方，直至大约到梅利托波尔—第聂伯罗彼得罗夫斯克一线。同时，在集团军群北翼的背后集中最为强大的兵力，准备粉碎苏军对该处可能实施的进攻，之后向东南或南方，对经顿涅茨地区向第聂伯河下游推进的苏军翼侧实施攻击，并将其歼灭在海岸附近。

这一行动与 1942 年德军攻势的根本区别在于：在苏军进攻力量被大大牵制并部分消耗后，采取后发制人的方式给苏军以打击。我们的作战目标不仅仅是夺占东线的某些地域（像 1942 年的斯大林格勒和高加索），而是将苏军的南翼围歼在亚速海边。为能达成此目标，同时防止苏军像 1942 年那样向东撤退，应向苏军打开经顿涅茨地区通向第聂伯河下游的道路，这对苏军是一个难以抗拒的诱惑。

在首次打击达成有限目标，歼灭大量苏军后，便将矛头对准北部的苏军中央部位的兵力集群，实施第二次打击。

在东线战场的其他地段，肯定也能为实施类似的后发制人的打击创造条件。但是，在这些地段只对敌实施局部攻击，决定性的作战要在南翼实施。因为只有在南翼，在计划实施的合围作战中，大海可以替代一个用于合围苏军的集团军。指挥实施这样一次大胆的作战，无疑需要两个前提：

第一，德军最高统帅部必须将战争总体指导的中心放在东方战场，而在东方战场上则又以南翼为重点。在南方集团军群北翼，必须在敌我兵力对比上确保占有绝对优势，只有如此才能赢得作战成功。其间，不可避免地要坚决撤出某些次要战场，尤其是那些困难极大、风险重重的次要战场。要想保证所有战场都相安无事，那就肯定连局部胜利都不可能取得。必要时还要动用中央和北方集团军群的兵力，至少要在这些地方组建预备队，紧急情况下要通过及时收缩突出的防线腾出部队（首先，中央集团军群应撤出受威胁的奥廖尔突出部）。

第二，为了给实施后发制人的打击创造取胜的条件，德军最高统帅部不应顾忌顿涅茨地区的丢失。如果无法利用我们优于苏军的机动作战方式对深远目标实施攻击，那也必须通过有计划的撤退掌握作战的主动权。我们在东方所占领的辽阔地域足够我们这样做。（其实，这个问题与第一次世界大战中德军最高统帅部于 1918 年进攻停顿后所遇到的问题是一样的，但当时德军最高统帅部不敢像我们这样处理。）

然而，无论是哪个前提，希特勒都不愿满足。

南方集团军群的思想是，将东方战场作为唯一的重点，而南翼又是重点中的重点；但希特勒对此是理论上予以赞同，实际上从未采取过及时和有效的措施予以兑现，而且在这个问题上，陆军总参谋长与国防军指挥参谋部参谋长还存在不同的利益取向。

即使在东线范围内，德军最高统帅部也一直没有满足南方集团军群提出的将南翼作为唯一重点的要求。尽管 1943 年的形势非常清楚，苏军即将准备在德军南翼寻求决战，但在兵力数量、防线长度与当面之敌的对比状况上，北方和中央集团军群的处境始终优于南方集团军群。当然，装甲兵力除外。原因就在于，希特勒不愿主动放弃任何东西，也不想在关键地点冒一定风险，也不考虑对敌人将来可能采取的行动做什么预测。于是，他选择了最"昂贵"的下策——在决定性地点过晚地投入过少的兵力。

而希特勒最不能接受的是南方集团军群司令部提出的思想，即为取得重大胜利创造条件而放弃顿涅茨地区——哪怕是暂时的。3 月份，希特勒在扎波罗热本集团军群大本营曾说过，即使暂时让顿涅茨地区落入敌人之手也是绝对不允许的。如果失去顿涅茨地区，我们就无法维持我们的战争经济。而苏联人没有顿涅茨地区，钢铁产量将减少 25%。此外，尼科波尔的锰矿对于我们的重要性就更加难以言表。丢失尼科波尔（位于扎波罗热西南的第聂伯河畔）就意味着战争的尽头。希特勒说，无论是尼科波尔还是顿涅茨，还有扎波罗热的发电厂，一个都不能少。

希特勒的这种立场贯穿于 1943 年整个战局的始终。结果是，南方集团军群一直没有获得作战行动的自主权，未能给优势之敌以真正有效的打击，其重要的北翼也没有得到足够的加强兵力。

主动撤退往往会比主动攻击更有机会给敌以重大打击，对于这一思想，希特勒只字未提。大概是因为他认为，地盘的丢失要比赢得尚未到手的胜利风险更大。正因为如此，他缺少冒险精神，缺少对他自己或其将领们指挥艺术的信心。

实施先发制人的打击？

南方集团军群司令部所提出的实施后发制人的打击思想，因担心顿涅茨地区的丢失而被否定。由于上文提到的原因，后发制人的作战思想根本得不到希特勒的赏识。他确信，苏联人根本不会在 1943 年春发动一场攻势。尽管西方大国要求苏联发动攻势，但斯大林或许尚在观望。

于是，一种思想便浮出水面，主张利用苏军——尤其是其坦克部队——在冬季战局受到削弱的机会，在其尚未恢复元气之前给苏军以打击。这就是在战略防御的框架内，实施先发制人的打击。

各种作战计划相继出笼，比如在泥泞季节开始前，利用敌人被削弱的有利时机，从哈尔科夫东南地域出发，将顿涅茨河中游的敌人击溃，但因距泥泞季节的到来已时日不多，因此这些计划都是不可行的。

最后，让我们来谈一谈"堡垒"作战计划。

在冬季战局结束时，通过在顿涅茨河与第聂伯河之间，以及在哈尔科夫附近所取得的胜利，我们恢复了从塔甘罗格沿米乌斯河与顿涅茨河直到别尔哥罗德的防线。与此同时，在南方与中央集团军群分界线之间，位于别尔哥罗德北部，苏军的战线形成了一个伸向西方的巨大突出部。这个突出部围绕着库尔斯克，从别尔哥罗德经苏梅、雷利斯克，直至奥廖尔东南地域。这个突入我们防线的弓形使我们的防线延长了近 500 公里，为从北、西、南三个方向将防线连为一体，耗费大量兵力。它还切断了从中央集团军群地域通往哈尔科夫的铁路，以及一条对于我们十分重要的交叉铁路线。此外，它可以作为苏军对南方集团军群北翼和对中央集团军群南翼，实施翼侧攻击的出发基地。尤其是，如果我们从哈尔科夫地域出发，在南方集团军群地域内对苏军实施反突击，将会对我们构成一大威胁。

因此，南方集团军群司令部企图在哈尔科夫会战结束后，泥泞季节尚未到来之前，及时利用苏军被削弱的有利时机，将这一突出部铲除。因中央集团军群声称不予以协同，这一企图被迫放弃，而仅靠南方集团军群的力量又不足以铲除这个巨大的突出部。

于是，这一突出部就成了实施先发制人打击的第一个目标。关于库尔斯克突出部在作战上的意义，上文已经提及。它为我们提供了一个同时从南、北两个方向切断强大苏军退路的可能性，大量德军部队得以解脱。

但这绝不是作战的唯一目标——无论如何南方集团军群司令部是这样认为的。苏军为坚守这一重要的作战地段，势必随即将其位于南方集团军群北翼当面和中央集团军群南翼当面的战役预备队投入战斗。如果德军能及早即在泥泞季节刚刚结束就实施此次打击，就有望迫使苏军的坦克军和机械化军在没来得及补充休整前仓促应战。如果能成功地粉碎苏军的坦克部队，那就有可能转而对苏军的顿涅茨战线或其他战线实施新的打击。如同铲除库尔斯克突出部一样，这一目标也是"堡垒"行动的重要目标之一。

"堡垒"作战的设想

"堡垒"作战的企图是建立在抓住苏军被削弱这一有利时机基础之上的。

根据陆军总司令部的指令，中央集团军群（从北面）和南方集团军群（从南面）对库尔斯克突出部实施钳形攻击，切断苏军的退路，并将其歼灭。两个集团军群无疑要冒很大风险。

为实施此次攻击，中央集团军群必须从其奥廖尔突出部的南翼出击。像库尔斯克突出部向西深深插入我战线一样，位于中央集团军群防线上的奥廖尔突出部，也向东深深插入敌方战线。这就为苏军提供了一个合围该突出部的机会，该集团军群参加"堡垒"作战部队的退路也极有可能被切断。

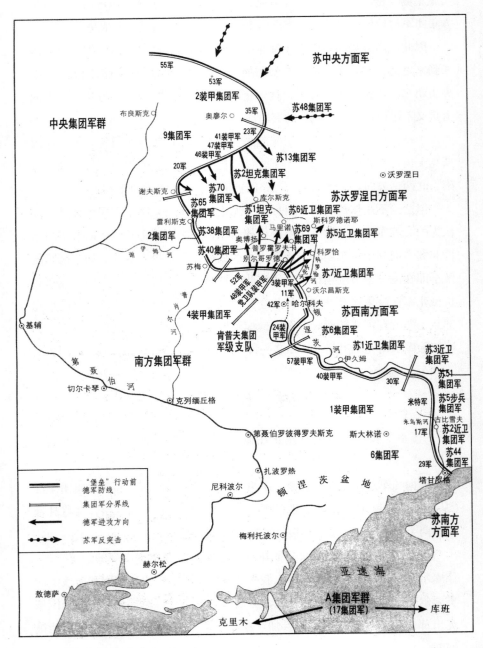

图 20 "堡垒"行动（1943.7）

在南方集团军群地域也存在着危险：由于顿涅茨地区必须不惜一切代价坚守，该地区就很有可能从两面受到优势苏军的夹击。

尽管有这些忧虑，但两个集团军群依然尽其所能，投入最大兵力以确保"堡垒"行动的成功。可以肯定的是，留给苏军复原的时间越长，集团军群所冒的风险也就越大（见附件8）。

中央集团军群准备投入由莫德尔大将指挥的第9集团军，从北面实施攻击。

为实施对库尔斯克方向的突破，中央集团军群投入三个装甲军，共计六个装甲师、两个装甲步兵师和七个步兵师（装甲步兵师是一种新型师，相当于摩托化步兵师）。

这三个军从奥廖尔突出部南面出发，在苏军大约50公里宽的正面上达成突破，两个翼侧军同时为突击部队提供翼侧掩护。如有可能，也可通过该军东、西两翼步兵军的突击加宽突破正面，同时为突破集群提供纵深翼侧掩护。第9集团军的攻击由第1航空师提供空中支援。

南方集团军群可通过投入两个集团军拓宽"堡垒"作战正面，这两个集团军共辖五个军，共十一个装甲师和七个步兵师。

南方集团军群司令部认为，苏军为对付这两个集团军，很快就会将其位于哈尔科夫东部和东北部的强大战役预备队投入战斗。阻止苏军坦克兵团和机械化兵团向东实施的增援突击，与切断位于库尔斯克突出部敌军退路的突击行动，至少一样重要。因为，粉碎这股苏军也是"堡垒"作战的基本目标之一。

肯普夫集团军级支队以一个步兵军的兵力，负责坚守哈尔科夫东南至沃尔昌斯克以北的顿涅茨河防线。另以一个步兵军和一个装甲军（共三个装甲师和三个步兵师）向东和东北突击，阻止苏军对库尔斯克的突破。在遂行该任务时，支队应突然从沃尔昌斯克—别尔哥罗德出击，步兵军占领沿科罗恰河面向东方的防线，装甲军则向位于东北的斯科罗德诺耶方向突击。一旦肯普夫集团军级支队在东北方向上占领足够空间并有足够的机动自由，就会得到暂做集团军群预备队的另一个装甲军（下辖两个装甲师）的配属。该装甲军与上面提到的装甲军一起，在开阔地形上将前来增援的敌装甲兵团歼灭。

由霍特大将指挥的第4装甲集团军与第9集团军南北呼应，对库尔斯克实施突破，之后将被分割在库尔斯克西部的敌军消灭。该集团军下辖两个装甲军（其中有一个党卫队装甲军），共计六个装甲师和一个步兵师；另一个步兵军（第52步兵军）紧邻装甲突击集群的西翼。对库尔斯克的突破一旦成功，并很快消灭被分割的苏军，第4装甲集团军便可参加粉碎前来增援的苏军战役预备队的战斗。

统帅部炮兵和本集团军群炮兵都将投入战斗，尽管如此，要突破苏军的阵地配系，这些炮兵火力仍显不足。

我们的另一个弱点是，为突破苏军阵地，必须将装甲师用在第一线，因为陆军总司令部不能提供另外的步兵师用于此目的。

两个集团军群由第4航空队提供空中支援，我们与该航空队已进行了长时间卓有成效的合作。遗憾的是，在作战前不久，航空队司令里希特霍芬元帅被调往意大利。该航空队下辖三个俯冲式轰炸机大队、两个强击机大队以及3~4个战斗机大队。

为使上述兵力完全进入战备状态，南方集团军群司令部不得不尽最大努力削减防线上的兵力。现在，只剩下米乌斯河防线的第6集团军（霍利特将军）、第1装甲集团军（冯·马肯森大将）和顿涅茨河防线的肯普夫集团军级支队的右翼军。总共只有21个师，须防守从塔甘罗格至沃尔昌斯克长达630公里的防线。在这条漫长的防线后方只有一支由一个装甲师、一个装甲步兵师和一个步兵师组成的预备队。

尽管如此，集团军群司令部依然认为，为使"堡垒"作战迅速取得全胜，必须投入一切可投入的兵力。只有将在库尔斯克被分割的苏军歼灭，并将苏军战役预备队的大部击溃，才有可能朝着争取和解的目标迈出第一步。也只有取得库尔斯克的胜利，才能排除本集团军群防线上的危机。但也存在着紧急情况下从顿涅茨地区撤向第聂伯河下游的可能性，这样在取得库尔斯克胜利后，再按本集团军群提出的后发制人的思想行动。可以预计，这是希特勒所不能接受的。

"堡垒"作战行动定为尽早实施。集团军群司令部向陆军总司令部提出，应在 5 月初开始行动，因为那时泥泞季节已经结束。事实上，"堡垒"行动到 5 月中旬才能开始。

灾难性的拖延

泥泞季节开始后，冬季作战被迫结束，我也不得不告假就医，做扁桃体切除手术。医生希望我能通过这一手术，使刚刚开始的白内障得到控制。在莫德尔大将以及后来的冯·魏克斯男爵元帅代理我的职务期间，我依然与本集团军群司令部和陆军总参谋长保持联系，就一些基本问题交换意见。在 4 月 18 日呈送给希特勒的一封信中，再次阐述了我的观点。我指出，现在必须尽一切力量争取"堡垒"行动的胜利，库尔斯克的胜利会弥补其他地段的暂时失利。我还强调，"堡垒"行动开始得越早，苏军对顿涅茨地区发动大规模反突击的危险也就越小。

5 月 4 日，我打算返回我的大本营，因为"堡垒"行动即将在 5 月中、最迟在 5 月的第三周开始。5 月 3 日，我的参谋长布塞将军在利格尼茨通知我，5 月 4 日，元首召我到慕尼黑参加一次会议。中央集团军群司令冯·克卢格元帅、古德里安大将（时任装甲兵总监）和空军总参谋长耶顺内克大将也奉命参加了此次会议。

会上，在"堡垒"作战中负责北部攻击行动的莫德尔大将，报告了他所在防线的态势及其作战企图。

莫德尔❶在 1941 年和 1942 年的作战中先后担任装甲军军长，特别是在

---

❶ 莫德尔（1891~1945），参加过第一次世界大战，因作战勇敢，1917 年被调往总参谋部作训处任职，在兴登堡和鲁登道夫身边工作。1937 年，任陆军总参谋部第 8 处（技术处）处长，负责研究外国军事装备，推进新军事技术的发展。他曾建议设计一种摩托化、有装甲防护的步兵随伴火炮，因此被视为德国自行火炮创始人之一。二战中，历任师长、军长、集团军司令、集团军群司令。1944 年 3 月，晋升为陆军元帅。因多次扭转危局，被希特勒视为东线的"救星"，有"防御大师"之称。1945 年，"B"集团军群在鲁尔合围圈内被迫投降，莫德尔于 4 月 21 日自杀。——译者注

担任中央集团军群第 9 集团军司令期间，在艰苦的防御作战中表现出的活力和坚忍，深得希特勒的赏识和信任。

我很早就认识莫德尔，我在总参谋部任职时，他是我手下第 8 处处长，该处负责追踪世界技术发展状况，结合总参谋部提出的要求进行分析研究。他像鲤鱼池里的一条梭子鱼，在同事当中活跃十足，工作卓有成效。后来，他在“A”集团军群第 16 集团军中任参谋长，负责准备西线进攻事宜，当时我是该集团军群的参谋长。

莫德尔无疑是一位能力超群的总参谋部军官，聪明机智，头脑清晰，具有快速理解能力。他中等个头，身材并不魁梧，满头黑发，一双明快机灵的眼睛，偶尔发出咄咄逼人的目光，给人一种年富力强、生气勃勃的感觉。他性格坚忍，有很强的工作能力。他最突出的特性是具有超人的活力，做起事来无所顾忌，在陈述自己的观点时，表现得态度坚定，确凿无疑。他秉性乐观，不知何为困难。他那无可争议的活力，尤其是热心于与国家上层人物打交道的习性（他接受了希姆莱为他安排的一名党卫队副官，引起军官团的强烈批评），势必会博得希特勒的欢心。无可否认的是，莫德尔的这种虚荣心和野心起了一定作用。也可以说，他对希特勒和纳粹思想充满信心。他对纳粹政权毫无批判，而对大多数军事高官吹毛求疵。但是，并不能因此将莫德尔划入在精神上对希特勒百依百顺之列。他当着希特勒的面，也能毫无保留地阐述他的军事观点。不管怎么说，莫德尔是一个勇敢的军人，他对一切都毫无顾忌，同时也常以粗暴的方式要求下级效仿他。于是，莫德尔便成了希特勒理想中的军人。

莫德尔作为一位大胆的指挥官，并没有获得胜利的荣誉。他越来越成了希特勒用于挽救受威胁地段和恢复岌岌可危的态势，并能在其中表现出非凡能力的一个人。希特勒大概把他当成了一个“不会作战，但能坚守”的司令官。最后，当他在鲁尔合围圈内 [1] 看到末日已经降临的时候，他选

---

[1]1945 年 4 月 1 日，由莫德尔指挥的“B”集团军群和第 5、15 集团军被美军合围在莱茵河、鲁尔河和锡格河之间地域。至 4 月 17 日，合围战斗基本结束，德军 32.5 万人被俘。——译者注

择了自尽。像他的许多党内同志一样，他肯定不是想逃避责任，而是想让他的集团军群免遭浩劫。

莫德尔大将在向希特勒的报告中，指出了在攻击苏军坚固的阵地配系时可能遇到的困难。他还特别强调了苏军异常强大的反坦克兵器，尤其是苏军新装备的反坦克火箭筒，可以击穿我们的Ⅳ型坦克。他以此为基础，为他担负的突破任务制订了一份6日行动计划。

莫德尔的这一番陈述显然给希特勒留下了深刻印象。希特勒因此担心，我们的攻击行动无法或至少不能迅速取胜，继而使一次大规模的合围作战功亏一篑。依据莫德尔的观点，希特勒认为有必要继续加强我们的装甲兵力。到6月10日，我们可以装备一大批"虎"式和"黑豹"式坦克、自行火炮以及一个装备超重型"费迪南德"坦克（波尔舍公司的一种设计方案，后来证明无法使用）的装甲营。此外，为对付苏军新型反坦克火箭筒，还必须为Ⅳ型坦克和自行火炮装备所谓的"围裙"（挂在坦克外壁上的防弹钢板，以增厚装甲）❶。希特勒允诺，届时坦克总数将翻一番。

然而，关于推延"堡垒"行动的时间，他希望首先听一听两位集团军群司令的意见，但两位司令均反对这个连总参谋长蔡茨勒将军都赞同的动议。

很显然，冯·克卢格元帅因在莫德尔之后发言，早已有受冷落之感，说起话来情绪十分激动。他指出，莫德尔关于苏军阵地配系纵深达20公里之说，是夸大其词。空中侦察说明，敌人的阵地配系中包括了以往被战争摧毁的堑壕。这位元帅接着指出，如果我们等待时间过长，就可能陷入被动，最终将被迫撤出"堡垒"作战。他特别强调了奥廖尔突出部受到的威胁。

我也表示反对希特勒提出的推延行动开始时间的想法，理由如下：

我们坦克所增加的数量，有可能被苏军增加的坦克数量所抵消。苏

---

❶ 可参见古德里安：《古德里安将军战争回忆录》（解放军出版社，2005年版）第八章。——译者注

军坦克的月生成量最少为 1500 辆。我们如果长时间等待，在冬季战局中，士气和战斗力已受极大削弱的苏军，会死灰复燃，阵地会不断得以加强和巩固。

此外，推迟"堡垒"行动会极大增加南方集团军群防线的危险。目前，苏军还无力在顿涅茨河和米乌斯河发动进攻，但到了 6 月就有这种可能性。

我特别强调指出，整个问题都取决于总体形势。如果推延"堡垒"行动，加之不久突尼斯的失守，就可能出现"堡垒"行动与西方敌人在欧洲大陆登陆同时进行的危险，我们将被迫陷入两线作战的困境。

无论我们的装甲部队将来会得到怎样的加强，都必须把注意力放在即将开始的进攻上。如果行动推迟，本集团军群除了需要增加坦克之外，还要增加步兵师的数量，用以克服苏军的阵地配系。

最后，我指出，"堡垒"行动不会是一件轻而易举的事，但我们必须坚信我们会取得胜利。现在最重要的是，要像一名骑士一样"拿出勇气"❶。不久我才明白，希特勒对这些并不感兴趣。

空军总参谋长同意两位集团军群司令的意见，并指出从空军的角度说，推迟"堡垒"行动毫无益处。航空兵的兵力不会再有显著增长。他还根据空中侦察证实，苏军计划在南方集团军群地域内发动一次决定性攻势。

古德里安大将建议，将全部装甲兵力集中于一个集团军群使用，或者南方集团军群，或者中央集团军群。

之后，希特勒再次重复了他将行动推延到 6 月 10 日的理由。关于敌我双方坦克数量增长的问题，他说，苏联的坦克数量可能会比我们多，但我们会通过"虎"式、"黑豹"式和"费迪南德"式坦克的技术优势战胜他们。但是，他不会再提供步兵师。

关于延迟"堡垒"行动会与敌人登陆欧洲大陆重叠的问题，他指出，

---

❶ 德文原意是"必须把你的心扔过障碍物"。古代骑士常说的一句话是：先把你的心扔过战壕，让你的马随你奔跑！意思是：拿出勇气，一切都会成功！——译者注

随着防空舰船和轻型渡江器材到达地中海，突尼斯的补给问题将会得到解决，因此突尼斯不会失守。即使突尼斯丢失，敌人要想登陆也是六周至八周之后的事。6 月中旬，敌人绝不会登陆。

最后，希特勒指出，"堡垒"行动是即将实施还是推延，还需要再考虑考虑。

正当我们在战线后方进行训练和伪装准备之际，5 月 11 日收到一份命令，"堡垒"作战被推延到 6 月中旬。

两天后，即 5 月 13 日，非洲集团军余部在邦角 **❶** 投降 **❷**！

在接下去的几周，我们忙于兵员补充，尤其是进攻部队的训练，以及检验顿涅茨河和米乌斯河防线的加固情况。希特勒所允诺的坦克来了，但不是在所允诺的时间。于是，"堡垒"行动一拖再拖，一直推到 7 月。自突尼斯失守，已足有六周时间白白浪费了！**❸**

为了隐蔽作战企图，我们在更大范围内采取了伪装措施。按计划，用于"堡垒"作战的部队一旦展开，所有暂不担负进攻任务的多余运输车队将向顿涅茨地区实施大规模开进，在该地区实施佯攻的准备工作也在进行。为欺骗敌人的空中侦察，还向顿涅茨地区运送了大量的坦克模型。

在等待的这段时间内，南方集团军群司令部与陆军总司令部依然就态势的发展，以及由于原定时间已经错过是否还有可能实施"堡垒"作战的问题，频繁交换意见。

---

❶ 今突尼斯阿达尔角。——译者注

❷ 1943 年 5 月 13 日晨，意大利第 1 集团军投降，标志着德意联军在非洲作战的终结。德军 13 万人和意大利 12 万人被俘。德军第 5 装甲集团军、非洲军，以及四个装甲、五个步兵师和两个高炮师，意大利第 1 集团军、三个步兵师、一个空降师、一个摩托化师和一个装甲师被歼。——译者注

❸ 5 月初，南方集团军群拥有坦克 686 辆、自行火炮 160 门。至 6 月 3 日，在"堡垒"作战行动一线可供使用的坦克共计 1081 辆（其中大部为 III 型坦克）、自行火炮 376 门。我们实际所拥有的坦克数量远远不及苏联后来出于宣传目的所说的那样多。我们在"堡垒"作战中损失坦克的数量，也少于敌方所公布的数字。如果按敌方的数字计算，那么我们损失的要比拥有的还多。——作者注

根据敌情报告获悉，苏军已将其战役预备队向前方调动，这表明苏军的补充休整已近结束。有迹象表明，他们不仅在米乌斯河、顿涅茨一线，而且在哈尔科夫两侧准备发动攻势。同样在中央集团军群，苏军也在准备对奥廖尔突出部实施攻击。在其他地段，也发现敌人发动进攻的蛛丝马迹。苏军不久即将主动发动进攻，还是等待开辟第二战场，或者先对德军的进攻实施反攻，之后转入进攻？对此依然不能确定。

南方集团军群在与陆军总司令部交换看法的过程中，反复指出以下几点：

1. 继续推延发起进攻的时间，将使我们的进攻更难于进行；

2. 同时，本集团军群防线尤其是"顿涅茨阳台"的危险将有增无减，因为那里的兵力不足以长时间抵御敌人的大规模攻击；

3. 在实施"堡垒"行动时，必须尽一切努力争取迅速彻底的胜利，甚至要冒撤出顿涅茨地区的风险。

集团军群再次强调了以下观点，今年苏军将在南方集团军群当面寻求决战，为此苏军加强了北翼兵力，而且势必要争夺作战主动权；而我们在2、3月份提出的机动作战和后发制人的建议，也是意在夺取作战主动权。

对于总参谋长提出的南方集团军群将如何实施"堡垒"作战的问题，我回答，"堡垒"作战无论如何将是一次艰难的攻击，如能取胜，将为实施进一步的局部打击创造条件，但难以保证在短时间里（为其他战场）腾出一些兵力。对于"堡垒"行动现在是否还应当实施的问题，我从战争总体指导角度给予了答复。我指出，只有在将来的一段时间里，也就是到秋季前，不再从东线抽调任何兵力，"堡垒"作战才可以实施。如果确信西方国家在秋季前不会实施大规模的登陆作战，"堡垒"行动也可实施。同样，如果相信首先让西方国家在某处登陆，之后等其被迫从登陆场中出来时，给予其毁灭性打击，"堡垒"行动也可以实施。

在交换观点的过程中，集团军群与陆军总参谋长和作训处长取得了一致，但依然没有得到希特勒对这些重要的作战问题的明确看法。为此，在这一周，我给总参谋长的一封信中写道：

"由于相距遥远，本集团军群无法就所有重要问题用电报与陆军总司令部进行商谈，因此我要求与最高统帅部保持更密切的私人联系，或者给予我在东线以相应的作战行动自主权。本集团军群司令部只能通过《国防军报道》了解总体形势，这种状况如同与最高领率机构缺乏任何思想联系一样无法忍受。"

事后人们可能会说，鉴于"堡垒"行动的开始时间一拖再拖，南方集团军群司令部应当向陆军总司令部声明，攻击行动现已失去意义，没有必要再付诸实施。但是，这是已经确定下来的事，要尽早实施，也就是乘敌处于弱势状态时将其击溃。因此，放弃该行动的思想也就逐渐不再谈起。

就我而言，当时没有提出停止这一行动（这或许是一个错误）的原因是：

第一，放弃"堡垒"行动，继续等待，无异于等待敌人开辟第二战场。如果真是这样的话，实际就等于在苏军发动攻势前，故意留给他们充裕的时间。

第二，南方集团军群司令部深信，我们的进攻虽然将十分艰难，但会取得最终胜利。对于在顿涅茨地区能否抵挡得住苏军的攻势，我们并没有十足的把握。但是，我们相信，在取得库尔斯克胜利后，顿涅茨地区的危机就会迎刃而解，甚至会赢得一场巨大的胜利。我们认为"堡垒"作战有可能取得成功，这种看法并不完全错，它是基于作战行动的发展。对此，我还要在下面谈及。

中央集团军群司令部的情况就与我们不大一样了。如果苏军在奥廖尔突出部取得胜利，那就会立刻影响到整个"堡垒"行动。他们也不可能像在顿涅茨地区那样，撤出奥廖尔突出部，因为它是第9集团军的进攻出发基地。如果中央集团军群司令部没有信心抵御苏军可能的对奥廖尔突出部的攻击，那它势必会拒绝一直拖延到7月才实施的"堡垒"行动。据我们所知，中央集团军群司令部并没有拒绝，因此估计它有信心守住奥廖尔突出部。

在我们等待"堡垒"行动实施与否的决断时，正值占领塞瓦斯托波尔的周年纪念日。我要飞往布加勒斯特，向安东内斯库元帅赠送金质克里木盾形徽章。但在飞机即将起飞时，接到希特勒的命令，7月1日，所有参加"堡垒"作战的军长以上指挥官到东普鲁士元首大本营集中。我的行程因此向后推延。

这次会议像以往一样，我们只是一群聆听希特勒演讲的听众，他当众宣布了他的最终决定：现在实施"堡垒"行动。进攻于 7 月 5 日开始。

希特勒首先详细阐述了他推延行动的理由。他指出，推迟行动对于进攻部队的人员、物资补充和更新是十分必要的。现在，人员已经补充满员；在物资方面，我们的坦克数量首次超过苏联人。

他以从未有过的信心指出，行动的推延之所以必要，主要是因为过早实施打击，会促使苏联向西方求救，导致西方国家过早地在地中海地区登陆。到那时，我们将无法应对。意大利不能指望；在巴尔干，敌人会得到当地人民的支持。现在，这个危机阶段已基本渡过。目前，我们在撒丁、西西里岛和伯罗奔尼撒半岛以及克里特岛已有足够的兵力。

人们大概不会忘记，针对我关于敌人即将实施登陆的提醒，希特勒于 5 月 4 日曾声言，我们能够坚守突尼斯，即使一旦失手，西方国家也要在六至八周之后才能登陆。也就是说，当时他绝没有考虑到西方国家会应苏联的要求迅速介入的可能性。

此外，从希特勒的一番话中可以看出，他所追求的处处保险，实际上是建立在损失非洲集团军的基础上，来继续加强地中海的兵力。因此，他并没有准备尽一切力量赢得"堡垒"作战的胜利。他的这种态度在作战进程中还可以找到例证。

对于现在实施"堡垒"作战的理由，他指出，如果等到冬季来临或西方国家开辟第二战场，苏联人就会发动攻势，到那时再实施"堡垒"行动为时已晚。如果苏联人的进攻取得胜利，对我们的盟国和后方都会产生不利影响。此话还是切合实际的。

在希特勒对所有到会的高级将领宣布了他发动进攻的决定，并从最高统帅的立场上阐述了理由之后，自然就没有任何更改的可能性了。

但为了保证"堡垒"行动的胜利，我还是提出让冯·里希特霍芬元帅回到第 4 航空队司令的岗位上，可惜无果，而且导致一场与戈林的激烈争吵。戈林不承认，像里希特霍芬这样的人担任作战部队指挥官能够起什么重大作用。

最后，还要提一提希特勒在会议中说的一些话，因为它对了解希特勒的思想非常具有说服力。

希特勒在讲话中声称，为了能正确评价当前局势，应当回忆一下 1936 年（占领莱茵兰）、1938 年（合并奥地利）和 1940 年的局势，那时比现在要危险得多。现在重要的问题是，要保卫欧洲的现有边界，即意大利各岛和巴尔干。像放弃顿涅茨地区这样的事，是不允许的。对于其他方面，他充满信心。美国报纸估计苏联损失的人数，包括被饿死的居民在内，共计 300 万。据此，希特勒估计敌方作战人员损失有 120 万 ~140 万人。根据这个数字以及粮食的短缺状况，他认为苏联人肯定已处于崩溃边缘。

希特勒或许是想用这些话来为他的听众鼓气，可结果反应很冷淡。希特勒说，我们在战争中对苏联少数民族的许诺，由于在自己的军队产生的反作用而无法办到。军队必须明白他们在为谁而战，他们是在为其孩子和长辈的生存空间而战。在第一次世界大战中，我们就没有一个目标，这是一个错误。

最后，希特勒重复提到他很早之前曾经当面对我说过的话，他说，1939 年 8 月 24 日，意大利决定保持中立的消息，首先传到伦敦，柏林是后来才知道的。正是这个决定，使英国政府断定法国会参战。

现在，在南方集团军群地域，"堡垒"行动参战部队开始展开，最后的大规模欺骗措施付诸实施。7 月 3 日，我飞往布达佩斯向安东内斯库元帅赠送克里木盾形徽章，这次对布达佩斯的访问也对我们即将发动的进攻起到了掩护作用。7 月 3 日夜，我便返回我的大本营。

进　攻

7 月 4 日，为对两个集团军的作战实施近距离指挥，南方集团军群司令部在紧邻进攻正面的后方开设指挥所。指挥所设在停在森林中的一列火车上。它由卧车和餐车组成，我和参谋长各有一节卧车兼办公车，另一节办公车兼卧车和一节餐车供作训处、情报处及其他人员使用。另外，还有供通信人员、警卫人员和装备 200 毫米高炮的专用车。这列指挥车为我们立下了汗马功劳。指挥所需要的一切人员和技术设备在车上一应俱全，不仅使用起来顺手方便，起居条件也很舒适，而且可以借助它迅速变换地点。我们可以停在正在遂行重大战斗的某一地段后方，之后换乘汽车或飞机轻易到达任何一个下级指挥所和部队。我多次利用这列指挥车沿着前线行驶在途中，白天视察某一司令部和部队，夜晚继续驶向下一地段。

7 月 5 日，两个集团军开始发起攻击。此前即 4 日晚间，第 4 装甲集团军对敌观察所实施了一次突袭。

尽管军事爱好者们很希望了解"堡垒"作战过程，至少在南方集团军群地域内的态势变化，以及下定的指挥决心及其他问题，但我只能对此做一简单叙述。因为，头几天的作战只是按预定的设想在进行；而一旦进攻部队掌握了自由行动权，态势又变得瞬息万变。

在中央集团军群进攻地段，第 9 集团军于最初两天便在中段和左翼突入敌阵地配系达 14 公里。但其右翼军进展缓慢，其友邻军则基本受阻。

发起进攻的第二天，苏军便对我进攻先头部队的正面和翼侧不断实施反突击。为此，苏军将其位于库尔斯克突出部西北和奥廖尔突出部东南的战役预备队投入战斗。这表明，苏军要不惜一切代价坚守库尔斯克突出部，但这也为我们在取胜的情况下合围更多的苏军创造了条件。因苏军不断增强反突击，第 9 集团军先头部队在 10 公里的正面上只前进了很少几公里。7 月 9 日，进攻受阻于苏军在奥利霍瓦特卡周围高地的阵地前，距第 9 集团军进攻出发阵地约 18 公里。该集团军企图投入预备队抵御敌人反突击，同时转移进攻重点，于 7 月 12 日再次发起攻击，以达成突破，但未能如愿。苏军于 7 月 11 日以强大兵力，从东和东北面对防守奥廖尔突出部的第 2 装甲集团军发起攻击。中央集团军群司令部不得不命令第 9 集团军停止攻击，并从该集团军抽调强大快速兵力，驰援第 2 装甲集团军。

在南方集团军群地域，进攻伊始便十分艰难。尤其是缺少用于最初突破的步兵师，炮兵也显不足。

肯普夫集团军级支队的右翼军第 11 军（劳斯将军）未能占领作为新防线的科罗恰地段，只推进到科伦地段的西部高地。虽然未能达成原计划在最右翼的目标，但吸引了苏军位于沃尔昌斯克东部的战役预备队，成果也算令人满意。在之后几天，该军取得了防御作战的重大胜利，苏军包括坦克在内均遭受重大损失。

第 3 装甲军进展也很艰难。最初在别尔哥罗德两侧强渡顿涅茨河的行动，在克服重重困难之后勉强达成。接着，便在位于顿涅茨河前方约 18 公里的一道敌后方阵地前停滞。因部队已受到削弱，集团军级支队司令对于是否继续实施攻击犹豫不决。在与第 3 装甲军军长布赖特将军和师长们磋商后，我决定继续实施攻击。同时，集团军群司令部将位于顿涅茨防线后方、作为预备队的第 198 步兵师配属给第 3 装甲军，置顿涅茨防线日益增加的危机于不顾。7 月 11 日，该军终于突破敌人的最后一道阵地。这样，就为在无设防地域与苏军从哈尔科夫东部地域开来的快速战役预备队的作战开辟了道路。

在第 3 装甲军右翼继续向科罗恰方向突击的同时，本集团军群司令部命令该军左翼与第 4 装甲集团军协同，消灭插入我两个集团军之间的敌第 69 集团军。

在进攻的头两天，第 4 装甲集团军经过激战突破敌第一、二道阵地。7 月 7 日，该集团军左翼装甲军（第 48 装甲军，司令冯·克诺贝尔斯多夫将军）达成突被，推进至奥博扬前方约 11 公里处的开阔地带。在之后几天，抵御了敌人以强大兵力由东北、北部和西部实施的反突击，击溃大量苏军。这里以及在党卫队第 2 装甲军当面出现的苏军，是苏军的战役预备队，即第 3 坦克军和第 1 机械化军，分别隶属于苏第 69 集团军和第 1 坦克集团军。其他快速部队系从哈尔科夫东部调来。

第 4 装甲集团军的右翼装甲军（党卫队第 2 装甲军，司令豪泽尔党卫队副总指挥 ❶）也达成突破，进入开阔地带。7 月 11 日，该军对普罗霍罗夫卡实施攻击，之后继续向西准备横渡普肖尔河。

---

❶ 相当于上将。——译者注

7月12日，苏军又从其战役预备队中抽调兵力，攻击本集团军群正面和翼侧。7月12日~13日，我两个集团军将苏军的所有反突击击退。7月14日，党卫队军追击苏军直至普罗霍罗夫卡，第48装甲军已能看到位于奥博扬西部的普肖尔河峡谷。战斗中，苏军战役预备队一部被击溃，一部遭重创。

为对付南方集团军群，苏军现已新投入10个坦克军和机械化军。这大体是苏军位于我战线当面所有可供支配预备队的全部，不包括顿涅茨河和米乌斯河防线当面的苏军，苏军正准备在这里发动进攻。至7月13日，俘虏苏军2.4万人，缴获坦克1800辆、火炮267门、反坦克炮1080门。

会战达到高潮！胜负即将决出。自7月12日，本集团军群司令部得知，第9集团军的攻击被迫停止；在第2装甲集团军方面，苏军已由防御转入进攻。但集团军群司令部依然决定，会战不能半途而废，因为胜利也许就只有一步之遥。我们手中还握有最后一张王牌，即第24装甲军及其下属第17装甲师和"诺曼人"党卫队师。

围绕着这个军，自发起进攻之日起，或者说早在准备阶段，本集团军群司令部就与希特勒存在着巨大分歧。人们还记得，我们始终坚持的观点是，一旦"堡垒"行动付诸实施，就应为其成功竭尽一切努力，甚至不惜冒顿涅茨地区丢失的风险。基于这一思想，本集团军群在米乌斯河和顿涅茨河防线后方只留置了两个快速师（第23装甲师和第16装甲步兵师）作为预备队，第24装甲军暂时作为集团军群预备队，计划投入"堡垒"作战。然而，这遭到陆军总司令部的多次指责，直到希特勒批准可以将该军放在"堡垒"作战线的后方。不过，该军成了陆军总司令部的预备队，脱离了南方集团军群的指挥。

7月13日，我和冯·克卢格元帅应召到元首大本营，会战便停止了。如果希特勒自己，或者派总参谋长到两个集团军群司令这里来看一看就好了。但是，在东线战局的整个过程，希特勒仅有几次亲临前线；非但如此，他也不允许总参谋长到前线视察。

7月13日的会议上，希特勒一开始便说，7月10日，西方国家在西西里岛登陆，遂使那里的态势趋于紧张。意大利人根本不能战斗。该岛极有可能失守。敌人下一步会在巴尔干或意大利南部登陆。因此，在意大利和巴尔干西部有必要新组建集团军。必须从东线抽调兵力，因此"堡垒"行动不能再继续进行。5月4日，我在慕尼黑曾就如果推延"堡垒"行动开始时间可能产生的后果提出过警告，现在真的不幸被我言中！

冯·克卢格元帅报告，莫德尔的集团军未能继续向前推进，已经损失两万人。此外，苏军已在第2装甲集团军防线上达成三处突破，集团军群因此被迫将第9集团军的所有快速部队抽调出来，用以阻止苏军继续向我纵深突破。第9集团军的进攻因此也无法继续进行，而且此后再也未能发动攻击。

我指出，就南方集团军群而言，现在会战正步入关键阶段。近几日，在取得一系列对苏军几乎全部战役预备队的防御作战胜利后，胜利只有一步之遥。现在停止战斗，就可能意味着白白错过取胜的机会！如果第9集团军至少暂时能牵制住当面苏军，或许之后还能再度发起攻击，那么我们就可能将我们当面的强大苏军集群击溃。然后，如我7月12日向陆军总司令部报告的那样，本集团军群再度向北推进，以两个装甲军的兵力在奥博扬东部渡过普肖尔河，接着转向西，迫使位于库尔斯克突出部西部的苏军掉转正面与我决战。为此，必须抽调肯普夫集团军级支队的第24装甲军，向北、东实施攻击，以便对此次作战提供掩护。当然，前提条件是本集团军群无论如何都要有足够兵力，确保继续向库尔斯克南部实施攻击。第9集团军如果在即使排除了奥廖尔突出部的危机之后仍不能恢复进攻，那么我们不得不至少与当面之敌脱离战斗，以获得适当的活动空间。否则，不仅顿涅茨地区，而且就连"堡垒"作战线，不久都将陷入危机。

但冯·克卢格元帅指出，第9集团军不会再重新发动进攻，相反可能撤回其出发阵地。据此——同时也考虑抽调兵力加强地中海地区——希特勒决定停止"堡垒"作战行动。由于苏军对顿涅茨地区构成的威胁，第24装甲军也未能配属给本集团军群。

不过，希特勒同意南方集团军群继续作战，击溃其当面苏军，但以不影响从"堡垒"战线上抽调兵力为限。

在我返回集团军群司令部，并与两位集团军司令商谈之后，于7月16

日下达命令，命令所属部队在库尔斯克突出部的作战停止之前，继续对当面苏军实施打击。

命令指出，第4装甲集团军应向北和西实施两次短促突击，将普肖尔河南部的苏军最终击溃。

肯普夫集团军级支队应向东实施攻击，以掩护第4装甲集团军的行动，同时与该集团军协同，将被合围于两个集团军分界线附近的苏军集群消灭。

之后，集团军群计划将两个集团军撤回出发阵地，以保存实力。至于是否需要利用装甲兵力向西实施一次突击，将位于第52军当面的苏军击溃，要视态势发展而定。

第4航空队因近日天气原因无法在"堡垒"作战地域作战，因此要求对米乌斯河—顿涅茨河地段实施攻击，以粉碎该地段内苏军的进攻准备。

遗憾的是，计划未能付诸实施。

7月17日，陆军总司令部命令将党卫队第2装甲军调出，由陆军总司令部支配；7月18日，又抽调两个装甲师，转隶中央集团军群。

鉴于兵力不断被削减，本集团军群司令部不得不放弃进攻计划，停止战斗，将部队撤回出发阵地。

如我所料，7月17日，苏军在米乌斯河和顿涅茨河地段发起攻击。苏军不仅在第6集团军，而且在第1装甲集团军防线达成尽管是局部的、但意义重大的突破。这样，本集团军群司令部便未将第24装甲军和党卫队装甲军投入战斗，使其实力得以保存，前者已转向顿涅茨河方向，后者希特勒计划用以意大利。

尽管南方集团军群在距胜利只有一步之遥的时候，被迫停止战斗，但依然给苏军以重大打击。除当面苏军外，我们还成功地击溃了苏军战役预备队快速部队的大部，以及位于库尔斯克突出部和哈尔科夫前方苏军的一部。与南方集团军群对垒的苏军共计11个装甲军和机械化军，以及30个步兵师。

其中，3.4万人被我俘虏，被击毙大约1.7万人。保守估算，受伤人数至少约为被击毙人数的一倍。这样算来，苏军总共损失约为8.5万人。

德军两个集团军共损失 2.072 万人，其中死亡 3330 人。部队仍具有作战能力，只是个别步兵师损失较重。

总　结

"堡垒"作战行动的失利可以归咎于多种原因，其中的一个重要原因是未能达成突然性。尽管我们采取了大量的欺骗和伪装措施，但仍未能给敌人以措手不及的打击。

如果认为失败的主要原因在于战术方面，那就大错特错了。

"堡垒"作战的失败应归咎于最高统帅部的错误决断。

首先是受到了其他战场（地中海）或另一防线（奥廖尔突出部的第 2 装甲集团军）的战略影响；其次才是战术上的失策，即第 9 集团军停止进攻，这至少使会战无法迅速取胜。

如果德军最高统帅部能够依据 1943 年春的总体形势做出决断，竭尽全力在东方达成和解，或至少大量削弱苏军的进攻力量，那么上述两个因素是完全可以避免的。如果采取与当时兵力和时间相适应的措施，也可避免失败。

在兵力方面，步兵师的数量不足，难以使第 9 集团军的攻击取得成功，也未能为南方集团军群的首次突破减轻压力，从而未能使会战迅速赢得决定性胜利。或者是加强第 2 装甲集团军的正面，这至少可使苏军在第 9 集团军背后的突击无法迅速取得成功。实际上，这些加强兵力完全可以从其他战场上抽调。只要在挪威、法国、巴尔干敢于冒一定风险，并及时撤出北非，问题就解决了。但希特勒既不打算付出冒险的代价，也不准备为"堡垒"行动提供加强兵力。这正中西方国家的下怀，如果希特勒能事先认识到这一错误，也就不会这样做了。正是这一错误，导致德国平民惨遭敌人的毁灭性轰炸，继而西方在欧洲大陆登陆。也正是这一错误，使敌人在意大利南端登陆，使其"第二战线"步步向北近逼，而我们并没有充分利用已经得到改善的作战态势。

从时间方面看，如果"堡垒"作战在 5 月底或最迟在 6 月初实施，无论如何都不会与敌人在欧洲大陆登陆的行动同时发生。那时，敌人也不可能完全恢复作战能力。如果德军最高统帅部能预料到上述在兵力使用方面所造成的结果，那么德军就会占据优势地位，"堡垒"作战就有可能赢得胜利。

因此，"堡垒"作战行动的失败应归咎于德军最高统帅部不仅在兵力上，而且在时间上企图逃避风险。

"堡垒"行动的失利绝不能算在部队及其部队指挥官们的账上。他们再次经受住了最严峻的考验。敌我双方损失的数字对比，足以说明即使是当时，我们部队的能力也大大优于敌人。

南方集团军群司令部最初所建议的后发制人的打击方式，是不是一种更佳的方案，已没有探讨的必要了。事实上，苏军直到 7 月中旬都迟迟未发动进攻，原因是它认为德方会实施先发制人的打击。现在看来，这种估计还是不错的。人们也许认为，苏联在其盟国的催促下，至迟要在 1943年夏才会发动进攻。

第十五章

1943—1944 年的防御战

　　主动权落入苏军之手；指挥问题；对九头怪兽的斗争；顿涅茨地区的第一次会战；别尔哥罗德西部会战和争夺哈尔科夫的战斗；全线大战；与冯·克卢格元帅一起晋见希特勒；最高统帅问题；集团军群司令、参谋长和集团军参谋长；蔡茨勒将军；向第聂伯河后方撤退；"焦土政策"；争夺第聂伯河一线的战斗；争夺基辅之战；坚守尼科波尔和克里木问题；在第聂伯河河曲地带发生新的会战；全线会战；放弃第聂伯河河曲地带行动因希特勒的政治考虑而受阻；希特勒对态势的判断；向最高统帅部提出新建议；在会商中与希特勒发生冲突；尼科波尔必须放弃；切尔卡瑟被合围；遭合围的军被解救！罗夫诺与省党部头目科赫；敌我双方的损失；清算的时刻已经来临！希特勒将希望寄托于苏军的疲惫和泥泞季节的来临；本集团军群采取措施，以避免北翼遭敌迂回；战斗在泥泞季节中继续进行；苏军的突破；第 1 装甲集团军有被合围的危险；在集团军向西突围问题上与希特勒的斗争；希特勒做出妥协；几天后，我与冯·克莱斯特元帅被解职；与集团军群告别

指挥问题

　　随着"堡垒"行动的失败，东方战场的主动权最终转到苏联人方面。我们未能在库尔斯克突出部将苏军的强大兵力合围，也未能在决战之前将其投入会战的战役预备队击溃，这就不可避免地使敌兵力上的优势开始发挥作用。敌人对奥廖尔突出部的进攻，只是拉开了向大规模进攻过渡的序幕。

不出所料，自 1943 年下半年直至 1944 年春季泥泞季节开始，苏联人将作战重点完全放在了东线南翼的南方集团军群。这一举措在作战、战争经济和政治上的原因，我在前面已经讲过。苏军根据态势的发展，在"堡垒"行动结束后变更兵力部署，又将这一作战重点扩展到中央集团军群南翼（第 2 集团军）。在这段时间内，苏军在中央集团军群地域，以及对"A"集团军群库班桥头阵地实施的局部进攻，主要目的是阻止德军统帅部将兵力重点放在南方集团军群。

苏军最高统帅部在 1943 年下半年的作战目标基本是 1942~1943 年冬季战局中未能达成的目标：消灭南方集团军群以及位于亚速海或黑海边的"A"集团军群。达成这一目标就会在整个东线战场发挥决定性作用，同时打开了通向巴尔干的道路。

阻止苏军达成这一目标，便成了南方集团军群自"堡垒"作战失利后至 1944 年春泥泞季节到来之前的作战目标。后来，"A"集团军群以及中央集团军群南翼也参加进来。

在叙述这一战局过程之前，首先介绍一下南方集团军群司令部以及所属部队遂行作战任务的条件。这些条件对于此次战局的最终结局具有至关重要的作用：

由于德军最高统帅将政治、战争经济置于作战需要之前的优先地位，致使本集团军群不仅在兵力上，而且在物质上都处于绝对劣势地位。

自"堡垒"作战行动结束后，苏军在南方集团军群地域内的兵力优势异常明显。1943 年 7 月 17 日，本集团军群的 29 个步兵师、13 个装甲和装甲步兵师当面，有苏军 109 个步兵师、9 个步兵旅、10 个坦克军、7 个机械化军和 7 个骑兵军；此外，还有 20 个独立坦克旅、16 个独立坦克团和 8 个独立反坦克旅。至 9 月 7 日，集团军群当面又出现 55 个步兵师、2 个坦克军和机械化军、8 个坦克旅、12 个坦克团，其中大多来自作战一线或德军中央和北方集团军群当面。最后，敌我兵力对比形成 7：1 对敌有

利的态势。❶

　　人数上的优势，使苏军不仅能在多处同时实施具有压倒优势的攻势，而且能迅速补充遭到的巨大损失，速度之快令人瞠目结舌。自 7 月初到 9 月，苏军就能前调 48 个步兵师和 17 个坦克军和机械化军，其中一部分甚至经过两次休整，所有师每月都可得到 10% 的人员补充。

　　德军也许没有预料到，像在军工生产方面一样，苏联人在组织方面的才能也卓见成效。事实上，我们面对的是许德拉❷，你砍掉它一个头，又会长出两个头。

　　而在南方集团军群，疲惫不堪的师却难以获得休整的机会。自"堡垒"行动开始以来，所有各师几乎都在不间断地鏖战。人员和物资损失也几乎没有得到任何补充。

　　在这种状况下，部队的负荷势必日益加重，兵力的损耗也逐渐加大。尤其是部队的核心力量，即有一线作战经验的士兵和军官损失巨大。截至 8 月末，仅在本集团军群范围内，就有 7 位师长、38 位团长和 252 位营长阵亡！

　　但始终令人钦佩的是，德军部队仍能排除万难英勇奋战，一直表现出优于苏军的战斗素质。为形势所迫，经常对部队提出高之不能再高的要求，对指挥官来说是一种比排除危机更重的精神负担。

　　不言而喻，集团军群司令部已将这种状况以及持续的过重负担可能带来的危险，原原本本地向希特勒做了报告。但我们所得到的补充依旧是杯水车薪，入不敷出！尽管德国人民情愿将其子女送上前线，但后备人员仍显不足。尽管希特勒依靠国内令人惊讶的干劲，不断提高军工生产的产量，但仍赶不上敌人的步伐。1943 年下半年，我们坦克的月产量约为 500 辆，

---

❶ 尽管苏军师在人数上比德军师少，但经配属独立坦克旅或团之后，战斗力明显高于德军。苏军一个坦克军的战斗力大约相当于一个德军装甲师。但机械化军的战斗力高于德军装甲师，因为其中编有一个坦克旅。——作者注

❷ 希腊传说中的巨大蛇形怪物，长有九个头，被砍掉一个又会生出两个。——译者注

苏军则为我们的数倍。更不用说西方向它提供的装备了。

尽管如此，我们南方集团军群司令部依然坚信，我们能够最终阻止住东方敌人汹涌的突击。除了我们对德国军人的优良素质充满信心外，还从1942~1943年的冬季战局中汲取了转危为安并赢得胜利的经验。此外，根据陆军总司令部的估计，苏联的人力资源已近枯竭。其新组建的部队全部由年龄较大的人编成，前线的后备人员则是刚满服役年龄的人，因此苏联人不可能再大规模地组建新锐部队。虽然苏联的人力资源有德国的三倍之多，但我们相信我们能够顶得住，并最终将其攻击力耗尽。（事实上，自1943年春至战争结束，敌人的步兵师数量只由513个增加到527个，坦克旅和机械化旅由290个提高到302个。）

当然，前提是德军方面必须实施正确指挥，或者更确切地说，实施符合作战形势要求的指导。

从这个角度说，南方集团军群在1943~1944年战局中，一直处于一种被约束的境地。

如果说苏军最高统帅部要在此次战局中在南方集团军群当面寻求决战，那么对于德军方面而言，除了在此集中最强大兵力予以迎击之外，别无其他选择。作战指导思想就是竭力粉碎苏军的这一企图。

为此，有两点是必要的：

在南方集团军群地域内的作战指导必须符合作战要求，目标是消耗苏军的突击力，而不是不惜一切代价坚守某一地域。

在兵力分配上，必须在战争总体指导框架内，将重点放在东线，而在东线则应以超前的眼光将重点放在南方集团军群。

但是，正是在这两个问题上，在1943~1944年的整个战局过程中，本集团军群与希特勒在对作战要求的看法上进行了一场持久的争论。

基于政治和战争经济的考虑，希特勒主张坚守顿涅茨地区，后来又加上第聂伯河突出部（同时，还有"A"集团军群的库班岛和克里木）。

为此，南方集团军群右翼被牢牢牵制在米乌斯河、顿涅茨河以及后来的第聂伯河突出部，从作战角度看这纯粹是一个错误。这样，我们的战线向东远远深入苏联人的战线，从而为苏联人提供了一个从两面实施夹击的机会，而我们的背后则是大海。主要是由于要坚守这个突出部，使本集团军群的防线延长到我们难以忍受的程度。为防守它势必耗费大量兵力，而集团军群北翼却正需要兵力。正是北翼——不是顿涅茨河，也不是第聂伯河地段——才是决战的地段。如果苏联人以压倒优势的兵力将集团军群北翼击溃，那么达成合围南方和"A"集团军群的目标也就不成问题。如果为了战争经济和政治要求的缘故，将主要兵力放在集团军群南翼，那么投入得越多，危险性也就越大。问题其实很简单，那就是对于德军的军事指导来说，是从作战角度还是从战争经济和政治角度看待德军南翼。具体地说，摆在眼前的形势就是，在紧急情况下，是主动放弃顿涅茨地区和第聂伯河地区，还是不惜一切代价——甚至不惜牺牲南方和"A"集团军群，也要坚守这一地区。为了清楚地了解这一问题，南方集团军群司令部已于7月21日以及此后，多次请求德军最高统帅部下达一个确凿明了、较长期的作战指令。我们需要明白无误地知道：

要么，集团军群在任何情况下都坚守顿涅茨地区，甚至不惜冒被敌人切断后路的风险。要想阻止这种情况的发生，陆军总司令部只有向集团军群北翼前调兵力，或者中央集团军群介入此地战斗。

要么，在这个春季给苏联人以重大打击。要想如此，就必须在必要时逐步放弃顿涅茨地区，以便为北翼腾出足够的兵力。

此后，我们从总参谋长那里得到的答复是："两者元首都要。"像往常一样，希特勒仍然认为他的意志最终会战胜现实。

对于兵力部署重点问题，我只能说，不准备必要时为节省兵力放弃地盘，也就不可能在关键地点集中足够兵力。希特勒越是坚持其坚守顿涅茨地区和第聂伯河突出部的观点——从战争总体指导角度说，这是完全错误的——从长远看，就越有必要加强南方集团军群北翼。只有如此，才能避免苏军在此处达成决定性突破，粉碎其合围南方集团军群和"A"集团军群的企图。很显然，也只有牺牲其他战场，以及北方、中央集团军群的利益，才能达成这一目的。如果等到敌人赢得胜利之后，再将重点移至南方集团军群，那就为时已晚。

希特勒总是同时追逐多个目标，不愿主动放弃任何东西，也从不预先考虑敌方指挥的意图，一再推迟他不情愿接受、但又十分重要的决断。

他不同意及时撤出顿涅茨地区（还有后来的第聂伯河突出部），因此也无法腾出兵力用于其他重要地点。不仅如此，他还命令第17集团军死守已经毫无作战价值的库班桥头阵地，错误地希望这会对苏联人构成一个战略威胁。

像在东方战场一样，1943年夏季，希特勒在战争总体指导上对于将军事指导的重点放在何处，显然没有做出一个明确的决断。还在8月中旬，当东线态势已经变得十分棘手的时候，他曾对总参谋长说，对他来说，南方即地中海要比东方重要得多，他想继续从东方抽调兵力转向意大利。如果这一极其错误的观点真的付诸实施，那么他势必早在1943年春就会对战争总体指导做出另样安排。如同为了保卫意大利和巴尔干及时放弃北非一样，充分利用2、3月间苏军失利的有利态势，争取在东线达成政治和解，是十分必要的。

但德军最高统帅部并没有这样做，因此在1943~1944年的战局中未能集中足够兵力于关键地点，时时处于被动地位。本集团军群领导因此也无力阻止占优势的苏军赢得胜利，只能设法缩小其作战影响。

南方集团军群处于一种十分不利的境地，一方面被束缚在顿涅茨地区，作战自主权受到局限；另一方面具有关键作用的北翼又得不到充足的兵力。它不得不将主要兵力放在一个错误的地点，用以防守顿涅茨地区和后来的第聂伯河突出部。同时，为了恢复某地的态势或应付某处出现的危机，它的预备队还马不停蹄地四处转战，但无力阻止敌人凭借其优势兵力在另一处夺得胜利。

与九头怪物的战斗

随着"堡垒"作战的结束，南方集团军群开始了一场防御战，一场在上述条件下的防御战，因此只能是一种应急措施、权宜之计。

在绵亘的防线当面是数倍于己的敌人，这对于实施被动防御的集团军群来说，兵力显得过于弱小。现在我们要做的只能是，冒着在威胁较小的地段受挫的危险，及时将兵力集中用于苏军实施突破或敌人可能实施打击的地段。必须不惜一切代价防止集团军群各部被敌人的纵深突破所分割，避免遭受第6集团军的命运。此次战斗的指导思想是，坚持到底，最大限度地消耗苏军的攻击力。

顿涅茨地区的首次会战

不出所料，苏军的首次打击目标正是顿涅茨地区防线。

7月17日，苏军以强大兵力开始对米乌斯河畔的第6集团军和顿涅茨河中游的第1装甲集团军发起攻击。苏军在两条防线上均达成突破，但未能达成突贯。

苏军在古比雪夫北部、米乌斯河西岸占领一宽20公里、纵深15公里的登陆场之后，第6集团军动用其位于顿涅茨地区作为预备队的两个快速师，阻止了苏军的推进。

在第1装甲集团军处，苏军在伊久姆东南部沿30公里的正面上渡过顿涅茨河。我将位于哈尔科夫的第24装甲军所属的两个师急调前来支援，才阻止了苏军在河南岸的继续前进。至7月底，虽然我们阻止住了苏军的攻击，但从长远看，顿涅茨地区的态势仍难于维持。

根据希特勒的命令，7月17日"堡垒"行动停止后，南方集团军群司令部即决定从翼侧暂时抽调强大装甲兵力，以肃清顿涅茨地区的苏军。我们希望趁苏军在"堡垒"行动中遭受重大创伤的时机，可以在此获得一时的喘息。

由于苏军在此发动的攻势比我们预料的要早，因此对于本集团军群北翼后来的发展无疑产生了灾难性的影响。如果说这是一个错误的话，那完全是由于希特勒顽固坚守顿涅茨地区而导致的。实际上，这一决定使北翼受到的暂时削弱只限于将第3装甲军和第3装甲师调走，因为希特勒仅仅为了在顿涅茨地区实施反突击，将计划调往意大利的党卫队装甲军再次配属给南方集团军群。

由于准备投入顿涅茨地区的两个军部和四个装甲师只能陆续到来，因

图 21　南方集团军群 1943 年下半年的作战

此集团军群司令部决定，用党卫队装甲军先到的两个师实施一次短促突击，以恢复顿涅茨河南岸第 1 装甲集团军那里的态势。然后，利用全部装甲兵力除掉位于第 6 集团军地域内苏军的宽大桥头阵地，恢复米乌斯河防线。然而，希特勒断然拒绝在第 1 装甲集团军地域采取行动，尽管此行动绝不会影响该军较长时间留在顿涅茨地区。对本集团军群指挥的这种干预，在"堡垒"行动中就已屡有发生（当时，希特勒曾禁止肯普夫集团军级支队使用第 24 装甲军），因此我向陆军总司令部提出了抗议。在一封呈送蔡茨勒将军的信中，我写道：

"如果我对未来态势的疑虑不被重视，如果我的指挥意图——仅仅是为了解决并非由我而导致的困难——依然得不到贯彻，我只能认为，元首已经失去对集团军群领导的必要信任。我并不自以为我从未犯过错误。每个人都会犯错，连弗里德里希二世和拿破仑也概莫能外。但需要指出的是，第 11 集团军司令部在极端困难的条件下赢得了克里木战役的胜利，南方集团军群于去年底在几乎无望的状况下，依然闯过难关。

"如果元首认为，能有一个司令官或集团军群司令部，具有比我们去年冬天要健全的神经，表现出比我们在克里木、顿涅茨河和哈尔科夫更强的主动性，找到比我们在克里木战役或最近的冬季战局中更佳的应急措施，或者能比我们更清晰地预见未来，那么我情愿卸任。

"但是，只要我在任，我就只能用我自己的脑袋做事。"

7 月 30 日，从集团军群北翼调来的装甲部队在第 6 集团军地域内发起反突击，结果完全恢复了米乌斯河防线的态势。此次作战的兵力对比，对于说明当时的态势以及显现德军的优势，极具代表性。苏军在这个桥头阵地中至少投入 16 个步兵师、2 个机械化军、1 个坦克旅和 2 个反坦克旅。而德军参加反突击的只有 4 个装甲师、1 个装甲步兵师和 2 个步兵师。在预先突击和德军反突击中，敌人被俘 1.8 万人，损失坦克 700 辆、火炮 200 门、反坦克炮 400 门。

别尔哥罗德西部的会战和哈尔科夫周围的战斗

8月的头几天，在我们恢复了第6集团军地域的态势之后，还要排除位于顿涅茨河畔第1装甲集团军防线上的危机。此处已不堪重负，因为在集团军群北翼，一场灾难即将降临。

自肯普夫集团军级支队和第4装甲集团军撤至"堡垒"行动前的出发阵地后，苏军紧追不舍，对其施加巨大压力。7月末8月初的无线电侦听和空中侦察发现，苏军在库尔斯克突出部集中了大量装甲部队，显然是从中线调来的。在哈尔科夫东南顿涅茨河突出部，敌人也在进行进攻前的准备。

8月2日，集团军群向陆军总司令部报告，预计苏军即将对别尔哥罗德西部的北段防线发动进攻。此外，苏军还可能对哈尔科夫东南实施突击，目的是对我位于哈尔科夫周围的部队实施钳形突击，打通通向第聂伯河的道路。集团军群请求将转隶中央集团军群的两个装甲师归还我们，并保留党卫队装甲军，以供本集团军群北翼使用。此外，我们还将第3装甲军及其第3装甲师由顿涅茨地区撤回到哈尔科夫。

8月3日，苏军首先对第4装甲集团军以及别尔哥罗德西部的肯普夫集团军级支队防线发起攻击。苏军成功地在两个集团军分界线达成突破，并在之后几天向纵深和西部扩展。第4装甲集团军和肯普夫集团军级支队分别向西、南撤退。到8月8日，在哈尔科夫西北两个集团军的中间地域，苏军撕开了一个宽达55公里的缺口。通往波尔塔瓦和第聂伯河的道路已为苏军敞开。

南方集团军群司令部遂将第3装甲军（希特勒准许集团军群保留的两个党卫队装甲师，以及第3装甲师）调往哈尔科夫，以协助肯普夫集团军级支队攻击苏军先头部队的东翼。同时，第4装甲集团军用中央集团军群归还的两个装甲师以及另一个装甲步兵师，对苏军西翼实施攻击。

但是，很明显，单靠上述措施以及集团军群兵力是无法长时间维持当前态势的。我们各师的损失已到了令人忧虑的地步。因连续超负荷作战，有两个师已失去战斗力。另外，由于苏军的快速推进，我们的一大批坦克也被击毁退出战斗，送进战线后方的修理厂。

苏军虽在"堡垒"行动中遭受一定损失，但其恢复速度远比我们预料的要快。尤其是他们从其他战线抽调了大量的新锐兵力。

事实完全证实了我的预料，现在苏军已决心在南方集团军群当面实施决战。他们不仅不断向突破正面调集新锐兵力，而且也即将在哈尔科夫东部和东南发动攻势。同时，也有迹象表明，苏军准备再次对顿涅茨河防线和米乌斯河防线实施攻击。

8月8日，总参谋长来我们这里了解情况。我明确地告诉他，现在已不是个别性质的问题，不是能否为南方集团军群调集一个或几个师的问题，也不是库班桥头阵地应否撤离。重要的问题是，德军方面应倾其全力阻止苏军达成消灭德军南翼的明显企图。如果想达成这一目的，就必须立即放弃顿涅茨地区，从而为南方集团军群北翼筹集兵力，至少在南线守住第聂伯河；或者，陆军总司令部以最快速度从其他战线向第4装甲集团军和紧邻的中央集团军群第2集团军至少调集10个师，另调10个师用于第聂伯河一线。尽管南方集团军群司令部一再催促，但这一次依然未见任何有力措施。

态势日益恶化。在苏军将第4装甲集团军向西挤压的同时，有迹象表明，苏军还企图从打开的缺口处迂回肯普夫集团军级支队，将其合围于哈尔科夫。8月2日，苏军也对我哈尔科夫东部和东南的防线发起攻击。在这一宽大正面上防守的各师被迫后撤。肯普夫集团军级支队被合围于哈尔科夫的危险近在眉睫。

如同以往，希特勒要求不惜一切代价坚守该城，这次只不过是出于政治考量。他指出，该城一旦陷落，会对土耳其和保加利亚的态度产生不利影响。不管他的意愿如何，本集团军群绝不准备在哈尔科夫的作战中牺牲一个集团军。

8月22日，放弃哈尔科夫，为的是腾出兵力用于肯普夫集团军级支队受威胁的两翼，阻止苏军的合围。此时，肯普夫集团军级支队更名为第8集团军，司令由我过去的参谋长韦勒将军担任。肯普夫将军曾与我和谐共事，但我并不反对希特勒的这一任命。韦勒在克里木所表现出的临危不惧和周密审慎，在目前形势下显得尤其珍贵。

8月22日是一个极其危险的日子。

在顿涅茨地区，苏军再次发动进攻。第 6 集团军虽能阻止敌人的突破，但无力恢复态势。在第 1 装甲集团军处，虽然击退了苏军又一次大规模反突击，但自己兵力也已耗尽。第 8 集团军完好无损地撤出哈尔科夫之时，第 4 装甲集团军正在鏖战，并在其南翼取得一次防御作战的胜利。

不过，到了 8 月 23 日，当将上文提到的从顿涅茨地区和中央集团军群归来的装甲兵团投入战斗之后，勉强阻止住了苏军对波尔塔瓦的突破。在第 8、4 装甲集团军地域内，建立了一条从哈尔科夫南部至阿赫特尔卡西南的防线，尽管兵力单薄且断断续续。第 4 装甲集团军与中央集团军群左翼（第 2 集团军）虽已建立联系，但在阿赫特尔卡西南第 4 装甲集团军的防线上仍有一个巨大缺口。直到月末，经一次突击才将其填补上。

本集团军群两个集团军在战斗中面对的苏军在兵力上的优势，从 8 月 23 日的敌情可窥见一斑。在第 4 装甲集团军当面，仅"沃罗涅日方面军"就有三个集团军，其中有一个坦克集团军，第 4 个集团军在第二线随后跟进。第 8 集团军当面是"草原方面军"，下辖兵力不少于六个集团军，其中有一个坦克集团军！

8 月 20 日~21 日，南方集团军群司令部向陆军总司令部呈送了一份敌我兵力对比报告，列出了各集团军地段具体兵力状况，由此可以更清楚地了解本集团军群所处的总体态势。

	防线宽度	师的数量	大约战斗力	当面敌军数量 （不含中途撤出部队）
第 6 集团军	250 公里	10 个步兵师 1 个装甲师	=31/3 个师 =1/2 个师	31 个步兵师 2 个机械化军 7 个坦克旅 7 个坦克团 共计约 400 辆坦克

第 1 装甲集团军	250 公里	8 个步兵师	=51/2 个师	32 个步兵师
				1 个坦克军
		装甲步兵师	=11/4 个师	1 个机械化军
				1 个坦克旅
				1 个坦克团
				1 个骑兵军
				共计约 220 辆坦克
第 8 集团军	210 公里	12 个步兵师	=53/4 个师	44~55 个步兵师
		5 个装甲师	=21/3 个师	3 个机械化军
				3 个坦克军
				11 个坦克旅
				16 个坦克团
				共计约 360 辆坦克
第 4 装甲集团军	270 公里	8 个步兵师	=31/3 个师	20~22 个步兵师
		5 个装甲师	=21/3 个师	1 个机械化军
				5 个坦克军
				1 个坦克旅
				2 个坦克团
				共计约 490 辆坦克
南方集团军群	980 公里	38 个步兵师、14 个装甲师		

在评估苏军战斗力时，是假设其多数步兵师和坦克师的实力只有30%~50%，少数新补充的师和个别坦克军或机械化军则按 70%~80% 估算。毫无疑问，苏军也遭受了重大损失，战斗力的减退与德军大致相仿。

我们无法与之相比的是苏军的数量优势，尤其苏军近日又从奥廖尔一线调来新锐兵力。

上述一览表表明，苏军将其装甲兵力重点用于南方集团军群北翼。从苏军将大量兵力集中于第 8 集团军和第 4 装甲集团军右翼当面这一事实，可以清楚地看出其企图是不惜一切代价达成对第聂伯河方向的突破。之后，不断前调生力军，从北部将第 4 装甲集团军包围，并将其逐出基辅。

但是，从一览表中也可以看出，自"堡垒"作战行动开始后，南方集团军群的部队增加的数量与苏军增加的兵力相比，是微不足道的。至 8 月末，集团军群只增加了九个步兵师和一个装甲师。其中四个步兵师是由第 7 军调来的，该军是从中央集团军群北翼转隶第 4 装甲集团军的。这样，该军的防线延长了 120 公里，因此这四个师的兵力等于没有增加。

尽管如此，毕竟还是增加了五个步兵师和一个装甲师。如果在"堡垒"行动开始前能得到这些兵力，至少可以加速本集团军群首次攻击的成功，并能使会战的进程向有利于我们的方向发展。毫无疑问，当时抽调兵力要比"堡垒"行动结束后容易得多，因为"堡垒"行动后，态势普遍恶化。

在南方集团军群整个防线展开激战

截至 8 月 27 日，在哈尔科夫至苏梅的集团军群北翼，恢复了绵亘的防线，压力得以缓解，但顿涅茨地区的态势异常紧张。

南方集团军群司令部因此断然要求——如果任务不变——要么继续增调兵力，要么准予南翼自由行动，以便向后缩短防线，阻止苏军的推进。

对此，希特勒终于做出反应，他由在东普鲁士的大本营启程，来到南部进行一次短暂的会商。会商于 8 月 27 日在文尼察举行，他过去的大本营曾设在这里。

会上，我以及到会的所属各集团军司令、一位军长和一位师长，向希特勒清楚地报告了当前态势，尤其是部队超负荷的现状。我强调指出，面对迄今为止损失的 13.3 万人，只得到 3.3 万人的补充。敌人的战斗力虽然也有相当大的削减，但能不断将大量新锐师投入战斗。此外，还可以从其他战线抽调兵力。

从目前态势看，我断定，以现有兵力无法守住顿涅茨地区，而更大的危险存在于德军东线整个南翼，即本集团军群的北翼。第 8 集团军和第 4 装甲集团军无力长时间地抵御苏军对第聂伯河方向的突破。

我向希特勒明确提出两种选择：

要么，迅速向本集团军群前调新锐兵力，至少 12 个师，以及从不甚吃紧的防线上抽调兵力替换已疲惫不堪的部队；

要么，放弃顿涅茨地区，以使本集团军群腾出兵力。

在此次会上，希特勒尽管还是像往常一样试图离开话题，大谈技术细节，但他的态度还算相当客观。他同意必须采取有力措施向南方集团军群提供支援。他答应，他会将北方、中央集团军群所有多余兵力调来。至于能否从不甚吃紧的防线上抽调兵力替换已疲惫不堪的部队，待几天后搞清便可予以答复。

次日说明，这些允诺无法兑现。

苏军对中央集团军群左翼（第 2 集团军）发起进攻，并达成局部突破，迫使该集团军向西撤退。在该集团军群第 4 集团军地域，苏军进攻也取得胜利，情况告急。8 月 28 日，冯·克卢格元帅到过元首大本营，此后关于从中央集团军群抽调兵力的问题就再也没有提起。北方集团军群据说已没有多余的师。至于其他战场，希特勒想先看一看局势的发展，也就是说，看英国人是在阿普利亚 ❶ 还是在巴尔干登陆，或者其兵力有可能被牵制在撒丁岛——这既不符合事实，也无关紧要。

遗憾的是，苏联人一点也没有顾及希特勒的愿望而将其决断向后推延。他们再度发起进攻。态势日益紧张。

第 6 集团军遭敌突贯，其在海岸边作战的军有被苏军合围的危险。仅靠陆军总司令部运往顿涅茨地区的两个师——本集团军群过去曾提出将这两个师用在北翼——不足以恢复那里的态势。因此，集团军群遂于 8 月 31 日命令第 6 集团军撤至后方的预设阵地（"龟阵地" ❷），以此迈出了撤离顿涅茨地区的第一步。同日晚，希特勒也终于给予南方集团军群司令部以行动自由权，"在态势绝对必要以及没有其他办法时"，准予第 6 集团军及其第 1 装甲集团军右翼逐步后撤，并准备炸毁顿涅茨地区所有与战争经济有

---

❶ 今意大利普利亚区。——译者注

❷ 1943 年德军在东线南翼米乌斯河西岸构筑的非筑垒防御阵地的代号。9 月 6 日被苏军突破。——译者注

关的工厂企业。

如果几周前就给予本集团军群这一行动自由权，那么南翼的战斗就会节省大量兵力。它不仅可为关键的北翼节省出兵力，而且会在一条缩短的防线上，将苏军阻止在南部，甚至在第聂伯河前方地带。现在，只能是利用这一自由权避免南翼的覆灭。但能否在第聂伯河前方建立一条最后防线，仍值得怀疑。

第 1 装甲集团军右翼没有与第 6 集团军一同后撤，仍坚守在顿涅茨河中游，而集团军群北翼的态势再度趋紧。

第 8 集团军在哈尔科夫南部受到来自北部和东部的攻击，只是通过将防线缩短并向后撤了一小步，便使苏军的突破未能达成。

第 4 装甲集团军由于受中央集团军群第 2 集团军撤退的影响，被迫将左翼向后收缩。其原来兵力就显薄弱的防线因此拉得更长了。第 2 集团军最南面的一个军（第 13 军）因指挥失当，向南撤入第 4 装甲集团军地域，该装甲集团军因此不但被迫接收四个被击溃的师，而且还使其防线延长了90 公里。可以预料，攻击力暂时受挫的苏军一旦有新锐兵力增援再次发起进攻，该集团军将不再能抵挡住敌人的攻击。因其北翼威胁加剧，守住防线的可能性就更小了。

态势的继续恶化，尤其对于是否增调兵力的问题，希特勒迟迟不做决断，促使我于 9 月 3 日飞往东普鲁士元首大本营。我请求冯·克卢格元帅也到场。我想与他一起根据苏军可能的企图把己方兵力分配问题搞清楚。同时，我们也希望谈一谈使战争总体指导合理化的必要性，也就是说排除所谓国防军统帅部战场与东线战场的重叠。我在前日给蔡茨勒将军的一封信中要求，为能在东线的关键地点形成真正的重点，现在该是采取某些断然措施的时候了。鉴于南方、中央集团军群内翼态势的发展，现在需要以长远的眼光在基辅前方集中一个强大的集团军。如果坐等西方敌人在某处实施了登陆再考虑从其他战场前调兵力，那么东线也就无可救药了。此外，从苏军海军兵力和舰船吨位的分配上大体不难看出其在何处登陆的企图。蔡茨勒将军对我说，他将这封信送给希特勒看。希特勒看后雷霆大发，说我是在卖弄聪明，想以正确者自居并载入战时日志。十足的天真！

希特勒、冯·克卢格元帅和我之间的谈话无果而终。希特勒称，从其他战场和北方集团军群都不可能抽调兵力。至于将所有战场统交总参谋长负责，创建一个统一的最高指挥机构的建议，被希特勒断然拒绝。他声称，这种做法不会对战争的总体指导有任何作用，也不会有任何改善。很明显，希特勒完全清楚，这一由总参谋长负责所有战场建议的目的，是要他放弃作战指挥权，尽管仍保留他的最后决断权。反对这一建议，与他不同意为东线任命一位总司令如出一辙。

此后几天，陆军总司令部仍未针对南方集团军群的情况采取任何措施，于是我于9月7日再次将集团军群的情况电报陆军总司令部。我指出，苏军已集中55个师和2个坦克军及其他部队，其中大部是从其他地段，而不仅是从其预备队中调来，以对付南方集团军群。此外，还有新锐部队正在运输途中。我再次要求，如果想要集团军群维持当前态势，陆军总司令部就必须紧急采取有力措施。

为此，希特勒于9月8日来到我位于扎波罗热的大本营，同时还召来"A"集团军司令冯·克莱斯特元帅与尚在库班地区的第17集团军司令鲁奥夫大将。

在此次会上，我只能再次以十分急切的语言强调了本集团军群态势的危急、兵力状况，以及可能由此带来的后果，那就是不仅集团军群北翼，而且就连"A"集团军群也避免不了覆灭的下场。

我指出，本集团军群位于第聂伯河前方的右翼态势无法再恢复。苏军已在第6集团军北翼打开一个宽达45公里的缺口，在此仅有两个师的残部仍在战斗中。依靠仅有的少量装甲部队实施的反突击无法将这一缺口封闭。无论我们愿意与否，我们都将被迫撤向第聂伯河彼岸，尤其要考虑到，这种异常紧张的状况会波及集团军群北翼。

为了赢得必要的兵力，我建议，中央集团军群立即撤到第聂伯河一线。这样，它可以将其防线缩短1/3，可以省出兵力加强东线的关键地点。

现在，希特勒原则上也承认集团军群右翼撤到梅利托波尔—第聂伯河一线的必要性，不过他还是希望能通过前调新的自行火炮营，避免后撤。像往常一样，他深信用数个师可以改变的态势，用技术兵器就足以完成。

但是，关于中央集团军群通过撤到第聂伯河上游来抽调兵力的问题，希特勒认为这种远距离的迅速撤退是无法实施的。这样大规模的运动将会一直延续到泥泞季节，将会丢失无数的物资器械（如同奥廖尔突出部的撤退）。他认为，充其量只能向东撤到一个折中的地带，但这显然达不到腾出兵力的目的。

这是一个机动作战的问题。南方集团军群根据在克里木战役和1942~1943 年冬季战局经验，在这个问题上所持的观点与陆军总司令部有原则性的不同，也有别于各集团军群。在以往的各次战局中，我们总是被迫实施快速作战、快速运动，无法慢条斯理地计划和准备。但希特勒和其他集团军群司令部则认为，长距离的运动不可能快速实施。为防备长时间坚守时补给被切断，希特勒常常要求在集团军地域内储备三个月的物资。在这种情况下，要想迅速撤离一条长时间坚守的防线当然是十分困难的。

对于像我提出的缩短中央集团军群防线的这样一个有点过头的建议，希特勒迟迟不决，但也不得不承认，有必要给南方集团军群以有力的加强。

根据总参谋长的建议，他决定，中央集团军群应立即将一个编制有两个装甲师和两个步兵师的军，配置在中央集团军群与第 4 装甲集团军接合部，以避免我们的北翼被包围。

此外，他还满足了我关于再调两个师用以保障第聂伯河渡口安全的要求。为能腾出兵力，最后他决定撤出早已没有作战价值的库班桥头阵地。冯·克莱斯特元帅认为，这一行动可于 10 月 12 日前完成。

遗憾的是，我没有让他立即，也就是说，在他离开我们的大本营之前将这一命令发出。可是，当我在机场与他告别时，他于登机前再次重复了增派兵力的许诺。

当日中午，我们便命令第 6 集团军和第 1 装甲集团军向机动防御过渡，一面保障部队的完整性，一面为撤退争取更多时间。

关于第 8 集团军和第 4 装甲集团军防线，集团军群司令部希望，在希特勒的诺言兑现之后，通过中央集团军群提供的军实施一次反突击，恢复第 4 装甲集团军北翼的态势。同时，利用向第聂伯河开进的各师，使防线得以巩固。然后，就有可能将苏军阻止在北翼的第聂伯河前方地带，大致为波尔塔瓦附近。这样，防线可以大幅度缩短。

但很不幸，第二天，本集团军群司令部便再次大失所望。希特勒在临别时曾允诺向第聂伯河一线增派四个师，但这一命令并未下达。中央集团军群在我们的北翼投入一个军的行动，也被推延。能否、何时拥有这些兵力，以及实际有多少兵力，一概不知。

我请总参谋长向元首报告，在这种情况下，苏军很有可能对第聂伯河渡口包括基辅在内达成突破。鉴于最高统帅部迟迟不做决断，诺言一再得不到兑现——而这又是集团军群司令部采取各项措施的依据——因此，我觉得有必要在我的报告中插进一段话。为了清楚起见，我只能以书面形式上报。之所以在这里引述这一段话，是因为它可以非常清楚地显露最高统帅部与南方集团军群之间的意见分歧。

"自冬季作战结束本集团军群就曾报告，以现有兵力无法在防御中守住其防线，并一再催促在东线内部或与其他战场在兵力分配上做全面调整，但均为徒劳。由于本集团军群所防御的地域具有重要意义，而且事实明白无误地表明，苏联人将其进攻的重点放在了南方集团军群，这一调整是不可回避的。

"非但如此，'堡垒'行动结束后反而从本集团军群抽调兵力，每当危机出现，兵力总感不足，增援也姗姗来迟，赶不上急需。

"如能根据态势需要及时前调兵力（从其他防线抽调兵力），那么当前危机是完全可以避免的，而这一危机将对东线战局的决断甚至整个战争产生重大影响。

"我之所以强调这些，并不是对东线事态发展的责任为事后做安排，而是希望至少在将来能及时采取必要的措施。"

然而，希特勒显然不想按我们的观点下定决心，主动将中央集团军群撤到第聂伯河一线，以便腾出足够兵力，稳定东线南翼的态势。总参谋长和陆军总司令部作训处的敦促，以及南方集团军群的再度呈文，都无济于事。我在这份呈文中指出，苏军对中央集团军群的进攻——这是希特勒所害怕的——只是一种牵制性进攻。苏军企图以此阻止我们将南方集团军群北翼作为重点。此外，无论从作战角度还是从战争经济角度，中央集团军群撤向第聂伯河都不会有严重弊端。

如果不采取任何措施兑现增派兵力的许诺，以加强我们的北翼，而苏军不断地向该地前调兵力，那么第4装甲集团军就有在北面被包围的危险，并将被迫从基辅向南撤退。这样，我们不仅无法在第聂伯河后方重建一条防线，而且集团军群也将在这段时间内被合围。

在阐明当前态势的同时，集团军群司令部于9月14日报告，因情况所迫，司令部将于次日下达北翼撤到基辅两侧的第聂伯河彼岸的命令。此前，第8集团军已奉命过渡到机动作战。原来打算将苏军阻止在第聂伯河前方至波尔塔瓦北端一条缩短的防线上的想法，因希特勒的拖延而作罢。

针对这一报告，我们得到的答复是，暂不要下达该命令，等希特勒9月15日会见后再论。我回答，只有我与他单独会商，允许总参谋长在场，谈话才会有意义。

在这次谈话中，我再次向希特勒陈述了自他来访后态势的进一步恶化。我指出，目前在本集团军群北翼出现的危机，不仅对其本身。而且其后果对整个东线都会造成致命的影响。现在的问题不仅仅是防守第聂伯河一线或具有重要经济价值的地区，而是关系到整个东线的命运！我补充到，现在出现的危机完全是因中央集团军群不肯抽调兵力造成的后果。南方集团军群司令部即使在危难时刻，也会遵照陆军总司令部的命令老老实实地为其他战线抽调兵力。很难理解，为什么在其他集团军群就做不到。尤其是一旦中央集团军群被迫后撤，再提供兵力就于事无补了。如果第4装甲集团军崩溃，仅依靠那一点点兵力绝不会守住其防线。最高统帅部已下达了紧急抽调兵力的命令——像中央集团军群这种情况——但居然不加执行，真是不成体统。倘若集团军群司令连命令都不执行了，那我们的结局将会如何？我完全自信，我的命令会得到完全的贯彻！（希特勒的命令之所以未被中央集团军群执行，自然是因为希特勒没有及时考虑缩短那里的正面，也没有排除众议迅速加以贯彻。）

最后，我总结到，现在最大的问题是，第4装甲集团军能否撤到第聂伯河彼岸。集团军群自然要尽一切努力使这一行动顺利实施。但是，要求必须保证四条铁路同时投入使用，使四个师各利用一条铁路由中央集团军群地域向南方集团军群北翼输送，以便及时恢复那里的态势。（这样，中央集团军群就不可避免地要撤到第聂伯河一线。）这里攸关东线的命运，除了立即将强大的兵力输送到基辅地域之外，别无他法。

尽管希特勒对于我在谈话中对他领导的直白批评坦然地接受了，但此次谈话肯定使他不悦。但是，不管这么样，谈话的结果是陆军总司令部立即下达了命令。根据这一命令，中央集团军群应于9月17日开始利用四条铁路将四个师以最快速度向南方集团军群输送。此外，步兵分队以及用以补充我们各师的后备部队，共计32个营，将从西线调来。

在我返回我们的大本营后，集团军群于9月15日夜下达了将所有集团军撤至梅利托波尔一线—第聂伯河（至基辅北部）—杰斯纳河地段的命令。

读者或许有这样的印象，认为本集团军群在第聂伯河前方作战的那几个星期，基本活动就是集团军群司令部与陆军总司令部或希特勒进行无休止的争论。事实上，常常为了使最高统帅部及时采取一些必要措施，耗费了我们相当一部分精力和体力。尤其是我们司令部的人已习惯于迅速决断，明摆着的事却要一再重复，反复要求，这与我的个性格格不入。不过，这种斗争最终使高层指挥认识到作战上必须采取的一些措施的重要性，这也成了1943~1944年战局中，德军方面的一个重要特征。

此外，识破苏军的真实企图，探究其未来的行动，并依此决定己方兵力的分配和使用，是高级军事指挥机构的重要任务之一。将兵力投入某次作战以及作战的实施，则是任务的另一部分。如果最高领导没有能力完成第一项任务，那我们也就难以实施名副其实的指挥（如同我前面提到的以后发制人的方式实施打击的例子）。

客观使南方集团军群无法夺取胜利的桂冠，关于这方面的情况因本书篇幅所限，无法详加描述。对此，我只说一句，我们力争的目标就是利用仅有的兵力阻止苏军掌握全部的主动权。一旦有充足兵力，就要与苏军面对面战斗，打得敌人头破血流。但在另一种情况下，就必须进行局部后撤，免遭被优势苏军击溃。此时重要的是，集中装甲兵力阻止苏军突破，同时寻机对深入我纵深的苏军暴露部位实施反突击。这种作战的具体指挥是下级各集团军的事。

但是，集团军群司令部与各集团军的协同，需要双方的相互信任。

集团军司令在出色的参谋长辅佐下，总能在困难情况下找到应急措施。他们没有在危急情况下惊慌失措。每当集团军群司令部出于大局考虑被迫以命令方式介入各集团军事务，或者不顾集团军的紧张态势从中抽调兵力时，他们通常会表现出理解。因为我们对事业有共同的理解。

第 6 集团军司令霍利特大将，在克里木时曾在我手下指挥一个师，从那时起我们就已相识。他是一个坚定、严肃和正直的人。他也许不是一个成就大业和充满活力的人，但他思维清晰、客观，可以无所保留地相信他。他作为一名步兵，尤其能体察战斗部队的情感。他的参谋长博尔克将军聪明过人，但我们从在集团军司令部得到的印象看，他并没有给其司令以太多的帮助。所以说，即使让这样两个聪明过顶的军人在一个集团军里担任司令和参谋长，也是不够的。重要的是，要使担任某一职务的人具有相关方面的天赋；尤其是参谋长，实际上，他是上、下级指挥机构的主要沟通者，他在这方面应具有特殊的能力。

第 1 装甲集团军司令冯·马肯森大将，继承他父亲——曾任德皇侍官长、一次大战中晋升为元帅——平易近人的性格和骑士风度。他像其父一样，虽出身于轻骑兵，却没有匈牙利轻骑兵那种粗犷剽悍的性格，相反细致审慎，办事准确周密。战前，他曾一度在总参谋部铁路处任处长。在波兰作战时任集团军参谋长，西方战局中已经指挥一个集团军了。

作战中，他得到一名出色参谋长的协助，这就是文克将军。我在介绍 1942~1943 年冬季战局时就说过，战局伊始，文克作为参谋长就已经成了顿河畔罗马尼亚第 3 集团军的灵魂。无论第 1 装甲集团军的态势如何危急，我们深信，只要有文克将军在，就总能转危为安。偶尔他也会在我的参谋长布塞面前把态势描述得一团漆黑，但最后他总会说："好了，不管怎么着，我们总会有办法的！"他的乐观、活泼和永不气馁的性格，散发着一股迷人的魅力，感染和吸引着周围的人，后来我们给他一个绰号："夜莺"。

关于第 8 集团军司令韦勒将军的情况，前面已有介绍。这位真诚、正直、直爽的萨克森人具有坚韧不拔的性格，久经考验。在克里木时，他是我的参谋长，我们的友情使我们的合作十分愉快。尽管他是集团军司令中比较年轻的一位，但能通过其人格的力量在其所到之处树立威信。他也敢面对希姆莱的被保护人、一位党卫队的高官直言不讳。

韦勒得到一位杰出的参谋长的协助，即斯派达尔将军。斯派达尔在肯普夫集团军级支队任肯普夫将军参谋长时，就已取得突出战绩。他一贯冷静、客观，加之熟悉总参谋部业务，可谓是一位出类拔萃的全才。

第 4 装甲集团军司令霍特大将，是我在利格尼茨任师长时的前任，并不比我年长多少。他早于我就作为一名军长指挥一个装甲集群，在装甲兵运用方面积累了丰富的经验。他虽身材瘦小，但精力旺盛，充满活力，总是和蔼可亲，满面笑容，尤其对下属官兵充满同情。他的观点清晰、肯定。在困难的情况下表现出极大的灵活性，是他指挥上的特点。他那军人的直率甚至在后来的纽伦堡审判中，都博得了美国法官的敬佩。

霍特容易冲动的缺点得到其参谋长范格尔将军完美的弥补。范格尔将军，一位充满活力、永不知疲倦的工作狂，能够快速、准确地将其司令的思想贯彻到底，能在困难条件下为其司令出谋划策，摆脱困境。

如果说集团军群司令部对其下属各集团军指挥完全信任，那么我相信，集团军指挥对集团军群也会是满意的。他们知道我们要干什么。集团军群司令部常常得不到希特勒清楚明白的作战指令，但各集团军能清楚地说出我们的作战企图。我们尽力向集团军下达简明的指令，但并不介入他们的指挥，除非出于总体作战的需要。但是，在需要做出决断时，集团军群从未迟延过。一旦我们做出许诺，各集团军便知道许诺一定会兑现。同样，集团军群司令部一经下达命令——即使是抽调兵力的命令，也决不更改。

集团军群司令部与各集团军之所以能建立起这种真诚的相互信任关系，首先要归功于我最亲密的同事、我的参谋长布塞将军，以及优秀的作训处长舒尔策·比特格尔中校。在战役战术问题上与各司令部之间进行沟通，主要依靠参谋长和作训处。我作为集团军群司令不大喜欢总是守在电话机旁，主要是为了避免像有些高级指挥官那样惯于用电话给下级指挥官们出"馊主意"。

此外，布塞与舒尔策·比特格尔可在合作中取长补短，互为补充。

舒尔策·比特格尔颇具人缘，也很聪明，朴实谦虚，尽管有时喜欢挖苦人，但通常还是彬彬有礼。这个特别能干、品质优秀的军官，可惜也成了 7 月 20 日 ❶ 的众多牺牲者之一。

关于布塞对我的重要性，上文已经谈到，他能一语中的，句句都说到点子上，他能在危急时刻表现得活力十足。每当某一集团军参谋长将其态势描述得一团漆黑并表露出绝望神情时，布塞经常会说："好了，情况不会老是这样的。"这并不是脱口而出的一句话，而是他基于在多次危机中积累起的经验之谈，同时也是他对集团军群提出的应急建议或允诺的被救措施的解释。

对于我们收到的某些上级命令，布塞自然也只能发表些无奈的评论："单靠一个人真是理解不了。"在我们几个比较亲密的同事中间，大家都直言不讳。

对于上级那些与现实不符的命令，我们表示了强烈不满，但这并不是陆军总司令部作训处或"球形闪电"的过错，应该归咎于希特勒。

"球形闪电"是蔡茨勒将军的绰号。因为，他一旦在陆军总司令部出现，就会引起一道闪电划过天空的效应，同时他也要求其下属以闪电般的速度完成各项任务。之所以获得这个绰号，也因为他的外表酷似圆球。他不但身材短小，脑袋也是圆圆的，面颊红红的，头顶光光的。他行动迅速，犹如射出的球。

蔡茨勒不是我的朋友。战前，在国防军统帅部国土防卫处是一位年轻的参谋军官。我当时在陆军总司令部任总参谋部首席军需长，而陆军总司令部与国防军统帅部之间常常是摩擦不断。我当时差点误以为，蔡茨勒属

---

❶1944 年 7 月 20 日，德军一些将领谋杀希特勒的行动失败后，许多人被枪决。——译者注

于那种不但对国防军统帅部而且还对陆军指挥施加影响进行辩护的人。如果确是如此，那他后来要大大忏悔一番了。在他就任总参谋长之后，便与其当初的主子凯特尔和约德尔成为对立面。对于陆军的领导问题，由于受到多个战场的掣肘，他必须寻找出一条如何才能用一个指挥机构替代目前双重指挥机构的道路。

战争开始后，蔡茨勒先后任某装甲军和第 1 装甲集团军的参谋长，因他精力充沛，聪明机智，具有战术天才，因此受到后来晋升为元帅的冯·克莱斯特的大力褒奖。他也因此引起希特勒的注意，并以总参谋长的身份于 1942 年春被派往西线。应当承认，蔡茨勒凭借其非凡的干劲使法国沿岸的防御准备得到极大改善。希特勒在解除哈尔德大将总参谋长职务后，便选中蔡茨勒为其继任者。

蔡茨勒不仅精力充沛，而且无所顾忌，如果有人认为他在许多方面都是按希特勒的意志行事，只不过是希特勒的一个没有思想的工具而已，那就错了。无论如何，自我们接管"顿河"集团军群指挥权那一刻起，他就站在我们一边，竭力维护我们的意见和愿望，以其充沛精力和坚忍意志与希特勒进行不懈的斗争，全然不顾这种斗争的乏味和无聊。希特勒有一次曾对我说："为了自己的建议，蔡茨勒简直像一头雄狮。"只有像蔡茨勒这样一个健壮的汉子，才能将与希特勒日日夜夜进行的争论坚持到底，但每每总是忍受着新的失望。蔡茨勒绝不是毛奇或施利芬意义上的总参谋长，而且在希特勒手下担任总参谋长，也永远做不到这一点。

不管怎么说，本集团军群司令部与总参谋长之间是相互信任的。其中，作训处长豪辛格将军也做出了重大贡献。战前，他曾在我手下担任作训处长，从那时起，我们的关系就非同一般。他同样是一个能干的总参谋部军官，人品出众，和蔼可亲。

向第聂伯河彼岸的撤退

9 月 15 日当我从元首大本营返回后，在向各集团军下达的向第聂伯河一线撤退的命令中规定，此次撤退的速度应以保存部队战斗力为原则。命令中指出："在做出任何决定和下达任何命令时都必须认识到，只有一支完整的部队才能战胜各种困难，而失去战斗力或坚定性的部队则无法做到，更不用说撤退了，否则无法实施。"一旦有可能，各集团军就应攻击敌人，通过消耗敌人的攻击力，为撤退争取时间。

第 6 集团军应将其南部的两个军撤向扎波罗热南部位于梅利托波尔和第聂伯河河曲之间的预设阵地。其北面的军撤向扎波罗热已经扩展的桥头阵地。该军及其这一地段由第 1 装甲集团军接管，而第 6 集团军则转隶"A"集团军群，其所属第 17 集团军将由库班向克里木撤退。

第 1 装甲集团军在扎波罗热和第聂伯罗彼得罗夫斯克横渡第聂伯河，接管自扎波罗热至克列缅丘格以东 30 公里处的防线。第聂伯罗彼得罗夫斯克桥头阵地应在渡河之后放弃，但根据希特勒的命令，扎波罗热桥头阵地必须坚守。第 8 集团军右翼军也应撤向第聂伯罗彼得罗夫斯克，并改由第 1 装甲集团军指挥。

此外，该集团军还奉命尽早做好第 40 装甲军所属的两个装甲师、一个装甲步兵师和第聂伯河南岸的党卫队骑兵师，向集团军群左翼转移的准备。但这一安排由于希特勒坚守扎波罗热的命令落空。结果将在下文谈及。

第 8 集团军应在克列缅丘格已经扩展的桥头阵地和切尔卡瑟渡河；并在其左翼集中强大装甲兵力，争取据守切尔卡瑟渡口。由于集团军必须接管第聂伯河彼岸至基辅以南 30 公里处的防线，因此原隶属于第 4 装甲集团军的第 24 装甲军在渡河之后，应转隶第 8 集团军。

第 4 装甲集团军应命令其第 24 装甲军在卡涅夫附近、集团军主力应在基辅附近渡河，并在渡河后注意向北重建与中央集团军群右翼的联系。

根据这一命令实施的向梅利托波尔—第聂伯河阵地的撤退，由于占绝对优势敌军的紧追不舍，成了集团军群自 1943~1944 年战局中最为艰难的作战。

相对而言，第 6 集团军右翼的任务比较容易一些。它可以将兵力直接撤到梅利托波尔以北阵地和扎波罗热桥头阵地。在这一地段的主要危险是，追击之敌尤其是其装甲兵力的优势，会趁机突入我后撤队形中。

比较困难的是其他三个集团军撤向大河彼岸的行动。在宽达 700 公里的正面上，他们必须集中在第聂伯河的五个渡口渡河，渡河后还要在苏军尚未在河南岸立足之前，重新构筑一条同样宽度的防线。各集团军在向一两个渡口集中之际，都是追击苏军实施攻击的良机。尤其是当德军向第聂伯罗彼得罗夫斯克、克列缅丘格、切尔卡瑟、卡涅夫和基辅渡口开进这段时间里，苏军会趁机在第聂伯河两岸肆意活动，横行无阻。

更为困难的是，由于集团军群整个中央部位、第1装甲集团军左翼和第8集团军，均不能垂直撤向第聂伯河。他们必须在河流北岸近乎与河平行地向西撤退，才能到达第聂伯河渡口。尤其是第8集团军，只有在撤退过程中努力奋争，才能到达西部的渡口切尔卡瑟。在集团军群的左翼即第4装甲集团军地域，由于中央集团军群南翼态势的发展，使该集团军有被迫撤离基辅的危险。

尽管出现许多局部危机，但凭借各集团军的灵活指挥和部队的出色表现，终于完成了这次异常困难的撤退。只有当指挥官自我感觉优于敌人，只有当部队——尽管是在撤退——没有被打败的感觉时，才能取得这样的成绩。苏军并未能阻止我们向仅有的几个渡口的集中。尽管苏军在兵力上占有优势，但未能利用我们向渡口集中的有利时机，派强大兵力抢先渡河，以阻止我构筑新防线计划的实施。由于我们缺少兵力对河流实施周密的警戒，苏军也在几处渡过该河。这将在下文谈及。

焦土政策

这次撤退是在极端困难的条件下进行的，为此德军指挥不得不采取一切可能采取的措施，以阻止苏军的追击。其中重要的是要阻止苏军到达第聂伯河时，立即由追击转入进攻。

基于这个原因，德军方面也必须运用苏联人过去在撤退时所采取的方法："焦土政策。"

在第聂伯河前方20~30公里宽的地幅内，凡是有助于苏军继续进攻并借以渡河的东西，也就是说，所有在第聂伯河阵地前方展开地域内能为苏军提供遮蔽和宿营的东西，以及能帮助苏军实施补给尤其是部队粮食供应的一切东西，要全部摧毁或带走。

同时，根据戈林经济参谋部的特别命令，要将所有为军工生产服务的物资和机器设备从撤离地区撤走。但是，对于本集团军群而言只限于重要机器、稀有金属、谷物和油料果实，以及马匹和家畜。当然，这与"抢掠"毫不相干。与其他国家军队不同，德国军队是绝不容忍抢掠的。为防止非法运走某些物品，特别采取了严格的检查措施。至于我们从工厂、仓库和集体农庄带走的物资，属于苏联的国家财产，而不是私人物品。

苏联在重新夺回某地区后，会立即将全部60岁以下有服役能力的男人编入军队，其他居民则被强迫从事用于军事目的的工作；因此，德军最高统帅部命令也要将居民带到第聂伯河彼岸。事实上，这一条强制措施只限于那些可能立即被编入军队的适龄者。相反，为摆脱恐怖的苏维埃统治，大部分居民情愿加入我们的撤退队伍。于是，像我们后来在东德亲身经历的那样，撤退的居民组成了一支浩浩荡荡的难民大军。途中，得到了我们各集团军力所能及的帮助。他们并没有受到"胁迫"，而是自愿随同我们一起来到第聂伯河以西地区。在这里，德军各级指挥机构为他们妥善地安排了食宿。撤退的居民可以携带凡是能够携带的东西，包括马匹和家畜。我们还在运输工具方面尽力为他们提供帮助。不可否认，战争不可避免地会给人民带来无尽的苦难和折磨。但是，敌人对德国居民的野蛮轰炸，以及后来在东德所发生的一切，可谓登峰造极了。而德国方面所采取的全部措施都局限在战争急需的范畴之内。

这次撤退中所包含的巨大技术成就，可从几个事例中窥见一斑。仅仅需要撤退的伤员就达20万人，用以运送军队物资和撤走本地物资的火车约有2500列，随同我们一起撤走的居民至少有10万人之多。此次撤退是在相对较短的时间里，以及仅有几个渡口这种极端困难的条件下进行的。它正好驳斥了有些人的观点，证明这种行动也是可以迅速实施的。

9月30日，本集团军群所属全部集团军到达梅利托波尔—第聂伯河一线。

争夺第聂伯河一线的战斗

随着成功渡过第聂伯河，本集团军群已在自己和苏军之间竖起了一道可靠的（至少在夏季）天然障碍物。尽管如此，在集团军群地域内态势减缓的趋势依然无望长久维持。

我们深信，苏联人定会在东线的这一地段寻求决战，而不会在其他地方。因为，无论从作战角度还是战争经济和政治角度看，这里一直是最引诱他们的目标。因此，他们会最大限度地利用南翼的补给能力，从预备队或其他战线前调新锐兵力，投入与南方集团军群的战斗。当然，也可以肯定，与此同时，他们也会在其他地点实施牵制进攻或局部攻势。但是，比起东线南翼来，即使在其他地点取得局部胜利，也不具有决定性意义。

面对此种情况，南方集团军群有没有希望坚守防线？苏军有没有可能在对第聂伯河一线的进攻中碰得头破血流？

如果第聂伯河一线构筑有强大的防御工事，那么1943年秋回答这个问题就会信心十足。但是，事实远非如此。

早在1942~1943年冬季，本集团军群就曾要求陆军总司令部加快第聂伯河一线的要塞工事构筑。我们自己无法实施这一工程，因为第聂伯河地区当时不在本集团军群作战范围内。然而，希特勒拒绝了。一方面是因为，他原则上将后方阵地与撤退等同为一；另一方面，他希望将全部劳动力，特别是所有物资都用在构筑大西洋壁垒上❶。尽管如此，1943年初当战事已接近第聂伯河时，本集团军群依靠自己的力量扩建了在扎波罗热、第聂伯罗彼得罗夫斯克、克列缅丘格和基辅的桥头阵地，以防止集团军群在这些重要渡口的后方联系被切断。当随着"堡垒"作战的失败最终转入防御时，集团军群司令部随即征集大量民工，着手对整个第聂伯河阵地进行巩固和扩建，但最终只建成了一些简易的野战工事。因为，集团军群既没有得到

---

❶ 为防止英、美在法国登陆，希特勒于1942年8月25日下令在法国西海岸至比斯开湾修建海岸筑垒地带，即大西洋壁垒。工程一直延续到1944年。——译者注

陆军总司令部拨给的建筑器械，也没有得到水泥、钢材、铁丝网和地雷等必要的构筑物资，木材还是从派驻乌克兰的帝国专员公署获取的。希特勒依然将大西洋壁垒放在优先位置。第聂伯河在未结冰之前尚可构成一道障碍物，但要想使第聂伯河一线变为坚固的防御依托，野战工事就必须有足够强大的兵力来据守。

但这正是德军的薄弱之处。在经过近两个半月的无休止的作战之后，德军减员的程度已令人不寒而栗。人员以及武器尤其是坦克的补充，难以弥补巨大空缺。其中重要的原因是，希特勒仍然不断地在国内组建新师❶还在向第聂伯河撤退过程中，集团军群司令部就已向陆军总司令部呈送一份兵力状况报告。报告对能否长时间坚守第聂伯河一线提出怀疑。我们指出，河流的防御必须由步兵师来担负，装甲步兵应留作机动预备队，用以及时粉碎敌人以优势兵力的渡河行动。

关于这一点，集团军群司令部报告，在700公里长的第聂伯河防线上，集团军群现有3个集团军，包括尚在开进中的3个师，共计37个步兵师用于河流的直接防御（另有5个师已失去战斗力，被编入其他部队）。这就是说，每个师须防守大约20公里长的防线。而每个师可用在第一线的战斗人员平均只有约1000人。即使后备人员如约到达，最多也只能增加到2000人。因此，事情很明显，即使在第聂伯河对岸实施决定性防御，以如此少的兵力也是无法达成的。

关于集团军群现有的17个装甲师和装甲步兵师，没有一个还具有真正的战斗力。坦克以及装甲步兵团的数量也已锐减。

因此，集团军群司令部要求，除正在开进的3个步兵师外，还必须继续前调兵力。我们认为这一要求是可以满足的，因为撤退后中央集团军群在第聂伯河上游的防线已缩短了1/3。苏军至少不会在该集团军群南翼发动决定性攻势，因为那样会陷入平斯克沼泽地。

---

❶ 因为组建部队需要从作战部队抽调大量基干人员。——译者注

同样重要的是，优先为南方集团军群部队补充兵员和物资。不仅当前，而且将来，南方集团军群一直是德军东线战斗的主要承担者。希望不要再像撤退过程中那样，出现弹药危机。

可以肯定，在争夺第聂伯河一线的战斗中，苏军的进攻能否被挫败，取决于这些要求能否得到满足。

最后重要的一点是，德军最高统帅部届时是否拥有足够的兵力兵器，在苏联人寻求决战的东线某地段赢得胜利。

当时我们还不能说，由于苏联人在兵力数量上占有优势，我们就已经没有希望了。即使苏联人想在这一年里在南翼取得决定性胜利，但它在这一地段的后勤补给能力也会使其投入的兵力受到一定局限。因此重要的是，德军最高统帅部要针对苏联人可能投入兵力的地段，及时构成相应的、兵力足够强大的重点。显然，这只有决心在其他战场以及东线的其他地段甘冒巨大风险，才能做到。如果能做到这一点，那就意味着苏联人进攻的失败，其攻击力也将受到重大打击。那将是一次对战争进程具有决定性意义的胜利。

围绕这个给东线南翼以及时和足够加强的问题，南方集团军群司令部与最高统帅部进行了不懈的斗争。但我不想反复谈及这种争论；只想强调，总参谋长和作训处在这个问题上与我们的观点完全一致。譬如，10月3日豪辛格将军对我说，他曾建议撤出克里木，将北方集团军群撤至一条缩短的防线，以便腾出兵力用于南方集团军群。同时他还建议，在大后方构筑一条真正的"东方壁垒"。（最近，希特勒将违反其意愿而构筑的第聂伯河阵地也称为"东方壁垒"。）但元首对撤出克里木，北方集团军群的后撤，以及在后方建造东方壁垒，通通加以拒绝。只是从其他战场抽调兵力的问题可以考虑，但也仅仅是区区几个师。

现在，我们还是回到第聂伯河态势的话题上。

到9月末，苏军渡过第聂伯河继续攻击的企图已显而易见。

第6集团军自9月中转隶"A"集团军群，撤至梅利托波尔—第聂伯河阵地之后，苏军就以强大兵力穷追不舍。

苏军的2个集团军在前，另1个在第二线，共计20个步兵师和2个坦克军或机械化军，尾随我第 1 装甲集团军，向扎波罗热桥头阵地推进。

苏军 2 个集团军计 15 个步兵师，另有 1 个坦克集团军计 3 个坦克军随后跟进，正向第聂伯罗彼得罗夫斯克和克列缅丘格之间的第聂伯河地段挺进。

苏军 2 个集团军计 12 个步兵师、2 个坦克军和 1 个机械化军，另 1 个编有 3 个军的坦克集团军随后跟进，向切尔卡瑟和勒日谢夫之间的第聂伯河地段运动。

但在基辅和该城北部的第聂伯河地段，只发现苏军的 3 个步兵军和 1 个机械化军向前推进。很显然，苏军将其作战重点首先放在第聂伯河河曲处。事实上，苏军可以用最快速度从战线中央向基辅两侧的地段前调兵力。

到 9 月 30 日，虽然集团军群在上文描述过的极端困难条件下将苏军的渡河行动击退，但最终未能阻止苏军在第聂伯河南岸两处立住脚跟。

在第聂伯罗彼得罗夫斯克和克列缅丘格两地的中间部位，苏军利用那里的小岛，在我第 1 装甲集团军和第 8 集团军分界线两侧，渡过第聂伯河。该处兵力太弱，无力阻止敌人的渡河。留置在第聂伯河南岸、被集团军群司令部作为机动预备队的第 40 装甲军，却未能及时赶到，利用反突击立即将苏军赶回河对岸。正如上文所说，在撤退过程中，希特勒曾命令坚守扎波罗热、第聂伯罗彼得罗夫斯克、克列缅丘格和基辅桥头阵地。倘若集团军群有充足兵力，则没有理由反对这一命令。但事实并非如此，于是集团军群司令部计划在渡河之后再撤出这些桥头阵地。对此，希特勒只是默认了后三个桥头阵地。对于扎波罗热桥头阵地，希特勒命令坚决守住，甚至要扩展其规模。此外，他除了指出守住第聂伯河大坝及其发电厂的必要性外，认为只要我们守住桥头阵地，苏军就不敢对第 6 集团军的梅利托波尔防线实施攻击。从作战角度看，他的后一个观点是很值得重视的，只是他同时追求的目标过多。坚守扎波罗热的命令所造成的结果是，第 1 装甲集团军无法腾出第 40 装甲军的兵力。因此也就错过了对苏军在第聂伯罗彼得罗夫斯克和克列缅丘格中间渡河行动实施反突击的可能性，并导致苏军在第聂伯河南岸集中了强大兵力，在一个宽大登陆场站住脚。

同样是在 9 月末，苏军又在佩列亚斯拉夫（卡涅夫渡口西部）以南第聂伯河的拐弯处成功渡河。苏军显然计划在这里实施一次大规模横渡第聂伯河的行动。他们向第聂伯河拐弯处的两侧前调了至少四个坦克军和一个机械化军，在河流南岸空投了多个伞兵旅。这样，在很短时间里，便在这一狭小的河流拐弯处集中了八个步兵师和一个坦克军。

另一个发生危机的地点在本集团军群北翼的最外端。在这里，苏军在第4装甲集团军和中央集团军群的分界线上，渡过本应由德军防守的杰斯纳河。当初，陆军总司令部曾命令第2集团军阻止苏军在这里渡河，但最后不了了之。

9月中旬，集团军群司令部将其大本营由扎波罗热移至基洛沃格勒，一个大城市，是位于第聂伯河河曲的工业中心。我由此前往发生危机、位于第聂伯河畔的第1装甲集团军和第8集团军，以及基辅附近视察。我当时的印象是，第4装甲集团军尚能守住第聂伯河防线，但两个集团军分界线上的危机似乎难以完全排除。

10月初，为利于对整个防线的指挥，本集团军群司令部迁至文尼察过去的元首大本营。它坐落在一片树林里，当初为了建造这个元首大本营和国防军统帅部参谋部，在技术上投入大笔经费，建造了独立配套的水源、灯光和电力设施。我们现在搬进的办公室和卧室，布置得都很得体，但建筑很简单，都是些木质房屋。使人惊异的是，有一个由许多地下哨位组成的网络遍布整个森林。大概是希特勒想有警戒保护，但又不想看到他们。庆幸的是，我们不需要这种保护。军需处选择了当初陆军总司令部的住址为自己的办公地点。文尼察位于布格河畔，是一个美丽如画的大型疗养胜地，其疗养设施现全部改为军用医院。只要工作允许，我便会到医院视察。我发现，我们的伤员在这里得到了医生和护士的精心照料，医院设备也完全符合要求。

早在1943年10月，集团军群就觉察到自己已置身于争夺第聂伯河一线的决定性战斗中。在东线的北部地段，晚秋季节大多已是秋雨绵绵，到处泥泞，这对苏军的大规模进攻作战也造成相当的困难；然而在南方并非如此，战事丝毫没有减缓。

根据我们9月底已经查明的苏军兵力配置，苏军在本集团军群地域内将重点放在四个地段：

扎波罗热桥头阵地，苏军似乎认为摧毁该阵地是继续对我南部友邻第6集团军实施攻击的前提；

第聂伯河的两个地段，苏军已在此处成功渡河，并在南岸立住脚；

基辅北部的第4装甲集团军北翼。

在10月初击退强大苏军对扎波罗热桥头阵地的攻击之后（当然，代价是第40装甲军未能及时抽调出来，用以除掉第聂伯罗彼得罗夫斯克和克列缅丘格之间的苏军登陆场），在得到新锐兵力加强后再次发起进攻。苏军利用前所未有的强大炮兵火力（炮兵师首次在这里出现），并投入不少于10个师和强大坦克部队，达成了对桥头阵地的突破。经激战后，桥头阵地被迫放弃。尽管防御部队成功撤到第聂伯河彼岸，并炸毁了数月前刚刚修复的铁路桥以及经大坝通往渡口的桥梁，但防守桥头阵地的各师也遭受重大损失。剩余兵力还能否继续坚守，实属疑问。不管怎么说，为执行希特勒坚守扎波罗热的命令，已付出沉重代价。

在第聂伯罗彼得罗夫斯克和克列缅丘格中间部位苏军达成突破的地段，虽然投入第1装甲集团军和第8集团军的机动预备队后，暂时阻止住了苏军的攻势，但未能将其从南岸赶走。苏军不断前调部队，企图扩展其登陆场。此处态势的发展对于在第聂伯河河曲部的下一步作战至关重要，这将留待下文谈及。

与此同时，苏军在第8集团军左翼投入最强大的兵力，试图扩展已占领的佩列亚斯拉夫附近的登陆场。第8集团军和第4装甲集团军投入快速部队，将正在宽大正面渡河的敌军击退，并将已渡过河的苏军消灭。空降在切尔卡瑟西南的苏军伞兵旅，也遭同样命运。这样，位于佩列亚斯拉夫南部狭小登陆场的苏军就很难活动，基本被我控制。

在第4装甲集团军地域，苏军在10月份在基辅北部的第聂伯河西岸立住脚跟。同时，苏军在取得对该集团军北邻的第2集团军右翼的胜利后，便可在该集团军最北端的军所在地域，在宽大正面上渡河。这里是两个集团军群的分界线，根据经验判断，这里酝酿着巨大的危险。像以往一样，本集团军群采取的旨在恢复集团军群分界线上态势的措施无法付诸实施。

因为第 2 集团军不执行陆军总司令部下达的集中或抽调兵力用于此目的的命令，而是将兵力用于其他地点。甚至在我向陆军总司令部提出严重抗议之后，命令仍得不到执行。不过，第 4 装甲集团军位于基辅北部的两个军，守住了第聂伯河西岸距河边几公里的高地。但态势依然紧张，因为苏军一旦得到新锐兵力的加强，就会从北面掉转身来进攻基辅。

然而，最主要的担忧还是，争夺第聂伯河一线的战斗伊始，已经动用了集团军群全部快速兵团。他们的战斗力也已像步兵师一样受到严重削弱。这样，更难于组建新的机动预备队，继续前调兵力也就显得更为急迫。

第聂伯河河曲部的会战

集团军群司令部一直将其北翼视为具有决定性意义的一翼。一旦苏军将其击溃，对南方集团军群和"A"集团军群实施迂回的道路就为敌敞开了。可事实上，苏军在 10 月将主要精力放在第聂伯河河曲，甚至企图在此赢得一场胜利。苏军的这一企图，以及希特勒出于战争经济和政治考虑，要求无条件坚守第聂伯河地区和克里木的命令，迫使本集团军群司令部在第聂伯河河曲部接受一次决定性的会战。

在整个 10 月间，最为活跃的苏军"草原方面军"一直不断将新锐兵力投入第聂伯河南面、已夺占的位于第 1 装甲集团军和第 8 集团军之间的登陆场。10 月末，已在这里集中了 5 个集团军（其中 1 个坦克集团军），共计 61 个步兵师和 7 个坦克师或机械化师，坦克 900 多辆。面对如此强大的苏军，我两个集团军的内翼无法坚守，被迫向东、西方向撤退，遂使两个集团军中间出现一宽大缺口。苏军可以由此直驱第聂伯河河曲纵深，直至克里沃罗格以及尼科波尔，后者被希特勒视为具有重要战争经济意义的城市。

最主要的问题是，如果苏军继续向前推进，第聂伯河河曲东部的第 1 装甲集团军就有可能被切断与外界的联系。这一危险对于集团军群司令部而言是个重大问题。无论如何，绝不能让该集团军陷入合围。

此间，在我们的一再催促下，陆军总司令部至少为我们增派了两个新组建的装甲师（第 14、24 装甲师）和一个步兵师。另有三个装甲师（其中一个是经补充的装甲师，一个近卫和新组建的第 25 装甲师）即将提供。至于是否能最终提供以及何时提供，尚是未知数。

如果这五个装甲师能在四周前，即在到达第聂伯河之前提供给集团军群，那情况就会大不一样！或者，出于需要补充的原因暂时不能投入战斗，集团军群也可做到心中有数，知道尚有这些部队可供使用，便可在其南翼保持作战行动的自由权！

但是，现在的态势已不允许我们坐等五个装甲师全部到达。到那时，第 1 装甲集团军的命运恐怕早就断送了。

我们必须以现有的两个装甲师和一个步兵师，对苏军发动一次反突击。在第 40 装甲军的指挥下，这些兵力从第 8 集团军收缩的翼侧地域出发，从西面对正在向克里沃罗格方向开进的敌翼侧和背后实施攻击。第 1 装甲集团军投入其全部的装甲和步兵兵力，以保障经克里沃罗格的生命线畅通。为实现这一计划，集团军群司令部命令该集团军防守第聂伯罗彼得罗夫斯克两侧河段的第 30 军，只留少量兵力负责河段的警戒。该军的大部兵力则撤至扎波罗热北部至克里沃罗格北部一条缩短的防线，这样便可为关键地点腾出必要兵力。希特勒好歹默认了这一河段的放弃。

10 月末，在克里沃罗格城下北部地域实施的反突击，由于两个参战集团军（第 40 装甲军在作战过程中转隶第 1 装甲集团军）的出色协同，取得了圆满成功。苏军企图切断位于第聂伯河河曲东部的第 1 装甲集团军退路的计划非但没有实现，反而遭受重大打击。除人员损失惨重外（据集团军报告，被击毙约 1 万人），还有 350 辆坦克、350 门火炮被我缴获，被俘 5000 人。这些数字与以往被俘人数和缴获装备的数字相比，苏军的装备增长要远远大于人员的增长。不管怎么说，估计苏军有 2~3 个坦克军或机械化军以及 8 个步兵师遭受重大损失，另一些部队也受到重创。第 1 装甲集团军和第 8 集团军的防线也重新连接起来。但面对占绝对优势的敌人，我们仍无力将苏军赶到第聂伯河北岸。要做到这一点，只有等到另外三个装甲师的到达。还有一个前提就是，此前不要再出现新的危机。但是，不久，危机就出现了。

正当第 1 装甲集团军排除了眼前的威胁之际，在其背后却出现了一个新的、也许是更大的危险。10 月 28 日，苏军以绝对优势的兵力在 "A" 集团军群地域内，对防守第聂伯河与亚速海之间防线的第 6 集团军发起攻击，并达成纵深突破。第 6 集团军遂以惊人的速度迅速向西撤退；同时，其北翼（第 4、29 军）则撤向第聂伯河南岸一个宽大的桥头阵地，这样至少可使第 1 装甲集团军背后以及尼科波尔地域得到暂时的掩护。该集团军的其他部分则向西撤向别里斯拉夫的第聂伯河渡口和河的下游方向。诺盖草原不适合集团军重建其正面。

第 6 集团军的这种态势对位于第聂伯河河曲东部的第 1 装甲集团军构成严重威胁。尽管第 40 装甲军对向克里沃罗格实施突击的苏军发起反突击并赢得胜利，但苏军并没有受到决定性打击。集团军群计划实施的主要打击在 11 月前无法在这里实施，因为陆军总司令部所允诺的另外三个师不可能很早到达。届时，第 6 集团军南翼已经被迫撤至第聂伯河下游，在克里木的第 17 集团军被切断退路，苏军还会从南面向第 1 装甲集团军背后推进，并在尼科波尔两侧渡过第聂伯河。第 1 装甲集团军现位于一条向东直至扎波罗热的极为狭长的防线上，正面朝北和东，其态势令人十分忧虑。如不能阻止这一态势的发展，则第 1 装甲集团军就只有从第聂伯河河曲东部向西撤退。这多少意味着将放弃第聂伯河河曲部，而尼科波尔及其锰矿仓库将肯定丢失，克里木的前途也将听天由命。

面对此种态势，尤其是在预先排除第 1 装甲集团军背后威胁的问题上，我向陆军总司令部提出如下作战建议：

第 40 装甲军在脱离克里沃罗格北部的会战之后，应以两个、最好是三个装甲师，从由第 6 集团军防守的尼科波尔南部桥头阵地出发，对追击第 6 集团军的苏军北部翼侧实施突然袭击，该集团军正经诺盖草原向第聂伯河下游退却。这一突击的目的是，使第 6 集团军能在第聂伯河前方构筑新的正面，并与克里木的第 17 集团军建立联系。同时，解除第 1 装甲集团军背后的威胁。

至迟于 11 月 12 日，第 40 装甲军应再在第聂伯河北部集结待命，以便与此间到达的另外三个装甲师，参加计划在第 1 装甲集团军地域内的打击行动。如果此次打击获得预期战果，也许可以接着以上面提到的全部装甲兵力在第 6 集团军地域内，再次实施攻击，夺回梅利托波尔——第聂伯河防线。

这一建议自然得到希特勒的欣然同意，因为这使他看到了保住尼科波尔和克里木的希望。

但是，这一计划并未付诸实施。因为，第 6 集团军向第聂伯河下游的撤退过于迅速，致使第 40 装甲军从尼科波尔桥头阵地的突击没有任何取胜的可能。此后，集团军群北翼的情况也使后续三个装甲师在第聂伯河河曲部的使用成为不可能。

之所以在这里提及这一计划，是因为它包含着一条重要的教训，否则就没有提及的必要了。这条教训就是，即使被迫采取应急措施，也不应将自己的基本作战指导思想丢在一边——哪怕是暂时的。

集团军群司令部一直十分重视本集团军群北翼的决定性意义。可以预料，苏军不久便会发动一次新的大规模进攻。因此，集团军群的总体作战方案就是粉碎苏军在这里的进攻。为此，必须在取得克里沃罗格胜利后，将第 40 装甲军从第聂伯河河曲处调出，用于集团军群北翼，正在开进中的三个装甲师也将用在这里。

鉴于第 6 集团军的态势，第 1 装甲集团军不可避免地要从第聂伯河河曲东部撤出。最后，尼科波尔也将被迫放弃，撤出克里木也将是必然结果。

希特勒答应提供给本集团军群的五个装甲师，本是用于恢复第聂伯河河曲部的态势，因此对于上述作战计划肯定不会同意。他仍然坚持其观点，要求守住第聂伯河河曲部和克里木，但这并不能改变集团军群司令部的上述作战计划。

我提出的建议从第 1 装甲集团军所受威胁的角度看是合理的，但就集团军群整体而言是一个错误。它最终导致了第 40 装甲军被牢牢牵制在第聂伯河河曲。

我之所以会提出与自己基本作战指导思想相悖的建议，是出于两方面的原因。一是在占领尼科波尔两侧的第聂伯河河段的情况下，希望能以新锐装甲兵力在河两岸接连对苏军实施突然袭击。此举如果成功，便可恢复南翼的态势。这是一个十分诱人的作战行动。二是我们还没有采取大胆的行动，就轻易将克里木放弃，这对于我以及同我一起在克里木战斗的第11集团军的官兵们，都是难以接受的。尽管这么说，集团军群北翼仍处于更重要的位置，对这一正确观点不应予以忽视，哪怕是暂时的。

在这个危急时刻，第1装甲集团军司令马肯森大将调任驻意大利一个集团军司令。我们对彼此长时间的相互友好合作怀有深深的留恋之情。他的继任者是胡贝将军，他是一位经过考验的前线指挥官，作为一名步兵军官在第一次世界大战中失去一条胳膊，但这并没有妨碍他后来成为一名骑手。他在军官团的训练领域享有极高声誉，但没有接受过正规的总参谋部训练。在斯大林格勒，他指挥过一个装甲军。他是一个生气勃勃、精力充沛的人。可惜，他在1944年上萨尔茨贝格接受骑士十字钻石勋章之后，因飞机失事身亡。

基辅争夺战

11月初，苏军再次以强大兵力对本集团军群北翼，即第4装甲集团军防守的第聂伯河防线发动进攻。此次攻势是有更远大的目标，还是仅仅为了在第聂伯河西岸赢得所需要的展开空间？尚不明了。面对占绝对优势的苏军，第4装甲集团军不久便感到兵力不支，无法继续在第聂伯河畔立足。11月5日，已有迹象表明，基辅即将丢失。

集团军群司令部认为，现在必须集中现有的全部兵力，尤其是正在开来的三个装甲师，投放在集团军群北翼。但这必须征得陆军总司令部的同意，因为希特勒指明要将这些师用在第聂伯河下游地域。如果不能继续向第4装甲集团军增派兵力，那除了放弃第聂伯河河曲之外，没有其他办法。由于没有得到对这个原则问题的最终答案，因此我于11月7日飞往元首大本营。

在谈话中，希特勒声称，他不愿意将这能保住克里木的"最好的也是唯一的机会"放过。在基辅，我们无法取得重大战果，因此无法腾出装甲部队用于南翼。

我回答，如果我们坚持原计划，继续在第聂伯河河曲部即第 6 集团军地域内作战，那对我们的北翼，乃至对南方集团军群和"A"集团军群的总体态势将构成重大威胁。放弃第聂伯河下游南岸打击苏军的机会，对我来说也很难，但是现在把即将到达的三个装甲师用在基辅，也是绝对必要的。

　　接着，希特勒指出，无论从军事角度，还是基于政治原因，都必须夺取第聂伯河下游的胜利。有必要使军队意识到，他们还是有能力夺取胜利的。其次，掌握尼科波尔的锰矿，对于战争经济具有绝对的必要性。同时，也不允许苏军占领克里木，以用作对罗马尼亚油田实施轰炸的基地。

　　我说，我虽然完全尊重他所列举的理由，但现在我们北翼的危险过于严重。第 4 装甲集团军一旦出事，南方集团军群和"A"集团军群的命运也就危在旦夕。

　　希特勒也承认危险的严重性，但还是指出，在我们目前形势下肯定会有危险，他已做好面对这一危险的准备。

　　最后，我还是达到了一个目的，即让希特勒答应把早已允诺的第 4 装甲师从第 2 集团军调到我们的北翼（此次仍未兑现），此外还许诺再调一个北欧党卫队旅以及后来的第 2 伞兵师。后来他还勉强同意，不仅将已经抽调出来的第 25 装甲师，而且还要将另两个师（第 1 装甲师和近卫师）用在第 4 装甲集团军地区，而不是用在第聂伯河河曲。但第 40 装甲军的两个装甲师（第 14、24 装甲师）必须留在第 1 装甲集团军处，准备以后利用机会在第 6 集团军地域内实施一次攻击行动。只要希特勒不准备将第 1 装甲集团军从第聂伯河河曲向西撤退，不放弃克里木，这两个师就不可能再动用。

　　此后几天，第 4 装甲集团军的态势迅速朝着不利于我的方向发展。它的 11 个步兵师已大量减员，师只相当于团，面对优势之敌的压力难以支撑。苏军在攻击的第一波就已投入补充满员的步兵师 17~20 个、装甲军 3~4 个以及 1 个骑兵军。第 4 装甲集团军尚有两个充作机动预备队的装甲师，但因兵力相对较弱，无法阻止苏军的突破。

　　经苦战之后，不得不将基辅放弃，否则第 7 军就有可能被围在城内。

该军出城后撤向南方，在城南 50 公里处才阻止住苏军的推进。同时，从第 8 集团军调来第 10 装甲步兵师，阻止住苏军向东对我第聂伯河防线的攻击。位于第 7 军西翼的法斯托夫车站（基辅西南 60 公里）已丢失，它是前调兵力下载和第 8 集团军实施补给的重要铁路枢纽。

位于基辅以北第聂伯河畔的两个军向东退却，其中第 13 军撤向日托米尔，第 49 军撤向科罗斯坚。接着，苏军也到达这两个铁路枢纽，它们对于与中央集团军群建立联系和第 4 装甲集团军的补给具有重要意义。

这样，第 4 装甲集团军被分割为相距甚远、互无联系的三个集群。

在这危机关头，唯一令人安慰的是，苏军现已将进攻矛头分散为南、东两个方向。向西的苏军，在其转向南对我集团军群实施远距离迂回之前，尚不能发挥决定性作用。阻止其发挥作用的任务便落在向西撤退的两个军的肩上，集团军群将前调兵力予以加强。

然而，自 11 月中旬集团军群司令部开始采取有效措施之前，还要度过艰难的日日夜夜。此项措施的内容就是用已经到达或尚在开进途中的三个新锐装甲师（第 25、1、近卫装甲师），在第 48 装甲军军部指挥下，对从基辅向西南方向推进的苏军实施一次反突击。这是当时对我威胁最大的一支苏军。接着，该军应转向西，将向日托米尔方向追击第 13 军的苏军击溃。

此举如获成功，或许还有可能攻击从基辅沿第聂伯河向南的敌军集群。为继续加强第 4 装甲集团军，集团军群又从第 8 集团军抽调两个装甲师（第 3、10 装甲师）和两个装甲步兵师（第 20、党卫队"帝国"装甲步兵师），以及第 198 步兵师。这样做肯定会过分削弱第 8 集团军的防线，但集团军群现已决定，为大力加强关键地点，不得不对某些重要防线的兵力做一定的削减。

遗憾的是，由于第 48 装甲军未能于 11 月中旬完成集结，而基辅西南的态势一再趋紧，集团军群司令部于是决定，将手头的第 25 装甲师提前用于法斯托夫，实施一次有限目标的攻击，以维持装甲军通往展开地域道路的畅通。此次行动再次表明，没有东线作战经验的新编装甲师必须首先要缴纳学费。行动中，该师师长随同师属侦察营一起在前方实施勘察，结果刚与苏军接触，便牺牲了。于是，师的攻击不仅未能取得预期效果，夺回法斯托夫铁路枢纽，反而使第一次在东线作战的部队在心理上受到重大打击，而这一点是高级指挥所极力避免的。不过，此次攻击以及第8集团军部队的及时赶到，还是将苏军阻止在基辅南部，保护第聂伯河防线免遭继续攻击。

11月15日，第48装甲军按计划发起反突击。

此次行动达成第一个目标，即击溃了向西南推进的苏军坦克军。之后，转向西方，解除了第13军的威胁，夺回日托米尔。但该军向东沿日托米尔—基辅公路攻击基辅南部敌军背后的计划，因陷入泥泞而夭折。这样，尽管未将第聂伯河西岸的苏军赶走，但到12月初，第4装甲集团军处的危机还是暂时被排除了。现在，该集团军的防线朝北，自基辅南部40公里处的第聂伯河，直至日托米尔地域。一直被隔绝在科罗斯坚周围的第49军夺回该城，并因此恢复了与中央集团军群的铁路联系。据第4装甲集团军报告，击毙苏军2万人，仅俘虏5000人，而缴获或被击毁的坦克达600辆、火炮300门，以及1200多门反坦克炮。这再次表明，苏军的物资装备有了大幅度增长 ❶。在苏军投入基辅一线的兵力中，步兵师的2/3，以及四个坦克军、一个机械化军和一个骑兵军，可以说受到重创。

遗憾的是，由于第4装甲集团军所属各军开始撤退时速度过快，遂使希特勒产生撤换集团军司令的想法。尽管我极力抗争，指出第聂伯河防线的损失并非因集团军指挥错误，而是苏军过于强大，加之各师已久战疲惫。但希特勒坚持认为霍特大将近年操劳过度，需要休息一下。霍特遂被调入高级指挥官预备队伍，以待后用。我对他的去职深表遗憾，但希特勒至少答应我，在他休养一段时间之后，调他到西线任集团军司令。接替霍特职务的是在本集团军群先后任第6师师长、第11军军长的劳斯将军，是一位久经考验的前奥地利军官。

---

❶ 在有关缴获或击毁装备数量的报告中，肯定会出现许多重复。不过，即使减去一部分，报告也基本符合实际。——作者注

第聂伯河河曲部的第二次会战

正当第4装甲集团军鏖战之时，苏军已摆脱11月中旬在克里沃罗格所遭受的创伤，恢复元气。苏军以新锐兵力在第聂伯河河曲对第1装甲集团军北线，以及相邻的第8集团军右翼，发动新的大规模攻势。同时，苏军还企图在第1装甲集团军东线、扎波罗热以南横渡第聂伯河，攻击第8集团军位于切尔卡瑟两侧的第聂伯河防线。后来，苏军又将攻势向南扩展到尼科波尔桥头阵地。（位于此地的第6集团军所属各军已转隶第1装甲集团军。）苏军的企图显然是，合围并歼灭位于第聂伯河河曲东部的第1装甲集团军。

11月下半月的这种态势，迫使集团军群司令部对下一步的作战指挥向陆军总司令部提出建议。

我们11月20日呈文的依据是，尽管苏军在本集团军群当面投入大量兵力，但他们依然保留有强大的预备队。根据现有情报，苏军在1943年新组建的44个步兵师和大量坦克旅迄今尚未使用。此外，33个步兵师和11个坦克军或机械化军正在苏军后方休整补充。因此，苏军肯定会在整个冬季继续对东线南翼的攻击，并将其主要压力放在南方集团军群北翼。即使第4装甲集团军正在实施的反突击进展顺利，苏军仍能在第聂伯河西岸为其再次发动攻势保持足够的展开空间。基于此，决不能为了第聂伯河河曲部，从对作战具有重大意义的集团军群北翼抽调兵力。

即使在这里赢得防御作战的胜利，稳定了第4装甲集团军地域的态势，也会出现下列情况。

整个冬季，集团军群会以仅有的几个已被消耗殆尽的师，防守一条远远超过其兵力限度的绵长防线。它没有充足的预备队，用以必要时在几处同时抵御苏军的大规模攻击。

因此，集团军群在作战上只能被苏军牵着鼻子走，这对于战斗力已大幅度削减的部队来说尤其危险。这种受制于人的作战绝不会使敌人的攻击力受到决定性的削弱。苏军能够长时间掌握行动的主动权，而我们无法及时组建预备队以对付苏军的攻击。这种状况将不仅在地域上，而且在武器和人员上使我们遭受巨大损失。

继续顺利作战的前提是数量充足和具有战斗力的预备队。如不能从其他战场调集，则必须采取断然措施缩短东线南翼的防线，以获得兵力（包括将第 17 集团军从克里木越海调来）。没有预备队，集团军群将无法坚持今冬的作战。

截至 11 月末，东线南翼的态势发展如下：

在第聂伯河下游南部（"A"集团军群），第 6 集团军右翼已撤到第聂伯河下游彼岸，只在赫尔松保留一个狭窄的桥头阵地。第 17 集团军被围困在克里木，退路已被封锁。

相反，尽管乌克兰第 4 方面军命其主力——18 个师和强大的坦克部队，对我位于尼科波尔前方第聂伯河南岸的桥头阵地发起进攻，但阵地依然完好无损地控制在我手中。

在克里木通路前方和第聂伯河下游，苏军暂时停止了攻击。

在第聂伯河河曲，苏军在扎波罗热以南，在一狭窄正面上渡过第聂伯河，并建立一小型登陆场。此外，第 1 装甲集团军取得一次防御作战的胜利。虽然在苏军反复攻击下，集团军被迫后撤，但并未使苏军达成突破。当然，集团军已将最后的预备队投入战斗。到 11 月末，该集团军据守在自扎波罗热以北至克里沃罗格西北的一条防线上。该防线接着折向北方，与第 8 集团军的防线相连接。

第 8 集团军的态势变得极为恶劣。当然，部分原因是它将四个快速师和一个步兵师交付第 4 装甲集团军使用，因为 11 月初基辅的态势需要这些兵力。苏军在第聂伯河以南的克列缅丘格地段扩展其基地，并掌握了克列缅丘格渡河地带。此外，还在克列缅丘格西南第 8 集团军向东的正面，打开一个不大的缺口。

在第聂伯河畔第 8 集团军北线，苏军在切尔卡瑟两侧成功渡河。由于集团军已没有预备队，因此不得不放弃宽约 100 公里的岸防线，撤至位于第聂伯河南部 50 公里处的一泥泞河段的后面，建立起一道可谓不堪一击的薄弱防线。

当第 1、4 装甲集团军情况允许时，集团军群又分别从这两个装甲集团军各抽调两个快速兵团，增援第 8 集团军；即使如此，第 8 集团军能否封闭其东部防线上的缺口，能否控制切尔卡瑟的态势，仍是疑问。从这个事例可以看出，集团军群司令部在态势的逼迫下，是如何将装甲兵力调来调去，濒于应付。这种通过前调快速兵团以恢复某处态势的做法，势必会在调出兵力的集团军所辖地域引发新的危机。

到 11 月底，从扎波罗热以北至切尔卡瑟西部，以及从基辅南部直至中央集团军群地域的第聂伯河防线，已全部落入苏军之手。

在南方集团军群北翼即第 4 装甲集团军，在第 48 装甲军成功实施一次反突击之后，态势暂时缓解。但可以肯定，苏军还会向这里集中新锐兵力，准备向集团军群纵深翼侧实施决定性进攻。尽管如此，为能继续第聂伯河河曲部的战斗，上文提到的两个快速兵团还必须归属第 8 集团军。

12 月初，第 4 装甲集团军的右翼还坚守的第聂伯河畔。其所属第 24 装甲军 ❶ 防线沿河在卡涅夫渡口与第 8 集团军相连接；到基辅南部 50 公里处其防线急转向西，直至日托米尔北部地带（第 7、48 装甲军和第 13 军）。据守在科罗斯坚周围地域的第 59 军则正面向东，远离防线。

整个防线上的会战

在整个 12 月份，苏军一直竭力企图在第聂伯河河曲寻求决战胜利。除苏军需要休整和补充或投入新锐兵力时战事稍事停息外，一直不顾付出惨重代价，连续攻击我向东突出的堡垒。

在第聂伯河河曲，苏军乌克兰第 3 方面军以两个集团军，反复攻击我第 1 装甲集团军北线（第 30 军和第 57 装甲军）。尽管投入优势兵力，但并未取得明显战果。

与此同时，乌克兰第 2 方面军（原草原方面军）投入不少于六个集团

---

❶ 自此时起，德军的装甲军已不再仅由装甲师编成。更多的是指装甲军军部，下辖部队可根据情况编配装甲师或步兵师。——作者注

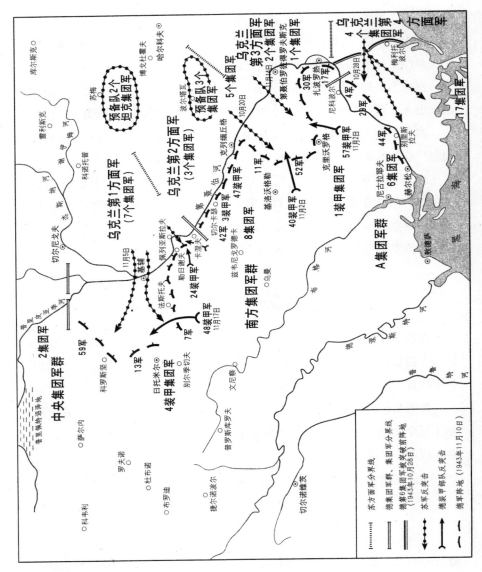

图 22　第聂伯河一线的战斗

军和一个坦克集团军的兵力，企图摧毁第 1 装甲集团军北翼和第 8 集团军正面向东的防线。很明显，苏军的企图是利用强大的装甲兵力，在两个德军集团军分界线的克里沃罗格西北地域，向西南实施突破。然后，便可向第聂伯河下游方向实施深远突击，一举将第聂伯河河曲东部的第 1 装甲集团军合围。这一攻势的第二个重点，是位于第聂伯河南岸的第 8 集团军北段防线。苏军或许还计划，之后从已夺占的切尔卡瑟登陆场出击，将第 8 集团军合围。

与此同时，乌克兰第 4 方面军以三个集团军从南面攻击尼科波尔桥头阵地，以及第 1 装甲集团军的背后。

苏军的这些攻击均被击退，但乌克兰第 2 方面军以绝对优势兵力对第 1 装甲集团军左翼和第 8 集团军实施的攻击，势必会取得某种成功。在上述两个重点地域，苏军两次达成纵深突贯，迫使我们不得不逐步放弃克里沃罗格地域（尚可防守）与第聂伯河之间的防线。

在上述两种情况下，集团军群司令部还是在受威胁地段投入一个装甲军实施反突击，以阻止苏军的突贯，并遏制其作战影响——当然，这不可避免地要使受威胁较小地段的兵力受到相当的削弱。但在这种艰苦的战斗中，德军的战斗力也逐步耗尽。步兵师无时无刻不在战斗，根本无法脱身；而装甲部队则像一支消防队，奔波于各条防线。苏军在连续进攻中所遭受的损失，肯定是我们的许多倍，但苏军能够得到补充。尽管南方集团军群司令部就把我们的兵力使用在第聂伯河河曲这一错误地点的问题，屡屡向最高统帅部提出抗议，但并未获得显著效果。一方面，陆军总司令部无力提供必要的人员和物资补充，以弥补战斗力的减弱；另一方面，希特勒又拒绝及时放弃这个向东的突出部，以节省兵力，用于远比这里更重要的集团军群北翼。我们一再提出警告，指出即使在第聂伯河河曲取得防御战的胜利，但只要苏军不断向这里前调新锐兵力，也无法避免第 1 装甲集团军被合围的危险。但我们的警告如石沉大海。我们多次提出的缩短南方防线以组建预备队的建议也遭同样命运。结果——如我上文所说，只好将两个师调到第聂伯河河曲部，而实际上，将这两个师放在南方集团军群北翼是更佳的选择。

只有当南方集团军群北翼出现致命危机时，希特勒才认识到采取措施的必要性——但仍迟疑不决。

希特勒之所以要坚守第聂伯河河曲，是因为他一直认为尼科波尔和克里木对于战争的重要价值。他始终抱着一种希望，在取得第聂伯河河曲防御作战胜利之后，还要向南实施攻击，将克里木重新夺回。除此之外，肯定还有一种期待在他身上发挥着重要作用，即如果他——希特勒，像 1941 年兵临莫斯科城下那样寸土必争，苏军最终定会碰得头破血流。对于我们提出的缩短防线的建议，他总会搬出一个论据加以反驳，说苏军也会因此腾出兵力。对此，当然无法反驳。希特勒有意忽略了下面的事实。在有充足兵力占领的防御阵地前，进攻者或许会碰得头破血流，但为了坚守防线必须占领一条警戒线，而这将使本已受到严重削弱的防御力量再度受到削弱。苏军对这种防线的突破会轻易得手。

在南方集团军群北翼，虽然前面提到的第 4 装甲集团军第 48 装甲军的突击，为自己赢得了暂时的喘息机会，但苏军一旦得到补充，定会再次发起攻击。第 4 装甲集团军的任务就是，尽量拖延苏军发起攻击的时间。由于该集团军主力占据的防线正面向北，位于第聂伯河与日托米尔北部地域之间，因此其西翼时刻有被敌迂回的危险。与防线不相连接的第 59 军位于科罗斯坚，无法排除这一危险。

该集团军的兵力无论如何都不足以向基辅方向发动一次突击，赶走西岸的全部敌人。因此，集团军群司令部试图至少为第 4 装甲集团军西翼提供一定的安全保障。所以，第 48 装甲军在其翼侧重新掌握的主动权，维持的时间越长越好。

于是，集团军群司令部命令第 4 装甲集团军利用日托米尔—科罗斯坚地域苏军西翼暴露的时机，继续实施一次有限目标的突击。根据该集团军的命令，第 48 装甲军从防线中抽调出来，在周密的伪装和欺骗措施掩护下，利用夜色向位于日托米尔北部的敌第 60 集团军暴露的西翼开进。装甲军从西面对苏军发起突然袭击，一举将苏军击溃。接着，又对位于科罗斯坚东南正在集结的苏军实施攻击，重创其至少三个机械化军。

最后，不仅部分击溃了第聂伯河前方实施攻击的苏军，而且再次控制了第 4 装甲集团军左翼前方地域。

但是，这肯定不能避免在集团军群这一翼新的严重危机的降临。12 月 24 日，危机爆发了。

当我在受威胁防线后方视察预备队第 20 装甲步兵师的时候，第一次收到苏军在基辅—日托米尔公路两侧发动攻势的报告。我正在参加各团的圣诞晚会。最初的情报并不显得态势很严重，只是在基辅—日托米尔公路南部作战的第 25 装甲师情况危急。但在我返回文尼察大本营后，看到的晚间报告称，苏军已开始向日托米尔方向实施大规模突破。

后几日的敌情如下：

位于基辅地段的乌克兰第 1 方面军在该城西部地域集中强大兵力，企图沿通往日托米尔公路及其南面，在宽大正面上实施一次突破。在这个突击集群中，苏军投入第 38、1 近卫集团军和第 1 坦克集团军，共计 18 个步兵师和 6 个坦克师或机械化师。此后几天，又发现该集群还辖有第 18 集团军。

苏军的这一主要突击，由其第 40 集团军向南方的法斯托夫扩展。

在苏军攻击正面北翼，前不久被我击溃的第 60 集团军经补充后，加上北部的第 13 集团军，向科罗斯坚方向发起攻击，兵力至少有 14 个步兵师和 1 个骑兵军。这些部队虽已被我第 48 装甲军击溃，部分实力大为降低，但在这些军队后面的第 3 近卫坦克集团军（辖 6 个坦克军或机械化军）正在集结中，对我构成威胁。这些军中虽有 3~4 个军在最近战斗中遭受重创，但九头怪兽会迅速长出新的头！苏军集结这些快速兵团的企图无疑是，经科罗斯坚实施一次大范围的包围行动，达成对日托米尔的突破。

在由新调第 42 军负责的主要受威胁地段后面，苏军第 48 坦克军的两个坦克师、第 168 步兵师和（在南方集团军群地域内新组建的）第 18 炮兵师，正集结在日托米尔周围待命。面对数倍于己的苏军，单靠第 42 军这点兵力能否阻止苏军的突击，实属疑问。即使可能，要想对付苏军在经科罗斯坚达成突破后接着实施的对集团军群北翼的包围，兵力仍显不足。

因此，集团军群司令部于 12 月 25 日向陆军总司令部发电，报告敌我态势以及由此得出的结论。报告指出，第 4 装甲集团军以现有兵力无力阻止苏军的攻势，无法完成其掩护南方和"A"集团军群纵深翼侧的任务，必须给其以大幅度加强。如果陆军总司令部已没有部队可供加强，集团军群司令部将不得不从本集团军群右翼抽出至少5~6个师。这样，很明显，此翼就将无法继续在第聂伯河河曲的现有阵地立足。集团军群司令部因此要求给予集团军群右翼以行动自主权。

同时，第4装甲集团军也奉命以其现有全部兵力，首先阻止苏军主要突击集群在第42军地域内对日托米尔方向的突破。其北翼（第13、59军）则应继续准备抵御苏军对日托米尔的突破。已经抽调出来、现在第6集团军（暂时归属南方集团军群指挥）地域内位于第聂伯河下游的第17装甲师，转隶第4装甲集团军。

对于我们的报告，陆军总司令部再次提出解决第聂伯河河曲问题的折中方案（无疑是希特勒的意见）。对此，集团军群司令部指出："企图采取像前调一两个师那样零敲碎打的办法，来控制集团军群北翼态势的时候已经过去了！"

根据苏军在这里投入的兵力数量，即使能暂时阻止住苏军的攻势，也无助于大局的转变。尤其是他们肯定会将在冬季组建的预备队陆续投入战斗。未来的态势将是：德军东线南翼与后方的联系是否会被切断，继而被迫向西南退却，将会在之后几周在科罗斯坚—日托米尔—别尔季切夫—维亚济马—基辅以南地域一见分晓。

为应付这一危险，必须采取强有力的断然措施。目前的情况与集团军群1942~1943年冬季面临的情况基本相仿，那时将第1、4装甲集团军从右翼向左翼（由罗斯托夫地域向第聂伯河）实施大转移成了重建集团军群防线的唯一应急措施。现在，必须将第1装甲集团军从第聂伯河河曲调出来，并将至少5~6个师投放到别尔季切夫方向的集团军群左翼。要做到这一点，就必须放弃第聂伯河河曲东部，撤向位于第聂伯河拐弯处西部尼科波尔—克里沃罗格一线的预设阵地。

通过这样缩短防线可以节省出12个师，其中6个师连同第1装甲军用在集团军群北翼。其余6个师交给第6集团军，并由其接管第1装甲集团军的防务，以便能在第聂伯河下游组织防御。

第 1 装甲集团军投放到集团军群北翼的兵力应尽量向东，迎击苏军对日托米尔实施突破的先头部队。

陆军总司令部还将继续向第 4 装甲集团军增调兵力，以阻止苏军对该处的包围。之后，尽可能从西配合第 1 装甲集团军对苏军主力的攻击。

由于在第聂伯河河曲部苏军攻击暂时停息，趁此时机变更部署不会有太大危险。如果等苏军发起新的攻势，再行撤退就将异常困难。

基于上述分析以及第 4 装甲集团军面临的态势，最高统帅部必须迅速采取决断。

尽管我们一再催促，但直到 12 月 28 日，希特勒对于我们的上述请求依然未做出决断，只是答应将为第 4 装甲集团军增派几个师。因此，集团军群司令部于 12 月 29 日下达了相应命令。第 1 装甲军奉命于 1 月 1 日前将其防区移交第 6 军，至迟于 1 月 3 日接管第 4 装甲集团军从第聂伯河至别尔季切夫东南 45 公里处的防线（第 24 装甲军、第 7 军）。在该线左翼后方，应集中第 3 装甲军从第聂伯河河曲部和第 6 集团军抽调出来的四个师（第 6、17 装甲师、16 装甲步兵师、101 轻步师）。其他各师将相继行动。此次第 1 装甲集团军的转移未能运送大量兵力，原因在于运输能力的限制。此外，因为没有希特勒的同意，南方集团军群也不可能下达撤出第聂伯河曲东部的命令，因为那会对 “A” 集团军群产生直接影响。遗憾的是，面对最高统帅部，为了在陆军范围内实施协同作战，连一个集团军群司令部都不具有自主决定的权限。

在第 4 装甲集团军的其他防线上，由陆军总司令部前调了加强兵力（第 46 装甲军军部，及其第 16 装甲师、第 1 步兵师和第 4 山地师）。

这些兵力是否能够取得对向西南突击的苏军主力翼侧实施反突击的胜利，尚属疑问。无论如何都应首先阻止苏军的前进。

12 月 30 日，集团军群将其所采取的措施向陆军总司令部做了报告。12 月 31 日，希特勒勉强同意，但决不在撤出第聂伯河河曲东部和放弃尼科波尔桥头阵地方面做出任何必要决断。

正当集团军群司令部调动兵力之际，第 4 装甲集团军地域的态势到 12 月 31 日继续恶化。

苏军的主要突击集群在维亚济马方向西南的宽大正面，达成突破。虽然第 4 装甲集团军依然坚守着基辅南部（第 24 装甲军和第 7 军）的正面，但其西翼不得不大幅度后撤。接着，在第 3 装甲军准备集中的地域出现一个宽达 75 公里的缺口。从缺口直到别尔季切夫东南 45 公里处，才是另一道属于第 4 装甲集团军的防线，但这道薄弱的防线到了日托米尔北部的别尔季切夫—日托米尔公路东部，就又结束了。在日托米尔周围，第 13 军正在激战。在它与撤至科罗斯坚西部的第 59 军之间，再度出现一个 75 公里的缺口。在缺口的大后方，第 26 装甲军正在集中。

值得庆幸的是，苏军为上面提到的第 4 装甲集团军被分割的集群牵制。这样，苏军便错过了或完全没有认识到，以快速兵团突入这一宽大缺口，切断南方集团军群后方联系或合围第 4 装甲集团军各集群的机会。

翌年 1 月初，南方集团军群的总体态势急剧恶化。

在第聂伯河河曲部，苏军准备对尼科波尔桥头阵地，以及对第 6、8 集团军发动新的攻击。如果在未按南方集团军群司令部命令放弃第聂伯河河曲东部之前，苏军就发起进攻，那么这一翼的态势就会变得异常严重。尤其是随第 1 装甲军之后向北翼转移的各装甲师就无法抽调出来。1 月 3 日，苏军真的在基洛沃格勒东部发起大规模进攻，我们的两个师首先被牵制在那里。

然而，此时集团军群北翼急需前调兵力。苏军此时终于认识到在第 4 装甲集团军防线上的巨大缺口为其提供的大好时机。

在第 1 装甲集团军于 1 月 3 日奉命接管的基辅南部和西南部地域，苏军已向南突进到距乌曼北部约 50 公里处，暂时为刚刚到达的第 3 装甲集团军前部所阻。

尤其危急的看来是第 4 装甲集团军地域。由于面临从两翼被包围的危险，所以到 1 月 4 日，该集团军不得不撤至自文尼察以东 60 公里至别尔季切夫方向以北的一条防线，防线终点为过去苏、波边界 60 公里处的别尔季切夫西部。

在这个直至中央集团军群的巨大缺口中，第 59 军沿着由日托米尔至罗夫诺的宽大公路，向波兰旧边界撤退。

1月初的这种态势发展促使我于1月4日飞往元首大本营，想最终说服希特勒采取有力措施，从集团军群右翼向左翼转移兵力。

　　我首先向他描述了第聂伯河河曲出现的新危险，以及第4装甲集团军地域内的严重态势。

　　之后，我向他详细地阐明了我们的企图：以第1装甲集团军的第3装甲军从东面、以第4装甲集团军北翼后面的第26装甲军从西北面，对实施追击的苏军翼侧发动攻击❶。我同时解释说，计划实施的反突击即使能解除直接威胁，也不能长远地稳定集团军群北翼的态势。如不能最终解决集团军群北翼的问题，东线整个南翼就面临致命的威胁，南方集团军群以及"A"集团军群也将会葬身于罗马尼亚或黑海之滨。

　　我接着指出，如果最高统帅部不能提供充足的新锐兵力，那就只有放弃尼科波尔，后撤集团军群南翼（当然还包括放弃克里木），为具有重要意义的北翼腾出兵力。

　　对此，我补充说，依照集团军群司令部的命令撤出第聂伯河河曲东部，只是将重点向北翼转移这个总行动的第一步。

　　为能贯彻这一变更部署的重大措施，有必要大幅度缩短南翼防线。

　　因此，集团军群司令部已经对西部的防御阵地进行了周密勘察，并进行加固和扩建，对此希特勒自然是知道的。该防御阵地始自布格河下游，大致向北和西北方向延伸，充分利用有利的江河障碍，直至集团军群北翼正在鏖战地域的南端。如占领这一线，将使第6、8集团军现在防守的第聂伯河河曲部长达900公里的防线缩短大约一半。通过这种大幅度地缩短防线，节省出可观的兵力，加之将第17集团军从克里木撤向内陆，就能最终达成将重点向北翼转移的目的。即使如此，面对占绝对优势的苏军，南翼也有足够力量守住上述防线。当然，苏军也会因此节省出兵力。经缩短并以充足兵力防守的防线，面对苏军大规模的进攻，就能实现"防御是

---

❶ 此次证明希特勒的眼力尚佳。他怀疑我们在第4装甲集团军两翼的攻击能否成功。他的怀疑是正确的。——作者注

比进攻较强的一种形式"❶的理论。另一方面，由于我们已将铁路枢纽破坏，苏军几乎不可能以我们的同等规模和速度，将兵力由南翼向基辅西部地域调遣。

德军南翼的这种大规模撤退，前提条件当然是首先撤出第聂伯河河曲部。我们深知希特勒的态度，因此如果现在就提出后撤南翼的要求，势必达不到目的。因为，他不懂得以超前的眼光指挥作战的必要性。

直到现在，希特勒依旧断然拒绝撤出第聂伯河河曲，以及放弃尼科波尔。

对此，他指出，这样将不可避免地丧失克里木，最终将造成土耳其，接着便是保加利亚和罗马尼亚相继倒戈的结局。

他继续说，他不能为集团军群北翼继续增调兵力。这些兵力只有从北方集团军群抽调，那样北方集团军群就必须撤到佩普西湖。结果将可能使芬兰脱离德国，我们将因此丧失波罗的海的控制权，也不可能再从瑞典进口铁矿。此外，一个不可缺少的重要潜艇训练海域也将因此丧失。

他认为，若从西线抽调兵力，就只有敌人的登陆被粉碎，或者英国人被牵制在葡萄牙之后。现在，必须争取时间，直到西方的情况得到澄清，以及我们组建了新的部队。自5月起，潜艇战就可再显成效。

此外，敌人内部存在诸多分歧，终有一天会土崩瓦解。因此最重要的就是争取时间。虽然，对于集团军群面临的危险，他也同我一样认为是严重的，但在他拥有更多兵力之前，甘愿在这里冒险。要想反驳希特勒的这一论据，是没有一丝希望的。像往常一样，他指责我对全局没有高屋建瓴的认识。而我只能反复说明我们北翼态势的严重性，强调我们集团军群司令部采取的对策无论如何都不能最终克服当前的危机。因此，不管采取什么方式，都必须以最快的速度将一个新的集团军调到集团军群北翼，大致在罗夫诺周围地域，以避免被敌包围。

---

❶ 克劳塞维茨语。参见克劳塞维茨：《战争论》，商务印书馆，北京，1978年版，第493页。——译者注

由于参加"形势汇报会"的人很多，在大庭广众之下跟希特勒不会争论出什么结果，因此我请他单独面谈，只请总参谋长一人参加。对此，希特勒显然有些不高兴，满腹狐疑，不知道我会提出什么问题，但还是同意了。于是，国防军统帅部代表、戈林、副官、希特勒的传记作家，以及两位速记员，相继离开会议室。速记员负责将汇报会上的每一句话记录在案，但由于他们面前没有地图，因此根本无法理解汇报的真正内容。

在我飞往元首大本营之前就已准备好，除了集团军群态势问题之外，还要再次提出战争的总体指导问题。

除蔡茨勒将军外，当所有人都退出会议室之后，我便要求希特勒准许我完全敞开来说话。

希特勒以异常冷淡、不屑一顾的神情说道："请吧。"我说："我的元首，必须清楚，之所以造成我们目前面临的这种危急态势，并不仅仅归咎于敌人无可争议的优势，也是因为我们的指挥方式。"当我说出这些话时，希特勒立刻拉长了脸，表情严肃起来。他用一种令人窒息的目光死盯着我：他现在想用他的意志封住我的嘴。我还不曾见过哪一个人的目光能表达出如此强烈的意志力量。一位派驻柏林的大使曾在回忆录中描述过他第一次见到希特勒时的印象。其中，他也特别强调了希特勒的眼睛产生的强烈效应。确实如此，在他那张粗糙的脸上，唯一具有吸引力的，也是最具表现力的，大概就属那双眼睛。现在，他死死盯着我，好像要用他的眼睛一下将对手击倒在地，令其屈膝。我眼前突然闪过一个印度玩蛇者的形象。在我与希特勒之间，进行了一场仅有几秒钟的所谓无声的战斗。我知道，他是想用他的目光像吓倒某些人那样，使我望而却步。用一个虽然粗俗但十分贴切的词形容：威逼就范。然而，我继续说下去。我对他说，现在我们运用的指挥方式是行不通的。我不得不将我曾两次提出过的建议再次提出。为了对战争实施总体指导，需要一个具有实权的总参谋长，在军事指导上必须完全倾听他一个人的意见。如能按此处理，就有必要为东线任命一位总司令，他应在总体指导框架内享有完全的自主权；在意大利和西线也应如此。

我曾两次向他提出，需要彻底改变一下他运用军事指挥权的方式问题

（是实际上，而不是形式上放弃其指挥权），他都全然加以拒绝，这次也不例外。他声称，帝国的一切资源都在他的股掌之中，因此他也能对战争进行有效指导。只有他能够决定某一战场需要多少兵力，以及如何作战。连戈林都从未屈从过别人的安排。

关于为东线战场任命一位总司令的问题，希特勒还是那句话，没有第二个人享有像他一样的权威。他大声地对我吼道："元帅们连我都不服从！您以为他们会服从您吗？必要的时候，我可以撤他们的职，没有人具有这样的权威。"我回答，我下达的命令都得到了贯彻执行。他没再说话，谈话就此结束。

就这样，我打算以平和的方式改变我们最高军事指挥的问题，再次受挫，其实这并不会伤害他的威望。他之所以不愿意将指挥权交给一名军人，大概是因为他自视过高，过分自信。他从来没有私下承认过任何错误，也不允许军事顾问的存在。另一方面，也是由于他的多疑，使这位独裁者一定要把陆军控制在自己手里。

但是我也清楚，任何想用武力促成这一改变的企图，都会引起全线的崩溃。一旦如此，苏联人就会随之开进德国，这同英国人提出的无条件投降没有什么两样，因此运用武力的途径不在我的考虑之列。

于是，不仅在改善集团军群态势方面，而且在合理解决最高指挥权问题上，都没有取得任何如意的结果，只得两手空空返回我的大本营。但是，不管怎样，我们一直没有放弃为争取集团军群右翼的行动自由权，以及加强集团军群北翼的努力。

由于在元首大本营的谈话一无所获，集团军群只好继续在第聂伯河河曲部的战斗。北翼的战斗，要达到阻止敌人合围第4装甲集团军和向南的突破的目的，否则南翼与后方的联系将被切断。

在整个1月份，苏军仍以强大兵力对我一直防守的第聂伯河河曲部的阵地实施攻击，尤其是对第8集团军东线的攻击最为猛烈。但第6集团军在其所负责的地段内将苏军数次攻击击退。苏军不仅攻击该集团军位于第聂伯河河曲正面向北的防线，而且还从南面对尼科波尔桥头阵地实施攻击。

我们在 1 月份之所以不仅保住了尼科波尔桥头阵地，而且也守住了第聂伯河河曲部，完全归功于德军部队的献身精神。他们在没有一丝喘息和极为艰苦的防御作战中做出的努力难于言表。它说明，德国军人堪称效忠、尽职、服从和献身德意志的楷模！

多亏德军部队的这种表现，以及两个集团军领导采取的应急措施，极大地限制了在人员和物资上占数倍优势的苏军在这一战区的战绩。第 8 集团军防线尽管被迫向西撤退，基洛沃格勒也被迫放弃，但苏军仍未达成旨在合围我在第聂伯河河曲部队的决定性突破。

但是，南方集团军群左翼的态势困难得多。

第 4 装甲集团军未能抵御优势苏军的强大压力，为能维持其正面主要部分起码的连贯性，被迫放弃别尔季切夫，继续向西和西南撤退。但这不是最糟糕的事。

更为危险的是，苏军于 1 月 6 日觉察到一个大好机会可以利用，即在第 1 装甲集团军和第 4 装甲集团军右翼之间的缺口，以及在第 4 装甲集团军与中央集团军群之间有一片广阔的无重兵设防地域。在这一地域，只有兵力薄弱的第 59 军边打边向罗夫诺方向撤退。

很明显，苏联人现已在第 4 装甲集团军当面停顿下来，以寻机对其翼侧实施攻击。

苏军以三个集团军（第 18、第 1 近卫集团军和第 3 近卫坦克集团军）攻击第 4 装甲集团军北翼，同时利用第 60、13 集团军向着北部的罗夫诺方向实施超越追击。

同时，苏军以强大兵力（第 1 坦克集团军和第 40 集团军）对我第 1、4 装甲集团军之间的缺口处发起攻击。其先头部队到达第 1 装甲集团军补给基地乌曼北部约 30 公里处，已接近南方集团军群大本营所在地文尼察。由于文尼察与集团军群右翼的通信联系已受到苏军攻击的威胁，几天前大本营已移至普罗斯库罗夫。最后，苏军的坦克部队甚至将集团军群位于日梅林卡最重要的补给铁路暂时封锁（其他向南的补给铁路要经罗马尼亚，效率很低）。

面临此种态势，南方集团军群司令部有两种选择。是首先应付苏军对集团军群已近乎暴露的北翼的攻击，避免北翼被合围？还是首先阻止苏军对第1、4装甲集团军之间缺口的突破？我们没有足够的兵力同时完成两项任务。

我们决定，首先排除第二个危险，它是目前更为紧迫的任务。如果任苏军以强大兵力突入两个集团军缺口，并渡过布格河上游向南突击，那么第8、6集团军之间的联系将被切断。

接着，苏军会继续向罗夫诺方向的集团军群北翼推进，不久就将对我们构成致命威胁。希特勒将最终被迫向这里前调兵力，以解除这里的威胁。

一旦集团军群南翼的两个集团军的联系被切断，连拯救他们的机会都不复存在。唯一正确的措施就是集团军群南翼向后做大范围撤退，以腾出兵力排除北翼的危机，但这一方案再次遭到希特勒的否决。

基于上述考虑，我们决定，首先集中全部兵力对突入第1、4装甲集团军缺口、正向南推进的苏军实施攻击。

由于苏军向乌曼方向的突破，迫使第1装甲集团军将其位于基辅西南地域的西翼向南撤退，所以这一缺口就更具危险性。现在，第1装甲集团军与位于第聂伯河河曲、正面向东的第8集团军可谓是背靠背。由于两个集团军的内翼防守在卡涅夫两侧的第聂伯河，因此德军阵地形成了一个所谓的口袋。在北面，这个口袋底部被拴在第聂伯河上，两边则由两个集团军分别向东、向西的防线构成。一旦苏军突入乌曼北部的缺口，就会轻易将这个口袋朝南的口封死。当然，最合理的方案是撤出这一地域，因为防御这一地域要无谓地占用大量兵力。但是，对这一地域希特勒也不愿放弃。他一直希望，有朝一日从这一突出部出发夺回第聂伯河河曲东部。于是，这个口袋就这样存在下来，不久便演变成切尔卡瑟合围圈。

集团军群司令部企图从三面对突入第4、1集团军缺口的苏军实施钳形攻击。

东面，第7军从第1装甲集团军地域出击，攻击苏军翼侧。该军从上面讲到的突出部抽出，奉集团军群之命只在第聂伯河畔担负警戒任务。后来该军没有陷入切尔卡瑟合围圈，说明当初采取这一措施是值得的。

西面，第46装甲军攻击苏军另一翼。该军目前正从法国开向这里。

从第聂伯河河曲部抽调出来的第 3 装甲军则从南面攻击苏军。它应以机动作战牵制苏军，直至另两个军做好战斗准备。

1 月下半月，此次反突击终于付诸实施。因兵力数量不足，行动分两个阶段实施。此时，第 4、1 装甲集团军之间的缺口已扩展到近 75 公里。

首先，第 7 军和第 3 装甲军在缺口的东部，攻击敌第 40 集团军。之后，第 3 装甲军和第 26 装甲军实施向心突击，并在第 1 步兵师、第 4 山地师和第 18 炮兵师的参与下，将缺口西部的敌第 1 坦克集团军一部合围并歼灭。前面一次攻击的数据我已丢失，后一次行动中苏军被击毙大约 8000 人，只有 5500 人被俘，另有 700 辆坦克、200 多门火炮和 500 门反坦克炮被我缴获。我们的两次攻击重创敌 14 个步兵师和 5 个坦克、机械化师，但仍有一部分苏军逃出了合围。

当这一切正在进行之际，南方集团军群司令部与陆军总司令部之间关于下一步作战问题的争论当然也在继续之中。我们一再强调保障集团军群右翼行动自由权的必要性，也就是说，要放弃长时间坚守第聂伯河河曲部的错误。我在一封由总参谋长转呈希特勒的信中，针对希特勒 1 月 4 日为坚守第聂伯河河曲而提出的论据，提出我的看法。我写道：土耳其、保加利亚和罗马尼亚的态度并不取决于克里木问题，而在于德国军队在后两个国家东部边界前方保持一个完整的南翼。

集团军群司令部再次强调指出，德军东线整个南翼的最终结局取决于在集团军群左翼后方的罗夫诺周围地域及时前调一个强大的集团军。要做到这一点，就只有通过缩短集团军群右翼腾出兵力；要么从北方集团军群抽调兵力，或将第 17 集团军从克里木调回。只有这个集团军及时在罗夫诺周围地域集结待命，才能有效对付苏军对集团军群北翼实施的远距离包围行动，避免德军东线整个南翼被迫向罗马尼亚退却。尽管总参谋长完全同意我们的观点，并多次劝说希特勒，但希特勒依然坚持其不惜一切代价死守阵地的原则。看来，除了坚守命令之外，从他那里不可能再获得任何其他具有长远考虑的作战指令。

陆军总司令部也认为，苏军一直拥有强大的战役预备队，迟早要投入战斗，因此这种领导方式就显得越发不合理。既然希特勒不将其对之后作战的总体考虑告诉各集团军群司令部，那么他们又如何进行合理指挥呢？面对苏军拥有强大预备队的现实，又如何有预见性地估计到他们的运用呢？对于这些不合理的状况，我在一封信中这样写道：

"任何领导——如果他想赢得胜利的话——与各级指挥机构的相互理解的合作，基于领导的明确指示和对敌情判断的一致。集团军群司令们不能只考虑今天和明天，当他们觉察到敌人将要实施包围的企图而自己又无力对付时，光靠死守的命令是无法生存的。

"因此，我请求陆军总司令部，对于南方集团军群提出的情况判断，要么以此为依据得出一定的结论，要么提出自己对情况的判断，以替代集团军群的观点。

"如果最高统帅部对于集团军群根据自己有限的视野提出的观点充耳不闻，装聋作哑，那就绝对谈不上各级指挥机构的合作。"

这封信依然如石沉大海，于是我便给希特勒写了一封长信。信中再次强调了集团军群面临的态势，苏军所享有的作战机会，以及部队现状。我明确指出，如果不按集团军群的建议行动，总体态势定会严重恶化。我特别强调，必须尽快向北翼后方前调强大兵力，以对付苏军对集团军群北翼的包围。鉴于这一危险，并考虑到由此导致的集团军群南翼后路被切断的危险，我最后对希特勒说：

"我的元首，请允许我最后说一句话：对于我们而言，不是排除某一个危险的问题，而是采取措施对付一个我们无法避免且能驾驭的危险的问题。"

几天后，在我与希特勒发生冲突时，这封信起了重大作用。

1月27日，希特勒将东线所有集团军群司令和大批高级军官召集到元首大本营。他要亲自为我们做一个关于在陆军内部进行纳粹教育必要性的报告。他认为，军事形势越严峻，就越应给予作为胜利保证的"信仰"以更多的关注。这也是他在选择师以上高级指挥官时的一项标准。

在会前举行的简便午餐上，我已经觉察到，他对我1月4日对战争总体指导问题提出的批评还耿耿于怀。

会上，他居然说出下面的话，对一名付出巨大辛劳的陆军指挥官当众进行侮辱。他说："一旦末日来临，元帅和将军们能成为最后保卫国旗的人就好了。"

我从未受过这样的侮辱。而且，希特勒的话也是对每一个军人的粗暴侮辱。他们的勇敢，他们的意志，以及他们所尽的军人义务，都通通在希特勒指桑骂槐的讲话中受到怀疑。

作为军人已经习惯了在上司面前只听不说，因此所有与会者都沉默不语。但是，我听了希特勒的侮辱愤然不平，怒火沸腾。当希特勒为强调起见再次重复这句话时，我打断他说道："我的元首，肯定会是这样的！"

我在这中间大喊一声，自然与我个人对纳粹体系或希特勒本人的态度毫无关系。它只在于表明，我们不接受包括希特勒在内的任何人利用这种方式进行的精神上的挑衅。后来我的同事对我说的，当我说出那句话后，他们也长长地舒了一口气，因为他们也有同感。

但是，作为国家元首以及军队最高统帅的希特勒，还从未有过被别人打断讲话的经历。他在国会里被迫听别人插话的年月早已成为过去。显然他有点不知所措，接着他便用冰冷的目光盯着仅有几步之遥的我，大声喊道："谢谢您，曼施泰因元帅。"他的讲话也随之戛然而止。

正当我在蔡茨勒将军那里品茶时，接到一个电话，通知我希特勒要与我进行谈话，有凯特尔在座。一见面，希特勒就说："元帅先生，在我对将军们讲话时，我不允许您打断我。您也不会容忍您的下级这样做的。"对后一句话，我没有什么可回答的，因此没有作声。但他显然很生气，接着便犯了一个错误。他继续说道："几天前您送来一份关于态势的备忘录。您的目的大概是想通过战时日志在后人面前为自己辩解。"这真是太气人了。我回答："我给您的私人信件很显然并不载入我们的战时日志。这封信由通信兵送达，只经总参谋长转呈。请您原谅我，对您的说法，我只能用一个英文词语：我是一位绅士。"沉默片刻后，希特勒说："多谢。"我被特别点名参加晚间情况汇报会。会上，希特勒对我又十分和蔼。他甚至在第 17 集团军司令耶尼克将军的汇报后，想听听我对于防守克里木的意见。他肯定没有忘记我对他的顶撞。但是，除了我与最高统帅部的关系外，还有使我牵肠挂肚的事。

2月份，有三个地段即尼科波尔、切尔卡瑟和罗夫诺，被提到议事日程上。

尼科波尔的丢失

根据希特勒的命令，第6集团军自2月2日重新归属"A"集团军群。他在向蔡茨勒将军下达这一命令时所提出的理由，显得十分奇特。他想将第6集团军的两个师投入克里木，而当时克里木已经失去意义。现在他却解释说，他之所以将这两个师交给"A"集团军群指挥，是因为他无法从南方集团军群那里得到这两个师！

从某种意义上说，交出第6集团军是让南方集团军群司令部轻松的一大快事。我们已为它操够了心！当然，我们也失去了一支后备力量，如果我们掌握从第聂伯河河曲东部和尼科波尔桥头阵地及时撤出的自主权，那么这些兵力就可以派上用场。但这正是希特勒所反对的。现在，在苏军的逼迫下，他不得不交出这些地域。

1月31日，苏军再次对位于克里沃罗格东部的第6集团军北段，以及从南面对尼科波尔桥头阵地发起猛烈攻击。经过三天激战，苏军在第6集团军北段达成重大突破。第30军被彻底击溃，因其当面有苏军12个步兵师和两个坦克军，兵力对比为1∶2，苏军占有绝对优势。该军六个师在第一线，后方有两个装甲师；但这些师的装备和人员均不满员，只相当于战斗群。两个装甲师当时只有五辆可以作战的坦克！这些因连续作战已疲惫不堪的英勇部队，最终走到了他们的尽头。

因第6集团军从此时起已不属于南方集团军群指挥，所以我无法对这一地段的战斗做详细的介绍。事实上，苏军突破第6集团军北段防线，就意味着在这里的两个军，以及在尼科波尔桥头阵地的两个军被切断了与外界的联系。而这一结果正是南方集团军群司令部一再提醒的。现在，希特勒也不得不同意放弃第聂伯河河曲东部以及尼科波尔桥头阵地了。第6集团军虽然在这场恶战中免遭合围，但其装备遭受重大损失。如能及时放弃这个突出部，不仅能有计划地将全部军队撤出，而且还能将其用在更为重要的集团军群北翼。结果相反，第 6 集团军被白白地消耗在一个错误的地点，而且能否经得住追兵的压力，实属疑问。

切尔卡瑟被合围

在南方集团军群中央部位，第 1 装甲集团军的快速兵团在对揳入我东部缺口的苏军第 40 集团军实施的反突击获胜之后，接着又在西部开始实施第二次反突击。但是，一旦我们的装甲师离开这里，苏军再次出现。

1 月末，苏军一支主要由数个坦克、机械化军组成的强大部队突入我突出部的西北部，这是由第 1 装甲集团军和第 8 集团军两军内翼依托第聂伯河畔的切尔卡瑟防守的部位。苏军从第 7 军和第 42 军之间穿过，一直向南推进到兹韦尼戈罗德卡地域。

与此同时，苏军还对第 8 集团军正面向东的防线实施攻击，并投入第 4、5 近卫坦克集团军新锐部队，达成对该防线的突破。接着径直向西突贯，与从西北向兹韦尼戈罗德卡方向实施攻击，并对我第 1 装甲集团军达成突破的苏军取得联系。这样，上文提到的向北一直到达第聂伯河的突出部，连同位于此突出部内的第 1 装甲集团军的第 42 军和第 8 集团军的第 11 军，被切断了与外界的联系。这一情况是我 1 月 28 日返回集团军群大本营时得知的。为拯救被围部队，集团军群司令部立即采取有力措施。

命令第 1 装甲集团军尽快结束与苏军左翼的战斗，尽快抽出第 3 装甲军。该军与第 16、17 装甲师、党卫队近卫师以及久经考验的"贝克"重装甲团，投放到新的危机地点。第 1 装甲师随后跟进。

命令第 8 集团军抽出第 47 装甲军军部及其第 3 装甲师，在苏军突破地点集中。从第 6 集团军抽调第 24 装甲师，以加强该突击集群。但当他们到达集中地域时，希特勒却命令将他们转隶 "A" 集团军群；因为尼科波尔桥头阵地态势告急。这次依然是远水解不了近渴，他们只能迟到。

根据集团军群的命令，第 1 装甲集团军的一个军和第 8 集团军的一个军，分别从西、南两个方向，对合围第 42 军和第 11 军的苏军翼侧和背后实施攻击。

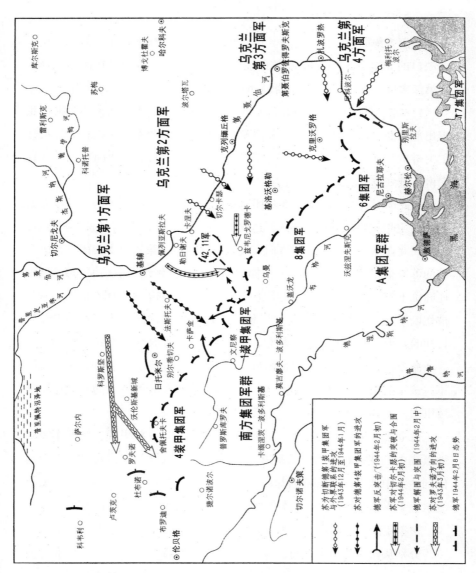

图 23　南方集团军群的作战（1944年2月中）

为救出这两个军，集团军群司令部投入大量的师。这是因为，苏军在这一地域集中的兵力不少于 26 个步兵师和 7~9 个坦克、机械化军和骑兵军。需要说明的是，苏军的师的数量之所以也很可观，是因为他们的师也不是经补充或新调的满员师。

我们两个突击集群的任务是，首先切断苏军与后方的联系，然后实施向心攻击，将敌歼灭。

不幸的是，两个突击集群的集中，先因大雪后由于泥泞被延迟了。不过，当他们一旦能够行动，便切断了合围切尔卡瑟之敌主力的退路，重创苏军。击毁敌坦克 700 多辆、反坦克炮 600 门和火炮 150 门，但两个集群仅俘虏苏军 2000 人。这说明，苏军主力是摩托化兵团。天有不测风云，大雪和泥泞最后使我们的进攻无法继续进行。第 3 装甲军的先头部队已到达距合围圈西南方 13 公里处。第 47 装甲军则牵制了一大部分苏军。

南方集团军群司令部指挥组曾乘我的指挥车到乌曼，视察两个集团军在这次战斗中的协同。第 1 装甲集团军军部在乌曼，第 8 集团军军部也在附近。我曾两次试图从乌曼到突击集群前线视察，均陷在大雪和泥泞中。但苏军的宽履带坦克能在这种大雪天气和松软地面上行驶自如，远远优于我们的车辆。

我们的装甲部队已没有希望到达合围圈，因此我命令被合围的两个军向西南突围。此时，苏军不断从各个方向向两个军发起攻击；留给他们的空间已经不多，南北约有 45 公里，东西只有 15~20 公里。时间对我们来说，异常紧迫。2 月 4 日，苏军已要求他们投降。

在两位军长施特默曼和利布指挥下，两个军于 2 月 16 日夜开始向第 3 装甲军的西南方向实施突围。第 3 装甲军也尽其最大努力，克服泥泞造成的困难，派出几辆坦克予以支援。两个被合围的军奉集团军群之命，投入全部炮兵和弹药支援突围。由于泥泞很深，无法机动，因此炮兵在打完炮弹之后不得不将火炮丢弃。后卫部队以几门火炮对从北、东、南方逼近的苏军射击，掩护主力突围。

可以想象，我们坐在指挥车里是以何等期盼和焦虑的心情等待着突围的消息。2 月 16 日夜 1 时 25 分，终于等来了第一个报告，突围部队已与第 3 装甲军先头部队建立联系，令人深深地舒了一口气。位于他们之间的苏军被彻底击溃。2 月 28 日，我们获悉有 3 万 ~3.2 万人冲出合围圈。这个数字应当是战斗部队的大部兵力，因为合围圈内的六个师和一个旅已严重减员。❶ 令人沮丧和十分痛心的是，大部分伤员在突围时未被运出。施特默曼将军在突围作战中牺牲。

这两个军终于避免了第 6 集团军在斯大林格勒的厄运。起初，希特勒也要求被合围部队坚持到底，但最终还是同意了集团军群下达的撤退命令。为避免引起希特勒的责难，集团军群司令部在下达这个命令时，事先并没有报告希特勒。

大部分火炮和重型武器陷在泥泞之中，部队费尽千辛万苦，只救出一小部分。很显然，突出合围的师只能暂时撤出战斗。集团军群失去这 6.5 个师，使我们的处境变得更加困难。不过，至少救出两个军的人又使我们感到十分欣慰。

现在，第 1 装甲集团军和第 8 集团军的任务是，建立相互之间的联系，并准备尽快抽调出装甲部队以做预备队。

在视察了部分突出合围的部队之后，我便返回位于普罗斯库罗夫的指挥所。因为，集团军群左翼的态势已经告急。

罗夫诺

基于上述原因，集团军群司令部于 2 月间首先集中一切力量，阻止苏军对我防线中央部位的突破。这样，我们首先排除了尚坚守在第聂伯河河曲部的集团军群右翼被切断后路的危险。之后，解救出被合围于切尔卡瑟的两个军。接下来，集团军群北翼态势的发展便成为我们的主要关注点。

在这里，第 4 装甲集团军防线还算连贯，正面朝向东北，从文尼察直

---

❶ 被合围前，两个军领取口粮的人数为 5.4 万人。但有一部分后方勤务单位未被合围。——作者注

到西面的小城舍佩托夫卡。该城位于集团军群大本营所在地普罗斯库罗夫北部约 75 公里处。该集团军的防线便在舍佩托夫卡终止。在这条长约 240 公里的防线上，只有三个军部所辖的九个兵力较弱、尚能作战的师（五个步兵师、两个装甲师和两个装甲步兵师）。目前，苏军也需要喘息一下，因此对该集团军的压力已经减缓。但是，以集团军现有兵力绝对无法与兵力占绝对优势的敌军相对垒。

然而，对于集团军群而言，还有另一个更大的危险。

在第 4 装甲集团军西翼当面，一直向北直至中央集团军群南部分界线，有一块几乎没有德军防守的开阔地域。苏军迟早会从这一地域对第 4 装甲集团军，继而对整个集团军群实施一次大范围的迂回。尽管该集团军北部是不适宜大规模作战的平斯克沼泽地，但该集团军防线北部有一座由东向西宽达 60 公里的陆桥。由基辅通往罗夫诺的宽大公路便经过这里，一直向西通往伦贝格和卢布林。

为封锁这座陆桥和公路，集团军群司令部将第 13 军部署在北翼。该军由我过去在第 38 军时的参谋长豪费将军指挥，他不幸于 1944 年 3 月阵亡。他凭借仅有的一点兵力，在 2~3 月间阻止了占绝对优势的苏军在公路两侧的推进，数次巧妙地摆脱了敌人包围。往北即在平斯克沼泽地，有一个由警察分队组成的集群，在科韦利负责防守从基辅通往波兰的铁路。

很明显，面对优势之敌，孤军奋战的第 13 军只能迟滞，却难以长时间地阻止苏军的推进。到 2 月初，罗夫诺便丢失了。第 13 军被迫向西撤往杜布诺。

驻在罗夫诺的省党部头目、乌克兰全权代表科赫自然早就溜之大吉。他没有尽到带领下属和警察履行其坚持到最后的义务。后来在东普鲁士，他也是望风而逃，一走了之。而希特勒将这座城市的丢失归罪于将军们。据蔡茨勒说，甚至连凯特尔也赞同立即枪毙罗夫诺的城防司令。当蔡茨勒表示强烈反对并指出，希特勒无论如何都应首先听取将军们的意见时，戈林却插话说："不行，不行，不能这样做，我们每次都这样做了，又怎么样了？这也是国家元首的职责。"撇开此事与戈林毫不相干这一点不说，他根本就没有资格指责别人所谓的失职。他的话再次证明他对陆军、对陆军将领们的仇恨。希特勒并没有接受凯特尔和戈林的观点，只是命令进行军事法庭的调查。最后，宣布城防司令无罪，在罗夫诺地域指挥作战的一位师长被判处死刑。在我以及集团军司令的抗议下，希特勒最终放弃了对这位师长失职的指控。当时，在我那个时期，还没有出现有权判处指挥官死刑的"流动临时法庭"。

还是把话题转回第4装甲集团军。

如我前面所说，虽然该集团军防线目前尚无直接威胁，但很清楚，在其北部只有薄弱兵力防守的广大地域，将会成为苏军发动攻势的基地。由此可以向西对伦贝格方向突击，也可向南对第4装甲集团军的西翼实施包围。

大家也许还记得，南方集团军群司令部已预见到这一危险，曾多次要求在罗夫诺周围地域部署一个集团军，但毫无结果。最高统帅部既没有为此从其他方向（如北方集团军群或通过撤出克里木）抽调兵力，也没有给予集团军群南翼以作战行动自由权。

在切尔卡瑟战斗结束之后，南方集团军群司令部已从本集团军群防线的中央向左翼调去强大装甲兵力。这些兵力已于3月15日到达左翼后方。但是，我们向陆军总司令部强调指出，这些兵力最多只能起到在第4装甲集团军遭到苏军大规模攻击时稳住防线的作用，绝不足以抵御苏军对该集团军西翼实施的大范围包围。最终的胜负仍将在集团军群北翼决出。因此，向北翼增调兵力才是当务之急。但是，最高统帅部并没有在此方面采取任何重大措施。

很显然，希特勒估计苏军的攻击力已经枯竭。此外，他还在等待着泥泞季节的来临，这将阻止苏联人进行大规模的作战。

我们在2月中旬为解救被合围于切尔卡瑟两个军的作战，虽然也时为大雪、时为泥泞所阻，但如果泥泞季节真的来临，作战也难以进行。

在希望苏军攻击力衰竭的同时，也要考虑自己战斗力的下降。为了能对这个问题做一个总体判断，南方集团军群司令部向陆军总司令部提交了一系列数字，形象地说明敌我双方的损失及其补充情况。

我们从众多战俘的供词中估算出，我们当面苏军在1943年7月~1944

年1月间，大约补充了100.08万人。这个数字与苏军在这一时期损失的人数相符。而在这段时间里，南方集团军群死伤、失踪人数为40.5409万，仅补充22.1893万人。所以，尽管苏军的损失远远大于我们，尤其是步兵的战斗力急剧下降，但是数字表明，兵力对比对我们极为不利。在苏军损失的数字中，包括了相当部分的俘虏，这只有靠我们在机动作战时才能抓获。

当时，苏联一线的个别坦克军只有20辆坦克，但一般平均为50~100辆，按编制应装备200~250辆。而我们的装甲师，最多平均只有30辆可以作战的坦克。只有近期调来的装甲师情况较好一些，其他则很差。据估计，我们当面的敌军在这段时间里共补充新坦克2700辆，而我们只有872辆（包括自行火炮）。上述敌方数字尚未将其大量预备队计算在内。

下面由各集团军报的具体数字或许很能说明问题，当然其中不可避免地会有重复，尤其是击毁坦克的数字。敌人的损失：

1月 俘虏17653人 坦克2873辆 火炮588门 反坦克炮2481门

2月 俘虏7700人 坦克1055辆 火炮200门 反坦克炮855门

这些数字说明，当时苏军已拥有数量相当可观的装备。苏联人已不再依靠人海战术。另一方面，也可以看出在俘虏人数与被击毁或被缴获的装备数量之间存在着巨大差异。苏联人要么以牺牲重型武器为代价避免被俘（这同时表明其士气的下降），要么就是人员遭受重大损失。

在考虑到上述一系列数字的情况下，希特勒对于下一步作战和南方集团军群北翼态势发展的态度，通过我与蔡茨勒将军在2月18日的一次通话很能说明问题。

我强调了集团军群北翼的危险；同时指出敌我双方的兵力对比，以及我们在兵力上一直不如其他集团军群的状况。我将电话的一段记录摘引如下：

蔡茨勒："我就这个问题的后果再次与元首进行了一次长谈，但并未得到赞同。"

我："那么，他对我们之后的作战是怎么想的？"

蔡茨勒："他说，苏联人总会在某个时候停止进攻的。自去年7月，他们就不停地进攻，但他们不会永远进攻下去。我说：我的元首，如果您是苏联人，您该怎么做？他回答：什么也不做！我说：我将会进攻，并向伦贝格进攻！"

很显然，希特勒依然指望疲惫和天气会在不久的将来终止苏军的进攻。他对我说，到了5月，他就可以组建新师。如果他能将这些人员和装备编入我们富有作战经验的各师，我们所处的态势就会大不一样了。

清算的时刻……

到了1944年3月，清算德军最高统帅部所犯根本性错误的时刻来到了。这个错误就是，为了能在关键性地点构成优势或至少拥有充足兵力，从来不想放弃任何东西（无论是在东线，还是在其他战场）。所表现出来的第一个错误是，1943年，在西方国家尚未开辟第二战场之前，为了至少能在东线达成平局，或是耗尽苏军的攻击力，德军没有竭尽全力在东线取得决定性胜利。

另一个错误是，自德军的最后一次进攻行动"堡垒"作战失败之后，依然利用已经不充足的兵力竭力向前推进，延伸战线，从而过分地消耗了自己的力量。

最后一个错误是，直到最后依然坚持要死守南线向东的巨大突出部——先是在顿涅茨地区和库班，后是第聂伯河河曲部和克里木——为敌人提供了切断我们后路的机会。最高统帅部忽视了一点，那就是关键不是争夺那个突出部，而是在南方集团军群北翼，苏军会从这里将德军整个南翼向南赶入黑海或罗马尼亚。自"堡垒"作战之后，南方集团军群北翼便始终是关键点。

现在一切均已晚矣！关键的1943年已经一去不复返，而我们并未能在东线至少达成一个平局。以后是否有可能达成，将取决于西方1944年登陆的结果了。

但是，首先要遭清算的是东线南翼！

希特勒曾希望苏军兵力耗尽，泥泞季节的来临会阻止苏军的攻势，现在证明这至少是梦幻一场。

诚然，由于德军部队的顽强不屈，苏联人也在推进过程中付出了沉重的代价。可以明显地看出，苏军步兵的战斗力已大大下降，因为这些部队是他们从夺回地域中强行征召来的。但苏军依然可以不断得到新锐兵力或人员补充。他们的坦克军和机械化军尽管因损失惨重，坦克数量大为减少，但仍比德军的装甲师多数倍。在德军方面，即使竭尽全力从后方各单位中去搜罗，也仍然无法弥补人员的空缺。我们已将数十万之众的俄罗斯人、乌克兰人和高加索人征召到后勤和运输纵队，他们都出于自愿，工作起来忠心耿耿。为了摆脱布尔什维克的统治，他们（不顾占领区内纳粹省党部推行的不友好政策）宁愿与德军一起战斗。

3月，泥泞季节来临了，尽管还时不时地出现冰冻，但道路已经难以通行。它给我们造成的影响远远大于苏联人。上文已经说过，由于苏军坦克使用宽履带，因此在大雪和泥泞中具有更强的机动能力。同时，苏军现在装备了大量具有越野性能的美式载重汽车，而我们的车辆只能局限于几条路况良好的公路。他们的坦克军和机械化军的步兵因此也能快速机动。我们越来越多的牵引车陷在泥泞之中。结果，快速兵团只能浪费大量时间，跨越漫长的距离，在具有良好机动能力的苏军面前，只能甘拜下风。

对于南方集团军群而言，保持一个强大的北翼是十分必要的，除非泥泞使苏军暂时停止进攻。

虽然苏军会继续攻击"A"集团军群（第6集团军）和我们的第8集团军，但苏军仍有可能将这个向东突出的翼侧击溃，并将其逼入黑海，并占领布格河和德涅斯特河的渡口。因为这一方向有着诱人的目标，即收复比萨拉比亚，打通通往罗马尼亚和巴尔干的道路！这一地区正是罗斯福想留给"乔大叔"的。

不过，德军这一翼仍可在必要时通过灵活作战向后撤退，加之第6集团军大幅度缩短防线，可以节省出大量兵力。而且还有可能在布格河下游或德涅斯特河下游（在罗马尼亚旧边界的前方）建立一道有充足兵力防守的防线，最终阻挡住敌人的进攻。

早在2月22日就已发现，第8集团军南翼当面苏军有再次发动攻击的迹象，南方集团军群遂要求给予该集团军以规避的行动自由权。我们既不想也无力向其前调兵力，因为其他防线（集团军群左翼）更急需兵力。第 8 集团军实施灵活作战的前提是，其南部友邻第 6 集团军能否与其协同行动。这就是我们要征得陆军总司令部同意的原因。

希特勒没有同意，这也毫不为怪。与此相反，当第 6 集团军的绵长防线告急时，南方集团军群却抽调兵力（第 3、24 装甲师）予以支援。

苏军如若沿黑海海岸向 "A" 集团军群推进，远不如在南方集团军群北翼更易于取得决定性胜利。如果苏军投入强大兵力，则很有可能在泥泞季节到来之前便突破第 4 装甲集团军向北的正面，然后占领由伦贝格经日梅林卡通向南乌克兰的铁路，它是整个南翼最重要的补给线。接着，苏军继续向南推进，直达南翼纵深翼侧和背后。

此外，可以肯定，苏军会利用南方集团军群北翼和中央集团军群南翼之间宽大的无设防地域，集结一个强大的突击集群。其任务是，对南方集团军群左翼实施大范围的迂回，或者如蔡茨勒将军对希特勒说的对伦贝格实施攻击。2 月末，发现白俄罗斯第 1 方面军在这一地域出现，这是一个说明苏军上述企图的确凿证据。如果集团军群左翼遭到苏军的这种迂回，只有向南即喀尔巴阡山东部退却。这样，苏军经伦贝格通往加里西亚或波兰的道路便畅通无阻了。

必须尽一切努力避免态势向这一方向发展。

解救被合围于切尔卡瑟两个军的战斗结束，接着重建第 1 装甲集团军和第 8 集团军在这一地域的联系之后，南方集团军群司令部便采取断然措施将兵力向集团军群左翼转移。在第 1 装甲集团军和第 8 集团军地域，腾出了第 3 装甲军军部及其第 1、11、16 装甲师的兵力。不久，还可能有第 17 装甲师和炮兵师随后，相继到普罗斯库罗夫附近的第 4 装甲集团军背后待命。同样，还将从上述集团军中抽调出第 7 装甲师、近卫师和第 503 重型装甲营，支援第 4 装甲集团军。这些部队将集中在捷尔诺波尔附近，由第 48 装甲军军部指挥。第 3 装甲军的任务是，阻止苏军对普罗斯库罗夫北部防线的突破；第 48 装甲军的任务则是，阻止苏军经捷尔诺波尔对我西翼实施包围。同时，陆军总司令部所允诺的三个步兵师（第 68、357 和

359 步兵师）也将调往第 4 装甲集团军地域。

上述各师从各集团军放弃防线开往任务地，自然需要时间。加之道路状况和运输能力都不可能实施快速调动，结果，他们都未能在 3 月中旬前到达集团军群左翼后方的指定地域。

3 月初，集团军群司令部命令各集团军向左翼进行大规模的延伸或调动。这样，第 4 装甲集团军便可对捷尔诺波尔和杜布诺之间这一具有重要意义的地域实施指挥。该集团军将终止于舍佩托夫卡的防线移交给第 1 装甲集团军，接管捷尔诺波尔东部—杜布诺地域的指挥权。在这一地域，可供使用的只有正在向捷尔诺波尔附近集结的第 48 装甲军，此外还有正在杜布诺附近作战的第 13 军和科韦利附近的警察部队。

第 1 装甲集团军为此将乌曼北部（第 7 军）地段移交给第 8 集团军。根据陆军总司令部的命令，该集团军右翼各军重归第 6 集团军指挥。

3 月初，为了便于在关键的集团军群左翼后方实施指挥，南方集团军群司令部将大本营移至卡缅涅茨—波多利斯基，后又移到伦贝格。按照希特勒的指令，我们没有进入罗马尼亚境内。

上述措施能否阻止苏军其实在泥泞季节到来之前便已开始的进攻，实属疑问。南方集团军群司令部曾一再向陆军总司令部强调指出，无论如何要向伦贝格前调两个集团军共计 15~20 个师的兵力。只有如此，集团军群才能阻止苏军对集团军群左翼实施的大规模迂回。（应当估计到，希特勒所允诺的新师是不够的，而且数量到底有多少，集团军群司令部一概不知。因此，必须通过继续缩短防线——如北方集团军群第 6 集团军的防线——以腾出兵力，以及将第 17 集团军从克里木撤出。）

很显然，在集团军群内做如此大规模的兵力调动，对于第 8 集团军和第 1 装甲集团军而言，是一个巨大冒险。一旦地形和天气允许，苏军就会继续进攻。其目标是向布格河中游，以及文尼察至沃兹涅先斯克的布格河渡口实施突破。

但是，态势已经如此，集团军群司令部只能两者之间择其善。若从全局考虑，苏军如果在第 1 装甲集团军地域以及第 8 集团军当面向前推进，无疑弊端较小。如果将南邻的第 6 集团军撤到布格河后面，或者最坏情况下撤到德涅斯特河后面，就可以抵消苏军这一行动的效果；但并不能最终排除苏军在集团军群左翼取得决定性战果。竭尽全力阻止苏军打通通往南方和"A"集团军群纵深翼侧或通往伦贝格的道路，则是南方集团军群在泥泞季节真正到来之前的作战目标。因此，南方集团军群右翼和"A"集团军群将可能不得不继续向西撤退。

战斗在泥泞中继续进行

尽管因天气原因我们的空中侦察无法进行，致使我们无法得知苏军兵力调动和集中的情况，但集团军群司令部仍于2月底对敌情做了如下判断。

新出现的白俄罗斯第1方面军正在罗夫诺地域集中，企图迂回集团军群西翼。

乌克兰第1方面军准备对普罗斯库罗夫两侧向北的正面实施攻击，该防线现由第1军负责。

乌克兰第2方面军如能成功渡过布格河，并向切尔诺夫策推进，就会再次对第1装甲集团军右翼和第8集团军实施攻击。

乌克兰第3、4方面军将继续试图取得对第8集团军右翼和第6集团军攻击的胜利。

3月，苏军开始在第4、1装甲集团军地域对南方集团军群左翼发动攻击。苏军以包括一个坦克军在内的优势兵力，对杜布诺周围的第13军发起猛烈攻击，并试图将其包围。苏军的主要突击由两个坦克集团军和第60集团军担负，目标是向南突破普罗斯库罗夫—捷尔诺波尔一线。他们的企图很明显，即切断集团军群最主要的补给线。如果天气允许，将一直推进到德涅斯特河。与此同时，敌人的第18集团军也企图将第1装甲集团军右翼逼向东南。

下面的一览表可以清楚地表明这一阶段双方的兵力对比。

1944 年 3 月 9 日敌军兵力	1944 年 2 月 29 日己方兵力及防线长度
第 6 集团军（"A"集团军群）当面苏军：	
62 个步兵师	
3 个坦克、机械化军	约 18 个步兵师
1 个骑兵军	3 个装甲师
1 个坦克军（休整中）	
第 8 集团军当面苏军：	
57 个步兵师	5 个步兵师
11 个坦克、机械化军	4 个装甲、装甲步兵师
第 1 装甲集团军当面苏军	
37~40 个步兵师	8 个步兵师
11 个坦克、机械化军	1 个炮兵师　　180 公里
	1 个装甲师
第 4 装甲集团军当面苏军：	
18 个步兵师	8 个步兵师
5 个坦克、机械化军	1 个警戒师
1 个骑兵军	1 支警察部队
	9.5 个装甲、装甲步兵师

由于本集团军群各集团军分界线的内部调整，3 月初又得到下述兵力：

第 8 集团军从第 1 装甲集团军得到 3 个步兵师，防线长 60 公里；第 1 装甲集团军从第 4 装甲集团军得到 5 个步兵师、3.5 个装甲和装甲步兵师，防线长 200 公里。

　　当我于 3 月 4 日视察舍佩托夫卡前线时，在此作战的第 59 军态势已经十分危急。苏军已在该军左右两翼达成突破，并准备从东西两面将其包围。为排除这一危险，该军必须后撤。在军长、我过去的参谋长舒尔茨将军坚定沉着的指挥下，以及刚刚开来的第 1 装甲师支援下，成功撤退。但苏军仍对该军紧追不舍，向普罗斯库罗夫方向实施超越追击，以图将其

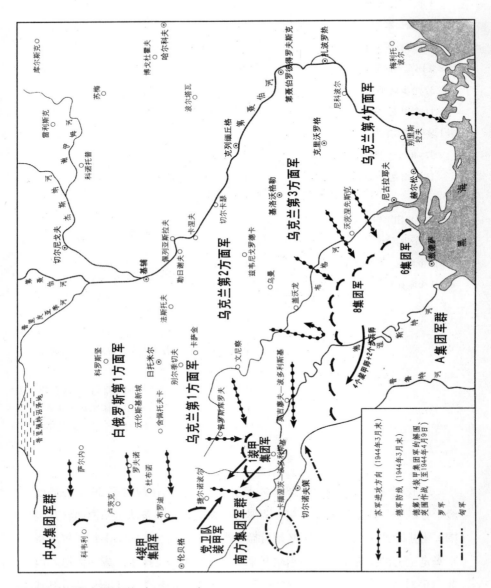

图 24　东线南翼态势（1944.3）

合围。

开往集团军群翼侧后方的两个装甲军投入战斗。

第3装甲军从普罗斯库罗夫向西北推进，以击溃插入第1、4装甲集团军之间空隙的敌军。

第48装甲军则对向捷尔诺波尔和向南突击的敌军坦克部队发起攻击。

到3月7日，苏军在这一作战地段已投入22~25个步兵师和7个坦克、机械化军。

3月初，苏军又对第8集团军左翼发动一次进攻。仅在两周之内，苏军便弥补了在抗击德军为解救切尔卡瑟西南被合围部队的战斗中所遭受的损失。在我们刚刚把两个装甲军从这一地段撤出，调到集团军群左翼之后，苏军便向乌曼方向发动进攻。为此，苏军投入的兵力不少于20个步兵师和4个坦克师，并将我第7军击溃。3月9日，挺进到乌曼城下。

在"A"集团军群（第6集团军）地域内，苏军也再次发起攻击，并在尼古拉耶夫方向、布格河入海口达成突破。

3月7日，南方集团军群司令部在向陆军总司令部的报告中指出，现在集团军群除了将战斗进行到苏军的进攻被泥泞所阻之外，没有其他途径。但从长远看，关键的是在泥泞季节结束后，必须在捷尔诺波尔—卢茨克—伦贝格地域部署足够兵力，以阻止苏军对伦贝格—卢布林的突破，或在敌人从捷尔诺波尔向南推进时，攻击其翼侧。

现在，对于集团军群而言，重要的是争取时间，甚至不惜丢弃一些地盘，以尽量保持部队的战斗力，直到泥泞迫使苏军停止进攻。遗憾的是，在此之前浪费了大量时间。

在这个时刻，希特勒自以为找到了一种阻止苏军向前推进的新方法。他将交通枢纽或具有某种战术价值的地点宣布为"要塞"。每个要塞配备一名司令官，并立下生死状，要死守到底。在被希特勒指定为要塞的所在地内，各集团军要负责要塞的物资储备和人员补充。希特勒以为，由于这些要塞可以阻断重要的公路或地段，而且也是苏军趋之若鹜的目标，因此足以阻止苏军的推进。然而，事情从一开始就很清楚，希特勒的发明只不过是一种妄想。事实上，在这些城市实施防御要比守住这些城市需要投入更多的兵力，更不用说我们根本就没有更多的兵力。没有工事或仅以少量兵力防守的所谓"要塞"，迟早要成为牺牲品，并不能达到预期的目的。因此，集团军群司令部一直要求在尚未被合围之前，便放弃这些"要塞"。只有后来在捷尔诺波尔没有实现这一要求，只有少数人突出重围。希特勒的这种方法后来在1944年使我们遭受了重大损失。

为了争取时间和避免各集团军被合围，在第8集团军左翼防线被苏军突破后，集团军群司令部便于3月11日命令其撤退；两天后，第1装甲集团军右翼也奉命撤到布格河后面。

在左翼，第1装甲集团军以三个军的兵力继续在普罗斯库罗夫地域作战，以重建与第4装甲集团军的联系，减轻其右翼的负担。

第4装甲集团军的任务是，阻止苏军坦克部队在捷尔诺波尔东部达成突破，否则苏军会向南推进到德涅斯特河，迫使第1装甲集团军向东南撤退。同时，投入前面提到的陆军总司令部允诺的三个师，肃清伦贝格—捷尔诺波尔—普罗斯库罗夫交通线上的苏军。但是，对于急需给予加强的第13军，集团军群司令部当时确实无能为力。

形势的发展瞬息万变。到3月15日，第8集团军左翼已彻底被击溃。在该集团军和第1装甲集团军之间的乌曼至文尼察地域，出现一个巨大的缺口。苏军的五个集团军以及一个坦克集团军得以继续向西南推进，在第8集团军地域渡过布格河。第8集团军将所有可以抽调出来的兵力从其右翼调到左翼，企图攻击渡过布格河的苏军。但是，该集团军只能在局部阻止苏军的前进，就布格河这条宽大的防线而言已无法坚守，重建与第1装甲集团军的联系也难以实现。相反，渡过布格河的强大苏军将第8集团军逼向南方，并在超越追击中提前到达德涅斯特河。

在第1装甲集团军右翼，苏军也达成突破，并一直推进到文尼察南部的布格河畔。于是，文尼察立即被希特勒指定为"要塞"。一开始就很清楚，该城无法坚守，因为它最少需要三个师的兵力。从何处获得这些兵力呢？

在普罗斯库罗夫以西、该集团军左翼有迹象表明，苏军第3近卫坦克集团军企图以三个坦克军对该集团军实施包围。

在第4装甲集团军，一个由陆军总司令部调来的步兵师实施了一次成功的攻击，遂使捷尔诺波尔地域的态势趋于平稳。而第 13 军因受到被合围的威胁，不得不向布罗迪方向撤退。

从总体看，在集团军群右翼已没有可能夺回和守住布格河。早在 3 月 16 日，渡过布格河的苏军以一个坦克集团军向西部最近的一个德涅斯特河渡口推进。另两个集团军和一个坦克集团军转向南，攻击第 8 集团军的北部翼侧。同时，第 1 装甲集团军还面临两翼被包围的危险。尽管在捷尔诺波尔取得一次胜利，但第 4 装甲集团军能否阻止苏军向伦贝格方向推进或转向南方，实属疑问。

现在苏军以势不可当的速度向前推进，但这种形势是怎么造成的呢？

除去苏军兵力占压倒优势这一因素之外，主要原因在于已方部队的战斗力已经枯竭。自 7 月以来，德军连续不断的作战，部队大量减员。大量有作战经验的基层指挥官和士兵，一直得不到补充。部队的核心已消耗殆尽。在一个装甲军只有 24 辆坦克的情况下，如何实施有力的反突击？尽管如此，部队仍取得了惊人的战绩。但从总体上说，部队缺少人员和武器，无法防御辽阔的地域，而苏军则以数倍于己的优势兵力突入我无设防的缺口。不管怎么说，对于苏军的快速推进，部队是没有任何责任的。

还有一种说法，说为什么恰恰在第 8 集团军右翼和第 1 装甲集团军右翼，态势会如此迅速地朝不利于我的方向发展。对此，我要说的是，两个集团军的指挥官没有任何过错。原因之一是在集团军群这一翼缺少 6.5 个师，这 6.5 个师是从切尔卡瑟合围圈中被解救出来后，被送到占领区休整，直到现在，这一空缺仍未得到弥补。

此外，如我前面所说，集团军群司令部还从这两个集团军抽出两个装甲军共计六个装甲师，用在集团军群左翼。如果不动用这些兵力，这两个集团军的态势自然会好一些。这样说来，对于右翼的受挫，集团军群司令部无疑要承担责任。但是，如果集团军群司令部不将这两个军及时提供给集团军群左翼，那集团军群的总体态势，以及东线整个南翼的态势又会怎样呢？毫无疑问，到 1944 年 3 月初，集团军群北翼早就被彻底击溃，继而东线整个南翼便会被合围，或者无力阻止苏军挺进巴尔干。

在这种紧张的形势下，我被召到上萨尔茨贝格。几天前，希特勒的副官施蒙特将军来到我这里。他要我在一份显得有几分怪异的文件上签字。这是一份所有元帅向希特勒表示效忠的文件,矛头所指是在斯大林格勒被俘的冯·赛德利茨将军所做的宣传。这一动议大概出自施蒙特将军之手,他认为这样可以增强希特勒对陆军的信任。希特勒肯定会同意这一做法,甚而会热烈欢迎。由于除我之外的所有元帅已经签名(值得注意的是,施蒙特还把当时是大将的莫德尔也列入其中),我除了签名没有其他途径。如果拒签,就无异于同情赛德利茨的宣传。但我对施蒙特说,从军人角度看,这种声明实为多余。很显然,德国军人并没有响应"自由德国"委员会的宣传,也没有必要故意表白我们会严守军人的职责。此外,事实已经表明,当时"自由德国"委员会撒在切尔卡瑟合围圈上空的传单并没有达到目的。赛德利茨送给被合围部队指挥官利布将军的信,也没有发挥作用。当时,我也在我的办公桌上发现了一封这样的信。这是一个乌克兰的游击队员捡到后送给我们的。❶

3月19日,上面提到的那份文件由冯·龙德施泰特元帅当面隆重地呈送给希特勒,一大批各军种高级将帅到场。这使希特勒异常激动,但从根本上违背了军人的观念!

由这件向希特勒表忠诚的事,自然引申出这样一个问题——希特勒屡屡拒绝我提出的建议,也不愿承认客观事实。既然如此,我为什么还要继续留在我的岗位上?

就一般问题而论,我只能说,常年的重负使我无暇认识到,我们的政

---

❶ 在只有一个德国军事管理机构的东乌克兰地区,几乎没有游击队;而在西乌克兰,游击队十分活跃。这一方面是因为当地茂密的森林为其提供了良好的藏身之地,易于袭击铁路和公路。另一方面是因为,帝国全权代表科赫执行政策不力,将居民逼入游击队。游击队分为三种。苏联游击队与我们为敌,并对和平居民推行恐怖政策;乌克兰游击队与苏联游击队作战,而对被俘并缴械的德国军人一般都予以释放;波兰游击队则与德国人和乌克兰作战。这种情况主要发生在已属于加里西亚的伦贝格地区。在加里西亚,波兰游击队主要分布在大城市;而乌克兰游击队大多在农村。与帝国其他全权代表不同的是,在伦贝格区是由韦希特尔区委管理,他不仅推行有利于乌克兰人的政策,也保护波兰少数民族。他甚至还将乌克兰志愿者组成了一个师。——作者注

体竟变得如此糟糕。国内流行的传闻很难传到前线。战斗任务以及对战斗的种种忧虑，使我们无暇对这些进行思考。因此说，我们所处的环境完全不同于国内的或无战事的被占领区内的军人或政治家。

但在军事方面，对于希特勒领导的错误，我当然不能视而不见。至于为什么我认为在战争中将他除掉是不可能的，前面已有交代。

我常常希望离开我的职位。每当希特勒不同意我的建议，或是介入集团军群指挥时，我就对我的参谋长说，希特勒是想另找一位司令替代我。除了下属挽留我，每次都是我自己打消了离职的念头，但这绝不是为了"遮丑"，而是出于一种信念：没有任何一个司令部能比我们这个在多年艰苦作战中久经考验的司令部更能胜任当前的重任。我的离去不仅仅是更换一个集团军群司令的问题，而是带来更多的后果。

部队对我的领导寄予充分信任，我不忍心将他们弃置不顾。为了部队，有时我也不得不向希特勒提出辞呈，那是我的最后王牌，只是为了达到急需的目的。不久，在拯救第 1 装甲集团军时，我就采取了这种办法。

上萨尔茨贝格的会议给我提供了一次机会，针对当前危急的态势，向希特勒提出如下建议：

立即将第 6 集团军撤至德涅斯特河后面。该集团军现依然位于布格河下游一个伸向东方的突出部，占用了过多兵力。"A"集团军群司令冯·克莱斯特元帅也曾提出过这一建议。

立即将第 6 集团军腾出来的兵力迅速向北调往德涅斯特河与普鲁特河之间地域（罗马尼亚旧边界），以防止第 8 集团军被迫从德涅斯特河向东南撤退。

应做出明确决定，在德涅斯特河或在普鲁特河畔，"A"集团军群与罗马尼亚军队合作，共同保障罗马尼亚的安全。

迅速增援南方集团军群北翼，防止该翼侧被迫向喀尔巴阡山退却，或阻止苏军对伦贝格的突破。

此外，我还补充说，如果要想在喀尔巴阡山以北构建一条强大防线，那么这种解决方案会暂时在 "A" 集团军群和南方集团军群之间形成一个缺口。如果苏军企图通过这个缺口取道匈牙利向巴尔干方向推进，我们一旦得到希特勒所允诺的 5 月给予我们的加强兵力之后，便可从北攻击苏军背后。

然而，希特勒并不接受这样一种长远的作战方案。他决定，"A"集团军群留在布格河不动，宣布只对南方集团军群北翼提供小规模的支援。

在我 3 月 22 日送给蔡茨勒将军的一份详细的情况判断报告中，再次提出我上述的建议。我指出，以现有兵力，无法将第 8 集团军和第 1 装甲集团军的防线连接起来。现在重要的是，"A"集团军群在配属第 8 集团军后，负责保障罗马尼亚的安全；而南方集团军群则阻止苏军从喀尔巴阡山北部向西推进。为此，第 4 装甲集团军必须坚守原地，同时必须给予其支援。第 1 装甲集团军必须首先重建与第 4 装甲集团军的联系，以防止被迫向南撤退。在两个集团军群之间的喀尔巴阡山隘路，则由匈牙利军队加以封锁。

匈牙利多少是被迫参战的，两眼一直盯着 1918 年割让给罗马尼亚的锡本比尔根❶。我们的盟友匈牙利和罗马尼亚，相互之间狐疑满腹，都将精兵留在国内，以备不测时兵戎相见。1942~1943 年冬季在顿河失利后，罗马尼亚的两个集团军和匈牙利的一个集团军先后撤出前线。

可是，安东内斯库元帅继续提供兵力，用于亚速海的岸防。他还让隶属于第 17 集团军的罗马尼亚部队继续留在库班桥头阵地和后来的克里木。现在，他又提供新的集团军编入"A"集团军群，用于保卫罗马尼亚。

匈牙利在将其集团军撤出前线后，只在乌克兰帝国专员公署留下几个师。然而这些部队也已事先约定，不卷入与苏军的战斗！一旦苏军进逼，我们就必须及时将他们撤向后方。他们的任务是在后方地域对付游击队，保卫铁路和公路。

但是，现在的态势对匈牙利来说也十分严峻。我们不能缺少匈牙利国内尚未动用的部队，以便在喀尔巴阡山及其北部直至德涅斯特河地域组织

------

❶ 今特兰西瓦尼亚。——译者注

防御。但是，匈牙利政府的态度让人捉摸不定。3 月 15 日，陆军总司令部派林德曼将军来到我们这里。他带来的一份指令指出，匈牙利政府一旦反叛，应迅速解除位于我们战线后方的匈牙利部队的武装。值得庆幸的是，我们被免除了这一任务。在匈牙利摄政霍尔蒂访问上萨尔茨贝格后，3 月 23 日，匈牙利第 1 集团军归属我们指挥，该集团军下辖两个军，每个军编有四个步兵师和一个快速师。然而，这些师还没有动员！匈牙利的武器装备也达不到与苏军坦克部队作战的水平。不过，守住喀尔巴阡山还是可以做到的，因为苏军的坦克部队在山地会受到很大局限。匈牙利的国防军也曾在第一次世界大战中扼守喀尔巴阡山隘路，成功阻止苏军向其国家的推进。当然，前提是匈牙利军队要有一个有力的领导。但是，3 月 28 日，匈牙利的洛考托什将军（时任匈牙利总参谋长或国防部长）和匈牙利第 1 集团军司令的来访，并没有给我们留下令人鼓舞的印象。这两位将军以他们的部队尚未做好准备（时至 1944 年 3 月！）和缺少反坦克武器为借口，搪塞我们的要求。我们隐约感到，匈牙利的某些高级指挥机构没有决心保卫国家的边界。难道他们对苏联人还有什么期待吗？

3 月 19 日夜，我在上萨尔茨贝格收到南方集团军群司令部送来的夜间报告，获悉集团军群的态势再度恶化。

第 8 集团军虽然已将全部装甲兵力投入左翼，但仍不能阻止苏军从西面向其实施的迂回，不得不向南撤退。当前适宜的应急措施——将刚刚撤退的第 6 集团军用在这一地点，却因希特勒的反对而未能付诸实施。因此，我们只有试图劝说安东内斯库元帅现在就将罗马尼亚部队提供给我们，以便使第 8 集团军的防线能向西北延长。而安东内斯库元帅原本答应只用来防守普鲁特河。

除了第 8 集团军态势恶化之外，集团军群北翼也告急。

北翼的第 1 装甲集团军，在右翼无法坚守布格河之后，现防守着一条面向东北、自德涅斯特河（莫吉廖夫—波多利斯基西北）至兹布卢茨克河的防线，兹布卢茨克河构成了波兰边界。

再往西，正如上文所说，第 4 装甲集团军利用刚刚到达的一个新锐师实施了一次反突击，暂时稳住了捷尔诺波尔东部的态势。

但 3 月 20 日，苏军又投入两个坦克集团军（第 1、4 坦克集团军），在我两个集团军分界线两侧向南方的德涅斯特河上游达成突破。3 月 23 日，苏军第 1、4 坦克集团军先头部队分别接近切尔诺夫策北部德涅斯特河渡口，以及卡缅涅茨—波多利斯基以南渡口。这样，苏军便站在了第 1 装甲集团军的后方交通线上。于是，集团军群司令部立即命令第 1 装甲集团军撤向德涅斯特河和普罗斯库罗夫之间一条缩短的防线，以便腾出兵力肃清背后的苏军。同时，将第 4 装甲集团军由毛斯将军指挥的一个战斗群，转隶第 1 装甲集团军。在苏军的两个坦克集团军在第 1 装甲集团军背后横行无忌的时候，该战斗群则成了这一地域唯一的支柱。该战斗群的任务是，阻止苏军随后跟进的主力，并切断其先头坦克部队的补给线。

但是很明显，仅靠这些措施并不能恢复南方集团军群北翼的态势。虽然苏军的坦克部队只不过是暂时深入第 1 装甲集团军背后（该集团军的补给已被迫通过空中实施），但可以预计，该集团军不久将会被合围。如果想在喀尔巴阡山以北建立一条稳固的防线，第 1 装甲集团军就必须立即撤出。

3 月 23 日，南方集团军群司令部请求陆军总司令部，迅速前调兵力（这些兵力可从此时被占领的匈牙利那里抽出 ❶），以肃清第 1 装甲集团军后方交通线上的苏军。

3 月 24 日，我们收到答复，要求第 1 装甲集团军不仅要守住目前面向东部和东北的漫长防线，而且同时要将防线向西延伸至捷尔诺波尔，并肃清后方交通线上的苏军。

对此，南方集团军群司令部于 3 月 24 日中午报告，如果 15 时之前不能满足我们此前提出的请求，我们将命令第 1 装甲集团军向西实施突围。

16 时收到答复，元首同意第 1 装甲集团军肃清西面交通线上苏军的基

---

❶ 为防备匈牙利的背叛，德军在魏克斯元帅的指挥下，于 1944 年 3 月 19 日兵不血刃地占领匈牙利首都布达佩斯。3 月 18 日，匈牙利摄政霍尔蒂在与希特勒会谈时，迫于压力，同意德军的进驻。——译者注

本思路，但同时要求坚守迄今位于德涅斯特河和捷尔诺波尔之间的防线。集团军从何处得到用于此目的的兵力，是个不解之谜。这与 1942 年 12 月斯大林格勒的情况如出一辙。当时，希特勒一方面同意第 6 集团军突围，但同时又要求其坚守斯大林格勒。这就等于说，第 6 集团军不可能有实施突围的兵力。

在电话里，我再次向蔡茨勒将军说明，希特勒提出的要求根本不可能实现。蔡茨勒将军回答，希特勒根本不了解态势的严重性。不过，深夜我得到通知，要我于次日到元首大本营汇报。

除了这件事情之外，这些天在我与第 1 装甲集团军司令之间又发生一些事端。胡贝大将虽然在这件事情上与集团军群司令部意见一致，但认为第 1 装甲集团军当时的态势已无法维持下去。他也认为必须避免遭苏军合围，但不应向西突围，而应渡过德涅斯特河向南撤退。当时，这确是一条易于到达的路线。向西则要在行军途中，遭遇敌两个坦克集团军的攻击。而向南渡过德涅斯特河，则不会有激烈的战斗。

然而，我不能赞同胡贝大将的观点。第一，第 1 装甲集团军必须向西重建与第 4 装甲集团军的联系。否则，将如何阻止苏军在喀尔巴阡山以北向加里西亚实施的突破？如果向南突围，最好的情况下，他们将被迫撤入喀尔巴阡山。但即使这一点也值得怀疑。从表面看，向南渡过德涅斯特河危险较小，但仔细想来集团军有可能会全军覆灭。他们并不具备在宽大正面渡河的器材。如果利用为数不多的几座桥梁渡河，在敌空军攻击下，大部重型装备将会丢失。更主要的是，苏军早已从河南岸由东向西推进，第 1 装甲集团军迟早会受到这支苏军以及前面提到的两个坦克集团军的夹击。

于是，我明确告知胡贝将军，集团军群司令部不允许集团军撤向德涅斯特河南岸，同时命令其向西突围。在我飞向上萨尔茨贝格之前，我就已经命令第 1 装甲集团军首先向西突击，与上面提到的位于兹布卢茨克的德军建立联系，并力争切断向卡缅涅茨——波多利斯基突击的苏军坦克集团军的补给线。

3 月 25 日凌晨，我从伦贝格起飞，于中午到达山间别墅，参加中午情况汇报会。

我向希特勒描述第 1 装甲集团军的情况时指出，该集团军防线北段和东段遭苏军强大压力，由于部队已长时间超负荷运转，加之空中补给不足，难以继续坚持。在集团军西翼纵深，苏军已到达其后方交通线，苏军坦克集团军先头部队已推进到德涅斯特河南岸，另一个坦克集团军则向东南方向的卡缅涅茨—波多利斯基推进，企图从背后攻击集团军。此外，苏军还从河南岸由东向西推进，企图切断第 1 装甲集团军的后路。

在这种情况下，第 1 装甲集团军除了向西突击，肃清补给线上的苏军，与第 4 装甲集团军建立联系之外，没有其他办法。这样做，或许还能同时将位于第 1 装甲集团军背后的两个敌坦克集团军的补给线切断。当然，集团军必须利用其余兵力在东或东北方向上实施掩护。其他问题都是次要的。集团军无论如何都要留在防线东段和东北段。其南翼必须以德涅斯特河为依托。我无论如何都不能同意胡贝将军向德涅斯特河南岸撤退的意见。一方面，从作战角度看，必须将第 1、4 装甲集团军的兵力在喀尔巴阡山北部集中起来。另一方面，向德涅斯特河南岸撤退有可能重新陷入苏军的合围，最终全军覆灭。

我补充说，我建议的第 1 装甲集团军向西的突围行动，成功前提是第 4 装甲集团军实施相向突击。为此，必须立即向其增派兵力。

对此，希特勒说道，他无法抽出兵力用于此目的。他必须考虑到西方国家的登陆，他不能从那里抽调兵力。出于政治考虑，我们驻在匈牙利的部队决不能动用。希特勒也不赞成第 1 装甲集团军为了向西突围，需要将其正面向东的防线暂时后撤。

接着，在我与希特勒之间便展开了一场激烈的争论。希特勒指出，南方集团军群态势之所以不利，责任完全在我。几天前，蔡茨勒将军告诉我，希特勒说南方集团军群司令部糟践了他提供给我们的大量兵力。我请蔡茨勒将军转告希特勒，对于零敲碎打地提供给我们且姗姗来迟的兵力，南方集团军群司令部只能是这个用法。如果能从长远考虑，满足我们一再提出的向北翼提供强大兵力的要求，或是允许南翼拥有行动自主权，那么现在就不会有兵力不足的抱怨了！蔡茨勒将军完全赞同我的意见。事实上，自"堡垒"行动后，这是整个态势发展的关键所在。

现在，希特勒断言，我们"总是想着动"。他说，秋天，我们对他说，要守住第聂伯河。在他勉强同意撤到第聂伯河后面之后，我们又对他说，因为基辅已被突破，还必须向后撤。

我回答说，事情本身就是如此。正是由于他（希特勒），我们才坚守在南翼，以守住顿涅茨地区和第聂伯河地区，而没有使我们加强北翼。

接着，希特勒声称，据空军称，他们只看到苏军的少量坦克，而在其前面则有大量逃窜的德军，德军防线因此也不断后撤。由于希特勒获得的报告都来源于空军总司令部，因此我推测，这是戈林对陆军心怀嫉恨的再次证据。

我十分严厉地回答道，如果说我们的部队无法坚守某些地段，那完全是因为他们久负重担，过度劳累，兵力不足而至。南方集团军群司令部早就多次提醒过，在这种战线过长、补充不足的状况下，部队的战斗力终有一日会枯竭。我们已解除了一批高级指挥官的职务，说明我们并没有手软。尽管我们有久经考验和勇敢的指挥官，但也无力阻止部队战斗力的下降。最近提供给第4装甲集团军的两个师，被敌人的200余辆坦克击溃，原因在于他们缺乏训练和作战经验。对此，我们也做过多次报告。

鉴于这种陈述说明无济于事，我最后决定只争取使希特勒同意第1装甲集团军的装甲兵力向西突击。这首先是为了与第4装甲集团军建立联系；其次，为了肃清其后方交通线上的苏军。其余部队则负责掩护。我必须于今日向第1装甲集团军下达命令。我重复说道，此次行动成功的前提是，第4装甲集团军必须与向西突击的第1装甲集团军实施向心突击。然而，希特勒再次拒绝了这一要求。下一步会商将在晚间汇报会进行。尽管争论相当激烈，但这一次希特勒并没有失态。

在离开能够一览萨尔茨贝格风景的会议大厅时，我请希特勒的副官长施蒙特将军转告希特勒，如果希特勒不同意我的建议，不相信我的观点和措施，我将认为继续留在集团军群司令的职位上是没有意义的，请他另请高明。

下午，在我的住所贝希特斯加登，接到我的参谋长布塞将军的电话。他告诉我，胡贝将军再次急切地要求不向西突破，而是渡过德涅斯特河向南撤退。晚上，该集团军打来电话称，向西突围无法实施，必须向南突围。布塞将军已经拒绝了该集团军的要求，但仍请我做出最终决断。我的决断是，仍维持向西突围不变。

当我来到晚间汇报会时，希特勒的态度发生了180度的转变。他大致说道："我对这件事情再次考虑了一下。我同意您关于第1装甲集团军向西突击的想法。我还忍痛把在西线新组建的党卫队装甲军及其党卫队第9、10装甲师，以及从匈牙利抽调出的第100轻步师和第367步兵师，供第4装甲集团军编组突击集群之用。"

我向他报告说，之前我刚刚拒绝了胡贝将军提出的向南突围的请求。我认为，向西突围会成功的，因为苏军的两个坦克集团军似乎将兵力分散于第聂伯河渡口方向上。接着，陪同我的作训处长舒尔策·比特格尔中校宣读了我向第1装甲集团军下达的向西突破的命令。

鉴于希特勒突然的让步，我便接着将我对下一步作战的想法做了汇报。我指出，南方集团军群的任务是在喀尔巴阡山与普里佩特沼泽地之间地域建立一条稳固的防线；匈牙利第1集团军集中于喀尔巴阡山以北斯特赖地域，负责封锁喀尔巴阡山与德涅斯特河上游之间的山区。

第8集团军必须转隶"A"集团军群，该集团军群负责保卫罗马尼亚。两个集团军群之间的缺口，是我们目前只能暂时接受的现实。它可以利用尚在匈牙利的兵力封锁喀尔巴阡山隘路，加以解决。

我还建议，应为南翼包括联军在内，组建一个统一的指挥机构。对于罗马尼亚的防御问题，我认为可为安东内斯库元帅配一名德国参谋长。但希特勒在这个问题上持否定态度。他只是说，出于政治原因，他不能接受这位元帅。

晚上的会商气氛远比上午融洽得多，会议结束时，希特勒在前厅问我们是否想吃点什么。他以极大的满足感给我读了一段土耳其的新闻报道，报道说现在是德国给予匈牙利帮助以来的最好时期。实际上，那里的情况远比人们想象的要糟。

3月26日一早，我便飞回集团军群司令部。第8集团军此时已归属"A"集团军群指挥。

次日，我来到第 4 装甲集团军，商谈与第 1 装甲集团军实施向心突击的问题。劳斯将军尽管对其防线不无忧虑，但对于重建与第 1 装甲集团军的联系满怀信心。被希特勒宣布为"要塞"的捷尔诺波尔被敌合围。集团军左翼的第 13 军也即将在布罗迪附近被合围，但它可以排除这一危险。

　　希特勒在 3 月 25 日答应了我们的要求之后，南方集团军群司令部对于救出第 1 装甲集团军，并与第 4 装甲集团军在喀尔巴阡山以东会合充满信心。然而，3 月 25 日的会商虽然保住了第 1 装甲集团军，但很显然，通过此事，希特勒也对于与我的合作感到厌倦了。对冯·克莱斯特元帅也是如此。在我离开上萨尔茨贝格两天后，他也跑到上萨尔茨贝格，要求将其集团军群最终撤到德涅斯特河下游。

　　3 月 30 日早晨，我被突然叫醒，报告说希特勒的"神鹰"座机已去接冯·克莱斯特元帅，不久也将在伦贝格降落，接我们俩一同到元首大本营。当我与作训处长舒尔策·比特格尔和我的助理参谋施塔尔贝格在伦贝格机场等候元首座机降落时，我的参谋长正与蔡茨勒将军通话。他告诉我，希特勒打算解除我与克莱斯特的职务，对此我们早有心理准备。

　　到达贝希特斯加登之后，我们首先找蔡茨勒将军谈话，因为希特勒要到晚间汇报时才接见我们。蔡茨勒说，自上次上萨尔茨贝格会商后，戈林和希姆莱，似乎还有凯特尔，再次指名道姓地对我进行诋毁。这或许就是促使希特勒下决心与我和克莱斯特分手的原因。当希特勒将这一想法告诉蔡茨勒时，蔡茨勒立即提出辞呈，说他与我的意见始终如一，如果我走了，他也不能留下。尽管蔡茨勒数次提出书面辞呈，但希特勒均断然加以拒绝。总参谋长的这种正直着实令人起敬！我将我与希特勒最后一次会晤的日记引述如下，那是我根据最新记忆的记录。

　　"傍晚，在元首处。授剑❶之后，他对我说，他决定将集团军群交予另外一个人（莫德尔）指挥。他说，在东线，特别适合我的大规模作战时

---

❶ 一种授勋仪式，即在十字勋章上增加一对金属小宝剑。——译者注

代已经过去。现在只是死守。这种新作战方式的指挥，必须由一个新人并以新的原则来实施。因此，他想更换集团军群的指挥，并更改集团军群的名称。

"他强调指出，像过去对其他元帅一样（他指出了他的姓名），在我们之间不存在任何信任危机。他一如既往地对我充满信任。他也从未对集团军群领导有过丝毫指摘，相反充满了谅解。但也很明显，集团军群司令部在一年半的作战中担负了过重的责任，因此希望我能休息一下。他知道，我是他最能干的指挥官之一，因此不久将会重新起用我。不过现在，东线已没有适合我的任务。那里的事由莫德尔去做，他在北方集团军群时曾阻止了一次艰难的撤退，这是他的长项。他再次向我保证，我们之间绝没有任何信任危机。元首还对我说，他从未忘记我是唯一在西方战局前对他说，通过对色当的突破不仅可取得会战的胜利，而且可以和肯定赢得整个西方战局的人。

"我回答元首，如果他认为在现在这个时刻更换一个集团军群司令会工作得更好，我自然不会提出任何反对意见。我也认为，现在将指挥权移交莫德尔也无大碍，因为解救第1装甲集团军的决定已经下了。一方面，通过他（希特勒）将党卫队装甲军从西线调来的决定，一方面通过我下达的集团军向西突围的命令，集团军群所要做的事情大体已经完成。现在要做的就是给部队以帮助，给其以精神支持。这是莫德尔可以做到的。

"元首欣然赞同，说莫德尔尤其适合此项工作。他将会'奔走'于各师之间，发挥部队的最大潜力。对此我则回答，集团军群各师在我指挥下早已发挥了最大潜力，他们不可能再有潜力可挖。

"不管人们如何理解在我与希特勒的这次最后会面中他对我所说的一切，但他还是以一种得体的方式对待此次分手的。此事使我回忆起蔡茨勒的一句话：'如果希特勒早就想解除冯·克莱斯特元帅和我的职务，他应当通知我们，至少要讲明原因。'戈林和希姆莱早就想把我搞掉，这我是知道的。但是，促使希特勒下此决心的主要原因大概是3月25日他一开始拒绝了我的建议，之后又不得不向我屈服。当希特勒与我握手告别时，我说：'我的元首，但愿您今天的决定不会是一个不利的决定。'"

接着，冯·克莱斯特元帅也以此种方式被解职。当我们离开山间别墅时，我们的继任者已在门外等候！他们是被晋升为元帅的莫德尔大将，接任更名为北乌克兰集团军群的南方集团军群司令；克莱斯特则由舍纳尔将军接替。

次日早晨，我乘 Ju52 型飞机返回伦贝格。我的继任者被暴风雪所阻，滞留在克拉科夫。这样，我还有时间于 4 月 1 日下达了集团军群的最后一道命令，以确保两个装甲集团军在突围作战中的协同。下午，我来到第 4 装甲集团军，与新调来的党卫队装甲军军长商谈有关事宜，并与其告别。对于曾在我指挥下的其他集团军司令，只能以书面道别。

4 月 2 日下午，我向到达这里的继任者移交指挥权。解救第 1 装甲集团军的行动，以及对于总体态势至关重要的两个集团军在喀尔巴阡山与普里佩特沼泽地之间地域的会合，大体已胜券在握，尽管此后的战斗将是艰难的。

按计划，第 4 装甲集团军于 4 月 5 日开始向东突击。至 4 月 9 日，第 1 装甲集团军终被解救出来！

我还要与我的司令部人员告别！与我的战友们告别令我黯然神伤，我们一起度过了战斗的日日夜夜，共同经历了克里木的胜利和 1942~1943 年艰苦的冬季战局，之后又经受了 1943~1944 年战局种种危机的考验。亲历在那些日月里所结成的相互信任，是我的最大快事，现在要结束我们的合作，如何不令人伤感！

我的去职在司令部里犹如晴天霹雳。在我返回伦贝格后，他们都手足无措，怅然若失。我最亲密的同事作训处长、军需处长和人事处长，纷纷要求调离职位。人事局满足了他们的请求，只有布塞将军还必须留任，以确保指挥的连续性。

对于我个人而言，卸去长年重负，只感一身轻松。

在整整九个月无休止的作战中，面对占压倒优势的苏军，集团军群的领导和部队都肩负着超常的重担。这种战斗通常是以阻止苏军前进为目的，或者是在防御中给即将取胜的苏军以打击。

所有的一切我都已在上面做了大致的描述，但这本书无法全部包含德国军人在其中的功劳。

但是，对于我亲密的同事和我，甚至包括南方集团军群下属的各集团军，难以承受的重担是我们与最高统帅部之间就作战问题进行的持续不断的争论。

我们一再提出和拼命力争的要求是，在此次战局中将重点放在关键地点（南方集团军群北翼），以及作战行动自由权（全线，尤其是我们的南翼）。但这只是争论的表象，是因态势而决定的特征。

从根本上说，这是互不相容的两种战略、战役思想的争论：

希特勒的战略、战役思想来源于他的素质、身份以及直觉和观念，这我已经在"希特勒执掌军队最高指挥权"一章中做过介绍；

集团军群司令部的战略、战役思想的基础则是传统的原则，以及德国总参谋部的传统观念。

一方面是独裁者的观念，他相信他的意志不仅可使其军队岿然屹立于任何地点，而且可阻挡敌人的千军万马。但他又不敢冒险，因为冒险会使他丧失一些东西。他具备各种才能，但缺乏真正的军事能力基础。

在另一方面，是军事指挥官们的观念，他们依据接受的教育和训练坚信，战争指导和作战指挥是一门艺术，基本要素则是对态势的明确判断和大胆的决定。它的成功全在于机动作战，因为只有在机动作战中，才能充分显示德军指挥及其部队的优长。

当然，公平而论，如果依南方集团军群司令部的思想作战，则会迫使希特勒在其他战场和东线其他地段冒巨大风险，在政治和军事经济方面承受沉重损失。然而，这或许是 1943 年耗尽苏军的攻击力，并由此在东方达成政治平局的唯一途径。

如果说南方集团军群司令部在其为另一种作战指导的奋斗中无所收获，也未能达成消灭苏军的目标，那么至少有一点是达到了，那就是占据天时地利的苏军未能达成对东线整个南翼的合围。我们的部队虽然不得不放弃大片土地，战斗力已消耗殆尽，但终未使敌人夺得关键性的胜利！

南方集团军群虽然伤亡惨重，但依然屹立于战场之上！

对于我和我的同事，最大的满足莫过于在与占绝对优势的苏军进行的力量悬殊的战斗中，以及在与不正视现实的最高统帅部的斗争中，避免了遭遇斯大林格勒那样的命运。在切尔卡瑟和眼下第 1 装甲集团军的情况，我们也能使敌人得不到即将到口的猎物。

我的去职唯一使我伤感的是，再不能为对集团军群领导寄予无限信任的部队提供帮助了。

1944 年 4 月 3 日，我离开位于伦贝格的大本营。所有朋友都到车站为我送行。当列车缓缓启动时，有人向我喊的最后一句话依然在我耳边回响，这位向我喊话的就是我的飞机驾驶员朗格尔中校。我乘坐他驾驶的飞机安全地经历了多少恶劣的天气！现在他已到歼击机部队报到，不久便牺牲了。我将这句话作为战友对我的最后敬辞。他喊道：

"元帅先生，今天我们已把我们胜利的标志克里木徽章从飞机上取下来了！"

附件1（节录）

陆军总司令   密件

总参谋部作训处

第 44440/39 号

                   "黄色"进军指令   1939.10.19

                                                 共 25 份

                                                 第 4 份

参谋长文件

军官专送

1. 总企图：

要阻止西方国家采取行动，德军必须在西方转入进攻。要投入一切可以动用的兵力。

此次在西线北翼实施的取道荷兰和卢森堡的进攻，目的是尽量多地击溃法军及其盟军，同时尽量多地占领荷兰、比利时和法国北部领土，作为未来对英空战和海战的基地，以及鲁尔区的辽阔前哨地。

2. 兵力配置和任务：

（1）进攻将在我指挥下，由"N"集团军级支队和"B""A"集团军群实施。第一个目标是，消灭荷兰军队，尽量多地击溃位于边境要塞中的比利时军队，在比利时北部及中央迅速集中强大——尤其是快速——兵团，为强大北翼的继续推进和迅速占领比利时各港口创造条件。为此，"N"集团军级支队和"B""A"集团军群应在赖内和梅特拉赫（特里尔南部）之间的德国边界东部隐蔽集中，经六夜行军越过边界进入待机地域，并于第七日晨发起进攻。必须占领待机地域的时间另行通知。

（2）"N"集团军级支队（位于荷兰瓦尔河北部）最近组建。受陆军总司令部直接指挥。

"B"集团军群（进攻之北翼）下辖：

第2集团军位于右翼。集团军司令部（由第8集团军军部改组）即将前调；

第6集团军位于中央。集团军司令部即将从现在的作战地域及时解脱出来；

第4集团军位于集团军群左翼。

"A"集团军群（进攻之南翼）下辖：

第12集团军位于右翼，集团军司令部（第14集团军司令部）即将前调；

第16集团军位于集团军群左翼，集团军司令部（新组建）即将前调。

"C"集团军群（防御）仍下辖：

第1集团军和第7集团军。

各集团军群及其各集团军分界线：

①"N"集团军级支队和第2集团军：博尔肯—雷斯—莱茵河南岸和瓦尔河。

②第2集团军和第6集团军：施泰克拉德—阿尔森—内佩尔特—迪斯特。

③第6集团军和第4集团军：贝尔吉施格拉德巴赫—米尔海姆—科隆—亚琛—吕蒂希❶城北。

④第4集团军和第12集团军：锡格河畔罗斯巴赫—魏尔布施—霍内夫—阿魏勒—希勒斯海姆—舍内肯—乌法利茨—马尔赫—那慕尔。

⑤第12集团军和第16集团军：赫尔—格伦茨豪森—本多夫—凯撒斯埃施—博伦多夫—迪克尔希—讷沙托—布永。

------

❶ 今列日。——译者注

⑥第16集团军和"C"集团军群：洛尔希—格明登—农韦勒—梅特拉赫—迪斯多夫。

3. 进攻任务：

（1）"N"集团军级支队通过赖内—莱茵河一线，在博霍尔特西部渡过艾瑟尔河，向乌得勒支方向突击，占领格雷伯一线。利用一切机会通过该线以及乌得勒支两侧准备被水淹没的地域，向前推进，如有可能则占领阿姆斯特丹和鹿特丹。所需加强兵力将随后前调。

利用较弱兵力占领格罗宁根省。

（2）"B"集团军群应突破比利时北部边境和吕蒂希南部要塞，率其所部渡过阿尔贝运河和吕蒂希—那慕尔之间的马斯河地段，在布鲁塞尔北部和南部地域集中，由此迅速向西方进攻；强大快速兵力由安特卫普地域出发，向布鲁日—根特周围地域推进。

必须阻止敌从安特卫普和吕蒂希逃脱。

对敌防守的部分要塞地域应予以封锁。

第2集团军在尼姆韦根❶—阿尔森渡过马斯河，由阿尔森（含）—内佩尔特（不含）—迪斯特（不含）一线北部向阿尔斯霍特方向突击。任务是，掩护第6集团军的进攻，防止安特卫普周围之敌介入。为此，必须迅速推进，渡过阿尔贝运河。

第6集团军由芬洛—亚琛（含）一线出击，迅速渡过马斯河，以尽量少的时间突破比利时边境要塞。进攻方向：蒂勒蒙❷。第6集团军应根据"B"集团军群的指令封锁吕蒂希要塞地域。

第4集团军主力由蒙绍—哈布沙伊德一线出发，向吕蒂希—那慕尔的马斯河一线突击，并将其突破。重要的是，尽快在马斯河北岸立住脚跟，以确保将强大兵力迅速前调至河之北岸。

---

❶ 今荷兰奈梅亨。——译者注

❷ 今比利时蒂嫩。——译者注

应根据"B"集团军群的指令由马斯河北岸继续向西北方向突击。

集团军应根据"B"集团军群的指令在东、南部封锁吕蒂希要塞地域，准备将部分正面转向西，完成对要塞的合围。对那慕尔只投入少量兵力。

（3）"A"集团军群从南部和西南部对敌实施攻击，以掩护"B"集团军群的进攻。集团军群右翼应在那慕尔南部迅速渡过马斯河，根据陆军总司令部的指令，在桑布尔河南岸为"B"集团军群向西实施深远突击提供掩护，或为其开拓道路。

第12集团军由哈布沙伊德和瓦伦多尔夫之间的奥尔河出发，在巴斯托涅两侧通过比利时边境要塞，其强大右翼在那慕尔和菲迈（含）之间强渡马斯河。左翼占领并坚守布永（含）南部的马斯河—瑟穆瓦河地段。

那慕尔方向的安全应利用加强与相邻第4集团军的联系加以保障。

第16集团军由瓦伦多尔夫—梅特拉赫一线出击，其右翼径直向（布永北部的）瑟穆瓦河—阿尔隆南部地域—卢森堡南部地域一线推进，并为整个进攻行动的南翼提供掩护。

经与第1集团军协商后，其左翼应在梅特拉赫南部与萨尔一线阵地相连接。

4. 一般准则：

实施进攻的各集团军不要指望开始便会遭遇强敌，相反更多的将是大量技术性障碍物（河川、运河、各种障碍物、筑垒线）以及敌空军战斗机部队。为能尽快克服这些技术性障碍物，必须周密思考，精心准备。各突破部队只有毫无顾忌地向进攻目标方向挺进，迅速前调支援兵力，才能迅速摧毁敌第一道防线。

在此后作战进程中重要的是，与空军配合，通过无所顾忌的进攻击溃敌前调的加强兵力，因此须提前有计划地组建强大的突击集群。迅速投入快速兵团可为胜利创造有利条件。迅速占领和守住江河、运河渡口，以及实施最严格的交通调整具有特别重要的意义。

在准备进攻和训练突击集群时，必须考虑上述各点。

冯·布劳希奇（签字）

附件 2

集团军群参谋长   大本营，1939.12.6

作训处 500/39 号   参谋长件，军官专送

共 3 份

第 2 份

呈总参谋长

  攻势的延迟使我们有可能对本集团军群的兵力使用和配置重新做一次审查，同时不可避免地涉及德军整个作战行动的几个具体问题。

  1. 敌军企图：

  预计，比利时军队主力将继续驻在安特卫普—吕蒂希一线，其预备队在布鲁塞尔周围。近期所获报告称，部分敌军将调往比利时西南边界，这更多的是一种政治姿态。

  预计，法、英军有 27~29 个师在敦刻尔克—迪登霍芬 ❶ 一线；27 个师在 "C" 集团军群当面；统帅部预备队有 40~42 个师。从敌军兵力分配可得出结论，部署在边境附近的敌军将与比利时军队协同，首先阻止我前进，待搞清我进攻方向和进展后再投入统帅部预备队。此种行动方式符合法军的思想。

  对于法军统帅部来说，有两种可能性须加以考虑：

---

❶ 今法国蒂永维尔。——译者注

（1）为在正面牵制我们，可能会经顽强抗击后在比利时北部撤退（在坚守安特卫普和吕蒂希的情况下）。企图是，为在摩泽尔河与马斯河以及马斯河与桑布尔河之间，利用强大兵力攻击我南翼创造有利条件。

为在200公里正面实施这一翼侧攻击，敌人可轻易从其统帅部预备队、迪登霍芬—色当战线和我"C"集团军群当面集中60个师，仍有约20个师固守在比利时边界。

这一方案可使敌人取得决定性胜利，迫使我们至少三思，但它与法军的观点相悖，因为此方案过于冒险。同时，英国人是否容许牺牲荷兰及荷兰的部分港口，也很值得怀疑，因为这将导致英国本土受到来自空中的威胁。

但是，我们依然需要考虑的是，如果如我所愿在比利时迅速取得初战胜利，敌人将有可能只以弱小兵力对我实施反突击，而将其余兵力用于其他方向。

我们在比利时取得的胜利越迅速、越大，敌人从南面实施反突击的可能性也就越大，这似乎是肯定的。

（2）第二种可能性是敌人试图将我们的攻势阻止在比利时要塞前方，同时将其空军基地前移至鲁尔区附近。还有另一种可能性，敌人首先在比利时南部仅守住吕蒂希—那慕尔—日沃—色当—马尔居—迪登霍芬的马斯河一线，以便之后当我们进入马斯河河曲时，从北、南两个方向对我们实施反突击。

在此种情况下，敌人可能将统帅部预备队主力投入比利时北部。

从敌人目前在边境的兵力配置看，极有可能就是这个意图。

由于敌人可能预计到，比利时军队在阿尔贝运河尚能坚守一段时间，因此在海岸与里尔间只部署了相对较少的兵力。

在瓦朗西安的法军第1集团军附近部署有一个以摩托化师为主的快速集群，意味着敌人会将其投放到那慕尔—吕蒂希之间的马斯河地段。富尔米—日沃周围的骑兵师和摩托化师准备快速推进到那慕尔—日沃的马斯河地段或渡过该河，而沙勒维尔周围的第2集团军摩托化师和步兵师则似乎准备向比利时南部推进。此外，也不排除"A"集团军级支队向阿尔隆—

卢森堡推进的可能性，以迟滞我们的前进。

2. 如果德军所要达成的目标是给陆上敌军以决定性打击，那么面对此种态势，德军的进攻作战必须从一开始就划分为两个阶段：

（1）第一阶段应力争在对南部实施掩护的前提下，给在比利时和法国北部以及前调到这里的敌军以毁灭性打击，并占领海岸至索姆河的沿岸地区。

（2）第二阶段应将兵力掉转向南，以迎击法军在马斯河两岸从正面发起的反突击，同时从西部对敌实施合围。

德军必须将作战重点放在南翼，这是毋庸置疑的。

北翼可以在快速渡过阿尔贝运河后，面对比利时和前调的英、法军，运用强大装甲兵力为整个作战赢得初战胜利。

但是，决定性胜利的取得，只有靠强大兵力取道比利时南部向索姆河入海口突击，切断在比利时的英、法军与后方的联系。

在实施这一突击的同时，必须预防敌人从南部的介入；但这一在摩泽尔河与马斯河之间的掩护行动并非防御性的，而是进攻性的，它可为之后我军掉转向南创造条件。

不言而喻，要完成这两项任务，势必将整个作战重点放在南翼。

这并不排除，在作战开始时有两个密切相连的重点。这样做之所以必要，一方面是因作战地域狭窄所致，在吕蒂希南部只能使用有限兵力。

另一方面，两个进攻集群协同行动，可在作战伊始便夺得初战胜利。

作战开始时，南翼在比利时南部不会遭遇强敌，可快速推进至那慕尔南部的马斯河，并在那慕尔东部渡过马斯河，为北翼打开横渡阿尔贝运河的渡口。

接着，北翼经布鲁塞尔向前推进，为南翼打开通向横渡那慕尔—菲迈间马斯河的艰难之路。

但是，这个由目前条件造成的最初的两个进攻重点，绝不能导致对一个问题的忽视，即整个作战行动的成败关键在南翼，因此应对南翼的兵力给以相应加强和分配。

3. "A"集团军群的兵力运用和配置：

"A"集团军群已在10月31日、11月12日和11月30日的呈文中指出，为完成落在本集团军群肩上的任务，必须将集团军群兵力区分为三个集团军，并由统帅部预备队及时予以加强。

（1）"A"集团军群的兵力配置

一个集团军（第18集团军）在迪南—菲迈渡过马斯河，向西方的索姆河下游突击。该集团军将囊括第4集团军南部的一个军，以获得必要的活动空间。这一空间自作战伊始就是必要的，因为越是希望在马斯河以北取得初战胜利，第4集团军就越是要向西北移动。此外，第4集团军至少要用一个军从西部夺占吕蒂希，因为造成作战空间狭小的敌之要塞不可能不对我作战进行袭扰。但第4集团军又不可能同时将进攻方向既指向西又指向西北。

另一个集团军（第12集团军）突然突破法军在色当周围的防线，接着以进攻方式掩护第18集团军向瓦兹河与马斯河之间的马斯河地段推进。只有当集团军群控制了埃纳河—瓦兹河运河间地域的敌人，攻势才能继续向索姆河下游发展。该集团军也是全军右翼之后转向南方的轴点。

第三个集团军（第16集团军）负责夺占法军蒙梅迪—迪登霍芬要塞一线北部的防御阵地，并坚守之。

因此，本集团军群一再重申前几份文件中提出的请求，利用目前延迟进攻的间隙下达这一兵力配置的命令，因为以后无论调动任何一个集团军都将十分困难，且会延误作战。

（2）兵力运用

本集团军群为完成上述任务，在作战过程中——尽管不是作战伊始——需要：

第18集团军：4个军、12个师

第12集团军：4个军、12个师

第16集团军：3个军、12个师

集团军群预备队：1个军、4个师

40个师

集团军群目前兵力：

第 4 集团军的第 2 军	3 个师
第 12 集团军	10 个师
第 19 军	3 个师
第 16 集团军	9 个师
第 14 军	2 个师
第 21 军	3 个师
配置在 "C" 集团军群	4 个师
	34 个师

还必须前调统帅部预备队的六个师。

对于兵力的首次使用，我们考虑如下：

为在马斯河前方赢得一定的作战自由权，应在色当两侧渡过马斯河。经卢森堡向比利时南部的突破越是迅速，达成的突然性越大，并在兵力上越是优于前调到比利时南部的法军，上述行动就越会迅速和容易得手。

最容易渡过马斯河的途径是，空军和强大装甲、快速兵团在突破比利时要塞工事后，马斯河东岸的敌军已被击溃，并到达马斯河。

用第 19 军的三个师来完成这一任务，无论如何兵力过于单薄。它不可能在如此宽大正面上向前推进，既不可能对越过菲迈—色当—马斯河一线向比利时推进的法军实施包围，也不能在向色当突破时对其翼侧实施掩护。

因此我们要求，除第 19 军外，第 14 军也划归本集团军群指挥，这样第 12 集团军便可以一个由两个军、每军 5~6 师编成的快速梯队为先导，一个由步兵军编成的第二梯队开始行动。

这种兵力配置可以使我们在初战阶段便在快速兵力上占有优势。由于这些师无须部署在边界附近，而是在步兵军之后的最后一个夜晚从后方地域开进，因此可给敌人以突然袭击。

最后我们请求，将在北翼不能发挥效能的装甲部队迅速配属给第 18 集团军。

4. 与空军的协同：

与空军的协同具有决定性意义，但要想充分发挥空军的效能，决不能迫于敌空军压力才投入其主力，致使无法对陆军提供支援。

不能指望在第一个进攻日便将敌空军全部摧毁。

因此，空军应在陆军发起进攻之时，立即开始对敌空军的突击，以确保空中优势。战斗必须选在一个有利天气，以空军的全部兵力突然发起，之后再不间断地分别实施突击。第3航空队参谋长完全赞同这一思想。

本件已呈"A"集团军群司令阅，他表示同意。

曼施泰因（签字）

附件 3

"A" 集团军群参谋长　　　　　　　　　　　　　大本营，1939.12.18

作训处 597/39 号　　　　　　　　　　　　　　　　　共 2 份

　　　　　　　　　　　　　　　　　　　　　　　　　　第 2 份

对西线攻势的建议

一、敌情判断

1. 比利时军队主力位于安特卫普—吕蒂希筑垒线上（预备队在布鲁塞尔周围），其余位于比利时南部和吕蒂希—那慕尔的马斯河一线。

英、法军共计约 34 个师位于卢森堡—比利时边界，29 个师位于我 "C" 集团军群当面。34 个师作为统帅部预备队，位于国内。

一旦德军发起进攻，强大的法、英军将投向比利时马斯河的北部。

敌人是否会以强大兵力进入比利时南部，渡过马斯河在那慕尔北部迎击我们，或是否企图在马斯河畔与我决战，尚不确定。

但德军迅速突入比利时必将遭遇强大法军从南部、摩泽尔河和马斯河之间地域，以及马斯河西部实施的反突击。为此，法军除统帅部预备队外，还会从筑垒线抽调强大兵力。

二、作战目标及企图

2. 作战企图是：德军在空军支援下，于 A 日越过荷兰、比利时、卢森堡边界，目标是迫敌决战，为之后进攻英国创造条件。

3. "B"集团军群（进攻之北翼）以一部兵力占领荷兰，在迅速突破安特卫普与吕蒂希之间以及吕蒂希南部的比利时要塞后，在马斯河北部集中，将尽可能多的比利时军队合围于安特卫普和吕蒂希，击溃其余部以及赶来增援的英、法军。如有可能继续向海岸挺进，为之后向索姆河下游推进、夺占比利时和法国北部港口创造条件。

4. "A"集团军群（进攻之南翼）的任务是，迅速突破卢森堡和比利时南部，击溃渡过马斯河的法军，在马斯河（卡里尼昂）和摩泽尔河（梅特拉赫）之间构筑一道防线后，在迪南—穆宗（色当为重点）强渡马斯河。之后以两个集团军分别向西和西南方向突击，撕开敌人的防线，为北方集团军群的作战，并为其转向索姆河下游创造条件。

5. "C"集团军群继续坚守目前的战线，利用欺骗措施牵制尽量多的敌军。

三、首批任务

6. "B"集团军群首先：

（1）以较弱兵力（第10军）占领荷兰，掩护己方对荷兰军队和在荷兰空降的英军的作战；

（2）第6集团军从芬洛—亚琛出发，突破安特卫普和吕蒂希间的比利时要塞，利用强大的摩托化兵团的快速突击，阻止比利时军队的主动撤退以及英、法军对败军的收容；

（3）第4集团军在吕蒂希南部突破比利时要塞，在第7航空师和空降师支援下，投入摩托化兵力，在吕蒂希和迪南之间突然强渡马斯河；

（4）之后，集团军群将其兵力集中于马斯河以北，以击溃比利时北部的敌军。

如态势允许，两个集团军的摩托化部队在（第6集团军司令部）统一指挥下，迅速向库特赖❶方向突击，阻止法、英军的主动撤退。

合围安特卫普，尽早从背后占领吕蒂希。

"A"集团军群分界线：阿尔塔尔至霍费尔德—圣维特—迪南特—富尔米。

7. "A"集团军群首先：

（1）以第2集团军在乌法利茨两侧突破比利时要塞，击溃投入比利时的法军，在迪南和菲迈之间强渡马斯河；

（2）第12集团军利用摩托化部队在巴斯托涅和阿尔隆两侧突然突破比利时要塞，击溃渡过马斯河的法军，在沙勒维尔—色当地域强渡马斯河；

（3）第16集团军攻击向阿尔隆或卢森堡实施突击的法军，在马斯河畔的卡里尼昂和摩泽尔河畔的梅特拉赫之间构筑一道尽量靠近法国边界的防线；

（4）在渡过马斯河后，重要的是要坚守马斯河与摩泽尔河间的防线；在马斯河以西继续实施攻击：

第2集团军向圣康坦—拉昂方向突击；

第12集团军向雷代尔两侧埃纳河突击，撕开法军防线，以反突击阻止法军在马斯河以西展开，如有可能则从翼侧和背后攻击"B"集团军群当面的敌军。

8. "C"集团军群坚守迄今的防线，根据特别指令对攻击第1、7集团军的敌军实施欺骗。

四、兵力配置

9.

"B"集团军群

位于荷兰边境部队：　　　第10军军部　　　1/3党卫队师

---

❶ 今比利时科特赖克。——译者注

		1 个骑兵旅
		2 个步兵师
第 6 集团军：	第 16 军军部	3 个装甲师
	4 个军部	12 个步兵师
第 4 集团军：	第 15 军军部	3 个装甲师
		22 个步兵师
	4 个军部	12 个步兵师
集团军群预备队：	第 18 集团军	1 个装甲师
		1 个摩托化师
		1 个军部，3 个步兵师
共计：	12 个军部	7 个装甲师，11/3 摩托化师
		1 个骑兵旅，30 个步兵师

"A" 集团军群

第 2 集团军： 4 个军部，12 个步兵师；

第 12 集团军： 第 19 军军部，2 个装甲师，1 个摩托化师；2 个军部，7 个步兵师，第 14 军军部，1 个轻型师，1 个摩托化师；

第 16 集团军： 3 个军部，12 个步兵师；

集团军群预备队： 1 个军部，4 个步兵师

共计： 12 个军部，2 个装甲师，1 个轻型师，2 个摩托化师，35 个步兵师

"C" 集团军群：5 个军部，18 个步兵师

陆军总司令部预备队： 1 个集团军（只有参谋部），3 个摩托化师；1 个军部，9 个步兵师

统帅部预备队待机地域：

1 个军部及 3 个师，位于 "B" 集团军群背后；

3 个摩托化师，位于莱茵河畔，可迅速调向第

6、4、2 集团军；

1 个集团军司令部及 6 个师，位于"C"集团军群背后，用以欺骗敌人；自 A 日每日从卡尔斯鲁厄—奥芬堡—弗赖堡—康斯坦茨一线向北运送 3 个师。

五、待机地域

10. 在展开地域滞留数周便不再可能达成突然性，因此待机地域应选在突袭行动能先于英、法军发起的地点。

集团军群应将其准备进入第一线的步兵师及其行军出发点选在离边境 30 公里以内的纵深，使其可在一夜间通过多个行军出发点。

装甲师和摩托化师尽量部署在莱茵河东部，行军出发点在莱茵河渡口。

对于待机地域的选择，应以下列时间为准：

A2 日夜——A1 日夜：一线师开进。先行装甲师和摩托化师，每师成一个纵队，由莱茵河出发在距边境约 15 公里处通过行军出发点。后续师的第一个行军夜。

A 日白天——A1 日白天：休息。

A1 日夜——A 日夜：后续师的第二个行军夜。

只有必须由边境实施进攻的步兵师和装甲师，才于 A2 日夜开始运动，或集中部署在边境。

六、空军

11.

（1）为确保空军于 A 日对陆军提供支援，空军应在陆上进攻开始前实施压制法国空军的战斗。

空军应在第一个全部军队可以开始行动的好天气里，摧毁法国空军，并在陆上进攻开始后根据兵力和目标的变化，继续与敌空军作战。

（2）在对陆军提供支援时，重点是：

阿尔贝运河渡口（第 6 集团军）；

吕蒂希与那慕尔之间的马斯河渡口（第 4 集团军）；

色当附近的马斯河渡口（第 12 集团军）；

迪南北部的马斯河渡口（第 2 集团军）。

七、统帅部预备队的运用

12.

三个摩托化师将配属给有望快速取胜的集团军。

另几个师一开始便部署在"B"集团军群后方，以备该集团军群使用。

集中在德国南部的预备队将根据态势的发展供"B"或"A"集团军群使用。目前暂时留置原地，将来可能沿索姆河向西推进，用来切断法国北部强大敌军的退路；也可能用来粉碎法军在马斯河西部实施的反突击，或用于延长第 16 集团军防御翼侧，这将会限制"A"集团军群后方预备队的前调。

八、海军舰队

13. 海军舰队的任务是，在德军占领荷兰河流入海口和港口之前，阻止英军占领之。

冯·曼施泰因（签字）

附件 4

第 6 集团军司令和参谋长呈   古姆拉克车站，1942.11.26

顿河集团军群司令冯·曼施泰因元帅   由军官书写

尊贵的元帅先生：

1. 对您 11 月 24 日来电和即将提供的帮助深表谢意。

2. 请允许我将我的情况报告如下：

（1）当 11 月 19 日苏军对本集团军友邻的右翼和左翼发动大规模进攻时，集团军两翼在两天之内均已暴露，苏军以机动兵力迅速向我两翼推进。向西渡过顿河的己方快速部队（第 14 装甲军），其先头部队在顿河西岸与优势敌军遭遇，陷入困境，尤其是因燃料严重缺乏使其无法运动。同时，敌人向奉命全力防守其正面朝北阵地的第 11 军背后推进。由于已不可能从其他防线抽调部队应付这一危险，只能命第 11 军左翼折向南方，之后该军奉命撤向顿河西岸的一个桥头阵地，以避免顿河西岸的部队与主力分离。

正当此项措施落实之际，接到元首命令，要求第 14 装甲军以其左翼向多布林斯卡亚突击。此命令已落后于现实，因此无法执行。

（2）22 日清晨，原隶属于第 4 装甲军的第 4 军也改由我指挥。第 4 军右翼正经布西诺夫卡由南向北撤退。这样，整个南翼和西南翼便完全暴露。如欲阻止苏军向本集团军背后的斯大林格勒方向推进，就只有从斯大林格勒和北线抽调兵力。这些兵力有可能及时赶到，但从顿河西岸地域抽调兵力则是不可行的。

我们由斯大林格勒防线调集来的兵力，使第 4 军西翼得以在马里诺夫卡附近构筑一道兵力薄弱的南线；但23日敌人在该线多处达成突破，前景未卜。23日下午，在马里诺夫卡西部地域发现敌强大的装甲部队，坦克100余辆；此情况已经多次证实。在马里诺夫卡和顿河之间的整个地域，德军保障兵力十分薄弱。通往斯大林格勒的道路已向苏军坦克和机械化部队敞开，通往佩斯特科瓦特卡方向上顿河大桥的道路也已畅通。

在过去的36小时里，我未收到上级的任何命令或情报。在未来的几小时，我将面临的态势如下：

①要么，严守命令，继续坚守西线和北线，坐视本集团军防线在短时间里从背后被敌摧垮；

②要么，集中全力对付正从背后袭击我之敌。很明显，如采取此项措施，东线和北线则无法继续坚守，此后只能向西南实施突破。

我虽认为②案符合当前态势，但如照此执行，我又将——第二次——犯违命之过。

（3）在此困难情况下，我电请元首认为必要时给我此次行动的最后自主决定权。我之所以争取这一全权，是为了防止这个可能的命令过晚下达。

我无法证明，我只在最紧急的情况下，而不会过早下达这样的命令，只请相信我。

对于这个电报，我未收到任何直接答复。

相反，今天我收到陆军总司令部两份电报（已遗失），对我进行进一步的限制。对此，我报告，我与全体指挥官将决心坚守，直至最后一枪一弹。

但是，基于我对元首的责任，即对交付予我的30万官兵性命负责，请求在最紧急情况下准予我视情自主行动。我所描述的情况随时都可能发生。

3. 今日态势已在图上标出。

尽管可继续向西南线前调兵力，但此处态势依然趋紧。南线（第4军）已得到一些巩固，近日粉碎敌几次强大攻击，但己方也损失惨重，消耗大量弹药。

斯大林格勒防线每日都在承受敌巨大压力。在北线，东北角（第94师）和西翼（第76师）都遭遇困难。依我所见，对北线的主要突击尚未到来，因为敌人在此拥有可前调支援兵力的铁路和公路。近几日使我忧虑的是由西向北线调动支援兵力问题。

过去三天的空运补给量只达最低标准的一小部（600 吨 = 每日 300 架运输机）。

近几日的补给状况会引发极为严重的危机。

尽管如此，我深信集团军能坚守若干时间。但是，鉴于集团军兵力不断消耗，加之缺乏营舍和构筑、炉火用木料，即使能开辟一条通向我们的走廊，也无法准确预料斯大林格勒周围地域能否长时间坚守。

我每日都被未来将如何的询问所纠缠，因此如能提供更多情况，用以提高部队信心，我将不胜感谢。

元帅先生，我将您的指导视为一种保障，相信您会努力协助第 6 集团军。

我的指挥官及其英勇的士兵们将竭尽全力，不负您的信托。

您忠顺的   保卢斯（签名）

因条件所限，用纸、书写不甚规范，敬请谅解。

附件 5

司令部、参谋长密件   1942.12.9

军官专送

呈陆军总参谋长、陆军作训处

情况判断

1. 敌情。

近 10 日，敌人继续对本集团军群投入强大兵力，主要为 11 月 28 日情况判断中所预料的预备队，此外还有其他兵力。集团军群当面共有：

86 个步兵师，

17 个步兵旅，

54 个坦克旅，

14 个摩托化旅，

11 个骑兵师，

总计 182 个兵团。

此外，还有 13 个独立坦克团、坦克旅和反坦克旅。

具体情况如下：

（1）斯大林格勒要塞区

伏尔加河防线：第 62 集团军，其所属的 8 个步兵师、3 个步兵旅和 1 个坦克旅在第一线，2 个步兵旅、2 个坦克旅、2 个摩托化旅为预备队；

北线：第 66、24 集团军，17 个步兵师、1 个摩托化旅在第一线，4 个步兵旅和 4 个坦克旅为预备队；

南线：第 57、64 集团军，7 个步兵师、6 个步兵旅、6 个坦克旅、6

个摩托化旅、2个坦克团在第一线，似有2个步兵师、2个步兵旅、5个坦克旅、1个摩托化旅和5个坦克团为预备队。

在过去10天，敌人轮番对北、西、南线实施攻击。无疑以西线为主攻方向。南线兵力相对较弱。

（2）为斯大林格勒攻击行动提供掩护的有：

朝向西南方❶即奇尔河一线：第5坦克集团军，下辖12个步兵师、5个骑兵师、2个摩托化骑兵师、4个坦克旅、1个坦克团、2个摩托化旅在第一线，2个步兵师、4个坦克旅、1个摩托化旅为预备队。紧邻北面，在霍利特集群中央和左翼当面尚有3个步兵师。

顿河东岸朝向南方：第51集团军，下辖4个步兵师、4个骑兵师、1个坦克旅、1个摩托化旅在第一线，1个坦克旅、1个步兵旅为预备队。在一线后方继续有摩托化部队集结，数量不明。

（3）近日侦察发现：在斯大林格勒东部有部队下载；在霍利特集群东线当面有敌军渡过顿河向南运动。顿河东岸的掩护部队基本处于消极状态，大概是因为后方的摩托化部队尚未集结完毕，但敌以强大兵力对奇尔河桥头阵地并渡过奇尔河对奇尔车站西部实施猛烈攻击。根据敌在霍利特集群当面由北向南运动的分析，预计敌可能向西扩展攻势。

（4）在迄今的战斗中，敌人无疑已损失相当数量的坦克，但已通过前调新锐坦克团得到补充。步兵的攻击力很弱，炮兵威力明显增强，尤其是在斯大林格勒西线。

2. 己方情况。

（1）第6集团军。集团军已将敌迄今全部进攻击退，尽管付出重大代价。关于当前战斗力状况，有专门报告呈上。1942.12.5主要弹药种类的弹药储备量（一个基数标准的百分比）❷：

---

❶ 顿河西岸。——作者注
❷ 一个基数标准大约相当于三个实际战斗日的需求量。——作者注

50 毫米汽车牵引 L/60 加农炮	=59 %	150 毫米迫击炮	=25%
75 毫米汽车牵引 L/40 加农炮	=39.4%	轻型榴弹炮	=34%
80 毫米迫击炮	=30.8%	100 毫米加农炮	=21.6%
轻步炮	=28%	重型榴弹炮	=36%
重步炮	=25%		

目前口粮标准已压缩到 200 克，按此标准

面包可维持到 12 月 14 日

午餐可维持到 12 月 20 日

晚餐可维持到 12 月 19 日

尽管空军已尽努力，但因天气原因，空中补给量只在 12 月 7 日达到 300 吨。188 架飞机中有 2 架被击落，9 架失踪。其他各日空运量在 25 吨（11 月 27 日）和 150 吨（12 月 8 日）之间；而日最低需求量为 400 吨。

（2）第 4 装甲集团军。因第 23 装甲师轮式车辆部队陷在半路，第 57 装甲军的集结未能按计划于 12 月 3 日、而是 12 月 10 日才完成。

第 48 装甲军（第 336 步兵师、第 11 装甲师和第 7 空军野战师）必须首先投入奇尔河畔的战斗，以恢复那里的态势。战斗尚未结束。

（3）罗马尼亚军队。罗第 4 集团军目前尚坚守在罗第 16 步兵师（摩托化）北部。但预计，敌若从北部实施强大突击，将无法坚守，加之安东内斯库元帅已向罗军下达防止后路被切断的指示。

罗第 3 集团军，除隶属于霍利特集群尚属完好的罗第 1 军外，其他在一线作战的罗军各师残部，兵力基本不超过 1~2 个营。成建制的炮兵已不复存在。因装备缺乏，在后方重组部队未见较大成效。罗各级指挥机构明显未付诸全力。他们声称，失败"归咎于高级指挥"即德军指挥。此外，罗第 3 集团军的整条防线均由警戒分队、休假分队等防守。由于缺乏炮兵和反坦克武器，在敌强大兵力尤其是装甲部队攻击下，肯定无法长时间坚守。这种缺少内部团结的杂牌军必须在短期内用正规军替代，因为它的编成及战斗力都不适应较长时间在正面作战；此外，后勤分队由于长时间脱离本职工作，也会对整个部队的补给造成不利影响。

3.己方企图。本集团军群企图，如前所述，一旦有可能，第 4 装甲集团军便发动进攻，与第 6 集团军建立联系。但目前松软的地面使第 57 装甲军无法前进。第 48 装甲军各师能否于 12 月 11 日完全从奇尔河防线撤出，尚不肯定。必须将第 17 装甲师调来参与此次进攻，命令已下达。必须预计到，敌人近期将会把奇尔河一线的攻击向莫罗索夫斯基方向扩展。为减轻该线压力，霍利特集群应与上述兵力协同向佩列拉佐夫斯基方向突击，或者抽出一个师。

4.总体判断。从敌人调来对付"顿河"集团军群的兵力来看，毫无疑问这里便是他们整个作战的重点。只要其他战线可能，他们定会不断前调兵力继续这里的战斗。

因此，无论第 6 集团军的态势近期将如何发展，仍须不断为"顿河"集团军群增加兵力。重要的是，应想方设法加快前调兵力的速度。如以现在的速度，我们一直会落在苏联人后面。此外，我认为有必要尽量恢复罗马尼亚军队的战斗力，尤其是战斗意志，重建对德军指挥的信任。

关于在与第 6 集团军建立联系后能否将其从合围圈救出的问题，依我所见，应对下述几点进行权衡：

（1）如果该集团军继续留在要塞地区，那么苏联人定会死盯在这里不放，并在无益的攻击中逐步受到损耗，全部战斗力将葬送在斯大林格勒。但也要认清，第 6 集团军在要塞地区内，是在极为不利的条件下生活和作战，如果继续维持目前的兵力对比状况，有可能再度失去与集团军的联系，也不能指望近几周内情况有重大改观。

（2）但另一方面，苏联人也有可能采取正确的策略，一面维持对斯大林格勒的合围，一面以强大兵力在第 3 集团军和罗第 4 集团军地域实施攻击，以夺占罗斯托夫为目标。这样，我们的主力在斯大林格勒要塞地区内的机动将受到约束，与要塞的联系也受到牵制。而在本集团军群的其他战线，苏联人则将赢得行动自由权。若整个冬季维持这种状态，我认为是不适宜的。

（3）如决定让第 6 集团军留在斯大林格勒，就必须决心赢得此会战的决胜。这取决于：

①向第 6 集团军增派空军野战师，并列入集团军编制内，以维持其防御能力；

②暂时用德军部队支撑第 4 集团军和罗第 3 集团军绵亘正面，因为仅以罗军残部和警戒分队，无法长时间防守这一防线；

③一旦己方兵力许可，则应发动决定性进攻。

是否拥有所需兵力以及能否在较短时间内调来，我则无从判断。

"顿河"集团军群司令

冯·曼施泰因（签字）元帅

附件6

军官专送　　　　　　　　　　　　　　　　　　　共 3 份
司令部、参谋长密件　　　　　　　　　　　　　　第 3 份
呈陆军总参谋长　　　　　　　　　12.19，14:35 并立即转呈元首

鉴于"B"集团军群态势的发展，以及由此而导致前调兵力的停止，使"顿河"集团军群不能指望在短时间里将第 6 集团军救出。

被合围四周的现实说明，由于兵力和天气的原因，依靠空运实施补给，集团军无法在要塞地区生存下去，仅靠第 57 装甲军显然也无法与第 6 集团军建立陆上联系，更不用说长时间维持。鉴于此，我认为，集团军向西南方向突围是最后一种可能性，这样集团军大部兵力以及尚能机动的部队至少可得以保存。

突围的第一个目标是在梅什科瓦河畔附近与第 57 装甲军建立联系，突围行动只能边打边向西南移动，并逐段放弃要塞北部防区。

在此作战过程中，必须以足够的歼击机和战斗机为空中补给提供充分保障。

现已发现敌人对罗第 4 集团军北翼施压，因此必须竭尽全力从高加索战线抽调快速兵力，用以掩护第 57 装甲军纵深右翼。

如若继续迟疑，第 57 装甲军将在梅什科瓦河或其北岸被迫停滞，或被其右翼遭受的攻击所牵制，该军与第 6 集团军的协同也将被迫取消。第 6 集团军在行动开始前，需要几天时间变更部署和补充燃料。

合围圈内的口粮还能维持到 12 月 22 日。部队体力已大幅下降（14 天来每日仅有 200 克面包）。据集团军报告，大部马匹已饿死或被宰杀充饥。

"顿河"集团军群司令　　冯·曼施泰因（签字）元帅

舒尔茨（签字）

附件 7

司令部、参谋长密件   共 5 份

军官专送   第 4 份

送第 6 集团军、第 4 装甲集团军   1942.12.19，18:00

1. 第 4 装甲集团军以其第 57 装甲军在上基姆斯基地域将敌击溃，并到达下基姆斯基附近的梅什科瓦河地段。在卡缅卡及其以北地域，即将开始对敌强大集群发起进攻。预料将是一场激战。

奇尔河防线的态势不允许顿河西岸的兵力向卡拉奇推进。奇尔斯卡亚的顿河大桥为敌所占。

2. 第 6 集团军应尽快开始 "冬季风暴" ❶ 进攻行动。必要时，经顿斯卡耶察里扎与第 57 装甲军建立联系，以使运输纵队通过。

3. 态势的发展有可能使第 2 项任务扩展为本集团军向位于梅什科瓦河畔的第 57 装甲军实施突破的行动。行动代号为 "霹雳" ❷。随后必须以装甲兵力迅速与第 57 装甲军建立联系，目的也是为使运输纵队得以通过。此后，本集团军一面掩护位于卡尔波夫卡河下游和切尔夫廖纳亚河畔的翼侧，一面向梅什科瓦河推进，并逐段撤出要塞区。

"霹雳" 作战行动必须紧随 "冬季风暴" 行动实施。空中补给在基本

---

❶ 1942 年 12 月，德军为解救被合围于斯大林格勒地区的德军而发起的攻势。——译者注

❷ 第 6 集团军计划于 1942 年 12 月从斯大林格勒的突围行动。但希特勒拒绝下达突围命令，第 6 集团军最后的突围机会因此错过。——译者注

没有大量储备的情况下必须继续进行。尽量长时间坚守皮托姆尼克机场十分重要。

所有具有机动能力的兵器，尤其是炮兵在战斗中急需的火炮，以及难以补充的武器和装备，均须带走。应将其及时集中在西南部。

4.应做好第 3 项任务的准备。"霹雳"命令下达后，方可付诸实施。

5.请报告第 2 项行动的进攻日期和时间。

顿河集团军群司令部　　　　　　冯·曼施泰因（签字）元帅

共 5 份

第 1 份　　原件

第 2 份　　第 4 航空队

第 3 份　　军需长

第 4 份　　战时日志

第 5 份　　草稿

附件 8

"堡垒"行动德军兵力配置
南方集团军群（自左翼至右翼）

	第 4 装甲集团军	
第 52 军	第 48 装甲军	党卫队第 2 装甲军
第 57 步兵师	第 3 装甲师	党卫队近卫师
第 255 步兵师	"大德意志"装甲步兵师	党卫队"帝国"师
第 332 步兵师	第 11 装甲师	党卫队"骷髅"师
	第 167 步兵师（2/3）	第 167 步兵师（1/3）
	肯普夫集团军级支队（进攻地段）	
第 3 装甲军 ❶	第 11 军	集团军群预备队 ❷
第 168 步兵师	第 106 步兵师	第 24 装甲军
第 6 装甲师	第 320 步兵师	第 17 装甲师
第 19 装甲师	党卫队"诺曼人"师	
第 7 装甲师		

---

❶ 后期增加第 198 步兵师。——作者注

❷ 计划用于肯普夫集团军级支队地段。——作者注

中央集团军群

	第 9 集团军	
第 46 装甲军	突击集群	第 41 装甲军
	第 47 装甲军	
第 102 步兵师	第 6 步兵师	第 18 装甲师
第 258 步兵师	第 20 装甲师	第 292 步兵师
第 7 步兵师	第 2 装甲师	第 86 步兵师
第 31 步兵师	第 4 装甲师	第 10 装甲步兵师
曼陀菲尔集群	第 9 装甲师	
	西邻第 20 军	东邻第 23 军
	第 251 步兵师	第 78 近卫师
	第 137 步兵师	第 216 步兵师
	第 45 步兵师	第 383 步兵师
	第 72 步兵师	
	集团军预备队：第 12 装甲师、第 36 装甲步兵师	

军事简历

　　曼施泰因全名为埃里希·冯·莱温斯基，又名冯·曼施泰因，1887年11月24日出生在柏林，其父爱德华·冯·莱温斯基曾任德军炮兵上将和第6军军长。曼施泰因自幼由格奥尔格·冯·曼施泰因将军收养，故改为双姓。养母冯·施佩林是其生母之妹，出生在一个旧普鲁士军官家庭。

　　曼施泰因在施特拉斯堡读完中学后，1900~1906年，在候补军官学校接受教育。

　　考试合格后，被分配到柏林第3近卫团服役。1913年，入柏林军官学校，至1914年战争爆发。

　　在第一次世界大战中，任第2近卫后备团副官；先后在比利时、东普鲁士和波兰南部参加战斗。1914年11月，负重伤。自1915年5月任副官，后在冯·加尔维茨将军和冯·贝洛将军的集团军中任参谋。1915年夏，参加波兰北部攻势；1915年~1916年春，参加塞尔维亚战局。1917年参加凡尔登战役、索姆河会战和埃纳河会战。1917年秋，任驻库尔兰第4骑兵师参谋。1918年5月，任西线第213步兵师首席参谋，参加1918年5月~7月的兰斯攻势。此后，在西线参加防御作战，直至战争结束。

　　1919年初，任驻布雷斯劳南方边防司令部参谋。

　　后加入魏玛共和国国防军，先后在总参谋部和前线任职（第5步兵团连长、第4步兵团轻步营营长）。

　　1934年2月，任柏林第3军区参谋长。

　　1935年7月，任陆军总参谋部第1处（作训处）处长。

　　1936年10月，晋升少将，任总参谋部首席军需长，成为总参谋长贝克将军的第一助手和代表。

1938 年 2 月，因陆军总司令冯·弗里奇男爵大将被免职，曼施泰因被解除在陆军总司令部的职务，调任驻利格尼茨第 18 师师长。作为集团军参谋长，参加占领苏台德区行动。

参加 1939 年动员；任南方集团军群（司令冯·龙德施泰特）参谋长。参加波兰战局。

1939 年 10 月，以同一职务随冯·龙德施泰特大将赴西线接管"A"集团军群指挥权。参与作战计划的争论，直至被陆军总司令部解除其集团军群参谋长职务，调任步兵军军长，但他的计划最终被希特勒采纳。1940 年，指挥该军在西方战局中作战，获铁十字骑士勋章。

参加横渡英吉利海峡的准备工作。

1941 年 3 月，任第 56 装甲军军长；指挥该军实施装甲兵突袭，由东普鲁士经迪纳堡直抵伊尔门湖。1941 年 9 月，任第 11 集团军司令，夺占克里木；冬季战局中坚守克里木。1942 年春，歼灭在刻赤半岛登陆的苏军，接着占领塞瓦斯托波尔；晋升陆军元帅。

1942 年 8 月，奉命夺占列宁格勒，未果。在拉多加湖畔歼灭苏一个集团军。

1942 年 11 月，苏军在斯大林格勒两侧达成突破，并将第 6 集团军合围之后，就任"顿河"集团军群（后更名为南方集团军群）司令。解救第 6 集团军未果。接着指挥为拯救德军南翼的艰苦战斗，并以 1943 年 3 月在哈尔科夫作战胜利而告终。获橡树叶勋章❶。

1943 年夏，参加东线的最后一次攻势："堡垒"作战。行动失利后，指挥南方集团军群进行艰苦的防御战，相继退至第聂伯河之后和波兰边界。1944 年 3 月末，因与希特勒在东线作战指挥问题上发生争论而被解除集团军群司令之职；同时获宝剑勋章❷。

此后未再被起用。

---

❶ 奖励的一种形式，即在十字勋章上增添金属橡树叶。——译者注

❷ 在十字勋章上增添宝剑装饰。——译者注